Direction de l'édition
Katie Moquin

Direction de la production
Danielle Latendresse

Direction de la coordination
Rodolphe Courcy

Charge de projet
Nicole Beaugrand Champagne

Correction d'épreuves
Jacinthe Caron

Conception et réalisation graphique

matteau parent
graphisme et communication
Geneviève Guérard

Illustration
Stéphane Jorish, Olivier Lasser, François Thisdale
  (page couverture : Olivier Lasser)

Recherche iconographique
Nicole Beaugrand Champagne
Esther Sainte-Croix

Rédaction
Yvan Pelletier, biographies et mises en contexte (Fenêtre 2)
Patrice Gagnon, biographies et mises en contexte
  (Fenêtres 3, 4, 5, 6, 7, 8, 9 et 10)

Les auteurs et l'Éditeur tiennent à remercier les personnes suivantes qui ont participé au projet à titre de consultants.

Nous remercions tout spécialement Roger Lazure pour sa généreuse collaboration à l'élaboration de cet ouvrage.

Consultants scientifiques
Gilberte Février, Ph.D.
Bernard Harvey, Professeur de didactique du français, Université du Québec en Abitibi-Témiscamingue

Consultants pédagogiques
- **Concept**
  Emmanuelle Bournival (École Roberval)
  Yvan Brouillette (Collège Jean de la Mennais)
  Dan Fournier (Cité étudiante Polyno)
  Érica Germain (École Louis-Riel)
  Chantal Laporte (École Georges-Vanier)

- **Contenu**
  Patrice Gagnon (École Curé-Mercure)
  Guy Lessard (coauteur du Guide d'enseignement)
  Serge Lirette (coauteur du Guide d'enseignement)

- **Choix de textes**
  Nathalie Demers (École Le Tandem Boisé)
  Dan Fournier (Cité étudiante Polyno)
  Érica Germain (École Louis-Riel)
  Chantal Laporte (École Georges-Vanier)
  Francine Plante (École Curé-Mercure)

- **Section Stratégies**
  Francine Plante (École Curé-Mercure)

Les Éditions CEC inc. remercient le gouvernement du Québec de l'aide financière accordée à l'édition de cet ouvrage par l'entremise du Programme de crédit d'impôt pour l'édition de livres, administré par la SODEC.

PORTAIL, manuel de l'élève

© 2009, Les Éditions CEC inc.
9001, boul. Louis-H.-La Fontaine
Anjou (Québec) H1J 2C5

Dépôt légal : 2009
Bibliothèque et Archives nationales du Québec
Bibliothèque et Archives Canada

ISBN 978-2-7617-2786-0

Imprimé au Canada
2   3   4   5   12   11   10   09

Portail

Français

Manuel de l'élève

3ᵉ année · 2ᵉ cycle du secondaire

Maxime
Lachance

Isabelle
L.-Lacroix

LES ÉDITIONS CEC
Une compagnie de Quebecor Media

9001, boul. Louis-H.-La Fontaine, Anjou (Québec) Canada H1J 2C5
Téléphone : 514-351-6010 • Télécopieur : 514-351-3534

Table des matières

Le texte littéraire

Le texte courant

Présentation du manuel

Portail, le manuel de l'élève, est composé de quatre Portails, d'une section **Grammaire** et d'une section **Stratégies**.

Les portails

Les Portails **1** et **2** du manuel de l'élève portent sur l'étude du texte littéraire et les Portails **3** et **4** sur l'étude du texte courant. Chaque Portail est divisé en plusieurs **Fenêtres**. Une liste des textes étudiés mentionnant le nom de l'auteur, le titre et le type de texte est présentée au début de chaque Portail.

Les fenêtres

Chacune des **Fenêtres** débute par l'étude de trois textes principaux. Ces trois textes sont choisis pour mettre en contexte les notions et les concepts à acquérir.

Une courte biographie de l'auteur et une mise en contexte de l'œuvre étudiée précèdent chacun des textes principaux.

Une phrase d'amorce est proposée pour guider la lecture selon un aspect particulier, une complexité ou une observation à faire du texte.

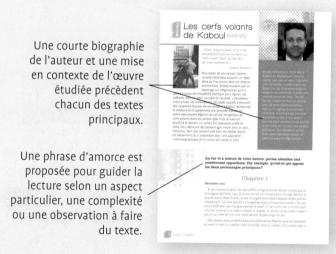

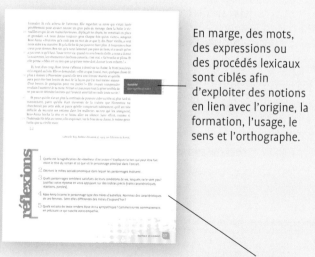

En marge, des mots, des expressions ou des procédés lexicaux sont ciblés afin d'exploiter des notions en lien avec l'origine, la formation, l'usage, le sens et l'orthographe.

Dans l'encadré **réflexions**, à la suite des textes principaux, on pose des questions à l'élève dans le but de l'aider à approfondir et à mieux comprendre le texte. Ces questions peuvent aussi susciter la discussion et permettre la mise en commun des connaissances générales des élèves.

À la suite des trois textes principaux se trouvent les rubriques À propos, Comparer les textes et Pistes d'essai.

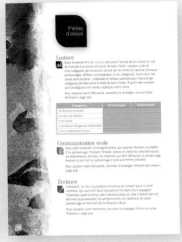

À propos... définit les notions et concepts mis en lumière dans les trois textes principaux. Les définitions sont clairement expliquées et accompagnées d'un exemple précis tiré de l'un des textes étudiés.

Dans un contexte de mise en relation des textes principaux, les questions proposées font appel à l'esprit d'analyse et permettent de développer des critères d'appréciation.

Pistes d'essai propose trois activités (lecture, écriture, communication orale) dans des contextes variés. La section **Stratégies** est sollicitée pour la réalisation de ces activités.

Chaque Fenêtre se termine par une section ▪ Inter·textes.

C'est une section dynamique où la variété des textes contribue à enrichir le bagage culturel des élèves. On y trouve des écrits de tous genres et de longueurs variées permettant de consolider une notion ou d'aborder l'un des concepts étudiés. De plus, les textes de cette section peuvent être mis en relation avec les textes principaux de la Fenêtre.

L'encadré Lien utile accompagne quelques textes de la section ▪ Inter·textes. On y propose de l'information liée au type de texte, au monde de l'édition ou de la littérature.

Une section **Grammaire** et une section **Stratégies** complètent le manuel.

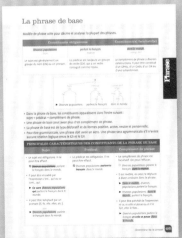

Cette section est un outil de référence pour les élève.

Cette section propose un ensemble de stratégies aide-mémoire pour les activités liées à la lecture, à l'écriture, à la communication orale.

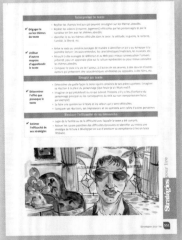

Dans le **GUIDE D'ENSEIGNEMENT**, il y a une Fiche d'exploitation pour chacun des textes. De plus, les textes principaux sont tous accompagnés d'une Fiche de grammaire en contexte.

les éléments d'une œuvre littéraire • les élér
d'une œuvre littéraire • les éléments d'ur
œuvre littéraire • les éléments d'une œuvr
téraire • les éléments d'une œuvre littéraire
éléments d'une œuvre littéraire • les élér
d'une œuvre littéraire • les éléments d'ur
œuvre littéraire • les éléments d'une œuvr

1

Portail

Les éléments d'une œuvre littéraire

Notions

Fenêtre

1

Le personnage est la pierre angulaire d'une œuvre littéraire. À travers son regard, nous aimons, nous haïssons, nous sympathisons, nous méprisons, nous réfléchissons. Grâce à lui, un monde nouveau s'ouvre à nous, rempli d'imaginaire, de fantaisie, d'aventures et d'enquêtes.

Le personnage

- Les caractéristiques
- Le rôle du personnage
- Les personnages-types
- Le héros et l'anti-héros

Les cerfs-volants de Kaboul [extrait]

« Dites Afghanistan et je vois immédiatement se dresser un cerf-volant dans le ciel bleu de mes souvenirs. »

Khaled Hosseini

Pour parler de son roman, l'auteur raconte l'anecdote suivante : en 1999, alors qu'il se trouve dans son hôpital universitaire, Khaled Hosseini voit un reportage sur l'Afghanistan qu'il a quitté à cause de l'instabilité politique qui y régnait. Les talibans, alors en plein contrôle de l'endroit, y interdisent, entre autres, les cerfs-volants. Cet objet rappelle à Hosseini des souvenirs heureux de son enfance à Kaboul. Bouleversé, le médecin écrit rapidement une nouvelle mettant en scène deux jeunes Afghans lors d'une compétition de cerfs-volants dans les années 1970. Puis, le texte est peaufiné et devient un roman fort populaire publié en 2003. On y découvre des personnages vivant dans un pays méconnu, bien que souvent cité dans les médias depuis les événements du 11 septembre 2001. Une adaptation cinématographique de ce roman est sortie en 2007.

Khaled Hosseini est né en 1965 à Kaboul en Afghanistan. Forcé de quitter son pays en 1980, il obtient, avec sa famille, le droit d'asile aux États-Unis où il demeure toujours. Médecin de profession, il publie son premier roman en 2003 : *The Kite Runner*, traduit en français sous le titre *Les cerfs-volants de Kaboul*. Bien qu'il s'agisse d'une histoire de fiction, le personnage principal ressemble un peu à son auteur : tous les deux viennent d'une famille aisée vivant en exil pour des raisons politiques. Son deuxième roman, *Mille soleils splendides* (2007), se passe lui aussi en Afghanistan.

Au fur et à mesure de votre lecture, portez attention aux nombreuses oppositions. Par exemple, qu'est-ce qui oppose les deux personnages principaux ?

Chapitre 1

Décembre 2001

Je suis devenu ce que je suis aujourd'hui à l'âge de douze ans, par un jour glacial et nuageux de l'hiver 1975. Je revois encore cet instant précis où, tapi derrière le mur de terre à demi éboulé, j'ai jeté un regard furtif dans l'impasse située près du ruisseau gelé. La scène date d'il y a longtemps mais, je le sais maintenant, c'est une
5 erreur d'affirmer que l'on peut enterrer le passé : il s'accroche tant et si bien qu'il remonte toujours à la surface. Quand je regarde en arrière, je me rends compte que je n'ai cessé de fixer cette ruelle déserte depuis vingt-six ans.

L'été dernier, mon ami Rahim khan m'a téléphoné du Pakistan pour me demander de venir le voir. Le combiné collé à l'oreille, dans la cuisine, j'ai compris que je

10 n'avais pas affaire seulement à lui. Mes fautes inexpiées se rappelaient à moi, elles aussi. Après avoir raccroché, je suis allé marcher au bord du lac Spreckels, à la limite nord du Golden Gate Park. Le soleil du début d'après-midi faisait miroiter des reflets dans l'eau où voguaient des douzaines de bateaux miniatures poussés par un petit vent vif. Levant la
15 tête, j'ai aperçu deux cerfs-volants rouges dotés d'une longue queue bleue qui volaient haut dans le ciel. Bien au-dessus des arbres et des moulins à vent, à l'extrémité ouest du parc, ils dansaient et flottaient côte à côte, semblables à deux yeux rivés sur San Francisco, la ville où je me sens maintenant chez moi. Soudain, la voix d'Hassan a résonné en moi : *Pour vous, un millier de fois*, me chuchotait-elle.
20 Hassan, l'enfant aux cerfs-volants affligé d'un bec-de-lièvre.

Je me suis assis sur un banc, près d'un saule, pour réfléchir aux paroles que Rahim khan avait prononcées juste avant de raccrocher, un peu comme une idée qui lui serait venue sur le moment. *Il existe un moyen de te racheter.* J'ai contemplé les cerfs-volants jumeaux. J'ai pensé à Hassan. À Baba. À Ali. À Kaboul. J'ai pensé à la
25 vie que j'avais menée jusqu'à ce que l'hiver 1975 vienne tout bouleverser. Et fasse de moi ce que je suis aujourd'hui.

Inexpiées
Que signifie ce mot ? Pour vous aider, trouvez le sens du préfixe et du radical.

Chapitre 2

Enfants, Hassan et moi grimpions aux peupliers de l'allée qui menait à la maison de mon père et, munis d'un fragment de miroir, nous ennuyions nos voisins en réfléchissant sur eux la lumière du soleil. Assis l'un en face de l'autre sur de
30 hautes branches, les pieds nus ballant dans le vide et les poches remplies de mûres séchées et de noix, nous jouions à les éblouir chacun notre tour, tout en mangeant nos fruits et en nous les lançant à la figure entre deux éclats de rire. Je revois encore Hassan, perché dans un arbre, et son visage presque parfaitement rond moucheté de taches lumineuses par le soleil qui perçait à travers le feuillage
35 – un visage semblable à celui d'une poupée chinoise sculptée dans du bois dur, avec un nez plat et large, et des yeux bridés étroits comme des feuilles de bambou qui, selon la lumière, paraissaient tantôt dorés, tantôt verts, tantôt même couleur saphir. Je me rappelle ses petites oreilles basses et son menton pointu, appendice de chair dont on eût dit qu'il avait été ajouté après réflexion. Et puis, son bec-
40 de-lièvre, légèrement décalé à gauche, comme si le burin du sculpteur avait dérapé ou que l'artiste, fatigué, eût prêté moins d'attention à son ouvrage.

Parfois, je persuadais Hassan de bombarder de noix le berger allemand borgne de notre voisin. Il s'y opposait systématiquement, mais quand j'insistais, quand j'insistais *vraiment*, il finissait par céder. Hassan me cédait toujours en tout. Et
45 avec son lance-pierre, il était redoutable. Son père, Ali, se mettait en colère lorsqu'il nous surprenait – enfin, autant que le pouvait un homme d'une telle gentillesse. Il nous menaçait du doigt, nous faisait signe de redescendre et nous confisquait le miroir en nous répétant ce que sa mère lui assenait autrefois, à savoir que le diable aussi s'en servait pour aveugler les gens, en particulier les
50 musulmans durant la prière.

— Et il rit en même temps, concluait-il avec un regard sévère à l'intention de son fils.

— Oui, père, marmonnait Hassan, les yeux baissés.

Jamais il ne me dénonçait cependant. Jamais il ne révélait que l'idée du miroir,
55 tout comme celle de jeter des noix sur le chien, venait de moi.

L'allée de brique rouge qu'encadraient les peupliers conduisait à un portail en
fer forgé et se poursuivait, une fois franchis les deux battants de ce dernier, jusqu'à
notre maison, située à gauche du chemin. Le jardin, lui, était au bout.

Chacun s'accordait à penser que mon père, mon Baba, avait fait construire la
60 plus belle demeure du district de Wazir-Akbar-Khan, un quartier riche et récent
du nord de Kaboul. Certains étaient même d'avis qu'il n'y en avait pas de plus
belle dans toute la ville. Un large passage flanqué de rosiers donnait accès à cette
bâtisse aux innombrables pièces en marbre pourvues de grandes fenêtres. Des
mosaïques complexes, sélectionnées avec soin par Baba à Ispahan, ornaient le sol
65 des quatre salles de bains, tandis que des tapisseries tramées de fil d'or, achetées à
Calcutta, recouvraient les murs. Un lustre en cristal pendait du plafond en voûte.

À l'étage se trouvaient ma chambre et celle de Baba, ainsi que son bureau,
également connu sous le nom de «fumoir», où flottait en permanence une odeur
de tabac et de cannelle. Après qu'Ali avait fini de servir le dîner, Baba et ses amis
70 s'installaient sur des fauteuils en cuir noir pour bourrer leurs pipes – sauf Baba,
qui «engraissait» la sienne, selon ses propres termes – et discuter de leurs trois
sujets favoris: la politique, les affaires et le football. Je sollicitais parfois la
permission de me joindre à eux, mais mon père me barrait toujours le chemin sur
le seuil de la pièce.

75 — File, maintenant, m'ordonnait-il. C'est l'heure des grands. Pourquoi tu ne vas
pas lire un de tes livres?

Il fermait ensuite la porte, me laissant m'interroger sur les raisons qui faisaient
que, avec lui, c'était *toujours* l'heure des grands. Je m'asseyais alors par terre, les
genoux ramenés contre ma poitrine, et il m'arrivait de rester ainsi un long
80 moment à écouter leurs rires et leurs conversations.

Incurvé

Quel mot de langue anglaise *incurvé* rappelle-t-il? À quel autre mot de langue française ressemble-t-il? Ces mots vous aident-ils à imaginer ce mur?

Dans le salon, au rez-de-chaussée, des vitrines montées sur mesure
s'alignaient le long d'un mur incurvé. À l'intérieur étaient exposées des
photos de famille encadrées: l'une d'elles, vieille et au grain épais,
montrait mon grand-père en compagnie du roi Nader shah en 1931,
85 deux ans avant l'assassinat de celui-ci. Bottés et le fusil en bandoulière,
tous deux posaient devant un cerf mort. Il y avait aussi une photo de
mes parents, prise le soir de leur mariage, sur laquelle Baba apparaissait
fringant dans son costume noir et ma mère semblable à une jeune
princesse souriante vêtue de blanc. S'y ajoutait un cliché de mon père et de son
90 meilleur ami et associé, Rahim khan, debout devant notre maison, aussi sérieux
l'un que l'autre. Je suis le bébé que Baba tient dans ses bras avec un air fatigué et
sévère. Lui me porte, mais c'est le petit doigt de Rahim que serre mon poing.

Le mur incurvé conduisait à la salle à manger, au centre de laquelle trônait une
table en acajou d'une longueur telle qu'une trentaine d'invités pouvaient y
95 prendre place sans problème – ce qui, considérant le goût de mon père pour les
soirées dispendieuses, se produisait presque chaque semaine. Enfin, au fond de la
pièce, se dressait une imposante cheminée de marbre, constamment illuminée
par la lueur orangée d'un feu de bois en hiver.

La ville de Kaboul,
capitale de l'Afghanistan,
est entourée de hautes
montagnes.

Une large porte vitrée coulissante permettait ensuite d'accéder à une terrasse
100 semi-circulaire ouvrant sur les cent ares de terrain qu'occupaient le jardin et les
rangées de cerisiers. Baba et Ali avaient planté un petit potager le long du mur est,
avec des tomates, de la menthe, des poivrons et un rang de maïs qui n'avait jamais
vraiment poussé. Hassan et moi avions baptisé cet endroit le « Mur du maïs mal
en point ».

105 À l'extrémité sud du jardin, un néflier du Japon ombrageait la maison des
domestiques, une modeste hutte en pisé [1] dans laquelle Hassan logeait avec son
père.

C'était là, dans cette cabane, qu'il avait vu le jour au cours de l'hiver 1964, un
peu plus d'un an après que ma mère fut morte en me donnant naissance.

110 Je n'ai mis les pieds chez eux que deux ou trois fois durant les dix-huit années
où j'ai habité cette propriété. Quand le soleil s'abaissait derrière les collines,
Hassan et moi cessions nos jeux et nous nous séparions. Je longeais les rosiers
pour regagner la somptueuse demeure de Baba, tandis que lui se dirigeait vers la
masure dans laquelle il était né et avait vécu toute sa vie. Je me rappelle son
115 intérieur austère, propre et faiblement éclairé par deux lampes à pétrole. Deux
matelas se faisaient face de part et d'autre de la pièce, avec au milieu un tapis
élimé à motif herati [2] dont les bords s'effilochaient et, dans le coin où Hassan

_____

1 Maçonnerie faite d'argile mêlée de paille et de cailloux.

2 Motif décoratif en forme de rosette utilisé dans l'ornementation des tapis orientaux. Il tire son
nom de la ville d'Herat, en Afghanistan. (NDT)

dessinait, un tabouret à trois pieds et une table en bois. Les murs étaient nus à l'exception d'une tapisserie brodée de perles formant les mots *Allah-u-akbar*, 120 « Dieu est grand ». Baba l'avait achetée pour Ali lors de l'un de ses voyages à Mashad.

C'était dans cette hutte que la mère d'Hassan, Sanaubar, avait accouché par une froide journée de cet hiver 1964. Si la mienne était morte des suites d'une hémorragie, Sanaubar avait choisi, elle, de laisser son fils orphelin moins d'une 125 semaine après sa naissance en l'abandonnant au profit d'un sort que la plupart des Afghans jugent pire que la mort : elle s'était enfuie avec une troupe itinérante de chanteurs et de danseurs.

Hassan ne parlait pas de Sanaubar, faisait comme si elle n'avait jamais existé. Je me suis toujours demandé s'il rêvait d'elle, de son visage, de l'endroit où elle se 130 trouvait. S'il aspirait à la rencontrer. Son absence lui pesait-elle autant qu'à moi celle de ma mère ? Un jour que nous nous rendions à pied au cinéma Zainab, où passait un nouveau film iranien, nous avons coupé par les baraquements militaires situés près du collège Istiqlal. Baba nous avait interdit d'emprunter ce raccourci, mais il était alors au Pakistan avec Rahim khan. Nous avons 135 sauté par-dessus la barrière ceignant les casernes, franchi un petit ruisseau et débouché sur le terrain vague où de vieux tanks abandonnés prenaient la poussière. Quelques soldats s'étaient serrés à l'ombre de l'une de ces carcasses pour fumer et jouer aux cartes. L'un d'eux nous aperçut, décocha un coup de coude à son voisin et interpella Hassan.

140   — Hé, toi là-bas ! Je te connais !

Nous n'avions jamais vu cet homme trapu au crâne rasé qui affichait une barbe noire de quelques jours. Son sourire goguenard m'effraya.

— Ne t'arrête pas, murmurai-je à Hassan.

— Hé toi, le Hazara ! Regarde-moi quand je te cause ! aboya le soldat.

145   Il tendit sa cigarette au type à côté de lui [...] :

— J'ai fréquenté ta mère, tu le savais, ça ? Je l'ai bien fréquentée, même. [...]

Ses compagnons éclatèrent de rire. L'un d'eux poussa un cri aigu. Je répétai à Hassan de ne surtout pas s'arrêter.

[...]

Plus tard, une fois le film commencé, j'entendis Hassan marmonner d'une voix 150 rauque dans le noir. Des larmes coulaient le long de ses joues. Je me penchai vers lui, l'entourai de mon bras et l'attirai contre moi. Il appuya sa tête sur mon épaule.

— Il t'a confondu avec quelqu'un d'autre, lui chuchotai-je. Il t'a confondu avec quelqu'un d'autre.

La fuite de Sanaubar n'avait étonné personne, paraît-il. Les gens s'étaient déjà 155 montrés sceptiques lorsque Ali, un homme qui avait appris le Coran par cœur, s'était marié avec cette femme de dix-neuf ans sa cadette, certes très belle, mais que l'on savait dépourvue de principes et qui n'avait pas failli à sa mauvaise réputation. Tous deux étaient chiites, membres de la communauté des Hazaras et cousins de surcroît. Il semblait donc naturel que son choix se portât sur elle. 160 Au-delà de ces liens d'appartenance, cependant, peu de points communs les

Ceignant

lexique

Quel est l'infinitif de ce verbe ? Quelle en est sa signification ?

Goguenard

lexique

D'après le contexte, par quel adjectif peut-on remplacer ce mot ? Au besoin, consultez le dictionnaire.

rapprochaient, surtout pas leur apparence physique. Alors que, d'après la rumeur, Sanaubar en avait entraîné plus d'un dans le péché avec ses yeux verts étincelants et sa mine espiègle, Ali souffrait d'une paralysie congénitale des muscles inférieurs du visage qui
165 l'empêchait de sourire et lui conférait en permanence un air lugubre. C'était une chose étrange que de le voir heureux ou triste, car seuls ses yeux marron s'éclairaient ou s'assombrissaient. Les yeux sont le miroir de l'âme, affirme-t-on. Jamais ce dicton n'a été
170 plus vrai que dans le cas d'Ali, car elle ne pouvait se dévoiler qu'à travers eux.

J'ai entendu dire que la démarche chaloupée et provocante de Sanaubar engendrait des rêves d'infidélité chez les hommes. À l'inverse, Ali devait
175 à la polio une jambe droite tordue aux muscles si atrophiés que c'était à peine s'ils pouvaient faire glisser ses os sous sa peau cireuse. Je me souviens d'un jour – j'avais huit ans – où il m'emmena au bazar acheter du naan [3]. Je cheminais derrière lui en
180 fredonnant et en tentant d'imiter ses déhanche-ments. Sa jambe squelettique décrivait un arc de cercle, puis son corps s'inclinait jusqu'à former un angle impossible vers la droite quand il prenait appui sur ce pied-là. Qu'il ne basculât pas à la
185 renverse à chaque pas constituait un petit miracle en soi. Lorsque j'essayai de reproduire ce mouvement, il s'en fallut de peu que je ne m'affale dans le caniveau. Cela me fit rire. Ali se tourna alors et me surprit à le singer. Il ne m'adressa aucun reproche. Ni à cet instant, ni jamais par la suite. Il continua à avancer.

190 Ses traits et son allure effrayaient les jeunes enfants du quartier. Le vrai problème venait toutefois des plus âgés. Ceux-là le pourchassaient dans la rue et se moquaient de lui lorsqu'il passait en boitillant. Certains avaient pris l'habitude de l'appeler Babalu le Croque-mitaine.

— Hé, Babalu, t'as mangé qui aujourd'hui ? lui lançaient-ils dans un concert de
195 ricanements. T'as mangé qui, Babalu le nez plat ?

Ils l'affublaient de ce surnom, le nez plat, en raison de ses traits mongoloïdes propres aux Hazaras. Des années durant, mes connaissances sur ces derniers se sont résumées à cette seule caractéristique – qu'ils descendaient des Mongols et ressemblaient un peu aux Chinois. Les manuels scolaires n'en parlaient presque
200 pas et ne faisaient que brièvement allusion à leurs ancêtres. Cependant, un jour que je jetais un œil sur les affaires de Baba dans son bureau, je tombai sur l'un des vieux livres d'histoire de ma mère. Il avait été écrit par un Iranien nommé Khorami. Je soufflai dessus pour ôter la poussière, l'emportai discrètement dans mon lit ce soir-là et découvris avec surprise un chapitre entier consacré à
205 l'histoire des Hazaras. Un chapitre entier sur le peuple d'Hassan ! Je lus que mon ethnie, les Pachtouns, avait persécuté et opprimé les Hazaras. Que ceux-ci s'étaient

---

3 Pain en forme de galette (NDT)

efforcés de recouvrer leur liberté à de nombreuses reprises au fil des siècles, mais que les Pachtouns avaient « réprimé ces tentatives avec la plus grande cruauté ».
Le livre expliquait que les miens avaient tué et torturé les Hazaras, brûlé leurs maisons et vendu leurs femmes. Il expliquait que ces massacres tenaient en partie au fait que les Pachtouns étaient des musulmans sunnites, alors que les Hazaras étaient chiites. Il expliquait une foule de choses que j'ignorais, des choses que mes professeurs n'avaient jamais évoquées. Ni Baba, d'ailleurs. En revanche, il ne m'apprenait rien en ajoutant par exemple que les gens traitaient les Hazaras de « mangeurs de souris » et de « mulets de bât [4] au nez plat ». J'avais déjà entendu des enfants crier ces insultes à Hassan.

La semaine suivante, après la classe, je montrai le livre à mon professeur en attirant son attention sur le chapitre en question. Il en parcourut rapidement quelques pages, ricana et me le rendit.

— Les chiites ne sont bons qu'à ça, commenta-t-il en même temps qu'il rassemblait ses papiers. Se faire passer pour des martyrs.

Il fronça le nez en prononçant le mot « chiite », comme s'il s'agissait d'une maladie.

Malgré leur héritage ethnique commun et leurs liens de parenté, Sanaubar n'était pas en reste de railleries à l'égard d'Ali. D'après ce que l'on m'a raconté, elle affichait même ostensiblement le mépris que lui inspirait son physique.

— Vous parlez d'un mari, ironisait-elle. J'ai vu des ânes mieux taillés pour ce rôle !

Au bout du compte, la plupart des gens ont soupçonné ce mariage d'être une sorte d'arrangement conclu entre Ali et son oncle, le père de Sanaubar, afin d'aider celui-ci à laver une partie du déshonneur qui entachait son nom.

Ali ne s'en est jamais pris à aucun de ses persécuteurs, en raison, je suppose, de cette jambe tordue qui l'empêchait de les attraper. Mais le fait est surtout que leurs insultes ne l'atteignaient pas. Il avait trouvé une source de joie et un antidote à l'instant même où Sanaubar avait mis Hassan au monde. L'affaire avait été assez vite expédiée. Pas d'obstétricien, pas d'anesthésiste, pas d'appareil sophistiqué. Juste Sanaubar, allongée sur un matelas sale, avec Ali et une sage-femme pour l'assister. Encore qu'elle n'ait guère eu besoin d'aide, car Hassan s'était montré fidèle à sa nature dès la naissance, c'est-à-dire incapable de blesser quiconque. Deux ou trois grognements, quelques poussées, et il était sorti. Tout sourire.

Ainsi que l'avait confié la volubile sage-femme à l'une des servantes de nos voisins, laquelle l'avait à son tour rapporté à quiconque voulait bien l'écouter, Sanaubar s'était contentée de jeter un bref coup d'œil au bébé que berçait Ali et, à la vue de son bec-de-lièvre, avait eu un rire amer.

— Tu es content ! Maintenant, tu as un gamin débile qui sourira à ta place !

Elle avait refusé de prendre son fils dans ses bras et s'était enfuie cinq jours plus tard.

4 Croisement d'un âne et d'une jument portant un appareil en bois, le bât, destiné à soutenir une lourde charge.

250   Baba avait engagé la même femme qui m'avait allaité pour prendre soin d'Hassan. Ali nous la décrivait comme une Hazara aux yeux bleus originaire de Bamiyan, la ville aux statues de Bouddha géantes.

— Elle avait une si jolie voix, disait-il.

Hassan et moi lui demandions souvent ce qu'elle chantait, tout en connaissant
255 déjà la réponse – Ali nous l'avait répété je ne sais combien de fois. En réalité, nous voulions juste l'entendre entonner ce refrain.

Il se raclait la gorge et se lançait :

«Au sommet d'une montagne
J'ai crié le nom d'Ali, Lion de Dieu.
260   Oh Ali, Lion de Dieu, Roi des Hommes
Apporte la joie dans nos cœurs attristés.»

Puis il nous rappelait qu'il existait une fraternité entre les hommes nourris au même sein, des liens que même le temps ne pouvait rompre.

Hassan et moi avions bu le même lait. Nous avions effectué nos premiers pas
265 sur la même pelouse, dans le même jardin. Et, sous le même toit, nous avions prononcé nos premiers mots.

Le mien avait été «Baba».

Le sien, «Amir». Mon prénom.

Avec le recul, je crois que ces deux mots portaient déjà en germe les événements
270 de l'hiver 1975 – et tout ce qui s'ensuivit.

[...]

Khaled Hosseini, *Les cerfs-volants de Kaboul*, traduit de l'américain par Valérie Bourgeois,
© 2005, Belfond, un département de la Place des éditeurs, pour la traduction française.

réflexions

1   Pour mieux apprécier l'histoire qui met en scène des personnages de nationalité afghane, quelles connaissances géographiques, culturelles ou historiques vous sont indispensables ? Au besoin, consultez un ouvrage de référence.

2   Dès les premières pages du livre, un drame se prépare. Quels passages l'évoquent le mieux ? Parmi les personnages de l'extrait, lesquels seront directement concernés par le drame qui s'annonce ?

3   Qu'est-ce qui différencie la vie d'Amir et d'Hassan de celle de jeunes Québécois du même âge ? Quelles en sont les ressemblances ?

4   Quels sentiments éprouve le narrateur lorsqu'il se remémore les êtres qui ont marqué son enfance ?

Bonheur d'occasion [extrait]

Dès sa sortie, ce premier roman de Gabrielle Roy connaît un immense succès à la fois critique et populaire : l'œuvre est traduite en plus de 15 langues et reçoit de multiples honneurs, dont le prestigieux prix européen Femina, en 1947. Les droits cinématographiques sont même achetés par *Universal Pictures* après la parution de la traduction américaine. Pour la littérature québécoise, *Bonheur d'occasion* marque le début d'une nouvelle vague littéraire : le roman urbain.

L'histoire de *Bonheur d'occasion* commence alors que s'amorce la Deuxième Guerre mondiale (1939-1945). Les gens du quartier Saint-Henri, à Montréal, vivent tant bien que mal de petits travaux ici et là. La famille Lacasse ne fait pas exception et les épreuves du quotidien s'enchaînent les unes après les autres. Épuisée par les nombreuses corvées ménagères, la mère, Rose-Anna Lacasse, espère profiter d'une visite chez les siens à la campagne pour se reposer et aussi trouver un peu de réconfort.

« Nous connaîtrions-nous seulement un peu nous-mêmes, sans les arts ! » Cette citation, extraite du roman *La montagne secrète* de Gabrielle Roy, figure sur les billets de banque canadiens de 20 dollars. Cet hommage est l'un des nombreux honneurs que Gabrielle Roy a reçus au cours de son existence. Le succès incontestable de son premier roman, *Bonheur d'occasion*, explique en partie la notoriété de cette femme née en 1909 à Saint-Boniface au Manitoba. En 1945, *Bonheur d'occasion* sera l'un des premiers romans québécois à succès à raconter les misères de la classe ouvrière. L'œuvre littéraire de Gabrielle Roy est variée et comprend des romans, des nouvelles, des contes pour enfants et une autobiographie, *La Détresse et l'enchantement*, publiée un an après sa mort en 1983.

Au fil de votre lecture, portez attention aux caractéristiques de chacun des personnages. D'après celles-ci, tentez de déduire leurs sentiments ou leur état d'esprit.

XV

Aux yeux des enfants, la campagne n'était qu'espaces enneigés, qu'espaces d'un blanc gris avec, de-ci de-là, des morceaux de terre pelée et de grands arbres bruns qui se levaient dans la solitude ; mais Rose-Anna et Azarius, qui se consultaient souvent du regard, souriaient d'un air entendu et souvent partaient à rêver ensemble.

5 — C'est ici, tu te souviens, disait l'un.

— Oui, ç'a pas changé, disait l'autre.

Des riens qui les plongeaient dans des réflexions béates et faciles.

À la portière, Rose-Anna aspirait l'air pur avec délice. Dès qu'ils eurent quitté le pont Victoria, elle avait baissé la vitre et avait aspiré
10 longuement.

Béates
À l'aide du contexte, donnez une définition à ce mot. Au besoin, consultez le dictionnaire.

lexique

— De la bonne air! avait-elle dit, les narines largement dilatées.

Ils filaient maintenant à vive allure sur la route nationale. Bien qu'elle eût passé la nuit à coudre, Rose-Anna ne montrait pas trop de fatigue. Les yeux étaient un peu lourds, mais les plis de la bouche, soulagés, se détendaient.

15 Un à un, elle reconnaissait les villages de la vallée du Richelieu, et quelque chose comme son ancienne joie de jeune fille lui soufflait des remarques que seul Azarius comprenait.

Puis, soudain, elle se tut. Avec un grand élan muet de tout son cœur, elle venait de saluer la rivière qui bouillonne au pied du fort de Chambly. Par la suite, elle se 20 prit à guetter chaque courbe du chemin, chaque détour qui les rapprochaient du Richelieu. Non que les collines, les cours d'eau en eux-mêmes fussent propres à éveiller en elle un grand attrait. Elle ne les remarquait et ne s'en souvenait qu'autant qu'ils étaient liés à sa vie. Ainsi, elle restait à peu près indifférente au Saint-Laurent; mais du Richelieu elle connaissait tout, elle l'avait vu passer toute 25 son enfance, et, le connaissant si bien, elle n'hésitait pas à déclarer à ses enfants: « C'est la plus belle rivière du pays. » De même que pour décrire un paysage, elle disait: « C'est pas aussi beau que le terrain en planche de chez nous, au bord de la rivière. »

Dès que le Richelieu avait paru à leur gauche, elle s'était tenue plus droite. Les 30 mains à la vitre, elle se penchait un peu au dehors. Elle jetait tout haut les noms des villages où ils passaient, cahotés à toute vitesse dans le camion à bestiaux: Saint-Hilaire, Saint-Mathias, Saint-Charles.

Les berges se faisaient de plus en plus basses, de plus en plus espacées. La rivière coulait avec une telle tranquillité, une telle plénitude de force et de vie 35 calme qu'on devinait à peine la grande épaisseur de ses eaux sombres sous une mince croûte de glace.

Par instants, Azarius se retournait vers le fond du camion où les enfants étaient assis sur des couvertures, et il criait haut par-dessus le grondement de leur course:

40 — Regardez ben, les petits Lacasse! Vot' mère et moi, on est venus icitte dans le temps en petite barque.

Alors le petit Daniel, qu'ils avaient installé entre eux sur la banquette afin qu'il n'eût pas trop froid, ouvrait des yeux ronds encore avivés de fièvre. « Où c'est qu'elle est la rivière? » Il était trop petit pour voir au dehors par les vitres de la 45 voiture. Et pour lui le Richelieu pouvait être la bande de ciel bleu qui se déroulait à ses yeux dans le pare-brise, avec parfois, des tiges, des branches noires jetées là-dessus comme des arabesques[1].

— C'est quoi des petites barques? demanda-t-il une fois, fort sérieusement et en faisant pour réfléchir des efforts qui le mirent presque en sueur.

50 De temps en temps, il tentait de se soulever sur la banquette pour mieux découvrir le paysage et situer toutes ces choses dont parlaient ses parents. Mais le Richelieu devait, dans son imagination, rester toujours un peu d'azur au-dessus de sa tête, du bleu comme il n'en avait jamais vu, avec des bandes de nuages très blancs, très doux, qui étaient peut-être des barques.

---

1 Ornement formé de lignes sinueuses et de courbes.

55   Distraite un instant dans sa joie, Rose-Anna le couvrit jusqu'au cou, car tassé près d'elle, il semblait frissonner.

Puis son village apparut au bout d'une allée d'arbres.

— Saint-Denis! lança Azarius.

Et Rose-Anna se souleva, les yeux soudain mouillés. Aidée du souvenir, elle
60 devançait le tournant de la route, là-bas, au bout du village, elle devançait un coteau. Enfin, le paysage lui livra la maison paternelle. Le toit à pignons se précisa entre les érables. Puis se dessina nettement la galerie à balustrade avec ce qui restait de concombres grimpants, ratatinés par l'hiver. Rose-Anna, projetée vers Azarius, murmura avec un tressaillement de douleur physique aussi bien
65 que d'émoi:

— Eh ben, nous v'là... Quand même ç'a pas gros changé!

Sa joie avait duré jusque-là et dura encore un peu, car, dans l'embrasure de la porte brusquement ouverte, apparurent ses frères, sa belle-sœur; et des exclamations chaudes lui arrivèrent dans un bourdonnement: «Ben, regarde donc ça, qui
70 est-ce qui nous arrive! Parle-moi d'une affaire! De la visite de Montréal!»

Gouaillerie
Énumérez des synonymes de ce mot.

Mais, alors qu'elle descendait du camion, vacillante, étourdie par une soudaine bouffée d'air frais, et cherchant à défriper son vieux manteau, une gouaillerie lourde de son frère Ernest porta une première atteinte à sa joie.

lexique

75 — Ben, nom d'une pipe, te v'là Rose-Anna !... dit le paysan en la détaillant d'un brusque coup d'œil. Vieille pipe à son père, t'as envie d'en élever une quinzaine comme sa mère, je crois ben.

Rose-Anna chancela sous cet étrange accueil. Elle s'était corsetée tant qu'elle avait pu et elle avait espéré que sa grossesse passerait inaperçue, 80 non par fausse honte, mais parce qu'elle était toujours venue chez les siens dans cet état et puis, parce qu'au fond, cette fois, elle aurait voulu que cette journée en fût une de détente, de jeunesse retrouvée, d'illusion peut-être. Pourtant elle chercha à sourire et à tourner la chose en plaisanterie légère.

85 — Ben, c'est de famille, Ernest. Qu'est-ce que tu veux !

Mais elle avait compris soudain combien sa joie était une chose frêle et vite menacée.

Un coup plus rude lui vint de sa belle-sœur, Réséda. En l'aidant à dévêtir les enfants, la jeune madame Laplante s'écria :

90 — Mais ils sont ben pâles tes enfants, Rose-Anna ! Leur donnes-tu de quoi manger au moins ?

Cette fois, Rose-Anna se sentit prise de colère. Réséda parlait par dépit, bien sûr, elle qui habillait si mal ses enfants. C'est qu'ils avaient l'air mal fagotés, avec leurs gros bas de laine du pays, et leurs petits pantalons tout 95 de travers et longs sur leurs jarrets. Rose-Anna appela la petite Gisèle pour refaire la grosse boucle dans ses cheveux et remonter sa robe au-dessus des genoux ainsi que le voulait la mode. Mais, alors qu'elle mettait une main hâtive à la toilette de ses enfants, ses yeux tombèrent sur le groupe que formaient Daniel et l'aîné de Réséda, le gros Gilbert, joufflu et rosé. Un cri lui échappa. Le petit 100 paysan avait empoigné son cousin de la ville et, comme un jeune chien robuste, cherchait à le faire rouler par terre avec lui. L'enfant maladif se débattait sans courage. Il espérait visiblement qu'on le laissât tranquille et tout seul.

Alors Rose-Anna se redressa un peu :

— Il est plus vieux que le mien aussi.

105 — Ben non, protesta la jeune femme. Ils sont nés la même année, tu sais ben.

— Non, maintint Rose-Anna. Ils ont six mois de différence.

Et vinrent de longues explications pour déterminer la date exacte des naissances.

— C'est plutôt Albert qui se trouve de l'âge du tien, insistait Rose-Anna.

— Pas d'affaires, voyons donc, trancha Réséda. Tu sais bien qu'ils sont de l'été 110 tous les deux.

Elle se promenait en parlant dans la pièce ; et elle s'efforçait de tranquilliser son nourrisson qui réclamait son repas et ses mains déjà fortes cherchaient à dégrafer le corsage rond et soulevé de sa mère. Et elle précisait :

— Ah, tu peux pas me faire changer d'idée ! Je sais ben trop qu'ils sont du 115 même mois.

Les deux femmes se regardèrent un court moment, presque hostiles ; dans les yeux de la paysanne éclatait un orgueil insolent. Rose-Anna abaissa les siens. Sa colère tombait. Elle fit le tour de ses enfants, d'un regard craintif, effaré ; et elle se demanda si elle les avait vraiment vus jusque-là tels qu'ils étaient, avec leur petit visage maigre et leurs membres fluets.

L'avant-dernier de Réséda s'était traîné vers elle sur de grosses pattes courtes, à demi arquées, potelées aux genoux, et, tout à coup, au-dessus du bébé, elle avait aperçu une rangée de petites jambes grêles. De ses enfants, assis contre le mur docilement, elle ne voyait plus que les jambes, des jambes pendantes, longues et presque décharnées.

Et maintenant une dernière blessure lui venait de sa mère. Après l'énervement du dîner en deux tablées et où elle avait secondé sa belle-sœur autant qu'elle l'avait pu, Rose-Anna se retrouvait enfin seule avec la vieille madame Laplante. Elle avait attendu ce moment où, Réséda s'occupant de son nourrisson et les hommes se groupant pour parler d'affaires autour du poêle, elle serait assurée d'un moment d'intimité avec sa mère. Mais voici que les premiers mots de la vieille femme étaient tout empreints de fatalisme :

— Pauv' Rose-Anna, j'ai ben pensé que t'avais eu de la misère, toi aussi. Je le savais ben, va. Ça pouvait pas être plus drôle pour toi que pour les autres. Tu vois à c'te heure que la vie, ma fille, on arrange pas ça comme on veut. Dans le temps, tu pensais avoir ton mot à dire... toi...

C'était dit d'une petite voix pointue, sans émotion, comme sans rancœur. La vieille madame Laplante, du fond de sa chaise geignante, semblait s'être muée en une négation obstinée de tout espoir. Ce n'était pas qu'elle eût omis la charité au cours de sa vie. Au contraire, elle se plaisait à croire qu'elle s'acheminait vers son Créateur, les mains pleines de bonnes actions et richement pourvues d'indulgences. C'est tout juste si elle ne se représentait pas franchissant le ciel à la manière d'une voyageuse prudente qui, toute sa vie, eût pris des précautions pour s'assurer un séjour confortable là-haut. Elle avait, selon son expression, « enduré son purgatoire sur terre ».

Elle était de ces personnes qui prêtent une oreille attentive aux récits des malheurs. Aux autres, elle accordait un sourire méfiant. Rien ne la surprenait tant qu'un visage épanoui. Elle ne croyait pas au bonheur, elle n'y avait jamais cru.

Au fond de la cuisine, les hommes parlaient entre eux, s'animant vite. Rose-Anna avait rapproché sa chaise tout près de celle de la vieille femme. Gauchement, mal à l'aise, elle tournait et retournait ses mains sur ses genoux. Elle se sentait presque honteuse, tout à coup, honteuse d'être venue vers sa mère, non pas comme une femme mariée avec ses responsabilités, ses charges et la force que cela suppose, mais comme une enfant qui a besoin d'aide et de lumière. Et les conseils détachés, empreints d'un ton sermonneur, froids comme le visage blanc et anguleux de la vieille femme, se frayaient un chemin à ses oreilles, mais dans son cœur n'éveillaient que le sentiment d'une immense solitude.

Qu'était-elle venue chercher exactement ? Elle ne le savait plus ; car, à mesure qu'elle causait à voix basse avec la vieille, elle oubliait l'image qu'elle s'en était faite à la longue et à distance. Elle la découvrait telle qu'elle était, telle qu'elle avait toujours été, et se demandait comment elle avait pu se leurrer. Car de la vieille femme, il n'y avait à espérer aucun aveu de tendresse.

Mᵐᵉ Laplante avait élevé quinze enfants. Elle s'était levée la nuit pour les soigner; elle leur avait enseigné leurs prières; elle leur avait fait répéter leur
165 catéchisme; elle les avait vêtus en filant, tissant et cousant de ses fortes mains; elle les avait appelés à une bonne table, mais jamais elle ne s'était penchée sur aucun d'eux avec une flamme claire et joyeuse au fond de ses durs yeux gris fer. Jamais elle ne les avait pris sur ses genoux, sauf lorsqu'ils étaient au maillot. Jamais elle ne les avait embrassés, sauf, du bout des lèvres, après une longue
170 absence; ou encore, au jour de l'An, et cela avec une sorte de gravité froide et en prononçant des souhaits usés et banals.

Elle avait eu quinze petites têtes rondes et lisses contre son sein; elle avait eu quinze petits corps accrochés à ses jupes; elle avait eu un mari bon, affectueux, attentif, mais toute sa vie elle avait parlé de supporter ses croix, ses épreuves, ses
175 fardeaux. Elle avait parlé toute sa vie de résignation chrétienne et de douleurs à endurer.

Sur son lit de mort, le père Laplante avait murmuré d'une voix déjà engluée du dernier sommeil: «Enfin, tu vas être délivrée d'une de tes croix, ma pauv' femme!»

180   — Comment est-ce qu'il se débrouille, ton Azarius?

Rose-Anna sursauta. Elle revint de loin, le regard trouble. Puis elle se pencha de nouveau vers sa mère. Elle comprenait que la vieille, à sa manière distante et sèche, s'informait des siens. Elle avait toujours dit: «Ton Azarius, ta famille, ta Florentine, tes enfants, ta vie.» Pour Azarius, un citadin, elle avait eu encore
185 moins d'amitié que pour ses autres beaux-fils, tous de la campagne. Au mariage de Rose-Anna, elle avait déclaré: «Tu crois p't-être ben te sauver de la misère à c'te heure que tu vas aller faire ta dame dans les villes, mais marque ben ce que je te dis: la misère nous trouve. T'auras tes peines, toi aussi. Enfin, c'est toi qui as choisi. Espérons que tu t'en repentiras pas.»

190   Le seul souhait de bonheur qu'elle eût jamais formulé, se rappelait Rose-Anna.

    — Azarius, dit-elle, sortant de sa rêverie, ah ben! il travaille de ce temps-ci. Il est ben encouragé. Pis Eugène s'est enrôlé comme je vous l'ai dit d'abord; il paraît pas mal dans son uniforme. Ça le vieillit un peu. On se débrouille. Florentine a ses payes régulières...

195   La vieille clignait des yeux. Elle disait à tout instant:

    — Eh ben! tant mieux, tant mieux si ça marche comme tu le dis!

    Mais ses doigts secs, jaunis, frottaient le bras de la chaise, usé à cet endroit par ce geste habituel des mains, et semblaient souligner un doute constant.

    Et cependant Rose-Anna continuait à défendre son mari avec la même voix
200 âpre qu'elle avait eue autrefois quand sa mère cherchait à le lui présenter sous un mauvais jour.

    — Il se tire d'affaire, disait-elle. Quand une chose va pas, eh ben, il en essaye une autre. Il reste pas longtemps à rien faire. Ça, c'est rien qu'en attendant qu'il a pris le truck. Il compte se remettre à travailler de son métier. La guerre va donner
205 de la construction.

Elle se surprenait à employer le langage d'Azarius et, pour parler de son métier, elle y mettait presque autant de passion que lui-même. Mais à d'autres instants, sa voix sonnait faux, lointaine; elle s'écoutait parler, se demandant si c'était bien elle qui s'exprimait ainsi. Par la fenêtre donnant sur l'étendue de la
210 ferme, elle apercevait les enfants qui, sous la conduite de l'oncle Octave, se dirigeaient vers la cabane à sucre. Le petit Daniel trébuchait dans la neige, loin derrière les autres qui gambadaient. Alors, elle s'arrêtait de causer; son regard s'échappait complètement, inquiet, jusqu'au moment où elle voyait Yvonne revenir en arrière et aider son petit frère.

[...]

215 L'attitude de Philippe la surprenait aussi de plus en plus, l'offensait. Voici qu'il se roulait des cigarettes sous les yeux désapprobateurs de sa grand-mère, se mêlait aux hommes et, à tout instant, employait des mots grossiers. Mais au lieu de le reprendre, Rose-Anna ramena un regard gêné vers sa mère et continua à raconter leur vie d'une voix égale et monotone :

220 — Yvonne est la première de sa classe; les sœurs sont bien contentes d'elle. Et Philippe est à la veille de se trouver de l'ouvrage. Il paraît qu'ils vont en prendre des tout jeunes comme lui dans les usines de munitions... Ça fait que tous ensemble, on va finir par se tirer d'affaire, pas mal.

[...]

Lorsque la vieille madame Laplante envoya chercher à la cave un gros
225 morceau de lard salé, des œufs frais, de la crème et des conserves, et qu'elle fit envelopper toutes ces choses, Rose-Anna fut émue de la générosité de sa mère. Sachant comme la pauvre vieille s'irritait des remerciements, elle n'osa pas en

formuler. Et cela acheva de l'attrister. Elle regardait sa mère qui s'était levée péniblement pour ajouter encore un gros pain de ménage dans la boîte à vic-
230 tuailles et qui, de ses mains fureteuses, déplaçait les objets, les remettait en place et grondait. « A nous donne toujours gros chaque fois qu'on vient », songeait Rose-Anna. « Peut-être qu'a croit pas un mot de ce que j'y dis. Pauv' vieille, a veut nous aider à sa manière. Et ça la fâche de pas pouvoir faire plus. A toujours eu bon cœur pour donner. Ben sûr, qu'a nous laisserait pas pâtir de faim, si a savait qu'on
235 a pas tout ce qu'il faut. Toute notre vie, quand on a eu besoin d'elle, a nous a donné la nourriture, les vêtements et les bons conseils, c'est vrai. » Sa bouche se plissa. Et elle pensa : « Mais est-ce rien que ça qu'une mère doit donner à ses enfants ? »

Et, tout d'un coup, Rose-Anna s'affaissa à demi sur sa chaise, le front soucieux et le regard au loin. Elle se demandait : « Est-ce que j'aurai, moi, quelque chose de
240 plus à donner à Florentine quand elle sera une femme mariée et qu'elle aura peut-être ben besoin de moi de la façon que j'ai moi-même aujourd'hui besoin de quelqu'un pour me parler ? » Elle croyait comprendre soudain l'austérité de sa mère. N'était-ce pas avant tout la gêne terrible de ne pas savoir défendre les êtres qui l'avaient ainsi fait se raidir toute sa vie ?

Austérité
Que signifie ce mot ?

245 Et parce qu'elle n'avait plus la certitude de pouvoir aider sa fille ni plus tard ni maintenant, parce qu'elle était traversée de la crainte que Florentine ne chercherait pas cette aide, et parce qu'elle comprenait subitement qu'il est très difficile de secourir ses enfants dans les malheurs secrets qui les atteignent, Rose-Anna hocha la tête et se laissa aller au silence. Sans effort, comme si
250 l'habitude fût déjà ancienne, elle esquissait, sur le bras de sa chaise, le même geste futile que sa vieille mère.

[...]

Gabrielle Roy, *Bonheur d'occasion*, © 1993, Les Éditions du Boréal.

réflexions

1 Quelle est la signification de « Bonheur d'occasion » ? Expliquez le lien qui peut être fait entre le titre du roman et ce que vit le personnage principal dans l'extrait.

2 Décrivez le milieu socioéconomique dans lequel les personnages évoluent.

3 Quels personnages semblent satisfaits de leurs conditions de vie, lesquels ne le sont pas ? Justifiez votre réponse en vous appuyant sur des indices précis (traits caractéristiques, réactions, paroles).

4 Rose-Anna incarne le personnage-type des mères d'autrefois. Nommez des caractéristiques de ces femmes. Sont-elles différentes des mères d'aujourd'hui ?

5 Quels extraits du texte rendent Rose-Anna sympathique ? Commentez-les sommairement en précisant ce qui suscite votre empathie.

L'étranger

[extrait]

L'étranger est une œuvre importante de la littérature : c'est la façon dont Camus s'explique le monde qui justifie, en partie, sa popularité. Selon l'auteur, la vie est absurde parce qu'elle ne donne pas toutes les réponses aux pourquoi de l'existence.

L'étranger, c'est Meursault : un homme vivant à contre-courant des conventions. Dans la première partie du roman, le personnage raconte les funérailles de sa mère auxquelles il participe sans pleurer, ce qui provoque incompréhension et consternation autour de lui. Puis arrive le jour fatidique où, sous un soleil éclatant, Meursault devient un meurtrier. La scène jure avec le caractère plutôt passif du personnage. Dans la deuxième partie du roman, Meursault est en attente de son procès. Il a tué certes, mais il est difficile de comprendre les motifs derrière son crime.

Fils d'une famille modeste, Albert Camus est né en 1913 à Mondovi, en Algérie. Élève talentueux, il entreprend des études en littérature et en philosophie. Dans les années 1940, il déménage à Paris avec sa femme, mais il demeure toutefois très préoccupé par la cause algérienne (l'Algérie est alors une colonie française et réclame son indépendance). Il meurt dans un accident automobile en 1960. Il ne saura jamais que l'Algérie est devenue indépendante en 1962. Son œuvre littéraire comprend, entre autres, *L'étranger* (1942), *Le Mythe de Sisyphe* (1942), *La Peste* (1947), *L'Homme révolté* (1951), *La Chute* (1956). Il a aussi écrit des pièces de théâtre dont *Le Malentendu* (1941), *Les Justes* (1949). En 1957, il reçoit le prix Nobel de littérature pour l'ensemble de son œuvre.

Au fil de votre lecture, attardez-vous aux réflexions de Meursault, le narrateur. Lesquelles vous paraissent « socialement acceptables » et lesquelles vous paraissent plutôt étranges ?

Deuxième partie

I

Tout de suite après mon arrestation, j'ai été interrogé plusieurs fois. Mais il s'agissait d'interrogatoires d'identité qui n'ont pas duré longtemps. La première fois au commissariat, mon affaire semblait n'intéresser personne. Huit jours après, le juge d'instruction, au contraire, m'a regardé avec curiosité. Mais pour
5 commencer, il m'a seulement demandé mon nom et mon adresse, ma profession, la date et le lieu de ma naissance. Puis il a voulu savoir si j'avais choisi un avocat. J'ai reconnu que non et je l'ai questionné pour savoir s'il était absolument nécessaire d'en avoir un. « Pourquoi ? » a-t-il dit. J'ai répondu que je trouvais mon affaire très simple. Il a souri en disant : « C'est un avis. Pourtant, la loi est là. Si vous ne
10 choisissez pas d'avocat, nous en désignerons un d'office. » J'ai trouvé qu'il était

très commode que la justice se chargeât de ces détails. Je le lui ai dit. Il m'a approuvé et a conclu que la loi était bien faite.

Au début, je ne l'ai pas pris au sérieux. Il m'a reçu dans une pièce tendue de rideaux, il avait sur son bureau une seule lampe qui éclairait le fauteuil où il m'a fait asseoir pendant que lui-même restait dans l'ombre. J'avais déjà lu une description semblable dans des livres et tout cela m'a paru un jeu. Après notre conversation, au contraire, je l'ai regardé et j'ai vu un homme aux traits fins, aux yeux bleus enfoncés, grand, avec une longue moustache grise et d'abondants cheveux presque blancs. Il m'a paru très raisonnable et, somme toute, sympathique, malgré quelques tics nerveux qui lui tiraient la bouche. En sortant, j'allais même lui tendre la main, mais je me suis souvenu à temps que j'avais tué un homme.

Le lendemain, un avocat est venu me voir à la prison. Il était petit et rond, assez jeune, les cheveux soigneusement collés. Malgré la chaleur (j'étais en manches de chemise), il avait un costume sombre, un col cassé et une cravate bizarre à grosses raies noires et blanches. Il a posé sur mon lit la serviette qu'il portait sous le bras, s'est présenté et m'a dit qu'il avait étudié mon dossier. Mon affaire était délicate, mais il ne doutait pas du succès, si je lui faisais confiance. Je l'ai remercié et il m'a dit : « Entrons dans le vif du sujet. »

Il s'est assis sur le lit et m'a expliqué qu'on avait pris des renseignements sur ma vie privée. On avait su que ma mère était morte récemment à l'asile. On avait alors fait une enquête à Marengo. Les instructeurs avaient appris que « j'avais fait preuve d'insensibilité » le jour de l'enterrement de maman. « Vous comprenez, m'a dit mon avocat, cela me gêne un peu de vous demander cela. Mais c'est très important. Et ce sera un gros argument pour l'accusation, si je ne trouve rien à répondre. » Il voulait que je l'aide. Il m'a demandé si j'avais eu de la peine ce jour-là. Cette question m'a beaucoup étonné et il me semblait que j'aurais été très gêné si j'avais eu à la poser. J'ai répondu cependant que j'avais un peu perdu l'habitude de m'interroger et qu'il m'était difficile de le renseigner. Sans doute, j'aimais bien maman, mais cela ne voulait rien dire. Tous les êtres sains avaient plus ou moins souhaité la mort de ceux qu'ils aimaient. Ici, l'avocat m'a coupé et a paru très agité. Il m'a fait promettre de ne pas dire cela à l'audience, ni chez le magistrat instructeur. Cependant, je lui ai expliqué que j'avais une nature telle que mes besoins physiques dérangeaient souvent mes sentiments. Le jour où j'avais enterré maman, j'étais très fatigué, et j'avais sommeil. De sorte que je ne me suis pas rendu compte de ce qui se passait. Ce que je pouvais dire à coup sûr, c'est que j'aurais préféré que maman ne mourût pas. Mais mon avocat n'avait pas l'air content. Il m'a dit : « Ceci n'est pas assez. »

Audience
Relevez les mots du texte qui forment le champ lexical juridique d'*audience*.

Il a réfléchi. Il m'a demandé s'il pouvait dire que ce jour-là j'avais dominé mes sentiments naturels. Je lui ai dit : « Non, parce que c'est faux. » Il m'a regardé d'une façon bizarre, comme si je lui inspirais un peu de dégoût. Il m'a dit presque méchamment que dans tous les cas le directeur et le personnel de l'asile seraient entendus comme témoins et que « cela pouvait me jouer un très sale tour ». Je lui ai fait remarquer que cette histoire n'avait pas de rapport avec mon affaire, mais il m'a répondu seulement qu'il était visible que je n'avais jamais eu de rapports avec la justice.

Il est parti avec un air fâché. J'aurais voulu le retenir, lui expliquer que je désirais sa sympathie, non pour être mieux défendu, mais, si je puis dire, naturellement. Surtout, je voyais que je le mettais mal à l'aise. Il ne me comprenait pas et il m'en voulait un peu. J'avais le désir de lui affirmer que j'étais comme tout le monde, absolument comme tout le monde. Mais tout cela, au fond, n'avait pas grande utilité et j'y ai renoncé par paresse.

Peu de temps après, j'étais conduit de nouveau devant le juge d'instruction. Il était deux heures de l'après-midi et cette fois, son bureau était plein d'une lumière à peine tamisée par un rideau de voile. Il faisait très chaud. Il m'a fait asseoir et, avec beaucoup de courtoisie, m'a déclaré que mon avocat, « par suite d'un contretemps », n'avait pu venir. Mais j'avais le droit de ne pas répondre à ses questions et d'attendre que mon avocat pût m'assister. J'ai dit que je pouvais répondre seul. Il a touché du doigt un bouton sur la table. Un jeune greffier est venu s'installer presque dans mon dos.

Nous nous sommes tous les deux carrés dans nos fauteuils. L'interrogatoire a commencé. Il m'a d'abord dit qu'on me dépeignait comme étant d'un caractère taciturne et renfermé et il a voulu savoir ce que j'en pensais. J'ai répondu : « C'est que je n'ai jamais grand-chose à dire. Alors je me tais. » Il a souri comme la première fois, a reconnu que c'était la meilleure des raisons et a ajouté : « D'ailleurs, cela n'a aucune importance. » Il s'est tu, m'a regardé et s'est redressé assez brusquement pour me dire très vite : « Ce qui m'intéresse, c'est vous. » Je n'ai pas bien compris ce qu'il entendait par là et je n'ai rien répondu. « Il y a des choses, a-t-il ajouté, qui m'échappent dans votre geste. Je suis sûr que vous allez m'aider à les comprendre. » J'ai dit que tout était très simple. Il m'a pressé de lui retracer ma journée. Je lui ai retracé ce que déjà je lui avais raconté : Raymond, la plage, le bain, la querelle, encore la plage, la petite source, le soleil et les cinq coups de revolver. À chaque phrase il disait : « Bien, bien. » Quand je suis arrivé au corps étendu, il a approuvé en disant : « Bon. » Moi, j'étais lassé de répéter ainsi la même histoire et il me semblait que je n'avais jamais autant parlé.

Après un silence, il s'est levé et m'a dit qu'il voulait m'aider, que je l'intéressais et qu'avec l'aide de Dieu, il ferait quelque chose pour moi. Mais auparavant, il voulait me poser encore quelques questions. Sans transition, il m'a demandé si j'aimais maman. J'ai dit : « Oui, comme tout le monde » et le greffier, qui jusqu'ici tapait régulièrement sur sa machine, a dû se tromper de touches, car il s'est embarrassé et a été obligé de revenir en arrière. Toujours sans logique apparente, le juge m'a alors demandé si j'avais tiré les cinq coups de revolver à la suite. J'ai réfléchi et précisé que j'avais tiré une seule fois d'abord et, après quelques secondes, les quatre autres coups. « Pourquoi avez-vous attendu entre le premier et le second coup ? » dit-il alors. Une fois de plus, j'ai revu la plage rouge et j'ai senti sur mon front la brûlure du soleil. Mais cette fois, je n'ai rien répondu. Pendant tout le silence qui a suivi le juge a eu l'air de s'agiter. Il s'est assis, a fourragé dans ses cheveux, a mis ses coudes sur son bureau et s'est penché un peu vers moi avec un air étrange : « Pourquoi, pourquoi avez-vous tiré sur un corps à terre ? » Là encore, je n'ai pas su répondre. Le juge a passé ses mains sur son front et a répété sa question d'une voix un peu altérée : « Pourquoi ? Il faut que vous me le disiez. Pourquoi ? » Je me taisais toujours.

Brusquement, il s'est levé, a marché à grands pas vers une extrémité de son bureau et a ouvert un tiroir dans un classeur. Il en a tiré un crucifix d'argent qu'il a brandi en revenant vers moi. Et d'une voix toute changée, presque tremblante, il s'est écrié : « Est-ce que vous le

Greffier

D'après le texte, que fait un greffier ?

Taciturne

Selon le contexte, donnez une définition.

Crucifix

Décrivez cet objet à quelqu'un qui ne connaît pas sa signification.

lexique

connaissez, celui-là ? » J'ai dit :
« Oui, naturellement. » Alors il
m'a dit très vite et d'une façon passionnée que lui croyait en Dieu, que
110 sa conviction était qu'aucun homme n'était assez coupable pour que
Dieu ne lui pardonnât pas, mais qu'il fallait pour cela que l'homme
par son repentir devînt comme un enfant dont l'âme est vide et prête
à tout accueillir. Il avait tout son corps penché sur la table. Il agitait
son crucifix presque au-dessus de moi. À vrai dire, je l'avais très mal
115 suivi dans son raisonnement, d'abord parce que j'avais chaud et
qu'il y avait dans son cabinet de grosses mouches qui se posaient
sur ma figure, et aussi parce qu'il me faisait un peu peur. Je recon-
naissais en même temps que c'était ridicule parce que, après tout,
c'était moi le criminel. Il a continué pourtant. J'ai à peu près compris
120 qu'à son avis il n'y avait qu'un point d'obscur dans ma confession, le fait
d'avoir attendu pour tirer mon second coup de revolver. Pour le reste,
c'était très bien, mais cela, il ne le comprenait pas.

    J'allais lui dire qu'il avait tort de s'obstiner : ce dernier point n'avait pas
tellement d'importance. Mais il m'a coupé et m'a exhorté une dernière fois,
125 dressé de toute sa hauteur, en me demandant si je croyais en Dieu. J'ai répondu
que non. Il s'est assis avec indignation. Il m'a dit que c'était impossible, que tous
les hommes croyaient en Dieu, même ceux qui se détournaient de son visage.
C'était là sa conviction et, s'il devait jamais en douter, sa vie n'aurait plus de sens.
« Voulez-vous, s'est-il exclamé, que ma vie n'ait pas de sens ? » À mon avis, cela ne
130 me regardait pas et je le lui ai dit. Mais à travers la table, il avançait déjà le Christ
sous mes yeux et s'écriait d'une façon déraisonnable : « Moi, je suis chrétien. Je
demande pardon de tes fautes à celui-là. Comment peux-tu ne pas croire qu'il a
souffert pour toi ? » J'ai bien remarqué qu'il me tutoyait, mais j'en avais assez. La
chaleur se faisait de plus en plus grande. Comme toujours, quand j'ai envie de me
135 débarrasser de quelqu'un que j'écoute à peine, j'ai eu l'air d'approuver. À ma
surprise, il a triomphé : « Tu vois, tu vois, disait-il. N'est-ce pas que tu crois et que
tu vas te confier à lui ? » Évidemment, j'ai dit non une fois de plus. Il est retombé
sur son fauteuil.

    Il avait l'air très fatigué. Il est resté un moment silencieux pendant que la
140 machine, qui n'avait pas cessé de suivre le dialogue, en prolongeait encore les
dernières phrases. Ensuite, il m'a regardé attentivement et avec un peu de
tristesse. Il a murmuré : « Je n'ai jamais vu d'âme aussi endurcie que la vôtre. Les

criminels qui sont venus devant moi ont toujours pleuré devant cette image de la douleur.» J'allais répondre que c'était justement parce qu'il s'agissait de criminels. 145 Mais j'ai pensé que moi aussi j'étais comme eux. C'était une idée à quoi je ne pouvais pas me faire. Le juge s'est alors levé, comme s'il me signifiait que l'interrogatoire était terminé. Il m'a seulement demandé du même air un peu las si je regrettais mon acte. J'ai réfléchi et j'ai dit que, plutôt que du regret véritable, j'éprouvais un certain ennui. J'ai eu l'impression qu'il ne me comprenait pas. Mais 150 ce jour-là les choses ne sont pas allées plus loin.

Par la suite j'ai souvent revu le juge d'instruction. Seulement, j'étais accompagné de mon avocat à chaque fois. On se bornait à me faire préciser certains points de mes déclarations précédentes. Ou bien encore le juge discutait les charges avec mon avocat. Mais en vérité ils ne s'occupaient jamais de moi à ces moments-là. 155 Peu à peu en tout cas, le ton des interrogatoires a changé. Il semblait que le juge ne s'intéressât plus à moi et qu'il eût classé mon cas en quelque sorte. Il ne m'a plus parlé de Dieu et je ne l'ai jamais revu dans l'excitation de ce premier jour. Le résultat, c'est que nos entretiens sont devenus plus cordiaux. Quelques questions, un peu de conversation avec mon avocat, les interrogatoires étaient finis. Mon 160 affaire suivait son cours, selon l'expression même du juge. Quelquefois aussi, quand la conversation était d'ordre général, on m'y mêlait. Je commençais à respirer. Personne, en ces heures-là, n'était méchant avec moi. Tout était si naturel, si bien réglé et si sobrement joué que j'avais l'impression ridicule de « faire partie de la famille ». Et au bout des onze mois qu'a duré cette instruction, 165 je peux dire que je m'étonnais presque de m'être jamais réjoui d'autre chose que de ces rares instants où le juge me reconduisait à la porte de son cabinet en me frappant sur l'épaule et en me disant d'un air cordial : « C'est fini pour aujourd'hui, monsieur l'Antéchrist. » On me remettait alors entre les mains des gendarmes.

Albert Camus, *L'étranger*, © 1942, Éditions Gallimard.

lexique

Antéchrist
D'après le préfixe, que signifie ce mot?

réflexions

1 Le milieu judiciaire présenté dans l'extrait comprend des aspects vraisemblables et d'autres invraisemblables. Quels éléments du texte sont crédibles et lesquels présentent une vision exagérée ou déformée de la justice?

2 Qu'est-ce qui motive Meursault à adopter un comportement aussi singulier?

3 Meursault est un personnage atypique; résumez brièvement sa personnalité.

4 De quelle manière les croyances ou les valeurs du juge d'instruction et de l'avocat influencent-elles leur comportement envers Meursault?

À propos... du personnage

Le personnage

Un personnage peut être, entre autres, un homme, une femme, un animal, un objet, une créature imaginaire. Peu importe sa forme extérieure, il possède généralement des attributs humains tels que la parole, la pensée ou l'intelligence. Pour en faire l'analyse, il faut réfléchir sur les caractéristiques qui lui sont spécifiques et sur son rôle dans l'histoire.

Les caractéristiques

Les caractéristiques du personnage sont les **traits physiques**, **psychologiques**, **intellectuels**, **culturels**, **sociaux** et **affectifs** que l'auteur lui donne. Ces caractéristiques peuvent être implicites ou explicites. Il revient au lecteur de les dégager afin de se représenter le personnage d'une façon juste.

L'EXTÉRIORITÉ

Parmi les caractéristiques possibles, il y a celles qui présentent l'**extériorité** du personnage. Il s'agit généralement des traits physiques, culturels et sociaux :

– son apparence (allure générale, traits physiques, vêtements, beauté) ;

– son statut (nom, prénom, surnom, profession, état civil, etc.) ;

– son environnement (lieu de résidence, signes extérieurs témoignant de l'appartenance religieuse et de la classe sociale, habitudes de vie, fréquentations, langage, etc.).

> « Je revois encore Hassan, perché dans un arbre, et son visage presque parfaitement rond moucheté de taches lumineuses par le soleil qui perçait à travers le feuillage – un visage semblable à celui d'une poupée chinoise sculptée dans du bois dur, avec un nez plat et large, et des yeux bridés étroits comme des feuilles de bambou [...] » (Hosseini)

L'INTÉRIORITÉ

Certaines caractéristiques présentent l'**intériorité** du personnage. Il s'agit généralement de particularités psychologiques, intellectuelles et affectives :

- ses forces et ses faiblesses ;
- sa personnalité et son tempérament ;
- ses talents ou ses goûts, etc.

- ses croyances et ses valeurs ;
- ses aspirations et ses frustrations.

> Dans *Bonheur d'occasion*, Gabrielle Roy présente l'intériorité de Rose-Anna lorsque le narrateur rapporte les craintes qui l'habitent. Ce questionnement sur sa capacité à être une bonne mère est une caractéristique importante du personnage. « Est-ce que j'aurai, moi, quelque chose de plus à donner à Florentine quand elle sera une femme mariée et qu'elle aura peut-être ben besoin de moi de la façon que j'ai moi-même aujourd'hui besoin de quelqu'un pour me parler ? »

L'EXPLICITE

Pour caractériser un personnage, l'auteur procède parfois de façon **explicite**, c'est-à-dire que le narrateur nomme ou décrit les traits du personnage. Ces passages du texte, essentiellement descriptifs, portent sur des éléments d'analyse qui ne prêtent pas à interprétation : le nom du personnage, son état civil, sa couleur de cheveux, etc. Certains traits psychologiques (qualités, sentiments, etc.) peuvent être explicites s'ils sont mentionnés clairement dans le texte.

> Dans *Bonheur d'occasion*, la description du petit Daniel est explicite et montre qu'il s'agit d'un enfant malade : « le petit Daniel [...] ouvrait des yeux ronds encore avivés de fièvre. [...] Il était trop petit [...] [il faisait] pour réfléchir des efforts qui le mirent presque en sueur [...] il semblait frissonner. »

Il arrive souvent, lors d'un dialogue, qu'un personnage en décrive un autre ou, lors d'un monologue intérieur, qu'il se définisse lui-même. Dans ce cas il y a aussi place à interprétation. Le personnage est-il honnête ? A-t-il des motivations cachées ? Porte-t-il un jugement trop sévère ?

> Le narrateur des *Cerfs-volants de Kaboul* décrit le personnage de Sanaubar en racontant ce qu'il a entendu dire, il est donc possible que la description soit déformée : « J'ai entendu dire que la démarche chaloupée et provocante de Sanaubar engendrait des rêves d'infidélité chez les hommes. »

L'IMPLICITE

La caractérisation est dite **implicite** lorsqu'on doit interpréter le texte pour déduire un trait de personnalité. Celui-ci peut être mis en lumière par les actions ou par les réactions d'un personnage. De plus, certains aspects de sa personnalité peuvent être révélés par la façon dont il s'exprime. Par exemple, l'intonation ou le niveau de langue permettent, entre autres, de caractériser un personnage de façon implicite.

> Dans *Les cerfs-volants de Kaboul*, on déduit que Baba est un père autoritaire lorsqu'il ordonne à son fils de sortir et d'aller lire un livre. À aucun moment dans l'histoire, l'auteur n'emploie les termes *père autoritaire*. Il a choisi un procédé implicite, c'est par ses actions et par ses paroles que l'autorité du père est présentée. « — File, maintenant, m'ordonnait-il. C'est l'heure des grands. Pourquoi tu ne vas pas lire un de tes livres ? »

Le rôle du personnage

Le personnage fait partie d'une histoire. Il y joue un rôle de plus ou moins grande importance selon qu'il s'agit d'un personnage **principal** ou **secondaire**. De manière générale, on reconnaît le personnage principal comme celui qui participe le plus au déroulement de l'intrigue.

De plus, il est possible de faire la distinction entre un rôle **actif** (celui qui modifie le fil des événements par ses actions : bienfaiteur, maître-chanteur) et un rôle **passif** (celui qui n'influence pas directement le cours de l'histoire : bénéficiaire, victime).

Le **schéma actantiel** permet une autre compréhension des personnages en leur attribuant un rôle spécifique.

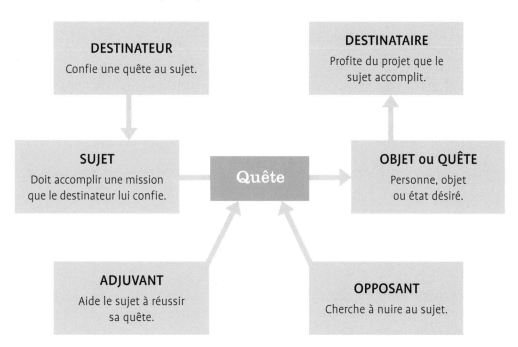

Il est à noter qu'un même personnage peut jouer plus d'un rôle. Par exemple, le sujet pourrait aussi être le destinateur et le destinataire de sa quête. Aussi, il arrive souvent que le schéma actantiel évolue ; les rôles changent, l'ennemi devient un allié. Dans ce cas il sera parfois nécessaire d'élaborer plus d'un schéma actantiel lors de la lecture.

Les personnages-types

Il existe des catégories distinctes de personnages pour lesquels on reconnaît des caractéristiques communes : l'inspecteur de police, le superhéros, la princesse, l'enfant terrible, le savant fou, etc. Ces **personnages-types** peuvent illustrer une époque, une société, un corps de métier et on les retrouve dans de nombreuses œuvres.

> Dans *Bonheur d'occasion*, Rose-Anna Lacasse est un personnage-type de la mère québécoise d'avant la Révolution tranquille. Elle possède donc certaines de ces caractéristiques : elle a de nombreux enfants, elle est responsable des corvées ménagères, elle est de religion catholique.

Le héros et l'antihéros

Tout comme les personnages-types, les concepts de héros et d'antihéros sont communs à plus d'un personnage. Le **héros** est le personnage principal d'une œuvre de fiction. Ce sont ses actions qui conduisent l'intrigue jusqu'à son dénouement. Il possède des qualités, mais aussi des défauts. Il peut être un modèle positif ou négatif.

L'**antihéros** peut être le personnage principal d'une œuvre de fiction tout comme il peut en être un personnage secondaire. L'antihéros présente toutefois des caractéristiques particulières qui le différencient du héros. Il provoque des réactions ambiguës chez le lecteur telles que la pitié, l'empathie, le rire, la dérision et parfois même l'admiration.

> Il ne faut pas confondre antihéros et ennemi du héros. L'ennemi tentera de nuire à la quête tandis que l'antihéros ne tient généralement pas le rôle de l'opposant dans le schéma actantiel.

L'antihéros peut posséder les caractéristiques suivantes :

– il est **non conformiste**, c'est-à-dire qu'il vit en marge des autres. Il a des opinions extrêmes, des valeurs qui diffèrent de celles de la majorité ;

– il a une **apparence physique singulière**, une attitude nonchalante, il peut être laid ou ne pas être en forme. Il possède parfois un physique ordinaire, sans éclat ou banal, à des lieues du physique magnifié de la majorité des héros ;

– il **s'exprime avec naïveté ou cynisme**, ses paroles peuvent faire rire ou faire peur, être incohérentes ou absurdes. Dans certains cas, l'antihéros peut aussi défendre avec vigueur un propos marginal ;

– il **provoque l'inconfort ou le malaise**, c'est-à-dire que les êtres qui sont à l'aise en sa présence sont peu nombreux. Il est parfois victime du regard accusateur que les autres portent sur lui. Il est rejeté par une majorité de personnes.

Dans *L'étranger*, l'extrait suivant illustre certaines caractéristiques de l'antihéros : « Pendant tout le silence qui a suivi le juge a eu l'air de s'agiter. Il s'est assis, a fourragé dans ses cheveux, a mis ses coudes sur son bureau et s'est penché un peu vers moi avec un air étrange **[provoque l'inconfort]** : Pourquoi, pourquoi avez-vous tiré sur un corps à terre **[comportement répréhensible et non conforme]** ? Là encore, je n'ai pas su répondre **[propos qui dénotent de la naïveté]** ».

Comparer les textes

Vous venez de lire un extrait des œuvres suivantes : *Les cerfs-volants de Kaboul*, *Bonheur d'occasion* et *L'étranger*.

1. Quelles particularités culturelles permettent de différencier le personnage principal de chacun des trois romans ?

2. Meursault n'est pas le seul personnage à présenter les caractéristiques de l'antihéros. À la lecture des extraits, quels autres personnages présentent une ou plusieurs des caractéristiques associées à l'antihéros ?

3. Les trois personnages principaux portent un regard sur eux-mêmes, leurs actions, leur passé ou leur avenir. Lequel semble se connaître le mieux ? Expliquez votre choix.

4. Selon vous, lequel des personnages a été le moins influencé par son milieu de vie ? Pourquoi ?

5. Chacun des trois personnages principaux est confronté à un opposant. À votre avis, lequel des trois semble agir de façon appropriée ? Pour répondre, relevez d'abord pour chacun des personnages une scène où ce dernier fait face à un opposant et commentez sa réaction devant l'adversité.

Pistes d'essai

Lecture

Dans la section Inter·textes, consultez l'extrait de la « Lettre 5 » tiré de *Conseils à un jeune romancier* de Marc Fisher. L'auteur y décrit cinq catégories de situations vécues par les héros et nomme plusieurs personnages célèbres correspondant à ces catégories. Parmi tous les textes de la Fenêtre 1, choisissez le meilleur exemple pour chacune des catégories décrites dans le texte de Marc Fisher. À partir des conseils qu'il prodigue à son neveu, expliquez votre choix.

Pour soutenir votre démarche, consultez la stratégie « Lire un texte littéraire », page 550.

Catégories	Personnages	Explications
Le héros est amoureux.		
Il a subi une injustice.		
Il est fauché.		
Il connaît un changement défavorable.		
Il vit un événement heureux.		

Communication orale

Vous allez entendre un enregistrement qui raconte l'histoire, la réalité d'un personnage. Pendant l'écoute, prenez en note les caractéristiques, les événements, les faits, les réactions qui font découvrir ce personnage. Brossez le portrait du personnage le plus justement possible.

Pour soutenir votre démarche, consultez la stratégie « Prendre des notes », page 569.

Écriture

L'aéroport. Un lieu où plusieurs inconnus se croisent pour un bref moment. Qui sont-ils ? Que transportent-ils dans leurs bagages ? Choisissez votre inconnu, soit il attend quelqu'un, soit il attend son vol, décrivez la personnalité, le comportement, les réactions de votre personnage en fonction de la situation vécue.

Pour soutenir votre démarche, consultez la stratégie « Écrire un texte littéraire », page 554.

Marc Fisher est le nom de plume d'un écrivain montréalais – une «traduction» de son véritable nom, Marc-André Poissant. À l'adolescence, à cause d'un souffle au cœur, il doit restreindre ses activités, ce qui le conduit à plonger dans l'univers de la littérature. Sa renommée est internationale et ses livres, dont *Le millionnaire* (1988), sont traduits en plusieurs langues. Dans *Conseils à un jeune romancier* (2000), Marc Fisher correspond avec son neveu, pendant des vacances en Europe, et tente de le guider dans son métier d'écrivain.

Conseils à un jeune romancier [extrait]

LETTRE 5
De l'identification
du lecteur au héros

Portofino, le 13 juin 1999

À la fin de ma lettre précédente que j'ai interrompue un peu brusquement – les personnages du roman en
5 cours m'appelaient de leur voix impérieuse! – je t'exhortais, entre autres choses, à rendre tes personnages attachants.

S'il y a une nécessité romanesque
10 à laquelle l'auteur ne saurait se dérober, c'est bien celle-là.

Car que veut dire le lecteur lorsque, refermant avec ennui ou dégoût un roman, il décrète, juge terrible : «Je
15 n'embarque pas!»?

En général, et même s'il ne le dit pas expressément, il estime qu'**il ne se passe rien**, ou que **les personnages, et surtout le personnage principal,**
20 **le laissent indifférent**.

[...]

Mais qu'est-ce qui rend un personnage principal, pour mieux dire un héros, attachant ?

Tu seras peut-être tenté de me
25 répondre spontanément qu'il y a sans doute d'innombrables traits de caractère ou d'actions – car c'est essentiellement par ses actions qu'un personnage se définit – puisqu'il y a déjà d'innombra-
30 bles romans différents qui t'ont plu au cours de ta brève existence.

[...]

Descartes a écrit *Le Traité des passions*. Pour m'amuser – et pour que tu ne prennes pas trop au sérieux les
35 échafaudages de ton vieil oncle – je baptiserai mon inventaire : *Le Traité de l'identification*.

ARTICLE PREMIER :
LE HÉROS EST AMOUREUX.

Je t'entends déjà pousser les hauts cris. Quelle banalité! Et pourtant,
40 combien de fois n'ai-je pas lu des manuscrits – et même des œuvres publiées

– dans lesquels un homme et une femme, libres selon toute apparence, se côtoyaient pendant deux cents
45 pages sans que jamais la moindre étincelle jaillît entre eux [...]. Et cette absence d'étincelles m'irritait – comme elle irrite sans doute tout lecteur –, me paraissait même contre nature.

[...]

50 On s'identifie aisément à un héros amoureux, surtout, bien entendu, [...] si son inclination rencontre des obstacles.

Car tout le monde a été un jour ou l'autre amoureux – ou souhaité l'être.

55 Pense à tous les grands romans d'amour du passé. Pense à *Mort à Venise*, à *La Chartreuse de Parme*, à *L'éducation sentimentale*, à *La Dame aux camélias*. Pense aux *Souffrances du jeune*
60 *Werther*, aux *Liaisons dangereuses*.

[...]

Tu m'objecteras peut-être qu'il s'agit là – dans presque tous les cas – de romans anciens, et que l'amour, du moins en littérature, est passé de mode
65 puisque tout a été dit à son sujet.

L'amour ne sera jamais démodé : ce sont certains auteurs qui le sont, parce qu'ils singent leurs aînés et ne vivent pas dans l'instant présent, là
70 seulement où l'on découvre les neuves moissons.

Que ton héros soit donc amoureux, même si ton intrigue principale repose sur d'autres fondements. Consacre au
75 moins ta sous-intrigue ou une de tes sous-intrigues [...] à ce que les Américains appellent le *love interest*, l'intérêt amoureux.

Les variations, les masques sont
80 innombrables.

Mais une nécessité s'impose : **tu dois t'ingénier à contrarier les amours de ton héros**. Si les deux sont

d'accord, si personne ne s'oppose à
85 leur passion, il te faudra du génie pour écrire un roman, et surtout intéresser le lecteur.

Car, comme l'a si bien démontré Denis de Rougemont dans *L'Amour et*
90 *l'Occident* (lis-le absolument), l'amour naît de l'Obstacle.

Oui, l'Obstacle, qui prend différentes formes selon les époques, les milieux, les situations dramatiques,
95 mais toujours nécessaire, incontournable : L'OBSTACLE.

Qu'auraient été, par exemple, les amours de Roméo et Juliette sans la haine entre leurs deux familles ?

100 Sans cet obstacle qui a été modulé à l'infini par les poètes, les dramaturges et les romanciers, [...] Shakespeare, malgré tout son génie, n'aurait pu aboutir à la tragédie la plus célèbre de
105 l'histoire. Il aurait marié Roméo et Juliette, leur aurait donné une progéniture, et la postérité les aurait vite oubliés : comme disait Gide, on ne fait pas de littérature avec de bons
110 sentiments.

D'autres obstacles ?

À l'époque où la moralité réprouvait l'infidélité et où l'institution du mariage avait encore quelque solidité,
115 l'adultère présentait encore un certain intérêt pour les romanciers : la morale, la société étaient l'obstacle.

Aujourd'hui, amoureux hors du mariage, les gens mariés quittent leur
120 conjoint sans les hésitations du passé : le romancier doit inventer d'autres obstacles.

Pourtant dans *Les ponts de Madison*, qui connut il y a quelques années un
125 succès retentissant, l'auteur a imaginé un obstacle intérieur chez son héroïne. Mal mariée (toutes les héroïnes le sont depuis *Madame Bovary*, qui engendra

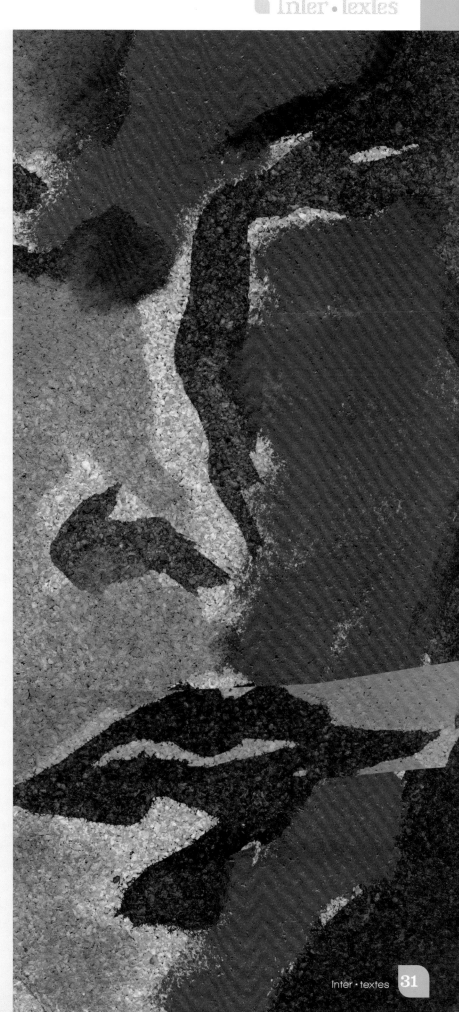

ou, plutôt, révéla un mal durable et
130 épidémique ; le bovarysme !), elle refuse,
par amour pour ses enfants, de suivre
un séduisant étranger de passage.

[...]

Ce qui a conquis le public, c'est
l'histoire, c'est la situation dramatique,
135 c'est ce sacrifice d'une femme qui fait
passer le bonheur de ses enfants avant
le sien propre. (D'ailleurs une marque
fréquente du héros classique, c'est qu'il
se sacrifie pour une cause, pour un idéal,
140 pour autrui.

[...]

Si certains héros (ou héroïnes)
sacrifient leur amour à une cause qui
leur paraît plus élevée (enfants, patrie,
mari malade mais méritoire), la situa-
145 tion opposée peut, elle aussi, être une
grande source d'identification chez le
lecteur : c'est celle qui consiste, pour le
héros, à tout sacrifier (et parfois à tout
perdre : famille, position, honneur)
150 pour l'amour. Le lecteur a souvent
éprouvé cette tentation, ce désir secret
de céder à une passion dévorante, mais
la morale, mais la crainte l'en a
empêché : à travers le héros audacieux,
155 il vit par procuration ses passions
réfrénées.

[...] Enfin, les combinaisons sont
illimitées, et je n'en dresserai pas ici la
liste. L'important est que tu retiennes
160 le principe de l'obstacle.

**ARTICLE DEUXIÈME :
LE HÉROS A SUBI UNE INJUSTICE.**

Il a été trahi, accusé injustement,
ridiculisé, violé, déshonoré, floué par
une grande compagnie, le gouvernement, un partenaire, lésé par ses frères
165 dans un héritage. Les exemples de ces
situations sont innombrables, autant
en littérature qu'au cinéma.

En fait, dans presque un film américain sur deux, le héros a subi une injustice, la plupart du temps au début de l'histoire, qui se transforme alors en une intrigue de vengeance [...].

Oui, la vengeance semble exercer une fascination inépuisable et renaît constamment de ses cendres, comme si chaque lecteur, chaque spectateur aimait se venger par procuration de toutes les injustices qu'il a subies, et qui sont demeurées apparemment impunies parce que la vie est un scénariste, un romancier moins complaisant.

Vois *Carrie*, de Stephen King : bafouée, une adolescente utilise ses pouvoirs paranormaux pour se venger.

Le *Comte de Monte Cristo*, de Dumas, qui fut tant de fois adapté au cinéma, ce qui prouverait, s'il en était besoin, à quel point son intrigue initiale est opératoire chez les générations successives.

[...]

Parfois aussi, TON HÉROS, sans subir carrément une injustice, NE SE SENT PAS RECONNU À SA JUSTE VALEUR.

Artiste, il ne peut vivre de son art. Un collègue de travail ou un rival amoureux lui est préféré.

Inventeur, savant, il ne peut faire reconnaître ses découvertes.

[...]

Ou encore, toujours dans le même registre, TON HÉROS SE SENT SEUL, RIDICULISÉ, REJETÉ.

Il peut être effectivement seul, ou se sentir seul dans son mariage, dans une union, dans une famille ou au bureau, dans un groupe qui ne le comprend pas ou le rejette pour toutes sortes de raisons : excentricité, originalité, génie, orientation sexuelle, race, religion, langue, infériorité économique...

**ARTICLE TROISIÈME :
LE HÉROS EST ENDETTÉ, FAUCHÉ, POURSUIVI PAR SES CRÉANCIERS, AU BORD DE LA FAILLITE, IL VIENT DE PERDRE SON EMPLOI, UN PLACEMENT BOURSIER AUDACIEUX A ÉCHOUÉ.**

Dans nombre de bons romans, dans nombre de films américains, le héros éprouve des difficultés chroniques ou provisoires avec l'argent, ce qui oriente souvent toute son action.

Facile de s'identifier à de tels personnages, parce que la majorité des gens sont endettés et éprouvent des ennuis financiers. Il n'est pas nécessaire du reste que ton héros soit endetté, mais il est important, je crois, que sa situation financière soit connue.

Un médecin que sa profession met à l'abri du besoin ne vit pas le même genre de problèmes qu'un homme qui vient de perdre son emploi et est aux abois financièrement. Il est plus facile de s'identifier au second qu'au premier. Et puis, connaissant des difficultés financières, ton héros est plus susceptible de faire des gestes qu'il pourrait regretter, qui vont peut-être à l'encontre de son code d'honneur, qui risquent de compromettre ses valeurs, et le forceront à accepter, par exemple, un pacte faustien, dont on voit tant d'exemples réussis dans la littérature et au cinéma. Tu hérites du même coup d'une situation riche en potentiel dramatique.

ARTICLE QUATRIÈME :
LE HÉROS CONNAÎT UN CHANGEMENT DÉFAVORABLE DE SITUATION.

Catégorie fort vaste, à la vérité, et qui embrasse un nombre considérable de situations dramatiques. Il y a bien entendu des romans qui sont des chroniques d'une époque, des fresques ou de grandes sagas familiales. Mais les romans les plus prenants sont à mon avis ceux qui relatent une crise brève mais intense qui se pose au héros. Or, par définition, une crise est toujours un changement défavorable de situation.

Des exemples ? Tu as bien entendu l'embarras du choix. Ne fais que regarder dans ta vie ou dans la vie de ceux qui t'entourent.

Voici ceux qui me viennent spontanément à l'esprit, et que tu as sans doute déjà répertoriés.

Le héros tombe malade, est accidenté, ou encore – variante fréquente – un être qui lui est cher tombe malade ou est accidenté. Divorce, séparation, rupture de fiançailles, mort de l'être cher, d'un parent, d'un enfant, avortement ou fausse couche. Séparation amoureuse ou familiale imposée par les événements : le travail, la guerre, un long voyage. Échec d'un projet majeur, retraite prématurée non désirée.

ARTICLE CINQUIÈME :
LE HÉROS VIT UN ÉVÉNEMENT HEUREUX.

Tu m'objecteras peut-être que cette catégorie est en contradiction avec la précédente. Mais, à la vérité, ces deux types d'événements aident à créer l'identification avec le héros, car ils décrivent des moments **émotivement puissants** dans la vie de ton personnage principal.

Évidemment, il ne saurait être question, sous peine d'ennuyer mortellement le lecteur ou le spectateur, de faire se succéder de manière trop systématique ces événements heureux. Mais ils permettent de préparer (par contraste) ou de ponctuer de manière excellente des moments malheureux, des moments de crise.

Voyons-en quelques exemples. Ton héros, donc, vit un événement heureux : demande en mariage, fiançailles, mariage (pense au *Parrain*, à *Quatre mariages et un enterrement*, au *Mariage de Figaro*, et à d'innombrables romans et films qui ont tiré profit de cet événement heureux dont rêvent tant de lecteurs, tant de spectateurs).

Autres événements heureux : lune de miel, anniversaire de mariage, grossesse (désirée, bien entendu), naissance, promotion, augmentation de salaire, héritage inattendu, gain à la loterie ou à la Bourse, gloire imprévue, retrouvailles fortuites ou longtemps espérées, départ pour des vacances, retour à la maison ou au pays après un long voyage, déménagement dans un bel appartement, achat d'une maison, d'une voiture, cadeau, fêtes familiales ou autres, comme Noël...

[...] Mais je crois que tu as maintenant l'idée générale. À toi, bon romancier en herbe, de les noter. Ou des les inventer !

Marc Fisher, *Conseils à un jeune romancier*,
© 2000, Éditions Québec Amérique,
pages 33-45.

Émile Nelligan, né en 1879, est considéré comme l'un des plus grands poètes du Canada français. Il a écrit la presque totalité de son œuvre avant d'avoir 20 ans. Il utilise la réalité qui l'entoure pour véhiculer sa douleur, sa solitude, son désarroi. Nelligan est passionné par les arts, ce que son père désapprouve, et il voue un amour particulier à la musique des mots. Il participe même à des lectures de poèmes à l'École littéraire de Montréal. Souffrant de démence hallucinatoire, il est interné en 1899. Il meurt à l'asile d'aliénés Saint-Jean-de-Dieu en 1941.

La passante

Hier, j'ai vu passer, comme une ombre qu'on plaint,
En un grand parc obscur, une femme voilée :
Funèbre et singulière, elle s'en est allée,
Recélant sa fierté sous son masque opalin.

5 Et rien que d'un regard, par ce soir cristallin,
J'eus deviné bientôt sa douleur refoulée ;
Puis elle disparut en quelque noire allée
Propice au deuil profond dont son cœur était plein.

Ma jeunesse est pareille à la pauvre passante :
10 Beaucoup la croiseront ici-bas dans la sente
Où la vie à la tombe âprement nous conduit ;

Tous la verront passer, feuille sèche à la brise
Qui tourbillonne, tombe et se fane en la nuit ;
Mais nul ne l'aimera, nul ne l'aura comprise.

Émile Nelligan, *La passante*, 1899.

Hoda Thamir Jehad est une jeune Irakienne de dix-huit ans qui confie ses tourments à son journal. La guerre qui se déclare dans son pays, l'Irak, bouleverse son quotidien et met en veilleuse ses projets d'avenir. À travers ses écrits, on peut ressentir ses émotions, voir les conditions de vie du peuple irakien et s'interroger sur les impacts du conflit.

Paroles d'enfants dans la guerre est un recueil de journaux de guerre écrits par des enfants de diverses origines, de toutes les époques (de 1912 à 2003) et de toutes les conditions (milieux fortunés ou pauvres, ruraux ou urbains, soldats ou civils, orphelins ou membres d'une famille, jeunes ou plus âgés). Ce qui est troublant, c'est que malgré toute cette diversité, la similitude entre les témoignages est frappante. Les réflexions et les questionnements de ces enfants, quelle que soit la guerre qu'ils vivent et le côté duquel ils la vivent, dépeignent la même tristesse et les mêmes horreurs, mais surtout, l'insouciance volée.

Paroles d'enfants dans la guerre [extrait]

Impressions des jours de guerre...

20 mars 2003

En ces temps difficiles que nous subissons, j'ai envie d'exprimer mes sentiments. Ce que j'écris, c'est ce que je ressens, je ne sais pas comment d'autres voient cette guerre, puisqu'elle n'a commencé qu'aujourd'hui, mardi 20 mars, un jour difficile à
5 vivre pour nous tous. Les mots se bousculent dans ma tête, ils exigent d'être lâchés dans le monde, pour dire la vérité sur ce que nous vivons aujourd'hui. Je tiens à souligner qu'hier il a fait très beau, une belle journée, normale, et que les étoiles ont brillé dans le ciel sombre comme d'habitude. Mais ce matin n'était pas un matin ordinaire, les gazouillements des oiseaux se mêlaient aux coups de feu. En ce qui
10 me concerne, je parlerai un peu de moi, pour la seule raison que je souhaite exprimer mon chagrin. Je suis une élève de terminale, en section scientifique, et mon destin se joue cette année. Comment dire à quel point j'étais optimiste, à quel point je croyais à mon bonheur ?

21 mars 2003

15 D'un côté, j'attends avec joie le jour où j'aurai mon certificat d'études secondaires, et où j'entrerai à l'université de mon choix, de l'autre je suis triste que nous ne connaissions plus la paix dans notre pays, l'Irak. Nous avons aussi perdu les grands plaisirs de notre vie, étudier, communiquer avec nos amis, discuter tous les jours de sujets intéressants avec les élèves et les professeurs. Tout cela me
20 manque, aujourd'hui. Je suis bouleversée de savoir qu'à mon réveil le matin, il n'y aura que le rugissement des armes et des avions ennemis. Naturellement, cela m'oblige à travailler régulièrement chez moi. Cela s'est passé de cette façon les trois premiers jours, quand il y avait de terribles combats.

[...]

24 mars 2003

25   La guerre a fait rage, aujourd'hui. Des forces de la marine ont pénétré dans notre modeste quartier résidentiel. Elles sont allées partout, dans tous les coins. Les combats s'intensifient chaque jour. Je me demande si nous retrouverons un jour la vie simple et la pauvreté dont je me contentais, et les beaux jours de notre jeunesse, qui ne sont plus aujourd'hui que des souvenirs, perdus à jamais.

30 ### 25 mars 2003

    Je ne crois pas pouvoir donner une idée exacte de ce qui s'est passé cette nuit de mardi, quels que soient mes efforts. Je crois que c'était la pire nuit que j'aie jamais vécue. Les combats ont commencé vers deux heures du matin, alors que je venais juste de m'endormir. Comme on le sait, l'électricité a été coupée dès le

35 deuxième jour de la guerre, et cela s'ajoute à la peur, à la terreur, à l'effroi qui sont notre lot quotidien. Je suis restée éveillée jusqu'au petit matin. Je ne reconnais plus le jour de la nuit. Nous sommes tous entassés dans une seule pièce, sous les toits. Il est neuf heures du matin, nous n'avons pas encore ouvert la porte de la pièce. La situation est si difficile, pour ma famille, que nous ne pouvons même pas préparer

40 le petit déjeuner. Maintenant, les bombardements ont énormément augmenté, et nous ne savons rien de ce qui se passe. Il y a des combats très violents; des explosions et des blindés américains rugissent dans les rues de la ville. Je suis dans une angoisse folle! Mon Dieu, je vous en prie, accordez-nous votre protection, laissez-nous la vie, vous êtes le seul recours. Nous sommes entre vos mains, vos seules mains, et je vous

45 prie de sauver tous les fidèles de notre famille.

    [...]

27 mars 2003

    Tout ce que je raconte n'est rien, comparé aux maisons détruites et aux innocents qui meurent. Ils sont innombrables. J'ai presque oublié qu'une de mes amies m'a téléphoné ce matin pour m'annoncer que son neveu était mort. Un enfant qui

50 n'avait pas plus de cinq ans! Je l'adorais, je lui achetais souvent des petits cadeaux en revenant de l'école. Il était très beau. J'étais si malheureuse d'apprendre sa mort que j'ai pleuré. C'est juste, ça? On suppose qu'on retrouvera notre vie d'avant, et même qu'elle sera meilleure; moi, je pense que notre existence est un désastre auquel nous n'avons aucune chance d'échapper.

55 ### 28 mars 2003

    La matinée est ensoleillée, c'est une très belle journée, et, question guerre, la nuit dernière a été presque calme. En revanche, il y a eu un gros orage, et il a beaucoup plu. Vers cinq heures de l'après-midi, [...] j'étais dans le jardin et les autres dans la pièce qui nous avait servi d'abri pendant les bombardements. Tout d'un coup, j'ai

60 entendu un bruit épouvantable, et j'ai couru vers la maison en criant. Le son était si aigu qu'il me faisait mal aux oreilles. Au même moment, j'ai entendu ma mère hurler, et des bruits de verres cassés. Les vitres de la fenêtre de la cuisine avaient éclaté en mille morceaux, ma mère était tombée par terre de peur, et n'arrivait pas à se relever. Peu après, j'ai entendu les soldats américains qui hurlaient des ordres

65 dans la rue: il fallait «évacuer la zone». [...]

Je suis là, debout, la peur s'infiltre dans mon corps entier. Nous endurons bien des humiliations, nous nous attendons à mourir à chaque instant, tout le monde veut échapper aux avions qui nous survolent constamment et aux tanks qui nous entourent. Nous sommes allés chez des amis, qui vivent dans un autre quartier de la ville. Ils nous ont reçus très gentiment. [...] Mais la nuit a été pénible : angoisse, peur et manque de place pour dormir, plus l'inquiétude du lendemain et de ce qu'il nous réserve.

[...]

La guerre à Bagdad, en Irak.

1er avril 2003

C'est le premier jour d'un nouveau mois, mais il n'y a ni espoir ni calme, les balles continuent de nous voler sur la tête. La tristesse est partout. Quant à la nuit, elle a été terrible! Après le calme qui avait régné pendant la journée, la catastrophe a recommencé : les bombes, comme d'habitude, juste pour que les régiments de l'armée américaine puissent passer, les continuels tirs de fusil-mitrailleur, les snipers, les explosions.

À l'époque de Saddam, on appelait le mois d'avril le mois de l'abondance et du don. Aujourd'hui, la ville n'est que ruines, d'épaisses fumées tournoient au-dessus des immeubles en feu du gouvernement, des écoles, des bureaux ; on dirait des fantômes errant sur Nasiriah, ma ville, qui a toujours souffert, que ce soit du temps du tyran ou à d'autres époques. Le chagrin nous submerge tous, en ce moment, pour ce qui est arrivé dans notre pays en général et simplement dans notre ville. Et nous avons perdu tant d'amis! Notre joie d'être débarrassés d'un affreux dictateur a des limites, même si elle occulte parfois les marques de tristesse qui sont gravées sur nos visages, des visages épuisés par la douleur, la guerre, la perte. Attendons que se lève le soleil sur un avenir proche, continuons de croire en Dieu et en l'avenir.

2 avril 2003

Le soleil brille, il fait chaud ; les fenêtres de l'espoir sont encore ouvertes devant d'honnêtes Irakiens, fidèles à leur foi. Mais, pour moi, il reste beaucoup d'ombres, qui gâchent la beauté du jour. Vers trois heures de l'après-midi, une amie m'a téléphoné pour m'annoncer qu'une autre amie avait été victime de la guerre. Quel choc! Elle était dans son jardin, en train de rire et de bavarder avec sa famille, et elle a été atteinte par une balle, venue tout droit tuer une innocente. Ça m'a rendue furieuse. Je ne savais ni quoi dire ni quoi faire. Je n'osais pas regarder mes parents en face et leur annoncer une aussi affreuse nouvelle. Alors je me suis tue. Combien de temps arriverai-je à cacher la tristesse dans mon cœur? Le soir venu, je m'étranglais de sanglots en me rappelant son beau visage, ses traits rayonnant d'innocence, et le sourire qui ne quittait jamais ses lèvres. Tout cela s'est effacé hier, pour toujours. J'ai perdu une année d'étude, mes modestes espérances, la sécurité dont tout Irakien, enfant, jeune ou vieux, espère jouir. Et aujourd'hui, je perds ma meilleure amie. Que m'arrivera-t-il demain?

Je ne peux pas mentir, et prétendre que c'est une belle journée, car l'Irak ne connaît plus le bonheur, ni la joie. Et les Irakiens non plus, car leur cœur a gelé pendant les trente-sept années qu'ils ont vécues sous un affreux président. Et, comme si cela ne suffisait pas, il y a maintenant l'orage américain, et notre avenir est incertain.

Les problèmes d'eau sont moins graves aujourd'hui, même s'ils ne sont pas résolus; Dieu y pourvoira, comme à tous nos autres problèmes.

3 avril 2003

Je ne peux pas supporter sa mort, je ne sais pas comment l'affronter, pas plus que les autres difficultés et chagrins que je subis. Tout ce que je ressens, c'est le sentiment que l'on éprouve quand il n'y a personne pour s'occuper de vous quand on se sent perdu, quand on est vaincu, comme je le suis en ce moment. Personne ne prend soin de moi, personne ne fait attention au désespoir qui s'incruste en moi, alors que cela m'aiderait sans doute à secouer cette immense chape de dépression. Maintenant, je vais essayer de m'en libérer en consacrant le temps dont je dispose à lire des livres étrangers, comme les contes de Pouchkine, ou *Jonathan Livingstone*, *L'arbre sacré*, et *Les armes et l'Homme*, ainsi que d'autres livres, par exemple *La vie de Lénine*. Ce sont les livres que je lisais avant et je les continue, pour ne pas permettre aux circonstances de me réduire à néant. Je vais plutôt les surmonter en m'intéressant à la vie quotidienne, en écoutant les informations, et en lisant des livres qui me nourrissent l'esprit.

La journée a été marquée par un événement extraordinaire: une visite de mon oncle préféré. Il m'a raconté son travail dans la Garde républicaine, avant la guerre, et les difficultés qu'il avait rencontrées pour revenir à toute vitesse, dès qu'il avait appris le début de la guerre. Nous remercions le Seigneur qui a permis qu'il nous revienne, sain et sauf, de l'armée.

4 avril 2003

[...] Nous sommes assis autour de la radio, et nous écoutons attentivement les informations, surtout le discours du président américain (George Bush). Ce qu'il dit nous plaît, mais nous sommes plus fiers d'eux quand ils affirment être venus en Irak en libérateurs et non en occupants.

[...] Plus le temps passe et plus je me languis de mes amis, de mes sœurs et de tous les gens que j'aime, et plus je regrette les beaux jours enfuis; comme je les aimais, ces temps de paix! Je le jure, je suis une femme de paix, je déteste les
140 guerres, la brutalité, les tueries.

[...]

5 avril 2003

[...] Mon frère, qui a deux ans de plus que moi [...] nous a acheté une botte d'oignons. Alors, je me suis posé une question : le bonheur des Irakiens dépendrait-il d'une botte d'oignons ? Ou est-ce la privation qui les a mis dans cet état ?
145 Dans mon for intérieur, je refuse absolument d'y croire, je sais que les espoirs et les désirs des Irakiens sont beaucoup plus élevés que ça. En outre, les Irakiens ont une qualité que beaucoup d'autres peuples n'ont pas : la patience. Nous nous sommes habitués à en avoir, sur tous les sujets et en toutes
150 circonstances. Nos pères, nos mères, nos grands-pères, nos grands-mères, et même nos arrière-grands-parents nous ont appris cette leçon, donc nous ne nous laissons pas aller au désespoir tant qu'il reste une chance de vivre un jour dans un pays où régnera la démocratie.

155 La journée a été belle, mais la nuit difficile ; au coucher du soleil, des gens sont sortis en courant de leurs maisons. [...] Nous sommes restés chez nous, comme quelques-uns de nos voisins. Ce fut une nuit d'angoisse, une angoisse plus profonde que jamais, nous ne savions quel parti prendre, partir ou rester. Finalement, nous avons décidé de rester.

160 En effet, il y a eu de violentes explosions, et nous avons passé une nuit épouvantable, dans l'obscurité, dans le bruit des balles et dans la tristesse.

6 avril 2003

[...] Je ne sais pas combien de temps nous devrons vivre à l'intérieur de ce cercle vicieux, dont on ne peut sortir ni s'évader. Pendant ce temps-là, le monde entier nous montre du doigt, mais n'en lève aucun pour nous venir en aide, ou nous
165 tirer de là. Nous finirons par nous dévorer les uns les autres et ce sera la fin de l'histoire. Le chagrin se lit encore sur mon visage, c'est pourquoi je suis revenue à mon journal, pour me distraire un peu, et aussi parce que j'aime écrire sur ce qui m'arrive dans la vie. Une fille de mon âge, penserez-vous peut-être, quel genre de tragédie peut-il bien lui arriver ? Bien sûr, une fille vivant dans n'importe quel autre
170 pays n'a pas ce genre de problèmes, à condition, bien sûr, qu'elle habite un pays où règnent la paix, le progrès et le développement, où elle peut faire les études de son choix, dans l'université qui lui plaît.

[...]

Lien utile

Le journal intime
Souvent écrit dans le but de s'épancher, de mieux gérer une situation difficile à vivre ou à accepter, le journal intime n'est généralement pas destiné à être lu ni publié. Il y a donc souvent plus de liberté de la part de l'auteur dans l'utilisation de la langue et des descriptions (parfois sous-entendues ou incomplètes). En marge, des dessins ou des graffitis peuvent accompagner le texte. À l'occasion, il arrive qu'un auteur utilise le journal à l'intérieur d'un roman pour décrire les pensées d'un personnage, lui donner une réalité propre.

7 avril 2003

> *Soyez comme l'oiseau, posé pour un instant*
> *Sur des rameaux trop frêles,*
> 175 *Qui sent ployer la branche et qui chante pourtant,*
> *Sachant qu'il a des ailes.*

Un poète nous conseille de faire comme les oiseaux, de ne jamais oublier que nous avons des ailes, même si la branche sur laquelle nous reposons se casse... J'adore ces mots; ils sont du grand écrivain Victor Hugo. J'ai commencé la matinée 180 en les écrivant, mais je ne sais pas comment finira ma journée. Cela pourrait être avec les mots d'Albert Camus, un autre grand écrivain. [...] En fin d'après-midi: une voiture américaine est passée; elle diffusait très fort un message pour inciter les élèves à retourner à l'école, et les employés à reprendre le travail. Je ne pouvais pas contenir mon bonheur; j'ai cru que j'allais m'évanouir, ou mourir de joie. Je me suis 185 mise à rire, à courir, à crier, au comble du bonheur; j'ai couru dans toute la maison en proclamant: «Je vais retourner à l'école.» Pourtant, j'y croyais à peine! Il reste un problème: est-ce que ma famille m'autorisera à retourner à l'école en ces circonstances? Je n'en sais rien. J'ai quand même téléphoné à toutes mes amies, pour leur annoncer la grande nouvelle, et pour qu'elles partagent mon bonheur. 190 Mais ce bonheur n'a pas duré! Ma famille refuse que j'y aille! Ça m'a fait détester encore plus cet état de choses, et la vie épouvantable qui m'est destinée, de naissance. Mais je garde un soupçon d'espoir: la vie redeviendra peut-être ce qu'elle était, peut-être sera-t-elle même meilleure qu'avant.

Une journée ni plus ni moins malheureuse que les autres. Je suis désolée 195 d'avoir dit tant de choses méchantes, mais que suis-je supposée faire? C'est la nouvelle réalité, et il faut que je m'y habitue. Le pire a été quand une amie m'a téléphoné pour m'annoncer que ma meilleure amie avait été tuée. Elle était belle, fidèle, elle adorait étudier. Je n'arrivais pas à y croire, je ne veux pas le croire. Je mourrai de tristesse, je me noierai dans mes larmes. Qui me reste-t-il, maintenant 200 qu'elle est partie? Avec qui vais-je parler? À qui dirai-je mes secrets? Avec qui vais-je lire, et rire? Qui? Je n'ai plus personne, sauf Dieu!

Ma mère dit que c'était son destin, que tous les êtres humains meurent, que nous n'y pouvons rien. Alors j'écris, pour alléger un peu toute la souffrance que je ressens.

[...]

Hoda Thamir Jehad, « Impressions des jours de guerre », dans Zlata Filipovic, Melanie Challenger, traduit de l'anglais par Arlette Stroumza, *Paroles d'enfants dans la guerre*, © 2006, XO Éditions, Paris, pour la traduction française.

Les fables de Jean de La Fontaine (1621-1695), connues dans le monde entier, démontrent le génie et l'originalité de cet auteur du XVIIᵉ siècle. En mettant en scène divers personnages tirés du règne animal, La Fontaine a su illustrer et se moquer gentiment des travers de la race humaine : tous peuvent se reconnaître quelque part dans son œuvre, petits et grands. Malgré le langage d'une autre époque, on prend plaisir, encore aujourd'hui, à redécouvrir l'univers de ses fables.

Le Rat de ville et le Rat des champs

Autrefois le Rat de ville
Invita le Rat des champs,
D'une façon fort civile,
À des reliefs d'ortolans.

5 Sur un tapis de Turquie
Le couvert se trouva mis.
Je laisse à penser la vie
Que firent ces deux amis.

Le régal fut fort honnête :
10 Rien ne manquait au festin ;
Mais quelqu'un troubla la fête
Pendant qu'ils étaient en train.

À la porte de la salle
Ils entendirent du bruit :
15 Le Rat de ville détale,
Son camarade le suit.

Le bruit cesse, on se retire :
Rats en campagne aussitôt ;
Et le citadin de dire :
20 « Achevons tout notre rôt.

— C'est assez, dit le rustique ;
Demain vous viendrez chez moi.
Ce n'est pas que je me pique
De tous vos festins de roi ;

25 Mais rien ne vient m'interrompre :
Je mange tout à loisir.
Adieu donc. Fi du plaisir
Que la crainte peut corrompre ! »

Jean de La Fontaine, *Le Rat de ville et le Rat des champs*, 1668.

Le Rat de ville et le Rat des champs, illustré en 1919 par l'artiste Milo Winter (1886-1956).

André Franquin, né en Belgique, est un célèbre auteur de bandes dessinées qui a travaillé, entre autres, au *Journal de Spirou*. Si ses œuvres sont d'abord destinées à un jeune public, elles n'en intéressent pas moins les plus vieux, qui y décèlent davantage son humour inventif et la précision des expressions et du langage non verbal qu'il prête à ses personnages. Il est décédé en 1997. Il laisse derrière lui une œuvre colossale et variée.

Gaston Lagaffe [extrait]

Gaffes en gros

Gaffes en gros,
Franquin et Jidéhem,
© Marsu 2008
by Franquin.

La bande dessinée

Texte courant ou littéraire, la bande dessinée peut être un récit, une critique sociale, une chronique, une publicité, etc. L'exploitation est infinie. Traditionnellement, la BD utilise des bandes, des cases, des phylactères (bulles), des symboles (ampoule électrique pour représenter une idée). Cependant, plusieurs auteurs tendent à renverser ces traditions et à laisser plus de place à la créativité. Les illustrations de la BD ajoutent à la narration la dimension du langage non verbal.

Lien utile

Stéphane Bourguignon est un auteur québécois qui partage son talent entre les livres, *L'avaleur de sable* (1993), *Sonde ton cœur Laurie Rivers* (2007), et la télévision, *La vie la vie* (2001-2002), *Tout sur moi* (2006-2009). Il a gagné trois prix Gémeaux du meilleur texte pour ses séries télévisées. Ses personnages sont résolument modernes et affrontent les problèmes de la société actuelle.

L'ami

Je n'étais pas ce qu'on peut appeler un beau garçon. Mais je n'étais pas vilain non plus. Juste ordinaire, comme des centaines de garçons. Seulement, et pour une raison que j'ignore encore aujourd'hui, les filles adoraient ma compagnie. Elles me voulaient toutes.

5 En fait, c'est faux, j'avais bien quelques pistes. Il faut dire que j'étais sensible et attentif aux besoins des autres, que j'aimais plus que tout au monde écouter les femmes parler et les regarder retoucher leur coiffure ou ajuster leurs vêtements. J'aimais leur délicatesse et j'étais à genoux devant leur grâce.

Je crois qu'elles le sentaient et dès que j'entrais quelque part, elles étaient 10 toutes pour moi. Je me souviens encore de la première soirée chez Caroline, alors que moins de vingt minutes après mon arrivée j'avais l'attention de cinq ou six jolies filles – qui m'étaient jusqu'alors inconnues – tandis que les garçons du groupe me lançaient des regards obliques.

À cette époque, j'étais représentant pour une compagnie pharmaceutique – 15 maintenant je suis directeur des ventes. Comme je gagnais pas mal d'argent, je pouvais me vêtir à mon avantage. De plus, j'avais un brin d'humour, j'étais propre, j'aimais les sorties, les enfants et les conversations profondes. Bon à marier, comme elles disaient toutes.

Elles le disaient en riant, bien sûr. Puis elles m'embrassaient sur la joue, me 20 remerciant pour la magnifique soirée et retournaient chez elles attendre celui à qui elles ouvriraient leur cœur, leurs bras, et, quelques instants ou quelques jours plus tard, leur blouse.

Au bout de huit ans d'« activités amicales », j'avais un réservoir inépuisable de filles, un réseau aux ramifications complexes dont chaque branche menait à un 25 petit groupe de style et de classe différents. J'avais réussi à infiltrer six cercles de demoiselles – toujours déguisé en meilleur ami – chacun composé de trois à sept membres. Je pouvais quasiment sortir tous les soirs de la semaine pendant un mois sans croiser la même fille deux fois. On peut dire que je ne faisais pas les choses à moitié.

30 Bien entendu, je gardais toujours l'appartement éclatant de propreté, au cas où les choses tourneraient à mon avantage. Je passais l'aspirateur quotidiennement, je nettoyais les planchers de la cuisine et de la salle de bains à la grandeur aussitôt qu'une tache montrait son nez et je changeais les draps trois fois par semaine. Je

prévoyais tout, tout, tout. Les bouteilles de vin, les chocolats et les valeureux
35 préservatifs que je remplaçais automatiquement un mois avant la date de péremp-
tion. On n'est jamais trop prudent.

Je passais sous la douche deux fois par jour, je me rasais matin et soir, j'allais
chez le coiffeur chaque semaine et je renouvelais ma garde-robe une fois l'an. Sans
compter les achats inhérents aux changements de saison, bien entendu.

40 Une fille aurait pu débarquer chez moi n'importe quand, un mercredi matin à
six heures ou un dimanche soir à minuit, j'étais fin prêt, à mon avantage, exhibant
mon meilleur profil. Prêt et redoutable.

Mais cette situation n'était pas aussi parfaite qu'elle en a l'air. Il se produisait
un phénomène étrange : une telle confiance s'était établie entre ces filles et moi que
45 je ne pouvais plus faire un geste dit « entreprenant » sans risquer de les décevoir.

— J'ai été au cinéma avec André, hier. Tu sais ce qu'il a fait ?

— Non, qu'est-ce qu'il a fait ?

— Il a regardé ma poitrine !

— …

50 — Je te le jure ! Il me regardait dans les yeux et, tout à
coup, j'ai vu ses yeux descendre et remonter.

— Non, impossible. T'es sûre ?

— Formelle.

Je ne pouvais pas prendre le risque de faire courir de
55 telles ignominies sur mon compte. Ma vie sociale se serait
écroulée d'un seul coup. Alors je restais bien sage à espérer
secrètement que l'une d'entre elles tente quelque chose. Il y avait une vingtaine de
filles mignonnes, intelligentes, bien en vie autour de moi, et j'étais en train d'en
mourir.

60 Caroline. Caroline aimait me téléphoner le soir pour me parler pendant deux
ou trois heures des types qu'elle rencontrait. Et même, souvent, elle me demandait
des conseils pour les approcher ou les séduire. Et moi je lui en donnais.

Manon. Manon venait d'emménager ; il y avait nombre de petits travaux à
exécuter dans sa maison. J'attendais son appel pour embarquer mes outils dans la
65 voiture et filer jusque chez elle. Manon était gentille avec moi. Disons que je lui
installais un store, elle, elle s'assoyait par terre en Indien et elle entretenait la
conversation. Souvent elle m'offrait une bière et, la plupart du temps, j'acceptais. Il
lui arrivait même de s'en verser un peu dans un verre et je trouvais ça bien qu'elle
le fasse à même ma bouteille.

70 Ghislaine. Après sa séparation, nourrissant quelques espoirs, je lui ai offert de
mettre ses meubles en entreposage chez moi. J'ai condamné une chambre – elle me
servait de bureau, en fait – pour accueillir une commode, un divan et une vingtaine
de boîtes. J'étais content de faire ça pour elle. Et puis ça n'a duré que trois petites
années. Après son second mariage – avec Sylvain, un garçon que je lui avais

La nouvelle littéraire

Court récit qui met en scène un nombre
limité de personnages, qui se déroule en
peu de temps et dans un nombre de lieux
restreints. Son intrigue est généralement
basée sur la psychologie de ses héros et
caractérisée par un dénouement surprenant
qui déjoue les aspirations des personnages.

Lien utile

75 présenté –, elle m'a annoncé que je pouvais me débarrasser de tout le bataclan. Ce que je n'ai pas fait, convaincu qu'elle regretterait un jour d'avoir jeté tout ça. Ce qui s'est avéré exact le jour de son second divorce.

Claudine. Si on causait jusque tard dans la nuit, il lui 80 arrivait de m'inviter à coucher. Elle m'apportait tout ce qu'il fallait et je m'installais sur le divan. Les couvertures ramenées jusqu'au menton, je la regardais passer de la salle de bains à sa chambre, tantôt avec une brosse à dents entre les lèvres, tantôt se frottant vigoureusement les mains pour faire pénétrer sa 85 crème hydratante. Tout ça en petite culotte, évidemment. Sans commentaire.

Carole. Carole avait compris mon drame. Elle a donc décidé de prendre les choses en main et elle m'a présenté cinq filles en trois mois. Échec total: quatre d'entre elles sont 90 devenues, malgré tous mes efforts, de très bonnes amies. La cinquième est morte d'un accident de voiture peu après notre rencontre. Pour être franc, et j'ai un peu honte de l'avouer, ça m'a soulagé. Malheureusement, à son enterrement j'ai fait la connaissance de deux nouvelles filles, Maude et Micheline, qui 95 m'ont tout de suite adopté.

Puis Lyne est entrée dans ma vie, et tout a basculé. J'ai été foudroyé. Lyne, merveilleuse Lyne.

Un dimanche, alors que je sortais de la douche, ma troisième de la journée – on était en pleine canicule et je 100 déteste sentir que je ne suis pas totalement frais –, le téléphone a sonné. C'était Lyne, merveilleuse, fantastique Lyne. Lâchement rejetée par un mauvais garçon, elle traînait de la patte depuis quelques semaines. Comme pour s'infliger un sérieux coup de fouet, elle venait de décider de repeindre sa cuisine. Elle voulait 105 savoir si j'avais envie de passer lui donner un coup de main.

On s'y est mis en fin d'après-midi, dans une chaleur incroyable. Lyne faisait le découpage et moi le plafond et les murs. On s'amusait bien. Et puis on a commencé à boire de la bière.

C'est là, à proprement parler, que les choses se sont gâtées. Lyne était perchée 110 sur l'escabeau et elle peignait le tour des armoires. À chaque fois que je devais tremper mon rouleau dans la peinture, je m'arrêtais pour lui regarder l'arrière-train. C'est une chose que je n'avais jamais faite auparavant, j'avais beaucoup trop de respect pour ces filles. Mais là, avec cette chaleur, avec la bière et ce maudit rouge partout autour de nous, j'ignore pourquoi, mais je n'arrivais plus à détourner les 115 yeux de cette partie de son anatomie.

J'ai commencé à perdre le contrôle. Il faut dire qu'avec cette chaleur... Et la bière. Et ce satané rouge. Ce n'est pas compliqué, je voyais carrément ses fesses à travers son short en jean. Je les imaginais fermes mais pas trop, douces au toucher, parfaites pour la taille de mes mains. Et à cause de cette maudite chaleur, comment dire, je pressentais qu'elles étaient chaudes et aussi légèrement humides vers l'intérieur.

J'ai déposé mon rouleau dans la gamelle et j'ai mis ma bière de côté. Il fallait que j'aille à la salle de bains me passer de l'eau sur le visage. Je n'avais pas le droit de la désirer sachant qu'elle ne voulait pas de moi. Je suis revenu calmement avec l'intention de lui dire que je devais m'en aller, mais quand j'ai mis les pieds dans la pièce, la terre s'est arrêtée de tourner. Lyne en avait fini avec le haut, elle était maintenant à quatre pattes par terre, la tête dans l'armoire du bas. Et son postérieur, dans son petit short en jean si étroit, m'explosait littéralement au visage. Il m'appelait.

Je ne sais pas ce qui m'a pris. Avec cette chaleur impossible. Et cet intolérable rouge. Et la bière, il faut bien le dire. Je me suis carrément jeté sur elle. Comme un désespéré. Je l'ai ceinturée à la taille et je me suis vautré le visage dans son derrière. Elle a été si étonnée qu'elle s'est frappé la tête durement sous le tiroir à ustensiles. Elle a même ramené sa main sous le comptoir pour voir si elle saignait. Ça m'a donné quelques secondes de plus. Ensuite elle a gueulé : « Mais qu'est-ce que tu fais ? » Je ne pouvais plus lâcher prise. Je ne voyais plus rien, je n'entendais plus rien, tout ce qui comptait c'étaient ses cuisses nues sous mes mains, son siège réconfortant contre ma joue. Il y avait huit années d'espérance dans ces deux fesses, tout l'amour que je contenais, toute la beauté du monde et surtout, surtout mon salut.

Quand elle a compris que je n'avais pas l'intention de m'arrêter, elle m'a repoussé d'un solide coup de pied et j'ai roulé sur le plancher. Mais elle est bien, Lyne, elle ne m'a pas fait de scène. Elle a gardé les yeux au sol tout le temps qu'il m'a fallu pour ramasser mes affaires.

Le lendemain, je ne suis pas allé au travail. J'étais si fatigué. Le jour suivant non plus. Mon patron était un type compréhensif, il m'a dit de ne pas m'inquiéter, qu'avec le boulot que j'abattais en temps ordinaire je pouvais bien prendre une ou deux journées – c'est son poste que j'occupe maintenant. Je suis resté chez moi une semaine, allongé. Puis j'ai repris le travail et, discrètement, lentement, j'ai coupé un à un les ponts avec toutes les filles de mon enviable réseau.

Aujourd'hui, ça fait presque quatre ans qu'on vit ensemble Lyne et moi. Tiens, justement, la voilà qui arrive. Dernièrement, je nous ai acheté une belle et grande maison avec toutes mes économies. Lyne mérite ce qu'il y a de mieux. Présentement elle enlève son manteau. Ouf ! elle a l'air crevé.

— Allô, chérie.

— Allô, André. Ça va ? Les travaux avancent comme tu veux ?

Je lui fais signe que oui. Elle vient au salon déposer un baiser sur ma joue.

— Tu t'es amusée ?

— Oui, pas mal. Excuse-moi de rentrer si tard...

— C'est rien, voyons, t'as bien le droit de te changer les idées de temps à autre.

— Si tu n'y vois pas d'inconvénient, je vais aller me mettre au lit.

160 Je le sais quand elle est claquée, je distingue les signes de la fatigue sur son visage. J'ai appris à reconnaître tous ces petits détails.

Elle marche jusqu'à la salle de bains. Je la suis pas à pas.

— Elle te va vraiment bien cette robe.

— Merci.

165 — Très sexy. Elle te met en valeur.

C'est moi qui la lui ai offerte, mais c'est elle qui l'a choisie.

Elle entre dans la salle de bains, je reste à l'extérieur, appuyé contre le cadre de la porte. Lyne tient à son intimité et je sais respecter ça. Je suis un peu comme ça moi aussi.

170 — T'étais avec qui ?

— Qu'est-ce que tu dis ?

— T'es sortie avec qui ?

Elle passe la tête dans l'ouverture. Je m'en veux de l'avoir dérangée. Moi et mes questions stupides. J'aurais pu attendre à plus tard ou à demain. Elle a l'air ennuyé, 175 maintenant.

— Excuse-moi, chérie, je sais que tu détestes quand je te pose des questions.

— C'est rien.

— Finis ta toilette, t'occupe pas de moi.

Elle me sourit poliment et ferme la porte. Je retourne au salon reprendre mon 180 travail. Au fond, elle a raison de tenir à son intimité. Qui a dit qu'on devait tout partager ?

Ah, tiens, la revoilà. Elle a enfilé son pyjama. En fait, c'est l'un des miens, mais je le lui prête volontiers ; il lui donne cet air qu'ont les filles dans les publicités. Cet air si parfait.

185 — Je me couche.

— D'accord. Bonne nuit, chérie.

Je dépose un baiser sur son front.

— On s'est trompés, souffle-t-elle.

— Qu'est-ce que tu veux dire ?

190 — Je crois que ce n'est pas la bonne couleur. Le carmin aurait été plus joli.

Je n'aime pas que des détails comme celui-ci viennent la contrarier. La vie est déjà assez difficile comme ça.

— Va te coucher, chérie, moi je vais finir d'appliquer cette couche. Demain, dans la lumière du jour, la tête bien reposée, tu verras, tout nous apparaîtra plus 195 clairement.

Stéphane Bourguignon, « L'ami », dans *Nouvelles d'écrivains québécois*, sous la direction de Lyane D. Blackman, © 2000, Québec Loisirs inc.

Jules Renard naît en France en 1864. Il écrit ce qu'il vit. Les gens de son entourage sont les personnages de ses romans et de ses pièces de théâtre : sa mère, c'est Madame Lepic dans son roman le plus connu, *Poil de Carotte*, et la stoïque Blanche de la pièce de théâtre *Le plaisir de rompre* est une jeune femme, Danièle Davily, qu'il a rencontrée alors qu'elle était pensionnaire à l'Académie française. Renard a également été membre de l'Académie Goncourt et maire de son village, de 1904 jusqu'à sa mort en 1910.

Le plaisir de rompre [extrait]

Comédie en un acte représentée pour la première fois le 16 mars 1897.

À Paris. Un petit salon au cinquième. Ce qu'une femme qui a beaucoup aimé et ne s'est pas enrichie peut y mettre d'intimité, de bibelots offerts, de meubles disparates. Cheminée au fond. Porte-tenture à gauche. Table à droite. Pouf au milieu. Un piano ouvert. Fleurs à bon
5 *marché. Quelques cadres au mur. Feu de bois. Une lampe allumée.*

Blanche, puis Maurice

Blanche est assise à sa table. Robe d'intérieur. Vieilles dentelles, c'est son seul luxe, tout son héritage. Elle a fouillé ses tiroirs, brûlé des papiers, noué la faveur d'un petit paquet, et pris dans une boîte une lettre ancienne qu'elle relit. Ou, plutôt, elle n'en relit que des phrases connues. Celle-ci l'émeut, jusqu'à la tristesse. Une autre lui fait hocher la tête. Une autre,
10 *enfin, la force à rire franchement. On sonne. Blanche remet, sans hâte, la lettre dans sa boîte, et la boîte dans le tiroir de la table. Puis elle va ouvrir elle-même.*

Maurice entre. Dès ses premières phrases et ses premiers gestes, on sent qu'il est comme chez lui.

MAURICE : Vraiment, vous n'êtes pas une femme comme les autres.

15 BLANCHE : Aucune femme n'est comme les autres. Quelle femme suis-je donc ?

MAURICE, *prenant la main de Blanche.* Une femme de tact.

BLANCHE : Puisque tout est convenu, arrêté.

MAURICE : D'accord. Oh ! jusqu'à cette dernière visite, nous avons été parfaits. Mais c'est ma dernière visite. Nous ne nous reverrons plus.

20 BLANCHE : Nous nous reverrons en amis. Vous le disiez tout à l'heure.

MAURICE : Oui, mais plus autrement. Et, dans l'escalier, j'avais de vagues transes.

BLANCHE : Pourquoi ?

MAURICE : Parce que...

BLANCHE : Rien ne gronde en moi. Quand je me suis donnée à vous, ne savais-je pas
25 qu'il faudrait me reprendre ? Si le décrochage a été pénible...

MAURICE : Nous n'en finissions plus. Nos deux cœurs tenaient bien.

BLANCHE : Ils sont aujourd'hui nettement détachés. J'ai mis dans ce petit paquet les dernières racines : quelques photographies, votre acte de naissance que j'avais eu la curiosité de voir... comme vous êtes encore jeune !

30 **MAURICE:** On ne vieillit pas avec vous.

BLANCHE: ... Et un livre prêté. Voilà.

MAURICE: À la bonne heure! c'est un plaisir de rompre avec vous.

BLANCHE: Avec vous aussi.

MAURICE: C'est bien, ce que nous faisons là, très bien. C'est tellement rare de se quitter
35 ainsi! Nous nous sommes aimés autant qu'il est possible, comme on ne s'aime pas
deux fois dans la vie, et nous nous séparons, parce qu'il le faut, sans mauvais
procédés, sans la moindre amertume.

BLANCHE: Nous rompons de notre mieux.

MAURICE: Nous donnons l'exemple de la rupture idéale. Ah! Blanche, soyez certaine
40 que, si jamais quelqu'un dit du mal de vous, ce ne sera pas moi.

BLANCHE: Pour ma part, je ne vous calomnierai que si cela m'est nécessaire... (*Elle
s'assied à droite et Maurice à gauche de la table.*) Me rendez-vous mon portrait?

MAURICE: Je le garde.

BLANCHE: Il vaudrait mieux me le rendre ou le déchirer que de le jeter au fond d'une
45 malle.

MAURICE: Je tiens à le garder et je dirai: c'est un portrait d'actrice qui était admirable
dans une pièce que j'ai vue.

BLANCHE: Et mes lettres?

MAURICE: Vos deux ou trois lettres froides de cliente à fournisseur...

50 **BLANCHE:** Je déteste écrire.

MAURICE: Je les garde aussi. Elles me défendront au besoin.

BLANCHE: Ne vous énervez pas, et causons paisiblement de votre mariage. Avez-vous
vu la petite aujourd'hui?

MAURICE: Cinq minutes à peine. Elle est tellement occupée par son trousseau! et le
55 grand jour approche!

BLANCHE: Aime-t-elle les belles choses?

MAURICE: Oui, quand elles sont bien chères.

BLANCHE: Dites-lui que le bleu est la couleur des blondes. J'ai là une gravure de mode
très réussie que je vous prêterai. A-t-elle du goût?

60 **MAURICE:** Elle a celui de la mode.

BLANCHE: Vous devez l'intimider.

MAURICE: Je l'espère.

BLANCHE: Quelle est, en votre présence, son attitude, sa tenue, quelles sont ses
manières?

65 **MAURICE:** Celles d'une chaise sous sa housse.

BLANCHE: Sérieusement, la trouvez-vous jolie?

MAURICE : C'est vous qui êtes jolie.

BLANCHE : C'est d'elle que je parle : la trouvez-vous jolie ?

MAURICE : Jolie et fraîche comme le titre : Au Printemps.

70 **BLANCHE** : Enfin vous plaît-elle ?... Oh ! ne me ménagez pas !

MAURICE : Elle me déplaît de moins en moins.

BLANCHE : Souvenez-vous que c'est moi qui vous l'ai indiquée.

MAURICE : La piste était bonne.

BLANCHE, découpant un livre : Je m'en félicite. A-t-elle des caprices ? (*Maurice,*
75 *distrait, ne répond plus. Blanche lui touche le bras.*) Qu'est-ce que vous regardez ?

MAURICE : Je m'emplis les yeux. Je fais provision de souvenirs. Toutes ces fleurs
donnent à votre salon un air de fête.

BLANCHE : A-t-elle des caprices, des préférences ?

MAURICE : Elle aime tout ce que j'aime.

80 **BLANCHE** : Ce sera commode.

MAURICE : Nous n'aurons pas besoin de faire deux cuisines.

BLANCHE : Vous avez de l'esprit, ce soir.

MAURICE : C'est le bouquet de mon dernier feu d'artifice.

BLANCHE : Et cela ne vous gêne pas de parler ainsi d'une jeune fille qui
85 sera votre femme ?

MAURICE : Est-ce à vous de me le reprocher ? Vous savez bien que je
parle sur ce ton un peu pour vous être agréable.

BLANCHE : Ne nous attendrissons pas.

MAURICE : Je ne m'attendris pas. Nous
90 devisons de nos petites affaires.

[...]

Jules Renard, *Le plaisir*
de rompre, 1897.

Fenêtre

2

L'intrigue, c'est ce qui accroche le lecteur, ce qui lui donne le goût d'en connaître davantage. C'est l'intrigue qui place un personnage dans une situation instable, le pousse à affronter mille et une péripéties à l'intérieur desquelles il doit interagir et évoluer.

L'intrigue

– Le schéma narratif
– Les particularités de l'intrigue
– La structure de l'intrigue

La sœur de Judith [extrait]

« J'aime beaucoup les romans où les enfants parlent, mais c'est dur à faire », confiait Lise Tremblay lors d'une entrevue après la sortie, en 2007, de son roman *La sœur de Judith*. Dans ce roman, elle réussit néanmoins cet exploit. Par ailleurs, sa mère, anticonformiste et plutôt en marge de sa communauté, l'a beaucoup inspirée pour le personnage de Simone. En retournant dans le Chicoutimi de ses douze ans, tel que Lise Tremblay le percevait à la fin des années 1960, on suit, l'espace d'un été, une fillette qui, non sans grands bouleversements, deviendra adolescente. Autour d'elle gravitent plusieurs personnages, tous plus colorés les uns que les autres.

Lise Tremblay est née à Chicoutimi en 1957. Récipiendaire de prix littéraires majeurs, elle remporte en 1999 le Prix du Gouverneur général pour son roman *La danse juive*. Depuis plus de vingt ans, elle est professeure de littérature au cégep du Vieux-Montréal. Dans ses livres, elle traite de l'obésité, de la solitude, de l'incommunicabilité, du mensonge, de la honte, de la folie, de la peur de l'autre. Dans *La Héronnière*, un recueil de nouvelles paru en 2003 et récompensé par le Prix des libraires, ainsi que dans *La sœur de Judith* (2007), elle jette un regard critique sur les petites communautés du Québec. C'est par la simplicité et l'humour qu'elle atténue le drame derrière les personnages souvent emprisonnés par leurs angoisses.

Afin de mieux cerner leur personnalité, relevez les motivations et les intérêts des principaux personnages.

Le camelot a jeté le journal du dimanche à moitié mouillé sur le tapis de l'entrée. Dès que je l'ai entendu fermer la porte, je me suis levée en courant. Je voulais être la première à voir la photo de Claire. J'ai pris le journal et j'ai commencé à chercher. La photo était à la page 22 et on voyait Claire encadrée de ses deux parents. 5 Monsieur Lavallée portait un complet. L'article racontait l'histoire de Claire, comment elle était passée du quart de finale à la demi-finale et à la finale du concours de danse. Si elle gagnait, elle allait passer l'année comme danseuse à gogo dans le spectacle d'adieu que Bruce et les Sultans allaient donner partout dans la province. Je n'en revenais pas, si elle gagnait, la sœur de ma meilleure amie allait 10 voir Bruce en personne et peut-être qu'il viendrait chez les Lavallée. Judith et moi, on ne parlait que de ça et on passait une grande partie de notre temps à aider son père à finir le mini-putt avant le début de l'été. Ils avaient un grand terrain et leur père avait décidé de construire son propre mini-putt. Judith et moi, nous l'aidions à étendre le tapis vert sur les formes de ciment pour que la surface soit bien lisse. [...]

15   Le mini-putt était pratiquement fini. Il ne restait que la fabrication des panneaux indiquant le nom des trous. Le père de Judith était en train de les peindre dans son atelier qu'on appelait la boutique. Tous les Lavallée étaient fiers de leur mini-putt. Ils possédaient la plus belle cour. Il y avait des chaises de parterre, des tables, un foyer, une Sainte Vierge, une balançoire. C'est là que nous passions la plus grande
20 partie de notre temps. Parfois, sans trop qu'on sache pourquoi, le père de Judith sortait sur la galerie et nous renvoyait tous chez nous en nous menaçant de nous botter le cul, mais ça n'arrivait pas souvent et il ne s'était vraiment exécuté qu'une fois. C'est Martial Turcotte qui avait écopé. Il faut dire qu'il avait volé le gant de baseball de Régis, le frère infirme de Judith, sous prétexte que, de
25 toute façon, il ne savait pas jouer et qu'il ne jouerait jamais. Régis passait sa vie à traîner avec lui une boîte de carton remplie de fils de couleurs de toutes sortes et de son gant de baseball. Il avait aussi un vieux porte-feuille de cuir bourré de cartes de joueurs de hockey et de baseball qu'il baptisait de noms invraisemblables qui sonnaient un peu comme des noms anglais.
30 Judith disait que Régis était ainsi parce que, lorsqu'il était bébé, il avait eu une méningite. À l'hôpital, on lui avait donné des médicaments trop forts et cela lui avait brûlé des cellules du cerveau. Avant ça, il était normal.

[...]

Judith et moi, on s'occupait souvent de Régis. On le gardait à la boutique lorsque Claire avait de la visite. Judith disait qu'il fallait prendre le temps d'expliquer la
35 maladie de Régis avant que les amis de Claire le connaissent. Après, Claire nous payait un hot-dog vapeur au Casse-Croûte du Nord et on pouvait s'asseoir dans la même loge qu'elle et elle nous parlait pendant des heures de ses sorties et du monde qu'elle voyait les vendredis soir à la discothèque La Pilule. Judith et moi, c'est comme si on les connaissait. Souvent, on s'enfermait dans la boutique avec une vieille
40 trousse de maquillage et on passait l'après-midi à se farder et à se raconter des histoires inventées sur nos sorties à La Pilule. C'était un de nos jeux préférés mais c'était un jeu secret. On ne sortait jamais de l'atelier sans nous être lavé la figure avec le savon à vaisselle rose que son père utilisait pour se laver les mains qu'il avait toujours tachées d'huile et de graisse à moteur.

45   J'ai feuilleté le journal et j'ai pensé que je pourrais arracher la page de la photo de Claire avant que ma mère la voie, mais j'ai eu peur qu'elle fasse des histoires et je l'ai laissée dans le journal. Ma mère explose. Elle peut exploser à tout moment sans qu'on s'y attende. Pour la photo de Claire, je me suis dit qu'elle ne la verrait peut-être pas, mais le dimanche
50 elle passe une partie de la journée à scruter chaque ligne du journal. J'ai avalé trois toasts de suite en pensant à ce qu'elle allait dire. Une fois, je ne sais pas ce qui m'a pris mais je lui ai raconté que Claire sortait avec le fils du docteur Blackburn et que, lorsqu'il reviendrait de l'université, ils se marieraient. Toute la famille de Claire ne parlait que de ce prochain mariage. En attendant qu'il revienne,
55 elle continuait de travailler au comptoir cosmétique de la pharmacie Duquesne. D'ailleurs, monsieur Duquesne lui apprenait beaucoup de choses sur les médica-ments et parfois, lorsqu'il était parti manger, c'est elle qui remplissait les

Infirme
Quelle est la connotation de ce mot aujourd'hui? Était-elle la même à l'époque?

Ma mère explose.
Cette expression est-elle employée au sens propre ou au sens figuré? Quel en est le sens?

prescriptions. Mais elle ne faisait ça qu'en attendant. J'avais eu le malheur de
rajouter que, lorsque Claire serait mariée, elle ne pourrait plus se permettre de
60 parler au monde de la rue Mésy parce que toutes ses amies seraient les autres
femmes de docteur. C'est là que ma mère a explosé. Elle s'est mise à crier que Claire
aurait dû entreprendre son cours commercial comme elle lui avait conseillé et qu'il
fallait qu'elle soit complètement folle pour croire qu'un fils de docteur du quartier
Murdock allait se marier avec une fille de réparateur de tondeuses. Et là, elle est
65 repartie sur son histoire d'instruction qui est la chose la plus importante pour une
femme parce qu'avec les hommes on ne sait jamais et que dans la vie il faut être en
mesure de se faire vivre. Et surtout, j'avais besoin de me mettre dans la tête qu'elle
ne voulait pas entendre parler de garçons parce que j'allais avoir affaire à elle.
Lorsqu'elle s'emporte comme ça, je finis par aller dans ma chambre pour lire ou
70 pour penser à Bruce. Ma mère me faisait peur. À chaque fois, je me disais que j'aurais
dû me taire, que si j'avais fait attention cela ne serait pas arrivé mais, je ne sais pas
comment, ça arrivait tout le temps. Pour Claire, ma mère ne comprenait pas qu'elle
était la plus belle fille de la ville, que tous les gars de La Pilule voulaient sortir avec
elle. Claire allait partir à Montréal et peut-être devenir une vedette ou un mannequin.
75 On allait la voir à la télévision et dans le journal de vedettes que ma mère achète
parfois lorsqu'elle pique ses crises et qu'elle dit qu'elle va partir pour toujours et que
nous ne la reverrons plus jamais. Ces fois-là, elle met son manteau par-dessus sa
vieille robe et elle va au Casse-Croûte boire un coke et parler avec madame Ménard,
la propriétaire. Elle passe une heure ou deux à lire son [journal de vedettes] au
80 comptoir et elle revient avec un gros Saguenay Dry et nous prépare notre repas
favori: des hot-chickens avec de la sauce brune en boîte et des frites. Le [journal]
est toujours au fond du sac et je me dépêche de le prendre pour aller le lire dans ma
chambre. Après, ma mère le donne à madame Bolduc parce qu'elle ramasse les
journaux pour le camp de pêche de son mari.

85 Évidemment, ma mère a vu la photo et ça m'a surprise, elle n'a pas explosé. Tout ce qu'elle a trouvé à dire, c'est: «Pauvre Claire.» Après, elle s'est levée et a fait ce qu'elle fait presque tous les dimanches. Elle a essayé de faire du sucre à la crème. Elle et mon père l'ont brassé pendant une heure et, comme d'habitude, elle l'a raté. Elle a fait un gâteau blanc et a versé le sucre granuleux dessus. Tous les 90 dimanches, c'est le même dessert. Il ne faut pas gaspiller le sucre et le beurre. Le sucre à la crème, c'est la seule chose que ma mère rate en cuisine. Pourtant, à chaque semaine, un peu avant qu'elle se mette à brasser, elle croit toujours que ça y est, qu'elle a réussi, que le sucre n'a pas la même texture que d'habitude. Elle en est toujours certaine, jusqu'à ce qu'elle tourne la cuillère de bois pendant de longues 95 minutes et que, exténuée, elle laisse figer le sucre chaud au fond de la casserole.

J'ai passé le dimanche à lire dans ma chambre. Madame Bolduc m'avait prêté une pile de Delly et je les avais presque finis. Je ne suis pas sortie, il pleuvait trop. Toute la journée, il y a eu du va-et-vient chez les Lavallée. Toutes les sœurs de Judith sont venues avec leur mari. J'imaginais Claire dans son *jump suit* doré qu'elle avait acheté 100 pour la finale du concours. Claire était chanceuse. Judith avait raison d'être fière de sa sœur même si, des fois, Claire lui faisait de la peine en la traitant de face à boutons. Moi, je n'osais jamais lui parler vraiment. Je faisais juste l'écouter et je disparaissais dès qu'elle montrait des signes d'ennui. Je savais bien qu'elle se moquait de moi aussi en me traitant de grosse Gumby, le bonhomme à la face plate. 105 Mais pour rien au monde je n'aurais manqué une de ses histoires.

Chapitre 2

La face de la sœur directrice est violette. Elle est tellement fâchée que nous ne comprenons pas tout ce qu'elle dit. Elle passe dans les allées et pousse hors des rangs celles qui portent des bas golf. Je suis du nombre. Nous avons du mal à ne pas rire. Elle finit sa tournée et fait reprendre à l'ensemble des filles de l'école une 110 dizaine de chapelet pour éloigner le diable et, enfin, elles peuvent retourner en classe en entonnant: «C'est le mois de Marie, c'est le mois le plus beau. À la Vierge chérie, chantons un chant nouveau.» Je reçois une taloche derrière la tête. Je chantais à tue-tête. La directrice me fait savoir qu'une possédée du démon dans mon genre n'a pas le droit d'implorer la Vierge. Après, moi et les autres «insignifiantes» 115 devions rentrer chez nous pour le reste de la semaine. L'école appellera nos parents.

Il fait beau. Presque toutes celles qui portent des bas golf sont dans ma classe. On a décidé de rester jusqu'à la récréation des garçons de l'école Saint-Charles pour leur raconter ce qui arrive. En attendant, on a relevé nos jupes et les manches de nos blouses pour nous faire bronzer dans le champ en face de l'école. La sœur directrice 120 a passé son temps à sortir sur le balcon pour nous surveiller. Finalement, Roxanne Rondeau s'est levée pour lui faire le signe de *peace and love*. Il n'en fallait pas plus pour que nous nous y mettions toutes; la sœur est rentrée et nous ne l'avons pas revue. Les garçons de l'école Saint-Charles étaient jaloux. […]

Je suis rentrée vers trois heures parce que je voulais mettre mes culottes courtes 125 et mes sandales. Ma mère était dehors avec madame Bolduc, je les voyais de loin parce que madame Bolduc montrait un tissu rouge à paillettes à ma mère. Cela devait être pour son spectacle de danse. Madame Bolduc est une championne de danse sociale et c'est ma mère qui fait ses robes. Lorsque je m'approche, je vois que la

vieille robe de ma mère est maculée de boue et qu'elle ne touche pas aux
130 tissus. Elle devait être en train de travailler dans le jardin. À la fin mai, elle
prépare la terre pour ses semences. [...] Ma mère dit que la secrétaire de
l'école a téléphoné. Elle raconte l'histoire à madame Bolduc et elles rient
ensemble. Je savais que ma mère n'exploserait pas, pas sur les sœurs. Elle
fait partie du comité qui réclame leur départ. D'ailleurs, c'est décidé, elles vont
135 partir. La nouvelle va être officielle la semaine prochaine. Ma mère doit se rendre à
l'école avec les autres parents pour l'affaire des bas golf. Selon elle, les sœurs sont
trop vieilles : elles ont fait leur temps. L'Église aussi. Ma mère ne va pas à la messe la
plupart du temps et, quand elle y va, c'est parce que mon père a insisté. Elle a inventé
pour les voisins une vague histoire de ménopause et d'étourdissements. Elle n'en
140 dit pas plus mais je sais que ma mère trouve que les sœurs et l'Église c'est dépassé et
que de toute façon lorsqu'on meurt, il n'y a rien. [...] Lorsqu'elle explose là-dessus,
mon père la fait taire et lui répète : « Voyons, Simone, là tu vas trop loin. » D'ailleurs,
mon père, on dirait qu'il a deux phrases : une pour ma mère et une pour moi.
Lorsque je tiens tête à ma mère et qu'elle fait semblant de tomber malade et n'en finit
145 pas de pleurer de rage dans son lit, mon père finit par venir me voir et me demander
d'être raisonnable. « Il faut que tu sois raisonnable. » Il me répète cette phrase à tout
bout de champ, à croire qu'il n'a que cela à me dire.

[...]

Le lundi, j'ai remis des bas golf. Les parents avaient fait savoir aux sœurs qu'ils
nous appuyaient et la commission scolaire aussi. Notre titulaire, sœur Thérèse,
150 nous a boudées toute la journée. Elle avait préparé des piles de feuilles polycopiées
remplies d'exercices que nous devions faire jusqu'à la fin de l'année. Au tableau, elle
avait écrit qu'elle avait décidé de ne plus nous adresser la parole. Je me suis
demandé combien de temps elle allait tenir. [...]

Sœur Thérèse n'a pas tenu deux jours. Un matin, elle nous a annoncé officielle-
155 ment le départ des sœurs de la résidence du couvent mais il y avait longtemps que
tout le monde le savait. Elle a dit que nous, les grandes de septième, nous allions
l'aider à faire le ménage de la bibliothèque de l'école. Il fallait faire le tri des livres
que les sœurs allaient rapporter à la maison mère. C'est là que j'ai trouvé les *Brigitte*.
Ils n'étaient pas dans l'allée des livres pour les septième. Les sœurs les gardaient
160 derrière le comptoir. Ils étaient presque neufs. Il y avait même des pages qui
n'étaient pas séparées. Ça m'a intéressée tout de suite parce que ça avait l'air de
livres pour adultes. J'ai demandé à la sœur si je pouvais les emprunter et, sans même
regarder, elle a dit qu'elle me les donnait, ça ferait ça de moins à transporter. Je suis
allée les mettre dans mon sac tout de suite. Il y en avait sept. J'ai commencé à les lire
165 le midi même. C'étaient les meilleurs livres que j'avais jamais lus. Ça se passait
à Paris, et Brigitte était une belle femme qui faisait des efforts pour ne pas être
vaniteuse et qui était mariée à un artiste peintre de grand talent et qui avait beaucoup
souffert dans sa vie. Il boitait d'une jambe à cause d'une blessure de guerre et c'était
un homme très sensible. Brigitte devait toujours le ménager. Le premier livre
170 racontait l'histoire de leur rencontre et la façon dont Brigitte avait compris quel
était le destin d'une femme mariée. Elle tenait bien sa maison, faisait des balades
aux Tuileries, une sorte de parc dans Paris. Elle était calme, pliait du linge de
maison dans une grande armoire et comprenait les émotions de son mari et, dans

Maculée

Quels synonymes pourraient
remplacer ce mot ?

les autres livres, celles de ses enfants. Je n'en revenais pas qu'une telle mère puisse
exister. Peut-être que c'était parce qu'elle était française. Elle n'explosait jamais, était
toujours bien mise, passait son temps à prier pour tout le monde. Rien à voir avec
les mères que je connaissais, la mienne était une bombe, madame Bolduc buvait de
la bière en cachette et avait tout un système pour ne pas que son mari la surprenne.
C'est ma mère qui l'avait expliqué à mon père. J'étais au sous-sol mais j'avais tout
entendu. Elle buvait ainsi depuis la mort de sa mère parce qu'elle n'arrêtait pas de
dire qu'elle n'avait plus le droit de vivre. Ma mère la trouvait souvent déjà
éméchée le matin. Elle avait l'après-midi pour dégriser avant que son
mari revienne de l'usine. [...]

Les sœurs sont déménagées avant la fin de l'année. La partie du
couvent où elles habitaient avait été vidée et les sœurs enseignantes
venaient travailler en taxi de la maison mère. Un matin, sœur Évelyne,
celle qui enseignait la musique et les arts plastiques, est arrivée sans son
costume. Personne n'a dessiné. C'est Roxanne Rondeau qui a commencé à poser des
questions, et puis cela n'a pas arrêté. Sœur Évelyne nous a expliqué que le pape, qui
était son père, leur en avait donné la permission et que, pour elle qui enseignait
la musique et les arts plastiques, son nouveau tailleur était plus pratique. Roxanne
a demandé si elles allaient se mettre en costume de bain. Cela a fait rire sœur
Évelyne. Le midi, j'ai raconté l'histoire à ma mère. Elle m'a dit qu'à son avis la
sœur Évelyne n'allait pas passer sa vie en communauté et que cela faisait
longtemps qu'elle le savait. Elle était trop instruite et trop belle pour finir ses
jours entourée de vieilles chipies.

Éméchée
À quel niveau de langue
appartient ce terme?
Par quel mot de la langue
standard pouvez-vous
le remplacer?

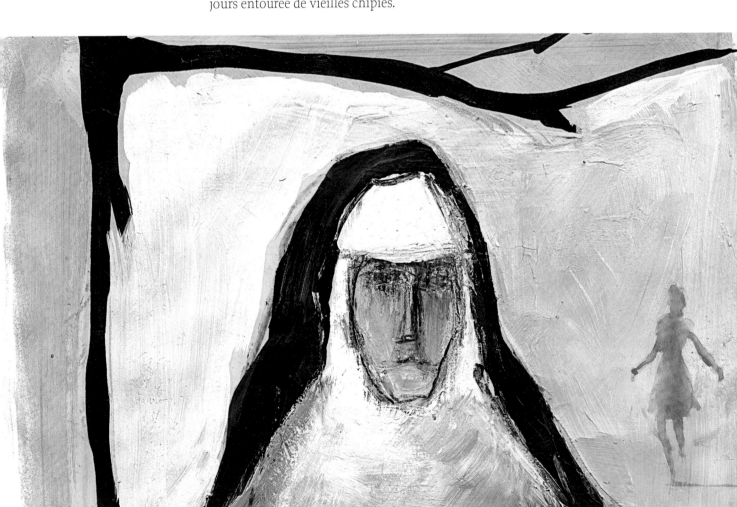

Depuis que les sœurs sont déménagées, la partie du couvent qu'elles habitaient est toujours barrée. Avant, lorsqu'il n'y avait personne en vue, Judith et moi, nous nous aventurions dans le corridor qui menait à la chapelle et à leur résidence.
200 C'était interdit pour les élèves, mais nous nous dépêchions et avions une excuse toute prête. Nous voulions prier à la chapelle. Ce que j'aimais le plus, c'était l'odeur qui se dégageait du plancher. Tout était propre, encore plus propre que chez Rose Lemay, l'ennemie de ma mère. Dans le quartier, madame Lemay possédait une des plus belles maisons. C'était aussi la plus propre. La table de la salle à manger était
205 en verre et toujours étincelante. Il faut dire que Rachelle, la bonne acadienne, qui avait un drôle d'accent et que tout le monde aimait, même ma mère, y était pour quelque chose. Quand ma mère explosait contre la Lemay, tout y passait, ses frères alcooliques [...], son mari qui passait sa vie en voyage et dont on avait entendu dire qu'il rencontrait des femmes dans des motels. Selon
210 ma mère, elle n'avait pas de quoi se pavaner comme ça. Moi, je savais que ce qui rendait ma mère folle, ce n'était pas tant la manière affectée et hautaine que prenait Rose Lemay pour lui parler mais le fait qu'elle pouvait envoyer ses filles à l'école privée et que, l'année prochaine, elles ne seraient pas obligées d'aller à la polyvalente où les filles couchent avec les garçons dans les toilettes et tombent
215 enceintes au bout de trois semaines. Sans parler de la drogue qu'on vend partout dans les corridors. À chaque fois que Rose Lemay s'avançait au bout du terrain pour parler à ma mère, elle abordait tout le temps ce sujet, et ma mère finissait par rentrer dans la maison en voulant la tuer.

[...]

Lise Tremblay, *La sœur de Judith*, © 2007, Les Éditions du Boréal.

La Lemay
Quel effet recherche-t-on en utilisant le déterminant devant le nom de famille ?

réflexions

1 Quels détails permettent de situer l'intrigue dans le Québec des années 1960 ?

2 En quoi la vie de quartier est-elle propice à l'élaboration d'une intrigue ?

3 D'après les sujets qui passionnent la narratrice, quels traits de sa personnalité pouvez-vous déduire ?

4 Pourquoi Judith et Simone sont-elles les personnages qui influencent le plus la narratrice ?

Saga

Tonino Benacquista
Saga

folio

Saga, c'est une critique fascinante du milieu de la télévision, de l'envers du décor. C'est également une satire du métier de scénariste, l'individu qui écrit les dialogues mais que personne ne voit. *Saga*, Grand prix des lectrices du magazine *Elle* en 1998, raconte l'histoire de quatre scénaristes au chômage qui doivent écrire un feuilleton télévisé. Contre toute attente, leur feuilleton connaît un succès inespéré. Mais, parmi ces quatre naufragés, il y a Jérôme Durietz à qui un homme sans scrupules a volé le script de *Deathfighter* pour en faire une superproduction américaine à succès.

Tonino Benacquista est un prolifique auteur français d'origine italienne. Il a d'abord écrit des romans noirs remportant, entre autres, trois prix pour *La Commedia des ratés*. Il s'est ensuite diversifié. Il a écrit de nombreux romans, des bandes dessinées, des scénarios pour la télé, une pièce de théâtre. Il a également été consultant pour le cinéma, puis co-auteur de nombreux films. Son succès s'explique par son originalité et par son humour. Dans ses romans les plus récents, ses personnages se retrouvent souvent confrontés à un ennemi bien spécial : eux-mêmes. En 2004, Tonino Benacquista fait un retour au roman noir avec *Malavita*. Une suite, *Malavia encore*, est parue en 2008.

Après avoir pris connaissance, lors d'une première lecture, du dénouement inattendu de cette histoire, relisez le texte en repérant des éléments annonciateurs de cette finale inusitée.

Jérôme

Pèse

Ce verbe est-il employé au sens propre ou au sens figuré ?

Combien laisse-t-on au voiturier du Ritz ? Voilà le genre de question que Sauvegrain se pose encore, même s'il trouve ça ridicule depuis qu'il pèse plus de six millions de dollars. Dans le doute, il glisse cinquante francs au type en livrée, entre dans l'hôtel et arrive devant le concierge.

5 — La suite de monsieur Stallone.

L'homme décroche le téléphone, un sourire poli aux lèvres.

— Un rendez-vous pour monsieur Stallone... de la part... ?

— Yvon Sauvegrain.

— Vous êtes attendu, dit-il en raccrochant, on va vous conduire.

10   Il fait signe à un garçon d'étage, Sauvegrain le suit dans l'ascenseur et le couloir du premier. Dans deux secondes, il va se retrouver devant lui pour la première fois. Un homme d'une soixantaine d'années l'accueille avec un grand sourire.

— Asseyez-vous, je suis le secrétaire de Sly, il arrive dans une minute.

Sauvegrain reconnaît sa voix, ils se sont téléphoné plusieurs fois pour mettre au
15   point le rendez-vous, entre Los Angeles et Paris. Il lui fait un compliment sur son français impeccable.

— Je ne le parle pas aussi bien que je le souhaiterais. J'ai toujours adoré Paris, je donnerais tout pour venir plus souvent. Sly ne parle pas un mot de français, vous êtes au courant ?

20   — Aucun problème. Monsieur Stallone reste en France longtemps ?

— Il vient discuter d'un projet avec Steven Spielberg qui tourne en ce moment à Versailles, mais rien n'est encore fait. Sly en profite pour annoncer *Deathfighter 2* à la presse française, c'est pour ça qu'il voulait vous rencontrer. Merci de nous accorder deux heures.

25   — C'est la moindre des choses.

Stallone apparaît, tout sourire, avec des petites lunettes rondes, un pantalon en toile beige et une chemise qu'il finit de boutonner. Il serre la main de Sauvegrain, lui propose un verre et joue au maître de maison. D'un signe de tête, il fait comprendre au secrétaire qu'il préfère rester seul avec son visiteur. Sauvegrain
30   comprend la moindre parole de la star qui fait des efforts pour parler lentement.

— Ça fait longtemps que je voulais rencontrer le créateur de *Deathfighter*, mais vous savez comment évoluent les choses, les machines se mettent en place et on ne pense plus à rien d'autre qu'au film. Dites-moi, on vous a bien invité à la première, à New York ?

35   — Oui.

— Et là, mon secrétaire n'a pas été capable de nous trouver un moment ?

— Vous étiez très pris par la promotion du film.

— Bah bah bah... Il faudrait tout faire soi-même. Acceptez mes excuses, monsieur Sauvegrain.

40   Ils échangent une seconde poignée de main, plus appuyée.

— [...] Tout se passe bien, pour ce qui est des contrats ? On vous a payé ?

— Mon agent est en train de s'en occuper.

— Vous avez bien fait de nous vendre les droits exclusifs du concept, la situation est beaucoup plus nette, vous percevrez 4 % des recettes sur toutes les déclinaisons
45   du personnage. Je ne crois pas que nous tournerons *Deathfighter 3* mais on ne sait jamais, il faut tout prévoir. J'aimerais que vous gardiez un œil sur la cohérence de l'ensemble, je tiens à ce que vous ayez un statut de consultant. Après tout, c'est votre personnage, non ?

— ... Bien sûr.

50   Pendant une petite seconde, plein de choses défilent dans la mémoire de Sauvegrain.

— Vous allez voir, le 2 sera encore plus fort que le premier.

Le secrétaire toque à la porte et passe la tête, sans entrer.

— Steven...

55 — Déjà ?

Stallone semble gêné, il hésite.

— Tu lui dis de m'attendre un instant ?

Sauvegrain a le temps de reconnaître la silhouette du visiteur dans l'entrebâillement de la porte.

60 — ... Steven Spielberg ?

— Il m'a proposé de tourner l'histoire de ma propre vie ! [...]

— On ne va pas faire attendre M. Spielberg, dit Sauvegrain qui se lève.

— Restez assis, j'ai un tout petit point de détail à régler avec vous. Une broutille, mais ça commence à m'agacer. Il vaut mieux s'en occuper dès 65 maintenant.

Le ton de sa voix a changé imperceptiblement. Sauvegrain se rassoit, obéissant.

— Est-ce que le nom de Jérôme Durietz vous dit quelque chose ?

Une poussée d'adrénaline se répand dans le corps de Sauvegrain et vient lui 70 chauffer les tripes.

— Jérôme... Durietz ? Non, je...

— Ce type est un scénariste français qui prétend avoir créé le concept de *Deathfighter*. Il fait le siège de mes bureaux et de tous mes partenaires financiers. Je n'aime pas *du tout* ce genre d'histoires.

75 Sauvegrain s'empourpre et s'essuie le front.

— D'autant qu'il commence à se faire connaître chez nous grâce à je ne sais quel sit-com dont NBC vient d'acquérir les droits.

Sauvegrain se racle la gorge et se tortille dans son fauteuil.

— Écoutez, monsieur Sauvegrain, 90 millions de dollars sont engagés 80 sur la production de *Deathfighter 2* et personne n'a besoin de ce genre de publicité autour du film. Je me fous de savoir qui a créé le concept, que ce soit vous, lui, ou le premier crétin venu, vous comprenez ?

— Oui, je...

— Nous avons le choix entre deux possibilités: soit ce qu'il dit est faux et je 85 lui casse les reins. Soit c'est vrai, et on règle le problème d'une autre manière. Mais pour ça, il me faut la vérité, et la vérité finit toujours par se savoir, je le sais par expérience. Il y a trop d'argent à perdre, je me fais comprendre ?

— Mais...

— Répondez par oui ou par non, qui a créé le concept ?

90 — Je...

Broutille
À l'aide du suffixe et du contexte, donnez une définition à ce mot.

lexique

S'empourpre
À quelle couleur ce verbe fait-il référence ? Donnez une définition à l'aide de celle-ci.

lexique

Sit-com
Sit-com est un terme de langue anglaise désignant une émission télévisée humoristique. Quel en est l'équivalent français ?

Stallone pose sa voix avec une incroyable fermeté. Ses yeux cherchent ceux de Sauvegrain qui n'ose plus le regarder en face.

— Vous m'obligez à me répéter et j'ai horreur de ça : qui a créé le concept ?

— Il ne serait pas possible de... traiter ?

95 — Traiter ? C'est bien ce que j'ai entendu ?

— ...

— C'est lui, monsieur Sauvegrain ?

— Disons que j'ai mis en forme une idée qui...

— C'est lui ?

100 — Oui.

Vous avez bien fait de me dire la vérité.

[...]

— Qu'est-ce que vous comptez faire ?

— Monsieur Sauvegrain, revenez sur terre. Vous avez forcé les portes d'Hollywood et elles se sont refermées sur vous comme elles se sont refermées 105 sur moi il y a vingt ans. Vous êtes dans la cour des grands, c'est ce que vous vouliez, non ? L'important, c'est le show, ce que le monde entier voit sur l'écran. Il n'a pas besoin de savoir ce qui se passe derrière, vous me comprenez ?

— Oui.

— Ce Durietz, il vit à Paris ?

110 — Oui.

— Alors je vous conseille d'aller passer quelques jours à l'autre bout du monde pendant les semaines à venir. Supprimer celui qui pose le problème, c'est supprimer le problème, est-ce que je me fais bien comprendre ?

Sauvegrain ne réfléchit même plus.

115 — Faites au mieux.

Tout à coup, Stallone se fige et regarde vers le miroir.

Silence.

Il ferme un instant les yeux et retient sa respiration.

Dès qu'on hurle *COUPEZ!* depuis la chambre adjacente, il pousse un 120 cri de victoire à la manière des champions de tennis.

Sauvegrain entend quelques éclats de voix derrière une cloison.

Jérôme et Lina sortent de la pièce voisine et se précipitent vers l'acteur pour le féliciter.

— Je savais qu'il était formidable, dit-elle. En général, les sosies ne sont pas très 125 bons, mais Jeremy a suivi des cours de comédie.

Jérôme serre la main de Jeremy avec toute la reconnaissance du monde dans le regard.

— Vous savez que pendant un moment, j'ai cru que c'était le vrai ?

[...]

Sauvegrain a l'impression d'être ailleurs, sans vraiment savoir où. Le cameraman 130 et l'ingénieur du son sortent à leur tour de la chambre. Lina fait entrer l'homme qui joue le secrétaire et le sosie de Spielberg pour les féliciter tous les deux.

— J'avais le choix entre douze Stallone mais pour trouver un Spielberg, il m'a fallu un temps fou. Heureusement, j'ai rencontré Stuart.

Un serveur du Ritz entre dans la suite en poussant une desserte avec des 135 bouteilles de champagne. En moins de deux minutes, c'est la fête.

Sauvegrain ne saisit pas la coupe qu'on lui tend.

Personne ne fait attention à lui.

Tout le monde fait attention à lui.

Il cherche le regard de Jérôme, qui daigne enfin le rejoindre.

140 — Il y a une chose que je ne comprends pas, Sauvegrain. Comment avez-vous pu couper dans la tirade: *L'important c'est le show, ce que le monde entier voit sur l'écran, il n'a pas besoin de savoir ce qui se passe derrière*, etc., vous avez vraiment cru à ce tissu de conneries?

Sauvegrain s'efforce de ne rien laisser paraître.

145   — C'est mauvais comme un mauvais film de gangsters, Sauvegrain. Pour la cohérence de situations vous êtes spécialement mauvais, le plus mauvais scénariste du monde. Vous imaginez une star de l'envergure de Stallone jouer les Al Capone au petit pied ? Absurde. Même dans les années trente on n'y aurait pas cru. Hollywood n'a vraiment pas besoin de ça. Ce sont les avocats qui ont les clés du
150 royaume, et depuis toujours.

    — ...

    — D'autant que Sly est un type adorable et bien au-dessus de tout ça, demandez à Jeremy.

    — Qu'est-ce que vous voulez ?

155   — J'ai la preuve filmée que vous m'avez volé *Deathfighter*, sans parler de votre complicité de meurtre sur ma personne. Et six témoins qui peuvent en répondre devant n'importe quelle cour de justice de Paris à Los Angeles.

    — Je vous ai demandé ce que vous vouliez.

    — Pas plus que Monte-Cristo dans le bouquin de Dumas. Je veux tous les contrats
160 à mon nom et un virement de tous les bénéfices déjà perçus. Des aveux complets auprès des producteurs et de Stallone. Le remboursement intégral de ce que m'a coûté cette mise en scène. Un budget monstrueux pour cinq minutes de film. Sûrement le court métrage le plus cher du monde. Mais ça en valait la peine, imaginez combien de fois je vais me repasser ce petit chef-d'œuvre.

165 Sauvegrain aimerait dire quelque chose. Ricaner. Prendre tout ça de haut. Il aimerait faire une vraie sortie mais n'y parvient pas.

Jérôme le regarde partir.

    — Le champagne, c'est moi qui offre.

Tonino Benacquista, *Saga*, © 1997, Éditions Gallimard.

réflexions

1 Pourquoi l'auteur a-t-il choisi de faire référence à Sylvester Stallone plutôt qu'à un autre acteur américain ?

2 Selon Jérôme, que doit contenir un bon scénario pour être efficace ?

3 Quelles sont les motivations des trois principaux personnages ?

4 Expliquez la référence à Monte-Cristo d'Alexandre Dumas vers la fin de l'extrait.

Le soleil des Scorta [extrait]

Parce que « tout en Italie stimule l'imaginaire et l'envie d'écrire », Gaudé situe l'intrigue de son roman *Le soleil des Scorta* dans Les Pouilles, une région du sud de la péninsule italienne. On y suit, sur plus de cent ans, le destin d'une famille méprisée par les habitants du village à cause du passé trouble de ses ancêtres. Nés dans la honte, les Scorta doivent se battre pour trouver leur place au soleil et rétablir leur réputation. Au fil des événements, des souffrances et des épreuves, le clan Scorta apprend à tirer le meilleur du pire et à craindre que les beaux jours ne soient qu'éphémères.

Né à Paris le 6 juillet 1972, Laurent Gaudé est considéré comme un auteur prometteur en raison du succès que connaissent tous ses écrits. Il s'est d'abord fait connaître en tant que dramaturge avant de publier ses premiers romans, *Cris* en 2001 et *La mort du roi Tsongor* en 2002. En 2004, *Le soleil des Scorta* remporte le prestigieux prix Goncourt. Dans tous ses romans, qu'il qualifie de récits mythologiques et symboliques, il cherche à se projeter dans des réalités différentes de son quotidien. « Avec la fiction, on peut tout se permettre et faire croire des choses insensées », a-t-il déjà déclaré. Les thèmes chers à Gaudé sont essentiellement ceux qui sont associés à la tragédie grecque : la violence, la honte, la transmission, le voyage initiatique et la vengeance.

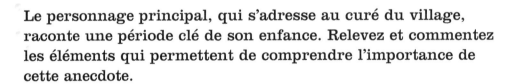

Le personnage principal, qui s'adresse au curé du village, raconte une période clé de son enfance. Relevez et commentez les éléments qui permettent de comprendre l'importance de cette anecdote.

Le vent souffle. Il couche les herbes sèches et fait siffler les pierres. Un vent chaud qui charrie les bruits du village et les odeurs marines. Je suis vieille et mon corps craque comme les arbres sous la poussée du vent. Je suis encombrée de fatigue. Le vent souffle et je m'appuie sur vous pour ne pas chanceler. Vous me prêtez votre
5 bras avec gentillesse. Vous êtes un homme dans la force de l'âge. Je le sens à la vigueur tranquille de votre corps. Nous irons jusqu'au bout. Accrochée à vous, je ne succomberai à aucune fatigue. Le vent nous siffle dans les oreilles et emporte certaines de mes paroles. Vous entendez mal ce que je dis. Ne vous inquiétez pas. Je préfère cela. Que le vent emporte un peu de ce que je dis. C'est plus facile pour moi.
10 Je n'ai pas l'habitude de parler. Je suis une Scorta. Mes frères et moi nous étions les enfants de la Muette et tout Montepuccio nous appelait « les taciturnes ».

Vous êtes surpris de m'entendre parler. C'est la première fois que je le fais depuis si longtemps. Vous êtes à Montepuccio depuis vingt ans, peut-être davantage et vous m'avez vue plonger dans le silence. Vous avez pensé, comme tout
15 Montepuccio, que j'avais glissé dans l'eau gelée de la vieillesse et que je n'en reviendrais pas. Et puis ce matin je me suis présentée à vous, je vous ai demandé de m'accorder un entretien et vous avez tressailli. C'était comme si un chien ou la façade d'une maison se mettait à parler. Vous ne pensiez pas que cela soit possible. C'est pour cela que vous avez accepté ce rendez-vous. Vous voulez savoir ce que la
20 vieille Carmela a à dire. Vous voulez savoir pourquoi je vous ai fait venir ici, de nuit. Vous m'offrez votre bras et je vous emmène sur ce petit sentier de terre. Nous avons laissé l'église à notre gauche. Nous tournons le dos au village et votre curiosité grandit. Je vous remercie de votre curiosité, don Salvatore. Elle m'aide à ne pas renoncer.

25 Je vais vous dire pourquoi je parle à nouveau. C'est parce que j'ai commencé, hier, à perdre la tête. Ne riez pas. Pourquoi riez-vous ? Vous pensez qu'on ne peut pas être suffisamment lucide pour dire que l'on perd la tête tout en la perdant vrai-
30 ment. Vous vous trompez. Sur son lit d'agonie, mon père a dit « je meurs » et il est mort. Je perds la tête. Cela a commencé hier. Et dorénavant le temps m'est compté. Hier, je repensais à ma vie, comme je le fais souvent. Et je n'ai pas réussi à retrouver le nom d'un homme que j'ai bien
35 connu. Je pense à lui presque chaque jour depuis soixante ans. Hier, son nom s'est dérobé. Pendant quelques secondes, ma mémoire est devenue une immensité blanche sur laquelle je n'avais aucune prise. Cela n'a pas duré longtemps. Le nom a refait surface. Korni. C'est ainsi que s'appelait cet homme. Korni. Je l'ai retrouvé mais si j'ai pu oublier son nom ne serait-ce qu'un instant, c'est que mon esprit a
40 capitulé et que tout glissera doucement. Je le sais. C'est pour cela que je suis venue vous trouver ce matin. Je dois parler avant que tout ne soit englouti. C'est pour cela aussi que je vous ai amené ce cadeau. C'est un objet que je voudrais que vous conserviez. Je vous parlerai de lui. Je vous dirai son histoire. Je voudrais que vous l'accrochiez dans la nef de l'église, au milieu des ex-voto[1]. C'est un objet lié à Korni.
45 Il sera bien, accroché au mur de l'église. Je ne peux plus le garder chez moi. Je risque de me réveiller un matin en ayant oublié son histoire et la personne à qui je le destinais. Je voudrais que vous le gardiez dans l'église, puis lorsque ma petite-fille, Anna, aura l'âge, que vous le lui transmettiez. Je serai morte. Ou sénile. Vous le ferez et ce sera comme si je lui parlais à travers les années. Regardez. Le voici. C'est une
50 petite planche de bois que j'ai fait tailler, polir et laquer. Au milieu j'ai fait mettre ce vieux billet de bateau Naples-New York et, sous le billet, un médaillon en cuivre sur lequel est gravé : « Pour Korni. Qui nous a guidés dans les rues de New York. » Je vous le confie. N'oubliez pas. C'est pour Anna.

[...]

Je suis venue vous raconter le voyage à New York, don Salvatore. Et s'il ne faisait
55 pas nuit, je n'oserais jamais parler. Mais l'obscurité nous entoure [...] et je dois m'acquitter de ma tâche.

---

1 Tableau, plaque avec inscription, placé dans une église en accomplissement d'un vœu.

Après l'enterrement de mon père, don Giorgio nous a convoqués pour nous exposer ses plans. Il avait trouvé une petite maison, dans le vieux village, où notre mère, la Muette, allait pouvoir vivre. Ce serait pauvre mais digne. Elle s'y installerait
60 dès que possible. En revanche, pour nous, il fallait trouver une autre solution. La vie ici, à Montepuccio, ne nous offrait rien. Nous allions traîner notre pauvreté dans les ruelles du village, avec la rage des êtres que le sort a déchus de leur rang. Rien de bon ne naîtrait de cela. Don Giorgio ne voulait pas nous condamner à une vie de malheur et de crasse. Il avait pensé à mieux. Il se débrouillerait pour
65 obtenir trois billets sur un paquebot qui faisait la liaison entre Naples et New York. L'Église paierait. Nous partirions vers cette terre où les pauvres construisent des immeubles plus hauts que le ciel et où la fortune remplit parfois les poches des loqueteux.

Loqueteux
Relevez dans le texte des synonymes de ce mot.

Nous avons tout de suite dit oui. Le soir même, je me souviens, des images folles
70 de villes imaginaires tournaient dans ma tête et je me répétais sans cesse ce mot comme une prière qui me faisait briller les yeux : New York... New York...

Fioul
Quel mot de langue anglaise peut aider à définir ce terme technique ?

Don Giorgio nous a menés jusqu'au port et nous avons embarqué sur un de ces paquebots construits pour emmener les crève-la-faim d'un point à un autre du globe, dans de grands soupirs de fioul. Nous avons
75 pris place sur le pont au milieu de nos semblables. Miséreux d'Europe au regard affamé. Familles entières ou gamins esseulés. [...] Comme tous les autres, nous nous sommes tournés vers l'Amérique, attendant le jour où les côtes seraient en vue, espérant, dans des rêves étranges, que tout là-bas soit différent, les couleurs, les odeurs, les lois, les hommes. Tout. Plus grand. Plus doux.
80 Durant la traversée, nous restions agrippés des heures au parapet, rêvant à ce que pouvait bien être ce continent où les crasseux comme nous étaient les bienvenus. Les jours étaient longs, mais cela importait peu, car les rêves que nous faisions avaient besoin d'heures entières pour se développer dans nos esprits. Les jours étaient longs mais nous les avons laissés couler avec bonheur puisque le monde
85 commençait.

Un jour enfin, nous sommes entrés dans la baie de New York. Le paquebot se dirigeait lentement vers la petite île d'Ellis Island. La joie de ce jour don Salvatore, je ne l'oublierai jamais. Nous dansions et criions. Une agitation frénétique avait pris possession du pont. Tout le monde voulait voir la terre nouvelle. Nous acclamions
90 chaque chalutier de pêcheur que nous dépassions. Tous montraient du doigt les immeubles de Manhattan. Nous dévorions des yeux chaque détail de la côte.

[...]

Don Salvatore, ne faites pas attention si ma voix se casse et si je baisse les yeux, je vais vous raconter ce que personne ne sait. Personne d'autre que les Scorta. Écoutez. La nuit est vaste et je vais tout dire.

95 À l'arrivée, nous descendîmes du paquebot avec enthousiasme. Nous étions joyeux et impatients. Il fallut s'installer dans l'attente. Mais cela, pour nous, n'avait aucune importance. Nous fîmes des queues interminables. Nous nous prêtâmes à des démarches étranges que nous ne comprenions pas. Tout était lent. [...]

Lorsque je suis passée devant le médecin, il m'a arrêtée d'un geste. Il a observé
100 mes yeux et, sans rien dire, il m'a fait une marque à la craie sur la main. J'ai voulu demander pourquoi mais on m'a fait signe d'avancer vers une autre salle. Un second

médecin m'a auscultée. Plus longtemps. Il m'a posé des questions mais je n'ai pas compris et je n'ai su que répondre. J'étais une gamine, don Salvatore, une gamine et mes genoux tremblaient devant ces étrangers qui se penchaient sur moi comme sur un animal de bétail. Un peu plus tard, mes frères m'ont rejointe. Ils avaient dû batailler pour qu'on les laisse passer.

C'est lorsqu'un interprète est arrivé que nous avons compris ce dont il s'agissait. J'avais une infection. J'avais été malade, effectivement, sur le bateau pendant plusieurs jours. De la fièvre, des diarrhées, les yeux rouges, mais je pensais que cela allait passer. J'étais une gamine qui allait à New York et il me semblait qu'aucune maladie ne pouvait venir à bout de moi. L'homme parla longtemps et tout ce que je compris, c'est que pour moi, le voyage finissait ici. Le sol s'effaça sous mes pieds. J'étais refusée, don Salvatore. Tout était fini. J'avais honte et je baissai la tête pour ne pas croiser le regard de mes frères. Ils gardaient le silence à mes côtés. Je contemplai la longue file d'émigrés qui continuaient à passer devant nous, et je ne pensais qu'une chose: «Tous ceux-là qui passent, et même la malingre, là, et même le vieillard qui crèvera peut-être dans deux mois, tous ceux-là, et moi, pourquoi pas moi?»

L'interprète a parlé à nouveau: «Vous allez repartir... le bateau est gratuit... pas de problème... gratuit...», il n'avait que ce mot à la bouche. C'est alors que Giuseppe a proposé à Domenico de continuer seul. «Mimi, tu passes. Moi, je reste avec Miuccia.»

Je ne disais rien. Notre vie se jouait là. Dans cette discussion entre deux pièces. Notre vie, pour les années à venir mais je ne disais rien. Je ne pouvais pas. Je n'avais aucune force. J'avais honte. Seulement honte. Je ne pouvais qu'écouter et m'en remettre à mes frères. Nos trois vies se jouaient là. Par ma faute à moi. Tout dépendait de ce qu'ils allaient décider. Giuseppe a répété: «C'est le mieux, Mimi. Toi, tu passes; tu t'en sortiras tout seul. Moi, je reste avec Miuccia. On retourne au pays. On réessaiera plus tard...»

L'immense salle du bâtiment administratif d'Ellis Island où étaient accueillis les milliers d'immigrants venus en Amérique chercher une vie meilleure.

Un temps infini s'est écoulé. Croyez-moi, don Salvatore, j'ai vieilli durant cette seule minute de plusieurs années. Tout était suspendu. J'attendais. Le temps que le
150 destin, peut-être, soupèse nos trois vies et choisisse un sort qui lui plaise. Et puis Domenico a parlé et il a dit: «Non. On est venu ensemble, on repart ensemble.» Giuseppe a encore voulu insister mais Domenico l'a interrompu. Il avait pris sa décision. Il serrait les mâchoires et il fit un geste sec de la main que je n'oublierai jamais: «C'est tous les trois ou personne. Ils ne veulent pas de nous. Qu'ils aillent se
155 faire foutre.»

[...]

Nous sommes restés à Ellis Island neuf jours. Nous attendions qu'un bateau soit affrété pour le retour. Neuf jours, don Salvatore, à contempler ce pays qui nous était interdit. Neuf jours aux portes du paradis. [...]

Nous sommes montés sur le bateau du retour et l'embarquement n'avait rien à
160 voir avec celui de Naples qui s'était fait dans le tumulte et les éclats de voix. Cette fois, nous avons tous pris place en silence et d'un pas lent de condamné. C'était la lie de la terre qui montait à bord. Les malades de toute l'Europe. Les plus pauvres des pauvres. C'était un bateau de tristesse résignée. Le navire des malchanceux, des damnés qui retournent au pays avec la honte tenace
165 d'avoir échoué. L'interprète n'avait pas menti, le voyage était gratuit. De toute façon, personne n'aurait eu de quoi payer un billet de retour. Si les autorités ne voulaient pas que les gueux s'entassent à Ellis Island elles n'avaient pas d'autre choix que d'organiser elles-mêmes les voyages. Mais, en revanche, il n'était pas question d'affréter un bateau par pays et
170 par destination. Le paquebot des refusés traversait l'Atlantique et une fois en Europe, desservait lentement, un à un, les principaux ports où il déposait sa cargaison humaine.

Lie de la terre
Selon le contexte, que signifie cette expression?

Affréter
Dans cette phrase, ce verbe est associé au bateau. Peut-il être employé dans un autre contexte?

lexique

Ce voyage-là, don Salvatore, fut infiniment long. Les heures passaient sur ce navire comme elles passent dans un hôpital, au rythme lent du goutte-à-goutte des
175 transfusions. On mourait dans les dortoirs. On agonisait, de maladie, de déception, de solitude. Ces êtres abandonnés de tous avaient du mal à trouver une raison de vivre à laquelle s'accrocher. Ils se laissaient souvent glisser dans la mort avec un sourire vague, heureux, au fond, de mettre un terme à cette succession d'épreuves et d'humiliations qu'avait été leur vie.

180 Étrangement, je repris des forces. La fièvre tomba. Je pus bientôt aller d'un point à un autre du pont. Je dévalais les escaliers, je longeais les couloirs. J'étais partout. Passant d'un groupe à un autre. En quelques jours, je fus connue de tous – quels que soient leur âge et leur langue. J'occupais mes journées à rendre de petits services. Repriser des chaussettes. Trouver un peu d'eau pour le vieil Irlandais ou un
185 acquéreur pour la Danoise qui voulait se séparer d'une petite médaille en argent et désirait, en échange, une couverture. Je connaissais tout le monde par son nom, ou son surnom. J'épongeais le front des malades. Je préparais à manger pour les vieux. On m'appelait «la petite». Je mis à contribution mes frères. Je leur donnais des instructions. Ils déplaçaient les malades sur le pont les jours de beau temps. Ils
190 distribuaient l'eau dans les dortoirs. Nous étions tour à tour messagers, commerçants, aides-soignants, confesseurs. Et petit à petit, nous avons réussi à améliorer notre

sort. Nous gagnions quelques sous, quelques privilèges. D'où venaient les ressources ? La plupart du temps, des morts. Les décès étaient nombreux. Il était acquis que le peu de choses que les moribonds laissaient derrière eux allaient à la
195 communauté. Il eût été difficile de faire autrement. Les infortunés retournaient pour la plupart dans un pays où plus personne ne les attendait. Ils avaient laissé les leurs en Amérique ou dans des terres qu'ils n'avaient pas l'intention de fouler à nouveau. Allait-on envoyer les quelques pièces qu'ils cachaient dans leurs nippes à une adresse où elles n'arriveraient jamais ? Le butin était redistribué à bord. Souvent
200 les hommes d'équipage se servaient en premier. C'est là que nous intervenions. Nous nous débrouillions pour que l'équipage soit prévenu le plus tard possible, et nous faisions le partage, dans l'obscurité des fonds de cale. C'étaient de longs pourparlers. Si le défunt avait une famille à bord, tout allait aux survivants, mais dans le cas contraire – qui était le plus fréquent – on essayait d'être équitable. Nous met-
205 tions parfois des heures à nous mettre d'accord sur l'héritage de trois bouts de ficelle et d'une paire de chaussures. Je ne m'occupais jamais d'un malade en pensant à sa mort prochaine et aux bénéfices que je pourrais en tirer. Je vous le jure. Je le faisais parce que je voulais me battre et que c'était le seul moyen que j'avais trouvé.

Je m'occupais particulièrement d'un vieux Polonais que j'aimais bien. Je n'ai
210 jamais réussi à dire son nom en entier Korniewski ou Korzeniewki… Je l'appelais « Korni ». Il était petit et sec. Il devait avoir soixante-dix ans. Son corps l'abandonnait

Les bâtiments administratifs d'Ellis Island à l'avant-plan, tout près de l'île de la Statue de la Liberté, à l'entrée du port de New York.

doucement. On lui avait déconseillé, à l'aller, de tenter sa chance. On lui avait expliqué qu'il était trop vieux. Trop faible. Mais il avait insisté. Il voulait voir ce pays dont tout le monde parlait. Ses forces ne tardèrent pas à décliner. Il gardait des yeux
215 rieurs mais maigrissait à vue d'œil. Il me murmurait parfois à l'oreille des mots que je ne comprenais pas mais qui me faisaient rire, tellement ces sons ressemblaient à tout sauf à une langue.

Korni. C'est lui qui nous sauva de la misère qui nous rongeait la vie. Il est mort avant que nous n'arrivions en Angleterre. Il mourut une nuit où
220 le roulis était doux. Au moment où il se sentit partir il m'appela à ses côtés et me tendit un petit chiffon fermé d'une cordelette. Il prononça une phrase que je ne compris pas, puis, renversant sa tête sur sa couche, les yeux ouverts, il se mit à prier en latin. J'ai prié avec lui, jusqu'au moment où la mort lui a volé son dernier souffle.

225 Dans le chiffon, il y avait huit pièces d'or et un petit crucifix en argent. C'est cet argent qui nous a sauvés.

Peu après la mort du vieux Korni, le bateau a commencé sa descente dans les ports d'Europe. Il accosta tout d'abord à Londres, puis mouilla au Havre, repartit pour la Méditerranée où il s'arrêta à Barcelone, à Marseille et enfin à Naples. À
230 chacune de ces escales, le bateau se vidait de ses passagers crasseux et s'emplissait de marchandises. Nous avons profité de ces étapes pour faire du commerce. À chaque arrêt, le bateau restait deux ou trois jours à quai, le temps que les cargaisons soient montées et que l'équipage dessoûle. Nous profitions de ces précieuses heures pour acheter quelques marchandises. Du thé. Des casseroles. Du tabac. Nous choi-
235 sissions ce qui était le plus typique du pays et nous profitions de l'escale suivante pour le revendre. C'était un commerce ridicule, sur des sommes dérisoires, mais nous avons accumulé ce minuscule trésor avec minutie. Et nous sommes arrivés à Naples plus riches qu'à notre départ. C'est ce qui compte, don Salvatore. C'est ma fierté. Nous sommes revenus plus riches que nous n'étions partis. J'ai découvert que
240 j'avais un don, le don du commerce. Mes frères n'en revenaient pas. C'est ce petit trésor, arraché à la crasse et à la débrouille, qui nous a permis de ne pas crever comme des bestiaux dans la foule épaisse de Naples à notre retour.

[...]

Vous comprenez pourquoi j'ai tremblé lorsque je me suis rendu compte, hier, que j'avais oublié le nom de Korni. Si j'oublie cet homme, ne serait-ce qu'une seconde,
245 c'est que tout chavire. Je n'ai pas encore tout raconté, don Salvatore. Mais laissez-moi un peu de temps. [...]

À notre arrivée à Montepuccio, j'ai fait jurer à mes frères de ne jamais parler de notre échec new-yorkais. Nous avons mis Raffaele dans le secret le soir où nous avons enterré la Muette parce qu'il nous avait demandé de lui raconter notre voyage
250 et qu'aucun d'entre nous ne voulait lui mentir. Il était des nôtres. Il a juré avec les autres. Et ils ont tous tenu parole. Je voulais que personne ne sache. Pour tout Montepuccio nous sommes allés à New York et avons vécu quelques mois là-bas. Le temps de faire un peu d'argent. À ceux qui nous demandaient pourquoi nous étions rentrés si vite, nous répondions qu'il n'était pas convenable de laisser notre mère
255 seule ici. Que nous ne pouvions pas savoir qu'elle était morte. Cela suffisait. Les gens n'en demandaient pas davantage. Je ne voulais pas que l'on sache que les

Scorta avaient été refusés là-bas. Ce que l'on dit de vous, l'histoire que l'on vous prête, c'est cela qui compte. Je voulais qu'on prête New York aux Scorta. Que nous ne soyons plus une famille de dégénérés ou de miséreux. Je connais les gens.
260 Ils auraient parlé de la malchance qui s'acharnait sur nous. Ils auraient évoqué la malédiction de Rocco. Et on ne se libère pas de cela. Nous sommes revenus plus riches que nous n'étions partis. Il n'y a que cela qui compte. Je ne l'ai jamais dit à mes fils. Aucun de nos enfants ne le sait. J'ai fait jurer à mes frères et ils ont tenu parole. Il fallait que tout le monde puisse croire à New York. Nous avons même fait mieux.
265 Nous avons raconté la ville et notre vie là-bas. Avec détail. Nous avons pu le faire parce que le vieux Korni l'avait fait avec nous. Lors du voyage de retour il avait trouvé un homme qui parlait italien et lui avait demandé de nous traduire les lettres qu'il avait reçues de son frère. Nous l'avons écouté pendant des nuits entières. Je me souviens encore de certaines d'entre elles. Le frère du vieux Korni
270 parlait de sa vie, de son quartier. Il décrivait les rues, les gens de son immeuble. Korni nous a fait entendre ces lettres et ce n'était pas une torture supplémentaire. Il nous ouvrait les portes de la ville. Nous y déambulions. Nous nous y installions en pensée. J'ai raconté à mes fils New York grâce aux lettres du vieux Korni. Giuseppe et Domenico ont fait de même. C'est pour cela, don Salvatore, que je vous ai apporté
275 l'*ex-voto* « Naples-New York ». Je vous demande de l'accrocher dans la nef. Un aller simple pour New York. Je voudrais qu'il soit dans l'église de Montepuccio. Et que les cierges brûlent pour le vieux Korni. C'est un mensonge. Mais vous comprenez, n'est-ce pas, que ça n'en est pas un ? Vous le ferez. Je veux que Montepuccio continue à croire que nous sommes allés là-bas. Lorsque Anna aura l'âge, vous le décrocherez
280 et le lui donnerez. Elle vous posera des questions. Vous lui répondrez. Mais en attendant, je voudrais que les yeux des Scorta brillent de l'éclat de la grande cité de verre.

Laurent Gaudé, *Le soleil des Scorta*, © 2004, Actes Sud.

1 Imaginez la durée du voyage à cette époque et décrivez le quotidien des immigrants à bord du bateau.

2 Quels sont les traits de personnalité caractéristiques d'un membre du clan des Scorta ? Comment ces traits influencent-ils le déroulement du récit ?

3 Pourquoi est-il si important pour Carmela Scorta de transmettre l'histoire familiale à sa petite-fille ?

4 Vers la fin de l'extrait, Carmela affirme que son histoire est un mensonge sans en être un. Que veut-elle dire ?

À propos... de l'intrigue

L'intrigue

Tout récit se construit sur le développement d'une intrigue. Pour la cerner, le schéma narratif est un outil efficace qui permet de procéder au découpage des parties d'un récit, d'en reconnaître les particularités et d'en identifier la structure.

Le schéma narratif

Le schéma narratif présente l'ordre chronologique des événements en établissant un lien entre les diverses étapes qui ponctuent un récit. Il comprend cinq étapes variant en longueur et en importance :

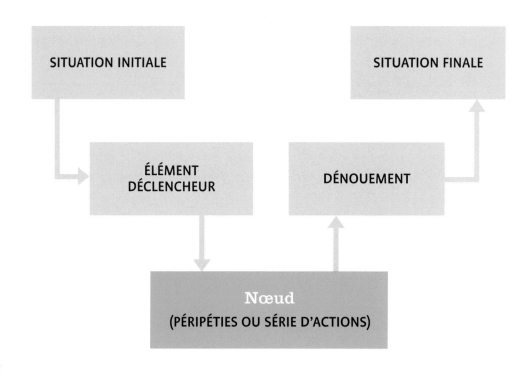

SITUATION INITIALE

SITUATION FINALE

ÉLÉMENT DÉCLENCHEUR

DÉNOUEMENT

Nœud
(PÉRIPÉTIES OU SÉRIE D'ACTIONS)

– la **situation initiale** présente les personnages dans leur quotidien, dans l'environnement où ils évoluent avant qu'un élément déclencheur ne vienne rompre l'équilibre du monde représenté. Cette situation est parfois sous-entendue ;

– l'**élément déclencheur** annonce le début de la phase de transformation ; il s'agit d'un bris dans l'équilibre et le quotidien des personnages. Il peut prendre la forme d'un événement, d'un dilemme, d'un désir ou d'une injustice ;

– les **péripéties** sont une série d'actions entreprises par les personnages dans le but d'accomplir une quête, une mission ou de résoudre un problème. Cette partie est importante dans un récit parce qu'elle contient la majorité des transformations des personnages ;

– le **dénouement** annonce la fin de la quête, l'accomplissement de la mission ou la résolution du problème ;

– la **situation finale** présente les personnages de retour à un état d'équilibre. Elle est parfois absente pour différentes raisons, par exemple le personnage est en situation d'échec ou la situation finale est sous-entendue dans le dénouement.

> Le schéma narratif se prête à diverses manipulations. Certains auteurs choisissent parfois d'en modifier l'ordre conventionnel dans le but de créer un effet particulier, comme inverser les parties, commencer leur récit par la situation finale ou sous-entendre l'une des étapes.

Les particularités d'une intrigue

Pour construire une intrigue, un auteur peut choisir de mettre l'accent sur un ou plusieurs des cinq aspects suivants.

– **Les actions :** le personnage principal se défend contre un ennemi, contre une catastrophe naturelle ou contre un phénomène paranormal. L'intrigue est présentée comme une lutte à finir. La situation finale est souvent un monde meilleur ou une menace résorbée.

> Dans *Saga*, dès qu'on hurle « COUPEZ ! », les actions s'enchaînent :
>
> « [Stallone] pousse un cri de victoire à la manière des champions de tennis.
>
> Sauvegrain entend quelques éclats de voix derrière une cloison. Jérôme et Lina sortent de la pièce voisine et se précipitent vers l'acteur pour le féliciter. [...] Le cameraman et l'ingénieur du son sortent à leur tour de la chambre. Lina fait entrer l'homme qui joue le secrétaire et le sosie de Spielberg pour les féliciter tous les deux. [...] Un serveur du Ritz entre dans la suite en poussant une desserte avec des bouteilles de champagne. En moins de deux minutes, c'est la fête. »

- **L'évolution du personnage :** l'intrigue confronte le personnage à ses démons intérieurs, le force à revoir sa conception du monde et de lui-même, à peaufiner sa réflexion, à faire une introspection. Les épreuves transforment le personnage sur les plans psychologique, intellectuel et social.

> *Le soleil des Scorta* met l'accent sur l'évolution des personnages, notamment Carmela Scorta : « Je vais vous dire pourquoi je parle à nouveau. C'est parce que j'ai commencé, hier, à perdre la tête. [...] mon esprit a capitulé et que tout glissera doucement. Je le sais. C'est pour cela que je suis venue vous trouver ce matin. Je dois parler avant que tout ne soit englouti. C'est pour cela aussi que je vous ai amené ce cadeau. [...] Je voudrais que vous le gardiez dans l'église, puis lorsque ma petite-fille, Anna, aura l'âge, que vous le lui transmettiez. Je serai morte. Ou sénile. Vous le ferez et ce sera comme si je lui parlais à travers les années. »

- **Les interactions entre les personnages :** ce récit implique nécessairement plus d'un personnage. La tension dramatique est maintenue par les rapports plus ou moins complexes entre ceux-ci. La résolution de l'intrigue passe par une transformation de leurs relations, comme l'émancipation d'un personnage, la redéfinition d'un rapport de force ou la réunion de deux êtres séparés. Un triangle amoureux, une chronique familiale sont des exemples d'histoires où les interactions sociales influencent l'intrigue.

> Dans *La sœur de Judith*, les interactions sont importantes parce qu'elles contribuent à modifier l'intrigue : « La face de la sœur directrice est violette. Elle est tellement fâchée que nous ne comprenons pas tout ce qu'elle dit. Elle passe dans les allées et pousse hors des rangs celles qui portent des bas golf. [...] Après, moi et les autres "insignifiantes" devions rentrer chez nous pour le reste de la semaine. L'école appellera nos parents. [...] On a décidé de rester jusqu'à la récréation des garçons de l'école Saint-Charles pour leur raconter ce qui arrive. [...] Ma mère dit que la secrétaire de l'école a téléphoné. Elle raconte l'histoire à madame Bolduc et elles rient ensemble. Je savais que ma mère n'exploserait pas, pas sur les sœurs. Elle fait partie du comité qui réclame leur départ. [...] Le lundi, j'ai remis des bas golf. Les parents avaient fait savoir aux sœurs qu'ils nous appuyaient et la commission scolaire aussi. »

- **Les interactions entre un personnage et son milieu :** le milieu de vie du personnage occupe une place importante au point de modifier son comportement. L'intrigue place le personnage devant un lieu qui revêt un caractère singulier : le retour à la maison familiale, un lieu de travail hostile, un pays à découvrir forceront le personnage à se redéfinir selon le milieu.

> La ville de New York, telle que décrite dans *Le soleil des Scorta*, est un exemple d'interactions entre un personnage et son milieu : « [...] je me souviens, des images folles de villes imaginaires tournaient dans ma tête et je me répétais sans cesse ce mot comme une prière qui me faisait briller les yeux : New York... New York... »

- **L'enseignement d'une morale :** certaines intrigues ont des visées pédagogiques. La conclusion amenée à la suite des transformations est une leçon de vie.

> Le conte philosophique et la fable sont des genres qui utilisent l'intrigue à cette fin.

La structure de l'intrigue

Un récit peut être développé selon une structure simple ou selon une structure complexe. Une **structure simple** présente habituellement une seule intrigue principale qui se conforme aux étapes du schéma narratif. Les péripéties se suivent en respectant un rapport de cause et conséquence. La **structure complexe**, qui présente plusieurs intrigues à l'intérieur d'un même récit, existe sous de multiples formes dont les plus fréquentes sont la structure **en alternance** et la structure **enchâssée**.

La structure en alternance

Il peut y avoir alternance entre deux ou plusieurs intrigues principales. Par exemple, le récit développe une partie de l'intrigue puis passe à une deuxième pour revenir à la première et ainsi de suite.

La structure enchâssée

Cette structure présente une intrigue principale où d'autres intrigues secondaires sont enchâssées. À la différence d'une intrigue développée en alternance, les intrigues sont imbriquées et s'influencent au lieu d'être traitées séparément.

> Dans *La sœur de Judith*, la structure de l'intrigue est enchâssée parce que les événements racontés se déroulent presque au même moment et que les personnages impliqués se connaissent et s'influencent les uns les autres. Par exemple, l'intrigue principale montrant l'évolution d'une petite fille est imbriquée dans les mésaventures de nombreux personnages secondaires : Claire qui veut devenir une vedette, les religieuses qui quittent le couvent, madame Bolduc qui boit en cachette.

Comparer les textes

Vous venez de lire un extrait des œuvres suivantes : *La sœur de Judith*, *Saga* et *Le soleil des Scorta*.

1. Dans lequel des textes la situation initiale a-t-elle le plus facilité la compréhension de l'intrigue ? Expliquez votre réponse.

2. Lequel des trois dénouements a été le plus imprévisible par rapport à l'élément déclencheur ? Justifiez votre point de vue.

3. Dans chacun des extraits de cette fenêtre, quel personnage se démarque des autres par la qualité de ses interactions avec son entourage ? Expliquez votre réponse.

4. Peut-on affirmer que le personnage de Carmela Scorta est celui qui témoigne d'une plus grande évolution sur le plan psychologique ? Pour appuyer votre réponse, élaborez une justification qui compare Carmela aux personnages principaux des autres extraits.

5. Pour chacune des questions suivantes, nommez l'extrait et précisez les raisons de votre choix.
   - Quel texte met davantage l'accent sur les actions ?
   - Quelle intrigue a davantage présenté les interactions entre le personnage et son milieu de vie ?

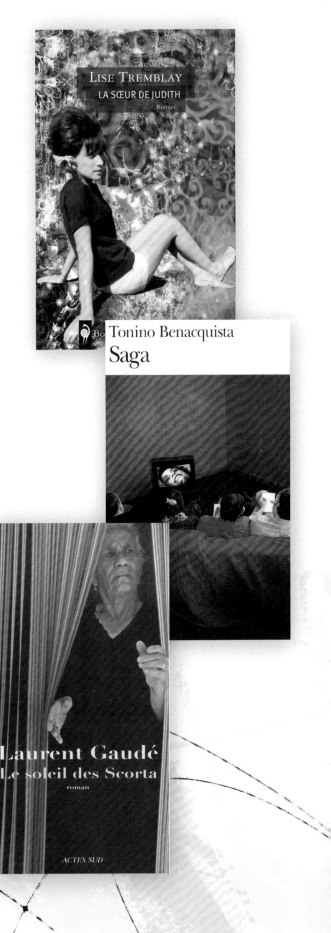

Pistes d'essai

Communication orale

Dans plusieurs extraits (notamment *Le soleil des Scorta*, *Bonjour tristesse* et *Mémoires d'une jeune fille rangée*), les personnages font une introspection. Ils résument leur vie à partir d'un événement charnière qui a transformé leur existence.

Pendant une entrevue, une personne connue raconte son histoire à un journaliste. Si vous êtes la personne connue, présentez un moment important de votre vie et répondez ensuite aux questions du journaliste. Si vous êtes dans la peau du journaliste, essayez de comprendre comment l'événement raconté a influencé cette personne connue et interrogez-la afin de découvrir la suite de l'histoire.

Pour soutenir votre démarche, consultez la stratégie « Participer à une discussion », page 563.

Écriture

Participez à l'intrigue afin de modifier le cours des événements. Imaginez une péripétie que le personnage principal de *Ne le dis à personne* pourrait vivre et qui serait une suite de l'extrait présenté dans la section ▬ Inter·textes. Assurez-vous de respecter les particularités de l'intrigue policière. Par souci de cohérence, relisez attentivement le texte et portez attention à la situation initiale, à l'élément déclencheur et aux péripéties déjà en place.

Pour soutenir votre démarche, consultez la stratégie « Écrire un texte littéraire », page 554.

Lecture

Dans les textes de cette fenêtre, *La sœur de Judith*, *Bonjour tristesse*, *Mémoires d'une jeune fille rangée* et *Les tondeuses à gazon*, plusieurs familles sont présentées. Choisissez-en deux. Tout d'abord, nommez les individus qui composent chacune de ces familles. Ensuite, dressez une liste des difficultés de communication que les personnages éprouvent au cours de leurs interactions et comparez les familles afin d'établir les points communs et les différences. Trouvez des pistes de solution qui leur permettraient d'améliorer leurs relations.

Pour soutenir votre démarche, consultez la stratégie « Lire un texte littéraire », page 550.

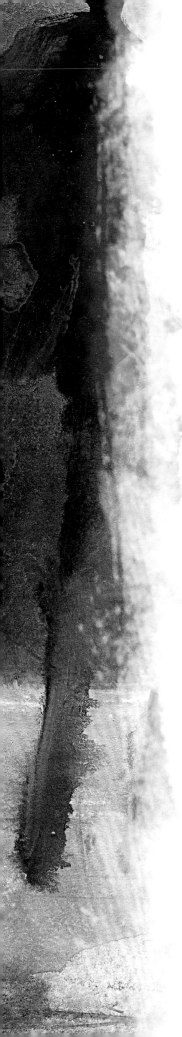

L'auteur américain Harlan Coben ne désire qu'une seule chose lorsqu'il crée une intrigue : « ensorceler » le lecteur et le garder sous son emprise le plus longtemps possible. Son style d'écriture supprime tout passage qui ne retient pas immédiatement l'attention. Coben s'inspire d'abord du quotidien afin de raconter une histoire. En apparence, rien n'est plus normal qu'un courriel, mais sous la plume de Coben, le courrier électronique devient un outil de machination insoupçonné. *Ne le dis à personne* a d'abord été publié en anglais sous le titre de *Tell no one*.

Ne le dis à personne [extrait]

1
Huit ans plus tard

[...]

J'ai failli effacer l'e-mail.

J'en reçois tellement, des e-mails bidon, de la pub et autres conneries, que je suis devenu un as de la touche d'effacement. Je lis l'adresse de l'expéditeur d'abord. Si c'est une connaissance ou bien quelqu'un de l'hôpital, parfait. Sinon, je clique
5 avec enthousiasme sur « Effacer ».

Je me suis installé derrière mon bureau pour consulter l'agenda de l'après-midi. C'était plein à craquer, ce qui ne m'a guère surpris. J'ai pivoté sur mon fauteuil, le doigt en l'air. Un seul e-mail. [...] J'ai parcouru la fenêtre des yeux : les deux premières lettres de l'objet m'ont stoppé net.

10 Non mais, qu'est-ce qui... ?

À la manière dont la fenêtre était formatée, on ne voyait que ces deux lettres et l'adresse de l'expéditeur. Une adresse qui ne m'était pas familière. Un tas de chiffres @comparama.com.

Plissant les yeux, j'ai cliqué sur la flèche de défilement de droite. L'objet est
15 apparu, un caractère à la fois. À chaque clic, mon pouls s'accélérait un peu plus. Ma respiration me jouait des tours. Le doigt sur la souris, j'ai attendu.

Quand toutes les lettres se sont matérialisées, j'ai relu l'objet, et alors mon cœur a cogné sourdement dans ma poitrine.

— Docteur Beck ?

20 Ma bouche refusait de m'obéir.

— Docteur Beck ?

— Donnez-moi une minute, Wanda.

Elle a hésité. Je l'entendais toujours dans l'interphone. Puis elle a raccroché.

Mes yeux étaient rivés sur l'écran.

25 **À :** dbeckmd@nyhosp.com
De : l3943928@comparama.com
Objet : E. P. + D. B. ///////////////////

Vingt et une barres. J'ai compté quatre fois.

C'était une plaisanterie cruelle, malsaine. Je le savais. Serrant les poings, je me
30 suis demandé quel était le salopard de dégonflé qui m'avait envoyé ça. Facile de
rester anonyme sur Internet – refuge idéal des technolâches. Seulement voilà, très
peu de gens connaissaient cette histoire d'anniversaire et l'existence de notre arbre.
Les médias n'en avaient rien su. Shauna savait, bien sûr. Linda aussi. Elizabeth
aurait pu en parler à ses parents ou à son oncle. Mais en dehors de...

35 Qui l'avait envoyé, alors ?

J'avais envie de lire le message, évidemment, pourtant quelque chose me retenait.
Le fait est que je pense à Elizabeth plus souvent que je ne le laisse transparaître
– personne n'est dupe, de toute façon – mais je ne parle jamais d'elle ni de ce qui est
arrivé. Les gens s'imaginent que je suis macho ou bien courageux, que je cherche à
40 épargner mes amis, à fuir la pitié de mon entourage et autres crétineries du même
genre. Mais ce n'est pas ça. Parler d'Elizabeth me fait mal. Très mal. Ça me fait
réentendre son dernier cri. Me ramène à l'esprit toutes les questions sans réponse.
Me fait penser à ce qui aurait pu être (peu de choses, croyez-moi, vous ravagent
comme le « ce qui aurait pu être »). Ça réactive la culpabilité, le sentiment, si
45 irrationnel soit-il, qu'un autre homme, plus fort – un homme meilleur –, l'aurait
peut-être sauvée.

On dit qu'il faut du temps pour digérer un drame. Qu'on est anesthésié. Qu'on
n'est pas apte à accepter la tragique réalité. Une fois de plus, c'est faux. Pour moi, en
tout cas. J'ai compris toutes les implications dès l'instant où l'on a découvert le
50 corps d'Elizabeth. J'ai compris que je ne la reverrais plus, qu'on n'aurait jamais
d'enfants, qu'on ne vieillirait pas ensemble. J'ai compris que c'était définitif, qu'il
n'y aurait pas de sursis, que rien n'était négociable.

Je me suis tout de suite mis à pleurer. À gros sanglots. J'ai sangloté ainsi
pratiquement toute une semaine sans répit. J'ai sangloté à l'enterrement. Personne
55 ne pouvait me toucher, pas même Shauna ou Linda. Je dormais seul dans notre lit
la tête enfouie dans l'oreiller d'Elizabeth, essayant de sentir son odeur. J'ouvrais ses
placards et pressais ses vêtements contre mon visage. Rien de tout cela ne me
réconfortait. C'était bizarre et ça faisait mal. Mais c'était son odeur, une partie
d'elle-même, et je ne pouvais m'en empêcher.

60 Des amis bien intentionnés – souvent la pire espèce – me servaient les
platitudes d'usage. Je suis donc bien placé pour vous mettre en garde : contentez-
vous de me présenter vos plus profondes condoléances. Ne me dites pas que je suis

jeune. Ne me dites pas que ça ira mieux. Ne me dites pas qu'elle est dans un monde meilleur. Ne me dites pas que ça fait partie d'un plan divin. Ne me dites pas que j'ai
65 eu de la chance de vivre un tel amour. Tous ces clichés me font grimper aux rideaux. En regardant – ça ne va pas paraître charitable – le crétin qui les profère, je me demande pourquoi il respire toujours alors que mon Elizabeth est en train de pourrir sous terre.

J'ai aussi entendu des conneries du style : « Avoir aimé et perdu, c'est déjà
70 positif. » Encore une idée fausse. Je vous assure, ce n'est pas positif. Qu'on n'aille pas me montrer le paradis pour ensuite le réduire en cendres. Voilà pour l'aspect égoïste. Moi, ce qui me rendait malade – réellement malade –, c'était de songer à tout ce dont Elizabeth avait été privée. Vous n'imaginez pas le nombre de fois où je vois quelque chose, où je fais quelque chose qui lui aurait plu, et rien que d'y penser
75 la blessure se remet à saigner.

Les gens se demandent si j'ai des regrets. La réponse est un seul. Je regrette chaque minute où j'ai été occupé à autre chose qu'à rendre Elizabeth heureuse.

— Docteur Beck ?

— Encore une petite seconde.

80 La main sur la souris, j'ai fait glisser le curseur sur l'icône « Lire ». J'ai cliqué dessus, et le message est apparu :

À : dbeckmd@nyhosp.com
De : l3943928@comparama.com
Objet : E. P. + D. B. //////////////////////
85 **Message :**
Clique sur ce lien, heure du baiser, anniversaire.

Un bloc de béton me pesait sur la poitrine.

Heure du baiser ?

Ça ne pouvait être qu'une blague. Les énigmes, ce n'est pas mon fort. La patience
90 non plus.

J'ai empoigné la souris et fait glisser le curseur sur le lien hypertexte, puis cliqué, et entendu le cri primal du modem, appel nuptial de la machine. On a un vieux système, à la clinique. Le navigateur a mis du temps à apparaître. J'ai patienté en me disant : *Heure du baiser*, comment a-t-il su, pour l'heure du baiser ?

95 Le logiciel de navigation s'est ouvert. Avec un message d'erreur.

J'ai froncé les sourcils. Qui diable a pu envoyer cela ? J'ai refait une tentative, pour retomber sur « Erreur ». Le lien était rompu.

Qui diable est au courant, pour l'heure du baiser ?

Je n'en ai jamais parlé. Elizabeth et moi, on n'en discutait guère, sans doute
100 parce qu'il n'y avait pas de quoi en faire un plat. Sentimentaux comme nous l'étions, ces choses-là, nous les gardions pour nous. C'est assez gênant au fond, mais à l'époque, au moment de ce premier baiser, j'avais noté l'heure. Comme ça, pour m'amuser. En m'écartant, j'avais regardé ma montre et dit : « Six heures et quart. »

Et Elizabeth avait répondu : L'heure du baiser.

105 J'ai contemplé le message. Cette histoire commençait à m'énerver sérieusement. Je ne trouvais pas ça drôle, mais alors pas drôle du tout. Envoyer un e-mail cruel, c'est une chose, mais...

Heure du baiser.

Eh bien, l'heure du baiser c'était dix-huit heures quinze, demain. Je n'avais pas
110 vraiment le choix. J'étais obligé d'attendre.

Soit.

J'ai copié l'e-mail sur une disquette, au cas où. Puis j'ai activé les options d'impression et cliqué sur « Tout imprimer ». Je ne m'y connais pas beaucoup en informatique, mais je sais qu'on peut parfois retrouver l'origine d'un message à
115 partir de tout le charabia en bas de page. L'imprimante s'est mise à ronronner. J'ai jeté un nouveau coup d'œil sur l'objet. Recompté les barres. Il y en avait bien vingt et une.

J'ai repensé à l'arbre et à ce premier baiser, et là, dans mon bureau exigu, confiné, j'ai senti l'odeur du Pixie Stick à la fraise.

[...]

3

120 Le lendemain matin, j'ai foncé au bureau très tôt, pour arriver deux heures avant mon premier rendez-vous. J'ai pianoté sur le clavier de l'ordinateur, retrouvé l'étrange e-mail, cliqué sur le lien. À nouveau, l'écran a affiché « Erreur ». Ce n'était pas vraiment une surprise. J'ai relu le message, encore et encore, comme pour en décrypter le sens caché. En vain.

[...]

125 À midi, j'ai avalé un sandwich au jambon et un Coca light avant de recevoir une nouvelle fournée de patients. Un garçon de huit ans avait vu un chiropracteur pour « réalignement vertébral » quatre-vingts fois au cours de l'année passée. Il n'avait pas mal au dos. C'était une arnaque montée par plusieurs chiropracteurs du coin. Ils offraient aux parents un poste de télévision ou un magnétoscope s'ils leur
130 amenaient leurs gamins. Puis ils envoyaient la facture à Medicaid[1]. Medicaid est une institution extraordinaire, indispensable, mais bonjour les abus. J'ai eu le cas d'un garçon de seize ans transporté en ambulance à l'hôpital... pour un vulgaire coup de soleil. Pourquoi une ambulance plutôt qu'un taxi ou le métro ? Sa mère m'a expliqué qu'elle aurait dû payer le transport de sa poche ou bien attendre que l'État
135 la rembourse. Alors que l'ambulance, c'est aux frais de Medicaid.

À cinq heures, j'ai salué mon dernier patient. Le personnel d'accueil partait à cinq heures et demie. J'ai attendu que le bureau soit vide pour m'installer devant l'ordinateur. À distance, j'entendais sonner les téléphones de la clinique. À partir de cinq heures et demie, les appels sont interceptés par un répondeur, qui fournit au
140 correspondant plusieurs options possibles. Mais, pour une raison ou une autre, l'appareil ne se déclenche qu'à la dixième sonnerie. Ce bruit me tapait sur les nerfs.

---

1 Programme américain d'assurance maladie pour les personnes à faible revenu.

Je me suis connecté, j'ai trouvé l'e-mail et ai à nouveau cliqué sur le lien. Toujours sans résultat. J'ai pensé à cet étrange message et aux deux cadavres, il devait forcément y avoir une relation. Mon esprit me ramenait sans cesse à ce fait
145   apparemment simple. J'ai donc entrepris de passer en revue tous les cas de figure.

[...]

J'ai consulté l'horloge de l'ordinateur. Elle était réglée sur une espèce de satellite censé donner l'heure exacte.

18 : 04 : 42.

Encore dix minutes et vingt-huit secondes à attendre.

150   Attendre quoi ?

Les téléphones continuaient à sonner. J'ai essayé de faire la sourde oreille en tambourinant sur la table. Moins de dix minutes maintenant. OK, s'il devait y avoir un changement côté lien, ce serait déjà arrivé. La main sur la souris, j'ai inspiré profondément.

155   Mon biper s'est mis à grésiller.

Je n'étais pas de garde ce soir. Donc, c'était soit une erreur – les standardistes de nuit étaient réputées pour –, soit un appel personnel. Ça a recommencé. Un double bip. Cela signifiait une urgence. J'ai regardé l'affichage.

C'était un appel du shérif Lowell. Avec la mention « Urgent ».

160   Huit minutes.

J'ai hésité, mais pas très longtemps. Tout plutôt que de mariner dans mes propres interrogations. J'ai décidé de le rappeler.

Une fois de plus, Lowell a su qui c'était avant de décrocher.

— Désolé de vous déranger, Doc.

A : dbeckmd@nyhosp.com
De : 13943928@comparama.com
18 : 15
Sujet : E.P. + D.S.

165 Il m'appelait Doc maintenant. Comme si on était copains.

— Juste une petite question à vous poser.

La main sur la souris, j'ai fait glisser le curseur sur le lien et cliqué. Le navigateur s'est mis en branle.

— Je vous écoute, ai-je grogné.

170 Le logiciel de navigation mettait plus de temps, ce coup-ci. Sans afficher le message d'erreur.

— Le nom de Sarah Goodhart, ça vous dit quelque chose ?

J'ai failli lâcher le téléphone.

— Doc ?

175 J'ai écarté le combiné et l'ai contemplé comme s'il venait de se matérialiser dans ma main. Je me suis recomposé morceau par morceau. Une fois recouvré l'usage de ma voix, j'ai rapproché le téléphone de mon oreille.

— Pourquoi me demandez-vous ça ?

Quelque chose est apparu sur l'écran de l'ordinateur. J'ai plissé les yeux. C'était 180 une webcam. Une caméra de surveillance extérieure. Il y en a partout sur la Toile. Moi-même, j'utilisais quelquefois celles qui étaient réservées à la circulation, notamment pour surveiller les embouteillages matinaux sur le pont Washington.

— C'est une longue histoire, a fait Lowell.

J'avais besoin de gagner du temps.

185 — Dans ce cas, je vous rappellerai.

J'ai raccroché. Sarah Goodhart, ce nom avait un sens pour moi. Et quel sens !

Que diable se passait-il ?

Le navigateur a fini de télécharger. Sur l'écran, j'ai vu un paysage urbain en noir et blanc. Le reste de la page était vide. 190 Sans bannières ni titres. Je savais qu'il était possible de réduire l'image à sa portion congrue. C'était le cas ici.

J'ai jeté un coup d'œil sur l'horloge de l'ordinateur.

18 : 12 : 18.

La caméra était braquée sur un carrefour passablement 195 animé, qu'elle surplombait peut-être de quatre ou cinq mètres. J'ignorais où se trouvait ce carrefour et quelle était la ville qui s'étendait sous mes yeux. Mais aucun doute ; c'était une grande ville. Les piétons affluaient principalement du côté droit, tête basse, épaules rentrées, attaché-case à la main, 200 épuisés après une journée de travail, se dirigeant probablement vers une gare ou un arrêt d'autobus. Au bout, à droite, on distinguait le trottoir. Les gens arrivaient par vagues, sûrement en fonction du changement des feux tricolores.

J'ai froncé les sourcils. Pourquoi m'avoir envoyé cette image-là ?

L'horloge affichait 18 : 14 : 21. Moins d'une minute à attendre.

> **Lien utile**
>
> **Le roman policier**
> Comme son nom l'indique, ce genre met en scène une enquête policière et toute l'intrigue est développée autour de la capture du coupable. Les personnages rivalisent d'intelligence et d'astuce tout au long de l'histoire, souvent remplie de fausses pistes. Le lecteur participe alors à un duel avec l'auteur : arrivera-t-il à démasquer le coupable ou à résoudre l'énigme avant la fin du roman ?

205 Les yeux rivés sur l'écran, je suivais le compte à rebours comme si on était la veille du Jour de l'an. Mon pouls s'est accéléré. Dix, neuf, huit…

Un nouveau raz de marée humain a traversé l'écran de droite à gauche. J'ai détaché le regard de l'horloge. Quatre, trois, deux. Retenant mon souffle, j'attendais. Quand j'ai jeté un coup d'œil sur l'horloge, elle affichait 18 : 15 : 02.

210 Il ne s'était rien passé, mais bon… qu'allais-je imaginer ?

La marée humaine s'est retirée et, l'espace d'une seconde ou deux, il n'y a eu personne à l'écran. Je me suis carré dans mon fauteuil, aspirant l'air entre mes dents. C'était une blague. Une blague bizarre, certes. Malsaine même, mais enfin…

Sur ce, quelqu'un est sorti directement de sous la caméra. On aurait dit que 215 cette personne était cachée là pendant tout ce temps.

Je me suis penché en avant.

C'était une femme. Je le voyais bien, même si elle me tournait le dos. Cheveux courts, mais indubitablement une femme. De là où j'étais, je n'avais pas réussi à distinguer les visages. Le sien n'était pas une exception. Jusqu'à un certain moment.

220 La femme s'est arrêtée. Je fixais le sommet de sa tête, comme pour la conjurer de lever les yeux. Elle a fait un pas. À présent, elle se trouvait au milieu de l'écran. Quelqu'un est passé à côté d'elle. La femme ne bougeait pas. Puis elle s'est retournée et, lentement, a levé le menton de façon à regarder la caméra bien en face.

Mon cœur a cessé de battre.

225 J'ai enfoncé mon poing dans ma bouche pour étouffer un cri. J'étais incapable de respirer. Incapable de réfléchir. Les larmes me sont montées aux yeux, m'ont coulé sur les joues sans que je les essuie.

Je la dévisageais. Elle me dévisageait.

Un autre flot de passants a submergé l'écran. Quelques-uns l'ont bousculée, 230 mais la femme n'a pas bronché. Son regard était fixé sur la caméra. Elle a levé la main pour la tendre vers moi. La tête me tournait. Comme si le lien qui me rattachait à la réalité venait d'être tranché.

Et je voguais, impuissant, à la dérive.

Elle gardait la main en l'air. Lentement, j'ai réussi à lever la mienne. Mes doigts 235 ont effleuré l'écran tiède, s'efforçant de l'atteindre. Les larmes coulaient à nouveau. J'ai caressé doucement le visage de la femme ; mon cœur a chaviré et s'est embrasé tout à la fois.

— Elizabeth, ai-je murmuré.

Elle est restée là encore une seconde ou deux. Puis elle a dit quelque chose à la 240 caméra. Je ne pouvais l'entendre, mais j'ai lu sur ses lèvres.

— Pardon, a articulé silencieusement ma femme morte.

Et elle est partie.

Harlan Coben, *Ne le dis à personne*, traduit de l'américain par Roxane Azimi, © 2002, Belfond, un département de la Place des éditeurs, pour la traduction française.

L'insolence et la fraîcheur du premier roman de Françoise Sagan (1935-2004),
Bonjour tristesse (1954), ont choqué son époque. Pour une femme, jeune de
surcroît, il était plutôt inusité d'oser écrire sur le désir sexuel avec autant de
désinvolture. L'œuvre paraît à une époque où l'émancipation féminine prend
peu à peu son envol. À Paris, le succès critique et populaire est immédiat.
Chez Sagan, on ne peut séparer son œuvre immense (près de 50 romans) de
sa vie, qu'elle a menée en accéléré, entre les abus de drogues et les scandales
de toutes sortes.

Bonjour tristesse [extrait]

DEUXIÈME PARTIE
CHAPITRE PREMIER

La netteté de mes souvenirs à partir de ce moment m'étonne. J'acquérais une
conscience plus attentive des autres, de moi-même. La spontanéité, un égoïsme
facile avaient toujours été pour moi un luxe naturel. J'avais toujours vécu. Or, voici
que ces quelques jours m'avaient assez troublée pour que je sois amenée à réfléchir,
5 à me regarder vivre. Je passais par toutes les affres de l'introspection sans, pour cela,
me réconcilier avec moi-même. « Ce sentiment pensais-je, ce sentiment à l'égard
d'Anne est bête et pauvre, comme ce désir de la séparer de mon père est féroce. »
Mais, après tout, pourquoi me juger ainsi ? Étant simplement moi, n'étais-je pas
libre d'éprouver ce qui arrivait ? Pour la première fois de ma vie, ce « moi » semblait
10 se partager et la découverte d'une telle dualité m'étonnait prodigieusement. Je
trouvais de bonnes excuses, je me les murmurais à moi-même, me jugeant sincère,
et brusquement un autre « moi » surgissait, qui s'inscrivait en faux contre mes
propres arguments, me criant que je m'abusais moi-même, bien qu'ils eussent
toutes les apparences de la vérité. Mais n'était-ce pas, en fait, cet autre qui me
15 trompait ? Cette lucidité n'était-elle pas la pire des erreurs ? Je me débattais des
heures entières dans ma chambre pour savoir si la crainte, l'hostilité que
m'inspirait Anne à présent se justifiaient ou si je n'étais qu'une petite jeune fille
égoïste et gâtée en veine de fausse indépendance.

En attendant, je maigrissais un peu plus chaque jour, je ne faisais que dormir
20 sur la plage et, aux repas, je gardais malgré moi un silence anxieux qui finissait par
les gêner. Je regardais Anne, je l'épiais sans cesse, je me disais tout au long du repas
« Ce geste qu'elle a eu vers lui, n'est-ce pas l'amour, un amour comme il n'en aura
jamais d'autre ? Et ce sourire vers moi avec ce fond d'inquiétude dans les yeux,
comment pourrais-je lui en vouloir ? » Mais, soudain, elle disait : « Quand nous
25 serons rentrés, Raymond... » Alors, l'idée qu'elle allait partager notre vie, y intervenir,
me hérissait. Elle ne me semblait plus qu'habileté et froideur. Je me disais : « Elle est
froide, nous sommes chaleureux ; elle est autoritaire, nous sommes indépendants ;
elle est indifférente, les gens ne l'intéressent pas, ils nous passionnent ; elle est
réservée, nous sommes gais. Il n'y a que nous deux de vivants et elle va se glisser
30 entre nous avec sa tranquillité, elle va se réchauffer, nous prendre peu à peu notre
bonne chaleur insouciante, elle va nous voler tout, comme un beau serpent. » Je me
répétais un beau serpent... un beau serpent ! Elle me tendait le pain et soudain je me

réveillais, je me criais « Mais c'est fou, c'est Anne, l'intelligente Anne, celle qui s'est occupée de toi. Sa froideur est sa forme de vie, tu ne peux y voir du calcul ; son
35 indifférence la protège de mille petites choses sordides, c'est un gage de noblesse. » Un beau serpent... je me sentais blêmir de honte, je la regardais, je la suppliais tout bas de me pardonner. Parfois, elle surprenait ces regards et l'étonnement, l'incertitude assombrissaient son visage, coupaient ses phrases. Elle cherchait instinctivement mon père des yeux ; il la regardait avec admiration ou désir, ne
40 comprenait pas la cause de cette inquiétude. Enfin, j'arrivais peu à peu à rendre l'atmosphère étouffante et je m'en détestais.

Mon père souffrait autant qu'il lui était, dans son cas, possible de souffrir. C'est-à-dire peu, car il était fou d'Anne, fou d'orgueil et de plaisir et il ne vivait que pour ça. Un jour, cependant, où je somnolais sur la plage, après le bain du matin, il
45 s'assit près de moi et me regarda. Je sentais son regard peser sur moi. J'allais me lever et lui proposer d'aller à l'eau avec l'air faussement enjoué qui me devenait habituel, quand il posa sa main sur ma tête et éleva la voix d'un ton lamentable :

« Anne, venez voir cette sauterelle, elle est toute maigre. Si le travail lui fait cet effet-là, il faut qu'elle s'arrête. »

50 Il croyait tout arranger et sans doute, dix jours plus tôt, cela eût tout arrangé. Mais j'étais arrivée bien plus loin dans les complications et les heures de travail pendant l'après-midi ne me gênaient plus, étant donné que je n'avais pas ouvert un livre depuis Bergson.

Anne s'approchait. Je restai couchée sur le ventre dans le sable, attentive au
55 bruit de ses pas. Elle s'assit de l'autre côté et murmura :

« C'est vrai que ça ne lui réussit pas. D'ailleurs, il lui suffirait de travailler vraiment au lieu de tourner en rond dans sa chambre... »

Je m'étais retournée, je les regardais. Comment savait-elle que je ne travaillais pas ? Peut- être même avait-elle deviné mes pensées, je la croyais capable de tout.

60 Cette idée me fit peur :

« Je ne tourne pas en rond dans ma chambre, protestai-je.

— Est-ce ce garçon qui te manque ? demanda mon père.

— Non ! »

C'était un peu faux. Mais il est vrai que je n'avais pas eu le temps de penser
65 à Cyril.

« Et pourtant tu ne te portes pas bien, dit mon père sévèrement. Anne, vous la
voyez ? On dirait un poulet qu'on aurait vidé et mis à rôtir au soleil.

— Ma petite Cécile, dit Anne, faites un effort. Travaillez un peu et mangez
beaucoup. Cet examen est important...

70 — Je me fous de mon examen, criai-je, vous comprenez, je m'en fous ! »

Je la regardai désespérément, bien en face, pour qu'elle comprît que c'était
plus grave qu'un examen. Il fallait qu'elle me dise : « Alors, qu'est-ce que c'est ? »,
qu'elle me harcèle de questions, qu'elle me force à tout lui raconter. Et là, elle me
convaincrait, elle déciderait ce qu'elle voudrait, mais ainsi je ne serais plus infestée
75 de ces sentiments acides et déprimants. Elle me regardait attentivement, je voyais
le bleu de Prusse de ses yeux assombris par l'attention, le reproche. Et je compris
que jamais elle ne penserait à me questionner, à me délivrer parce que l'idée ne
l'effleurerait pas et qu'elle estimait que cela ne se faisait pas. Et qu'elle ne me
prêtait pas une de ces pensées qui me ravageaient ou que si elle le faisait c'était avec
80 mépris et indifférence. Tout ce qu'elles méritaient, d'ailleurs ! Anne accordait
toujours aux choses leur importance exacte. C'est pourquoi jamais, jamais, je ne
pourrais traiter avec elle.

Je me rejetai sur le sable avec violence, j'appuyai ma joue sur la douceur
chaude de la plage, je soupirai, je tremblai un peu. La main d'Anne, tranquille et
85 sûre, se posa sur ma nuque, me maintint immobile un instant, le temps que mon
tremblement nerveux s'arrête.

« Ne vous compliquez pas la vie, dit-elle. Vous qui étiez si contente et si agitée,
vous qui n'avez pas de tête, vous devenez cérébrale et triste. Ce n'est pas un personnage pour vous.

90 — Je sais, dis-je. Moi, je suis le jeune être inconscient et sain, plein de gaieté et
de stupidité.

— Venez déjeuner », dit-elle.

Mon père s'était éloigné, il détestait ce genre de discussions ; dans le chemin, il
me prit la main et la garda. C'était une main dure et réconfortante, elle m'avait
95 mouchée à mon premier chagrin d'amour, elle avait tenu la mienne dans les
moments de tranquillité et de bonheur parfait, elle l'avait serrée furtivement dans
les moments de complicité et de fou rire. Cette main sur le volant, ou sur les clefs,
le soir, cherchant vainement la serrure, cette main sur l'épaule d'une femme ou sur
des cigarettes, cette main ne pouvait plus rien pour moi. Je la serrai très fort. Se
100 tournant vers moi, il me sourit.

Françoise Sagan, *Bonjour tristesse*, © 1954, Julliard.

Françoise Dolto, psychanalyste de l'enfance, a œuvré toute sa vie (1908-1988) à la reconnaissance du statut de l'enfant : un bébé est un être à part entière. Ses ouvrages, traduits partout à travers le monde, portent sur la compréhension de l'enfance et de l'adolescence. En France, grâce à ses émissions radiophoniques dans les années 1960 et 1970, où elle répond aux questions des parents mais aussi des enfants, elle devient une sommité dans le domaine de la psychanalyse de l'enfance. Elle doit sa carrière à son entêtement puisque sa mère, pour qui la scolarisation nuisait au mariage des jeunes filles, lui défendait de poursuivre ses études. Sa fille, Catherine Dolto, est également psychanalyste de l'enfance.

Les 5 étapes de l'adolescence selon Dolto

L'adolescence n'a pas toujours très bonne réputation dans le monde de l'éducation. La psychanalyste Françoise Dolto, elle, regardait pourtant cette période de la vie comme une étape salutaire, belle et précieuse. Découverte
5 de sa parole en 5 étapes. 　　　　　　Dominique François

Un nouveau départ

Dans le ventre maternel, le bébé est alimenté par le placenta, poche protectrice qu'il doit «quitter pour vivre»[1]. Cette image du placenta, qui symbolise une transition d'un monde vers un autre, Dolto
10 s'en est longtemps servie pour expliquer ce qu'était vraiment l'adolescence, période où l'enfant doit «quitter peu à peu la protection familiale comme il a quitté un jour son placenta protecteur». S'éloigner, prendre ses distances vis-à-vis de ses parents, deviendrait ainsi indispensable pour construire son
15 identité de jeune adulte. En ce sens, l'adolescence représenterait une nouvelle chance, un second départ: «On se remet au monde soi-même, on devient responsable de soi, que l'on ait été un bébé bien accueilli ou pas.» Si ce passage du stade d'enfant à celui d'adulte est source d'exaltation, Dolto a aussi expliqué qu'il générait forcément
20 des bouleversements, notamment physiques. [...] Dolto comparait cette révolution physique à la mue des homards «Quand ils changent de carapace, les ados perdent d'abord l'ancienne et restent sans défense le temps d'en fabriquer une nouvelle.» Avant de devenir résistante, cette carapace est fine et fragile, «à l'instar de la peau des bébés».

[...]

La période la plus intense de la vie

25 Sous l'effet des hormones, le corps est à cet âge soumis à de fortes turbulences. Raison pour laquelle les ados sont chahutés à l'intérieur comme à l'extérieur.
30 «Comme des pousses qui sortent de terre», expliquait Dolto, ils vivent une véritable éclosion. Se mettent dès lors en place des jeux de force, d'opposition. «C'est l'énergie même de cette trans-
35 formation.» La psychanalyste a toujours répété que cette intensité physique se traduisait par un comportement en dents de scie. Parfois, les jeunes seraient ainsi soulevés par des «vagues pleines
40 de vie»: «Ils dansent, ils chantent et à d'autres moments, ils sont abattus, épuisés.» De ces états aléatoires et souvent contradictoires, naîtrait leur attitude dégingandée: «Il n'est pas
45 rare en effet qu'à cet âge, les jeunes soupirent, se traînent en répétant "j'en ai marre, ras le bol, vous êtes lourds vous, les parents!". Tout est "trop", "trop nul" ou "trop bien". Dans cette
50 période si tumultueuse, leurs opinions sont rarement nuancées», continuait Dolto. [...]

1　Les citations sont extraites de *Paroles pour adolescents ou le complexe du homard*, de Françoise Dolto et Catherine Dolto.

Amitié avec un grand « A »

Selon Dolto, les jeunes apprendraient à cet âge à établir la distinction entre « copains » et « amis ». Durant cette
55 période il s'agirait moins de partager des jeux comme avant, lorsque l'ado était enfant, que de parler de soi, de se mettre à nu, de se confier. Eux qui ont du mal à s'accepter avec leurs doutes et leurs fragilités apprendraient en somme à s'aimer dans le regard de l'autre. À travers cette
60 expérience, ils se sentiraient ainsi fortifiés et oseraient « s'avouer ce dont ils ne sont pas fiers, en sachant que cela sera accueilli avec tolérance ».

Très souvent, ils utiliseraient également, avec conviction et sincérité, de grands mots comme fidélité, confiance, honnêteté. « Ils s'enrichissent et se stimulent mutuellement : leur amitié leur donne ainsi la force de
65 s'aventurer, de penser loin, de s'engager. » Selon Dolto, les ados pourraient en ce sens « servir de modèle à beaucoup d'adultes qui, tout en ayant la responsabilité de les éduquer, trahissent la confiance et ne tiennent pas leurs promesses ». Même si les adolescents, victimes de l'enthousiasme de leur jeunesse, se trompent souvent dans
70 leurs choix amicaux, leur sincérité serait rarement à remettre en cause. Ils vivraient donc pendant ces années leurs plus belles amitiés mais aussi les trahisons les plus cruelles.

L'amour fou

Les enfants n'attendent pas l'adolescence pour tomber amoureux. Dès la petite enfance, ils connaissent des émois
80 mais la découverte de la sexualité propre à cet âge apporte une coloration et une intensité nouvelles. Les émotions physiques et les sentiments se conjuguent, et provoquent
85 chez l'adolescent un raz-de-marée intérieur : « Quand on est amoureux, on a des ailes. On se découvre une fantaisie, une capacité d'invention, on voit de la poésie là où on n'en avait jamais vu. » Tout devient soudainement possible au point d'en oublier ses fragilités. [...]

Un soupçon de jalousie

« Beaucoup de parents sont jaloux de leurs enfants qui grandissent, écrivait Dolto. C'est souvent cet écueil qui se cache derrière les reproches… » Les critiques des mères face au maquillage ou à la façon de s'habiller de leur fille cacheraient, selon la psy, une rivalité inconsciente assez fréquente. De même, les parents qui supportent mal la contestation exprimeraient leur difficulté à admettre que leurs ados s'émancipent, qu'ils ont des idées à eux, parfois plus séduisantes que les leurs. En ressortirait alors ce qu'elle nommait « une espèce d'amertume jalouse », à l'origine de nombreuses incompréhensions.

De belles idées…

90 L'idéalisme des adolescents est souvent considéré comme de l'utopie, de la naïveté, rarement comme une
95 qualité. Pourtant leur altruisme, leur engagement dans les causes humanitaires, sont des preuves de leur intérêt pour les autres. Ils ne connaissent pas
100 l'indifférence. Lorsqu'ils sont confrontés à la souffrance, ils se sentent solidaires et ont envie d'agir. Françoise Dolto le souligne, « quand ils s'enflamment
105 pour une idée, ils sont d'une générosité dont aucun groupe social n'est capable ». Leur soif de vérité et leur
110 recherche d'absolu se manifestent parfois maladroitement. Au lieu de parler, de s'expliquer, ils s'expriment
115 souvent par la révolte. Et de celle-ci, nous ne retenons bien souvent que l'aspect négatif : claquements de portes,
120 cris, débordements.

[...]

Dominique François, « Les 5 étapes de l'adolescence selon Dolto », article paru dans la revue *PsychoEnfants*, Paris, septembre-octobre 2008.

« On ne naît pas femme : on le devient. » Cette phrase demeure sans nul doute la plus célèbre de Simone de Beauvoir (1908-1986). Femme de lettres française importante, elle est considérée comme la grande porte-parole du féminisme moderne. En tant qu'écrivaine libre et engagée, elle a été de tous les combats sociaux et politiques de la France d'après-guerre. Elle formait alors avec le philosophe Jean-Paul Sartre un couple non conventionnel mais très respecté de la communauté artistique et intellectuelle de l'époque.

Mémoires d'une jeune fille rangée [extrait]

[...]

Le meilleur moment de ma semaine, c'était le cours de Garric. Je l'admirais de plus en plus. On disait à Sainte-Marie qu'il aurait pu faire dans l'Université une brillante carrière ; mais il n'avait aucune ambition personnelle ; il négligeait d'achever sa thèse et se consacrait corps et âme à ses Équipes ; il vivait en ascète
5 dans un immeuble populaire de Belleville. Il donnait assez souvent des conférences de propagande, et par l'intermédiaire de Jacques je fus admise avec ma mère à l'une d'elles ; Jacques nous introduisit dans une suite de salons cossus [...] ; il nous fit asseoir et s'en alla serrer des mains ; il avait l'air de connaître tout le monde : comme je l'enviais ! Il faisait chaud, j'étouffais dans mes vêtements de deuil, et je ne con-
10 naissais personne. Garric parut ; j'oubliai tout le reste et moi-même ; l'autorité de sa voix me subjugua. À vingt ans, nous expliqua-t-il, il avait découvert dans les tranchées les joies d'une camaraderie qui supprimait les barrières sociales ; il n'accepta pas d'en être privé, après que l'armistice l'eut rendu à ses études ; cette ségrégation qui dans la vie civile sépare les jeunes bourgeois des jeunes ouvriers, il
15 la ressentit comme une mutilation ; d'autre part il estimait que tout le monde a droit à la culture. [...] Sur cette base, il décida de créer entre étudiants et fils du peuple un système d'échanges qui arracherait les premiers à leur solitude égoïste, les autres à leur ignorance. Apprenant à se connaître et à s'aimer, ils travailleraient ensemble à la réconciliation des classes. Car il n'est pas possible, affirma Garric au
20 milieu des applaudissements, que le progrès social sorte d'une lutte dont le ferment est la haine : il ne s'accomplira qu'à travers l'amitié. Il avait rallié à son programme quelques camarades qui l'aidèrent à organiser à Reuilly un premier centre culturel. Ils obtinrent des appuis, des subsides et le mouvement s'amplifia : il groupait à présent, à travers toute la France, environ dix mille adhérents, garçons et filles, et
25 douze cents enseignants. Garric était personnellement un catholique convaincu, mais il ne se proposait aucun apostolat religieux ; il y avait des incroyants parmi ses collaborateurs ; il considérait que les hommes doivent s'entraider sur le plan humain. [...]

Je buvais ses paroles ; elles ne dérangeaient pas mon univers, elles
30 n'entraînaient aucune contestation de moi-même, et pourtant elles rendaient à mes oreilles un son absolument neuf. Certes, autour de moi, on prônait le dévouement,

mais on lui assignait pour limites le cercle familial [...]. Les ouvriers en particulier appartenaient à une espèce aussi dangereusement étrangère que les Boches et les Bolcheviks. Garric avait balayé ces frontières : il n'existait sur terre qu'une immense
35 communauté dont tous les membres étaient mes frères. Nier toutes les limites et toutes les séparations, sortir de ma classe, sortir de ma peau : ce mot d'ordre m'électrisa. Et je n'imaginais pas qu'on pût servir plus efficacement l'humanité qu'en lui dispensant des lumières, de la beauté. Je me promis de m'inscrire aux « Équipes ». Mais surtout, je contemplai avec émerveillement l'exemple que me
40 donnait Garric. Enfin je rencontrais un homme qui au lieu de subir un destin avait choisi sa vie ; dotée d'un but, d'un sens, son existence incarnait une idée, et elle en avait la superbe nécessité. [...]

Je rentrai à la maison, exaltée ; [...] les yeux fixés sur la moquette à la trame usée, j'entendis au-dedans de moi une voix impérieuse : « Il faut que ma vie serve ! il faut
45 que dans ma vie tout serve ! » Une évidence me pétrifiait : des tâches infinies m'attendaient, j'étais tout entière exigée ; si je me permettais le moindre gaspillage, je trahissais ma mission et je lésais l'humanité. « Tout servira », me dis-je la gorge serrée ; c'était un serment solennel, et je le prononçai avec autant d'émotion que s'il avait engagé irrévocablement mon avenir à la face du ciel et de la terre.

50 Je n'avais jamais aimé perdre mon temps ; je me reprochai cependant d'avoir vécu à l'étourdie et désormais j'exploitai minutieusement chaque instant. Je dormis moins ; je faisais ma toilette à la diable ; plus question de me regarder dans les glaces : c'est à peine si je me lavais les dents ; je ne nettoyais jamais mes ongles. Je m'interdis les lectures frivoles, les bavardages inutiles, tous les divertissements ; sans l'oppo-
55 sition de ma mère j'aurais renoncé aux parties de tennis du samedi matin. À table, j'apportais un livre ; j'apprenais mes verbes grecs, je cherchais la solution d'un problème. Mon père s'irrita, je m'entêtai, et il me laissa faire, écœuré. Quand ma mère recevait des amies, je refusais d'aller au salon ; parfois elle s'emportait, je cédais mais je restais assise au bord de ma chaise, les dents serrées, avec un air si
60 furibond qu'elle me renvoyait très vite. Dans la famille et parmi mes intimes on s'étonnait de mon débraillé, de mon mutisme, de mon impolitesse ; je passai bientôt pour une espèce de monstre.

Sans aucun doute ce fut en grande partie par ressentiment que j'adoptai cette attitude ; mes parents ne me trouvaient pas à leur goût : je me rendis franchement
65 odieuse. Ma mère m'habillait mal et mon père me reprochait d'être mal habillée : je devins une souillon. Ils ne cherchaient pas à me comprendre : je m'enfonçai dans le silence et dans la manie, je me voulus tout à fait opaque. En même temps, je me défendais contre l'ennui. J'étais mal douée pour la résignation ; en poussant au paroxysme l'austérité qui était mon lot, j'en fis une vocation ; sevrée de plaisirs, je
70 choisis l'ascèse ; au lieu de me traîner languissamment à travers la monotonie de mes journées, j'allai devant moi, muette, l'œil fixe, tendue vers un but invisible. Je m'abrutissais de travail, et la fatigue me donnait une impression de plénitude. Mes excès avaient aussi un sens positif. Depuis longtemps je m'étais promis d'échapper à l'affreuse banalité quotidienne : l'exemple de Garric transforma cet espoir en une
75 volonté. Je me refusai à patienter davantage ; j'entrai sans plus attendre dans la voie de l'héroïsme.

Simone de Beauvoir, *Mémoires d'une jeune fille rangée*, © 1958, Éditions Gallimard.

Stephanie Doyon est une jeune auteure ayant grandi dans un petit village de la côte est des États-Unis. Elle a commencé sa carrière comme prête-plume dans une maison d'édition, où elle devait écrire un roman jeunesse tous les deux mois. En 1999, elle créait sa propre série pour adolescents, *On the road*, dont elle a tiré quatre romans. De son expérience de prête-plume, elle a gardé le sens du rythme. Dans *Les tondeuses à gazon*, son premier roman pour adultes, elle pose un regard doux-amer sur une petite communauté d'Américains moyens.

Les tondeuses à gazon [extrait]

2
UNE CONCEPTION DE MAUVAIS AUGURE

L'histoire de Cedar Hole est parsemée de projets entrepris sans grande conviction, il n'est ici nul besoin d'énumérer tous ces efforts peu judicieux si ce n'est pour constater qu'ils n'aboutissent généralement à rien. Parfois, cependant, par entêtement ou pur hasard, une personne trouve en elle assez d'ambition pour
5 s'élever au-dessus du seuil de médiocrité, juste assez pour accomplir une ou deux choses. Un projet abouti, comme on peut s'y attendre, est rarement bien accueilli, même lorsque son accomplissement reste discutable. Les habitants de Cedar Hole le perçoivent comme une secousse désagréable, susceptible de déranger l'ordre des choses.

10 Les gens sensés comprennent intuitivement que, dans ce triste monde, la réussite d'un individu, un peu de bonheur dans sa vie, bénéficie en général à tous. Mais à Cedar Hole, lorsque quelqu'un sort du lot, les autres font le point sur eux-mêmes et en déduisent que leur vie n'est qu'une longue suite d'échecs. L'équilibre se doit d'être restauré. Si le destin ne s'en charge pas, les habitants de la
15 ville s'assurent que victoire et défaite soient servies à proportions égales.

Telle est l'histoire de Francis Pinkham. Elle commence quinze ans avant sa naissance [...]. Elle débute avec ses parents – Lawrence et Frances Pinkham – et la modeste ambition de son père : avoir un fils. Jeune mariée, Frances Pinkham voulait le bonheur de son mari – ce qui signifiait, entre autres, laver et repasser ses
20 vêtements de travail, lui servir de bons repas et être disponible dans l'intimité de leur chambre. Elle voulait aussi lui donner des enfants, mais seulement quelques-uns – trois ou quatre tout au plus. [...]

Larry, en revanche, se moquait du nombre d'enfants qu'ils auraient – mais il lui fallait un fils. Il avait grandi dans une famille de quatre garçons, son père avait deux
25 frères, et son grand-père quatre. Les garçons étaient très prisés chez les Pinkham. Ils assuraient la pérennité du nom de famille, mais aussi celle de l'entreprise familiale. Depuis trois générations, les Pinkham, dans la grange derrière leur ferme, fabriquaient et vendaient bureaux, commodes, dosserets et repose-pieds. [...]

Apprenant que Franny était enceinte de leur premier enfant, Larry courut
30 jusqu'à l'atelier et en rapporta un morceau de bois d'érable. Il plaça le bois sur un
tour, le façonna en un cylindre long et mince, graduellement taillé en pointe du
centre jusqu'à une des extrémités, qu'il évasa en un pommeau aplati. Bien que ce
soit la première batte de base-ball que Larry ait jamais faite, elle était
réussie, poids et équilibre parfaits, balancement impeccable, bonne
35 tenue en main. [...] D'une main assurée, Larry marqua au fer
rouge « Jack Pinkham » sur le manche.

Une fois la batte terminée, il la montra à Franny.

« Mais qui est ce Jack Pinkham ?

— Ben, à ton avis ? C'est notre fils. »

40 Franny était en train de mettre en pot des
confitures de fraises pour les ranger ensuite
dans le cellier. Elle continua de remplir ses pots.

« Je ne savais pas qu'on avait déjà choisi
un prénom.

45 — Ça m'est venu pendant que j'étais dans
l'atelier. C'est un bon prénom, dit-il, un prénom
honnête fait un garçon honnête. »

Franny essuya le bord des bocaux avec un
torchon humide en toile de jute. Elle était avec
50 Larry depuis assez longtemps pour repérer ces
moments où il avait jeté son dévolu sur une idée,
s'y accrochant avec une telle vigueur qu'inévitablement il serait déçu. Avec le temps, elle apprendrait
que la meilleure chose à faire était de laisser Larry à ses
55 illusions. Mais ce jour-là, leur mariage était encore récent
et Franny se sentit obligée de protéger son mari de lui-même.

« Est-ce que tu as pensé que ça pourrait être une fille ? »

Larry posa la batte contre le buffet, l'orientant de façon que l'on
puisse voir le nom gravé. Les lettres, encore tièdes, gardaient une vague odeur
60 de brûlé.

« C'est scientifique, Franny. Les Pinkham ne font que des garçons.

— Ton père et ton grand-père n'ont eu que des fils – et c'est vrai que tes
frères en ont quelques-uns – mais ça ne veut pas forcément dire qu'il va t'arriver la
même chose. »

65 Larry secoua la tête.

« Regarde les statistiques. » Sa voix faiblissait. « Tu ne peux pas aller contre
les statistiques. »

[...]

Pour le consoler, elle tendit le pain à Larry et posa, sur un torchon plié, un pot de confiture juste en face de lui. Il coupa la tranche en deux et plongea la main dans le pot, absorbant jusqu'au dernier petit morceau.

« Attention de ne pas te brûler », dit Franny.

Ce fut la première et dernière fois que Franny mit en doute la certitude qui habitait Larry à propos du sexe de leur enfant. Cela ne fit qu'accroître sa ferveur. [...] Elle décida que le mieux était de laisser faire – après tout, se disait-elle, il avait une chance sur deux d'avoir raison, et le temps mettrait fin au suspens bien assez rapidement. Elle se mit à coudre des petites chemises, les décorant de balles et de battes de base-ball. Elle évitait de trop serrer les points au cas où, au bout du compte, l'intuition de Larry se révélerait fausse.

Le bébé vint au monde avec une semaine d'avance. Pour Franny, ce fut une chance que l'enfant naisse à une époque où les maris n'assistaient pas à l'accouchement – l'expérience était en elle-même suffisamment épuisante, sans qu'il faille, en plus, consoler un époux déçu.

« Je vais chercher Larry, dit le Dr Potts, après que les infirmières eurent transformé Franny en un modèle de nouvelle maman fraîche et rayonnante, je suis sûr qu'il a hâte de voir sa fille.

— S'il vous plaît, ne lui dites pas que c'est une fille, dit Franny, j'aimerais lui annoncer moi-même. »

Elle avait la ferme intention de le dire à Larry à l'hôpital, mais quand il déboula dans la salle de travail, un cigare bordé de bleu coincé entre les lèvres, elle n'en eut pas le courage. Sa joie était si pure, si intense qu'il semblait injuste de gâcher l'instant.

« Coucou Jack ! Je suis ton père, s'écria-t-il, te voilà, mon fils ! T'es un vrai gars, hein ? »

L'infirmière qui s'occupait de Franny jeta à Larry un regard inquiet, mais Franny balaya l'étonnement de celle-ci d'un :

« L'enfant est en bonne santé. C'est le plus important. »

La joie de Larry sembla faiblir un instant et il fronça les sourcils.

« Qu'est-ce qu'il fait emmitouflé dans une couverture rose ? Est-ce qu'on essaie de faire de mon fils une mauviette ?

— C'est pour qu'il soit au chaud, Larry. Est-ce que la couleur est vraiment importante ?

— Pour mon fils, oui. Jack déteste le rose. Hein, mon garçon ? »

Et cela continua durant les premiers jours de la vie de leur fille. La petite Pinkham dormait dans une chambre bleue, entourée de petites voitures, portait des vêtements ornés de minuscules balles de base-ball, et gigotait quand elle entendait « Jack ». Larry n'en pouvait plus de fierté, mais Franny s'inquiétait. Elle craignait que traiter une fille comme si c'était un garçon puisse entraîner d'irrémédiables dégâts. Toutefois, l'idée même d'annoncer à Larry que leur enfant était en fait une fille lui donnait des sueurs froides.

Un après-midi, alors que Franny changeait la couche de l'enfant, Larry
110 s'approcha d'elle sans faire de bruit pour, comme il le raconta par la suite, « voir si
Jack était un Pinkham, un vrai ». Franny ne se rendit compte qu'il était penché sur
son épaule que lorsqu'elle l'entendit s'étrangler derrière elle.

Franny se dépêcha de finir de mettre la couche au bébé, remerciant Dieu que
le secret soit enfin dévoilé : elle n'avait plus besoin de dire à son mari qu'ils avaient,
115 en fait, une fille.

« Ne sois pas en colère, dit-elle, évitant son regard, je ne savais pas comment
te l'annoncer. »

Larry ne bougea pas. Ses lèvres avaient pâli, se fondant dans la couleur de sa
peau. Sa voix s'assombrit.

120 « Nous allons le traîner en justice. Quand on en aura fini avec lui, il sera
complètement fauché, dit-il, malaxant son poing. J'ai à moitié envie d'y aller
maintenant et d'essayer sur lui ma batte de base-ball. »

Franny se retourna.

« Mais de qui tu parles ?

125 — Du Dr Potts ! » Larry la poussa sur le côté. Grimaçant, il baissa la couche du
bébé pour examiner de plus près ce qu'il avait entraperçu. « Ce salopard ! »

[...]

« Ce n'est pas une circoncision ratée[1], Larry. Jack est une fille. »

Le faible soulagement que Larry ressentit en découvrant que son enfant n'était
pas mutilé l'aida à avaler sa déception. Dans l'absolu, l'idéal était d'avoir un garçon,
130 mais maintenant que le bébé était là, il était difficile de ne pas l'aimer. Jack – qui fut
sur-le-champ renommé Jackie – avait déjà gagné une place dans le cœur de son père.

« On aura un autre enfant, c'est tout », décida Larry.

Six mois plus tard, Franny était à nouveau enceinte.

[...]

Le petit George, toutefois, se révéla être une petite Georgie. Deux enfants
135 suffisaient à Franny, mais Larry s'entêtait et voulait plus que jamais un fils. Six mois
après la naissance de Georgie, Franny était à nouveau enceinte.

Et ainsi de suite pour les autres filles Pinkham.

Charlie, Rickie, Rae, Teddie, Ronnie, Billie, et Larrie Junior – cela aurait pu
continuer pendant encore dix ans si une Franny exténuée n'y avait mis le holà.

140 « Tu n'auras que des filles, Larry, lui dit-elle alors qu'elle traînait le vieux matelas
à deux places hors de leur chambre, pour pouvoir installer deux autres lits
jumeaux, il est temps que tu t'y fasses. »

Larry Pinkham prit à cœur le conseil de sa femme et éleva ses filles comme il
aurait, pensait-il, élevé un garçon. Il leur montra comment fendre du bois à la

---

1   Aux États-Unis, presque tous les garçons sont circoncis. Cette opération est considérée comme
    une mesure d'hygiène nécessaire. Le fait qu'un homme ait été circoncis n'implique pas
    d'appartenance religieuse.

Ronnie
Billie
Charlie
Larrie Junior
Rickie
Teddie
Rae

145 hache, leur transmit l'art subtil de la fabrication du mobilier en pin et les emmena à des matchs de base-ball. Les filles Pinkham grandissaient, rudes et trapues comme leur père, les mains endurcies par le maniement du marteau et du papier de verre. Quant aux tâches ménagères, Franny eut peu 150 de succès lorsqu'il s'agit d'apprendre aux filles à cuisiner, coudre ou même aider à faire le ménage. Quand elles n'étaient pas à l'école ou dans l'atelier, elles jouaient au base-ball, dans le jardin derrière la maison.

155 Pour leur quinzième anniversaire de mariage, Larry fit une surprise à Franny: il l'emmena dîner *Chez Shorty*. C'était la première fois en quinze ans qu'ils étaient seul à seul et Franny était d'humeur senti-160 mentale.

«En fait, la vie nous a plutôt bien traités. Ça aurait pu être pire, dit Larry, se penchant au-dessus de son assiette, mais imagine ce que ça aurait pu être si tout s'était 165 passé comme on voulait.»

[...]

«Tu voulais un garçon. À la place, tu as neuf garçons manqués, dit-elle. Finalement, ce n'est pas si mal.

— Oui, bien sûr. Mais je pense tout le temps à ce qui se passera quand elles seront grandes. Elles vont se marier et avoir des 170 enfants et aucun d'entre eux ne portera mon nom. Ce sera la fin des Pinkham.

— Ce n'est pas comme si les Pinkham avaient fait quelque chose d'incroyable. On n'est pas les Rockefeller.

— Et le magasin? Ça compte.»

Larry se tut et sauça son assiette avec un morceau de pain caoutchouteux. Ce 175 n'était pas de la tristesse qui, Franny le savait, émanait de lui. C'était plutôt un sentiment d'échec, comme s'il avait failli à son engagement envers sa propre famille et envers toute la lignée des Pinkham.

«Ce sera toujours *Les Meubles Pinkham*, même si les filles le dirigent, dit Franny, je ne vois pas où est le problème.»

180 Larry resta silencieux pendant le dîner, même lorsque Shorty leur apporta une part supplémentaire – gratuite – de gâteau à la crème et aux myrtilles, à partager entre eux. Il ne dit pas un mot durant le trajet du retour non plus. L'entêtement de son mari à vouloir un fils agaçait Franny. Ils avaient eu la chance d'avoir neuf filles en bonne santé, alors que d'autres, comme Kitty Higgins, n'avaient pas d'enfants. 185 Pourtant, elle détestait voir Larry d'humeur si sombre. Quand ils furent rentrés chez eux ce soir-là, Franny repoussa les couvertures de leur lit, soupira et lui dit:

«Allez, je te laisse une dernière chance.»

Neuf mois plus tard, ils avaient un fils.

Quand Francis arriva enfin, Larry avait épuisé tous les bons prénoms de
190 garçon et décida de donner à son fils le nom de sa femme. Les Pinkham furent ravis
de la venue au monde de Francis. Franny sentit qu'elle était arrivée au bout d'un
long et difficile chemin et Larry put enfin se détendre, ayant accompli son devoir
biologique.

Dans un premier temps, obtenir un résultat tant attendu procura aux Pinkham
195 un sentiment de plénitude. Il est vrai que c'était l'aboutissement de nombreux
efforts. Mais l'excitation liée à la nouveauté ne dura pas. En quelques semaines, le
statut de l'enfant dégringola : de fierté des Pinkham, il devint une bouche de plus à
nourrir. Franny se rendit compte qu'elle avait considérablement moins d'énergie
depuis la naissance de Larrie Junior, le bébé précédant Francis, et que s'occuper de
200 dix enfants était incroyablement plus difficile que de neuf. Elle avait réussi à garder
les petites chemises à motifs de base-ball qu'elle avait cousues avec tant d'amour.
Toutefois, après avoir été portées par neuf enfants, elles étaient tachées et élimées
et certains ornements s'étaient détachés. Plusieurs fois, elle envisagea d'en coudre
de nouveaux, mais les journées passaient, englouties dans l'éternel cycle de ménage,
205 cuisine, ménage...

Certes, Franny était débordée, mais c'est Larry qui eut le plus de mal à s'adapter
à la nouvelle situation. Il s'était attendu à un lien spécial avec son fils, différent de
ce qu'il ressentait pour les filles. Pourtant, ses sentiments envers ce bébé étaient les
mêmes que ceux qu'il éprouvait envers ses autres enfants. Des années durant, il
210 avait rêvé de moments partagés avec son fils : il lui montrerait comment construire
une table ou lancer une balle courbe. Aujourd'hui, il se rendait compte qu'il avait
déjà fait tout cela avec ses filles, neuf fois de suite. Larry, même s'il se sentait
coupable d'avoir de telles pensées et n'aurait jamais osé l'avouer à sa femme, n'avait
aucune envie de recommencer.

215 Étant donné son statut – seul garçon et benjamin – on aurait pu s'attendre à ce
que le petit dernier soit choyé par ses sœurs. Il n'en fut rien. Francis fut englouti
dans la masse des Pinkham sans susciter intérêt ni considération. Les plus jeunes
regardaient leur frère avec une légère indifférence, comme elles auraient regardé
des jupes à fleurs ou de la porcelaine tendre. Elles étaient censées l'aimer, mais elles
220 ne savaient pas quoi en faire. Les aînées, surtout Jackie, l'abordèrent avec une
franche hostilité. Elles arrachèrent les roues des petites voitures, éloignèrent leurs
lits du mur et les alignèrent au milieu de la pièce comme une rangée de lits de
camp pour être sûres que Franny n'installe pas le lit d'enfant dans leur chambre. Les
autres filles imitèrent leurs aînées jusqu'à ce que Franny soit obligée de mettre le
225 bébé dans le seul endroit disponible de la maison : une alcôve, sous l'escalier du
premier étage. Quand leur mère avait le dos tourné, les filles se penchaient au-dessus
du lit et faisaient d'horribles grimaces jusqu'à faire pleurer Francis.

[...]

Stephanie Doyon, *Les tondeuses à gazon*, © 2006, 2008, Éditions Payot et
Rivages, pour l'édition de poche, traduction d'Emmanuelle Fletcher.

La vie d'Alphonse Allais (1855-1905) est ponctuée d'anecdotes qui résument bien la personnalité de l'homme à la fois écrivain, journaliste, photographe et humoriste. À 17 ans, il travaille à la pharmacie familiale et prend plaisir à inventer des prescriptions loufoques et à vendre des médicaments bidon. Fou de rage, son père l'envoie à Paris, ville où il fera carrière dans les lettres. On le connaît pour son humour absurde ainsi que pour ses citations célèbres, dont « Les cimetières sont remplis de gens irremplaçables. » Son œuvre colossale a été imitée et plagiée si souvent qu'il a hérité du surnom de « Vache Allais », jeu de mots calqué sur l'expression « vache à lait » qui signifie une personne dont on tire un profit.

Un fait divers

Jeudi dernier, les époux H... se rendaient au Théâtre Montmartre pour assister à la représentation du *Vieux Caporal*. Ils avaient laissé leur domicile sous la garde d'un petit chien fort intelligent qui répond au nom de Castor.

Si l'Homme est véritablement le roi de la Création, le Chien peut, sans être taxé
5 d'exagération, en passer pour le baron tout au moins.

Castor, en particulier, est un animal extrêmement remarquable, dont les époux H... ont dit à maintes reprises :

— Castor ?... Nous ne le donnerions pas pour dix mille francs !... quand ce serait le pape qui nous le demanderait !

10 Bien en a prix[1] aux époux H... de cet attachement.

Ces braves gens n'en étaient pas plus tôt au deuxième acte du *Vieux Caporal*, que des cambrioleurs s'introduisaient dans leur domicile.

Castor, occupé en ce moment à jouer au bouchon dans la cuisine, entendit le bruit, ne reconnut pas celui de ses maîtres (le pas, bien entendu), et se tapit dans un
15 coin, l'oreille tendue.

Une minute plus tard, sa religion était éclairée : nul doute, c'était bien à des cambrioleurs qu'il avait affaire.

À l'astuce du renard, Castor ajoute la prudence du serpent jointe à la fidélité de l'hirondelle. Seule la vaillance du lion fait défaut à ce pauvre animal.

20 Que faire en cette occurrence ? Une angoisse folle étreignait la gorge de Castor.

Aboyer ? Quelle imprudence ! Les malandrins se jetteraient sur lui et l'étrangleraient, tel un poulet.

Se taire ? S'enfuir ? Et le devoir professionnel !

Une lueur, probablement géniale, inonda brusquement le cerveau de Castor.

---

1   L'emploi du nom *prix* en lieu et place du participe passé *prit* est volontaire. Il s'agit d'un jeu de mots qui renvoie à la valeur monétaire du chien.

25   Sortant à pas de loup (ce qui lui est facile ataviquement, le chien descendant du loup), Castor se précipita vers une maison en construction, sise non loin du domicile des époux H... Saisissant dans sa gueule une des lanternes (éclairage Levent, ainsi nommé parce que la moindre brise suffit à son 30 extinction), Castor revint en toute hâte vers le logement de ses maîtres.

    La ruse eut tout le succès qu'elle méritait. Les cambrioleurs, apercevant de la lumière dans la pièce voisine, se crurent surpris et se sauvèrent par les toits (les cambrioleurs 35 se sauvent toujours par les toits dès qu'ils sont surpris).

    Il serait impossible de rendre la joie de Castor à la vue de la réussite de sa supercherie.

    Quand ses maîtres rentrèrent, ils le trouvèrent se frottant encore les pattes de satisfaction.

40   Et il y a des gens qui disent que les bêtes n'ont pas d'âme ! Imbéciles, va !

Alphonse Allais, « Un fait divers », dans le recueil de nouvelles
À l'œil, paru à titre posthume en 1921.

Lien utile

Le recueil de nouvelles

Un recueil de nouvelles est une œuvre rassemblant plusieurs nouvelles qui peuvent ou non être écrites par le même auteur. Si le recueil est un collectif réunissant plusieurs auteurs, un même thème permet de justifier le regroupement des textes choisis. Contrairement au roman, le recueil permet de présenter des histoires autonomes les unes par rapport aux autres; chaque nouvelle adoptant une perspective, un point de vue ou un personnage différents.

Fenêtre

3

Le temps, le lieu et l'atmosphère d'un texte, ce sont les éléments qui ajoutent toute la saveur et la richesse à un récit. C'est cet univers créé par l'auteur qui indique la perception qu'il a du monde et de ses habitants ou l'imagination dont il fait preuve pour en inventer un nouveau.

L'univers

- L'univers
- La situation spatiotemporelle
- L'atmosphère
- Le genre littéraire

Le Comte de Monte-Cristo [extrait]

À travers cette fresque historique, Dumas dénonce et condamne la justice de son époque, tout en se questionnant sur le sens de la vengeance et du pardon. Tout commence avec le jeune Edmond Dantès, un homme droit et honnête qui vient de se fiancer et d'être promu capitaine. Alors que tout va pour le mieux, il est accusé à tort de soutenir en secret Napoléon Bonaparte, ce qui, à cette époque, constitue une grave trahison envers la monarchie. Sans autre forme de procès, Dantès est alors emprisonné au château d'If. Il y demeure incarcéré durant quatorze ans, avant de parvenir à s'échapper. *Le Comte de Monte-Cristo* raconte non seulement ses années d'emprisonnement mais surtout sa vengeance, méticuleusement élaborée.

Né en 1802, Alexandre Dumas est l'auteur d'une œuvre colossale comptant des fresques historiques, des pièces de théâtre, des romans et même un dictionnaire de cuisine, publié en 1871 après sa mort. Une grande partie de son œuvre a pu être réalisée grâce à quelques prête-plumes. Homme de grands projets, il bâtit le château de Monte-Cristo l'année de la publication du roman et, par la suite, son propre théâtre. Acculé à la faillite et fuyant plus de 150 créanciers, Dumas part vivre en Belgique, d'où il continuera son œuvre. Il meurt en 1870 chez son fils, à Puys en France, à demi-paralysé par un accident vasculaire.

Portez une attention particulière à l'humeur du personnage au fil de ses déplacements.

8

Le château d'If

[...]

Il était déjà quatre heures lorsque Dantès avait été conduit dans sa chambre. On était, comme nous l'avons dit, au 1er mars; le prisonnier se trouva donc bientôt dans la nuit.

Alors, le sens de l'ouïe s'augmenta chez lui du sens de la vue qui venait de
5 s'éteindre: au moindre bruit qui pénétrait jusqu'à lui, convaincu qu'on venait le mettre en liberté, il se levait vivement et faisait un pas vers la porte; mais bientôt le bruit s'en allait mourant dans une autre direction, et Dantès retombait sur son escabeau[1].

---

1 Siège de bois à une place, sans bras ni dossier.

Enfin, vers les dix heures du soir, au moment où Dantès commençait à perdre
10 l'espoir, un nouveau bruit se fit entendre, qui lui parut cette fois se diriger vers sa
chambre : en effet, des pas retentirent dans le corridor et s'arrêtèrent devant sa
porte ; une clef tourna dans la serrure, les verrous grincèrent, et la massive barrière
de chêne s'ouvrit, laissant voir tout à coup dans la chambre sombre l'éblouissante
lumière de deux torches.

15 À la lueur de ces deux torches, Dantès vit briller les sabres et les mousquetons de
quatre gendarmes.

Il avait fait deux pas en avant, il demeura immobile à sa place en voyant ce surcroît
de force.

[...]

La conviction qu'on venait le chercher de la part de M. de Villefort ôtait toute
20 crainte au malheureux jeune homme : il s'avança donc, calme d'esprit, libre de
démarche, et se plaça de lui-même au milieu de son escorte.

Une voiture attendait à la porte de la rue, le cocher était sur son siège, un
exempt[2] était assis près du cocher.

[...]

Le prisonnier jeta les yeux sur les ouvertures, elles étaient grillées : il n'avait fait
25 que changer de prison ; seulement celle-là roulait, et le transportait en roulant vers
un but ignoré. [...]

La voiture s'arrêta, l'exempt descendit, s'approcha du corps de garde ; une douzaine
de soldats en sortirent et se mirent en haie ; Dantès voyait, à la lueur des réverbères
du quai, reluire leurs fusils.

30 — Serait-ce pour moi, se demanda-t-il, que l'on déploie une pareille force
militaire ?

L'exempt, en ouvrant la portière qui fermait à clef, quoique sans prononcer une
seule parole, répondit à cette question, car Dantès vit entre les deux haies de soldats
un chemin ménagé pour lui de la voiture au port.

35 Les deux gendarmes qui étaient assis sur la banquette de devant
descendirent les premiers, puis on le fit descendre à son tour, puis ceux
qui se tenaient à ses côtés le suivirent. On marcha vers un canot qu'un
marinier de la douane maintenait près du quai par une chaîne. Les
soldats regardèrent passer Dantès d'un air de curiosité hébétée. En un
40 instant il fut installé à la poupe du bateau, toujours entre ces quatre gendarmes,
tandis que l'exempt se tenait à la proue. Une violente secousse éloigna le bateau du
bord, quatre rameurs nagèrent vigoureusement vers le pilon[3]. À un cri poussé de la
barque, la chaîne qui ferme le port s'abaissa, et Dantès se trouva dans ce qu'on
appelle le Frioul, c'est-à-dire hors du port.

45 Le premier mouvement du prisonnier, en se trouvant en plein air, avait été un
mouvement de joie. L'air, c'est presque la liberté. Il respira donc à pleine poitrine
cette brise vivace qui apporte sur ses ailes toutes ces senteurs inconnues de la nuit
et de la mer. Bientôt cependant il poussa un soupir ; il passait devant cette Réserve

2 Vieux mot français (1655). Officier de police qui procédait aux arrestations.

3 Petit rocher à l'entrée du bassin de Marseille.

où il avait été si heureux le matin même pendant l'heure qui avait précédé son arrestation, et, à travers l'ouverture ardente de deux fenêtres, le bruit joyeux d'un bal arrivait jusqu'à lui.

[...]

— Mais où donc me menez-vous? demanda-t-il à l'un des gendarmes.

— Vous le saurez tout à l'heure.

— Mais encore...

— Il nous est interdit de vous donner aucune explication.

Dantès était à moitié soldat; questionner des subordonnés auxquels il était défendu de répondre lui parut une chose absurde, et il se tut.

[...]

Dantès se retourna et s'aperçut que la barque gagnait le large.

Pendant qu'il regardait, absorbé dans sa propre pensée, on avait substitué les voiles aux rames, et la barque s'avançait maintenant poussée par le vent.

Malgré la répugnance qu'éprouvait Dantès à adresser au gendarme de nouvelles questions, il se rapprocha de lui, et lui prenant la main:

— Camarade, lui dit-il, au nom de votre conscience et de par votre qualité de soldat, je vous adjure d'avoir pitié de moi et de me répondre. Je suis le capitaine Dantès, bon et loyal Français, quoique accusé de je ne sais quelle trahison: où me menez-vous? dites-le, et, foi de marin, je me rangerai à mon devoir et me résignerai à mon sort.

Le gendarme [...] se retourna vers Dantès:

— Vous êtes Marseillais et marin, dit-il, et vous me demandez où nous allons? [...] Ne vous en doutez-vous pas?

— Aucunement. [...] Répondez-moi donc, de grâce!

— Mais la consigne?

— La consigne ne vous défend pas de m'apprendre ce que je saurai dans dix minutes, dans une demi-heure, dans une heure peut-être. Seulement vous m'épargnez d'ici là des siècles d'incertitude. Je vous le demande comme si vous étiez mon ami, regardez: je ne veux ni me révolter ni fuir; d'ailleurs je ne le puis: où allons-nous?

— À moins que vous n'ayez un bandeau sur les yeux ou que vous ne soyez jamais sorti du port de Marseille, vous devez cependant deviner où vous allez?

— Non.

— Regardez autour de vous, alors.

Dantès se leva, jeta naturellement les yeux sur le point où paraissait se diriger le bateau, et à cent toises devant lui il vit s'élever la roche noire et ardue sur laquelle monte, comme une superfétation[4] du silex, le sombre château d'If.

Toises
En vous référant aux unités de mesure utilisées de nos jours, quelle distance une toise pourrait-elle représenter?

---

4 Production ou addition inutile, superflue.

Cette forme étrange, cette prison autour de laquelle règne une si profonde terreur, cette forteresse qui fait vivre depuis trois cents ans Marseille de ses lugubres traditions, apparaissant ainsi tout à
90 coup à Dantès qui ne songeait point à elle, lui fit l'effet que fait au condamné à mort l'aspect de l'échafaud.

— Ah! mon Dieu! s'écria-t-il, le château d'If! Et qu'allons-nous faire là!

95 Le gendarme sourit.

— Mais on ne me mène pas là pour être emprisonné? continua Dantès. Le château d'If est une prison d'État, destinée seulement aux grands coupables politiques. Je n'ai commis aucun crime.
100 Est-ce qu'il y a des juges d'instruction, des magistrats quelconques au château d'If?

— Il n'y a, je suppose, dit le gendarme, qu'un gouverneur, des geôliers, une garnison et de bons murs. [...]

105 Dantès serra la main du gendarme à la lui briser.

— Vous prétendez donc, dit-il, que l'on me conduit au château d'If pour m'y emprisonner?

— C'est probable, dit le gendarme; mais en tout cas, camarade, il est inutile de me serrer si fort.

110 — Sans autre information, sans autre formalité? demanda le jeune homme.

— Les formalités sont remplies, l'information est faite.

[...]

Par un mouvement prompt comme l'éclair, qui
115 cependant avait été prévu par l'œil exercé du gendarme, Dantès avait voulu s'élancer à la mer; mais quatre poignets vigoureux le retinrent au moment où ses pieds quittaient le plancher du bateau.

120 Il retomba au fond de la barque en hurlant de rage.

— Bon! s'écria le gendarme en lui mettant un genou sur sa poitrine, bon! [...] Eh bien maintenant, mon cher ami, faites un mouvement, un seul, et je
125 vous loge une balle dans la tête. J'ai manqué à ma première consigne, mais, je vous en réponds, je ne manquerai pas à la seconde.

Et il abaissa effectivement sa carabine vers Dantès, qui sentit s'appuyer le bout du canon contre sa tempe.

130 Un instant il eut l'idée de faire ce mouvement défendu et d'en finir ainsi violemment avec le malheur inattendu qui s'était abattu sur lui et l'avait pris tout à coup dans ses serres de vautour. Mais, justement parce que ce malheur était inattendu, Dantès songea qu'il ne pouvait être durable ; puis les promesses de M. de Villefort lui revinrent à l'esprit ; puis, s'il faut le dire enfin, cette mort au fond d'un bateau, 135 venant de la main d'un gendarme, lui apparut laide et nue.

Il retomba donc sur le plancher de la barque en poussant un hurlement de rage et en se rongeant les mains avec fureur.

Presque au même instant un choc violent ébranla le canot. Un des bateliers sauta sur le roc que la proue de la petite barque venait de toucher, une corde grinça en se 140 déroulant autour d'une poulie, et Dantès comprit qu'on était arrivé et qu'on amarrait l'esquif.

En effet, ses gardiens, qui le tenaient à la fois par les bras et par le collet de son habit, le forcèrent de se relever, le contraignirent à descendre à terre, et le traînèrent vers les degrés qui montent à la porte de la citadelle, tandis que l'exempt, armé d'un 145 mousqueton à baïonnette, le suivait par derrière.

Dantès, au reste, ne fit point une résistance inutile ; sa lenteur venait plutôt d'inertie que d'opposition ; il était étourdi et chancelant comme un homme ivre. Il vit de nouveau des soldats qui s'échelonnaient sur le talus rapide, il sentit des escaliers qui le forçaient de lever les pieds, il s'aperçut qu'il passait sous une porte et 150 que cette porte se refermait derrière lui, mais tout cela machinalement, comme à travers un brouillard, sans rien distinguer de positif. Il ne voyait même plus la mer, cette immense douleur des prisonniers, qui regardent l'espace avec le sentiment terrible qu'ils sont impuissants à le franchir.

Il y eut une halte d'un moment pendant laquelle il essaya de recueillir ses esprits. 155 Il regarda autour de lui : il était dans une cour carrée, formée par quatre hautes murailles ; on entendait le pas lent et régulier des sentinelles ; et chaque fois qu'elles passaient devant deux ou trois reflets que projetait sur les murailles la lueur de deux ou trois lumières qui brillaient dans l'intérieur du château, on voyait scintiller le canon de leurs fusils.

160 On attendit là dix minutes à peu près ; certains que Dantès ne pouvait plus fuir, les gendarmes l'avalent lâché. [...]

— Où est le prisonnier ? demanda une voix.

— Le voici, répondirent les gendarmes.

— Qu'il me suive, je vais le conduire à son logement.

165 — Allez, dirent les gendarmes en poussant Dantès.

Le prisonnier suivit son conducteur, qui le conduisit effectivement dans une salle presque souterraine, dont les murailles nues et suantes semblaient imprégnées d'une vapeur de larmes. Une espèce de lampion posé sur un escabeau, et dont la mèche nageait dans une graisse fétide, illuminait les 170 parois lustrées de cet affreux séjour, et montrait à Dantès son conducteur, espèce de geôlier subalterne, mal vêtu et de basse mine.

Fétide
Quelle propriété de la graisse cet adjectif décrit-il ?

— Voici votre chambre pour cette nuit, dit-il; il est tard, et M. le gouverneur est couché. Demain, quand il se réveillera et qu'il aura pris connaissance des ordres qui vous concernent, peut-être vous changera-t-il de domicile; en attendant, voici du
175 pain, il y a de l'eau dans cette cruche, de la paille là-bas dans un coin: c'est tout ce qu'un prisonnier peut désirer. Bonsoir.

Et avant que Dantès eût songé à ouvrir la bouche pour lui répondre, avant qu'il eût remarqué où le geôlier posait ce pain, avant qu'il se fût rendu compte de l'endroit où gisait cette cruche, avant qu'il eût tourné les yeux vers le
180 coin où l'attendait cette paille destinée à lui servir de lit, le geôlier avait pris le lampion, et, refermant la porte, enlevé au prisonnier ce reflet blafard qui lui avait montré comme à la lueur d'un éclair les murs ruisselants de sa prison.

Alors il se trouva seul dans les ténèbres et dans le silence, aussi muet et aussi
185 sombre que ces voûtes dont il sentait le froid glacial s'abaisser sur son front brûlant.

Quand les premiers rayons du jour eurent ramené un peu de clarté dans cet antre, le geôlier revint avec ordre de laisser le prisonnier où il était. Dantès n'avait point changé de place. Une main de fer semblait l'avoir cloué à l'endroit même où la veille il s'était arrêté: seulement son œil profond se cachait sous une enflure
190 causée par la vapeur humide de ses larmes. Il était immobile et regardait la terre.

Il avait ainsi passé toute la nuit debout et sans dormir un seul instant.

Le geôlier s'approcha de lui, tourna autour de lui, mais Dantès ne parut pas le voir.

[...]

Le geôlier haussa les épaules et sortit.

Dantès le suivit des yeux, tendit les mains vers la porte entrouverte, mais la porte
195 se referma.

Alors sa poitrine sembla se déchirer dans un long sanglot. Les larmes qui gonflaient sa poitrine jaillirent comme deux ruisseaux; il se précipita le front contre terre, et pria longtemps, repassant dans son esprit toute sa vie passée, et se demandant à lui-même quel crime il avait commis dans cette vie, si jeune encore, qui méritât une si
200 cruelle punition.

La journée se passa ainsi. À peine s'il mangea quelques bouchées de pain et but quelques gouttes d'eau. Tantôt il restait assis et absorbé dans ses pensées, tantôt il tournait tout autour de sa prison comme fait un animal sauvage enfermé dans une cage de fer.

[...]

14

Le prisonnier furieux et le prisonnier fou

[...]

205 Au grincement des massives serrures, au cri des gonds rouillés tournant sur leurs pivots, Dantès, accroupi dans un angle de son cachot, où il recevait avec un bonheur indicible le mince rayon du jour qui filtrait à travers un étroit soupirail grillé, releva la tête. À la vue d'un homme inconnu, éclairé par deux porte-clefs tenant des torches, et auquel le

Blafard
À quelle couleur cet adjectif fait-il référence?

Indicible
D'après la définition du dictionnaire, comment décririez-vous le bonheur?

gouverneur parlait le chapeau à la main, accompagné par deux soldats, Dantès devina ce dont il s'agissait, et, voyant enfin se présenter une occasion d'implorer une autorité supérieure, bondit en avant les mains jointes.

Les soldats croisèrent aussitôt la baïonnette, car ils crurent que le prisonnier s'élançait vers l'inspecteur avec de mauvaises intentions.

L'inspecteur lui-même fit un pas en arrière.

Dantès vit qu'on l'avait présenté comme homme à craindre.

Alors il réunit dans son regard tout ce que le cœur de l'homme peut contenir de mansuétude et d'humilité et, s'exprimant avec une sorte d'éloquence pieuse qui étonna les assistants, il essaya de toucher l'âme de son visiteur.

L'inspecteur écouta le discours de Dantès, jusqu'au bout; puis se tournant vers le gouverneur:

— Il tournera à la dévotion, dit-il à demi-voix; il est déjà disposé à des sentiments plus doux. Voyez, la peur fait son effet sur lui; il a reculé devant les baïonnettes; or, un fou ne recule devant rien: j'ai fait sur ce sujet des observations bien curieuses à Charenton.

Puis, se retournant vers le prisonnier:

— En résumé, dit-il, que demandez-vous?

— Je demande quel crime j'ai commis; je demande que l'on me donne des juges; je demande que mon procès soit instruit; je demande enfin que l'on me fusille si je suis coupable, mais aussi qu'on me mette en liberté si je suis innocent.

— Êtes-vous bien nourri? demanda l'inspecteur.

— Oui, je le crois, je n'en sais rien. Mais cela importe peu; ce qui doit importer, non seulement à moi, malheureux prisonnier, mais encore à tous les fonctionnaires rendant la justice, mais encore au roi qui nous gouverne, c'est qu'un innocent ne soit pas victime d'une dénonciation infâme et ne meure pas sous les verrous en maudissant ses bourreaux.

— Vous êtes bien humble aujourd'hui, dit le gouverneur; vous n'avez pas toujours été comme cela. Vous parliez tout autrement, mon cher ami, le jour où vous vouliez assommer votre gardien.

— C'est vrai, monsieur, dit Dantès, et j'en demande bien humblement pardon à cet homme, qui a toujours été bon pour moi... Mais, que voulez-vous? j'étais fou, j'étais furieux.

— Et vous ne l'êtes plus?

— Non, monsieur, car la captivité m'a plié, brisé, anéanti... Il y a si longtemps que je suis ici!

— Si longtemps?... Et à quelle époque avez-vous été arrêté? demanda l'inspecteur.

— Le 28 février 1815, à deux heures de l'après-midi.

L'inspecteur calcula.

— Nous sommes au 30 juillet 1816; que dites-vous donc? il n'y a que dix-sept mois que vous êtes prisonnier.

— Que dix-sept mois! reprit Dantès. Ah! monsieur, vous ne savez pas ce que c'est que dix-sept mois de prison: dix-sept années, dix-sept siècles; surtout pour un homme qui, comme moi, touchait au bonheur, pour un homme qui, comme moi, allait épouser une femme aimée, pour un homme qui voyait s'ouvrir devant lui une
255 carrière honorable, et à qui tout manque à l'instant; qui, du milieu du jour le plus beau, tombe dans la nuit la plus profonde, qui voit sa carrière détruite, qui ne sait pas si celle qui l'aimait l'aime toujours, qui ignore si son vieux père est mort ou vivant. Dix-sept mois de prison, pour un homme habitué à l'air de la mer, à l'indépendance du marin, à l'espace, à l'immensité, à l'infini! Monsieur, dix-sept
260 mois de prison, c'est plus que ne le méritent tous les crimes que désigne par les noms les plus odieux la langue humaine. Ayez donc pitié de moi, monsieur, et demandez pour moi, non pas l'indulgence, mais la rigueur; non pas une grâce, mais un jugement; des juges, monsieur, je ne demande que des juges; on ne peut pas refuser des juges à un accusé.

265 — C'est bien, dit l'inspecteur, on verra.

Puis, se retournant vers le gouverneur:

— En vérité, dit-il, le pauvre diable me fait de la peine. En remontant, vous me montrerez son livre d'écrou.

— Certainement, dit le gouverneur; mais je crois que vous trouverez contre lui
270 des notes terribles.

— Monsieur, continua Dantès, je sais que vous ne pouvez pas me faire sortir d'ici de votre propre décision; mais vous pouvez transmettre ma demande à l'autorité, vous pouvez provoquer une enquête, vous pouvez, enfin, me faire mettre en jugement: un jugement, c'est tout ce que je demande; que je sache quel crime j'ai
275 commis et à quelle peine je suis condamné; car, voyez-vous, l'incertitude, c'est le pire de tous les supplices.

[...]

Alexandre Dumas, *Le Comte de Monte-Cristo*, 1844.

réflexions

1 Quels adjectifs utiliseriez-vous pour décrire la personnalité d'Edmond Dantès?

2 Quels indices montrent qu'il est traité comme un individu dangereux?

3 Comment le château d'If influence-t-il l'humeur de Dantès?

4 Alexandre Dumas met en scène un personnage victime d'injustice. Bien que cette histoire remonte à plus de deux cents ans, est-ce que ce texte est encore d'actualité? Justifiez votre opinion.

Épi

[extrait]

Dans son recueil de nouvelles, *Récits de Médilhault*, Anne Legault remet en question le concept que l'évolution est nécessairement une amélioration. L'inverse n'est-il pas aussi possible ? Dans ce monde fictif, l'Amérique a été ravagée par une Troisième Guerre mondiale et par un « grand cataclysme ». Le Montréal du XXIe siècle devient Médilhaut, un monde en régression. Les différentes nouvelles racontent l'avenir sous un angle sombre. Dans la nouvelle « Épi », Anne Legault illustre la dureté et la violence de l'époque ainsi que leurs conséquences sur la vie d'une jeune femme.

Anne Legault est née à Lachine, au Québec. Elle nourrit une vive passion pour le théâtre, ce qui l'amène à étudier au Conservatoire national d'art dramatique. De 1981 à 1984, elle exerce le métier de comédienne tant sur la scène qu'à la télévision, surtout auprès d'un jeune public. Puis, elle s'oriente vers l'écriture dramatique. Pour sa première pièce, *La visite des sauvages*, elle a reçu le Prix du Gouverneur général en 1986. Six œuvres personnelles sont portées à la scène, en plus d'œuvres collectives. En 1992, elle remporte le prix du concours de nouvelles de Radio-Canada avec « Épi » ; cette nouvelle sera publiée en 1994 dans *Récits de Médilhault*. Depuis, elle a signé trois romans, dont deux pour la littérature jeunesse.

Dans cette nouvelle, observez les liens entre les intentions des personnages et leurs actions.

L'île de Montréal a une forme de losange, il était donc inévitable que le réseau des rues s'y déforme parfois. Inexplicablement, cela s'est produit aussi au cœur de la ville, dans la rue Villeneuve, la rue des Carrières, qui cisaillent en biseau un quadrillé variable. Il en résulte quelques ruelles en cul-de-sac qui aboutissent dans
5 des pointes ceinturées d'immeubles. Son appartement à lui était au dernier étage d'un de ces immeubles, avec un solarium dont les fenêtres donnaient sur le faîte d'un érable. Son appartement à elle était deux étages plus bas, de l'autre côté de la pointe. Elle avait une véranda où elle lisait, et partageait la terrasse du rez-de-chaussée avec les autres locataires.

10 Il l'avait vue pour la première fois dans la rue, sans oser se retourner sur son passage. Puis, quelques jours après, il avait compris qu'elle était sa voisine de cour. Ça ne simplifiait rien, il ne fréquentait pas les voisins. Il n'en était pas à vouloir la

fréquenter d'ailleurs, il la regarda de loin à travers le feuillage en été, les branches en hiver. Un jour, il avait entendu qu'on l'appelait : «Épi! Épi!», et il avait éprouvé une
15 sorte de brûlure au sternum, comme si ce nom avait eu le pouvoir de s'enraciner en lui, mortel petit épi aux grains vénéneux.

C'était bien sûr un surnom, peut-être un diminutif, mais de quoi? Épiphanie[1]? Il retenait cette hypothèse : elle lui semblait miraculeuse comme l'étoile des Mages, majestueuse, aérienne, dorée. Un bel épi blond, opulent, fin et gracile, avec des yeux
20 profonds, couleur de terre retournée qui attend la semence.

Puis, il y eut un homme. Un garçon de son âge qui vint vivre avec elle. Cela lui faisait du bien de la voir amoureuse, il n'était pas jaloux et ça lui donnait plus à regarder.

Une nuit, elle lut jusqu'à une heure avancée, à la lumière d'une lampe à pétrole,
25 étendue dans un vaste hamac, ses jambes entrelacées dans celles de l'homme. L'autre, du haut de son solarium, s'éveilla à l'aube à cause du cri des oiseaux, tout habillé, appuyé à l'allège de la fenêtre. Le hamac oscillait dans un courant d'air, vide.

Faste

Ce mot a plusieurs définitions. Laquelle est appropriée au contexte?

L'été demeurait l'époque faste, celle où il moissonnait les images de son Épi. Pour engranger en prévision de l'hiver, il se procura une lentille
30 200 millimètres, l'ajusta à une caméra qu'il possédait déjà, et lui faucha mille fractions de secondes de sa vie, des sourires, des regards, des reflets sur ses cheveux, des moues, puis mille fractions de ces images : un œil et son arcade sourcilière, la naissance du cou, une main ouverte, une jambe allongée sur une balustrade. Ces poussières de millimètres carrés, agrandis démesurément,
35 donnaient des formes granuleuses comme des comètes de planétarium.

Un jour, sur une planche contact, il s'aperçut que sur une série de clichés, il l'avait complètement de face pour la première fois. Elle semblait avoir levé la tête droit sur l'objectif. L'examen des agrandissements ne lui révéla rien de précis : elle avait le regard de qui lève la tête au ciel pour voir le temps qu'il fait. Le hasard.
40 Néanmoins, il s'éloigna de la cour pour un temps, ferma son solarium.

Il se consola avec la bouche d'Épi. Sur les clichés, elle était neutre, parfaite, les lèvres fermées sur un silence sans tourment. Il l'agrandit, la fixa sur un fond plus pâle où le granulé de l'agrandissement ajoutait au mystère. Ce fut le seul cliché qu'il fit encadrer. Le seul auquel il donna un titre : l'Île en forme de losange.

45 [...]

L'hiver arriva. Période de disette, compensée par l'absence de feuillage de son érable, qui lui permettait une vue plongeante sur ce qui semblait être la salle à manger d'Épi. Ce n'est pas le lieu le plus intime, mais il était sûr de la voir là tous les jours. Avec l'homme, il est vrai. Ils s'embrassaient tout le temps. Mais elle était plus matinale que lui, et le matin, seule à table parfois elle éclatait en sanglots. Une
50 heure après, l'homme se levait et la trouvait souriante.

L'autre surnomma rapidement ces crises de larmes les grains d'Épi. Il ne savait qu'en penser; rien ne le rendait aussi heureux que de la voir vivre, fût-ce un malheur, mais si elle partait? Pourquoi pleurait-elle, d'ailleurs, cette amoureuse? La couleur

1 Dans la religion catholique, cette fête souligne la présentation de Jésus aux Rois Mages venus pour l'adorer. Le mot vient du grec et signifie «apparition». La fête a lieu le 6 janvier.

des murs ? Le loyer à payer ? Un deuil dans sa famille ? Il chassait ce genre
55 de questions de son esprit, craignant trop de se retrouver lui ouvrant par
un hasard fallacieux la porte de l'épicerie du coin ou de la blanchisserie. À
ce jeu-là, on engage la conversation, puis on voisine, puis on fréquente,
puis on connaît. Cela, il ne le voulait pas. Mettre en pot le buisson ardent
qui lui échauffait l'âme, jamais. Il jeta sans l'ouvrir la liste du recensement électoral
60 qui lui parvint dans le courrier, de peur d'y trouver le nom de son Épi. Il ne se lia
jamais aux voisins, d'aucune façon.

Mais il se levait comme elle, dès l'aube. Il y avait de bons moments. [...]

Il menait une vie assez solitaire, mais pas recluse. Il faisait sa première année de
médecine, le genre d'études dont on admet que cela vous coupe de vos amis. Il en
65 voyait quelques-uns, de loin en loin, pris comme lui. [...] De temps en temps, il
voulait saisir la logique de sa fascination pour Épi, mais il renonçait. De la voir à son
insu le remplissait d'une jubilation parfaite, sans tenants ni aboutissants.

Un jour, elle prit le même autobus que lui. Elle croisa une connaissance et
engagea la conversation. Sa voix était comme sa personne, chaude et claire à la fois.
70 C'était trop. Sidéré comme un mulot sous le regard de la vipère, il mit la journée à
s'en remettre. [...] Il lui en voulut confusément, conscient de sa mauvaise foi,
sachant bien qu'elle n'y était pour rien. Devenait-il fou ? Non, puisqu'il se voyait
toujours agir. Mais il se voyait agir pour la voir agir, elle.

Aux vacances de Noël, il partit dans les Laurentides, au bord d'un lac, pour
75 se sevrer d'elle. Sans téléphone, ni télévision, ni radio, ni électricité. « Et si je la
connaissais ? » se dit-il. Cela romprait peut-être le charme, mais de quelle façon,
pour quelle suite ? Non. Il décida qu'il romprait son bail et déménagerait, dès son
retour, en plein hiver. Ce devait être la bonne solution, car il s'en trouva soulagé et
dormit des nuits pleines.

Fallacieux
Utilisez le dictionnaire pour définir ce mot.

80 Il revint à Montréal et pour cause d'études décida d'attendre l'été pour déménager. Il s'engloutit dans le travail, rentrant chez lui tard le soir. Une nuit, dans le dernier autobus, il la vit dans la rue marchant d'un pas insouciant, seule. Derrière elle, il lui sembla voir une ombre, à cinquante pas. Il fut au carrefour avant elle, y resta, la vit accélérer le pas pour le croiser, entrer dans son immeuble. Il scruta la nuit: pas 85 d'ombre. Il rentra chez lui.

Il avait eu froid. Il voulut se faire chauffer du lait, de la cuisine passa au solarium, vit qu'elle avait eu la même idée puisqu'elle buvait aussi.

Il trinqua mentalement avec elle, et le lait chaud à la cannelle serait toujours lié à cette image d'elle: ses cheveux luisants sous la lumière de l'ampoule. Ce fut si fort 90 pour lui qu'au moment où elle tressaillit, rejeta la tasse au loin et se mit à crier, il crut qu'il était découvert, que son regard l'avait brûlée et qu'elle hurlait pour cela. Puis, il vit ce qu'elle voyait: un cagoulard armé d'une matraque de plomb.

Un premier coup l'avait prise au dépourvu, dans le dos. Elle s'était roulée en boule pour se relever et faire face, avait poussé la table de manière à se dégager le 95 plus de terrain. Un deuxième coup lui fut asséné en pleine figure. Puis un troisième. Dès lors, elle décrivit des moulinets des deux bras de manière à protéger sa tête, sans jamais cesser de crier, sans avancer, sans bouger, sans attaquer. Solidement plantée comme un brave petit épi, sans plier ni rompre.

« Elle a du nerf », songea-t-il, admiratif. Au même moment, le cagoulard baissa les 100 bras, parla, se fit hurler une réponse qui ne dut pas lui faire plaisir et se sauva. Oui, se sauva. Ce genre de coup doit se faire vite, sinon il est raté; chaque seconde de retard peut réveiller un voisin qui appellera la police. Il se rendit compte alors qu'il n'y avait jamais songé. Combien de temps avait duré ce combat? Il n'en avait aucune idée.

105 Épi, restée seule, prit une chaise, fracassa une vitre et hurla dans la nuit. Dans la cour intérieure, pas un carreau ne s'alluma. Sa voix s'écorcha complètement, jusqu'à n'être que la buée de la condensation, qu'elle continua de lancer vers le ciel de toutes ses forces, appel de détresse.

Lui, était comme l'ornithologue qui voit flamber le phénix. Il n'eut pas un geste.

110 Quand il revint chez lui quinze jours après, elle était partie pour toujours. Il fit une pneumonie.

Oto-rhino-laryngologie
À partir des éléments grecs de ce mot, déterminez de quelle spécialité médicale il s'agit.

Hydrophile
À partir du préfixe et du suffixe, quelle est la signification de cet adjectif?

C'était septembre, le lendemain de la fête du Travail. Il y avait donc deux fois plus de gens à la clinique d'oto-rhino-laryngologie de l'hôpital. O-R-L, disait succinctement la plaque. Aux yeux de la jeune femme, 115 c'était dommage. Les gens n'ont plus ni le temps ni la conviction d'articuler. Longue attente, puis on l'appela et elle fut conduite dans une petite salle où une infirmière lui annonça qu'on la « démècherait », jargon qui désignait l'opération par laquelle on enlèverait les mèches de coton hydrophile qui pendant cinq jours lui avaient coussiné les narines. Ce fut 120 un moment délicat, les fosses nasales sont assez profondes et les mèches, fort longues. Puis on la laissa souffler en lui disant que « l'o-r-l » viendrait finir d'enlever le pansement externe.

Le premier choc, ce fut l'odeur: mis deux heures auparavant, son parfum lui emplissait la tête. D'abord, le lys flotta, puis la fougère et le cuir. Presque aussitôt, les sécrétions battirent le rappel et le parfum disparut. La porte s'ouvrit, elle garda les yeux fermés. Quelques secondes après, elle entendit:

— Je suis l'o-r-l de garde, j'assiste le docteur Azar.

Elle garda les yeux fermés.

— Que vous reste-t-il à faire?

— Enlever le pansement extérieur, les moulages de mica dans les narines et un point de suture.

— Je n'ai pas les yeux au beurre noir?

— Bien sûr que non, le redressement de la cloison nasale, c'est tout petit comme opération. À peine un peu d'œdème qui dure vingt-quatre heures, au plus.

— Bien.

— Ouvrez les yeux, s'il vous plaît.

La voix semblait altérée.

— C'est la première fois que vous faites ça?

— Pas du tout, je travaille avec le docteur Azar depuis deux ans.

Elle ouvrit les yeux. Il se trouvait très près de sa figure, un jeune homme au visage ouvert, régulier, aux joues rondes. Il travailla bien, d'une main sûre, mais sans la regarder dans les yeux. Il n'avait pas à le faire, mais ça ne lui enlevait pas une allure d'étrangeté. Quand tout fut fini, il lui tendit un miroir et lui demanda son nom.

— Je m'appelle Éponine Gaspard, lui dit-elle, tout à son reflet, sans un regard pour lui.

Ils se serrèrent la main, il lui rappela de prendre rendez-vous dans deux semaines.

Elle s'appelait donc Éponine Gaspard. Seul dans le cabinet, il se rappela le long cri sur lequel elle l'avait quitté, dix ans plus tôt. Le visage était resté pur, plus osseux mais lisse. Les cheveux étaient restés longs, un peu plus foncés peut-être. Seule sa voix était différente. Il se la rappelait aussi nettement que le reste; de chaudement modulée, elle était devenue rauque. Ça ne la déparait pas. Mais il avait eu besoin de voir ses yeux pour être bien sûr que c'était elle.

[...] Le sillage de son parfum lui semblait toujours présent; un élancement à la poitrine lui coupa le souffle. Il alla vérifier la date du rendez-vous qu'elle venait de prendre.

Elle était arrivée tôt et lisait. Il la fit attendre un temps raisonnable, ce qui dans un contexte hospitalier était exceptionnel, d'autant plus que son cas était si mineur qu'une politique nouvellement promulguée aurait voulu qu'on la fît passer en dernier. Elle ne paraissait pas s'en douter et posa plusieurs questions sur le temps de sa guérison, sur les points fondants qui restaient en place. Il répondit longuement, précisément; l'air de ne pas y toucher, il lui demanda quel traumatisme facial était à l'origine de cette déviation de la cloison.

— Je ne me souviens pas.

Elle avait le regard limpide, mais sa poignée de main fut glacée.

165 L'examen de son dossier lui révéla qu'elle avait exigé d'être anesthésiée localement, ce qui se faisait très rarement. Le docteur Azar, son patron, n'y avait consenti qu'à regret. La rectification de la cloison demande un appareil dans la bouche, fait saigner directement dans l'estomac ; tout le monde demande à être endormi. Le dossier portait comme note :

170 « La patiente a accepté l'intervention sitôt connue la malformation. Tient à l'anesthésie locale. Probablement la phobie des évanouissements. »

Il nota l'adresse d'Éponine et arpenta son quartier dès le lendemain. Il la croisa après trois semaines, dans une librairie où elle feuilletait des revues. Elle le salua poliment mais à distance. Ce serait long. Il y mettrait le temps.

★ ★ ★

175 Un an de hasards. Un an de saluts échangés, de conversations à l'hôpital coupées par le patient suivant, de rencontres fortuites, de phrases échangées dans la rue, puis de cafés, puis de conversations plus longues. Pas de sorties, pas de téléphone, rien de délibéré. Le hasard, à petites doses.

Elle était taxidermiste[2].

180 — Ce métier répugne à certaines personnes, alors que d'autres l'admettent tout à fait. Je crois que ça a à voir avec l'idée qu'on a de la vie. La taxidermie, ce n'est pas mortifère, c'est refaire le premier véhicule de la vie, le corps...

« Le premier véhicule de la vie... » Elle parlait comme ça. Elle était diserte et drôle, plus curieuse des autres qu'elle n'imaginait les autres 185 curieux d'elle. Il n'était pas pressé, il laissa les pièces s'emboîter d'elles-mêmes l'une dans l'autre. Et un jour, un premier coup de fouet sur la bête, léger :

Diserte
À partir de quel verbe pouvez-vous définir ce mot ?

— Tu sais une chose ? Tu es dorée comme un épi.

Elle répondit d'un ton tout uni :

190 — C'était mon surnom, avant.

— Avant ? reprit-il.

— Avant que je perde la mémoire. Quand je t'ai dit que je ne me rappelais plus ce qui avait pu me frapper sur le nez, je ne te mentais pas.

— Je vois.

195 — Non, tu ne vois pas. Personne n'a vu. Un matin, l'homme que j'aimais m'a trouvée debout, près d'une vitre cassée où je hurlais. Il y avait des traces de lutte dans la pièce. J'avais une moitié du visage en sang et l'autre toute noire, mais l'examen n'a rien révélé d'autre. Simplement je m'étais battue et j'avais perdu la mémoire. Il a fallu que je réapprenne tout, même à écrire. En fait, avant la taxidermie, 200 j'avais un autre métier : j'écrivais. Je gagnais mes sous avec de la recherche et j'avais publié deux recueils de poésie. Mais je n'ai jamais pu réapprendre ma vie, elle ne

_____

2 Spécialiste de la naturalisation des animaux, empailleur.

m'est jamais revenue. Je n'étais plus poète, ni amoureuse. J'ai perdu le don des larmes, aussi : les rares fois où ça m'arrive, je n'ai que des sanglots secs et encore, pas longtemps. Alors j'ai demandé à ma famille de ne plus m'appeler Épi, c'était une 205 autre partie de moi.

Si jamais il avait péché en jouissant en spectateur du combat qui lui avait coûté sa vie à elle, il le paya avec l'effort qu'il fit de se cacher en lui-même.

— Tu es toujours dorée et belle comme un épi.

— Oui, mais sec.

210 Elle souriait en disant cela, touchée du compliment, détachée. Lui, se rappelait l'ombre qu'il avait cru distinguer derrière elle, cette nuit-là. Son instinct lui prescrivait de se taire, d'en finir là, mais tout son empire sur lui-même combattait sur un autre front, la brèche s'ouvrit toute grande :

— A-t-on pu retrouver celui qui t'a fait cela ?

215 — Oh, non ! Tout ce qu'on sait, c'est qu'il m'a épiée pendant des mois. Je tenais un journal où j'en ai fait état quelquefois. C'était probablement un voisin de ma cour intérieure, mais je ne l'ai jamais clairement situé, alors l'enquête n'a rien donné. Comme tu es pâle...

Tout seul chez lui ce même soir, il vomit une bile abondante, le diable en culottes 220 de velours[3].

* * *

Le matin il vomit à nouveau. Sur son estomac à vif, il avala toute une flasque d'armagnac, le seul alcool dont il disposât, pour se punir. Il s'absenta de l'hôpital, ne répondit plus à la porte ni au téléphone. En ramassant le courrier de quinze jours, il trouva une lettre à l'écriture appliquée. Elle venait d'Éponine.

225 « Mon très cher,

Je sens que je t'ai bien impressionné avec ma petite histoire. Je t'en prie, remets-t'en. Je me porte bien et je m'accommode de la vie que je me suis faite. Je regrettais les odeurs, mais toi et le docteur Azar me les avez rendues, alors pourquoi s'appesantir sur un passé qui ne m'est plus rien? Tant de drames plus graves que le
230 mien surviennent chaque jour, qui défigurent à jamais la mémoire des gens. J'ai ma figure intacte et une mémoire toute fraîche, réjouis-toi de ma chance, oublions tout cela et porte-toi bien. Je porte le nom d'une Misérable de Victor Hugo, celle qui contemplait Marius de loin sans oser se faire connaître et qui alla à sa rencontre pour écrire un signal d'alarme: «Les cognes sont là.» Moi je t'écris aujourd'hui:
235 les cognes ne sont plus là. Paix. J'espère te revoir bientôt,

Éponine.

Les cognes, ce vieil argot parisien du siècle dernier qui servait à désigner la police... Savait-elle la vérité, se souvenait-elle? Comment se souvenir d'un visage qu'on n'a jamais vu? Se doutait-elle? Ou n'était-ce que du style?

240 Il demanda sa mutation dans un hôpital du Grand Nord et l'obtint sur-le-champ. Il eut avec Éponine une correspondance épisodique, qui lui apprit son mariage avec un sculpteur et la naissance de deux filles, Adèle et Marion. [...]

Il refusa obstinément de revenir dans le sud quand on lui diagnostiqua un cancer de la gorge. Il n'eut qu'une exigence: qu'on suspende au mur face à son lit la photo
245 de l'Île en forme de losange.

Une nuit, il y vit une jeune femme blonde qui lui souriait à travers un feuillage lumineux de printemps. Il cria un mot très court sans qu'aucun son ni aucun souffle ne franchissent ses lèvres.

Anne Legault, « Épi », dans *Récits de Médilhault*, © 1994, Éditions de L'instant même.

réflexions

1 Pourquoi le personnage principal préfère-t-il observer Éponine plutôt que de la rencontrer?

2 Comment expliquez-vous son comportement devant l'agression de sa voisine?

3 La jeune fille semble-t-elle être consciente de l'attention de son voisin avant son déménagement? Justifiez votre réponse.

4 Le hasard amène le personnage principal à rencontrer Éponine à deux époques différentes, à dix années d'intervalle. Quelles hypothèses est-il possible de formuler quant au changement d'attitude du personnage envers Épi dans la seconde époque?

3 De l'expression «C'est le petit Jésus en culotte de velours qui vous descend dans le gosier», pour qualifier la douceur d'une boisson.

Le Pianiste

[extrait]

Wladyslaw Szpilman a écrit ce récit peu de temps après la Deuxième Guerre mondiale, surtout pour évacuer de son esprit l'horreur et les émotions vécues durant l'Holocauste. L'œuvre originale, publiée en polonais en 1946, est vite épuisée. Les autorités polonaises de l'époque s'opposant à sa réédition, ce n'est qu'une cinquantaine d'années plus tard que le récit est à nouveau publié et traduit en plusieurs langues. Il a été adapté au cinéma en 2002. *Le Pianiste*, est un récit qui raconte les épreuves d'un survivant de l'Holocauste. Au moment où les nazis envahissent son pays, Szpilman vit avec sa famille et travaille comme pianiste pour Radio Pologne. Les Juifs sont confinés dans le ghetto de Varsovie. Toute la communauté juive est réduite à obéir à d'incessants décrets destinés à l'humilier et à la priver de ses droits.

Wladyslaw Szpilman (1911-2000) était un pianiste réputé en Pologne. Il a aussi composé de la musique de film, de chansons populaires ainsi que de nombreuses pièces musicales. En septembre 1939, au début de la Deuxième Guerre mondiale, une première bombe est larguée sur Varsovie. Commence alors pour le pianiste six années de massacres, de privation et de vie de ghetto. Il a dû sa survie à un officier allemand amoureux de la musique classique. À la fin de la guerre en 1945, Szpilman a repris sa carrière de concertiste. Il a été par la suite nommé directeur musical à la radio polonaise. Son œuvre est composée de quelques symphonies et de près de 500 chansons, dont plusieurs connaissent un grand succès.

À partir des conditions de vie des gens vivant dans le ghetto de Varsovie, imaginez l'atmosphère qui y régnait.

La valse de la rue Chlodna

Lorsque je repense aujourd'hui à d'autres souvenirs plus terribles encore, ma vie dans le ghetto de Varsovie de novembre 1940 à juillet 1942 me revient en une seule et unique image, comme s'il ne s'agissait que d'un jour et non de presque deux années. Malgré tous mes efforts, je n'arrive pas à la décomposer en séquences plus
5 brèves qui permettraient d'apporter une certaine cohérence chronologique à cette évocation, ainsi qu'on le fait habituellement en rédigeant un journal.

[...]

En 1941, l'Allemagne a envahi la Russie. Dans le ghetto, nous retenions notre souffle en suivant les développements de cette nouvelle offensive. Au début, nous avons commis l'erreur de penser que les Allemands allaient cette fois être mis en
10 déroute. Ensuite, tandis que les troupes d'Hitler s'avançaient en territoire russe, nous avons été envahis par le désespoir et par une vision de plus en plus noire de notre avenir, comme de celui de l'humanité en général. Et puis, quand les nazis ont ordonné que tous les bonnets de fourrure juifs leur soient remis sous peine de mort, nous nous sommes plu à penser que leur situation à l'est ne devait pas être si brillante
15 puisque leur victoire dépendait maintenant de chapeaux en castor ou en renard argenté...

Le ghetto rétrécissait toujours plus. Les Allemands rognaient son étendue rue après rue, pâté de maisons après pâté de maisons. C'était exactement de la même manière que l'Allemagne modifiait les frontières
20 des États européens qu'elle avait soumis, s'annexant province sur province. Et de ce fait le ghetto de Varsovie finissait par paraître non moins important que la France, la perte de la rue Ziota ou Zielna devenant une preuve aussi patente de l'expansion du *Lebensraum*[1] germanique que là-bas celle de l'Alsace et de la Lorraine.

Rognaient
Ce verbe est habituellement utilisé pour parler des ongles ou des griffes. A-t-il le même sens dans ce contexte?

25 Ces péripéties extérieures n'étaient cependant rien en regard de la réalité incontournable qui occupait sans cesse notre esprit, qui dominait chaque heure, chaque minute que nous passions dans le ghetto: l'enfermement.

Je pense que la situation aurait été plus supportable, sur le plan psychologique, si notre emprisonnement avait été plus patent – bouclés
30 à double tour dans une cellule, par exemple. Une privation aussi radicale de la liberté a une influence directe, indubitable, sur les relations qu'un être humain entretient avec le monde réel. Aucune illusion n'est possible, dans ce cas: le cachot est un univers en soi, qui ne contient que de l'enfermement et n'entretient aucun contact avec cette planète lointaine où les
35 hommes vont et viennent sans entrave. Si vous en avez le temps et l'envie, vous pouvez en rêver, de cet autre monde, mais si vous décidez de l'oublier il ne viendra pas s'imposer à vous de lui-même. Il ne sera pas toujours là, sous vos yeux, à vous tourmenter en vous rappelant l'existence d'être libre qui a jadis été la vôtre.

Patent
Utilisez l'exemple du texte pour trouver un synonyme à ce mot.

La vie dans le ghetto était d'autant plus atroce qu'elle gardait les apparences de
40 la liberté, au contraire. Il suffisait de descendre dans la rue pour avoir l'impression trompeuse de se trouver au milieu d'une ville comme les autres. Nous ne prêtions même plus attention à nos brassards de Juifs, puisque nous en portions tous un. Après un certain temps, je me suis rendu compte que je m'y étais habitué au point de le voir sur mes amis «aryens» lorsque je rêvais d'eux, comme si cette bande de
45 tissu blanc était devenue un accessoire vestimentaire aussi banal et universel que la cravate.

Mais les rues du ghetto, et elles seules, finissaient toutes contre un mur. Il m'arrivait souvent de partir en marchant au hasard, sans but précis, et chaque fois j'étais surpris de buter sur l'une de ces barrières. Elles se dressaient là où j'aurais
50 voulu continuer à avancer, m'interdisaient de poursuivre ma route, et il n'y avait aucune raison logique à cela. Soudain, la portion de la rue située de l'autre côté du

---

1 L'«espace vital» de la nation allemande, concept cher aux nazis. (NDT)

Une rafle dans le ghetto
de Varsovie en 1943.

mur devenait pour moi l'endroit le plus chérissable au monde, celui dont j'avais le
plus besoin, qui à cet instant précis recelait tout ce que j'aurais désiré voir... Mais
le mur restait le plus fort. Alors je tournais les talons, battu, et l'expérience se
55 reproduisait le lendemain, et le surlendemain, m'emplissant à nouveau du même
désespoir insondable.

Pourtant, même dans le ghetto, vous pouviez aller au restaurant, au café, y
retrouver des amis, et en apparence rien ne vous empêchait alors de vous y sentir
aussi à l'aise que dans n'importe quel autre établissement de ce genre. Puis, arrivait
60 inévitablement le moment où l'une de vos connaissances laissait échapper une
remarque anodine : ce petit groupe s'entendait si bien, prenait tant plaisir à
bavarder de concert, qu'il serait certainement fort agréable de partir ensemble en
excursion par un beau dimanche. À Otwock, disons ? C'est l'été, n'est-ce pas, le
temps paraît vouloir se maintenir au beau fixe... Une envie aussi simple, quel
65 obstacle pourrait vous dissuader de la réaliser ? Et sur-le-champ, même : il suffit de
se lever, de payer les consommations, de sortir dans la rue, de prendre la direction
de la gare bras dessus bras dessous avec vos joyeux compagnons, d'acheter les
billets et de sauter dans le train de banlieue... Oui, l'illusion était parfaite, tous les
ingrédients étaient réunis pour vous permettre d'y croire, jusqu'au moment où
70 vous vous retrouviez en face du mur.

[...]

Comparée à ce qui a suivi, c'était une période de calme relatif et cependant elle a transformé notre existence en un cauchemar permanent, parce que nous sentions de tout notre être que quelque chose d'effrayant allait se produire demain, dans dix jours, tout à l'heure.

75 Nous ignorions seulement quelle forme prendrait la catastrophe, et d'où elle allait fondre sur nous.

[...]

Notre monde était divisé en deux sphères : le Grand et le Petit Ghetto. Après avoir vu sa taille encore réduite, le Petit Ghetto, formé par les rues Wielka, Sienna, Zelazna, Chlodna, ne gardait plus qu'un seul point de contact avec le Grand, de
80 l'angle de la rue Zelazna jusqu'à l'autre côté de la rue Chlodna. Le Grand Ghetto, qui englobait toute la zone septentrionale de Varsovie, était une vaste confusion de ruelles étroites et malodorantes où les Juifs les plus démunis s'entassaient dans des masures aussi sales que bondées. En comparaison, la surpopulation du Petit Ghetto n'atteignait pas un degré
85 aussi critique : trois ou quatre personnes s'y partageaient une pièce et avec un peu de dextérité il était encore possible de circuler dehors sans entrer en collision avec d'autres piétons. Et même si tous les détours et louvoiements ne vous épargnaient finalement pas un contact physique, l'expérience n'était pas trop dangereuse car la majorité des habitants étaient ici des intellectuels ou des bourgeois relativement
90 prospères, c'est-à-dire moins susceptibles d'être couverts de vermine et déterminés à éliminer les poux que chacun ramenait de la moindre incursion dans le Grand Ghetto. C'était seulement après la rue Chlodna que le cauchemar commençait. À partir de là, il fallait compter sur sa chance, et avant tout sur sa perspicacité en choisissant le moment de s'aventurer dans ces parages.

[...]

95 C'est seulement lorsque je passais de l'autre côté de la rue Chlodna que je découvrais la vraie nature du ghetto. Ici, les habitants n'avaient pas d'économies ni d'objets de valeur dissimulés. Ils ne survivaient que grâce au troc et au petit commerce. Plus on s'enfonçait dans le labyrinthe, plus les propositions se faisaient insistantes. Des femmes avec des mioches accrochés à leur jupe
100 accostaient le passant en lui présentant quelques gâteaux sur un bout de carton. C'était là toute leur fortune, et de la poignée de pièces qu'elles pourraient en récolter dépendait que leur progéniture dîne ou non d'un croûton de pain noir le soir venu. De vieux Juifs émaciés jusqu'à en être défigurés essayaient de vendre des hardes[2] informes. Les jeunes, eux, menaient un
105 difficile négoce d'or et de billets de banque, se disputant agressivement quelque boîtier de montre cabossé, quelque chaîne de gousset en morceaux, ou bien des dollars sales et élimés qu'ils élevaient dans la lumière avant de certifier qu'ils étaient faux, tandis que le vendeur se récriait qu'ils étaient au contraire « presque comme neufs ».

[...]

Zone septentrionale
Quel point cardinal cette expression désigne-t-elle ?

Mioches
Trouvez, dans ce paragraphe, le synonyme qui vous aidera à définir ce mot.

lexique

lexique

_____

2 Vieux vêtements.

La rue Karmelicka était la seule artère conduisant au centre du ghetto. Là, ne pas frôler les passants ou ne pas entrer en collision avec eux était impossible. C'était un flot humain qui s'écoulait sans cesse, brutalement, en formant des tourbillons devant les kiosques et les étals à l'entrée des immeubles. On était pris à la gorge par une puanteur de draps moisis, de graisse rancie et d'ordures pourrissant dans les caniveaux. À la moindre provocation, la foule était prise de panique et ses mouvements devenaient encore plus erratiques : les gens couraient d'un trottoir à l'autre, s'entassaient les uns sur les autres sans cesser de hurler et de jurer. C'était une rue particulièrement dangereuse car des fourgons de prisonniers l'empruntaient plusieurs fois par jour. À l'aller, ces véhicules conduisaient les détenus, invisibles derrière les minuscules fenêtres en verre opaque ménagées dans leurs parois en acier grisâtre, des cachots de Pawiak au siège de la Gestapo du boulevard Szuch ; au retour, ils charriaient ce qui restait d'eux après leur interrogatoire, des épaves sanglantes aux membres brisés et à la rate éclatée, aux ongles arrachés... Bien que déjà blindés, les camions étaient encadrés par une escorte qui ne tolérait pas la moindre présence à leurs abords. Quand le convoi s'engageait dans la rue Karmelicka, tellement surpeuplée que même avec la meilleure volonté du monde on n'aurait pu s'éloigner de la chaussée, les hommes de la Gestapo se penchaient par les vitres et frappaient les passants les plus proches. S'il s'était agi de matraques en caoutchouc habituelles, l'expérience aurait été plus douloureuse que périlleuse mais celles dont ils étaient munis étaient hérissées de clous ou de lames de rasoir.

Yehouda Zyskind vivait non loin de là, rue Mua. Outre sa fonction de concierge, il remplissait si besoin les offices de courrier, de chauffeur et de contrebandier chargé de faire passer l'enceinte du ghetto aux marchandises. Grâce à un esprit matois[3] et à la force peu commune que concentrait son impressionnante carrure, il trouvait toujours moyen de gagner assez d'argent pour nourrir sa famille, laquelle était si nombreuse que je n'ai jamais été capable de la dénombrer exactement. Mais au-delà de ces occupations quotidiennes, Zyskind était aussi et surtout un fervent socialiste qui ne perdait jamais contact avec l'organisation clandestine, introduisait de la presse interdite dans le ghetto et tentait d'y former des cellules, sans parvenir à de réels résultats sur ce dernier point. Il me réservait un mépris courtois, attitude qu'il jugeait la plus appropriée vis-à-vis des artistes, hurluberlus qui ne pourraient selon lui jamais faire de bons conspirateurs. Il m'aimait bien, cependant, et m'autorisait à passer chez lui tous les matins pour lire les dépêches secrètes parvenues par radio, tout juste sorties des presses clandestines. Lorsque je repense à lui après toutes ces années terribles qui me séparent du temps où il était encore en vie et continuait à répandre sa bonne parole, je ne peux qu'admirer son inflexible volonté.

---

3 Rusé.

J'étais encore plus perdu par ce qu'il disait, en vérité, et pourtant il s'exprimait avec une conviction si communicative, avec une telle certitude que tout allait pour le mieux dans le meilleur des mondes, que je me découvrais soudain partageant ses vues sans même comprendre quand et comment ce revirement s'était produit. Chaque fois, je me sentais rasséréné en le quittant, j'avais retrouvé confiance et c'était seulement le soir, déjà dans mon lit, qu'en méditant à nouveau sur les derniers développements de l'actualité je finissais par conclure que ses arguments ne tenaient pas debout. Le lendemain matin, toutefois, j'étais encore chez lui, il arrivait encore à me persuader de mon erreur et je repartais encore avec une injection d'optimisme qui stimulait mon moral jusqu'à la nuit... Yehouda, lui, a duré jusqu'à l'hiver 1942. Il a été surpris en flagrant délit pendant qu'il assemblait des journaux clandestins sur la table de sa cuisine, aidé de sa femme et de ses enfants. Ils ont tous été abattus sur place, même le petit Sirnkhé, un enfant de trois ans.

Après l'assassinat de Yehouda Zyskind, j'ai eu du mal à garder l'espoir, d'autant qu'il n'y avait plus personne pour tout m'expliquer en détail et me dessiller les yeux... Il a fallu que des années s'écoulent avant que je me rende compte que j'étais dans l'erreur, tout comme ces désolants bulletins d'information, et que c'était lui qui avait été dans le vrai. Aussi invraisemblables qu'ils aient pu paraître à l'époque, tous ses pronostics ont été plus que confirmés par l'Histoire.

Wladyslaw Szpilman, *Le Pianiste*, © 2001, Éditions Robert Laffont, pour la traduction française.

lexique

Dessiller
D'après le contexte, par quel verbe pourriez-vous remplacer ce mot ?

réflexions

1 Résumez ce que vous connaissez de la situation en Europe de 1940 à 1942.

2 Décrivez comment le narrateur réagit à sa nouvelle vie dans le ghetto.

3 De quelle classe sociale le narrateur fait-il partie et en quoi cela l'avantage-t-il dans ce contexte particulier ?

4 À ce moment du récit, quelle semble être l'attitude des Allemands à l'égard des Juifs du ghetto de Varsovie ?

À propos... de l'univers

L'univers

L'**univers** d'un texte se définit premièrement par les choix faits à propos de chaque élément qui le compose (les personnages, l'intrigue, le temps, le lieu, l'atmosphère) et la manière dont ils sont reliés les uns aux autres. Ensuite, il se définit aussi par les caractéristiques du genre littéraire (historique, fantastique, etc.) auquel il est associé.

Certains univers sont tellement marquants dans l'imaginaire collectif d'une société qu'ils peuvent même avoir une vie propre qu'on exploite en dehors du récit. Par exemple, les jeux de rôles de type Donjons Dragons ou les produits dérivés de l'univers de Harry Potter.

La situation spatiotemporelle

La **situation spatiotemporelle** fait partie du monde créé par le texte, c'est-à-dire le **temps** et le **lieu** de l'histoire racontée. En combinant de différentes façons les indices de temps et de lieu, il est possible d'évoquer différents univers plus ou moins apparentés au monde réel, et même en inventer, comme c'est le cas dans la science-fiction.

> L'histoire est constituée des événements qui sont racontés. Le récit, lui, est la manière dont on choisit de la présenter. Ainsi, une même histoire peut être racontée de différentes manières.

Les indices de temps

Le repérage du temps de l'histoire se fait à l'aide de deux indices : l'**époque** et la **durée**.

L'ÉPOQUE

Tout ce qui entoure le personnage peut contribuer à situer l'époque durant laquelle se déroule le récit :

– des années, des dates, des événements historiques ;

– des vêtements, des accessoires ;

– des œuvres musicales ou littéraires connues, des personnalités ;

– des outils, des appareils, des armes ;

– des moyens de transport, des moyens de communication, la technologie ;

– une religion, des croyances, des superstitions...

« À la lueur de ces deux torches, Dantès vit briller les sabres et les mousquetons de quatre gendarmes. » (Dumas) Les torches, les sabres et les mousquetons sont des indices qui nous permettent de situer le récit à peu près à l'époque de Dumas puisque à ce moment, ils étaient d'usage courant.

À partir de ces repères, certains auteurs cherchent à reconstituer la vie d'une époque et créent ainsi un effet de réalisme dans le récit.

> La distance critique est de mise lorsqu'on se représente l'époque d'une histoire à partir d'indices temporels. L'auteur qui écrit une œuvre le fait subjectivement. En ce sens, il y a des biais de perception et d'interprétation susceptibles de se manifester, tant pour l'auteur qui situe l'histoire à son époque que pour celui qui en écrit une qui se déroule 300 ans avant J.-C.

LA DURÉE

Il y a également les indices relatifs à la **durée** de l'histoire. Ceux-ci servent à indiquer le temps des événements de l'histoire.

« — Le 28 février 1815, à deux heures de l'après-midi.

L'inspecteur calcula.

— Nous sommes au 30 juillet 1816 [...] il n'y a que dix-sept mois que vous êtes prisonnier. » (Dumas)

◼ Les indices de lieu

Le **lieu** dans une histoire contribue à mieux se représenter le monde dans lequel évoluent les personnages et à suivre leurs déplacements. Tout ce qui a trait à l'**environnement** du personnage est considéré comme faisant partie du lieu. Il peut donc s'agir de moyens de transport, d'objets, de paysages, de végétation, d'animaux, de bâtiments, etc.

Les lieux choisis jouent différents rôles dans la présentation du récit :

– donner plus de vraisemblance à l'histoire en faisant référence à des lieux réels ;

> Le château d'If (Dumas)
>
> L'île de Montréal (Legault)
>
> Le ghetto de Varsovie (Szpilman)

– imaginer un monde nouveau, futuriste, fantastique ou merveilleux ;

> L'école en 2155 (Asimov)

– symboliser un thème, des valeurs, une émotion ;

> « […] cette prison autour de laquelle règne une si profonde terreur […] lui fit l'effet que fait au condamné à mort l'aspect de l'échafaud. » (Dumas)

– mettre en scène un environnement caractéristique ou propice au développement de l'intrigue ou encore déplacer l'histoire dans différents endroits ;

> La situation de l'appartement de l'étudiant par rapport à celui d'Éponine (Legault)
>
> Le trajet entre le Petit et le Grand ghetto (Szpilman)

– développer un espace fermé ou ouvert. Le premier suggère un sentiment de sécurité ou d'étouffement, alors que le dernier suggère la grandeur, l'inconnu ou la liberté.

> Le cachot d'Edmond Dantès est un lieu fermé qui l'étouffe tandis que la mer tout autour de lui évoque la liberté (Dumas)

L'atmosphère

L'atmosphère est l'ambiance, l'émotion, l'impression créées par le récit.
On peut l'évoquer par des indices de la situation spatiotemporelle ou des éléments de l'histoire :

– des indices de temps : un récit se déroulant la nuit peut être plus inquiétant que s'il se passe le jour ;
– des indices de lieux : un entrepôt noir et abandonné est angoissant alors qu'une fête foraine, remplie de kiosques, de friandises et de ballons, est plutôt joyeuse ;
– la nature des interactions entre les personnages : des relations tendues rendent l'ambiance plus lourde, alors que des relations amoureuses laissent une impression de joie ;
– les descriptions des personnages : la description d'un malade sur son lit est plutôt triste ;
– le type d'intrigue : dans un suspense, il y a une impression de course contre la montre, alors que dans un drame, la tristesse est prédominante ;
– d'autres indices : des descriptions de sons et d'odeurs, le ton du texte, les champs lexicaux, le style de l'auteur.

Le genre littéraire

Le **genre littéraire** est déterminé par certaines conventions préétablies qui permettent de le rattacher à une forme de texte en particulier :

– le genre narratif (roman, conte, nouvelle, récit d'aventures, etc.) ;
– le genre dramatique (pièce de théâtre) ;
– le genre poétique (poème, prose).

D'autres éléments peuvent préciser l'appartenance à un genre :

– la situation spatiotemporelle : genre historique, contemporain ou de science-fiction ; vraisemblable, merveilleux ou fantastique ;
– l'atmosphère : tragédie, récit humoristique ;
– les personnages : mythologie (des déesses, des anges), légende (le géant Beaupré, la Corriveau) ;
– l'intrigue : récit psychologique, récit d'aventures ;
– le langage : lyrique, symbolique ;
– le ton : engagé, comique, absurde.

> Plusieurs auteurs ont recours à des combinaisons de genre pour donner un style à leurs textes. Par exemple, on pourrait choisir d'écrire une nouvelle littéraire en vers ou situer une enquête policière à saveur de science-fiction sur la planète Jupiter.

Comparer les textes

Vous venez de lire un extrait des œuvres suivantes :
Le Comte de Monte-Cristo, « Épi » et *Le Pianiste*.

1. Parmi les trois extraits, lequel des trois personnages principaux vous semble le plus influencé par son environnement ? Expliquez votre réponse.

2. Comparez les conditions de vie des trois personnages principaux en tenant compte des éléments qui sont propres à leur époque et de ceux qui sont intemporels. Expliquez comment ces éléments contribuent à créer l'atmosphère du récit.

3. Pour analyser une œuvre, il faut tenir compte de la proximité de l'auteur avec les événements ou l'époque du récit qu'il écrit. Comparez l'époque à laquelle ces auteurs ont vécu à l'époque à laquelle se passe leur récit. Quels renseignements pouvez-vous dégager de cette comparaison ?

4. Les trois extraits sont-ils des récits vraisemblables ? Justifiez votre réponse.

5. Pour chacun des extraits, remémorez-vous l'atmosphère que vous avez imaginée au cours de votre lecture. Expliquez laquelle des trois vous rejoint le plus.

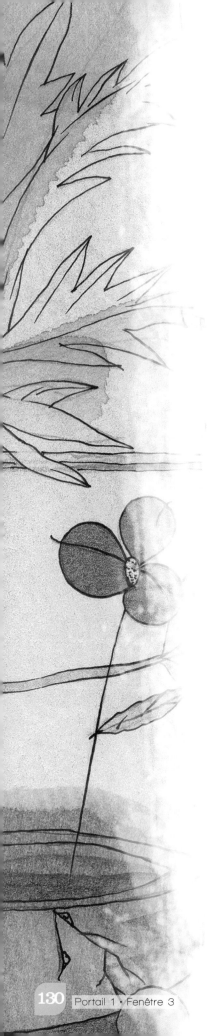

Pistes d'essai

Écriture

Dans le cadre d'une enquête policière, la situation spatiotemporelle du crime est très importante pour déterminer les circonstances du méfait, trouver les indices qui rattachent l'événement aux coupables et même parfois établir un mobile. Imaginez une scène de crime. Vos supérieurs vous chargent de rédiger le rapport. Décrivez les détails de la scène que vous découvrez ; énumérez les indices que vous voyez ; établissez la chronologie des événements et si possible le mobile du crime.

Pour soutenir votre démarche, consultez la stratégie « Écrire un texte littéraire », page 554.

Lecture

L'univers littéraire, c'est la représentation du monde que l'auteur a voulu donner à son récit. Dans les textes *Ce qu'on s'amusait* et *Mister Mouse* de la section ◑ Inter·textes, repérez les différents choix que les auteurs ont faits à propos de la situation spatiotemporelle, de l'atmosphère et des relations des personnages avec leur environnement. Puis, décrivez l'univers que ces différentes combinaisons évoquent dans chacun des textes.

Pour soutenir votre démarche, consultez la stratégie « Lire un texte littéraire », page 550.

Communication orale

Dans cette Fenêtre, beaucoup de personnages vivent un événement bouleversant qui les amène à changer de vie. Imaginez une situation semblable : à la suite d'un événement particulier, tout ce qui est votre vie aujourd'hui, tout ce que vous connaissez disparaît. Votre univers n'existe plus. Avec quelques collègues de classe, vous devez faire consensus sur les événements qui auraient bouleversé votre vie et sur la manière de vous en sortir. Où allez-vous ? Quelle atmosphère règne autour de vous ? Comment organisez-vous votre nouvelle vie ? De quoi est fait votre quotidien ?

Pour soutenir votre démarche, consultez la stratégie « Arriver à un consensus », page 566.

Le château d'If.

Le château d'If et le comte de Monte-Cristo près de Marseille

Qui ne se souvient pas d'Edmond Dantès, célèbre prisonnier du château d'If, mieux connu sous le nom de comte de Monte-Cristo, qui croupit pendant 14 ans dans le cachot n° 34 ?

Évidemment, le légendaire héros du roman d'Alexandre Dumas n'a jamais
5 existé sauf dans l'imagination de l'auteur à succès, mais sa notoriété attire chaque année des milliers de touristes dans l'île d'If, située à environ 5 km au large de Marseille. D'ailleurs, le Centre des monuments nationaux a tout fait pour perpétuer le mythe en présentant photos, témoignages et extraits reliés au roman ou aux nombreux films qui y ont été tournés. Et même le prétendu cachot où le héros
10 aurait été enfermé.

C'est le roi François Ier qui ordonna en 1516 la construction du château afin de protéger l'entrée du port de Marseille. Ce n'est qu'en 1531 qu'il fut achevé, quelques années à peine avant une attaque du roi espagnol Charles-Quint qui tentait de s'emparer de Marseille. La forteresse démontra son utilité puisque l'Espagne échoua
15 dans son projet.

Perché sur un îlot calcaire de trois hectares, le château d'If est composé de trois tours cylindriques percées de larges embrasures de tir. Elles sont unies par une terrasse dominant une cour étroite et profonde sur deux niveaux où l'on retrouvait la cuisine, les logements et les casemates au niveau supérieur. Beaucoup plus tard, en
20 1702, Vauban y fit construire un bâtiment des corps de garde appelé la caserne Vauban, située à droite en sortant du château. Du sommet du château ou encore du café-terrasse, le visiteur a une magnifique vue panoramique sur Marseille et sur l'archipel des îles du Frioul. Bien que le château fût édifié pour des raisons défensives, l'administration royale comprit rapidement que sa situation géographique et
25 son architecture en faisaient une prison idéale d'où il semblait impossible de s'échapper. D'ailleurs, on ne relève aucun cas d'évasion de cette île forteresse, mis à part le héros fictif du roman d'Alexandre Dumas. C'est en 1580 que fut enfermé un premier prisonnier, le chevalier d'Anselme, accusé de complot contre la monarchie qui mourut étranglé dans sa cellule. Beaucoup plus tard, après la révocation de l'édit de
30 Nantes, on y incarcéra jusqu'à 3500 protestants. Au XIXe siècle, ce sont surtout des opposants républicains qui y ont séjourné.

Avant même la construction du château en 1531, un premier occupant y avait séjourné. Il s'agit d'un rhinocéros d'Asie qui avait été offert par le roi des Indes au roi du Portugal, Emmanuel le Magnifique. Celui-ci avait décidé de l'offrir au
35 pape Léon X. Partie en bateau de Lisbonne, la bête, totalement inconnue en Europe, fut débarquée dans l'île d'If en 1516 pour quelques semaines avant de regagner Rome.
40 Malheureusement, le rhinocéros ne parvint jamais en vie à Saint-Pierre puisqu'il fut retrouvé mort sur la côte génoise après que le navire se fut échoué sur des récifs lors d'une
45 violente tempête. C'est donc empaillé qu'il fut offert à sa Sainteté. Une gravure sur bois d'Albrecht Dürer, réalisée d'après une esquisse de Valentin Ferdinand, représentant
50 l'animal est devenue célèbre par la suite.

Le coût du transport par navette pour se rendre du Vieux-Port de Marseille à l'île d'If pour la
55 visite du château [est affiché au quai d'embarquement]. Lorsque le mistral est trop violent, tous les départs sont annulés.

Claude-V. Marsolais,
© *La Presse*, 9 novembre 2008.

Le mistral soufflant sur le château d'If.

Wikipedia

Karen Levine a travaillé à la CBC pendant 23 ans comme conceptrice, productrice et réalisatrice d'émissions. À deux reprises, elle s'est mérité le *Peabody Award* (prix de journalisme) pour ses documentaires. Ses sujets de prédilection sont les questions de droits humains et de justice sociale. *La valise d'Hana*, son premier livre, fut d'abord un documentaire radiophonique qui remporta la *Gold World Medal*. Ensuite publié sous forme de roman biographique, cette œuvre est traduite en plus de vingt langues.

En 2000, Fumiko Ishioka du *Tokyo Holocaust Educational Resource Center* reçoit une valise du musée d'Auschwitz avec pour seules indications : un nom et une date. Ce sera le point de départ de toute sa recherche pour aller à la découverte d'Hana Brady, petite orpheline à qui appartenait la valise. À force de démarches et de découvertes, elle finira par rencontrer le frère d'Hana, George, qui vit maintenant au Canada. Le livre est le récit alterné de George, qui relate la vie d'Hana, et de Fumiko, qui raconte son enquête. Voici un extrait du récit de George.

La valise d'Hana [extrait]

Nove Mesto, Tchécoslovaquie, années 1930

Dans un paysage de collines, au cœur de ce qui était à l'époque la Tchécoslovaquie, plus précisément dans la province de Moravie, s'étendait la ville de Nove Mesto. Pas grande, mais bien connue et très fréquentée, surtout l'hiver. Les gens venaient des quatre coins du pays pour y pratiquer le ski de randonnée, participer à des courses,
5 explorer des pistes nouvelles et patiner sur les étangs gelés. En été, on s'adonnait à la natation, à la voile, à la pêche et au camping.

Autrefois, cette agglomération de quatre mille habitants était renommée pour ses verreries. Durant les années 1930, cependant, les gens de Nove Mesto travaillaient dans les forêts et dans de petits ateliers de fabrication de skis. Dans la rue principale
10 se dressait une grande bâtisse blanche de deux étages, surmontée d'un grenier de deux étages, lui aussi. Au sous-sol, un passage secret conduisait à une église construite sur la grande place de la ville. Dans les temps anciens, lorsque Nove Mesto était assiégée, les soldats y emmagasinaient des vivres et des provisions pour la population.

Le rez-de-chaussée abritait le magasin général. On y trouvait à peu près de tout —
15 boutons, confitures, huile à lampe et râteaux, clochettes de traîneau, meules pour affûter les couteaux, vaisselle, papier, plumes et bonbons. À l'étage logeait la famille Brady : Karel, le papa, Marketa, la maman, Hana et son grand frère George.

Karel, le père, travaillait six jours par semaine au magasin. En plus, c'était un sportif — presque tout Nove Mesto savait qu'il adorait le soccer, le ski et la
20 gymnastique. [...]

Des artistes de tous les genres étaient accueillis chez les Brady — musiciens, peintres et poètes, sculpteurs et acteurs. Un repas chaud les attendait lorsqu'ils avaient faim, cuisiné par Boshka, la gouvernante et cuisinière de la famille. Et leurs talents bénéficiaient d'un auditoire vivement intéressé qui, bien sûr, incluait deux

La « Nuit de Cristal ».
Dans la nuit du 9 au
10 novembre 1938, des
milliers de synagogues
et de commerces
appartenant à des Juifs
furent saccagés à
travers l'Allemagne et
plus de 30 000 Juifs
furent déportés dans
des camps cette nuit-là.

25 enfants espiègles: Hana et George. George était parfois invité à jouer du violon; et Hana ne se faisait pas prier pour démontrer à qui voulait les entendre ses talents de pianiste. Il y avait au milieu du salon un gramophone qu'il 30 fallait actionner à la main. Hana y faisait jouer inlassablement sa chanson préférée, *J'ai neuf canaris*.

Marketa, la mère, était une hôtesse chaleureuse et généreuse. [...] Elle avait une 35 profonde compassion pour les pauvres qui vivaient dans les faubourgs de Nove Mesto. Une fois par semaine, elle préparait un balluchon de nourriture et de vêtements qu'Hana allait livrer aux nécessiteux. La fillette était très 40 fière de sa mission et demandait constamment à sa mère de préparer de nouveaux paquets.

Hana aidait également au magasin. Depuis leur plus tendre enfance, le frère et la sœur devaient s'assurer que les tablettes étaient toujours bien garnies, propres et en ordre. Ils avaient appris à trancher la levure, à tailler de petits morceaux dans le 45 pain de sucre, à peser les épices et les aromates, et à fabriquer des cornets en papier que l'on remplissait de bonbons et que l'on vendait comme gâteries. Marketa remarquait parfois la disparition de quelques cornets de bonbons. Mais jamais Hana ne dénonçait George, ni George sa sœur.

[...]

À l'école publique où ils étudiaient, Hana et George étaient des élèves comme 50 les autres, qui faisaient souvent des sottises et avaient leur lot d'ennuis et de succès. Une seule chose les différenciait des autres : les Brady étaient juifs. La famille n'était pas religieuse, mais Karel et Marketa tenaient à ce que les enfants connaissent leur patrimoine. Ainsi, une fois par semaine, pendant que leurs camarades allaient à l'église, Hana et George rencontraient un professeur particulier qui leur enseignait 55 le sens des fêtes juives et l'histoire du judaïsme.

Hana et George étaient les seuls enfants des quelques familles juives de Nove Mesto. Dans leurs premières années de vie, personne ne le remarquait vraiment, ou ne faisait cas de cette différence. Or, cette identité juive allait bientôt devenir l'élément le plus important de leur vie.

[...]

Nove Mesto, 1938

[...]

60 Mais le 31 décembre 1938, à la veille du jour de l'An, un vent menaçant se mit à souffler. Des rumeurs de guerre circulaient. Adolf Hitler et ses nazis gouvernaient en Allemagne. Plus tôt, cette année-là, Hitler avait pris le pouvoir en Autriche. Puis ses armées avaient envahi certaines régions de la Tchécoslovaquie Des réfugiés, c'est-à-dire des gens qui tentaient d'échapper aux nazis, commencèrent à se présenter

© Bettmann/CORBIS

à la porte des Brady pour quémander de l'argent, de la nourriture et un toit pour la nuit. Maman et papa leur réservaient toujours un accueil chaleureux, mais les enfants n'y comprenaient rien. «Qui sont ces gens? s'interrogeait Hana. Pourquoi viennent-ils par ici? Pourquoi ne veulent-ils pas rester dans leur propre maison?»

Pendant la soirée, une fois qu'Hana et George étaient allés se coucher, leurs parents s'assoyaient près de la radio pour écouter les actualités. Souvent des amis se joignaient à eux et ils discutaient ensuite jusque tard dans la nuit des nouvelles qu'ils avaient entendues.

[...]

La conversation était si intense, les discussions si enflammées, que les adultes entendaient rarement craquer les lattes du plancher quand Hana et George, sur la pointe des pieds, traversaient le couloir sombre pour venir écouter aux portes du salon. Les enfants apprirent ainsi qu'une loi antijuive venait d'être adoptée en Autriche. Ils entendirent parler de la *Kristallnacht*, cette «Nuit de Cristal» où, dans toute l'Allemagne, des bandes de voyous nazis avaient dévasté les quartiers juifs, brisant les fenêtres des maisons et des magasins, brûlant des synagogues et battant les gens dans la rue.

[...]

Un bon soir, leur voisin, M. Rott, émit à l'intention des adultes une idée bouleversante:

— Nous sentons tous qu'une guerre se prépare, commença-t-il. Les Juifs ne sont pas en sécurité dans ce pays. Nous devrions tous quitter Nove Mesto, quitter la Tchécoslovaquie, et aller aux États-Unis, en Palestine, au Canada. N'importe où. Nous devrions partir maintenant, avant qu'il soit trop tard.

Les autres furent estomaqués par sa suggestion.

— Êtes-vous devenu fou, monsieur Rott? rétorqua quelqu'un. Nous sommes ici chez nous. Nous appartenons à ce pays.

Ce qui mit fin à la discussion.

Malgré l'angoisse qui flottait dans l'air, les Brady étaient déterminés à célébrer l'arrivée de 1939. La veille du jour de l'An, après un festin de dinde, de saucisse, de salami et de pouding, Hana, huit ans, George, onze ans, et leurs jeunes cousins des villes environnantes se préparèrent à jouer à un jeu traditionnel: prévoir l'avenir. Chaque enfant reçut une demi-noix, dans laquelle il devait insérer une petite bougie. Une grande bassine d'eau fut apportée au milieu de la pièce; l'un après l'autre, les jeunes y lancèrent leur petit bateau de noix. Quand vint le tour de George, son embarcation vacilla dans l'eau, tourna en rond pendant quelques instants pour finalement s'immobiliser, couchée sur le flanc. Mais sa bougie brûlait toujours. Le bateau d'Hana fila élégamment pendant un moment, sans même chanceler. Puis il oscilla, se retrouva sur le côté, et la chandelle s'éteignit en touchant l'eau.

Karen Levine, *La valise d'Hana*, © 2003, Éditions Hurtubise HMH, pour l'édition française au Canada.

Lien utile

Le recherchiste
Les tâches d'un ou d'une recherchiste peuvent être variées: préparer l'interview d'une personnalité, monter un dossier pour une cause (par exemple un procès), écrire une biographie ou un roman historique, retracer l'histoire ou le parcours d'une personne, d'un objet. Dans tous les cas de figure, le travail consiste à explorer des archives, à trouver les informations nécessaires, à noter et à répertorier les données importantes.

Gabriel García Márquez est un romancier et nouvelliste colombien. Il a d'abord étudié en droit et en journalisme, ce qui lui a permis de collaborer à plusieurs journaux et de devenir correspondant dans de grandes villes européennes. Sa carrière littéraire débute en 1947. Avec *Cent ans de solitude*, son chef-d'œuvre publié en 1967, c'est la consécration. En 1982, il a reçu le prix Nobel de littérature pour l'ensemble de son œuvre. Il est aujourd'hui reconnu comme étant un écrivain majeur du XXᵉ siècle et ses livres, pleins d'humour et d'intrigues extraordinaires, sont traduits de l'espagnol à travers le monde.

Un jour comme les autres

Ce lundi-là naquit tiède et sans pluie. Don Aurelio Escovar, dentiste non diplômé et homme matinal, ouvrit son cabinet à six heures. Il sortit de la vitrine un dentier encore emboîté dans son moule de plâtre et posa sur la table une poignée d'instruments qu'il aligna dans l'ordre, du plus grand au plus petit, comme pour
5 une exposition. Il portait une chemise sans col à rayures, fermée en haut par un bouton doré, et un pantalon tenu par des bretelles. C'était un homme rigide, osseux, au regard qui correspondait rarement à la situation, tel celui des sourds.

Une fois les objets en place sur la table, il roula la fraise jusqu'au fauteuil mécanique où il s'installa pour polir le dentier. Il avait l'air de travailler sans
10 réfléchir, mais il le faisait avec obstination, actionnant la pédale de l'instrument, même quand il ne l'utilisait pas.

Après huit heures il fit une pause et regarda le ciel par la fenêtre ; il vit deux charognards pensifs qui se séchaient au soleil sur le toit de la maison voisine. Il se remit au travail en pensant qu'il allait encore pleuvoir avant l'heure du déjeuner. La
15 voix irritée de son fils de onze ans l'arracha à ses pensées.

« Papa.

— Quoi ?

— Le maire demande si tu peux lui arracher une dent.

— Dis-lui que je ne suis pas là. »

20 Il était en train de polir une dent en or. Il prit la dent, tendit le bras et la regarda, les yeux mi-clos. De la salle d'attente, son fils se remit à crier :

« Il dit que tu es là car il t'entend. »

Le dentiste continua d'examiner la dent, puis la posa sur la table avec les travaux terminés, et dit enfin :

25 « C'est préférable. »

Il remit la fraise en marche. D'un petit carton où il rangeait ses commandes il sortit un bridge et commença à polir l'or.

« Papa.

— Quoi ? »

30 Il n'avait toujours pas changé d'expression.

« Il dit que si tu ne lui arraches pas sa dent il va te tirer dessus. »

Sans se presser, avec une tranquillité extrême, il cessa d'actionner la fraise, la retira du fauteuil et ouvrit en grand le tiroir de la table où il rangeait son revolver :

« Eh bien, dis-lui qu'il vienne me tirer dessus ! »

35 Il fit pirouetter le fauteuil de manière à se trouver face à la porte, la main appuyée sur le bord du tiroir. Le maire apparut sur le seuil. Sa joue gauche était rasée, mais l'autre, enflée et endolorie, avait une barbe d'au moins cinq jours. Le dentiste décela dans ses yeux battus de nombreuses nuits de désespoir. Il referma le tiroir du bout du doigt et dit aimablement :

40 « Asseyez-vous.

— Bonjour, dit le maire.

— 'jour », dit le dentiste.

Pendant qu'il faisait bouillir les instruments, le maire renversa la tête contre l'appui du fauteuil et se sentit mieux. Il respirait une odeur glaciale. C'était un
45 cabinet misérable : une vieille chaise en bois, la fraise à pédale et, dans une vitrine,

des pots de faïence. Face à la chaise, on voyait une fenêtre avec un paravent de toile qui arrivait à hauteur d'homme. Quand il sentit que le dentiste s'approchait, le maire serra les talons et ouvrit la bouche.

Don Aurelio Escovar lui tourna la tête du côté du jour. Il observa la dent gâtée
50 et, d'une prudente pression des doigts, lui appuya sur la mâchoire.

« Je ne pourrai pas vous anesthésier, dit-il.

— Pourquoi ?

— Parce que vous avez un abcès. »

Le maire le regarda droit dans les yeux.

55 « Ça va », dit-il, et il s'efforça de sourire. Le dentiste resta de marbre. Il apporta sur la table la casserole avec les instruments dans l'eau bouillante et les en retira à l'aide de pinces froides, toujours sans se presser. Après quoi il fit rouler le crachoir avec la pointe de sa chaussure et alla se laver les mains dans la cuvette. Tout cela fut fait sans regarder le maire. Mais le maire, lui, ne le perdait pas de vue.

60 C'était une dent de sagesse, à la mâchoire inférieure. Le dentiste écarta les jambes et serra la dent avec le davier encore chaud. Le maire s'agrippa aux bras du fauteuil, appuya de toutes ses forces sur ses pieds, sentit un vide glacé dans les reins, mais ne laissa échapper aucun soupir.

Le dentiste remua seulement le poignet. Sans rancœur, plutôt avec une tendresse
65 amère, il lui dit :

« Vous allez payer ici vingt de nos morts, lieutenant. »

Le maire sentit un craquement d'os dans la mâchoire et ses yeux se remplirent de larmes. Mais il n'émit aucun soupir jusqu'au moment où il sentit sortir la dent. Il la vit alors à travers les larmes. Elle lui parut si étrangère à sa douleur qu'il ne
70 pouvait comprendre ses cinq nuits de torture précédentes. Penché sur le crachoir, suant, haletant, il déboutonna sa vareuse et chercha à tâtons son mouchoir dans la poche de son pantalon. Le dentiste lui tendit un chiffon propre.

« Essuyez vos larmes », dit-il.

Ce que fit le maire. Il tremblait. Pendant que le dentiste se lavait les mains, il
75 vit le plafond crevé et une toile d'araignée poussiéreuse pleine d'œufs et d'insectes morts. Le dentiste revint vers lui en s'essuyant les mains. « Allez vous coucher, dit-il, et rincez-vous la bouche avec de l'eau salée. » Le maire se leva, fit un froid salut militaire en guise d'au revoir et se dirigea vers la porte à grands pas, sans reboutonner sa vareuse.

80 « Vous m'enverrez la facture, dit-il.

À vous ou à la municipalité ? »

Le maire ne le regarda pas, mais en fermant la porte :

« C'est la même salade », lui lança-t-il à travers le grillage.

Gabriel García Márquez, « Un jour comme les autres », dans *Les funérailles de la Grande Mémé*,
© 1977, Éditions Grasset et Fasquelle pour la traduction française.

D'origine russe, Isaac Asimov est né en 1920. Pour des raisons économiques, ses parents émigrent aux États-Unis alors qu'il avait trois ans. Il obtient un doctorat en biochimie, mais sa passion pour la littérature l'amène à publier ses premières nouvelles de science-fiction en 1939. Auteur prolifique possédant un talent de vulgarisation scientifique, il écrit la série *Les Robots* de même que plusieurs romans qui auront pour cadre des univers intergalactiques. Il partage ce goût pour la science-fiction avec son ami Gene Roddenberry, créateur de *Star Trek*. Il meurt en 1992, à la suite d'une infection au VIH contractée lors d'une transfusion sanguine.

Ce qu'on s'amusait

Ce soir-là, Margie nota l'événement dans son journal. À la page qui portait la date du 17 mai 2155, elle écrivit: «Aujourd'hui, Tommy a trouvé un vrai livre!»

C'était un très vieux livre. Le grand-père de Margie avait dit un jour que, lorsqu'il était enfant, son propre grand-père lui parlait du temps où les histoires
5 étaient imprimées sur du papier.

On tournait les pages, qui étaient jaunes et craquantes, et il était joliment drôle de lire des mots qui restaient immobiles au lieu de se déplacer comme ils le font maintenant – sur un écran, comme il est normal. Et puis, quand on revenait à la page précédente, on y retrouvait les mêmes mots que lorsqu'on l'avait lue pour la
10 première fois.

— Sapristi, dit Tommy, quel gaspillage! Quand on a fini le livre, on le jette et puis c'est tout, je suppose. Il a dû passer des millions de livres sur notre poste de télévision, et il en passera encore bien plus. Et je ne voudrais pas le jeter, le poste.

— C'est pareil pour moi, dit Margie. Elle avait onze ans et n'avait pas vu autant
15 de télélivres que Tommy, qui était de deux ans son aîné.

— Où l'as-tu trouvé? demanda-t-elle.

— Chez nous. Il fit un geste de la main sans lever les yeux, accaparé qu'il était par sa lecture. Dans le grenier.

— De quoi parle-t-il?

20 — De l'école.

Margie fit une moue de dédain.

— L'école? Qu'est-ce qu'on peut écrire sur l'école? Je n'aime pas l'école.

Margie avait toujours détesté l'école, mais maintenant elle la détestait plus que jamais. Le maître mécanique lui avait fait subir test sur test en géographie et elle
25 s'en était tirée de plus en plus mal. Finalement sa mère avait secoué tristement la tête et fait venir l'inspecteur régional.

L'inspecteur, un petit homme rond à la figure rougeaude, était venu avec une boîte pleine d'ustensiles, d'appareils de mesure et de fils métalliques. Il avait fait un sourire à l'enfant et lui avait donné une pomme. Puis il avait mis le maître en pièces

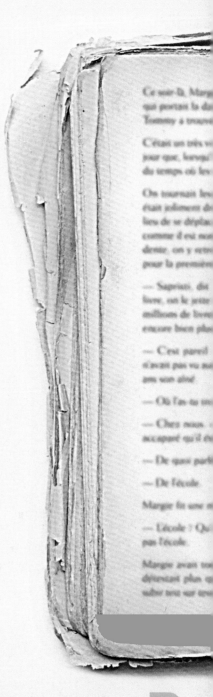

30 détachées. Margie avait espéré qu'il ne saurait pas le remonter, mais son espoir avait été déçu. Au bout d'une heure environ, le maître était là de nouveau, gros, noir, vilain, avec un grand écran sur lequel les leçons apparaissaient et les questions étaient posées. Et ce n'était pas cela le pire. Ce qu'elle maudissait le plus, c'était la fente par où elle devait introduire ses devoirs du soir et ses compositions. Elle
35 devait les écrire en un code perforé qu'on lui avait fait apprendre quand elle avait six ans et le maître mécanique calculait les points en moins de rien.

Son travail terminé, l'inspecteur avait souri et avait caressé la tête de Margie. Puis il avait dit à sa mère : « Ce sont des choses qui arrivent. Je l'ai ralenti pour qu'il corresponde au niveau moyen d'un enfant de dix ans. En fait, le diagramme général
40 du travail de votre fille est tout à fait satisfaisant. » Et il avait tapoté de nouveau la tête de Margie.

Margie était déçue. Elle avait espéré qu'il emporterait le maître avec lui. Une fois, on était venu chercher le maître de Tommy et on l'avait gardé près d'un mois parce que le secteur d'histoire avait flanché complètement.

45 Elle demanda encore à Tommy :

— Pourquoi quelqu'un écrirait-il quelque chose sur l'école ?

Tommy la gratifia d'un regard supérieur.

— Ce que tu es stupide, il ne s'agit pas du même genre d'école que maintenant. Ça, c'est l'école qui existait il y a des centaines et des centaines d'années. Il ajouta
50 avec hauteur, détachant les mots avec soin : « Il y a des *siècles.* »

Margie était vexée.

— Eh bien, je ne sais pas quelles écoles ils avaient il y a si longtemps. Elle lut quelques lignes du livre par-dessus son épaule, puis ajouta : « En tout cas, ils avaient un maître.

55 — Bien sûr qu'ils avaient un maître, mais ce n'était pas un maître normal ! C'était un homme.

— Un homme ? Comment un homme pouvait-il faire la classe ?

— Eh bien, il apprenait simplement des choses aux garçons et aux filles et il leur donnait des devoirs à faire à la maison et leur posait des questions.

60 — Un homme n'est pas assez intelligent pour ça ?

— Sûrement que si. Mon père en sait autant que mon maître.

— Pas vrai. Un homme ne peut pas en savoir autant qu'un maître.

— Il en sait presque autant, ça je t'en fais le pari. »

Margie n'était pas disposée à discuter. Elle dit :

65 — Je ne voudrais pas d'un homme dans ma maison pour me faire la classe.

Tommy se mit à rire aux éclats.

— Ce que tu peux être bête, Margie. Les maîtres ne vivaient pas dans la maison. Ils avaient un bâtiment spécial et tous les enfants y allaient.

— Et tous les enfants apprenaient la même chose ?

70 — Bien sûr, s'ils avaient le même âge.

— Mais maman dit qu'un maître doit être réglé d'après le cerveau de chaque garçon et de chaque fille et qu'il ne doit pas leur apprendre la même chose à tous.

— Ça n'empêche pas qu'on ne faisait pas comme ça à cette époque-là. Et puis si ça ne te plaît pas, je ne te force pas à lire ce livre.

75 — Je n'ai jamais dit que ça ne me plaisait pas, répliqua vivement Margie.

Elle voulait s'informer sur ces étranges écoles.

* * *

Ils en étaient à peine à la moitié du livre quand la mère de Margie appela :

— Margie ! L'école !

80 Margie leva la tête.

— Pas encore, maman !

— Si. C'est l'heure, dit Mrs. Jones. Et c'est probablement l'heure pour Tommy aussi.

— Est-ce que je pourrai encore lire un peu le livre avec toi
85 après l'école ? demanda Margie à Tommy.

— Peut-être, dit-il nonchalamment. Il s'éloigna en sifflotant, le vieux livre poussiéreux serré sous son bras.

Margie entra dans la salle de classe. Celle-ci était voisine de sa chambre à coucher et le maître mécanique avait été mis en marche et l'attendait. On le bran-
90 chait toujours à la même heure chaque jour sauf le samedi et le dimanche, car la mère de Margie disait que les filles de cet âge apprenaient mieux si les leçons avaient lieu à des heures régulières.

L'écran était allumé et proclamait : « La leçon d'arithmétique d'aujourd'hui concerne l'addition des fractions. Veuillez insérer votre devoir d'hier dans la fente
95 appropriée. »

Margie s'exécuta avec un soupir. Elle pensait aux anciennes écoles qu'il y avait, du temps que le grand-père de son grand-père était encore enfant. Tous les enfants du voisinage arrivaient alors en riant et en criant dans la cour de l'école, s'asseyaient ensemble dans la classe et partaient ensemble pour rentrer chez eux à
100 la fin de la journée. Et comme ils apprenaient les mêmes choses, ils pouvaient s'aider pour faire leurs devoirs du soir et en parler entre eux.

Et les maîtres étaient des *gens*...

Sur l'écran du maître mécanique, on lisait maintenant en lettres lumineuses : « Quand nous additionnons les fractions ½ et ¼... »

105 Et Margie réfléchissait : comme les enfants devaient aimer l'école au bon vieux temps ! Comme ils devaient la trouver drôle... Oui, en ce temps-là, ce qu'on s'amusait !

Isaac Asimov, « Ce qu'on s'amusait », traduction de Roger Durand, dans *Prélude à l'éternité*,
© 1988, Nightfall Inc., avec la permission de Random House Inc.

Lien utile

La science-fiction

La science-fiction est un genre littéraire généralement associé à une technologie futuriste. Les personnages vivent dans un monde où les inventions scientifiques qui les entourent ont transformé leur quotidien par rapport au mode de vie à l'époque où l'auteur a écrit son ouvrage. Ces transformations peuvent être heureuses ou non : si certains auteurs nous émerveillent par leur ingéniosité, d'autres se montrent alarmistes et inquiets de l'avancée de la technologie au détriment de l'humanité.

Enseignant et fils d'enseignants, Philippe Delerm, auteur français, voit ses premiers manuscrits refusés par les maisons d'édition. Puis, *La cinquième saison* est finalement publié et suscite l'intérêt. Mais c'est *La première gorgée de bière et autres plaisirs minuscules* qui le fait connaître du grand public. Il est non seulement connu pour ses romans, nouvelles et essais, mais aussi pour ses billets sportifs. D'ailleurs, lors des Jeux olympiques de Pékin de 2008, il commentait les compétitions d'athlétisme. Peintre des petits riens, il est surpris de ses succès littéraires. *Mister Mouse*, publié en 1994, est une réflexion sur le bonheur et le plaisir.

Mister Mouse [extrait]

III

Où il est prouvé que les habitants des terriers ne nourrissent aucune jalousie à l'égard des amateurs de belvédères.

Mr. et Mrs. Mouse sont invités aujourd'hui. Cela fait si longtemps que les Bigger insistent – ils sont si fiers de leur nouveau terrier. Mr. et Mrs. Bigger ne sont pas des amis : d'agréables relations de cueillette tout au plus. Mais ils ont tant parlé de ce fameux terrier ultra-moderne qu'ils ont fini par aiguiser la curiosité des
5 Mouse. C'est une invitation du dimanche, évidemment, une invitation amidonnée :

— Venez donc l'après-midi. Nous prendrons le thé !

C'est toute une trotte pour aller chez les Bigger, une bien longue promenade pour venir seulement prendre le thé. Peut-être les Bigger n'ont-ils plus beaucoup d'argent, après leurs frais d'installation ? Mrs. Mouse bougonne. Il a fallu quitter la
10 forêt, puis les sentiers bordés de haies. Enfin ils sont arrivés dans un immense potager abandonné. C'est là que les Bigger ont élu domicile. L'environnement n'est pas des plus jolis : quelques salades montées, des arceaux rouillés, beaucoup de terre nue. Mais la moue de Mr. Mouse se mue en un avenant sourire de circonstance : Mrs. Bigger les a guettés et vient à leur rencontre :

15 — Vous n'avez pas eu trop de mal à trouver ?

Mr. Bigger la suit à quelques pattées. Après quelques phrases nerveusement chaleureuses, le silence retombe sur le petit groupe. Mr. et Mrs. Bigger ont pris une mine gourmande.

— Où est l'entrée de votre petit nid ?

20 La question de Mrs. Mouse met les Bigger en joie. Un petit nid ! Une entrée de terrier !

— C'est par ici ! exulte Mr. Bigger – et sa voix vibre d'une humilité ostentatoire.

Éberlués, Mr. et Mrs. Mouse se retournent. Devant eux se dresse une paroi de verre oblique : un ancien châssis pour faire pousser le persil. C'est bien là que les
25 Bigger se sont installés. Le fond du châssis est adossé à un mur de briques ; mais les

parois latérales sont en verre, elles aussi. Interdits, Mr. et Mrs. Mouse pénètrent dans ce terrier-belvédère de surface. Un peu en arrière, les Bigger guettent leur réaction.

30 — Il y avait une infecte odeur de vieux persil, quand nous avons aménagé, mais mon époux a trouvé un système très ingénieux pour aérer!

Mrs. Bigger montre une ficelle attachée à
35 une crémaillère.

— Installez-vous, je vous en prie. Le thé est prêt! minaude Charlotte Bigger.

Il y a très peu de meubles, pas de paille, pas de velours : de l'acier, du verre. La lumière inonde tout
40 l'espace ; tout est dur et transparent.

— Depuis que nous sommes ici, nous n'éprouvons même plus l'envie de sortir. C'est comme si nous étions toujours à ciel ouvert.

Mr. et Mrs. Mouse échangent un regard
45 furtif.

— Et ma femme est ravie! reprend Mr. Bigger. Elle peut bronzer même en hiver!

Bronzer! Ne plus sortir! C'en est un peu trop pour Mr. et Mrs. Mouse. Ils ne répondent
50 plus que par monosyllabes, et baissent le museau dans leur tasse. Ils trouvent que le sofa de cuir à armature métallique est bien raide, pour des fesses de souris. Quant à la conversation, pas de souci. Les Bigger sont
55 intarissables. Mr. Bigger a installé un four solaire – c'est merveilleux, il n'y a même plus besoin de cheminée!

Soûlés par tout ce bavardage, Mr. et Mrs. Mouse s'échappent au plus tôt, dès que le soleil a fléchi là-bas, au-dessus des peupliers immenses dont l'ombre leur semble effrayante.

60 Sur le chemin du retour, les Mouse n'ont pas besoin de se parler pour se comprendre. Le mur du potager franchi, ils éclatent d'un rire inextinguible, à en tomber par terre, les pattes en l'air. Quand ils reprennent souffle, Mr. Mouse lance enfin :

— Je crois que mon terrier ne me semblera jamais aussi bon que ce soir! Il reste du vin chaud?

65 — Il reste du vin chaud, approuve Mrs. Mouse en écho.

Et dans la nuit d'hiver, sa voix est aussi douce que la paille et le velours.

Philippe Delerm, *Mister Mouse*, © 1994, Éditions du Rocher.

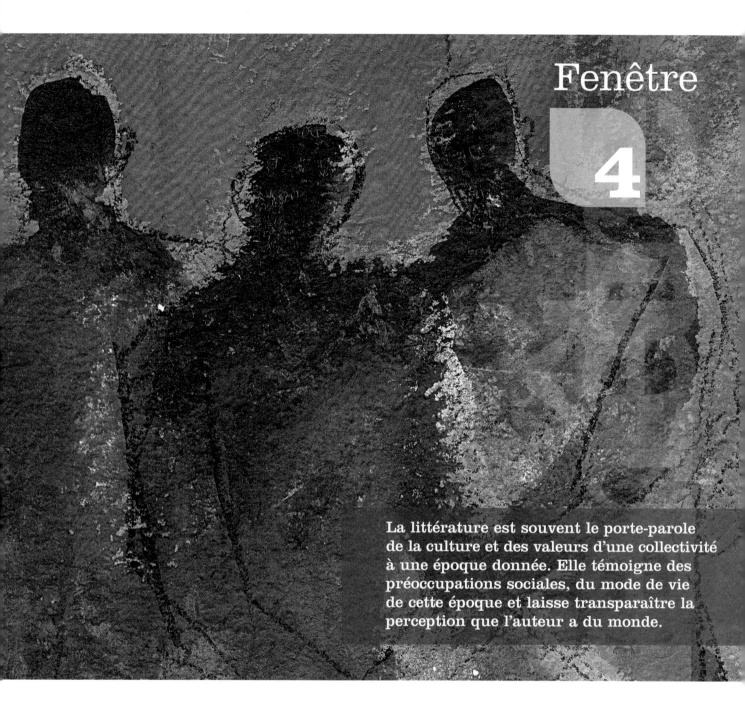

Fenêtre

4

La littérature est souvent le porte-parole de la culture et des valeurs d'une collectivité à une époque donnée. Elle témoigne des préoccupations sociales, du mode de vie de cette époque et laisse transparaître la perception que l'auteur a du monde.

Les thèmes et les valeurs

- Le thème
- Les repères culturels
- La modalisation
- Les valeurs

Le vieux qui lisait des romans d'amour [extrait]

En 1978, Luis Sepúlveda participe à une recherche importante où l'on observe les effets de la colonisation sur les populations amazoniennes. Il séjourne plusieurs mois chez les Indiens Shuars, apprend leur langue, leurs méthodes de chasse et leurs rituels. Cette expérience changera sa façon de voir les réalités des Autochtones de toute l'Amérique latine et sera également à l'origine de son célèbre roman où le personnage principal vit une aventure chez les Shuars. Connu mondialement, *Le vieux qui lisait des romans d'amour* a été adapté au cinéma en 2001.

Luis Sepúlveda est né au Chili en 1949. Très jeune, il milite au sein des Jeunesses communistes. À 28 ans il est condamné à la prison sous le régime Pinochet. Amnistie internationale réussit à le faire libérer après deux ans d'emprisonnement à la condition qu'il s'exile en Europe. Plutôt que de partir, il séjourne clandestinement dans divers pays d'Amérique latine, où il fonde des troupes de théâtre et s'engage auprès des mouvements révolutionnaires de l'époque. Plus tard, il s'installe en Allemagne, puis en Espagne. Il écrit régulièrement des chroniques dans des journaux espagnols et italiens. Son premier roman, *Le vieux qui lisait des romans d'amour* (1992), a été traduit en 35 langues.

Relevez les différences de mode de vie entre les habitants de ce même pays.

[...]

C'étaient les Shuars qui, pris de pitié, s'approchaient pour leur tendre la main.

Ils apprirent d'eux à chasser, à pêcher, à construire des cabanes qui résistent aux tempêtes, à distinguer les fruits comestibles des vénéneux; et surtout, ils apprirent l'art de vivre avec la forêt.

5 Quand la saison des pluies fut passée, les Shuars les aidèrent à défricher les pentes de la montagne, tout en les prévenant que c'était un travail sans espoir.

Malgré les avertissements des indigènes, ils semèrent les premières graines et il ne leur fallut pas beaucoup de temps pour découvrir que la terre était trop pauvre. Les pluies la lavaient continuellement, de sorte que les plants ne recevaient pas 10 la nourriture nécessaire et mouraient sans fleurir, trop faibles ou dévorés par les insectes.

À la saison des pluies suivante, les terrains qu'ils avaient si durement travaillés glissèrent le long des pentes dès la première averse.

Dolores Encarnación del Santísimo Sacramento Estupiñán Otavalo [l'épouse d'Antonio] ne résista pas à la deuxième année et s'en fut, emportée par une fièvre ardente, consumée jusqu'aux os par la malaria.

Antonio José Bolivar Proaño comprit qu'il ne pouvait retourner à son village de la Cordillère. Les pauvres pardonnent tout, sauf l'échec.

Enfer vert

Que remplace cette expression ?

Il était condamné à rester, avec ses souvenirs pour seule compagnie. Il voulait se venger de cette région maudite, de cet enfer vert qui lui avait pris son amour et ses rêves. Il rêvait d'un grand feu qui transformerait l'Amazonie entière en brasier.

Et dans son impuissance, il découvrit qu'il ne connaissait pas assez la forêt pour pouvoir vraiment la haïr.

Il apprit la langue des Shuars en participant à leurs chasses. Ils chassaient des tapirs, des pacas, des cabiais, des pécaris à collier, qui sont de petits sangliers à la chair savoureuse, des singes, des oiseaux et des reptiles. Il apprit à se servir de la sarbacane, silencieuse et efficace pour tuer les animaux, et de la lance pour capturer les poissons rapides.

En les fréquentant, il abandonna ses pudeurs de paysan catholique. Il allait à moitié nu en évitant les nouveaux colons qui le regardaient comme un dément.

Antonio José Bolivar qui ne pensait jamais au mot liberté jouissait dans la forêt d'une liberté infinie. Il tentait de revenir à ses projets de vengeance, mais il ne pouvait s'empêcher d'aimer ce monde, si bien qu'il finit par tout oublier, séduit par ces espaces sans limites et sans maîtres.

Il mangeait quand il avait faim. Il choisissait les fruits les plus savoureux, refusait les poissons qui lui semblaient trop lents, suivait la piste d'un animal de la jungle, et le fait de l'avoir tué à la sarbacane doublait son appétit.

Le soir, s'il désirait être seul, il s'abritait sous une pirogue, et si au contraire il avait besoin de compagnie, il cherchait les Shuars.

Ceux-ci le recevaient généreusement. Ils partageaient leur nourriture, leurs cigarettes de feuilles, et bavardaient des heures durant en crachant à profusion autour des trois pieux de leur foyer perpétuellement allumé.

— Nous sommes comment ? questionnaient-ils.

— Sympathiques comme une bande de ouistitis, bavards comme des perroquets saouls, et hurleurs comme des diables.

Les Shuars accueillaient ces comparaisons avec de grands éclats de rire et manifestaient leur contentement par des pets sonores.

— Et là-bas, d'où tu viens, c'est comment ?

— Froid. Les matinées et les soirées sont glacées. Il faut porter des grands ponchos en laine et des chapeaux.

— C'est pour ça que vous puez. Quand vous chiez, vous salissez votre poncho.

— Non. Enfin quelquefois. Le problème c'est surtout qu'avec le froid on ne peut pas, comme vous, se baigner quand on veut.

55   — Et vos singes aussi, ils ont des ponchos?

— Il n'y a pas de singes dans la montagne. Et pas de pécaris non plus. Les gens de la montagne ne chassent pas.

— Et ils mangent quoi, alors?

60   — Ce qu'ils peuvent. Des pommes de terre, du maïs. Parfois un porc ou une poule, pour les fêtes. Ou un cochon d'Inde, les jours de marché.

— Et qu'est-ce qu'ils font, s'ils ne chassent pas?

— Ils travaillent. Du lever au coucher du soleil.

65   — Quels idiots! Quels idiots, concluaient les Shuars.

Il était là depuis cinq ans, quand il sut qu'il ne quitterait plus jamais ce pays. Deux crocs se chargèrent de lui transmettre le message secret.

Il avait appris des Shuars à se déplacer dans la forêt en posant la plante du pied bien à plat sur le sol, yeux et oreilles attentifs à tous les murmures, sa machette 70 toujours bien en main. Un jour, dans un moment d'inattention, il planta celle-ci dans la terre pour arranger son chargement de fruits et, juste comme il allait la reprendre, il sentit les crocs brûlants d'un crotale lui mordre le poignet droit.

Il parvint à voir le reptile, long d'un mètre, qui s'éloignait en imprimant des x sur le sol – d'où son nom de serpent-X – et il réagit très vite. Il bondit en brandissant la 75 machette de la main atteinte et coupa l'animal en morceaux jusqu'à ce que le voile du venin vienne lui obscurcir les yeux.

À tâtons, il trouva la tête du reptile et, sentant que la vie l'abandonnait, il partit à la recherche d'un foyer shuar.

Les indigènes le virent arriver en titubant. Il ne pouvait plus parler car sa langue, 80 ses membres, tout son corps, avaient démesurément enflé. Il lui semblait qu'il était sur le point d'éclater. Il parvint à montrer la tête du serpent avant de perdre connaissance.

Il se réveilla des jours plus tard, le corps encore gonflé, et grelottant des pieds à la tête entre deux accès de fièvre.

85   Les soins d'un sorcier shuar lui firent retrouver lentement la santé.

Des décoctions d'herbes drainèrent le venin. Des bains de cendre froide apaisèrent la fièvre et les cauchemars. Et un régime de cervelle, de foie et de 90 rognons de singe lui rendit l'usage de ses jambes au bout de trois semaines.

Tout le temps de sa convalescence il lui fut interdit de s'éloigner du foyer et les femmes se montrèrent très strictes dans le traitement destiné à purger 95 son corps.

— Tu as encore du venin. Il faut le chasser complètement, sauf une petite partie qui te défendra contre de nouvelles morsures.

Elles le gavaient de fruits juteux, de tisanes et autres breuvages pour le faire uriner à toute force.

100 Quand ils le virent complètement rétabli, les Shuars l'entourèrent en le couvrant de cadeaux : une sarbacane neuve, un faisceau de dards, un collier de perles de rivière, un cordon en plumes de toucan, tout en lui donnant de grandes tapes pour lui faire comprendre qu'il venait de passer une épreuve d'acceptation, due au seul caprice de dieux espiègles, dieux mineurs qui se cachent souvent au milieu des

105 scarabées ou des vers luisants quand ils veulent jouer un tour aux hommes, et se déguisent en étoiles pour indiquer de fausses clairières dans la forêt.

Ce faisant, ils peignirent son corps aux couleurs chatoyantes du boa et lui demandèrent de danser avec eux.

Il était l'un des rares survivants d'une morsure de serpent-X, et il convenait de

110 célébrer l'événement par la Fête du Serpent.

À la fin de la fête, il but pour la première fois de la natema, la douce liqueur hallucinogène préparée en faisant bouillir les racines de la yahuasca, et, dans le rêve qui suivit, il se vit lui-même comme une partie inséparable de ces espaces en perpétuelle mutation, comme un poil supplémentaire sur ce corps vert infini,

115 pensant et sentant comme un Shuar, puis revêtant les parures d'un chasseur expérimenté et suivant les traces d'un animal inexplicable, sans forme ni épaisseur, sans odeurs et sans bruits, mais doté de deux yeux jaunes brillants.

C'était un signe indéchiffrable qui lui ordonnait de rester, et il resta.

[...]

Pluies et soleil, les saisons se succédaient. Avec leur passage, il apprit les rites et

120 les secrets de ce peuple. Il participait à l'hommage rendu quotidiennement aux têtes réduites des ennemis morts en guerriers valeureux, et entonnait avec ses hôtes les *anents*, chants de remerciements pour le courage ainsi transmis, et prières pour une paix durable.

Il partagea le festin fastueux offert par les anciens qui avaient décidé

125 que l'heure était venue de « partir » et, une fois ceux-ci endormis sous l'effet de la chicha et de la natema dans la félicité des visions hallucinatoires qui leur ouvraient les portes d'une existence future déjà déterminée, il aida à les porter dans une cabane éloignée et à enduire leur corps de miel de palme très doux.

130 Le lendemain, tout en chantant les *anents* destinés à les accompagner dans leur nouvelle vie de poissons, de papillons ou d'animaux sages, il ramassa avec les autres les ossements blanchis, parfaitement nettoyés, restes désormais inutiles des anciens transportés dans l'autre vie par les mandibules implacables des fourmis.

135 Tant qu'il vécut chez les Shuars, il n'eut pas besoin de romans pour connaître l'amour.

Il n'était pas des leurs et, pour cette raison, il ne pouvait prendre d'épouse. Mais il était comme eux, et c'est pourquoi le Shuar qui l'hébergeait pendant la saison des

pluies le priait d'accepter l'une de ses femmes, pour le plus grand honneur de sa
140 caste et de sa maison.

La femme offerte l'emmenait sur la berge du fleuve. Là, tout en entonnant des
anents, elle le lavait, le parait et le parfumait, puis ils revenaient à la cabane s'ébattre
sur une natte, les pieds en l'air, doucement chauffés par le foyer, sans cesser un
instant de chanter les *anents*, poèmes nasillards qui décrivaient la beauté de leurs
145 corps et la joie du plaisir que la magie de la description augmentait à l'infini.

C'était l'amour pur, sans autre finalité que l'amour pour l'amour. Sans possession
et sans jalousie.

— Nul ne peut s'emparer de la foudre dans le ciel, et nul ne peut s'approprier le
bonheur de l'autre au moment de l'abandon.

150 C'est ce que lui avait expliqué son ami Nushiño.

À voir couler le Nangaritza, on pouvait penser que le temps avait oublié ces con-
fins de l'Amazonie, mais les oiseaux savaient que, venues de l'occident, des
langues puissantes progressaient en fouillant le corps de la forêt.

Langues puissantes
Avec cette métaphore,
quels objets l'auteur a-t-il
voulu imager?

D'énormes machines ouvraient des routes et les Shuars durent se faire
155 plus mobiles. Désormais, ils ne demeuraient plus trois ans de suite sur le
même lieu avant de se déplacer pour permettre à la nature de se reformer.
À chaque changement de saison, ils démontaient leurs cabanes et reprenaient les
ossements de leurs morts pour s'éloigner des étrangers qui s'installaient sur les rives
du Nangaritza.

160 Les colons, attirés par de nouvelles promesses d'élevage et de déboisement, se
faisaient plus nombreux. Ils apportaient aussi l'alcool dépourvu de tout rituel et,
par là, la dégénérescence des plus faibles. Et, surtout, se développait la peste des
chercheurs d'or, individus sans scrupules, venus de tous les horizons sans autre but
que celui d'un enrichissement rapide.

165 Les Shuars se déplaçaient vers l'orient en cherchant l'intimité des forêts
impénétrables.

Un matin, Antonio José Bolivar rata un tir de sarbacane et s'aperçut qu'il
vieillissait. Pour lui aussi, le moment approchait de partir.

Il prit la décision de s'installer à El Idilio et d'y vivre de la chasse. Il se savait
170 incapable de fixer lui-même l'instant de sa mort et de se laisser dévorer par les
fourmis. Et même s'il y arrivait, ce serait une cérémonie triste.

Il était comme eux, mais il n'était pas des leurs, et il n'y aurait pour lui ni fête, ni
départ dans les hallucinations.

Un jour qu'il s'activait à la construction d'une pirogue dont il voulait
175 que la résistance soit à toute épreuve, il entendit une explosion qui venait
d'un bras du fleuve, et ce fut le signal qui accéléra son départ.

Bras du fleuve
Au sens propre, un fleuve n'a
pas de bras. Expliquez ce que
cette expression signifie.

Il courut jusqu'au lieu d'où provenait le bruit et y trouva un groupe de
Shuars en pleurs. Ils lui montrèrent la masse des poissons morts qui
flottaient à la surface et le groupe d'étrangers sur la plage qui pointaient leurs armes
180 à feu.

C'était un groupe de cinq aventuriers qui avaient fait sauter le barrage de retenue d'une frayère pour pratiquer un passage dans le courant.

Tout alla très vite. Rendus nerveux par l'arrivée des Shuars, les Blancs tirèrent, touchèrent deux indigènes et prirent la fuite dans leur embarcation.

185 Il sut que les Blancs étaient perdus. Les Shuars prirent un sentier de traverse, les guettèrent du bord d'un étroit défilé, et les dards empoisonnés atteignirent facilement leurs proies. L'un des Blancs, cependant, réussit à sauter, nagea jusqu'à la rive opposée et se perdit dans l'épaisseur de la forêt.

Il fallut d'abord s'occuper des Shuars qui avaient été atteints.

190 L'un était mort, la tête arrachée par la balle presque à bout portant, et l'autre agonisait, la poitrine ouverte. C'était son ami Nushiño.

— Sale manière de partir, souffla Nushiño dans une grimace de douleur, en lui indiquant d'une main tremblante la calebasse de curare. Je ne partirai pas en paix, frère. Tant que sa tête ne pendra pas à un pieu, j'irai comme un triste perroquet 195 aveugle me cogner aux arbres. Aide-moi, frère.

Les Shuars l'entourèrent. Il était le seul à connaître les coutumes des Blancs, et les paroles affaiblies de Nushiño lui disaient que l'heure était venue de payer aux Shuars la dette contractée le jour où ils l'avaient sauvé de la morsure du serpent.

Cela lui parut juste et, s'armant d'une sarbacane, il traversa le fleuve à la nage 200 pour se lancer dans sa première chasse à l'homme.

Il n'eut guère de mal à trouver la piste. Dans son désespoir, le chercheur d'or avait laissé des empreintes si visibles qu'il n'eut même pas besoin de chercher.

Il le découvrit quelques minutes plus tard, terrorisé, devant un boa endormi.

— Pourquoi vous avez fait ça ? Pourquoi vous avez tiré ?

205 L'homme pointa son fusil dans sa direction.

— Les Jivaros ? Où sont les Jivaros ?

— Sur l'autre rive. Ils ne te suivent pas.

Soulagé, le chercheur d'or baissa son arme et Antonio José Bolivar en profita pour lui décocher un dard de sarbacane.

210 Il s'y prit mal. Le chercheur d'or vacilla sans tomber, ne lui laissant d'autre solution que le corps à corps.

L'homme était fort. Il parvint pourtant à lui arracher son fusil.

Il n'avait jamais tenu d'arme à feu, mais en voyant la main de l'homme tâtonner à la recherche de sa machette il trouva sans hésiter l'endroit où il devait appuyer le 215 doigt, et la détonation provoqua un envol d'oiseaux affolés.

Surpris par la puissance de la déflagration, il s'approcha de l'homme. Celui-ci avait reçu la double décharge en plein ventre et se tordait de douleur. Sans prêter attention à ses hurlements, il le traîna par les chevilles jusqu'au fleuve et, dès les premières brasses, il sentit que le malheureux était mort.

220 Les Shuars l'attendaient sur l'autre rive. Ils l'aidèrent à sortir de l'eau mais, à la vue du cadavre, ils attaquèrent un chant de lamentations qu'il ne put s'expliquer.

Ce n'était pas à cause de l'étranger qu'ils pleuraient. C'était à cause de Nushiño.

225 Antonio José Bolivar n'était pas des leurs, mais il était comme eux. En conséquence, il aurait dû tuer l'homme d'un dard de sarbacane empoisonné après lui avoir donné la possibilité de se battre courageusement; alors,
230 paralysé par le curare, tout son courage serait demeuré dans son expression, concentré à tout jamais dans la tête réduite, paupières, nez et bouche cousus pour qu'il ne puisse s'échapper.

Mais comment réduire cette tête, maintenant que sa vie s'était figée dans une grimace d'épouvante et de douleur ?

235 Par sa faute, Nushiño ne partirait pas. Nushiño resterait comme un perroquet aveugle à se cogner aux arbres, suscitant la haine de ceux qui ne l'avaient pas connu en venant buter contre leurs corps, troublant les rêves des boas endormis, faisant fuir le gibier par son vol sans but.

Il s'était déshonoré et, ce faisant, il était responsable du malheur
240 éternel de son ami.

Sans cesser de pleurer, ils lui donnèrent la meilleure pirogue. Sans cesser de pleurer, ils l'embrassèrent, le chargèrent de provisions et lui dirent qu'à dater de ce jour il ne serait plus le bienvenu. Il pourrait passer par les foyers shuars, mais il n'aurait pas le droit de s'y arrêter.

245 Les Shuars poussèrent la pirogue dans le courant, puis ils effacèrent ses traces sur la plage.

Luis Sepúlveda, *Le vieux qui lisait des romans d'amour*,
© 1992, Éditions Métailié, pour la traduction française.

réflexions

1 De quelles manières l'environnement des Shuars influence-t-il leur mode de vie ?

2 Pourquoi les Shuars cherchent-ils à gagner l'intimité des forêts impénétrables ?

3 Pourquoi Antonio adopte-t-il le mode de vie des Shuars ?

4 Antonio est comme les Shuars, mais il n'est pas des leurs. Quelle est la différence entre les deux statuts ?

La vie devant soi

[extrait]

Une des plus grandes supercheries de la littérature mondiale entoure la parution de *La vie devant soi*, écrit en 1975, vendu à plus d'un million d'exemplaires et traduit en vingt-trois langues. En 1974, Romain Gary, écrivain désormais célèbre, a écrit tout près de vingt romans et, à ses yeux, il ne peut plus se renouveler : il doit renaître. À l'insu de tous et même de son éditeur, il écrit un premier roman, *Gros-Câlin*, sous le pseudonyme d'Émile Ajar et l'année suivante, *La vie devant soi*. Un petit cousin à lui accepte de se faire passer pour le véritable auteur et recevra même le prix Goncourt à sa place. L'imposture ne sera découverte qu'en 1981, six mois après la mort de l'écrivain. *La vie devant soi*, ce sont les réflexions de Momo, un jeune Arabe de dix ans qui vit chez Madame Rosa, une vieille femme juive qui héberge des orphelins. C'est à travers le regard qu'il pose sur les événements que nous découvrons sa philosophie et sa sensibilité.

Roman Kacew, né en 1914 en Lituanie et décédé à Paris en 1980, sera connu sous plusieurs identités : Romain Gary, Fosco Sinibaldi, Shatan Bogat et Émile Ajar. Il est le seul écrivain français à avoir obtenu deux fois le prestigieux prix Goncourt, la première fois sous le nom de Romain Gary (*Les racines du ciel*, 1956) et la deuxième sous le nom d'Émile Ajar (*La vie devant soi*, 1975). Homme aux mille métiers, il s'implique dans la Résistance française durant la Deuxième Guerre mondiale, devient ensuite diplomate, puis cinéaste. Bon nombre de ses romans ont été adaptés avec succès au cinéma. Son œuvre abondante et sa vie seront marquées par sa quête d'identité et de liberté.

Relevez les jugements véhiculés dans le langage employé par Momo pour décrire les personnages et les situations.

La première chose que je peux vous dire c'est qu'on habitait au sixième à pied et que pour Madame Rosa, avec tous ces kilos qu'elle portait sur elle et seulement deux jambes, c'était une vraie source de vie quotidienne, avec tous les soucis et les peines. Elle nous le rappelait chaque fois qu'elle ne se plaignait pas d'autre part, car elle
5 était également juive. Sa santé n'était pas bonne non plus et je peux vous dire aussi dès le début que c'était une femme qui aurait mérité un ascenseur.

Je devais avoir trois ans quand j'ai vu Madame Rosa pour la première fois. Avant, on n'a pas de mémoire et on vit dans l'ignorance. J'ai cessé d'ignorer à l'âge de trois ou quatre ans et parfois ça me manque.

10   Il y avait beaucoup d'autres Juifs, Arabes et Noirs à Belleville, mais
Madame Rosa était obligée de grimper les six étages seule. Elle disait qu'un
jour elle allait mourir dans l'escalier, et tous les mômes se mettaient à
pleurer parce que c'est ce qu'on fait toujours quand quelqu'un meurt. On
était tantôt six ou sept tantôt même plus là-dedans.

15   Au début, je ne savais pas que Madame Rosa s'occupait de moi
seulement pour toucher un mandat à la fin du mois. Quand je l'ai appris,
j'avais déjà six ou sept ans et ça m'a fait un coup de savoir que j'étais payé.
Je croyais que Madame Rosa m'aimait pour rien et qu'on était quelqu'un
l'un pour l'autre. J'en ai pleuré toute une nuit et c'était mon premier grand
20   chagrin.

Madame Rosa a bien vu que j'étais triste et elle m'a expliqué que la famille ça ne
veut rien dire et qu' il y en a même qui partent en vacances en abandonnant leurs
chiens attachés à des arbres et que chaque année il y a trois mille chiens qui
meurent ainsi privés de l'affection des siens. Elle m'a pris sur ses genoux et elle m'a
25   juré que j'étais ce qu'elle avait de plus cher au monde mais j'ai tout de suite pensé
au mandat et je suis parti en pleurant.

[...]

Juifs

Plus loin dans le texte, *juif* est écrit avec une minuscule. Quelle est la différence de sens entre ces deux mots ?

Mandat

Dans le contexte, par quel autre nom pourrait-on remplacer ce mot ?

lexique

Pendant longtemps, je n'ai pas su que j'étais arabe parce que personne ne m'insultait. On me l'a seulement appris à l'école. Mais je ne me battais jamais, ça fait toujours mal quand on frappe quelqu'un.

Madame Rosa était née en Pologne comme Juive mais elle s'était défendue au
30 Maroc et en Algérie pendant plusieurs années et elle savait l'arabe comme vous et moi. Elle savait aussi le juif pour les mêmes raisons et on se parlait souvent dans cette langue. La plupart des autres locataires de l'immeuble étaient des Noirs. Il y a trois foyers noirs rue Bisson et deux autres où ils vivent par tribus, comme ils font ça en Afrique. Il y a surtout les Sarakollé, qui sont les plus nombreux et les
35 Toucouleurs, qui sont pas mal non plus. Il y a beaucoup d'autres tribus rue Bisson mais je n'ai pas le temps de vous les nommer toutes. Le reste de la rue et du boulevard de Belleville est surtout juif et arabe. Ça continue comme ça jusqu'à la Goutte d'Or et après c'est les quartiers français qui commencent.

Au début je ne savais pas que je n'avais pas de mère et je ne savais même pas qu'il
40 en fallait une. Madame Rosa évitait d'en parler pour ne pas me donner des idées. Je ne sais pas pourquoi je suis né et qu'est-ce qui s'est passé exactement. Mon copain le Mahoute qui a plusieurs années de plus que moi m'a dit que c'est les conditions d'hygiène qui font ça. Lui était né à la Casbah à Alger et il était venu en France seulement après. Il n'y avait pas encore d'hygiène à la Casbah et il
45 était né parce qu'il n'y avait ni bidet ni eau, potable ni rien. Le Mahoute a appris tout cela plus tard, quand son père a cherché à se justifier et lui a juré qu'il n'y avait aucune mauvaise volonté chez personne. Le Mahoute m'a dit que les femmes qui se défendent ont maintenant une pilule pour l'hygiène mais qu'il était né trop tôt.

50 Il y avait chez nous pas mal de mères qui venaient une ou deux fois par semaine mais c'était toujours pour les autres. Nous étions presque tous des enfants de putes chez Madame Rosa, et quand elles partaient plusieurs mois en province pour se défendre là-bas, elles venaient voir leurs mômes avant et après. C'est comme ça que j'ai commencé à avoir des ennuis avec ma mère. Il me semblait que tout le
55 monde en avait une sauf moi. J'ai commencé à avoir des crampes d'estomac et des convulsions pour la faire venir. Il y avait sur le trottoir d'en face un môme qui avait un ballon et qui m'avait dit que sa mère venait toujours quand il avait mal au ventre. J'ai eu mal au ventre mais ça n'a rien donné et ensuite j'ai eu des convulsions, pour rien aussi. J'ai même chié partout dans l'appartement pour plus de remarque. Rien.
60 Ma mère n'est pas venue et Madame Rosa m'a traité de cul d'Arabe pour la première fois, car elle n'était pas française. [...]

Mais elle était toujours très correcte sur le plan raciste. Par exemple il y avait chez nous un petit Moïse qu'elle traitait de sale bicot[1] mais jamais moi. Je ne me rendais pas compte à l'époque que malgré son poids elle avait de la
65 délicatesse. J'ai finalement laissé tomber, parce que ça ne donnait rien et ma mère ne venait pas mais j'ai continué à avoir des crampes et des convulsions pendant longtemps et même maintenant ça me fait parfois mal au ventre. Après j'ai essayé de me faire remarquer autrement. J'ai commencé à chaparder dans les magasins, une tomate ou un melon à

---

1 Injure raciste pour désigner les hommes indigènes d'Afrique du Nord. Aussi utilisé : *bic* ou *bougnoul*.

70 l'étalage. J'attendais toujours que quelqu'un regarde pour que ça se voie. Lorsque le patron sortait et me donnait une claque je me mettais à hurler, mais il y avait quand même quelqu'un qui s'intéressait à moi.

[...]

Les gosses sont tous très contagieux. Quand il y en a un, c'est tout de suite les autres. On était alors sept chez Madame Rosa, dont deux à la journée, que Monsieur
75 Moussa l'éboueur bien connu déposait au moment des ordures à six heures du matin, en absence de sa femme qui était morte de quelque chose. Il les reprenait dans l'après-midi pour s'en occuper. Il y avait Moïse qui avait encore moins d'âge que moi, Banania qui se marrait tout le temps parce qu'il était né de bonne humeur, Michel qui avait eu des parents vietnamiens et que Madame Rosa n'allait pas garder
80 un jour de plus depuis un an qu'on ne la payait pas. Cette Juive était une brave femme mais elle avait des limites. Ce qui se passait souvent, c'est que les femmes qui se défendaient allaient loin où c'était très bien payé et il y avait beaucoup de demande et elles confiaient leur gosse à Madame Rosa pour ne plus revenir. Elles partaient et plouff. Tout ça, c'est des histoires de mômes qui n'avaient pas pu se faire
85 avorter à temps et qui n'étaient pas nécessaires. Madame Rosa les plaçait parfois dans des familles qui se sentaient seules et qui étaient dans le besoin, mais c'était difficile car il y a des lois. Quand une femme est obligée de se défendre, elle n'a pas le droit d'avoir la puissance paternelle, c'est la prostitution qui veut ça. Alors elle a peur d'être déchue et elle cache son môme pour ne pas le voir confié. Elle le met en
90 garderie chez des personnes qu'elle connaît et où il y a la discrétion assurée. Je ne peux pas vous dire tous les enfants de putes que j'ai vus passer chez Madame Rosa,

mais il y en avait peu comme moi qui étaient là à titre définitif. Les plus longs après moi, c'étaient Moïse, Banania et le Vietnamien, qui a été finalement pris par un restaurant rue Monsieur le Prince et que je ne reconnaîtrais plus si je le rencontrais
95 maintenant, tellement c'est loin.

[...]

Lorsque les mandats cessaient d'arriver pour l'un d'entre nous, Madame Rosa ne jetait pas le coupable dehors. C'était le cas du petit Banania, son père était inconnu et on ne pouvait rien lui reprocher; sa mère envoyait un peu d'argent tous les six mois et encore. Madame Rosa engueulait Banania mais celui-ci s'en foutait parce
100 qu'il n'avait que trois ans et des sourires. Je pense que Madame Rosa aurait peut-être donné Banania à l'Assistance mais pas son sourire et comme on ne pouvait pas l'un sans l'autre, elle était obligée de les garder tous les deux. C'est moi qui étais chargé de conduire Banania dans les foyers africains de la rue Bisson pour qu'il voie du noir, Madame Rosa y tenait beaucoup.

105 — Il faut qu'il voie du noir, sans ça, plus tard, il va pas s'associer.

Je prenais donc Banania et je le conduisais à côté. Il était très bien reçu car ce sont des personnes dont les familles sont restées en Afrique et un enfant, ça fait toujours penser à un autre. Madame Rosa ne savait pas du tout si Banania qui s'appelait Touré était un Malien ou un Sénégalais ou un Guinéen ou autre chose, sa mère se
110 défendait rue Saint-Denis avant de partir en maison à Abidjan et ce sont des choses qu'on ne peut pas savoir dans le métier. Moïse était aussi très irrégulier mais là Madame Rosa était coincée parce que l'Assistance publique ils pouvaient pas se faire ça entre Juifs. [...]

Mes trois cents francs par mois rubis sur ongle infligeaient à Madame
115 Rosa du respect à mon égard. [...]

Romain Gary, *La vie devant soi*, © 1975, Mercure de France.

Rubis sur ongle
Quelle est la qualité de la pension pour Momo selon cette expression ?

réflexions

1 Quel est le travail de Madame Rosa ?

2 Que font et où sont les parents des enfants de cet extrait ?

3 L'extrait met en scène plusieurs nationalités sur lesquelles on porte souvent un jugement. Ce texte est-il raciste ? Expliquez votre réponse.

4 Comment qualifieriez-vous un enfant tel que Momo ?

Orgueil et préjugés [extrait]

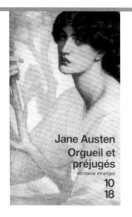

Dans la campagne anglaise, à la fin du XVIIIe siècle, la famille Bennet compte cinq jeunes filles bientôt en âge de se marier. Leurs parents ne sont pas riches, mais ils cherchent des maris qui assureront à la fois le bonheur et la prospérité de leurs enfants et de la famille. Leur seconde fille, Élizabeth, vive et perspicace, a plus d'un prétendant : le riche Londonien Mr. Darcy, l'ennuyant cousin Mr. Collins et le séduisant officier Wickham. Lequel gagnera son cœur ? C'est à travers les péripéties amoureuses de l'héroïne qu'on découvre la société bourgeoise de cette époque. Plusieurs fois adaptée au cinéma et pour la télévision, cette œuvre est un classique incontournable de la littérature anglaise. C'est le plus connu des six romans de Jane Austen.

Jane Austen (1775-1817) est issue d'une famille de la noblesse anglaise non titrée, la *gentry*. Elle a passé toute sa vie au sein d'une cellule familiale très unie et ne s'est jamais mariée. Cette grande romancière a, tout au long de son œuvre, brossé un tableau de la société de son époque, y mêlant une critique souvent mordante et ironique. Elle accorde une attention particulière à la vie intérieure de ses héroïnes et met en lumière le fait que les femmes doivent se marier pour obtenir un statut social et une sécurité économique. Elle est considérée comme une des créatrices du roman moderne. Elle a publié six romans : *Raison et sensibilité, ou Les deux manières d'aimer, Orgueil et préjugés, Mansfield Park, Emma*, et, à titre posthume, *Northanger Abbey* et *Persuasion*.

L'extrait met en scène une soirée où les comportements des personnages sont dictés par des règles sociales. Lesquels de ces comportements appartiennent au XVIIIe siècle et lesquels sont intemporels ?

Chapitre 18

Quand, le soir du bal, Elizabeth fit son entrée dans le salon à Netherfield, elle remarqua que Mr. Wickham ne figurait point dans le groupe d'habits rouges qui y étaient rassemblés. Jusque-là l'idée qu'il put être absent n'avait même pas effleuré son esprit ; au contraire. Mettant à sa toilette un soin tout particulier, elle
5 s'était préparée joyeusement à achever sa conquête, persuadée que c'était l'affaire d'une soirée.

Alors, brusquement, surgit l'affreux soupçon que les Bingley, par complaisance pour Mr. Darcy, avaient omis sciemment Wickham dans l'invitation adressée aux officiers. Bien que la supposition fût inexacte,

Sciemment
De quelle manière cet adverbe modifie-t-il le sens du verbe omettre ?

10 son absence fut bientôt confirmée par son ami, Mr. Denny ; à Lydia qui le pressait de questions il répondit que Wickham avait dû partir pour Londres la veille et qu'il n'était point encore de retour, ajoutant d'un air significatif :

— Je ne crois pas que ses affaires l'eussent décidé à s'absenter précisément aujourd'hui s'il n'avait eu surtout le désir d'éviter une rencontre avec un gentleman
15 de cette société.

Cette allusion, perdue pour Lydia, fut saisie par Elizabeth et lui montra que Darcy n'était pas moins responsable de l'absence de Wickham que si sa première supposition avait été juste. L'antipathie qu'il lui inspirait s'en trouva tellement accrue qu'elle eut grand-peine à lui répondre dans des termes suffisamment polis
20 lorsque, peu après, il vint lui-même lui présenter ses hommages. Ne voulant avoir aucune conversation avec lui, elle se détourna avec un mouvement de mauvaise humeur qu'elle ne put tout de suite surmonter, même en causant avec Mr. Bingley dont l'aveugle partialité à l'égard de son ami la révoltait.

Mais il n'était pas dans la nature d'Elizabeth de s'abandonner longtemps à une
25 telle impression, et quand elle eut confié sa déception à Charlotte Lucas, elle fut bientôt capable de faire dévier la conversation sur les originalités de son cousin et de les signaler à l'attention de son amie.

Les deux premières danses, cependant, furent pour elle un intolérable supplice : Mr. Collins, solennel et maladroit, se répandant en excuses au lieu de faire
30 attention, dansant à contretemps sans même s'en apercevoir, infligeait à sa cousine tout l'ennui, toute la mortification qu'un mauvais cavalier peut imposer à sa partenaire. Elizabeth en retrouvant sa liberté éprouva un soulagement indicible. Invitée ensuite par un officier, elle eut la satisfaction de parler avec lui de Wickham et d'entendre dire qu'il était
35 universellement apprécié.

Elle venait de reprendre sa conversation avec Charlotte Lucas, lorsque Mr. Darcy s'approcha et, s'inclinant devant elle, sollicita l'honneur d'être son cavalier. Elle se trouva tellement prise au dépourvu qu'elle accepta sans trop savoir ce qu'elle faisait. Il s'éloigna aussitôt, la laissant toute dépitée d'avoir montré si peu de
40 présence d'esprit. Charlotte Lucas essaya de la réconforter :

— Après tout, vous allez peut-être le trouver très aimable.

— Le ciel m'en préserve. Quoi ! Trouver aimable un homme qu'on est résolu à détester !

Mais quand la musique recommença et que Darcy s'avança pour lui rappeler
45 sa promesse, Charlotte Lucas ne put s'empêcher de lui souffler à l'oreille que son caprice pour Wickham ne devait pas lui faire commettre la sottise de se rendre déplaisante aux yeux d'un homme dont la situation valait dix fois celle de l'officier.

Elizabeth prit rang parmi les danseurs, confondue de l'honneur d'avoir Mr. Darcy pour cavalier et lisant dans les regards de ses voisines un étonnement égal au sien.
50 Pendant un certain temps ils gardèrent le silence. Elizabeth était bien décidée à ne pas le rompre la première lorsque l'idée lui vint qu'elle infligerait une pénitence à Mr. Darcy en l'obligeant à parler. Elle fit donc une réflexion sur la danse. Il lui répondit, puis retomba dans son mutisme.

Au bout de quelques instants, elle reprit :

55 — Maintenant, Mr. Darcy, c'est à votre tour. J'ai déjà parlé de la danse. À vous de faire la remarque qu'il vous plaira sur les dimensions du salon ou le nombre des danseurs.

Il sourit et l'assura qu'il était prêt à dire tout ce qu'elle désirait.

— Très bien. Quant à présent, cette réponse peut suffire. Un peu plus tard 60 j'observerai que les soirées privées présentent plus d'agrément que les bals officiels, mais pour l'instant, nous pouvons en rester là.

— Est-ce donc par devoir que vous causez en dansant ?

— Quelquefois. Il faut bien parler un peu. Il serait étrange de rester ensemble une demi-heure sans ouvrir la bouche. Cependant, pour la commodité de certains 65 danseurs, il vaut mieux que la conversation soit réglée de telle façon qu'ils n'aient à parler que le moins possible.

— Dans le cas présent, suivez-vous vos préférences ou cherchez-vous à vous conformer aux miennes ?

— Aux unes et aux autres tout ensemble, car j'ai remarqué dans notre tour 70 d'esprit une grande ressemblance. Nous sommes tous deux de caractère taciturne et peu sociable et nous n'aimons guère à penser, à moins que ce ne soit pour dire une chose digne d'étonner ceux qui nous écoutent et de passer à la postérité avec tout *l'éclat*[1] d'un proverbe.

---

1 En français dans le texte.

— Ce portrait ne vous ressemble pas d'une façon frappante selon moi, dit-il. À
75 quel point il me ressemble, c'est ce que je ne puis décider. Vous le trouvez fidèle,
sans doute ?

— Ce n'est pas à moi de juger de mon œuvre.

Mr. Darcy ne reprit la conversation qu'au début de la deuxième danse pour
demander à Elizabeth si elle allait souvent à Meryton avec ses sœurs. Elle répondit
80 affirmativement et, ne pouvant résister à la tentation, ajouta :

— Lorsque vous nous avez rencontrées l'autre jour, nous venions justement de
faire une nouvelle connaissance.

L'effet fut immédiat. Un air de hauteur plus accentuée se répandit sur le visage
de Darcy, mais il resta un instant sans répondre. Il dit enfin d'un air contraint :

85 — Mr. Wickham est doué de manières agréables qui lui permettent de se faire
facilement des amis. Qu'il soit également capable de les conserver est une chose
moins sûre.

— Je sais qu'il a eu le malheur de perdre votre amitié, répliqua Elizabeth, et
cela d'une façon telle qu'il en souffrira probablement toute son existence.

90 Darcy ne répondit pas et parut désireux de changer la conversation. À ce
moment apparut près d'eux sir William Lucas qui essayait de traverser le salon en
se faufilant entre les groupes. À la vue de Mr. Darcy, il s'arrêta pour lui faire son
salut le plus courtois et lui adresser quelques compliments sur lui et sa danseuse.

— Vous me voyez ravi, cher monsieur. On a rarement l'agrément de voir
95 danser quelqu'un avec un art aussi consommé. Vous me permettrez d'ajouter que
votre aimable danseuse vous fait honneur. J'espère que ce plaisir se renouvellera
souvent pour moi, surtout, ma chère Eliza, si un événement des plus souhaitables
vient à se produire, ajouta-t-il en lançant un coup d'œil dans la direction
de Jane et de Bingley. Quel sujet de joie et de félicitations pour tout
100 le monde ! J'en appelle à Mr. Darcy. Mais que je ne vous retienne pas,
monsieur. Vous m'en voudriez de vous importuner davantage et les
beaux yeux de votre jeune danseuse condamnent mon indiscrétion.

La fin de ce discours fut à peine entendue de Darcy. L'allusion de sir William
semblait l'avoir frappé, et il dirigeait vers Bingley et Jane un regard préoccupé. Il
105 se ressaisit vite, cependant, et, se tournant vers sa danseuse :

— L'interruption de sir William, dit-il, m'a fait oublier de quoi nous nous
entretenions.

— Mais nous ne parlions de rien, je crois. Nous avions essayé sans succès deux
ou trois sujets de conversation et je me demande quel pourra être le suivant.

110 — Si nous parlions lecture ? dit-il en souriant.

— Lecture ? oh non ! Je suis sûre que nous n'avons pas les mêmes goûts.

— Je le regrette. Mais, quand cela serait, nous pourrions discuter nos idées
respectives.

— Non, il m'est impossible de causer littérature dans un bal ; mon esprit est
115 trop occupé d'autre chose.

— Est-ce ce qui vous entoure qui vous absorbe à ce point ? demanda-t-il d'un air de doute.

— Oui, répondit-elle machinalement, car sa pensée était ailleurs comme elle le montra bientôt par cette soudaine exclamation :

120 — Mr. Darcy, je me rappelle vous avoir entendu dire que vous ne pardonniez jamais une offense. Je suppose que ce n'est pas à la légère que vous concevez un ressentiment aussi implacable.

— Non, certes, affirma-t-il avec force.

— Et vous ne vous laissez jamais aveugler par des préventions ?

125 — J'espère que non.

— Ceux qui ne changent jamais d'opinion doivent naturellement veiller à juger du premier coup sans se tromper.

— Puis-je vous demander à quoi tendent ces questions ?

— À expliquer votre caractère, tout simplement, dit-elle en reprenant le 130 ton de la plaisanterie. J'essaye en ce moment de le comprendre.

— Y réussissez-vous ?

— Guère, répondit-elle en hochant la tête ; j'entends sur vous des jugements si contradictoires que je m'y perds.

— Je crois en effet, répondit-il d'un ton grave, que l'on exprime sur moi des 135 opinions très différentes, et ce n'est pas en ce moment, miss Bennet, que j'aurais plaisir à vous voir essayer de faire mon portrait, car l'œuvre, je le crains, ne ferait honneur ni à vous ni à moi.

Elizabeth n'ajouta rien. La danse terminée, ils se séparèrent en silence, mécontents l'un de l'autre, mais à un degré différent, car Darcy avait dans le cœur 140 un sentiment qui le poussa bientôt à pardonner à Elizabeth et à réserver toute sa colère pour un autre.

Presque aussitôt miss Bingley se dirigea vers Elizabeth, et, d'un air de politesse dédaigneuse, l'accosta.

— Il paraît, miss Elizabeth, que George Wickham a fait votre conquête ? Votre 145 sœur vient de me poser sur lui toutes sortes de questions et j'ai constaté que ce jeune homme avait négligé de vous dire, entre autres choses intéressantes, qu'il était le fils du vieux Wickham, le régisseur de feu Mr. Darcy. Permettez-moi de vous donner un conseil amical : ne recevez pas comme parole d'Évangile tout ce qu'il vous racontera. Il est faux que Mr. Darcy ait fait 150 tort à Wickham : il l'a toujours traité avec une grande générosité, alors que Wickham, au contraire, s'est conduit fort mal envers lui. J'ignore les détails de cette affaire, mais je puis vous affirmer que Mr. Darcy n'a rien à se reprocher, qu'il ne veut plus entendre parler de Wickham, et que mon frère, n'ayant pu se dispenser d'inviter ce dernier avec les autres officiers, a été ravi de 155 voir que de lui-même il s'était retiré. Je me demande comment il a eu l'audace de venir dans ce pays-ci. Je vous plains, miss Elizabeth, d'être mise ainsi face à face avec l'indignité de votre favori : mais connaissant son origine, on ne pouvait guère s'attendre à mieux !

Comme parole d'Évangile
Selon le contexte, quel sens peut-on donner à cette expression ?

— En somme, répliqua Elizabeth irritée, votre accusation la plus fondée est
160 celle d'être le fils d'un subalterne: et je puis vous certifier que Mr. Wickham
m'avait lui-même révélé ce détail!

— Oh! pardon, répondit miss Bingley en s'éloignant avec un ricanement
moqueur. Et excusez-moi, je ne parlais que par amitié.

« Insolente créature! se dit Elizabeth. Croit-elle donc m'influencer
165 par d'aussi misérables procédés? Je ne vois là qu'ignorance voulue de
sa part, et méchanceté pure de la part de Mr. Darcy.»

Puis elle chercha sa sœur aînée qui avait dû entreprendre une
enquête sur le même sujet auprès de Bingley.

Misérables procédés
Formulez en vos propres
termes une définition pour
ce groupe de mots.

Elle trouva Jane avec un sourire de contentement et une flamme joyeuse dans
170 le regard qui montraient assez combien elle était satisfaite de sa soirée. Elizabeth
s'en aperçut tout de suite et tout autre sentiment s'effaça en elle devant l'espoir
de voir Jane sur le chemin du bonheur.

— J'aimerais savoir, dit-elle en souriant, elle aussi, si vous avez appris quelque
chose sur Mr. Wickham. Mais vous étiez peut-être engagée dans un entretien trop
175 agréable pour penser aux autres. En ce cas, vous êtes tout excusée.

— Non, reprit Jane, je ne l'ai point oublié, mais je n'ai rien de satisfaisant à vous
dire. Mr. Bingley ne connaît pas toute son histoire et ignore ce qui a le plus offensé
Mr. Darcy. Il répond seulement de la probité et de l'honneur de son ami et il est
convaincu que Mr. Wickham ne mérite même pas ce que Mr. Darcy a fait pour lui.
180 Je regrette de dire que, d'après sa sœur comme d'après lui, Mr. Wickham ne serait
pas un jeune homme respectable.

— Mr. Bingley connaît-il lui-même Mr. Wickham?

— Non, il l'a vu l'autre matin à Meryton pour la première fois.

— Donc les renseignements qu'il vous a donnés lui viennent de Mr. Darcy.
185 Cela me suffit. Je n'éprouve aucun doute quant à la sincérité de Mr. Bingley, mais
permettez-moi de ne pas me laisser convaincre par de simples affirmations.
Puisque Mr. Bingley ignore une partie de l'affaire et n'en connaît le reste que par
son ami, je préfère m'en tenir à mon sentiment personnel sur les deux personnes
en question.

[...]

190 Elizabeth tourna ensuite toute son attention du côté de sa sœur et de Mr. Bingley,
et les réflexions agréables que suscita cet examen la rendirent presque aussi
heureuse que sa sœur elle-même. Elle voyait déjà Jane installée dans cette même
maison et toute au bonheur que seule peut donner dans le mariage une véritable
affection. La pensée de Mrs. Bennet suivait visiblement le même cours. Au souper,
195 Elizabeth, qui n'était séparée d'elle que par lady Lucas, eut la mortification
d'entendre sa mère parler ouvertement à sa voisine de ses espérances maternelles.
Entraînée par son sujet, Mrs. Bennet ne se lassait pas d'énumérer les avantages
d'une telle union avec un jeune homme si bien, si riche, n'habitant qu'à trois
milles de Longbourn! dont les sœurs montraient tant d'affection pour Jane et
200 souhaitaient certainement cette alliance autant qu'elle-même. D'autre part, quel
avantage pour les plus jeunes filles que le beau mariage de leur aînée qui les

aiderait sans doute à trouver elles aussi de bons partis. Enfin Mrs. Bennet serait très heureuse de pouvoir les confier à la garde de leur sœur et de se dispenser ainsi de les accompagner dans le monde. C'est là un sentiment qu'il est d'usage d'exprimer en pareille circonstance, mais il était difficile de se représenter Mrs. Bennet éprouvant, à n'importe quel âge, une si grande satisfaction à rester chez elle.

Elizabeth essayait d'arrêter ce flot de paroles ou de persuader sa mère de mettre une sourdine à sa voix, car elle rougissait à la pensée que Mr. Darcy, qui était assis en face d'elles, ne devait presque rien perdre du chuchotement trop intelligible de Mrs. Bennet, mais celle-ci ne répondit qu'en grondant sa fille :

— Et pour quelle raison dois-je avoir si grand-peur de Mr. Darcy, je vous prie ? L'amabilité qu'il nous montre m'oblige-t-elle donc à ne pas prononcer une parole qui puisse avoir le malheur de lui déplaire ?

— Pour l'amour du ciel, ma mère, parlez plus bas. Quel avantage voyez-vous à blesser Mr. Darcy ? Cela ne sera certainement pas une recommandation pour vous auprès de son ami.

Tout ce que put dire Elizabeth fut absolument inutile; sa mère continua à parler de ses espoirs d'avenir avec aussi peu de réserve. Rouge de honte et de
220 contrariété, Elizabeth ne pouvait s'empêcher de regarder constamment dans la direction de Mr. Darcy et chaque coup d'œil la confirmait dans ses craintes. Il ne regardait pas Mrs. Bennet, mais son attention certainement était fixée sur elle et l'expression de son visage passa graduellement de l'indignation à une froideur dédaigneuse. À la fin, pourtant, Mrs. Bennet n'eut plus rien à dire et lady Lucas,
225 que ces considérations sur un bonheur qu'elle n'était pas appelée à partager faisaient bâiller depuis longtemps, put enfin savourer en paix son jambon et son poulet froid.

Elizabeth commençait à respirer, mais cette tranquillité ne fut pas de longue durée. Le souper terminé, on proposa un peu de musique et elle eut l'ennui de
230 voir Mary, qu'on avait à peine priée, se préparer à charmer l'auditoire. Du regard, elle tenta de l'en dissuader, mais enchantée de cette occasion de se produire, Mary ne voulut pas comprendre et commença une romance. Elizabeth l'écouta chanter plusieurs strophes avec une impatience qui ne s'apaisa point à la fin du morceau; car quelqu'un ayant exprimé vaguement l'espoir de l'entendre encore, Mary se
235 remit au piano. Son talent n'était pas à la hauteur de la circonstance; sa voix manquait d'ampleur et son interprétation de naturel. Elizabeth, au supplice, lança un coup d'œil à Jane pour savoir ce qu'elle en pensait, mais Jane causait tranquillement avec Bingley. Ses yeux se tournèrent alors vers les deux sœurs qu'elle vit échanger des regards amusés, vers Mr. Darcy, qui gardait le même
240 sérieux impénétrable, vers son père, enfin, à qui elle fit signe d'intervenir, dans la crainte que Mary ne continuât à chanter toute la nuit. Mr. Bennet comprit et lorsque Mary eut achevé son second morceau, il dit à haute voix:

— C'est parfait, mon enfant. Mais vous nous avez charmés assez longtemps. Laissez aux autres le temps de se produire à leur tour.

Jane Austen, Orgueil et préjugés, 1813, traduit de l'anglais par Valentine Leconte
et Charlotte Pressoir, © 1979, Christian Bourgois Éditeur.

réflexions

1 En quoi la présence de Mr. Bingley et de Mr. Darcy, deux hommes qui ont une situation sociale enviable, est-elle une occasion inespérée pour la mère d'Élizabeth, Mrs. Bennet ?

2 En quels termes décririez-vous le regard qu'Elizabeth porte sur son entourage en général ?

3 Sur quel sujet portent principalement les divergences d'opinions entre Élizabeth et Mr. Darcy ?

4 À la fin de leur discussion, Élizabeth accuse subtilement Mr. Darcy de se fier à son premier jugement sans le remettre en question par la suite. Est-ce que l'attitude d'Élizabeth est différente de celle de Mr. Darcy ? Expliquez votre réponse.

À propos... des thèmes et des valeurs

Le thème

Le **thème** dans une œuvre littéraire, c'est l'idée générale développée, telles la liberté, l'amour, la vie, la mort, la guerre, mais c'est également la façon propre à l'auteur de l'aborder. Par exemple, la liberté pourrait être abordée par le biais de l'efficacité du système de justice d'un pays, par l'exploration durant des voyages de découvertes ou par l'expression de ses opinions.

La **nature des thèmes** est variée.

– Un événement particulier et ses causes/conséquences.

– Un questionnement d'ordre social, culturel ou humanitaire.

– Une hypothèse quant à l'avenir.

– Une représentation de la société ou de la culture.

– La promotion ou la dénonciation de croyances, de pratiques, d'opinions.

– L'expression d'une émotion, d'un sentiment.

De plus, une œuvre contient un **thème principal** et des **thèmes secondaires**.

> Dans *La vie devant soi*, le thème principal décrit les relations entre le narrateur et sa tutrice et les thèmes secondaires touchent au racisme, à la prostitution, à l'amitié, à l'amour filial. C'est le thème principal qui relie ces thèmes secondaires distincts.
>
> Dans *Le vieux qui lisait des romans d'amour*, le thème principal et les thèmes secondaires sont liés par le sens, c'est-à-dire que le thème principal est l'intégration à une autre culture et les thèmes secondaires en sont dérivés : l'harmonie avec l'environnement, les relations d'entraide, les relations entre les peuples de l'Amazonie, etc.

Parmi les indices qui permettent de reconnaître le thème principal et les thèmes secondaires d'une œuvre, il y a notamment le champ lexical et l'univers (par exemple, la vengeance est souvent un thème d'un récit policier parce que l'univers représenté met fréquemment en scène des règlements de compte entre les personnages). Il est également possible que les thèmes soient davantage le véhicule des préoccupations de l'auteur, par exemple un auteur altermondialiste peut choisir de traiter de l'exploitation des peuples africains dans une œuvre de fiction parce qu'il dénonce ce phénomène.

> Puisqu'un thème peut être utilisé plusieurs fois, à différentes époques, dans différents contextes et par différents auteurs, c'est le traitement qui en est fait qui donne toute l'importance et l'originalité à une œuvre.

Les repères culturels

La littérature est souvent considérée comme un véhicule important de la culture d'une société à une époque donnée. Elle est porteuse d'indices quant à l'utilisation de la langue et au mode de vie des gens d'une même culture. Elle transmet un héritage aux nouvelles générations à propos de l'histoire et de l'évolution de leur société. Les **repères culturels** sont les indices du texte qui définissent cette culture. On les déduit, entre autres, à partir de la situation spatiotemporelle et des caractéristiques des personnages :

– l'époque et les repères géographiques ;

– la religion des gens et les croyances qui y sont associées ;

– le quotidien : rapports humains, travail, gastronomie, vêtements, habitudes, outils, technologie, etc. ;

– les éléments identitaires propres à une société : valeurs communes, éducation, langue, mythes et légendes, histoire, traditions, etc. ;

– le niveau de langue utilisé par les personnages.

La modalisation

La modalisation, c'est l'ensemble des procédés employés pour modifier le sens d'une phrase. On l'utilise dans le but de nuancer les propos, de laisser transparaître un jugement, de mettre en évidence une particularité, d'insister sur un aspect.

■ Le point de vue

Une œuvre peut présenter un **point de vue** subjectif. S'il s'agit d'un point de vue objectif, on utilisera un langage et une formulation les plus objectifs possible et on évitera ce qui pourrait conduire à un jugement ou à une opinion.

Par contre, s'il s'agit d'un point de vue subjectif, on en trouvera des traces dans :

– l'emploi de la langue : le niveau de langage, les signes de ponctuation, les pronoms à la 1re personne, l'emploi de noms, d'adjectifs, d'adverbes, de verbes qui portent un jugement ou qui soulèvent un doute, les figures de style, la structure de phrase ;

– l'emploi de la narration : des commentaires, des locutions ou des phrases qui s'adressent directement au lecteur.

> « Et, <u>surtout</u>, se développait <u>la peste</u> des chercheurs d'or, individus <u>sans scrupules</u>, venus de tous les horizons <u>sans autre but que celui d'un enrichissement rapide</u>. » (Sepúlveda) Le *surtout* marque une insistance, *la peste*, c'est l'association à une maladie, un fléau. Les caractéristiques de ces chercheurs d'or démontrent que l'auteur n'a pas une grande estime pour ces gens et leurs valeurs.

Le **ton** employé peut aussi modifier le sens d'une phrase. Ces nuances influencent l'interprétation que l'on fait d'un texte.

> « [...] Enfin Mrs. Bennet serait très heureuse de pouvoir les confier à la garde de leur sœur et de se dispenser de les accompagner dans le monde. C'est là le sentiment qu'il est d'usage d'exprimer en pareille circonstance, mais il était difficile de se représenter Mrs. Bennet éprouvant, à n'importe quel âge, une si grande satisfaction à rester chez elle. » La première phrase rapporte indirectement le propos de Mrs. Bennet, alors que la seconde expose sarcastiquement un point de vue différent sur ce propos. (Austen)

Les valeurs

Une **valeur**, c'est l'importance ou la priorité que quelqu'un donne à ce qui l'entoure selon le jugement qu'il porte. Ce jugement peut être basé sur la beauté, l'authenticité, l'acceptabilité, la moralité. Chaque personne a son **échelle de valeurs** pour guider sa conduite : il s'agit d'un classement personnel de ses valeurs, de la plus importante à la moins importante. Cette échelle de valeurs peut évoluer et se transformer selon les aléas de la vie.

Il existe plusieurs **catégories** de valeurs. Certaines sont de nature à représenter notre appartenance à un groupe, ce sont les valeurs collectives :

– les **valeurs sociales** réfèrent aux mœurs, aux lois, aux institutions d'une communauté ;

> « Mais quand la musique recommença et que Darcy s'avança pour lui rappeler sa promesse, Charlotte Lucas ne put s'empêcher de lui souffler à l'oreille que son <u>caprice</u> pour Wickham ne devait pas lui faire commettre <u>la sottise</u> de se rendre <u>déplaisante</u> aux yeux <u>d'un homme dont la situation valait dix fois celle de l'officier</u>. » (Austen)

– les **valeurs culturelles** réfèrent aux traditions, à la gastronomie, aux festivités, au mode de vie d'une communauté ;

> « Il participait à l'hommage rendu quotidiennement aux têtes réduites des ennemis morts en guerriers valeureux… » (Sepúlveda)

– les **valeurs religieuses** réfèrent aux valeurs rattachées à la pratique religieuse ou valorisées par une religion.

> « En les fréquentant, il abandonna <u>ses pudeurs de paysan catholique</u>. » (Sepúlveda).

D'autres valeurs sont de nature individuelle :

– les **valeurs morales** désignent ce qu'un individu fait comme distinction entre le bien et le mal dans son attitude ;

> « [...] je ne vois là qu'ignorance voulue de sa part, et méchanceté pure de la part de Mr. Darcy. » (Austen)

– les **valeurs sentimentales** concernent les amitiés, les amours, les émotions de même que l'importance ou l'estime que l'on accorde à une autre personne ;

> « Je croyais que Madame Rosa m'aimait pour rien et qu'on était quelqu'un l'un pour l'autre. » (Gary)

– les **valeurs d'authenticité** réfèrent à la recherche de vérités et de certitudes.

> « Au début, je ne savais pas que je n'avais pas de mère et je ne savais même pas qu'il en fallait une. » (Gary)

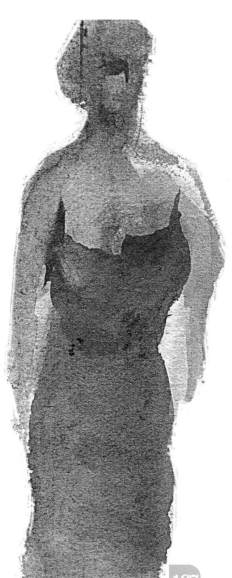

On identifie les valeurs d'un personnage grâce à son échelle de valeurs, qui se répercute à travers ses actions ou ses réactions, les paroles qu'il prononce et le ton sur lequel il les prononce, ses relations avec les gens autour de lui, son travail, ses relations avec son environnement, ses sentiments ou ses émotions face aux aléas de la vie.

> Dans *La vie devant soi*, à travers sa narration des événements, Momo démontre de la curiosité, du respect pour les gens, un peu de délinquance, de l'amour envers Madame Rosa.

Un personnage peut démontrer des **jugements de valeur** à propos d'autres personnages, c'est-à-dire qu'il portera un regard critique sur leurs actes, leurs réflexions ou leur mode de vie. S'il estime que ces personnages ont de bonnes valeurs, le jugement sera positif. Au contraire, s'il estime que ces personnages ont de mauvaises valeurs, le jugement sera négatif.

> « Mais elle était toujours très correcte sur le plan raciste. Par exemple il y avait chez nous un petit Moïse qu'elle traitait de sale bicot mais jamais moi. » (Gary)

À travers les valeurs qu'il véhicule dans son texte, un auteur peut :

– promouvoir des idées nouvelles ;

– porter un regard critique sur le monde ;

– sensibiliser le lecteur, susciter une réflexion ou une prise de conscience ;

– représenter un travers de la société : amener un changement d'attitude, de comportement ;

– proposer une autre façon de voir le monde (monde imaginaire) ;

– remettre en question des valeurs socialement acceptées et chercher à confronter le jugement du lecteur ;

Dans le cas d'œuvres étrangères, l'auteur ou le traducteur peut insérer des explications ou des indications supplémentaires qui renseignent sur certaines particularités culturelles. Ainsi la littérature devient pour les lecteurs un véhicule intéressant pour découvrir les valeurs reliées à d'autres cultures.

Vous venez de lire un extrait des œuvres suivantes :
Le vieux qui lisait des romans d'amour, *La vie devant soi*
et *Orgueil et préjugés*.

1 Comment les repères culturels vous ont-ils permis
de situer les extraits dans le temps et dans un lieu
géographique ? Donnez un exemple pour chacun
des textes.

2 Chaque extrait de texte s'articule autour d'un thème
principal, par contre ils ont des thèmes secondaires
communs. Trouvez-en un et expliquez votre réponse.

3 Lequel des narrateurs a démontré une plus grande
subjectivité que les deux autres ? Justifiez votre réponse.

4 Qu'est-ce que les valeurs véhiculées nous apprennent
sur chacune des sociétés présentées ?

5 Parmi les personnages des trois extraits,
lequel a des valeurs qui se rapprochent
davantage des vôtres ? Expliquez
votre choix.

Pistes d'essai

Lecture

Sous l'arbre à palabres, mon grand-père disait... et *Dans mon village, il y a belle Lurette...* sont deux recueils issus de la tradition orale de deux cultures différentes. Dans ces deux textes, retrouvez les marques de leur provenance, c'est-à-dire les repères culturels de chacun. Comparez-les pour faire ressortir leurs ressemblances et leur caractère culturel particulier.

Pour soutenir votre démarche, consultez la stratégie « Lire un texte littéraire », page 550.

Communication orale

Dans le texte *Comment devenir un monstre* de Jean Barbe, la mère de Viktor, le Monstre, croit que les enfants font leurs choix et deviennent des monstres par eux-mêmes. Et vous, que croyez-vous ? Débattez de cette question : naît-on monstre ou le devient-on ? Si on le devient, quelle en est la principale raison ? Si on naît ainsi, à quoi en attribuez-vous la cause ?

Pour soutenir votre démarche, consultez la stratégie « Participer à un débat », page 564.

Écriture

Au cours d'une vie, une personne traverse plusieurs situations qui l'amènent à revoir son échelle de valeurs : une naissance, un mariage, un rapprochement, un conflit, la mort d'un proche, une promotion ou un succès, la perte d'un emploi, etc. Racontez, avec un point de vue subjectif, comment un événement bouleversant a pu modifier les valeurs d'une personne que vous connaissez. Si vous n'en connaissez pas, inventez un cas.

Pour soutenir votre démarche, consultez la stratégie « Écrire un texte littéraire », page 554.

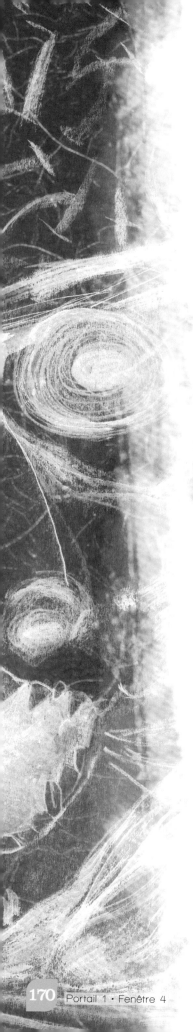

Né à Montréal en 1962, Jean Barbe s'est d'abord fait connaître en tant que journaliste culturel. Aujourd'hui, il est à la fois écrivain, chroniqueur et éditeur. Ses romans *Comment devenir un monstre* (Prix des libraires en 2005) et *Comment devenir un ange* lui permettent de se classer parmi les auteurs à suivre. En 2008, il publiait son quatrième roman, *Le travail de l'huître*.

Comment devenir un monstre

[...]

— Qu'est-ce qu'on peut dire de son enfant ? Tout ce que je sais de lui, c'est ce que j'ai voulu en voir. Ce qui me ressemble. Ce qui ressemble à son père. Ce qui ne nous ressemble pas. Je sais ce que vous voulez savoir. Vous voulez savoir ses blessures. Pourquoi les gens s'imaginent-ils que les parents connaissent les
5 blessures de leurs enfants ? Nos enfants, on tente de les faire rire, pas de les faire pleurer. On finit par savoir ce qui leur fait plaisir. Mais leurs larmes, on les évite. Je voulais le préserver du chagrin, si bien qu'à la fin, quand Viktor pleurait, je ne savais pas trop pourquoi. Parfois on devine. Au début. Mais plus le temps passe, et plus le chagrin de nos enfants nous devient étranger. J'ai soixante-dix ans, et quand je
10 pleure, mon mari est décontenancé. Lui il ne pleure pas, il ravale ses larmes. Je ne comprends pas. Quarante-trois ans de mariage. Je ne peux rien faire pour lui. Il ne peut rien faire pour moi. Nos larmes nous appartiennent.

— Je comprends, mais mettez-vous à la place du jury. Que pouvez-vous me dire de Viktor qui le ferait paraître humain, touchant et fragile ?

15 — Je ne connais pas mon fils. Je ne le connais plus. J'ai cessé de le connaître lorsqu'il a quitté l'enfance. Il est devenu un autre que mon enfant.

— Que s'est-il passé ? demandai-je.

— Il est devenu lui-même, sa propre personne. Avant, il était une extension de mon amour, une excroissance de mon corps, une incarnation de mon désir de mère.
20 C'était mon enfant. En avez-vous ?

— Oui, deux.

— Quel âge ont-ils ?

— Deux ans et quatre ans.

— Vous avez encore un peu de temps devant vous. Mais vous verrez. On ne
25 met pas des enfants au monde pour qu'ils restent des enfants, et pourtant c'est ce
qu'on souhaite. Tout ce qu'on fait, tout ce qu'on leur montre, c'est pour qu'ils
puissent nous échapper, et c'est la pire chose qu'on puisse faire. Parce qu'ils nous
échappent. Ils deviennent eux-mêmes, ils ont des pensées qu'ils gardent pour eux,
des secrets, des ombres. Ils se développent dans ces coins d'ombre, loin de nos
30 regards, loin de tous les regards. Ils deviennent ce qu'ils doivent être, j'imagine. Nous
n'avons rien à voir là-dedans. Rien. Un obstacle plutôt. Un obstacle!

[...]

Un obstacle! Et l'amour commande de s'effacer, bravo, l'amour! S'effacer! Le
laisser faire, dans l'ombre. C'est dans l'ombre qu'il est devenu un monstre. C'est
dans l'ombre qu'il s'est détaché de moi, qu'il est devenu un tueur. C'est pour ça que
35 je suis devenue mère? C'est pour ça que je l'ai tant aimé? C'est pour ça que je l'ai
sorti de mon ventre? Pour qu'il se détache de moi et devienne un monstre? Il
s'appelait Viktor. Je l'appelais Vichou. Il caressait ma joue quand il buvait à mon
sein, de ça je peux vous parler. Mais ça ne vous intéresse pas...

— Ce n'est pas ce que j'ai dit.

40 — Mais non, ce qui vous intéresse, c'est comment on devient un monstre, et
vous me demandez, puisque je suis sa mère, quelle est ma recette! Je vais vous la
donner: de l'amour! Donnez de l'amour, donnez, donnez, donnez! Et au bout du
compte, rien, de l'indifférence, de la honte, un monstre!

Je commençais à entrevoir ce qu'avait pu être la vie du petit Viktor sous la
45 tutelle de cette femme, dont l'amour étouffant réclamait l'exclusivité. Grandir,
vieillir était une trahison. L'accession à sa propre liberté de penser, de ressentir,
d'agir devait alors inévitablement s'accompagner d'un sentiment de culpabilité qui
jetait sur la moindre joie une sorte de voile de deuil. Il faut tuer le père, disent les
psychanalystes, mais la mère? La mère est éternelle, et c'est pour l'éternité qu'elle
50 viendra vous hanter en versant une petite larme silencieuse parce que vous n'avez
pas songé, le jour de son anniversaire, à lui offrir des fleurs.

Comment l'amour d'une mère peut-il ne pas être déçu?

Cependant, la vieille continuait:

— L'enfant qui est dans mon cœur n'est pas l'homme qu'il est devenu. Un jour,
55 il était ouvert comme un livre, et le jour suivant, fermé, les pages collées. Il avait,
quoi, douze ans?

Je sursautai. Voilà quelque chose qui pouvait m'être utile.

— Que s'est-il passé?

— Il avait suivi son grand frère dans une petite excursion hors de la ville.
60 L'imprudent, l'irresponsable!

— À douze ans, aucun enfant n'est responsable.

— Je parle de Milos, son grand frère. Il avait quinze ans, lui, presque seize. Il lui
a permis de l'accompagner, et il me l'a ramené tout cassé. Un tibia, des côtes, il était
tout bleu de contusions. Mais le pire, c'était son silence.

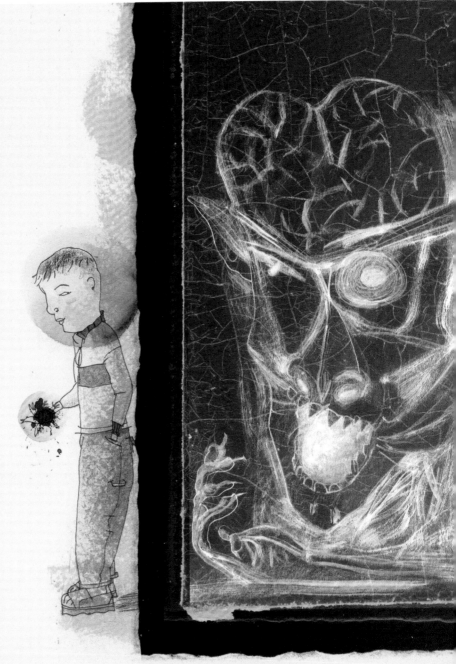

65   — Il ne parlait plus ?

     — Très peu, il hochait la tête. Si
j'insistais il répondait brièvement à
mes questions. Mais les histoires,
les confidences, les mots d'amour,
70 c'était fini. Je lui en ai tant voulu. À
Milos. C'était à lui de veiller sur son
petit frère, et il ne l'a pas fait, il m'a
laissée tomber, je ne lui ai jamais
pardonné.

75   — Comment s'est-il blessé ?

     — Viktor ne m'a jamais rien
dit et Milos ne sait pas vraiment.
Ils voulaient explorer un ancien
bâtiment abandonné, Viktor a grimpé
80 sur une échelle et il est tombé, je
n'en sais pas beaucoup plus.

     — Cela pourrait-il expliquer
en partie ce qu'on lui reproche
maintenant ?

85   — Comment voulez-vous que
je le sache ? Il était devenu taciturne,
mais ce n'est pas un crime. C'était
comme une poussée de croissance,
et pouf! Son enfance était terminée.
90 Et encore, je dis ça maintenant, c'est
parce que j'y ai pensé, j'y ai beaucoup
pensé, depuis son arrestation. Des
journalistes sont venus jusqu'ici.
Mon mari les a chassés avec sa
95 barre à clou et on l'a vu en photo,
dans le journal, menaçant, avec
la légende : «Le Monstre a de qui
tenir.» Non, merci. Je ne veux plus
penser à ça. J'ai aimé cet enfant, monsieur, j'ai aimé mes deux enfants plus que
100 tout au monde, et c'est comme ça qu'ils m'ont remerciée ? Je suis trop fatiguée
maintenant. Regardez ça (elle indiquait d'un geste tout le jardin). Mon mari veut
reconstruire la maison. Il ne veut pas partir, mais c'est mon mari, depuis quarante-
trois ans. Alors je reste. Je vis dans une cabane de tôle, j'ai un fils en prison et
un autre Dieu sait où, est-ce que je méritais ça ? Est-ce que je méritais ça ?

     [...]

Jean Barbe, *Comment devenir un monstre*, © 2004, 2006, Leméac.

Boucar Diouf est originaire du Sénégal. En 1991, après avoir étudié à l'Université de Dakar, il obtient une bourse pour venir faire sa thèse de doctorat en océanographie à Rimouski et y enseigner. Ses étudiants remarquent son sens de l'humour et son talent de conteur et l'encouragent à se produire en spectacle, ce qu'il fera avec succès. Depuis, le docteur Diouf est très présent dans les médias québécois. En 2004, il présente son premier spectacle solo, *D'hiver cité*, et publie, en 2007, un recueil de contes, *Sous l'arbre à palabres, mon grand-père disait...*

Les quatre tresses

Dans le Sénégal de mon enfance, mon grand-père nous parlait souvent d'un temps, bien avant l'arrivée des premiers missionnaires, où régnait sur une petite province un roi prétentieux et assoiffé de pouvoir. Ce roi était plus préoccupé par sa propre image que par les problèmes de son peuple. Aussi, sa cour n'était constituée que de courtisans chantant ses louanges. C'étaient, comme on dit chez moi, des gens qui trouvaient que les flatulences du souverain ne puaient jamais. On racontait même qu'un jour, alors qu'on l'attendait sous l'arbre à palabres, le roi, arrivé en retard, annonça à la population: «En traversant la rivière, le ciel s'est mis à s'effondrer et il a fallu que j'attache mon cheval pour repousser la voûte céleste loin de mon royaume.» Après sa fracassante révélation, ses partisans entonnèrent un hymne improvisé au roi chasseur de ciel.

Un vieillard, qui s'appelait Fari, s'approcha alors du souverain et lui dit:

— Votre Altesse, **l'œil ne porte pas de charge, mais il sait reconnaître ce que la tête est capable de supporter.**

Sans être choqué, le roi se tourna vers Fari et lui répondit:

— Je sais que tu n'as pas beaucoup d'affection pour moi. D'ailleurs, j'ai plusieurs fois pensé te chasser de mon royaume. Mais j'ai une meilleure solution. Je vais te donner des vaches et du pouvoir et, en échange, tu obéiras à mes ordres, tu deviendras mon ami et tu chanteras mes louanges.

— Je ne veux pas perdre ma dignité pour quelques vaches et un semblant de pouvoir, répondit Fari.

— Pourquoi ne veux-tu pas prendre la richesse, le pouvoir et l'amitié que je t'offre en échange d'une simple courbette? demanda le roi mécontent.

— Je ne veux pas de votre richesse parce que mon propre père m'a appris que **lorsque ramasser devient facile, se baisser devient difficile**, répondit Fari. Et de votre pouvoir, je ne veux pas non plus, parce que je suis convaincu **qu'il est préférable d'être la tête d'une souris que la queue d'un lion.** Je n'ai pas besoin non plus de votre richesse pour cheminer dans la vie. Tout comme **les feuilles de bananier n'ont pas besoin de tam-tams pour danser.** Votre Altesse, **le grillon ne**

30 tient-il pas dans une main ? Pourtant, cela ne l'empêche pas de
se faire entendre dans toute la prairie.

— Si tu veux me défier, libre à toi ! Cependant, rappelle-toi
que **même si une graine réussit à germer sous un
baobab, elle mourra arbrisseau,** répondit le roi.

35 — Vous avez peut-être raison, Votre Altesse, rajouta
Fari. Mais, vous devez aussi savoir qu'**un baobab a beau
être énorme, il provient d'une minuscule graine.**

Sur ce, le roi demanda à ses gardes de mettre le
vieux Fari en prison pour une semaine. À la fin de la
40 sentence, il envoya un messager annoncer à Fari
qu'il allait être libéré à condition qu'il renonce à la
parole et qu'il quitte le royaume. Fari se mit alors à
réfléchir sur la meilleure façon de procéder pour
dire au monarque ses dernières pensées avant de
45 quitter son royaume. C'est ainsi qu'il décida, juste
avant sa libération, de se faire quatre tresses sur la
tête. Il savait que cela intriguerait le souverain et que
ce dernier voudrait en savoir plus sur sa parure. C'est
ainsi que le roi, quand il aperçut le prisonnier qui
50 s'éloignait avec ses quatre tresses sur la tête, s'empressa
d'aller lui demander des explications :

— Est-ce que ces tresses sont le symbole de pratiques
occultes destinées à ébranler mon trône et à assouvir ta soif de
vengeance ? Je veux que tu m'expliques tout avant de quitter ce village.

55 — Cette coiffure, répondit Fari, fait partie d'un rite initiatique que
j'ai hérité de mon père. Chacune des tresses représente une pensée qui m'est
très chère.

— Puis-je connaître les pensées cachées dans tes tresses ? demanda le roi.

— Votre Altesse, la première tresse dit que **ce n'est pas parce
60 qu'un morceau de bois est resté longtemps dans une rivière
qu'il va se transformer en crocodile.** La deuxième tresse affirme
que **le mensonge a beau faire une semaine de route, la vérité
finit toujours par le rattraper en une journée.** La troisième dit
que **la vérité est comme du piment : elle pique les yeux, mais
65 ne les crève pas.** Enfin, la quatrième tresse rapporte que **les
hautes herbes peuvent avaler les pintades, mais ne peuvent
pas avaler les cris des pintades.**

Après avoir donné la leçon au roi, Fari quitta le royaume.
Depuis, les griots lui ont composé une chanson : la chanson de
70 l'homme qui faisait parler les choses, de l'homme dont la parole,
au-delà des oreilles, charmait le cœur et l'esprit.

Lien utile

Le conte
Le conte est une histoire qui raconte
généralement des événements ou des
aventures imaginaires, invraisemblables,
étonnantes. Il peut être utilisé pour
divertir (les contes de fées), pour
susciter une réflexion (les contes
philosophiques), pour éduquer ou
changer un comportement chez les
enfants (les contes qui comportent une
morale, certains contes éducatifs).

Boucar Diouf, « Les quatre tresses », *Sous l'arbre à palabres, mon grand-père disait...,*
© 2007, Éditions des Intouchables.

Originaire de Saint-Élie-de-Caxton, petit village de la Mauricie devenu légendaire, Fred Pellerin ne cesse d'étonner avec son répertoire inépuisable d'histoires issues de son coin de pays «où les lutins et les fées s'écrasent dans les pare-brise le soir» et qu'il crée devant public depuis 2001. Des milliers de spectateurs ont vu ses centaines de représentations partout au Québec, mais également en France. Des livres-CD, tirés de ses spectacles, ont été publiés et un film dont il a écrit le scénario, *Babine*, est sorti au cinéma en 2008.

Madame Riopel sort de sa tombe

Ma grand-mère disait que l'histoire s'est passée dans le temps où c'est que tous les villages avaient leur fou.

«Des personnages étranges, entourés de mystère. Des fous de qui on riait pour éviter d'en avoir peur. Oui! Des fous alliés, à lier, de la race de ceux qu'on aime craindre
5 et qu'on craint d'aimer. Dans tous les villages! On dit même que si t'avais pas ton fou, tu pouvais demander une subvention au gouvernement pour en engager un.»

Ma grand-mère disait que ça se passait à l'époque où toutes les différences n'étaient pas nécessairement des vices.

Parmi les spécimens du patelin, malgré l'époque du noir et blanc, on comptait
10 plusieurs personnages hauts en couleur: un forgeron [...], un marchand général très particulier, un boulanger pour un petit pain, un barbier aux cheveux sur la soupe, un vendeur de tissus à la verge, puis encore... Chacun prenait la partie du travail qui lui revenait et la survie de tous s'en voyait bien portante.

— Un jour, on mettra du labeur sur notre pain!

15 Dans mon village, pas pire qu'ailleurs, on avait aussi notre fou. Babine, qu'il s'appelait. Fils unique de la Sauvagesse, notre élu à la folie passait ses journées à arpenter les rues du village, à la recherche de quelque besogne. Comme il errait sous la main, les habitants avaient vite compris qu'on pouvait en profiter. Oui! En homme de cœur, pour le plaisir de rendre service, Babine s'était bien vite ramassé
20 avec les pires jobines.

(Trop fatigant?)

C'est lui qui livrait les sacs d'épicerie avec sa brouette, puis qui pelletait la neige au printemps, quand elle est chargée d'eau...

(Trop salissant?)

25 C'est lui qui ramonait les cheminées puis qui vidait les bécosses trop chargées à la pelle ronde...

Avec le temps, Babine était devenu un outil auquel tout le monde s'était habitué, sur lequel chacun se fiait.

* * *

Chhhhhus pas ben... Mmmaudit qu'chhus pas ben...

30 Le lendemain de l'enterrement de la bonne femme Riopel, à la brunante, on entendit une plainte dans le vent du soir.

(Qu'est-ce que c'est ça ?)

Chhhhhus pas ben... Mmmaudit qu'chhus pas ben...

On aurait dit la voix d'un fantôme... La voix de la Riopel !

35 (Ça doit être la faute à Babine, encore !)

* * *

Pour creuser le trou de la défunte Riopel, on avait fait appel aux services de Babine. Comme fossoyeux, notre fou n'était pas battu. En fait, il creusait si bien que son nom réputait à travers le canton pour les ouvrages de trous. (Il y a des propriétaires de terrains de golf qui lui offraient la lune pour un dix-huit.)
40 Des fois, c'était jusque marqué dans les testaments, en lettres carrées : « JE VEUX QUE BABINE CREUSE MON DERNIER LIT. » Ce n'est pas mêlant, à voir ses trous, ça donnait presquement le goût de mourir tout de suite.

45 Encore une fois, pour la mère de Lurette comme pour les autres, Babine n'avait pas manqué son coup.

* * *

Chhhhhus pas ben... Mmmaudit qu'chhus pas ben...

Depuis quelques jours, la voix hurlait dans le vent du soir. Les gens du village commençaient à s'inquiéter.

* * *

50 Après le service de feue madame Riopel, Babine était resté dans le cimetière. Il avait regardé la famille brailler un dernier coup, puis écouté le curé qui chantait une couple de prières d'accompagnement.

— Ainsi soit-il !

55 Puis tout le monde s'était dirigé à la réception.

La compagnie partie, ne restait plus que les charrieux de tombes, les hommes noirs, habillés en long, qui ont l'air des ombres. Babine attendait encore. Il attendait son tour. Il voulait enterrer tout de suite, une fois le coffre dans le trou.

60 Tout allait tiguidou jusqu'au moment où il fallut installer le cercueil dans la fosse. C'est là que l'histoire bascula. (Vous savez, dans l'ancien temps, il n'y avait pas de système de strappes mécaniques comme aujourd'hui, avec des poulies puis des manivelles pour descendre les boîtes. Non !
65 Dans ce temps-là, les charrieux de tombes procédaient à force de bras. (Service beaucoup plus personnalisé !) Ils descendaient le gréement à la mitaine, comme pour porter le dernier sommeil dans une étreinte.)

70 Madame Riopel étant baquèse, ça fut lourd pour les bras quand on barouetta le coffre au-dessus de la fosse. Les charrieux, bien vite, en vinrent au bout de leurs forces puis...

— Oups!

Ils échappèrent la boîte au fond du trou.

75 N'ayant pas lâché tous en même temps, le cercueil ne descendit pas en ligne drette. Tout ça vira mal! Plus que ça: ça vira de bord, d'un coup. Déviraille à l'envice-versa, puis le couvert s'ouvrit. Dans la chute, la corpulence de la morte eut le temps de sortir de son cercueil puis se retrouva à pleine face dans le sable, les dents dans la poussière de son trou.

Babine avait entraperçu tout ça, lui.

80 Les charrieux de tombes laissèrent voir de faire semblant d'avoir l'air de ne rien avoir vu pantoute. (Il faut comprendre que t'as beau être charrieux, il n'y a personne qui souhaite mettre les pieds dans un trou de mort pour zigonner après un cadavre!) Ça fait que les sombres porteux quittèrent les lieux en se frottant les mains, en laissant Babine s'arranger tout seul. Lui, pas fin-fin, dans sa cellule de 85 cerveau qui clignotait, il pensait que c'était correct de même.

Empogne la pelle, puis envoye par là, Babine remit toute la terre avec le gazon roulé par là-dessus. Plus rien qui paraissait!

L'affaire était bâclée, qu'il s'imaginait. Il était loin de se douter qu'on ne part pas de même pour l'Éternel...

* * *

90 *Chhhhhus pas ben.,. Mmmaudit qu'chhus pas ben...*

Depuis l'enterrement, chaque brise de crépuscule amenait la voix de la défunte aux oreilles du village. Curieux, les gens se questionnaient pour savoir le tréfonds du problème.

* * *

Rien n'était clair, jusqu'à ce que Babine s'ouvre la trappe.

95 — Ma'me Riopel sortie de la tombe...

D'un coup, la peur prit le monde au cou.

Chhhhhus pas ben... Mmmaudit qu'chhus pas ben...

Ça ne prit pas le temps d'un *atchoum!* pour que les habitants partent en peur!

— La Riopel est sortie de sa tombe?!! Ça dormait rien que sur un œil. La 100 frousse coupait les nuits courtes.

Les villageois étaient hantés par le fantôme de la Riopel!

— Une revenante!

Puis quand même on ne la voyait pas, c'était bien assez de l'entendre.

Le consternage frappait Saint-Élie comme jamais: un fantôme!

[...]

105   — Qu'est-ce qu'on va faire pour qu'elle ferme sa boîte ?

* * *

Devant leur impuissance à faire taire le vent, les paroissiens finirent par se rassembler au presbytère. Pour forcer le curé à réagir. (Après tout, c'est à lui que ça revenait de sauver la brise parlante. C'est lui qui se ventait de jaser avec le Bon Yeu !)

     — Sauvez ma femme, m'sieur le curé ! que demanda Ti-Bust.

110   — Pour une foi, trompez-vous pas, que marmonna Ésimésac.

     — Une foi n'est pas coutume ! que répliqua Ti-Jack Prévert.

Chasser une revenante ! Le curé ne savait pas comment s'y prendre. Dépourvu.

* * *

Chhhhhus pas ben... Mmmaudit qu'chhus pas ben...

... avec la brunante qui ne slaquait pas...

* * *

115   Comme le curé ne trouvait pas le moyen de calmer l'entre-chien-et-loup, il mijota une idée malsainte pour se sauver la face.

     (Il n'avait pas toujours l'esprit sain, notre curé.)

     — Il faut frapper sur le plus vulnéreux, qu'il pensa.

À la messe du dimanche, dans sa robe à manches longues,
120 monsieur le curé lança son venin.

     — Il y a un coupable parmi nous, chers paroissiens !

Hein ? Un coupable...

Lentement, pour faire durer le suspense (comme s'il savait que ça allait devenir une histoire, qu'il fallait que ce moment-là
125 s'étire pour faire saliver ceux qui écouteraient), il s'allongea le bras. Au bout de son geste, il s'ouvrit la main, se referma quatre doigts, puis garda son index pointé vers la salle.

     (Un doigt béni qui pointe, ça fait tourner des têtes !)

     — Babine ?

130 Des gros yeux enlignèrent Babine. Le fou pâlissait.

Pour se défendre, devant l'accusement au pied du mur, Babine bégaya un brin :

     — C'est vrai... un peu ma faute...

Ah ! Saisissant l'occasion, le curé en profita pour jouer dans le bobo.

     — Qu'est-ce qu'on va faire, à cette heure, pour fermer la gueule à l'au-delà ?

135   — Déterrer, que murmura Babine, au bord des larmes.

Puis, pour l'achever. Net. Fret. Sec.

     — C'est ça, que le curé dit, vous voyez ? Il veut profaner la tombe de ma'me Riopel. C'est un démon ! C'est lui le coupable. Le fils de la sorcière...

Lien utile

La légende

La légende est un récit tiré de la tradition culturelle d'un peuple. Les personnages ou les événements peuvent avoir été réels à l'origine, mais ils ont été exagérés et bonifiés depuis, soit pour ajouter de l'effet à l'histoire, soit pour accentuer la valeur du héros que l'on admire. On y ajoute parfois une morale, un peu de merveilleux ou une valeur que l'on veut partager.

On n'entendit pas la fin parce que le troupeau se leva. Avec Ti-Bust en tête de 140 clan, ils chassèrent Babine, coururent après lui pour le faire déguerpir de l'église au plus coupant.

* * *

Chhhhhus pas ben... Mmmaudit qu'chhus pas ben...

La plainte continuait de gémir, de par les soirs. En seulement, avec quelqu'un sur qui fesser, ça dérangeait moins.

145 Babine ne venait presquement plus au village.

De rumeurs en placotages, puis de langues sales en mauvaises intentions, à force de se crinquer, la paroisse en vint même à se mettre d'accord pour punir Babine.

— C'est un homme dangereux !

— Il porte attente au repos éternel !

150 Puis, de fil en aiguille :

— À la peine décapitale !

Le monde se mit d'accord sur la mort du fou. On allait le pendre. [...]

* * *

Chhhhhus pas ben... Mmmaudit qu'chhus pas ben...

La revenante ne lâchait pas de réclamer le repos dans le couchant. Patience !
155 On allait procéder à l'exécution finale pour endormir tout ça.

* * *

Le jour de la pendaison, une petite corde de balles de foin se balancignait au bout de la poutre. Sur la tête à Babine, faute de cagoule, on avait enfilé une paire de caleçons. (Ça ajoutait à l'effet tragique !)

Tout le village était attroupé dans la cour de l'église pour assister au 160 spectacle ! On s'attendait à un bon show. Tout un événement ! (En plus, il faut savoir que, dans le temps, c'est à peu près tout ce qui se faisait en frais de prestation culturelle dans le milieu rural.)

La foule était nombrable.

Le public criait puis tapait des mains.

165 Tout le monde était heureux, sauf Lurette. Avant de le pendre, Lurette pensait qu'il vaudrait mieux d'aller jeter un coup d'œil, creuser pour voir. On ne sait jamais !

— Vas-y toute seule ! Nous autres, on veut pas manquer le dénouement.

170 Pendant que les dernières minutes s'écoulaient, que des hommes faisaient un nœud solide dans la corde, que Babine suait à grosses gouttes avec ses bobettes sur la tête, le curé faisait le sermon des pendus. Le fou se laissait mener, docile. Il espérait en vain, comme un serrurier, une clé des champs, une 175 clé de l'énigme, ou seulement une clémence.

* * *

Lurette, elle, rendue dans le cimetière avec une pelle, elle creusait déjà depuis quelques minutes. Creuser jusqu'au fond. Au fond des choses. Elle voulait voir...

[...]

* * *

Tout d'un coup, elle frappa du dur au fond du trou. C'était la boîte. Le dos de la boîte. La boîte à l'envers.

180 Elle comprit tout.

[...]

* * *

La belle Lurette s'en revenait vers l'ameute en courant.

* * *

— Pendu!

Le curé envoya un bon coup de pied sur la chaise qui tenait Babine.

* * *

— Attendez! Menute! criait Lurette.

185 — CHHHUTT! qu'ils lâchèrent tous, dans un ton de salle de cinéma.

* * *

Chhhhhus correct... Mmmaudit qu'chhus ben...

C'est la dernière affaire qu'on entendit dire par la voix de la défunte femme de Ti-Bust Riopel.

* * *

L'attroupement emboîta le pas à Lurette jusqu'au cimetière.

190 Ils comprirent tous.

Le corps reprit sa place dans sa boîte, puis personne n'en a plus jamais reparlé. On faisait voir de rien, trop orgueilleux d'avouer la faute.

* * *

Babine fut sauvé de peu. Par chance que la corde cassa. Dans les jours qui suivirent, on dut trouver quelqu'un pour défaire l'installation qui traînait dans la 195 cour de l'église. Les habitants étant occupés ailleurs, c'est Babine qui pogna le contrat de déconstruction. Dans la démolition des stands de pendaison, il n'était pas battu dans tout le canton.

À la messe du dimanche suivant, le fou était aux premiers bancs. Il se leva, juste avant la communion, pour se mettre à rire tout haut. D'un rire qui venait du 200 cœur. D'un rire qui était celui d'un homme trop triste pour pleurer.

On le jeta à la porte de l'église.

Ma grand-mère disait que Babine n'était pas humainement parfait, mais parfaitement humain. C'est pour ça qu'on lui lançait toujours la première pierre.

Fred Pellerin, « Madame Riopel sort de sa tombe », *Dans mon village, il y a belle Lurette...*,
© 2001, Les éditions Planète rebelle et Fred Pellerin.

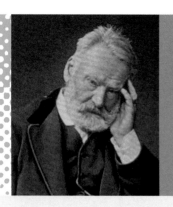

Victor Hugo (1802-1885) domine incontestablement le XIXᵉ siècle par la densité de son œuvre, par sa diversité et par la durée de sa carrière. Tour à tour dramaturge, romancier et surtout poète, il est convaincu qu'il doit remplir une mission et prend position dans les grands débats politiques de ce siècle mouvementé, ce qui le mènera à l'exil durant près de vingt ans, malgré le monument national qu'il est devenu. Hugo, chef de file du romantisme, est un écrivain du peuple. Ses œuvres comme *Notre-Dame de Paris* (1831), *Les Misérables* (1862) ou *La légende des siècles* (1883) peuvent en témoigner.

Où vont tous ces enfants dont pas un seul ne rit?

Où vont tous ces enfants dont pas un seul ne rit?
Ces doux êtres pensifs, que la fièvre maigrit?
Ces filles de huit ans qu'on voit cheminer seules?
Ils s'en vont travailler quinze heures sous des
5   meules;
Ils vont, de l'aube au soir, faire éternellement
Dans la même prison le même mouvement.
Accroupis sous les dents d'une machine sombre,
Monstre hideux qui mâche on ne sait quoi dans
10   l'ombre,
Innocents dans un bagne, anges dans un enfer,
Ils travaillent. Tout est d'airain, tout est de fer.
Jamais on ne s'arrête et jamais on ne joue.
Aussi quelle pâleur! la cendre est sur leur joue.
15 Il fait à peine jour, ils sont déjà bien las.
Ils ne comprennent rien à leur destin, hélas!
Ils semblent dire à Dieu: – Petits comme nous
    sommes,
– Notre père, voyez ce que nous font les hommes! –
20 Ô servitude infâme imposée à l'enfant!

Rachitisme! travail dont le souffle étouffant
Défait ce qu'a fait Dieu: qui tue, œuvre insensée,
La beauté sur les fronts, dans les cœurs la pensée,
Et qui ferait – c'est là son fruit le plus certain –
25 D'Apollon un bossu, de Voltaire un crétin!
Travail mauvais qui prend l'âge tendre en sa serre,
Qui produit la richesse en créant la misère,
Qui se sert d'un enfant ainsi que d'un outil!
Progrès dont on demande: – Où va-t-il? Que veut-il? –
30 Qui brise la jeunesse en fleur! qui donne, en somme,
Une âme à la machine et la retire à l'homme!
Que ce travail, haï des mères, soit maudit!
Maudit comme le vice où l'on s'abâtardit,
Maudit comme l'opprobre et comme le blasphème!
35 Ô Dieu! qu'il soit maudit au nom du travail même,
Au nom du vrai travail, saint, fécond, généreux,
Qui fait le peuple libre et qui rend l'homme heureux!

Victor Hugo, *Les Contemplations*, «Les luttes et les rêves», II,
Melancholia, Paris, juillet 1838.

La journaliste Micheline Lachance, historienne de formation, est également romancière et biographe. Récipiendaire de nombreux prix en journalisme, elle est rédactrice en chef du magazine *Châtelaine* durant cinq ans avant de publier, en 1995, le premier des deux tomes du *Roman de Julie Papineau*. La parution de la suite en 1998 connaît un succès commercial exceptionnel et vaut à son auteure des prix littéraires considérables. Elle reçoit en 2000 le titre du YMCA « Femme de mérite, catégorie arts et lettres » pour l'ensemble de son œuvre. En 2004, paraît *Lady Cartier*, une biographie romancée de la femme d'un autre grand politicien.

Le roman de Julie Papineau

[...]

Julie ne le quittait pas des yeux. Non, elle ne s'était pas trompée. La peur avait gagné Papineau. Il ne reparla pas de l'assemblée du reste de la journée. Lorsque Amédée entra à la maison, c'est à peine s'il lui reprocha sa présence aux côtés des Fils de la Liberté, comme si plus rien ne l'émouvait. Ce n'est que la nuit venue,
5 enveloppé dans un épais édredon, serré contre sa femme dans le lit, que Papineau se décida à lui confier son angoisse.

Il avait d'abord essayé de lire jusqu'à ce que le sommeil le gagne. Mais il tournait, indifférent, les pages des *Paroles d'un Croyant* que son ami Ludger Duvernay venait de publier en édition pirate, car Rome avait mis à l'Index les œuvres de Félicité de
10 Lamennais, comme l'avait prédit monseigneur Lartigue. Son livre resta finalement grand ouvert sur ses genoux repliés.

« Tu ne lis plus, fit Julie après un certain temps.

— Non, je réfléchis. Ma chérie, je suis inquiet.

— Je sais, dit-elle simplement. Raconte-moi ce qui ne va pas. »

15 Il referma son livre qu'il déposa sur sa table de chevet. Il se rapprocha d'elle et parla d'abord de sa consigne de boycotter les importations qui avait été suivie au-delà de ses espérances. Il se réjouissait de constater que les résultats commençaient à se faire sentir dans les caisses de l'État.

« Je crois plus que jamais qu'il faut continuer jusqu'à ce que Londres cède,
20 dit-il. C'est le seul moyen de fléchir le gouvernement britannique. »

C'était sa marotte. Il répétait qu'il fallait se tenir debout, comme des hommes, et résister par des moyens légaux. Il avait opté pour la contestation pacifique et il entendait s'y tenir.

« Mais je sens que je ne contrôle plus la situation.

25 — C'est ce qui te tourmente ?

— Il y a trop de révolte dans l'air.

— La réponse de Londres est insultante, répondit Julie. Elle a eu l'effet d'une gifle sur les Canadiens. C'est normal que cela crée des remous. »

Papineau prit sa femme à témoin qu'il avait tout fait pour apaiser les frustrations
30 de la population et qu'il s'était fait un devoir de prêcher la résistance dans les limites de la loi. Mais les journaux patriotes enflammaient la population. *Le Vindicator* appelait à l'insurrection et comparait le Bas-Canada à l'Irlande, tandis que *La Minerve* réclamait vengeance contre le bras oppresseur.

« Les bureaucrates ne sont pas en reste, argua Julie. Ce sont eux qui brandissent
35 la menace d'une guerre sanglante.

— Je sais. Mais voilà maintenant qu'on incite à la violence pendant nos assemblées. Aujourd'hui, à Saint-Charles, Nelson est allé trop loin. »

Il avait espéré que ces rassemblements bien organisés galvaniseraient l'opinion publique contre les résolutions Russell. Mais il avait maintenant la preuve
40 qu'elles chauffaient les esprits plus que de raison.

« Julie, penses-tu qu'un peuple qui prend subitement conscience de son oppression est capable de contrôler ses forces explosives ? »

Elle le regarda d'un air étonné. Il s'expliqua :

« Tu comprends, je me sens personnellement responsable de ce qui arrive.
45 Cette guerre des mots que nous menons depuis quelque temps a alimenté la colère.

— Aujourd'hui, je reconnais que certains orateurs se sont montrés virulents. Mais toi, tu préconises le boycottage, un moyen tout à fait pacifique. »

Papineau ne répondit pas. Ses discours n'étaient pas exactement ce qu'on pouvait appeler des appels au calme. Ses accusations étaient souvent vitrioliques. Lorsqu'il
50 avait hurlé devant un millier de personnes que le gouvernement britannique les haïssait à jamais et qu'il fallait le payer de retour, cela ne pouvait pas être interprété comme une invitation à la passivité.

« J'ai déjà prétendu que Gosford n'était pas seulement un voleur mais un assassin. »

Julie ne savait que répondre. Avant ce jour, il ne lui était
55 jamais venu à l'esprit que les patriotes allaient trop loin. Elle avait, elle aussi, prêché le recours obligé aux armes. Mais ce n'était que des mots. Tout cela lui semblait si irréel. Papineau faisait preuve de plus de pondération que les autres, lui semblait-il. Sa stratégie était parfaitement légale. Même ceux qui violaient la loi en se
60 livrant à la contrebande ne faisaient pas usage de violence. Elle aurait voulu le rassurer, mais ses arguments tombaient à plat.

« Les patriotes sont des gens pacifiques, répétait-elle.

— Ils ne sont pas violents, soit, mais pour combien de temps encore ? demanda-t-il. Si nous pouvions maintenir la résistance
65 pacifique une seule année encore, nous aurions gain de cause. Un an sans violence, c'est tout ce que je demande. »

Hélas! pensait-il, les bureaucrates usaient de tous les subterfuges pour inciter les patriotes à l'illégalité. Intimidation, provocation, assassinat, charivari...

70 « Ce sont eux qui nous poussent à la dernière extrémité », laissa finalement échapper Julie en devinant ses pensées.

Papineau approuva d'un signe de tête :

« Il faut des miracles de patience pour ne pas se laisser emporter par la colère.

— S'ils nous attaquent, il faudra bien nous défendre.

75 — Ma pauvre Julie, ne sois pas naïve, l'armée ne ferait qu'une bouchée de nous. »

Micheline Lachance, *Le roman de Julie Papineau*, © 1995, Éditions Québec Amérique.

Lien utile

Le roman historique

Ce qui fait la qualité d'un roman historique, c'est l'équilibre créé entre la réalité et la fiction. Des recherches méticuleuses sont préalables à ce genre d'œuvre puisque les personnages doivent incarner leur époque et les événements racontés doivent représenter une page d'Histoire. Pour ajouter à la crédibilité, l'auteur doit également illustrer le mode de vie de l'époque, utiliser le vocabulaire adéquat, traduire les pensées, les croyances et les valeurs alors largement véhiculées par la société.

l'étude de genres • l'étude de genres • l'ét
de genres • l'étude de genres • l'étude de
res • l'étude de genres • l'étude de genre
l'étude de genres • l'étude de genres • l'ét
de genres • l'étude de genres • l'étude de
res • l'étude de genres • l'étude de genre
l'étude de genres

Portail

2

L'étude
de genres

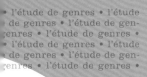

Notions

Portail 2

Fenêtre

5

Le texte de genre narratif est une sorte de casse-tête que le lecteur doit assembler. Mais il ne joue pas seul, quelqu'un lui donne les morceaux, dirige son regard, impose un ordre, une logique. Ce maître d'œuvre, c'est le narrateur. Peu importe le genre narratif, cet être fictif est là pour nous raconter une histoire.

Le texte de genre narratif

- Le texte narratif et la narration
- Le narrateur
- Le temps de la narration

Bestiaire

[extrait]

Publié en 2008, *Bestiaire* est le troisième roman d'Éric Dupont, qui raconte avec une certaine nostalgie une partie de son enfance en Gaspésie dans les années 1970 et 1980. À propos du récit autobiographique, qu'il adore depuis toujours, il confiait en entrevue : « *Ça m'a toujours fasciné, non seulement pour la personne qui l'écrit, mais aussi pour tout le contexte social et l'époque où elle a vécu. On y apprend beaucoup.* » Enfant de *baby-boomers*, il se dit très critique envers cette génération qui, bien qu'elle fut marquante pour le Québec de la Révolution tranquille, a aussi connu ses ratés. Par exemple, dans l'extrait, c'est à la fois avec un regard naïf d'enfant et un regard critique d'adulte qu'il raconte l'arrivée en Gaspésie d'une famille laotienne.

Éric Dupont est né en Gaspésie en 1970 mais quitte sa région natale à l'âge de 16 ans. Par la suite, il vivra très peu au Québec et voyagera pendant plus de quinze ans en Allemagne et en Autriche avant de revenir à Montréal, où il pratique le métier de traducteur. Ses deux premiers romans, *Voleurs de sucre* (prix Jovette-Bernier 2005) et *La logeuse* (prix Senghor 2006), en font un des auteurs les plus primés et les plus éloquents de sa génération. En fait, son écriture reflète les choses qu'il entend ou qu'il imagine à tout moment. Les personnages qu'il crée vivent longtemps dans son esprit avant qu'il les mette sur papier afin de les rendre crédibles aux yeux des lecteurs.

Lors de votre lecture, essayez de vous représenter la personnalité du narrateur à partir de sa manière de raconter son histoire.

[...]

Lexique

Limitrophe
À l'aide du radical, donnez une définition en contexte à cet adjectif.

Un jour, madame Nordet annonça que nous aurions bientôt parmi nous une élève qui ne parlait pas français. Saint-Ulric accueillerait une nombreuse famille laotienne. Le Laos, nous expliqua-t-elle, était un pays limitrophe du Viêtnam, bordé par le Mékong. Là-bas, les communistes
5 assoiffés de sang avaient pris le pouvoir par la force et menaient la vie dure à ceux qui étaient restés fidèles au roi ou à ceux dont la tête ne leur revenait pas. Les souffrances de ces pauvres gens nous furent racontées en détail. Le Laos, ancienne colonie française, tombait sous la botte de l'URSS et il ne faisait plus du tout bon y vivre. Le gouvernement du Canada avait accepté d'accueillir un
10 certain nombre de réfugiés laotiens et, faisant d'une pierre deux coups, obligea un certain nombre d'entre eux à s'installer dans des régions éloignées comme la

Gaspésie pour une période d'au moins quatre ans. Leur intégration en serait facilitée et les régions qui se dépeuplaient dangereusement recevraient ainsi un coup de pouce démographique du ministère de l'Immigration. La logique de
15 l'opération manquait de subtilité : « La Gaspésie, plus personne ne semble en vouloir, mais étant donné que VOUS n'avez pas trop le choix, vous vous en contenterez. Bienvenue au Canada. »

Je trouvais toute l'entreprise d'accueil d'un romantisme extraordinaire. Des gens du village de Saint-Ulric passèrent des semaines à chercher à droite et à gauche
20 les objets nécessaires au bon fonctionnement d'un ménage. Ceux qui allaient bientôt vivre parmi nous avaient pris la fuite pendant la nuit, n'emportant que les bijoux de famille pour traverser le Mékong dans le plus grand secret.

L'expression « bijoux de famille » fit rire quelques garçons, qui ne la connaissaient que dans son sens grivois. Je me demandais si le Mékong
25 était bien large. Son eau était-elle froide ? Avaient-ils utilisé une chaloupe ? Avaient-ils traversé à la nage ? Avaient-ils discrètement construit un radeau ? Ils avaient ensuite marché jusqu'à un camp de réfugiés en Thaïlande, où ils avaient attendu patiemment un visa pour entrer au Canada. Certains élèves voulurent savoir s'ils étaient venus par bateau comme les *boat people* que nous
30 montraient les nouvelles du soir. On nous répondit que non, que les Laotiens étaient venus en avion jusqu'à Montréal. D'autres demandèrent s'ils avaient là-bas un hiver. À cette question, madame Nordet s'excita. « Justement, les amis, ils ne connaissent pas l'hiver, parce qu'ils viennent d'un endroit où il fait toujours chaud. C'est pour ça que nous cherchons partout des tuques et des mitaines pour
35 ces pauvres petits qui n'en ont pas. » Le soir même nos maisons furent passées au peigne fin pour trouver tout ce qui pouvait protéger le corps d'un enfant du froid et du communisme. Des femmes de Saint-Ulric reçurent l'ordre de se mettre au tricot sur-le-champ. Mitaines, tuques, foulards, on tissa la laine de cent moutons pour prémunir les Laotiens contre les rigueurs de notre hiver et le froid. Ils
40 habiteraient dans une grande maison blanche près du fleuve. Le Mékong contre le Saint-Laurent. Une eau en vaut-elle une autre ?

Hormis les Laotiens qui n'étaient pas encore arrivés, l'altérité sur nos terres se limitait à la présence sporadique de quelques anglophones du Nouveau-Brunswick ou au passage de quelques Indiens de la réserve de Maria. De nombreuses familles
45 s'appelaient McNeil, Murray ou Robinson, mais elles étaient toutes Québécoises de souche, de racine et de feuillage, comme les érables des Évangiles. Ils avaient depuis longtemps oublié l'Irlande et passaient complètement inaperçus. Passer inaperçu. Il fallait savoir faire ça, à Saint-Ulric et dans ces villages côtiers de la Gaspésie. Je l'avais appris assez tôt après notre arrivée dans cette école. Ne pas être
50 différent. Prétendre aimer le hockey sur glace. Ne pas sortir de l'ordinaire. Madame Nordet nous montra une photographie des Laotiens qui allaient bientôt vivre parmi nous. Je la regardai bien. Je me dis en silence que ce n'était pas gagné.

C'est ainsi qu'un jour d'hiver une petite Laotienne fut intégrée à notre classe. Presque toutes les classes de notre petite école reçurent un élève de la nombreuse
55 famille. Ils étaient six en tout. Dans des circonstances normales, ils se seraient installés à Toronto, à Montréal ou à Vancouver. Ils n'auraient jamais emprunté la route 132 pour se retrouver à Saint-Ulric en plein hiver québécois. Monsieur Vonvichit, c'était son nom, était, avant sa fuite vers le nord, greffier au tribunal de

Grivois
Quelle est la connotation de l'adjectif *grivois* ?

Vientiane. Pour ne pas le condamner à l'oisiveté, le ministère lui avait déniché un
60 boulot à la tourbière de Saint-Ulric. Dans une région ravagée par le chômage,
cette mesure avait suffi à faire soulever quelques sourcils. « Une job ? Pis moué ?
Moué, j'en ai pas, de job… » Dans la cour d'école, les échos des conversations
secrètes des parents me parvenaient clairement. Monsieur Vonvichit,
dont le métier de greffier au Laos consistait à mettre de l'ordre dans les
65 documents de la cour, à transiger avec juges et avocats et à porter des
chaussures élégantes, se voyait maintenant affecté au ramassage de la
tourbe dans un champ à demi gelé de l'est du Québec, au volant d'une
machine monstrueuse qui ressemblait à une grosse araignée. L'ironie
du monde n'allait pas épargner monsieur Vonvichit. Au Laos, les
70 révolutionnaires marxistes lui reprochaient d'être trop éduqué et de
parasiter le prolétariat. On lui avait rendu la vie impossible. À son
départ de Vientiane avec sa femme et ses six enfants, il était sur le point
d'aller rejoindre les camps de rééducation, d'où l'on ne revenait
habituellement pas. Au Canada, il devint conducteur d'aspirateur à
75 tourbe. Le gouvernement du Canada avait réussi à faire de manière
pacifique ce que les communistes auraient accompli par la violence. Monsieur
Vonvichit était maintenant un prolétaire gaspésien à qui l'on enviait un poste
stable et bien rémunéré.

À l'école, madame Nordet, l'institutrice, avait écrit le nom des six enfants de
80 monsieur Vonvichit au tableau. Phousavan, Anousone, Khonesavanh, Paxathipatai,
Nouphone et Saravan. Nos Laotiens venaient interrompre la monotonie des
prénoms québécois. Il nous fallait apprendre ces noms par cœur avant l'arrivée de
la famille. C'était la moindre des politesses. Nous fûmes invités à retranscrire les
prénoms de la famille Vonvichit dans nos cahiers. Il fallait relever la tête
85 plusieurs fois pour s'assurer de ne pas faire d'erreur. Les prénoms défiaient toute
logique et ne nous permettaient même pas d'établir le sexe des enfants qui les
portaient. L'exercice dérapa. Après deux minutes, j'entendis de petits rires
féminins. Non loin de moi, une farceuse de Saint-Ulric avait déjà trouvé des
surnoms à nos nouveaux amis. Il ne fallut que quelques récréations pour que la
90 liste de surnoms fasse le tour de l'école. L'aîné, Phousavan, devenait « Fou savant »,
surnom qui connotait tout de même une certaine mesquinerie. La pauvre
Anousone, qui devait bientôt intégrer la classe de ma sœur, devint « Elle nous
sonne ». Khonesavanh, ma nouvelle compagne de classe, fut baptisée d'un peu
flatteur « Conne savante ». Moins chanceux, le jeune Paxathipatai se vit affublé
95 d'un « Petite patate ». La mignonne Nouphone serait connue parmi nous sous le
nom de « Téléphone » tandis que le petit Saravan, qui ne fréquentait pas encore
l'école, fut rebaptisé sans grande imagination « Caravane ». Sans avoir encore
foulé du pied la terre gaspésienne, les Vonvichit avaient déjà été francisés. Ceux
parmi vous qui croient encore que l'humour est une forme de compliment seront
100 déçus par cet épisode. Khonesavanh fit son entrée dans notre classe un jour glacial
d'hiver. Notre nouvelle compagne était au Canada depuis quelques semaines. Elle
et sa famille avaient d'abord été traitées pour quelques problèmes médicaux.
Madame Nordet nous avait expliqué que les Vonvichit venaient d'un pays où les
gens transportent parfois des maladies. « Des fois, ils ne le savent même pas. Ils
105 n'ont pas la chance que nous avons. Et n'oubliez pas qu'ils n'ont jamais entendu
parler de Jésus. Ils sont bouddhistes. Ils croient à la réincarnation. »

Marxistes

À quel personnage historique cet adjectif fait-il référence ? Précisez brièvement ce qui l'a rendu célèbre. Au besoin, consultez un dictionnaire des noms propres.

Parasiter le prolétariat

Formulez autrement cette accusation.

lexique

Un matin, la petite Laotienne arriva en salle de classe accompagnée de la directrice d'école. Madame Nordet l'invita à se tenir debout devant la classe pour que les autres enfants voient bien de quoi elle avait l'air. Elle ne comprenait pas
110 ce que l'on exigeait d'elle. Pendant dix secondes, dans un silence de mort, nous l'observâmes. Elle avait de grands yeux doux, de longs cheveux noirs et une peau qui semblait très lisse. Elle baissait les yeux vers le plancher et, après ce qui dut lui paraître trois siècles, elle retourna promptement à sa place, à côté d'une fille prénommée Madone à qui elle avait, en quelque sorte, été confiée : Madone devait
115 s'occuper de mener Khonesavanh un peu partout, de la présenter à ses amis, de lui faire essayer les balançoires et de la protéger, tâches dont elle s'acquitta admirablement bien. Quand elle entendait un malotru traiter la nouvelle de « chinetoque », de « Conne savante » ou d'autres inconvenances, elle intervenait sèchement en laissant entendre au farceur que ses méchancetés entraîneraient
120 des conséquences. Bien que le traitement réservé aux Laotiens m'attristât au plus haut point, l'attention dont ils faisaient l'objet me libérait des attaques des autres garçons. Pendant quelques semaines, je ne subis aucun coup. Personne ne me traita de tapette. Les Laotiens canalisaient vers eux toutes les insultes.

La semaine de l'arrivée de Khonesavanh coïncida avec une sortie de patin à
125 l'aréna de Matane. La fillette, terrorisée par l'immense surface glacée, fut juchée sur une paire de vieux patins blancs et traînée sur la glace avec des cris de joie.

Deux filles la tenaient par la main et tentaient de lui inculquer en dix minutes ce qu'elles avaient mis des mois à maîtriser. Khonesavanh, les yeux écarquillés, avançait sur la glace comme un pantin désarticulé que Madone parvenait avec
130 peine à faire tenir debout. Le désastre n'attendait qu'un moment propice pour advenir. Des garçons frôlèrent la petite en criant : « Conne savante ! » Surprise, elle laissa tomber la main qui la soutenait et tomba à la renverse en se fracassant le crâne sur la glace. Un attroupement se forma autour d'elle. Elle ne bougeait plus.

Sur la glace, à côté de la ligne bleue, Madone la tenait dans ses bras, les yeux au
135 ciel, cherchant désespérément madame Nordet ou quelque autre adulte. Scène de piété qui me hante encore.

On dut la conduire à l'hôpital, où l'on confirma qu'elle avait subi une vilaine commotion. Madone voulait mourir de honte. Elle blâma pour l'incident les vieux patins blancs, assurant à qui voulait l'entendre qu'ils ne coupaient pas, que
140 leurs lames avaient mal été affûtées. Bouddhiste ou pas, la petite Laotienne vivait sous le regard protecteur de la madone.

Quelques jours après l'accident, Khonesavanh revint à l'école, mortifiée. Pendant ces premiers jours parmi nous, les petits Laotiens restèrent entre eux. Ils formaient une sorte de cercle fermé au milieu des gamins criards et ne risquaient que
145 rarement un regard à l'extérieur de ce petit monde qu'ils s'étaient formé. Parfois, de la masse des élèves, on entendait quelqu'un crier des surnoms peu flatteurs. Les cinq frères et sœurs tremblaient de peur, se parlaient entre eux en laotien et évitaient nos regards. On avait formellement interdit aux petits farceurs de lancer de boules de neige, de bousculer les arrivants et de se moquer ouverte-
150 ment d'eux. Un jour, le plus petit des garçons laotiens, qui ne devait avoir que huit ans, fit une découverte extraordinaire. En observant un élève québécois, il réalisa que la neige qui recouvrait la cour d'école était malléable, que l'on pouvait en faire des boules qui se lançaient en décrivant dans le ciel un demi-cercle. Il attendit patiemment son heure. Puis, un
155 jour qu'un petit imbécile l'avait bousculé, il lança sa première balle de neige, atteignant son agresseur en plein front. À partir de ce moment, on n'entendit presque plus les surnoms des Laotiens.

Les jeunes Vonvichit n'assistaient pas au cours de catéchèse. Le matin, ils sortaient de la classe pour prendre des cours de français avec une enseignante que
160 la commission scolaire avait engagée à cette unique fin. Cette dame avait adopté dans son cœur les petits réfugiés et passait avec eux des heures de bonheur, à leur apprendre le français à l'aide d'images. Une autre institutrice avait dit : « C'est drôle qu'il y ait de l'argent pour ça, mais pas pour autre chose. » De toute évidence, les Laotiens ne faisaient pas l'unanimité.

165 En vertu de l'entente avec le gouvernement, la famille Vonvichit resta à Saint-Ulric pendant quatre ans. À la fin de cette période ils disparurent. La maison que l'on avait mise à leur disposition fut reprise par d'autres gens. Le poste qu'occupait monsieur Vonvichit fut accordé à un Gaspésien et Madone perdit sa petite protégée. Le mot « ingratitude » était sur toutes les bouches. « Ils ont eu
170 leur citoyenneté, puis ils sont partis en ville. La belle affaire ! » À mon sens, ils avaient suivi la route migratoire la plus logique, celle que je rêvais tous les soirs de prendre. Je me demande parfois ce qu'ils sont devenus, si, parfois, les jours d'hiver, Khonesavanh pense à Madone, sa protectrice des premiers jours au

Malléable
Cet adjectif est-il employé au sens propre ou au sens figuré ?

Canada. Je me demande si elle a appris à patiner. Je me demande aussi s'ils savent que leur arrivée dans mon petit univers m'avait confirmé que le monde existait et qu'une autre vie était possible. Je leur suis surtout reconnaissant d'avoir réussi par leur seule présence à détourner de moi l'attention du comité d'accueil de Saint-Ulric. Pendant quelques jours, on avait réussi à trouver plus différent que moi.

[...]

L'année scolaire s'écoulait et [...] j'essayais d'entrer en contact avec les Laotiens. Ils étaient d'une politesse et d'une courtoisie inconnues dans notre patelin. Il se trouva que l'aîné, Phousavan, gagnait en popularité auprès des filles de l'école, qui lui demandaient pour s'amuser d'écrire leur nom dans la neige en écriture lao. L'exercice semblait charmer. Un jour, une fille entama la question de savoir si la présence des Laotiens dans notre village était utile, voire souhaitable. Du moins, c'est ce que je crus comprendre lorsqu'elle dit : « Que c'est qui viennent faire icitte, eux autres ? » Je ne pouvais pas répondre à sa question.

J'ai perdu de vue les Laotiens et je n'en ai jamais rencontré d'autres... ou peut-être que si, mais je ne les ai pas reconnus comme tels. Il y a peu, j'ai lu par hasard dans une publication universitaire de Montréal que Phousavan Vonvichit mène des recherches très complexes dans le domaine de la médecine. Quelque chose en lien avec le VIH. Je n'ai pas tout compris. Si je le rencontre, je lui demanderai ce que je n'avais pas osé lui demander à Saint-Ulric : d'écrire mon nom dans la neige en écriture lao. Il neige aussi à Montréal.

[...]

Éric Dupont, *Bestiaire*, © 2008, Marchand de feuilles.

La façade de la Bibliothèque nationale du Laos à Vientiane.

réflexions

1 Qu'est-ce qui explique le comportement à la fois accueillant et hostile des habitants de Saint-Ulric envers la famille Vonvichit ?

2 Expliquez le commentaire du narrateur : « Le gouvernement du Canada avait réussi à faire de manière pacifique ce que les communistes auraient accompli par la violence. »

3 Commentez la réussite de l'intégration canadienne de la famille laotienne.

4 L'enfance du narrateur se passe au début des années 1980. Toutefois, l'histoire pourrait se dérouler de nos jours. Expliquez pourquoi.

Les 9 vies d'Edward [extrait]

Les 9 vies d'Edward, paru en 1998, est un récit historique publié en marge des nombreux romans policiers de Chrystine Brouillet. C'est une sorte d'hommage à Valentin, un chat abyssin dont la romancière avait eu pitié et qu'elle avait recueilli à l'époque où elle vivait à Paris. Le héros Edward, le chat aux neuf vies, en est maintenant à sa dernière. Pour cette occasion, il s'investit d'une mission : trouver le partenaire idéal pour sa propriétaire, Delphine. Mais modifier l'existence des êtres humains n'est pas facile quand on est un animal confiné à vivre dans un appartement parisien et que les miaulements sont notre principal moyen de communication.

Considérée comme la plus prolifique des auteures québécoises, Chrystine Brouillet, née à Québec en 1958, a plus d'une cinquantaine de titres à son actif depuis son premier roman, *Chère voisine*, paru en 1982 (prix Robert-Cliche). Son œuvre, très éclectique, a été récompensée à maintes reprises, allant du prix du Signet d'or (1993-1994), désignant l'auteur préféré des jeunes, au Mérite du français dans la culture 2008. Maud Graham, l'inspecteur féminin que l'écrivaine met en scène dans plusieurs de ses romans policiers, a même vécu une aventure au grand écran dans *Le collectionneur*, réalisé en 2002 par Jean Beaudin. Chroniqueuse gastronomique et littéraire à Radio-Canada, et longtemps porte-parole de la Journée du livre et du droit d'auteur.

Au moment de la lecture, portez attention aux retours en arrière et à ce qu'ils apportent de plus au récit.

2

Delphine déposa le pot de papyrus sur le balcon après avoir poussé les lavandes contre le mur.

— Et alors ? Tu vas mieux ?

Elle se pencha vers Edward, effleura son museau. Il était frais et humide. Elle
5 sourit, soulagée.

— Tu m'as fait peur, cette nuit ! Je me demande encore ce que tu avais. Même le vétérinaire n'a rien compris.

À trois heures du matin, Edward s'était mis à pousser des cris si effroyables, des gémissements si déchirants que Delphine avait appelé S.O.S. Vétérinaire sans
10 hésiter. Quarante minutes plus tard, une jeune femme auscultait Edward, le palpait attentivement sans cacher son étonnement.

— Je ne sais pas ce qu'il a, avait-elle dit. Il semble en pleine forme.

Edward avait tenu à lui donner raison en sautant d'un fauteuil à l'autre, en ronronnant très fort, en manifestant une vivacité étrangère à la maladie.

15 — Mais enfin, il hurlait comme si on lui avait arraché les oreilles!

— Il s'est peut-être pris une patte dans un meuble mais s'est libéré sans dommage. Regardez-le, il gambade... Je peux l'amener à la clinique et lui faire des radios si vous le souhaitez, mais à votre place j'attendrais demain. Je pense qu'il n'y paraîtra plus. Vraiment, je l'ai tâté en tous sens sans rien déceler. L'œil est vif, le poil brille,
20 aucune trace de sang, vous me dites que ses selles sont normales et voyez... voilà qu'il mange.

Dès que la vétérinaire était repartie, Edward s'était recouché auprès de Delphine en espérant qu'elle était maintenant rassurée. Non, il n'était pas malade, mais faire venir S.O.S. Vétérinaire était le seul moyen dont il disposait pour
25 rencontrer des médecins différents. Avec un peu de chance, il tomberait, une nuit, sur un homme qui savait soigner les bêtes comme Sébastien Morin et qui exhalerait le même parfum. Il devrait être malade les week-ends et les jours fériés ou après dix-neuf heures afin d'éviter d'aller chez leur vétérinaire habituel; il se préparait à rencontrer divers modèles d'hommes avant de tomber sur le bon, et il
30 espérait qu'ils ne seraient pas trop brusques ni trop sérieux et qu'aucun n'aurait l'idée de suggérer un séjour dans une de ces grandes maisons où les odeurs chimiques détruisaient les informations sur ses malheureux voisins qui miaulaient dans leurs cages.

[...]

— Ça te plaît? Il paraît que tous les chats adorent le papyrus.

[...]

35 Du papyrus! Il n'en avait pas senti depuis tant d'années! La dernière fois, c'était à Miami, chez Mme Baxter. Elle avait été si choquée qu'il grignote les feuilles qu'elle l'avait enfermé dans sa cage toute une journée en répétant *bad kitty, so bad kitty*. Edward se demandait comment elle aurait réagi si on l'avait punie pour avoir mangé les chocolats aux cerises qu'elle cachait à ses invités.

40 L'écorce grège sentait moins fort qu'à Bubastis et la texture du papyrus lui semblait plus lisse qu'autrefois, mais comment savoir? Il y avait si longtemps qu'il était mort sur son lit de papyrus tressé où Néfertari et ses fils l'avaient couché après s'être rasé les sourcils en signe de deuil. Edward n'avait pas eu peur de mourir même s'il ne savait pas encore qu'il
45 se réincarnerait plusieurs fois; la chose lui semblait aussi naturelle que de se rouler sur les briques neuves pour se débarrasser des parasites qui tentaient de se nicher dans ses poils. Il s'était étendu, une fin d'après-midi ensoleillée, et n'avait plus eu envie de se relever. Son seul désir était de se fondre dans la terre chaude, de fouir les papyrus, et de pénétrer dans les entrailles de la nuit pour se reposer
50 dans une belle obscurité.

Delphine s'accroupit et frotta vigoureusement une feuille entre ses mains pour mieux déceler l'odeur qui semblait plaire à ce point à son chat. Il avait une expression si sereine, ses yeux étaient si doux qu'elle lui dit pour la millième fois combien elle regrettait qu'il ne puisse lui confier ses pensées.

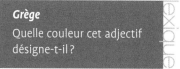

Grège
Quelle couleur cet adjectif désigne-t-il?

55 — Tu es si loin et si proche en même temps...

[...]

— Pierre-Stéphane va venir dîner ce soir, dit Delphine. Essaie d'être gentil avec lui. J'ai fait des cailles rôties, tu sais...

Edward sauta des genoux de Delphine; Pierre-Stéphane! Le bellâtre allait encore le tripoter en répétant que les bêtes et les enfants 60 l'adoraient. Et Delphine croirait tout cela! Sa voix changerait de ton, plus grave, plus rauque ou plus aiguë, elle aurait ce petit rire agaçant si différent des trilles limpides qui l'avaient séduit lors de leur première rencontre. Elle dégagerait aussi cette odeur d'iode et de mer qu'il aurait vraiment préféré qu'elle réserve à un homme capable de l'apprécier.

65 On cogna à la porte. Delphine regarda Edward.

— Est-ce qu'on a frappé? J'ai cru... Dieu du ciel, je ne suis pas prête! Edward? Ne touche pas aux cailles!

Delphine prit le chat contre son épaule. Il s'empressa aussitôt de lui lécher le lobe de l'oreille. [...]

70 — Arrête, Edward! Je viens juste de me parfumer! Et si Pierre-Stéphane m'embrasse dans le cou?

Edward se laissa tomber sur le sol et se dirigea vers la chambre d'un pas nonchalant, soucieux de ne pas trahir sa vexation, mais Delphine se moqua de lui juste avant d'ouvrir la porte.

75 — Ta queue, Edward, ta queue frémit juste au bout. Je sais que tu es fâché, mon beau minou, mais essaie de me comprendre un peu.

L'abyssin s'éloigna sans se retourner et Delphine embrassa passionnément Pierre-Stéphane, puis elle disparut dans la cuisine et revint avec une bouteille de [champagne].

80 — Alors, l'émission s'est bien passée?

— Pas mal. Tu ne m'as pas regardé?

— Je développais. Un rush. Des photos commandées demain pour hier.

Pierre-Stéphane goûta le champagne, recommanda de le laisser dans le seau.

[...]

Delphine agita la flûte qu'elle tendait à son invité depuis une minute.

85 — J'ai préparé des cailles rôties en salade. Vinaigre de framboise, huile de noisette.

— On dîne ici? Par cette chaleur?

— Mais il fait chaud partout.

Il protesta, ironisa; il connaissait des restaurants à Paris où l'on dînait dans une atmosphère climatisée. Il s'étonnait qu'une femme qui avait vécu de nombreuses 90 années en Amérique n'y ait pas songé. Il y avait aussi les terrasses...

— Mais tout est prêt, bredouilla-t-elle, devinant l'issue de la soirée.

Trilles limpides

Dans ce paragraphe, avec quelle autre expression les *trilles limpides* forment-elles un contraste? Nommez cette figure de style.

Abyssin

S'agit-il d'un terme générique ou d'un terme spécifique?

Ils sortiraient, iraient dans un resto à la mode, des gens reconnaîtraient Pierre-Stéphane, ils se joindraient à eux et ils dîneraient en bande. Il y aurait une fille pour le draguer ouvertement et Delphine sourirait tandis que l'impression d'être une potiche se préciserait nettement.

Edward quitta la chambre quand sa maîtresse mentionna les cailles; on passait enfin à table. Pour une cuisse bien dodue, il était prêt à faire preuve d'amabilité et il s'approcha de Pierre-Stéphane, la queue dressée.

— Tiens, ton matou.

— Oui, lui est intéressé par ma cuisine...

— Delphine, ne fais pas l'enfant, tu n'as pas chaud ici? Sois honnête!

— Le champagne me rafraîchit. Tu m'en sers?

— Eh, regarde ton chat. Il me lèche.

Delphine se retourna, interdite. Son chat se frottait le menton contre les mains de Pierre-Stéphane avec une insistance étrange. Il ronronnait très fort, bavait sur ses doigts, les yeux complètement fermés, totalement séduit, béat et aussi stupéfait que Delphine. À qui donc avait touché le comédien pour avoir des mains si intéressantes, fleurant l'arôme qu'il cherchait pour le prochain compagnon de Delphine? Où était-il allé cueillir ce parfum si palpitant, si émouvant? Edward décelait l'odeur artificielle de Pierre-Stéphane sous celle d'un autre homme mais il refusait qu'elle lui gâche son plaisir; il lécherait l'arôme jusqu'à ce qu'il l'ait complètement absorbé.

Sébastien! Le comédien avait touché à Sébastien Morin! À son odeur de musc! Il grimpa sur ses cuisses, se frottant le bord des joues sur ses genoux. Ainsi, il avait raison! Sébastien vivait comme lui en cette fin de millénaire. Il était revenu dans cette vie. Il n'y avait donc pas que les chats pour se réincarner! Où était-il? Pourquoi avait-il rencontré Pierre-Stéphane? Il devait tout savoir! Il recommença à lécher les paumes de l'invité.

— Eh, ça suffit, dit Pierre-Stéphane.

— Edward! Arrête! Viens, je vais te donner nos cailles. Tu as le choix: cuisses, ailes, filets, tout est pour toi!

Le chat n'écoutait rien, s'imprégnant des derniers effluves du parfum, tentant d'y lire le maximum d'informations. Où était Sébastien? Qui était-il maintenant? Des papiers, beaucoup de papiers, une odeur d'encre écœurante. Un bateau plus gros que le *Saint-Jean-Baptiste* et des avions, des trains. Mais qu'est-ce que ça voulait dire? Un ballon bleu? Un ruban gris? Un ordinateur semblable à celui de Delphine?

Le parfum s'évanouissait, disparaissait sous celui du comédien, et Edward devinait maintenant, contrarié, les pensées de Pierre-Stéphane; celui-ci voulait aller chez Victor, il était certain d'y retrouver Géraldine. Il plaisait sûrement à cette fille. Delphine était mignonne, mais assez casse-pieds. Dieu qu'il faisait chaud! Qu'est-ce que Delphine fabriquait? Elle l'énervait!

Edward frémit d'indignation, fouetta les chevilles de Pierre-Stéphane d'un coup de queue vigoureux avant de courir vers la cuisine. Comment Delphine pouvait-elle agacer quelqu'un? Pierre-Stéphane était un fat, il

Fat
Proposez un synonyme pour cet adjectif.

Lexique

l'avait su dès qu'il s'était couché sur lui, à sa première visite. Il avait senti une pensée molle, capricieuse, une pensée qui ressemblait à une toupie, tournant sur elle-même, vite, trop vite pour voir le monde qui défilait devant elle. Une pensée vaine, égoïste, qui n'apporterait pas grand-chose à Delphine. Oh! ce n'était rien

140 comparé à ce qu'il avait détecté en enfonçant ses griffes sur Louis Bourget quand il était monté chez Rachel pour lui dire que les Allemands lui achetaient des bas de soie en quantité.

— Les soldats de la Wehrmacht paient ce qu'ils achètent! Avec des marks tout neufs. Des bas par douzaines! J'ai bien fait de revenir. La

145 boutique de la place Maubert est aussi achalandée; les souris adorent nos chaussures.

— Ce ne sont pas des souris pour toi, Mistigri, avait dit Rachel en caressant Edward. Louis parle des secrétaires allemandes qui viennent de s'installer ici. Leur uniforme est si triste! Et leur bonnet; j'ai honte pour la

150 modiste qui a dessiné cette coiffure.

— C'est pratique, avait rétorqué le commerçant. Vos chapeaux sont très jolis, mais l'heure n'est pas à la fantaisie. Quoiqu'on sente une certaine reprise, non?

— Je l'ai remarqué. Tant mieux, j'ai liquidé mes toques facilement, mais je suis heureuse que les couturiers aient rouvert leurs portes. On verra peut-être autre

155 chose que des tailleurs stricts. Ou des uniformes noirs.

lexique

Souris
Expliquez l'emploi à double sens qui est fait du mot *souris* dans le contexte.

— Lanvin en a fait d'assez chic, Rachel, c'est vous-même qui me le disiez.

— Je sais, je sais... Oh! ne vous en faites pas, je m'adapte! Cet hiver, j'ai tout vendu, mes chéchias en astrakan et mes bérets ont très bien marché.

— C'est pour ça que je suis venu ce soir; j'en prendrai à la boutique. Des bleus
160 Maginot, les préférés des clientes.

— On devrait passer tout de suite à côté, je vous montrerai mes dernières créations. J'ai beaucoup travaillé cet été. Il n'y avait pas grand monde pour me déranger.

L'homme fronça les sourcils; Rachel se permettait-elle d'ironiser? Lui
165 reprochait-elle d'avoir fui Paris? Mais ils étaient des centaines, des milliers à avoir quitté la capitale après les bombardements du 3 juin à Villacoublay! Ceux qui restaient le faisaient parce qu'ils y étaient forcés ou parce qu'ils étaient fous! On ne prenait pas la route par plaisir; sortir de Paris était un véritable exploit. Et poursuivre sa route donnait une idée de l'apocalypse. Des mers humaines se
170 pressaient sous un soleil cruel, des femmes et des enfants souvent trop habillés pour avoir dû enfiler les habits du dimanche sur les vêtements quotidiens, des vieillards poussant péniblement des petites charrettes contenant leurs biens les plus précieux, les souvenirs d'une vie, des hommes inquiets, cherchant leur famille dans l'épouvantable cohue, l'eau qui manque très vite, la faim, l'angoisse
175 de marcher vers un but inconnu, de marcher indéfiniment. Non, viendrait un temps où ils tomberaient d'épuisement. La marée passerait sur eux, aveugle, sourde, implacable, et il ne resterait de cette fuite qu'une valise éventrée, une médaille de Notre-Dame égarée, un chapeau en charpie. Louis Bourget avait eu peur, très peur de ne jamais arriver. De ne jamais revenir. De disparaître sans que
180 personne ne se soucie de lui. En remontant vers Paris, à la fin juillet, il s'était juré de se marier et d'avoir des enfants afin que son nom ne tombe pas dans l'oubli. Il aurait épousé Rachel qui lui aurait apporté une belle dot avec l'atelier-boutique et qui avait de fort jolies jambes, mais elle était si distante! Elle ne parlait que de travail, de tissus et de chapeaux, de marchés, de couture. [...] Oui, elle ne vivait que
185 pour son métier et ne semblait guère souffrir de la solitude. Elle était même restée à Paris, refusant d'abandonner son atelier de la rue de Turbigo.

— Louis? avait demandé Rachel. Nous y allons? Il ne nous reste qu'une heure avant le couvre-feu.

Louis Bourget avait acquiescé, se résignant à continuer à parler de bérets, de
190 bonnets, de bibis, de coiffes et de capelines.

— Mistigri, laisse M. Louis tranquille.

Edward avait obéi et s'était réfugié sous le canapé, sans cesser toutefois de fixer les grosses chaussures du visiteur. Il n'aimait pas du tout ce qu'il avait flairé en s'approchant de Louis Bourget. Violence et convoitise, solitude et fausse modestie.
195 Il avait senti le désir de cet homme de soumettre Rachel, un désir sauvage.

Oui, Edward avait craint pour elle plus que pour toute autre personne. Il se rappelait comme il appréhendait la tragédie.

Avant de vivre avec Catherine, avant de respirer ses potions et goûter ses philtres, avant de l'inspirer, Edward n'avait aucun don particulier. Il était souple,
200 silencieux, rusé mais ne se distinguait guère de ses congénères. Il ne devinait rien

quand il vivait à la commanderie, au temple ou chez Néfertari. Il vivait simplement, attrapant une souris, un oiseau, croquant des sauterelles, évitant les guêpes, se laissant caresser par les humains sans pénétrer leur esprit. Bien sûr, il sentait l'angoisse ou l'affection, la curiosité ou l'admiration chez les sujets qui 205 l'approchaient et il savait, la plupart du temps, se garder des brutes et des pervers, mais il n'avait pas encore cette faculté, épuisante, de percer les pensées des hommes qu'il touchait de son museau. Depuis qu'il avait partagé l'existence de Catherine Duval, il recevait des images, entendait des émotions dès qu'il reniflait la main d'un humain. Que celle-ci soit jeune ou vieille, mâle ou femelle, lisse ou 210 marquée, manucurée ou amputée d'un doigt, brûlée, tendre, claire ou foncée. Au tout début, son don manquait de précision. Sur le *Saint-Jean-Baptiste*, Edward pouvait deviner à quoi réfléchissait Sébastien parce que c'était son maître et qu'il vivait dans son hamac, dans son odeur, mais il avait mis du temps à flairer les secrets de leurs compagnons d'aventure. Et même à comprendre qu'il avait un 215 don. Quand il avait admis que la sorcière l'avait doté de cette clairvoyance, il s'était d'abord enthousiasmé […] puis en avait appris les inconvénients : comment réagir quand on sait qu'un lâche veut la perte de votre maître, la destruction de votre demeure, la fin de votre bonheur ?

[…]

Pierre-Stéphane s'approcha de Delphine et l'embrassa, satisfait.

220 Un peu plus tard, tandis qu'Edward suçait les derniers os de caille, Delphine s'efforçait de sourire aux amis de Pierre-Stéphane. Comme elle l'avait craint, ce dernier avait vite invité toute une bande à se joindre à eux pour dîner. À une terrasse.

[…]

Chrystine Brouillet, *Les 9 vies d'Edward*, © 1998, Éditions Denoël.

réflexions

1 Pourquoi l'auteure a-t-elle choisi un chat comme personnage principal plutôt qu'un autre animal de compagnie ?

2 Quelle mission Edward s'est-il donnée envers Delphine ? Quels obstacles doit-il affronter s'il veut réussir ?

3 Combien d'époques différentes sont présentées dans l'extrait et quels éléments du texte aident à reconnaître chacune d'entre elles ?

4 Ce texte comporte-t-il davantage d'éléments vraisemblables ou d'éléments invraisemblables ? Expliquez votre réponse.

Aliénor

[extrait]

Comme dans son enfance le populaire auteur-compositeur-interprète était surnommé « Richard Cœur de Lion » par sa mère, il s'est intéressé à ce célèbre roi d'Angleterre de l'époque médiévale ainsi qu'à la mère de Richard Cœur de Lion, Aliénor d'Aquitaine (1122-1204). Cette femme au destin atypique inspire Desjardins. *Aliénor*, chanson de geste en 80 alexandrins, a été publiée en 2008, mais son auteur l'a interprétée sur scène à plus d'une occasion depuis sa création en 2000, à Toulouse (France). Si la chanson de geste connaît un accueil positif, c'est en partie grâce à l'avant-propos qui raconte la conception de l'œuvre. Afin de séduire son auditoire, Richard Desjardins y dépeint avec humour son cheminement et ses motivations en tant que créateur. Il y expose les procédés narratifs qu'il a utilisés.

Richard Desjardins, artiste aux multiples facettes, naît en 1948 à Noranda, en Abitibi. Très jeune, il apprend le piano avec sa mère. Ce n'est que dans les années 1980 qu'il fait cavalier seul après avoir accompagné divers orchestres de sa région et fondé le groupe Abbittibbi. Ses deux premiers albums, *Les derniers humains* et *Tu m'aimes-tu ?*, le font découvrir par le public, qui en redemande. Récipiendaire de nombreux prix, le poète entamera une longue série de spectacles autant en France qu'au Québec. Parallèlement à sa carrière de chanteur, il défend la cause autochtone et se fait documentariste en réalisant avec son ami, Robert Monderie, un film-choc qui ébranlera toute l'industrie forestière, *L'erreur boréale*.

Décrivez les particularités ou les caractéristiques des nombreux commentaires qui ponctuent cet avant-propos.

Avant-propos

Petit, si je faisais quelque chose qui lui plaisait, ma mère me disait : « C'est bien ça, Richard Cœur de Lion. » Alors, durant toute ma vie, quand je tombais sur ce nom, je m'attardais un peu pour me faire une meilleure idée de ce personnage fabuleux de l'histoire d'Angleterre. Un passe-temps, disons. Chaque fois, un détail
5 saisissant m'emmenait ailleurs, dans un repli de cet étrange XIIe siècle où les rois faisaient tout ce qu'ils voulaient, où les peuples vivaient morts de peur ou de faim. Où un gamin sur trois ne traversait pas l'enfance.

Cette époque est le paroxysme de la ferveur chrétienne. On construisait Notre-Dame de Paris. Les sympathiques abbayes que l'on voit encore aujourd'hui dormir
10 dans de beaux paysages datent de cette époque. Un Italien sur vingt se retrouvait alors dans les ordres et vingt Italiens sur vingt vivaient dans la terreur religieuse.

Un seul péché mortel commis durant toute leur existence et c'était l'enfer assuré qui les attendait. La misère psychologique dans laquelle vivaient les gens ordinaires atteignit de telles proportions que l'Église se sentit obligée de créer un lobby
15 d'émissaires spéciaux mandatés pour investir l'entourage de Dieu dans l'espoir de lui inspirer un minimum de clémence : les saints.

Sous sa férule
Quelle est la signification de cette expression ?

En ce qui concerne la vie réelle sur terre, inutile d'escompter quelque indulgence de la part du seigneur. Un *saigneur*, tout simplement. L'espérance de vie sous sa férule avoisinait les trente ans.

20 Voilà pour le contexte. Vu cette terrible réalité, se pencher sur le destin de la noblesse médiévale relèverait d'une fantaisie par trop légère, j'en conviens. Pour pallier cette inconvenante insouciance, j'ai décidé de raconter l'histoire qui suit en confiant la narration à un paysan – comme ils étaient à peu près tous – qui aurait pu entendre parler des tribulations des familles royales et qui
25 les commenterait. C'est donc lui, le héros : Gauthier sans Avoir.

L'idée d'écrire *Aliénor* me vint vers la fin du XXe siècle, comme disent les historiens, alors que je passais une journée de relâche dans le coin de Saumur, sur le bord de la Loire, avec mon joyeux compagnon de voyage, Saintonge. L'abbaye

Le gisant de Richard Cœur de Lion, le fils d'Aliénor et de Henri II, à l'abbaye de Fontevraud, en France.

de Fontevraud, jadis gouvernée par
30 une abbesse, sommeillait comme d'habitude dans son beau paysage. À l'intérieur, on y trouve le gisant de notre héros Richard Cœur de Lion ainsi que celui de sa mère, Aliénor. Le
35 gisant de cette dernière illustre d'ailleurs l'article qui lui est consacré dans le *Larousse*. Elle est morte à Fontevraud, à quatre-vingt-deux ans, en l'an 1204, après avoir accouché de
40 dix enfants tous enterrés avant elle, sauf une de ses filles et le fils qu'elle détestait et qui passe pour avoir été le pire roi de l'histoire d'Angleterre : Jean sans Terre. (Un roi tellement fou que
45 ses barons révoltés lui imposèrent une Grande Charte qui restreignait ses pouvoirs ! La naissance des droits civils, faut-il y voir.)

Lors de ma visite de l'abbaye, j'appris
50 que cette dame avait tout d'abord épousé, à quinze ans, le roi de France Louis VII. Mais elle se fatigua de lui, car il était trop peu « porté sur la chose » à son goût. Elle parvint à se
55 divorcer de lui pour se marier avec le futur roi d'Angleterre deux mois plus tard ! « Cibole ! m'écriai-je, une vite su'l'piton. » Pas de téléphone, pas de

courriel, c'est donc que l'affaire avait été conclue d'avance. Je délaissai le
60 Cœur de Lion pour m'intéresser à la Patte de Gazelle. Je n'étais pas au
bout de mes surprises.

À ce propos, je me demande comment il se fait qu'on n'ait pas tourné
un film sur la vie de ce pétard, une super production France-Angleterre,
par exemple ; tous les ingrédients sont réunis pour faire accourir les
65 foules européennes au cinéma. On pourrait profiter de l'actuel engouement pour
le monde médiéval : des châteaux grouillant d'intrigues, des combats de preux
chevaliers, des croisades spectaculaires, tout est là, en ce XIIᵉ siècle où vivait
Aliénor. Je me propose pour la musique tiens.

J'ai écrit cette chanson de geste[1] pendant un long séjour à Toulouse, en 2000.
70 Elle est composée en alexandrins – douze syllabes par vers – qui n'existaient pas
encore à l'époque d'Aliénor, tout comme la plupart des mots employés. À ce que
j'imagine, dans les champs, on parlait alors un genre de latin « scrap » mêlé à des
dialectes régionaux très distincts. J'ai pris grand plaisir à glaner ici et là, dans mes
lectures, des termes et des expressions disparus mais formidablement chargés
75 de sens. Tout cela donne une « soupane » linguistique que je souhaite la plus
odorante et onctueuse possible.

Il en est de même avec l'histoire proprement dite. Je n'ai rien d'un historien, je
suis plutôt un conteur. Une chance, parce que les interprétations officielles de ces
lointains et plausibles événements varient énormément selon les sources. Je n'ai
80 certainement pas aidé à clarifier la situation puisque j'en ai inventé moi-même,
de ces plausibles événements.

C'était donc au temps où la France n'était pas encore la France. Il y régnait
certes un roi symbolique, mais son influence ne dépassait guère la grande région
de Paris. Le reste du territoire était découpé en une multitude de protectorats sous
85 la coupe de seigneurs belliqueux, chacun ayant son château fort. Il s'en trouvait à
tous les cinquante kilomètres ; ils y sont toujours. Un paquet d'entre eux, soumis
par la force, constituait un duché. Les noms de ces duchés désignent encore
aujourd'hui les grandes régions françaises : la Normandie, le Poitou, l'Aquitaine,
etc.

90 Aliénor provenait d'Aquitaine, sur la côte atlantique. Cette fille était issue
d'une dizaine de générations de ducs qui s'appelaient tous Guillaume. Une
coutume d'origine celtique permettait à une femme de détenir le pouvoir à
condition, évidemment, qu'elle fasse partie de la bonne clique familiale.
C'est par une extension de cette coutume que nous sommes aujourd'hui
95 gouvernés, nous au Québec, par une Élisabeth II. À Paris cependant, la
loi salique[2], d'origine germanique, interdisait cela formellement. Il n'y a
jamais eu de reine de France dotée de pouvoirs effectifs.

À la mort de son père, le pouvoir se déposa tout naturellement dans les petites
mains blanches d'Aliénor. Elle aimait beaucoup « faire le party », dit-on, et
100 engageait de beaux garçons pour qu'ils lui chantent l'amour de la façon la plus

---

1 Une chanson de geste est un récit versifié relatant une épopée légendaire ou héroïque et exaltant les exploits guerriers de rois ou de chevaliers.

2 Loi qui exclut les femmes du pouvoir, dont l'origine remonte aux Francs Saliens.

Trouvère
Quelle est la différence entre un *trouvère* et un *troubadour*?

intense possible, mais sans jamais le lui faire. D'autres se dévouaient à cette cause, j'imagine. C'était la mode de la chanson courtoise. Dans un des poèmes, un trouvère chantait: «Comment mon cœur peut-il tenir dans mon corps?» On dirait une chanson d'Adamo. (Je ne sais pas trop 105 si j'aurais aimé exercer le métier dans ce temps-là.) Pour la musique, l'analyse des instruments de l'époque montre qu'elle provenait d'aussi loin que d'Afrique du Nord et d'Andalousie, par suite de la conquête arabe dont l'ouragan était venu s'éteindre précisément au cœur du royaume d'Aliénor, à Poitiers, quelques siècles auparavant. C'est là, à la cour d'Aliénor, dans des effluves d'épices 110 exotiques et méridionales, que la chanson française serait née. Raison de plus pour aduler notre héroïne.

Pendant ce temps, dans une abbaye près de Paris, priait nuit et jour un jeune garçon qui n'aspirait plus au trône puisqu'il était le deuxième mâle de la lignée royale. *Tough luck!* Arriva ce qui arriva, son frère aîné, galopant à cheval dans les 115 rues de la ville, s'enfargea dans une ruée de cochons et se péta la fiole de définitive façon. Leur père aussi mourut; on vint alors chercher le moineau en prière pour en faire un Louis VII et le jeter dans les bras de la sceptique Aliénor. La France des Capétiens venait de doubler son territoire d'un coup sec.

Se péta la fiole de définitive façon
À quelle figure de style cette expression renvoie-t-elle?

120 Aliénor aussi...

Obéissance salique oblige, elle suivit son mari de roi, laissant derrière elle ses adorateurs et l'atmosphère ludique dans laquelle elle avait toujours baigné. Comment quitter un campement de gitans pour aller glander dans le VIIIᵉ arrondissement cossu et froid de Paris? Elle s'ennuya vite. Très vite.

125 Son Louis paniquait dur et tout ce qu'il trouva pour combler le désœuvrement de sa belle fut d'organiser une gigantesque croisade en Terre sainte et de l'emmener avec lui. «Chic! s'exclama-t-elle. Enfin de l'action!» L'affaire vira à la catastrophe, et pour l'armée des Francs et pour le couple royal puisque – et là-dessus tous les historiens s'entendent, y compris votre humble 130 conteur – il s'est passé «quelque chose». Elle se serait permis de batifoler soit avec son oncle Raymond de Poitiers, soit avec le 135 commandant de la forteresse des Francs, soit même avec le beau Saladin, le chef des infidèles en personne. *Oh boy! oh boy!* Imaginez Carla Bruni passant une nuit avec 140 Ben Laden... Mais c'est vrai qu'elle est encore jeune.

Toujours est-il qu'ils se séparèrent une première fois, à Antioche, pour se réconcilier, sur le chemin 145 du retour, dans les appartements du pape Eugène III qui leur aurait fait personnellement un beau lit

Le gisant d'Aliénor d'Aquitaine et celui de son époux, Henri II d'Angleterre, à l'abbaye de Fontevraud.

Wikipedia

d'amour duquel sortit un second enfant, encore une fille. Merde! Ce roi est vraiment nul.

150 Les circonstances rocambolesques du divorce d'Aliénor sont évoquées dans la chanson de geste qui suit, de même que son atterrissage dans les bras du futur roi d'Angleterre, un vrai homme celui-là, ardent géniteur d'une flopée de mâles. Mais pas juste avec Aliénor. Quand
155 elle s'en aperçut, elle lui fit une telle crise qu'il voulut la tuer mais dut se résigner à la tenir captive pendant quinze ans pour ne pas perdre les précieux territoires qu'elle détenait de l'autre côté de la Manche. Les origines lointaines de la guerre de Cent Ans sont là, paraît-il.

160 Enfin, rien de tranquille dans ce curriculum. Elle finit par s'en sortir et marier sa descendance par-ci par-là avec des princes français, espagnols ou allemands, de sorte qu'elle est devenue probablement la femme la plus puissante de toute l'histoire européenne. Un vrai *road movie* que je vous dis.

Une gravure de 1547 représentant Aliénor d'Aquitaine.

165 Bon, maintenant place à Gauthier sans Avoir. Parce que lui, il la trouve moins drôle cette histoire. Son nom l'indique, il était pauvre comme du sel. J'ai donc composé un récit dans lequel un paysan se révolterait contre l'autorité. Chose inimaginable à l'époque[3], le serf devant obéir à son seigneur en tout temps, en toute circonstance. Et quand on lui enjoignait d'aller tuer ou de se faire tuer, le
170 seul fait de demander pourquoi constituait une indiscrétion. Gauthier sans Avoir profondément lésé, incapable de se faire entendre, entreprend, lui, de se faire justice.

La scène se déroule à l'abbaye de Fontevraud, le 31 mars 1204. Aliénor se meurt.

Richard Desjardins, *Aliénor*, dessins de Shrü, © 2008, Lux Éditeur.

réflexions

1 Pourquoi l'auteur a-t-il choisi d'agrémenter son histoire d'un avant-propos?

2 Pourquoi Aliénor est-elle une femme fascinante?

3 Richard Desjardins ajoute une pointe d'humour en comparant le XIIe siècle à aujourd'hui. Relevez-en quelques exemples et expliquez l'effet humoristique recherché.

4 Pourquoi l'auteur choisit-il un paysan pour raconter sa chanson de geste?

---

3 Et même à une époque plus récente. [Lux Éditeur] a déjà publié *Une histoire populaire des États-Unis*, de Howard Zinn, dans laquelle il est écrit que la Cour suprême, en 1857, a rejeté l'étude de la plainte d'un Noir parce qu'au sens de la loi, il ne constituait pas une personne mais plutôt un bien, étant esclave.

À propos... du texte de genre narratif

Le texte de genre narratif

Un **texte de genre narratif** met en scène une histoire constituée de divers éléments interreliés : les personnages, l'intrigue, la situation spatiotemporelle. Il peut prendre différentes formes (roman, nouvelle, conte, etc.), mais ce qui le distingue des autres genres (poétique, dramatique), c'est que l'énonciateur est appelé narrateur. Celui-ci exerce diverses fonctions qui lui permettent, entre autres, de contrôler le rythme et la chronologie du récit. On nomme **narration** tout ce qui renvoie à l'ensemble des procédés narratifs qui composent le récit.

Le narrateur

Le narrateur est celui qui raconte l'histoire et qui contrôle le récit par divers procédés. Il existe sous trois formes différentes :

– le **narrateur participant** est celui qui fait généralement partie de l'histoire en tant que personnage principal. Il raconte des événements qui l'influencent directement. On le reconnaît, entre autres, à l'utilisation de la première personne ;

– le **narrateur témoin** est celui qui raconte une histoire dont il a été le spectateur ou une histoire rapportée par quelqu'un d'autre. Il est donc présent dans le récit et il utilise, lui aussi, la première personne ;

– le **narrateur omniscient** est celui qui est complètement à l'extérieur de l'histoire ; les autres personnages ne le voient pas. Il connaît tout de l'histoire et des personnages, y compris leur intériorité. On le reconnaît à l'utilisation de la troisième personne.

> L'auteur et le narrateur ne sont pas des synonymes. La distinction entre l'être réel (l'auteur) et l'être virtuel (le narrateur) suffit à distinguer les deux concepts, et ce, même lorsque l'auteur s'inspire de lui-même, notamment dans une autobiographie. Il faut comprendre qu'un narrateur est un énonciateur fictif, une invention de l'auteur. Toutefois, cette distinction n'empêche pas l'auteur de transmettre par la narration ses valeurs, ses opinions, ses émotions.

La vision du narrateur

La vision du narrateur porte sur son degré de connaissances à propos de l'histoire qu'il raconte.

– Le narrateur en sait plus que les personnages.

- Il a accès à la fois à l'extériorité (l'apparence physique, les dires, les actions, etc.) et à l'intériorité (les sentiments, les pensées, les motivations, etc.) de tous les personnages.

- Il connaît le passé, le présent et l'avenir de l'histoire, il raconte en utilisant principalement les temps de verbe du passé et il peut utiliser ceux du futur et du conditionnel.

- C'est un narrateur qui agit tel un dieu qui sait tout et qui perçoit tout.

> Le roman *Les 9 vies d'Edward* de Chrystine Brouillet met en scène un narrateur omniscient qui raconte les actions et qui a accès à l'intériorité de plusieurs personnages, notamment Edward, Rachel et Louis.

– Le narrateur en sait autant que les autres personnages.

- Il est capable de décrire l'extériorité des autres personnages, mais leur intériorité ne lui est pas accessible. Dans le cas de ce genre de narrateur, l'intériorité des personnages apparaît dans les monologues intérieurs, les dialogues et les discours rapportés.

- Il peut raconter le passé et le présent de l'histoire, mais les projections sont obligatoirement des suppositions. L'histoire est principalement racontée au passé ou au présent.

> Dans le roman *Bestiaire*, le narrateur a une vision plus limitée. Contrairement à la vision d'un narrateur omniscient, il ignore l'avenir des autres personnages : « Je me demande parfois ce qu'ils [les immigrants laotiens] sont devenus. [...] Je me demande aussi s'ils savent que leur arrivée dans mon petit univers m'avait confirmé que le monde existait et qu'une autre vie était possible. »

– Le narrateur en sait moins que les personnages.

- Il n'a pas accès à l'intériorité des personnages. Il ne fait que rapporter les événements.

- Les allers-retours dans le temps sont difficiles. Il agit comme une caméra qui ne capte que l'instant présent, d'où l'emploi prépondérant du présent de l'indicatif. Cette vision très réduite est toutefois rarement utilisée dans le texte narratif.

Les fonctions du narrateur

Les fonctions du narrateur se définissent par les rôles qu'il occupe dans le récit.

LES FONCTIONS ESSENTIELLES

Tout narrateur (que l'on remarque sa présence ou non) occupe deux fonctions essentielles.

- **Il raconte une histoire.** Il met en scène des personnages à l'intérieur d'un univers et relate leurs interactions, leurs péripéties et leur évolution.
- **Il organise le récit.** L'organisation du récit renvoie à la chronologie des événements et au rythme adopté. Par exemple, résumer quelques années de vie en quelques mots.

LES FONCTIONS COMPLÉMENTAIRES

En plus de raconter et d'organiser le récit, le narrateur peut le marquer en occupant une ou plusieurs des fonctions suivantes.

- **Il adopte un point de vue envers les personnages ou les événements** à l'aide de marques de modalité. Selon son intention, il peut présenter les personnages ou les événements de façon subjective ou objective. (Le point de vue et les marques de modalité sont aussi abordés aux Fenêtres 4 et 8.)

    Je la vis arriver belle, majestueuse, celle qui serait, sans aucun doute, la femme de ma vie.

- **Il interrompt son récit** afin d'interpeller le lecteur et de s'adresser à lui directement.

    Cher lecteur et chère lectrice, ce qui suit risque de vous choquer...

- **Il commente le texte** ou **l'histoire** en y ajoutant ses impressions.

    Je vous demande d'excuser l'emploi fautif de ce verbe qui traduit mon manque de vocabulaire...

- **Il explique ou décrit un élément** qu'il juge important.

    Avant d'aller plus loin, vous devez savoir que...

- **Il juge ou critique le monde** par les commentaires qu'il intègre au récit.

    De nos jours, de telles aberrations se produisent encore fréquemment...

- **Il confirme la véracité du récit** en insistant sur la vraisemblance des faits rapportés ou encore il endosse les affirmations du récit.

    Je me souviens avec une telle précision de ce jour...

Les narrateurs multiples

Certains récits contiennent plus d'un narrateur. Deux ou plusieurs personnages narrent à tour de rôle le même événement, ce qui permet de découvrir les différences de point de vue.

Le relais de narration

Le relais de narration se produit lorsqu'un changement de narrateur a lieu. Le deuxième narrateur peut continuer l'histoire amorcée par quelqu'un d'autre ou il peut raconter une anecdote que le premier narrateur ignore.

> On peut reconnaître un relais de narration dans les récits qui reproduisent une structure semblable à celle-ci : *L'autre jour alors que je (narrateur premier) lisais seul dans un café, une vieille connaissance est arrivée et m'a raconté une histoire invraisemblable : J' (narrateur deuxième) étais non loin d'ici lorsque...*

Le temps de la narration

Le temps de l'histoire est distinct du temps de narration. Le temps de l'histoire correspond à la durée des événements vécus par les personnages. Le temps de narration correspond à l'ordre de présentation des événements adopté par le narrateur et au rythme donné à leur enchaînement.

L'ordre de présentation

L'ordre de présentation des événements relève également de la narration. L'histoire peut se dérouler de manière linéaire, ou encore le narrateur peut modifier l'ordre de présentation des actions.

Pour ce faire, il peut modifier la chronologie :

– par des **retours en arrière** (qui informent sur le passé d'un personnage) ;

– par des **projections** (qui présentent l'avenir) ;

– par l'**alternance** entre les retours en arrière et les projections.

Le rythme

La narration peut accélérer, ralentir ou interrompre l'histoire selon l'effet recherché.

– L'**ellipse**. Ce procédé consiste à laisser en suspens ou sous-entendue une partie de l'histoire sans pour autant donner l'impression qu'il y a une coupure dans le récit.

> « Edward s'était mis à pousser des cris si effroyables, des gémissements si déchirants que Delphine avait appelé S.O.S. Vétérinaire sans hésiter. <u>Quarante minutes plus tard</u>, une jeune femme auscultait Edward... » (Brouillet)

– Le **condensé**. Ce procédé résume une longue période de temps en quelques mots ou quelques lignes.

> Le narrateur raconte un élément important de l'histoire, l'arrivée de la famille Vonvichit, et résume en une phrase la durée de leur passage en Gaspésie : « La famille Vonvichit resta à Saint-Ulric pendant quatre ans. » (Dupont)

– La **scène**. Ce procédé donne l'impression que les événements se déroulent en temps réel. Les dialogues en sont un exemple.

– Le **ralenti**. Ce procédé consiste à donner beaucoup de détails sur un événement très important, mais qui se déroule en quelques secondes. Par exemple, une collision ou une chute.

– La **pause**. Ce procédé interrompt l'histoire afin d'intégrer au récit une description ou un commentaire du narrateur.

Comparer les textes

Vous venez de lire un extrait des œuvres suivantes :
Bestiaire, *Les 9 vies d'Edward* et *Aliénor*.

1. Les trois textes principaux permettent-ils ou non de confirmer la phrase suivante : *un narrateur omniscient peut occuper plus de fonctions complémentaires qu'un narrateur participant* ? Expliquez votre réponse.

2. Expliquez pour chacun des textes si le narrateur contribue ou non à donner de la vraisemblance au récit.

3. Les narrateurs de *Bestiaire* et d'*Aliénor* en savent-ils plus sur le déroulement de l'histoire que le narrateur des *9 vies d'Edward* ? Justifiez votre réponse.

4. Dans quel texte la présentation non linéaire des événements a-t-elle pu provoquer certaines difficultés de compréhension ? Dans votre réponse, précisez quelle partie du texte peut porter à confusion et expliquez également les raisons de votre choix.

5. Peut-on affirmer que le narrateur omniscient du roman de Chrystine Brouillet est plus objectif à l'égard des personnages que les narrateurs participants des deux autres extraits ? Justifiez votre réponse.

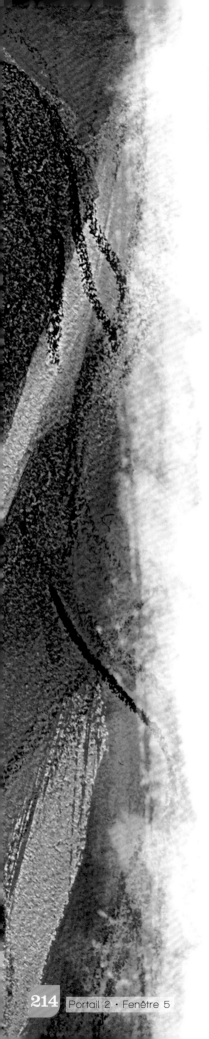

Pistes
d'essai

Écriture

La nouvelle *Love me, love my dog* se termine par l'annonce de l'annulation d'un mariage. Puisque la lettre n'a pas encore eu de réponse, la réaction de Laurence est inconnue. Comment réagit-elle à la missive? En tenant compte des éléments de la nouvelle, rédigez une lettre qui sera la réponse de Laurence et qui racontera sa version des faits.

Pour soutenir votre démarche, consultez la stratégie «Écrire un texte littéraire», page 554.

Lecture

Le narrateur participant est un procédé très fréquent en littérature. Dans les textes suivants: *Bestiaire, Garage Molinari, L'avalée des avalés, Love me, love my dog*, trouvez des indices qui distinguent le narrateur de l'auteur. Développez une hypothèse sur la motivation de ces auteurs à écrire au «je».

Pour soutenir votre démarche, consultez la stratégie «Lire un texte littéraire», page 550.

Communication orale

Un narrateur est une voix fictive qui raconte une histoire. Il peut adopter un point de vue neutre, c'est-à-dire ne montrer aucun signe apparent de jugement sur les actions ou les pensées du personnage. Il peut aussi adopter un point de vue subjectif, c'est-à-dire approuver ou non les personnages, les vanter ou les ridiculiser. Choisissez un extrait (sans dialogue) d'une quinzaine de lignes de l'un des textes de cette fenêtre et exercez-vous à le réciter en respectant, par votre ton de voix, le point de vue du narrateur comme si vous jouiez un personnage qui raconte une histoire. Lorsque vous êtes prêt, récitez votre texte devant vos camarades de classe et demandez-leur de commenter votre prestation.

Pour soutenir votre démarche, consultez la stratégie «Prendre la parole devant un groupe», page 561.

La parution en 1966 de *L'Avalée des avalés* (Prix du gouverneur général) chez Gallimard, un important éditeur français, est une véritable bombe dans l'univers littéraire québécois. À partir de ce moment, Réjean Ducharme, né en 1941 à Saint-Félix-de-Valois, fera courir les rumeurs les plus folles à son sujet. Qui est cet écrivain majeur qui a toujours refusé qu'on publie sa photo et qui évite toute apparition publique ? D'autres romans acclamés comme *Le nez qui voque*, *L'océantume* et *L'hiver de force* suivront ainsi que des pièces de théâtre jouées fréquemment, des scénarios de film (*Les bons débarras*) et des paroles pour plusieurs chansons de Robert Charlebois.

L'avalée des avalés [extrait]

Chapitre 4

J'ai le visage tissé de boutons. Je suis laide comme un cendrier rempli de restes de cigares et de cigarettes. Plus il fait chaud, plus mes boutons me font mal. J'ai le visage rouge et jaune, comme si j'avais à la fois la jaunisse et la rougeole. Mon visage durcit, épaissit, brûle. Ma peau se desquame comme l'écorce des bouleaux.

5 Nous entrons dans la synagogue. Nous passons la moitié de notre temps à la synagogue. Nous avons la synagogue fréquente. J'aimerais mieux que nous ayons le vin triste. Einberg me tient par la main. Einberg laisse s'envoler ma main et me pousse sur un banc. Le rabbi Schneider lit dans son gros livre rouge à tranche dorée.

« Tous les arrogants, tous les impies ne seront que paille. Le feu qui vient les
10 flambera, dit Yahveh des Armées. Il ne leur laissera ni racines ni feuillage. »

— Vacherie de vacherie !

[...]

« Voici sur qui je regarde sur l'humble, sur celui qui a le cœur brisé et qui tremble à ma parole. »

— Le cœur brisé... Vacherie de vacherie... Comme dans les chansons d'amour !

15 Le rabbi Schneider vient nous voir. Il allait me serrer la pince et me pincer la joue. Mais, vu l'état de mes joues, il se contente de me serrer la pince. Quand le rabbi Schneider vient nous voir comme ça, j'ai le goût de n'avoir jamais su parler, le goût de ne plus prononcer un mot du reste de ma vie. J'ai le goût de m'en aller, d'être partie pour toujours. Quelqu'un qui m'aborde, c'est quelqu'un qui veut quelque
20 chose, qui a quelque chose à échanger contre quelque chose qui est pour lui d'une

plus grande valeur, qui a une idée derrière la tête. Je les vois venir avec leurs gros sabots. Ils ont quelque chose à me vendre. Merci ! Je n'ai besoin de rien. Repassez ! Quand vous repasserez, je ne manquerai pas mon coup. Je serai pleine de serpents et je vous les lancerai à la figure. Quand j'ai besoin de quelque chose, je prends,
25 comme un escogriffe. Je ne demande jamais. Je ne fais pas de grâces. Je ne souris ni avant de prendre ni après avoir pris.

Nous sortons de la synagogue. Dans la rue, il vente, la lumière et les ombres tremblent. Il fait chaud. Einberg me prend par la main. Au bout du trottoir, notre automobile nous attend. Nous marchons derrière un convoi sinistre d'hommes en
30 chapeau noir et en complet noir. Einberg ne peut pas marcher vite il a été blessé à une guerre. Un éclat d'obus, d'eau bue... Ah. Ah. Il boite. J'ai envie de caracoler. Il me tient par la main et il me tient bien. Je ne peux pas caracoler.

— Vacherie de vacherie !

— Je te défends de jurer. Je t'interdis de prononcer ces mots.

35 — Vacherie de vacherie ! Vacherie de vacherie ! Vacherie de vacherie !

— Continue et je te flanque des paires de claques.

— Ta femme dit « vacherie de vacherie » tant et plus.

— Je t'interdis de la désigner de cette manière.

— Vacherie de vacherie !

40 — Un autre « vacherie de vacherie » et je t'enferme dans ta chambre pour le reste de la journée. Et tu te passeras de manger.

— Vacherie de vacherie Si tu penses que ça me fait peur !

Je n'ai pas peur de lui. D'ailleurs, il ne met jamais à exécution ses menaces de m'enfermer pour le reste de la journée. Quand il a pris la peine de me flanquer
45 des paires de claques, il se sent acquitté de ses devoirs de père pour un bon bout de temps.

— Pourquoi me tiens-tu toujours par la main ?

J'essaie de libérer ma main. Plus je tire, plus il serre. C'est fort, un adulte ! Constance Chlore me prend par la main. Ce n'est pas la même chose.

50 — Pourquoi ne réponds-tu jamais à mes questions ? Pourquoi ne me laisses-tu pas tranquille si je ne t'intéresse pas ? Pourquoi es-tu si méchant ?

Einberg ne répond pas. Il regarde les maisons.

— Tu sais, Einberg... Les personnes impies et arrogantes...

— Le feu qui vient les flambera comme paille, a dit Yahveh.

55 — Il ne leur laissera ni racines ni feuillage, comme à l'orme.

Quand je serai grande, je serai arrogante et impie. J'aurai poussé des racines grosses comme les colonnes de la synagogue. J'aurai des feuilles grandes comme des voiles. Je marcherai tête haute. Je ne verrai personne. Quand le feu qui vient viendra, il brûlera ma peau, mais mes os ne flancheront pas, mais mon échine ne
60 fléchira pas.

— Je me cacherai la tête dans le sable quand le feu qui vient viendra. J'aurai trop honte. Je ne veux pas être debout sur l'estrade quand les impies seront massacrés.

65 Je ne marcherai pas avec Yahveh. Je marcherai contre les flammes et contre les armées. J'aime mieux être du mauvais côté, s'il faut absolument être d'un côté. Mes boutons me reviennent à l'esprit. Soudain, la brûlure qui empèse mon visage m'est agréable. Je
70 me pénètre de la douleur, je l'excite, je la déguste, je m'en délecte. Elle est produite par les flammes mêmes qui flamberont les arrogants et les impies.

— Einberg, tu sais... les autres, les humbles, ceux qui tremblent...

75 — Oui ! Oui !

— S'ils tremblent, n'est-ce pas parce qu'ils ont peur ? Est-ce que ce n'est pas parce qu'ils n'ont pas assez d'orgueil et de courage ? Cette année, il y avait un garçon dans notre classe qui se laissait battre par
80 les filles. Les filles lui volaient ses billes et il allait pleurer dans les jupes de Dame Ruby.

Einberg n'entend plus. Quand il a entendu le premier mot de la première phrase de ce que je dis, il en a entendu assez. Il a les oreilles pleines. La plupart
85 du temps, il m'ignore. Espèce d'ignorant ! Quand Mme Einberg ne lui dispute pas ma possession, il me trouve tout à fait dénuée d'intérêt. Quand il me gronde, il se force.

[...]

Chapitre 5

Quand j'étais plus petite, j'étais plus tendre.
90 J'aimais ma mère avec toute ma souffrance. J'avais toujours envie de courir me jeter contre elle, de l'embrasser par les hanches et d'enfouir ma tête dans son ventre. Je voulais me greffer à elle, faire partie de sa douceur et de sa beauté. Venu avec la raison,
95 l'orgueil m'a fait haïr le vide amer qui se fait dans l'âme afin qu'on aime. Maintenant, ce qu'il faut, c'est rompre tout à fait avec Einberg, c'est rendre cette femme tout à fait nulle. J'exècre avoir besoin de quelqu'un. Le meilleur moyen de n'avoir besoin de personne,
100 c'est de rayer tout le monde de sa vie. [...]

Réjean Ducharme, *L'avalée des avalés*,
© 1966, Éditions Gallimard.

Neil Smith est né à Montréal en 1964, mais il a grandi aux États-Unis. Il est revenu s'installer au Québec pour terminer ses études en traduction et y vivre. Ses premiers textes sont publiés dans diverses revues littéraires à partir de 2000 et sont primés à plus d'une reprise. Avec son premier livre, *Bang Crush* (*Big Bang* en français), un recueil de nouvelles également acclamé, il s'inscrit dans la génération récente et prometteuse des écrivains canadiens-anglais.

Big Bang
[extrait]

Tu t'appelles Eepie Carpetrod. Tu as huit ans et tu fréquentes l'école primaire Albert-Einstein, et tu es une petite fille parfaitement normale, du moins jusqu'au jour où, dans la classe de Mme Mendelwort, tu prends tes crayons de couleur et dessines une
5   créature au visage jaune, aux yeux d'insecte et au nez retroussé, affublée d'un couvre-chef sur lequel pousse une valve de tuyau d'arrosage. Elle a une poitrine en forme de rectangle bleu, sans bras, des dés à coudre à la place des seins, des jambes rouges bien galbées et arquées à la hauteur des genoux, les pieds enfoncés dans
10 des chaussures à talons hauts. Très Joan Miró, fait Mme Mendelwort. Si sa connaissance du surréalisme est irréprochable, on ne peut pas en dire autant de son accent. Aussi la reprends-tu : *zo-anne miro*, dis-tu, et tu précises que Miró préférait la prononciation catalane de son nom, puis tu baisses les yeux sur ta reproduction
15 de la *Jeune fille s'évadant* avant de les relever sur ton institutrice, dont la bouche, tordue par la surprise, imite celle de ta créature. Après l'école, tu rentres à pied. Devant ton immeuble, le fils du concierge, un ado aux cheveux bouclés qui jappe comme un terrier, dévale en rollers la rampe d'accès pour les personnes
20 handicapées. Roy aboie et tu dis : Le syndrome de La Tourette ? Son air ébahi, semblable à une flaque d'eau de pluie, confirme tes soupçons. L'ascenseur tout rouillé grince jusqu'à ton appartement, où ta mère célibataire, les mains dans des gants de cuisine, cherche à faire sortir un écureuil du trou où il s'est fourré, entre la
25 moustiquaire et la vitre, tandis que, sur la table basse, s'entassent les entrailles du poste de télévision : ta mère a encore épousseté les tubes. Tu as pris tes médicaments ? lui demandes-tu, et tu soulignes que le Divalproex est efficace autant contre les cycles rapides que moins rapides. Pendant que l'écureuil couine comme
30 un hystérique, tu te dis que tu es douée, mais c'est moins un don qu'un cadeau empoisonné, aussi agréable que les culottes indiquant les jours de la semaine qu'on reçoit à Noël. Ta mère, déconcertée par ton vocabulaire en plein essor, te conduit chez le médecin, et pendant trois mois tu es soumise à une batterie de tests, entre
35 lesquels tu maîtrises la sténo et les divisions non abrégées, lis *Madame Bovary*, grandis de trente centimètres, et lorsque les résultats arrivent, ta mère s'effondre et se maudit de t'avoir baptisée Eepie, un nom de vieille femme, car le médecin vient de lui expliquer que tu as le syndrome de Fred Hoyle, rare maladie qui, tout en stimulant
40 ton intelligence de façon exponentielle, te fait vieillir d'un mois tous les jours et c'est pourquoi, sur le chemin du retour, vous devez vous arrêter à la pharmacie pour acheter des protège-dessous et de l'antisudorifique. Plus tard, tandis qu'elle téléphone aux membres de la famille et pleure, tu entends japper et ouvres la fenêtre de ta chambre et là, dans la ruelle, tu vois Roy juché sur une benne à
45 ordures, un cerceau de hula-hoop gauchi à la main. Roy a seize ans. Tu as seize ans. Et pourtant on a comprimé tes seize ans dans un corps de huit ans et huit mois. [...]

Neil Smith, *Big Bang*, traduit de l'anglais par Lori Saint-Martin et Paul Gagné,
© 2007, Les éditions Les Allusifs, pour la traduction française.

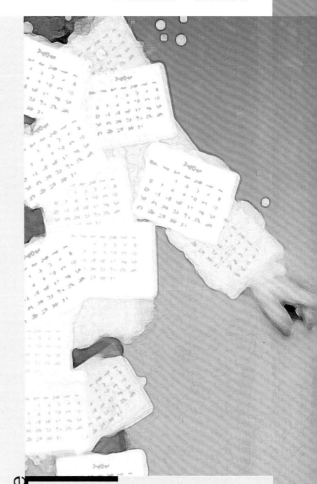

Lien utile

Le traducteur
Le traducteur est une personne mandatée pour traduire un texte de langue étrangère dans sa langue maternelle. Cette personne doit avoir une grande maîtrise de la syntaxe et des équivalences linguistiques afin de reproduire le message avec précision. Étant donné la complexité de la tâche, un traducteur ne traduit généralement que d'une seule langue étrangère vers sa langue maternelle.

Avant d'écrire des romans, Jean-François Beauchemin a été rédacteur et réalisateur pour la télévision québécoise. Dans son premier roman, *Comme enfant je suis cuit* (1998), ainsi que dans tous les autres (entre autres *Garage Molinari*) qui paraîtront par la suite, on retrouve toujours un enfant. En 2004, la maladie plonge l'écrivain dans un coma profond dont on est certain qu'il ne se réveillera jamais. Il s'en sort pourtant et écrit ce qu'il a vécu dans *La Fabrication de l'aube* (Prix des libraires 2006). Toutefois, cette expérience lui fera tourner le dos à l'enfance, qui avait inspiré toutes ses œuvres précédentes.

Garage Molinari [extrait]

Quand le patron venait frapper chez nous c'était toujours étonnant dans les premiers instants, à cause du cadre de la porte qui mettait en évidence sa largeur excessive. Ce matin-là il est arrivé à l'heure du déjeuner avec tout son équipement, et après être entré avec son sac et sa canne à pêche sur l'épaule il a demandé *alors,*
5 *tout le monde est prêt?* [...] *Alors, VOUS venez oui ou non? C'est samedi, et le samedi c'est parfait pour la pêche!*

Sur sa chaise Jules a crié *on y va!* puis Joëlle et moi on s'est regardés et on s'est dit avec les yeux *après tout pourquoi pas, ça fera plaisir au petit.* Puis le patron a sorti son chapeau de pêcheur du sac et il a dit *grouillez-vous! Les poissons sont des bêtes*
10 *matinales, c'est à cette heure que ces petits affamés mordent le plus à l'hameçon!* et en moins de deux on était tous dans sa voiture.

En chemin monsieur Molinari a mis le chapeau sur sa tête, et avec le vent qui soufflait on aurait dit que le couvre-chef était vivant à cause des vers en plastique accrochés tout autour. Là-haut le soleil montait, dans le rétroviseur la ville
15 s'éloignait, dans les champs on voyait de temps à autre des vaches indifférentes qui mâchouillaient des herbes, et de mon côté j'espérais seulement qu'avec toutes ces choses autour le patron s'aperçoive pour une fois qu'il était en train d'être heureux. Un peu plus tard en pleine campagne pour vérifier j'ai demandé *monsieur Molinari, avec tout ce ciel et ces vaches, vous êtes heureux au moins?* Mais on comprenait plus que
20 jamais qu'il n'était pas familier avec la question du bonheur, parce qu'en entendant ça il a manqué le virage et la voiture s'est retrouvée dans le décor.

À cause des cahots les vers ont sursauté bizarrement sur le chapeau, puis la bagnole s'est arrêtée dans un champ de maïs. Une fois revenus de la surprise on est sortis pour vérifier les dégâts, et en tournant autour de la voiture on a vu beaucoup
25 d'épis écrasés sous les roues et le radiateur tout aplati aussi. Ce radiateur ça expliquait la fumée qui sortait du moteur, et en lançant un ou deux jurons le patron a ouvert le capot. Là-dessous ça fumait tellement que pendant un moment on n'a plus vu que le bout du chapeau qui dépassait du nuage. Sous le chapeau le patron gesticulait comme un fou pour chasser la fumée, et avec les vers qui suivaient la
30 cadence, ce brouillard et ces bestioles gélatineuses ça ressemblait à un film d'horreur. Alors Jules s'est mis à brailler puis il a dit *qu'est-ce qu'on va d'v'nir? Qu'est-ce qu'on va d'v'nir?* et Joëlle l'a réconforté en lui prenant la main. Puis le patron

qui s'y connaît en moteurs a dit *cette pourriture de mécanique est complètement morte, il nous faudrait une dépanneuse* et quand on regardait la voiture c'était difficile de ne
35 pas être d'accord pour la question de la pourriture.

Ensuite on est retournés sur la route et on s'est mis à marcher en espérant rencontrer une dépanneuse ou un téléphone, mais au bout de deux kilomètres ce n'était encore que le maïs, les vaches et leur indifférence. Sous le soleil Jules pleurnichait sans arrêt en disant *on est foutus! On r'trouv'ra jamais l'ch'min du HLM,*
40 *on va mourir d'faim et d'chaleur et quand y nous ramass'ront sur l'bord d'cette route, les flics pourront même pas identifier nos carcasses tell'ment on s'ra maigres et roussis! On est foutus, j'vous l'dis!*

Puis à un moment monsieur Molinari a dit quelque chose de surprenant pour un incompétent du bonheur comme lui. Il a posé sa main sur l'épaule du petit et il
45 a dit doucement *allons! Allons! On est quand même bien, ici, non? Tous ces champs, cette nature, cette lumière! Tu as vu la lumière sur le sommet des arbres? On dirait de l'or. Que Dieu bénisse les arbres!* Alors Joëlle m'a regardé avec des yeux comme ça, et ça voulait dire *tiens? Monsieur Molinari reconnaît le bonheur quand il passe, maintenant?* Avant même que je réponde avec mes yeux aussi, le patron a ajouté en ébouriffant les
50 cheveux de Jules *tiens, j'ai une idée! Si on comptait les sauterelles tous les deux?* et tout de suite le petit a crié *génial! Avec tout c'paysage naturel, ça doit être plein d'saut'relles dans l'coin!* Ensuite ils ont commencé une sorte de concours et c'était à savoir lequel des deux comptait le plus de bestioles tout en marchant vers la dépanneuse.

[...]

Au bout d'un moment Jules a voulu arrêter le concours parce qu'il ne pouvait
55 plus compter à cause de sa scolarité interrompue, mais le patron a insisté, il a dit *je vais t'apprendre.* Quand on l'a vu se pencher sur le petit pour lui faire son cours d'arithmétique, Joëlle et moi on a été drôlement émus à cause de la scolarité de mon demi-frère qui ressuscitait subitement. En se servant de ses doigts pour compter, Jules écoutait si attentivement le patron que d'un seul coup on aurait juré
60 que pour lui l'ascenseur venait de débloquer, et juste d'y penser ça m'a donné envie d'ouvrir un robinet. Je les regardais marcher devant nous et en m'approchant de Joëlle j'ai demandé tout bas *tu crois que cette fois ça y est, que l'ascenseur est débloqué, oui?* Puis à tout hasard au bout d'un moment j'ai demandé *Jules, quel âge as-tu?* et il a répondu *sept ans* même si le cours d'arithmétique allait bon train. Sur le coup j'ai
65 été déçu sans rien dire, mais Joëlle a tout vu et elle a pris mon bras encore plus fort pour la consolation.

Deux kilomètres ont encore passé puis le maïs s'est arrêté, et de l'autre côté d'une colline un village est apparu. Cette civilisation ça tombait bien parce qu'avec le soleil qui fabriquait de l'or de plus en plus fort sur les arbres ça devenait urgent
70 de boire un coup.

[...]

Jean-François Beauchemin, *Garage Molinari*, © 2007, Éditions Québec Amérique.

Les illustrateurs français Fred Bernard et François Roca, qui se sont connus sur les bancs d'une école d'illustration à Lyon, collaborent depuis 1996, année où paraît leur premier album à quatre mains, *La reine des fourmis a disparu*. Depuis, sous leur plume, plus d'une dizaine d'albums, où Roca illustre les histoires scénarisées par Bernard, ont été publiés et souvent primés. Dans l'extrait de *L'Indien de la tour Eiffel*, les auteurs présentent deux versions d'un même événement raconté par deux narrateurs différents.

L'Indien de la tour Eiffel [extrait]

RAPPORT DU COMMISSAIRE BOURDELLE

Affaire Powona – crime du 4 avril 1889 – cabaret « La Bête à Bon Dieu »

La Bête à Bon Dieu (nommé Bête à deux dos par les habitués) est un bordel notoire dans les étages.

Alertés par un anonyme, nous arrivons sur les lieux à 2 h 30 après
5 midi, XVIIIe arrondissement, rue des Abbesses, cabaret « La Bête à Bon Dieu », 2e étage, chambre 8. Découverte de deux corps. Les deux hommes ont été poignardés dans les minutes précédant notre arrivée. Arme du crime : couteau de lancer appartenant à Billy Powona retrouvé sur les lieux. Traces évidentes de lutte (meubles renversés – lampes brisées).

10 Les bruits de l'établissement auront couvert le raffut de la bagarre. Une mallette pleine de billets de banque achevait de se consumer (demande d'analyse des cendres et des débris de billets pour évaluation de la somme).

Par la fenêtre ouverte, à peine cinq minutes après notre arrivée,
15 l'agent Lafleur aperçoit sur les toits voisins un homme emportant une femme inanimée. Traces de sang sur les toits indiquant qu'Alice La Garenne ou Billy Powona, voire les deux, étaient blessés.

Après l'arrivée des renforts, nous investissons le pâté de maisons. Je répartis les hommes dans les rues adjacentes. Le cuir chevelu de Jean
20 La Garenne, retrouvé par l'agent Goudet dans la cour du cabaret, est probablement tombé par la fenêtre ouverte lors de la fuite de Billy Powona.

Lafleur et Moingeon reviennent bredouilles. Les suspects semblent s'être volatilisés. L'agent Lafleur s'est blessé au genou.

25 Élargissement du champ d'investigation. Les rues sont bloquées. Nous passons tous les immeubles alentour au peigne fin. En vain. L'agent Lavigne nous signale qu'un conducteur de fiacre s'est fait voler une de ses bêtes tandis qu'il mangeait dans un café, rue Lepic. Le voleur se

serait enfui vers l'ouest. La
30 brigade de Mercier est sur la
route. Je la fais prévenir mais le
cavalier est déjà passé et Mercier
l'a perdu de vue alors qu'il se
dirigeait vers le Trocadéro, au
35 galop, à demi nu, une femme
inerte sur l'encolure. Le sauvage
est rapide et rusé. On nous signale un cambriolage au musée
de l'Homme. Vol d'un arc et de
40 flèches dans la vitrine des
Amériques. Je donne les ordres
nécessaires pour nous replier
vers le musée et rappelle une
escouade supplémentaire.

45   Nous arrivons trop tard pour
l'appréhender. Les gardiens ont
vu un Indien ivre de fureur, armé
d'un arc, le visage rouge de sang.
J'ordonne de nous séparer afin
50 de ratisser plus largement.

    Le cheval est repéré brou-
tant sur le Champ-de-Mars. Le
cavalier et son fardeau se sont
réfugiés dans la structure de la
55 tour de 300 mètres. Aucune issue
envisageable. Déjà au niveau du
premier étage, il hurle comme
nous nous approchons. Je demande aux ouvriers d'évacuer
60 le plus vite possible. Je somme
le sauvage de nous livrer la
jeune femme.

    (Nous ne savons si elle est
encore en vie.) Sans réponse de
65 sa part, nous tirons. L'Indien
décoche une flèche et blesse
l'agent Guignard au poignet
alors qu'il lève son arme.
J'exige que l'on disperse les
70 passants. Nous tirons encore
sur le meurtrier, mais il est hors
de portée. Je décide l'assaut de la
tour par les escaliers. Moingeon
s'écroule devant moi. Je recharge
75 mon arme et tire encore. Je
crois l'avoir touché. Pourtant, il
continue inexorablement son
escalade.

Il nous distance tandis que nous nous essoufflons. Je lui ordonne de
80 se rendre. Il nous vise et tire encore. Nous sommes enfin sûrs de l'avoir
blessé. Il arrive au sommet de l'édifice. Pris au piège, il saute dans le
vide, emportant la jeune femme avec lui. Sans un cri. Les badauds
hurlent. Neuf d'entre nous sont touchés. La foule se presse et fait cercle
autour des corps.

85 Je penche personnellement pour le crime passionnel. On savait Billy
Powona et Alice La Garenne amants depuis un an et demi. Jean La
Garenne aura très certainement voulu interdire à l'Indien de revoir sa
sœur. Craignant la colère du sauvage, il s'est fait accompagner de Nicéphore
Palamas qu'il connaissait de longue date. Pris de folie sanguinaire,
90 Powona aura préféré tuer Alice La Garenne plutôt que de la perdre. Les
deux hommes s'interposent, il les poignarde, scalpe Jean La Garenne.

Il n'aura pas eu le temps de scalper Palamas avant notre arrivée.
L'Indien jouit au cabaret d'une étrange protection.

Pour moi, c'est une affaire classée.

Version de Powona

[...]

95 Tu défonces la porte. La fumée. L'argent en feu. La Garenne pliée en deux sur
le parquet. Elle tousse. Jean sur le lit défait, le visage ensanglanté. Planté dans tes
yeux, le regard de monsieur Nic. Son horrible sourire jaune. Le sang de La Garenne
et de Jean sur les mains de monsieur Nic. Dans l'une un couteau. Dans l'autre les
cheveux de Jean. Des frissons parcourent ton corps, Billy. Le combat et la vengeance.

100 Monsieur Nic jette les cheveux de Jean par la fenêtre. Secoué par une puissante
rage, tu attaques. Pour défendre ce qui est déjà perdu. Tout est rouge et tes yeux
pleurent. Monsieur Nic s'écroule. On court, ça crie dans l'escalier. Tu fermes la
porte. Tu tires le corps en travers. Tu prends La Garenne dans tes bras. Sa poitrine
est couverte de sang. Ses jupons déchirés. «Il a scalpé Jean, Billy, pour te faire
105 accuser, mon Petit-Aigle. Il l'a tué. Il a brûlé notre argent. Il a détruit nos vies. J'ai
mal, Billy.»

On frappe à la porte: «Police, ouvrez!»

Dans la fumée, tu franchis la fenêtre, La Garenne sur ton épaule. Tu
t'accroches. Tu sautes les toits. Des coups de feu claquent à la fenêtre. Derrière une
110 cheminée, tu retires ta chemise tachée de rouge. Tu essuies doucement le visage de
La Garenne. Le sang et les larmes. Les policiers enjambent le rebord de la fenêtre.
Des coups de feu. Les tuiles volent en éclats. «Où est Jean? Je veux Jean, Billy. J'ai
mal au ventre...» Une lucarne. Une mansarde. Un escalier. La rue. Un cheval. Les
jurons du bonhomme. Le galop sur les pavés. Les étincelles des fers. Tes cris. Les cris
115 des passants au passage. Là-bas, la flicaille. La tangente, vite! Tu te couches sur le
cheval. Ton visage sur la poitrine de La Garenne. Le goût du sang. La chaleur de son
corps blessé. Vous dévalez les rues. Le claquement des sabots. Carrefours, avenues,
places. Tu ne vois plus personne, Billy. Tous te regardent. Ta poitrine bondissante.
Les plaintes de La Garenne. Le souffle du cheval. Tu redoubles de coups de talons.
120 Il triple son galop.

Le musée de l'Homme.

« Que fais-tu, Billy ? J'ai mal...

— Je reviens ! »

Pied à terre. Le cheval s'ébroue et hennit. On s'approche mais personne n'ose
125 toucher La Garenne. Tu suis les couloirs arpentés avec elle. Tu brises la vitrine. Tu
attrapes les armes du passé. Demi-tour. Tu bouscules les gardiens et les quidams
autour du cheval. Tu poses la main sur La Garenne. De son sang, tu marques ton
visage et tu hurles. Le cheval se cabre et tu passes, Billy !

« Arrête-toi, Billy... Où va-t-on ? »

[...]

Fred Bernard, François Roca, *L'Indien de la tour Eiffel*, © 2004, Éditions du Seuil.

Entourée de journalistes et d'artistes, Andrée Maillet (1921-1995) commence à écrire dès l'âge de onze ans. Au début des années quarante, elle deviendra la première correspondante de presse canadienne-française. En plus de son travail de journaliste, elle composera une œuvre littéraire foisonnante comprenant, entre autres, des romans, des poèmes, des pièces de théâtre et des nouvelles. Militante et libre penseuse, elle sera de tous les combats : de la cause féministe à la promotion de la littérature québécoise. En 1990, elle reçoit le prestigieux prix Athanase-David pour l'ensemble de son œuvre littéraire et est nommée « Femme de l'année » par la Presse canadienne.

Love me, love my dog

Ma chère Laurence,

Ce soir en regardant par la fenêtre, je vois deux hauts peupliers qui se détachent sur le ciel vert-bleu paon, un ciel qui a des airs d'opale noire, qui est, enfin, de la couleur que je préfère à toutes les autres.

5 Il n'y a aucun rapport entre la couleur du ciel et ma lettre. Je t'écris pour te parler de la pitié. La pitié ne ressemble pas seulement à l'amour: c'est l'amour; une sorte d'amour, si tu préfères. On tient généralement qu'un homme ne veut pas de cette sorte d'amour-là pour lui. Il se peut, mais s'il n'aime pas qu'une femme ait pitié de lui, il trouve sûrement bon qu'elle ait pitié des autres; néanmoins, laissons 10 le général et venons-en au particulier.

Ce matin en me rasant, je me suis vu tel que je suis et je suis un homme à tête de chien. Mes oreilles sont hautes, pointues, bien collées à mon crâne et ressemblent à celles de mon boxer à qui on a taillé les siennes bien avant que je ne l'acquière. J'ai le poil en brosse aussi dur que celui d'un lévrier d'Irlande. J'ai de bons yeux qui 15 demandent pardon. Ma bouche n'a rien qui la distingue d'une autre, mais quand je ris, j'aboie. Je gambade volontiers en marchant, et si les convenances me retiennent de poser mes pattes de devant sur les épaules d'un étranger sympathique, je n'en ai pas moins envie de le faire.

Toi, tu es délicate, tour à tour autoritaire et alanguie, tu as les os petits. Dans 20 ton souffle, il y a toujours une odeur de fièvre très atténuée qui se lie à ton parfum, et ta féminité un peu maladive m'attire physiquement. Je ne sais pas pourquoi tu m'aimes. Tu te laisses faire sans que je sache si tu te résignes ou si tu calcules. Je me passe bien de le savoir: l'homme veut ce qu'il veut, la connaissance vient après. Or, tout en m'attirant, tu me rebutes, ou plutôt, lundi tu me plais, mardi tu me déplais; 25 ou encore tu es comme une médaille dont on ne peut supporter que la face.

Je vais mieux m'expliquer: tu me plais, car je te crois douce et savante. Tu as des qualités discrètes qui ne ternissent pas comme l'argent, mais qui ne brillent pas non plus, à se demander si elles sont vraies. Tu as de l'ordre, et tu ne dis pas non. Mais je cesse complètement de t'apprécier quand nous entrons comme hier chez 30 Gatehouse pour choisir des poissons, et qu'en voyant les homards bruns, les yeux noirs, fixes, leur regard désespéré, leurs antennes qui remuent lentement, tu me demandes d'acheter ceux-là plutôt que les rouges.

Pour moi, le désespoir a des yeux de homards qu'on a plongés dans l'eau bouillante. Les homards rouges, quelqu'un les fait mourir: je ne veux pas que ce soit toi.

35 Tu n'aimes pas mon chien. Tu chasses les chats des voisins. Les pigeons, dis-tu, abîment les monuments et tu fais la guerre aux mouches. Tout ceci avec une fermeté douce et au nom de principes auxquels je n'adhère pas.

Les pigeons sont à l'édifice Sun Life ce que les moineaux sont aux arbres de mon avenue; ils lui font presque palpiter les pierres. C'est leur calme atterrissage et
40 leurs roucoulements pleins d'appétit qui donnent une âme au carré Dominion comme à la place Viger. Je pourrais avec lyrisme te chanter les rats d'égout, les chats de gouttière, les vers du carré Saint-Louis sans qui le gazon ne pousserait pas. Je te le dis tout clairement: je suis un animal si près de la terre, si en vie, que j'aime la vie où qu'elle se trouve; un animal débonnaire, entends bien, pas un fauve. Les
45 animaux, ne les prises-tu donc qu'en côtelettes, bouillis *et cætera*? Tu gardes tes sentiments pour le genre humain, m'affirmes-tu, et mon respect des bêtes t'agace plus qu'il ne t'amuse. Tu dis raffoler des enfants; qui me le prouve? Je t'ai vue gentille avec eux, mais eux ne sont que polis avec toi. Je ne pense pas qu'on puisse aimer les gens si on exècre ceux qu'un grand saint a nommés *nos frères inférieurs*.
50 Un cœur généreux n'a pas ces compartiments: il aime son chien d'un amour d'homme et le pleure sans honte quand il le perd.

Un jour, je ne serai plus qu'une vieille brute, lucide encore, j'espère, mais faible, inutile et peut-être malpropre. De quel air me donneras-tu ma pâtée ? Tu seras une vieille dame excessivement nette, aux cheveux blancs bien bleuis, et tu
55 ne porteras que du mauve et des violettes. Et si je bave dans ma soupe, tu me mettras un tablier en pensant : le chien que j'ai épousé est devenu un vieux salaud.

Toute mon existence j'aurai envie d'acheter chez Gatehouse ou dans toute autre poissonnerie des homards pour les remettre à la mer, bien que ce soit impossible puisque nous sommes à cinq cents milles de la mer ; tandis que toi, tu voudras les
60 voir rosir à petit feu dans ta cuisine, sans pitié.

Étant revenu à la raison de ma lettre, la pitié, je crois t'avoir démontré que mon chien, ma tête de chien, et ces homards vivants que tu menaces, font partie d'un même règne et sont éternellement solidaires. Pas plus que l'ail ne peut avoir un goût de menthe, ces différences essentielles dans nos caractères ne se peuvent
65 changer. T'ayant fait part de la disposition de mon esprit, je suis certain que tu verras aussi bien que moi l'inopportunité de mener nos projets de mariage à leur terme, et m'en remets à ton jugement.

Andrée Maillet, « Love me, love my dog », nouvelle publiée dans *Les Montréalais*,
© 1987, Éditions de l'Hexagone et Andrée Maillet.

Fenêtre

6

Au mot poésie, plusieurs sentiments se manifestent. Certains tremblent, d'autres rient. On entend : *Ah ! non ! Pas un poème !* Puis, de notre baladeur numérique sort une ritournelle, un air connu. De notre écran, un slogan nous amuse. C'est alors qu'on comprend : la poésie est partout.

Le texte de genre poétique

- Les procédés lexicaux
- Les procédés stylistiques
- Les procédés syntaxiques
- Les procédés graphiques
- La structure d'un poème

La route que nous suivons

Gaston Miron

L'homme rapaillé

TYPO
POÉSIE

C'est à Sainte-Agathe-des-Monts, « dans les vieilles montagnes râpées du Nord », que Gaston Miron, l'un des poètes québécois les plus connus et respectés, voit le jour en 1928. Son lieu d'origine, où il sera inhumé lors d'obsèques nationales en 1996, l'inspirera tout au long de sa vie. Même si « Miron le magnifique », comme on le surnommait, n'a fait paraître qu'un seul recueil de poésie de son vivant, *L'homme rapaillé* (1970), son œuvre est directement liée à l'évolution du Québec moderne. Il a été de tous les combats pour la défense des droits des francophones ; il se définissait autant comme militant que poète. Il a cofondé les Éditions L'Hexagone, qui ont contribué à l'essor de la poésie québécoise, a enseigné à l'université, s'est impliqué en politique, et s'est produit fréquemment en spectacle. De nombreuses distinctions ont couronné sa carrière, dont le prix Athanase-David en 1983.

L'homme rapaillé paraît en 1970. Au Québec, c'est l'année de la crise d'Octobre et aussi celle de la Nuit de la poésie, un événement culturel majeur, organisé par Gaston Miron, qui marquera l'histoire de la province. L'œuvre rassemble plusieurs textes, souvent déjà publiés dans des journaux et revues littéraires. Puisque le poète veut toujours améliorer ses textes, l'ouvrage connaîtra sept rééditions. Le succès est au rendez-vous : le recueil est traduit en plusieurs langues et consacre Gaston Miron parmi les grands poètes du Québec et d'ailleurs.

« La route que nous suivons » fait partie du cycle *Influence*. Ce poème a été mis en musique par Louis-Jean Cormier, du groupe musical Karkwa, et fait partie d'un disque-hommage à Gaston Miron sorti en 2008, *Douze hommes rapaillés*.

Lors de la lecture, repérez les éléments du texte qui permettent de reconnaître que l'émetteur s'adresse à un destinataire québécois.

La route que nous suivons

À la criée du salut nous voici
armés de désespoir

au nord du monde nous pensions être à l'abri
loin des carnages de peuples
5 de ces malheurs de partout qui font la chronique
de ces choses ailleurs qui n'arrivent qu'aux autres
incrédules là même de notre perte
et tenant pour une grâce notre condition

soudain contre l'air égratigné de mouches à feu
10 je fus debout dans le noir du Bouclier
droit à l'écoute comme fil à plomb à la ronde
nous ne serons jamais plus des hommes
si nos yeux se vident de leur mémoire

beau désaccord ma vie qui fonde la controverse
15 je ne récite plus mes leçons de deux mille ans
je me promène je hèle et je cours
cloche-alerte mêlée au paradis obsessionnel
tous les liserons des désirs fleurissent
dans mon sang tourne-vents
20 venez tous ceux qui oscillent à l'ancre des soirs
levons nos visages de terre cuite et nos mains
de cuir repoussé burinés d'histoire et de travaux

nous avançons nous avançons le front comme un delta
« *Good-bye farewell!* »[1]
25 nous reviendrons nous aurons à dos le passé
et à force d'avoir pris en haine toutes les servitudes
nous serons devenus des bêtes féroces de l'espoir

Gaston Miron, « La route que nous suivons », *L'homme rapaillé*,
© 1998, Éditions Typo et succession Gaston Miron.

---

1 *Au revoir*, en anglais.

Lexique

La criée du salut
Que signifie cette expression ?

Tourne-vent
Quel est l'objet désigné par ce mot composé ?

Burinés
Quelle est la connotation de cet adjectif ?

réflexions

1 Quelles caractéristiques du poème contribuent à le rendre intemporel?

2 Quelle place la société québécoise accorde-t-elle à ses grands poètes?

Je vis,
je meurs

Louise Labé, surnommée «la Belle Cordière», en raison de sa grande beauté et de ses origines familiales, serait née autour des années 1520. Durant sa jeunesse, elle reçoit une éducation privilégiée où elle s'initie autant aux lettres et à la musique qu'à l'équitation et à l'escrime. Ce passé forgera une personnalité forte chez l'écrivaine, que l'on considère comme l'une des grandes poétesses françaises de l'amour et l'une des premières féministes de l'histoire. En effet, elle n'hésite pas à suggérer aux femmes de pratiquer les mêmes disciplines que les hommes, comme les sciences. Évidemment, sa poésie, parfois sulfureuse et sensuelle, et sa façon de penser pour le XVIe siècle lui valent bien des reproches : on la traite, entre autres, de courtisane vulgaire. Néanmoins, Louise Labé sera célébrée de son vivant et après sa mort en 1566 par un grand nombre de poètes et d'artistes.

La création de ce sonnet s'explique par les origines de Louise Labé, qui vit à Lyon (France) au XVIe siècle. Lyon est une ville où la culture et la littérature sont marquées par tout ce qui provient de l'Italie, pays où l'on accorde, à cette époque de la Renaissance, une place privilégiée aux femmes. L'écrivaine, très aisée, accueille constamment dans son salon des artistes, des érudits et de riches Italiens ; avec certains d'entre eux, elle vivra des passions parfois amoureuses et parfois douloureuses. Toute son œuvre est teintée de cette dualité entre l'amour fou et la mort qu'elle se souhaite à défaut d'être aimée.

À la lecture de ce poème, repérez les contraintes auxquelles
la poétesse s'est prêtée lors de l'écriture de son œuvre.
Pour ce faire, portez attention à la forme du texte.

Je vis, je meurs : je me brûle et me noie,
J'ai chaud extrême en endurant froidure ;
La vie m'est et trop molle et trop dure,
J'ai grands ennuis entremêlés de joie :

5 Tout en un coup je ris et je larmoie,
Et en plaisir maint grief tourment j'endure,
Mon bien s'en va, et à jamais il dure,
Tout en un coup je sèche et je verdoie.

Ainsi Amour inconstamment me mène
10 Et, quand je pense avoir plus de douleur,
Sans y penser je me trouve hors de peine.

Puis, quand je crois ma joie être certaine,
Et être en haut de mon désiré heur,
Il me remet en mon premier malheur.

Louise Labé, *Je vis, je meurs*, écrit vers 1546.

réflexions

1 Ce sonnet appartient au genre lyrique,
c'est-à-dire qu'il y a une exaltation des
sentiments. Quelles images du poème
évoquent le mieux cette exaltation ?

2 Quels sont les indices qui permettent
de supposer que l'énonciatrice s'adresse
à elle-même ?

Cyrano de Bergerac [extrait]

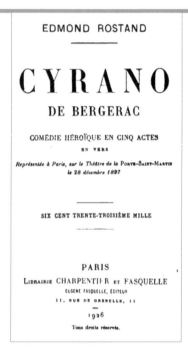

EDMOND ROSTAND

CYRANO

DE BERGERAC

COMÉDIE HÉROÏQUE EN CINQ ACTES

EN VERS

Représentée à Paris, sur le Théâtre de la Porte-Saint-Martin
le 28 décembre 1897

SIX CENT TRENTE-TROISIÈME MILLE

PARIS

Librairie CHARPENTIER et FASQUELLE
EUGÈNE FASQUELLE, ÉDITEUR
11, RUE DE GRENELLE, 11
1926

Tous droits réservés.

Les débuts littéraires d'Edmond Rostand (1868-1918) en tant que poète et dramaturge français sont plutôt modestes. C'est sa rencontre avec Sarah Bernhardt, la plus grande comédienne de l'époque, qui sera décisive. Les pièces qu'il écrit pour elle obtiennent un certain succès, mais c'est la création de *Cyrano de Bergerac* en 1897 qui deviendra un véritable triomphe. D'ailleurs, cette pièce est encore, à ce jour, le succès le plus grand de tout le théâtre français. On raconte que, lors de sa première représentation en 1897, dès le dernier entracte, Edmond Rostand a été fait chevalier de la Légion d'honneur, une «haute décoration qui récompense les mérites acquis par les citoyens», et que l'on a dénombré plus de 50 rappels. Sa pièce suivante, *L'Aiglon*, lui vaudra un autre titre prestigieux en 1901: son élection à l'Académie française.

La pièce *Cyrano de Bergerac* est une comédie héroïque en cinq actes écrite en quelque 2600 alexandrins et dont plus de la moitié des vers sont assurés par le personnage principal lui-même. Rostand se serait inspiré librement d'un personnage réel, Savinien Cyrano de Bergerac (1619-1655), qui était poète et militaire sous Louis XIII. La pièce est fréquemment mise en scène autant dans les établissements scolaires que dans les théâtres, et de nombreuses adaptations cinématographiques ont été réalisées depuis les années 1950, dont celle de Jean-Paul Rappeneau (1990) qui a obtenu un très grand succès et qui met en vedette l'acteur français Gérard Depardieu, triomphant littéralement dans son interprétation de Cyrano.

Imaginez l'acteur en prestation qui récite ce texte.
Imaginez sa gestuelle, son intonation, ses mimiques.
Quelle est l'image qui vous vient à l'esprit ?

La tirade du nez – Acte 1 – scène 4

[...]

Ah ! non ! c'est un peu court, jeune homme !
On pouvait dire... Oh ! Dieu ! ... bien des choses en somme...
En variant le ton, par exemple, tenez
Agressif : « Moi, monsieur, si j'avais un tel nez,
5   Il faudrait sur-le-champ que je me l'amputasse ! »
Amical : « Mais il doit tremper dans votre tasse
Pour boire, faites-vous fabriquer un hanap ! »
Descriptif : « C'est un roc ! ... c'est un pic ! ... c'est un cap !
Que dis-je, c'est un cap ? ... C'est une péninsule ! »
10 Curieux : « De quoi sert cette oblongue capsule ?
D'écritoire, monsieur, ou de boîte à ciseaux ? »
Gracieux : « Aimez-vous à ce point les oiseaux
Que paternellement vous vous préoccupâtes
De tendre ce perchoir à leurs petites pattes ? »
15 Truculent : « Ça, monsieur, lorsque vous pétunez,
La vapeur du tabac vous sort-elle du nez
Sans qu'un voisin ne crie au feu de cheminée ? »
Prévenant : « Gardez-vous, votre tête entraînée
Par ce poids, de tomber en avant sur le sol ! »
20 Tendre : « Faites-lui faire un petit parasol
De peur que sa couleur au soleil ne se fane ! »
Pédant : « L'animal seul, monsieur, qu'Aristophane[1]
Appelle Hippocampelephantocamélos
Put avoir sous le front tant de chair sur tant d'os ! »
25 Cavalier : « Quoi, l'ami, ce croc est à la mode ?
Pour pendre son chapeau, c'est vraiment très commode ! »
Emphatique : « Aucun vent ne peut, nez magistral,
T'enrhumer tout entier, excepté le mistral ! »
Dramatique : « C'est la Mer Rouge quand il saigne ! »
30 Admiratif : « Pour un parfumeur, quelle enseigne ! »
Lyrique : « Est-ce une conque, êtes-vous un triton ? »
Naïf : « Ce monument, quand le visite-t-on ? »
Respectueux : « Souffrez, monsieur, qu'on vous salue,
C'est là ce qui s'appelle avoir pignon sur rue ! »
35 Campagnard : « Hé, ardé ! C'est-y un nez ? Nanain !
C'est queuqu'navet géant ou ben queuqu'melon nain ! »
Militaire : « Pointez contre cavalerie ! »
Pratique : « Voulez-vous le mettre en loterie ?
Assurément, monsieur, ce sera le gros lot ! »

---

1   Poète comique du Ve siècle qui critiquait la société dans des pièces satiriques.

Que je me l'amputasse

À quel temps ce verbe est-il conjugué ? Trouvez d'autres exemples de verbes dont la conjugaison n'est plus fréquente de nos jours.

Hanap

Quel objet d'une autre époque ce terme désigne-t-il ? Nommez un autre archaïsme que le texte contient.

Hippocampelephantocamélos

Quels mots composent ce terme inventé ? Comment se nomme ce procédé ?

40 Enfin parodiant Pyrame[2] en un sanglot
   « Le voilà donc ce nez qui des traits de son maître
   A détruit l'harmonie! Il en rougit, le traître! »
   — Voilà ce qu'à peu près, mon cher, vous m'auriez dit
   Si vous aviez un peu de lettres et d'esprit
45 Mais d'esprit, ô le plus lamentable des êtres,
   Vous n'en eûtes jamais un atome, et de lettres
   Vous n'avez que les trois qui forment le mot : sot!
   Eussiez-vous eu, d'ailleurs, l'invention qu'il faut
   Pour pouvoir là, devant ces nobles galeries,
50 Me servir toutes ces folles plaisanteries,
   Que vous n'en eussiez pas articulé le quart
   De la moitié du commencement d'une, car
   Je me les sers moi-même, avec assez de verve,
   Mais je ne permets pas qu'un autre me les serve.

Edmond Rostand, *Cyrano de Bergerac*, 1897.

réflexions

1 Quelle était l'intention du personnage derrière sa tirade ?

2 La tirade est extraite d'une pièce de théâtre, elle doit donc être mémorisée et récitée. Quels éléments du texte peuvent aider le comédien à réussir cet exercice ?

2 Jeune Athénien dont les amours tragiques ont été racontées par le poète Ovide (43 av. J.-C. – v. 17 apr. J.-C.). C'est le récit de Pyrame et Thisbé qui inspire Shakespeare pour rédiger la tragédie *Roméo et Juliette*.

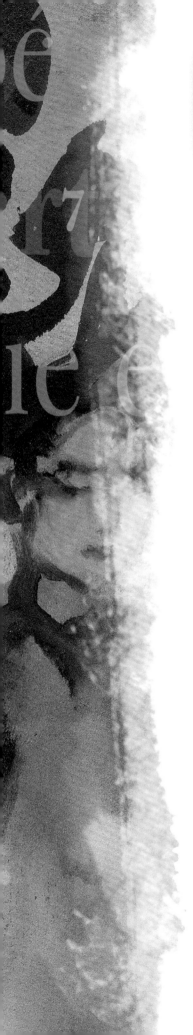

À propos... du texte de genre poétique

Le texte de genre poétique

Au sens large, un texte de genre poétique est une combinaison de divers procédés lexicaux, stylistiques, syntaxiques et graphiques qui représente d'une façon imagée un lieu, un objet, un être, une émotion, un sentiment, un état d'âme, un événement, etc. Il peut être de forme fixe ou de forme libre. Dans les deux cas, c'est l'évocation d'images et de symboles qui permet l'association au genre poétique. Un texte de genre poétique peut être structuré, en tout ou en partie, à l'aide des diverses séquences (descriptive, explicative, narrative, argumentative ou dialogale) et des procédés qui les caractérisent.

Pour en savoir plus sur les séquences et leurs procédés, consultez la Fenêtre 9.

Les procédés lexicaux

L'utilisation particulière du vocabulaire est une façon de distinguer un texte de genre poétique d'un autre genre littéraire. L'étude du sens des mots et de leurs relations permet, entre autres, de dégager la signification du poème, d'en reconnaître les symboles et les images ainsi que les thèmes abordés. Lors de la lecture, il faut être attentif aux champs lexicaux, à la polysémie des mots employés et à la création de mots.

– Le **champ lexical**. Ce procédé met en évidence les différents rapports de sens que plusieurs mots entretiennent entre eux (analogie, inclusion, synonymie, etc.). Lors de l'analyse d'un poème, l'identification des champs lexicaux permet de dégager les principaux thèmes de l'œuvre.

> Dans *La route que nous suivons*, plusieurs mots sont reliés au champ lexical militaire, entre autres : abri, carnages, criée, salut, armés, front, Bouclier, cloche-alerte, servitudes, droit.

– La **polysémie**. Ce procédé fait appel aux multiples significations qu'un mot peut avoir. En plus de son sens propre, un mot peut avoir un sens figuré et parfois une connotation particulière. En poésie, il est fréquent que l'interprétation du poème tienne compte des multiples définitions du mot, c'est-à-dire que les diverses significations de ce terme sont pertinentes à la lecture de l'œuvre.

> Dans *La route que nous suivons*, le nom *Bouclier* est polysémique. Il renvoie à l'espace géographique (le Bouclier canadien) et à l'arme de protection, ce qui permet un rappel du champ lexical militaire de l'œuvre.

– La création de **mots nouveaux**. Parmi les procédés qui permettent au poète d'avoir recours à un mot nouveau, l'un des plus utilisés est la création d'un mot-valise. Ce procédé consiste en la fusion de deux ou plusieurs mots différents afin d'en former un autre dont la signification tiendra compte des mots d'origine.

> Dans la tirade de *Cyrano de Bergerac*, le mot Hippocampelephantocamélos est une fabrication qui combine les termes *hippocampe*, *éléphant* et *caméléon* afin d'évoquer un monstre imaginaire.

Les procédés stylistiques

La stylistique renvoie aux marques qui permettent de reconnaître les particularités d'écriture d'un auteur, d'une époque ou d'un genre littéraire et qui contribue également à donner le rythme du poème. En poésie, les principaux procédés stylistiques étudiés sont les figures de style, les jeux de sonorité, les jeux de mots et la répétition d'un mot ou d'une partie du texte.

– Les **figures de style** utilisent le langage d'une façon évocatrice particulière, ce qui permet de créer une image. La liste des principales figures de style se trouve à la page 542 de la section Grammaire du manuel.

– Les **jeux de sonorités** utilisent la répétition de sons, de syllabes ou de mots afin de marquer le rythme du texte poétique. Dans certains cas, les sons répétés imitent ou évoquent une réalité abordée dans le texte. Par exemple : le son -*ch* [ʃ] répété dans le but d'évoquer le bruit du vent. Les principaux procédés qui contribuent à faire ressortir la musicalité d'un texte et à en dicter le rythme sont la rime, l'allitération, l'assonance et la répétition.

  • **Rime :** répétition d'une ou de plusieurs syllabes à la fin d'au moins deux vers. Dans un poème, l'analyse des rimes porte principalement sur leur qualité et sur leur disposition.

  • **Allitération :** répétition de consonnes à l'intérieur d'une séquence.

> Dans son poème *Soir d'hiver*, Émile Nelligan utilise l'allitération :
> Tous les étangs **g**isent **g**elés,
> Mon âme est noire : Où vis-**j**e ? où vais-**j**e ?
> Tous ses espoirs **g**isent **g**elés :
> Je suis la nouvelle Norvè**g**e

- **Assonance :** répétition de voyelles à l'intérieur d'une séquence.

> Poussant un sombre h**ou**-h**ou** ! / S**ou**dain le voilà r**ou**c**ou** / Lent ramier gonflant son c**ou**. (*Prologue* de Paul Verlaine)

- **Répétition :** emploi répété d'un mot, d'un vers ou d'une strophe. En chanson, la répétition d'un couplet se nomme un refrain.

– Les **jeux de mots** permettent d'intégrer une touche d'humour au texte. Ils utilisent souvent la paronymie, c'est-à-dire le rapprochement de deux termes distincts par le sens, mais dont la sonorité se ressemble. La contrepèterie et le calembour sont deux exemples de jeux de mots.

- **Contrepèterie :** jeu de mots basé sur une inversion de lettres entre plusieurs mots afin de donner une signification nouvelle, souvent grivoise, au nouvel ensemble créé.

> C'est un **m**inistre dé**c**ent = c'est un **s**inistre dé**m**ent.

- **Calembour :** jeu de mots basé sur l'utilisation volontaire d'un paronyme ou d'un homonyme à la place du terme approprié.

> « Je suis verseau ascendant recto. » (Jean-Paul Grousset)

Les procédés syntaxiques

En poésie, on remarque souvent une inversion des groupes constituants de la phrase ou une inversion des mots à l'intérieur d'un groupe. La ponctuation est souvent employée de façon inhabituelle, parfois elle peut même être totalement absente du texte. Ces libertés avec la syntaxe sont acceptées puisqu'elles servent à faire ressortir le message d'un poème et permettent d'en dégager le sens.

Les procédés graphiques

La disposition du poème sur la page et les choix typographiques sont également porteurs de sens et aident parfois à faire ressortir le message du poème. Pour tout poème, il importe d'analyser l'aspect visuel de l'œuvre en tenant compte de l'alignement des vers, de l'espace entre les mots ou entre les vers ainsi que de la typographie, c'est-à-dire la grosseur des caractères, l'emploi de la majuscule, etc. Parmi les divers procédés graphiques, il y a l'enjambement, l'acrostiche et le calligramme.

– **L'enjambement :** ce procédé renvoie à la disposition des vers à l'intérieur d'un poème. Il y a enjambement lorsqu'un mot ou un groupe de mots est rejeté d'un vers pour être placé sur le vers suivant. Ce choix influence le rythme (la musicalité) du poème.

> Dans *Cyrano de Bergerac*, il y a enjambement entre les deux vers suivants parce que la préposition n'est pas sur la même ligne que son complément :
>
> « De la moitié du commencement d'une, **car**
>
> **Je me les sers moi-même**, avec assez de verve. »

– **L'acrostiche :** texte qui utilise la première lettre de chaque vers afin de former un mot clé.

> Dans son poème *Le dormeur du val*, Arthur Rimbaud crée un acrostiche afin d'évoquer le lieu du sommeil :
>
> **L**es parfums ne font pas frissonner sa narine ;
>
> **I**l dort dans le soleil, la main sur sa poitrine,
>
> **T**ranquille. Il a deux trous rouges au côté droit.

– **Le calligramme :** texte dont le thème est illustré par la disposition des vers sur la page.

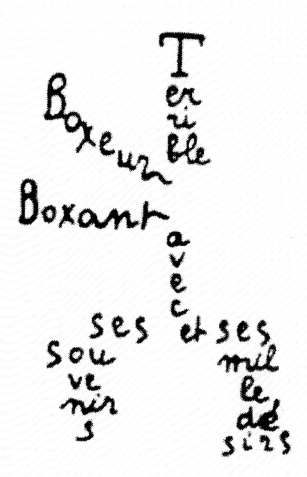

Terrible Boxeur Boxant avec ses souvenirs et ses mille désirs. (Guillaume Apollinaire)

La structure d'un poème

La structure d'un poème à forme fixe

Historiquement, les règles qui entouraient la poésie étaient strictes et toute œuvre qui en dérogeait n'était pas valorisée. Ces règles régissaient essentiellement la longueur des vers, l'organisation des strophes, la disposition des rimes, leur qualité et la forme des poèmes.

– **La longueur des vers.** Elle se mesure selon le nombre de pieds, c'est-à-dire le nombre de syllabes que le vers contient. Le plus fréquent est l'**alexandrin** qui contient douze pieds. Il est souvent marqué par une **césure** qui le sépare en deux séquences de six pieds chacune. Les vers de mesure impaire sont plutôt rares dans la poésie à forme fixe, mais néanmoins possibles.

> Dans la tirade de *Cyrano de Bergerac*, les vers sont des alexandrins avec une césure après le sixième pied :
>
> Tru/cu/lent :/Ça/, Mon/sieur//, lors/que/ vous/ pé/tu/nez/ = 12 pieds

– **L'organisation des strophes.** Une strophe est un regroupement de vers. Les strophes de trois vers se nomment tercet. Un quatrain est formé de quatre vers.

– **La disposition des rimes.** À l'intérieur d'une strophe, les rimes sont souvent disposées selon l'une des manières suivantes (les lettres A et B représentent les vers d'un quatrain ; lorsque la lettre est reproduite, les deux vers concernés riment) :

• Les rimes suivies (AABB)

> Ah ! non ! c'est un peu court, jeune homme !   **A**
> On pouvait dire... Oh ! Dieu ! ... bien des choses en somme...   **A**
> En variant le ton, par exemple, tenez   **B**
> Agressif : « Moi, monsieur, si j'avais un tel nez,   **B**
> (Edmond Rostand)

• Les rimes croisées (ABAB)

> Ma jeunesse ne fut qu'un ténébreux orage,   **A**
> Traversé çà et là par de brillants soleils ;   **B**
> Le tonnerre et la pluie ont fait un tel ravage,   **A**
> Qu'il reste en mon jardin bien peu de fruits vermeils.   **B**
> (Charles Beaudelaire)

• Les rimes embrassées (ABBA)

> Je vis, je meurs : je me brûle et me noie,   **A**
> J'ai chaud extrême en endurant froidure ;   **B**
> La vie m'est et trop molle et trop dure,   **B**
> J'ai grands ennuis entremêlés de joie.   **A**
> (Louise Labé)

Vers : ce nom désigne un groupe syntaxique qui correspond à une ligne dans un poème.

Pied : appellation utilisée pour désigner une syllabe, cette mesure permet d'identifier la longueur d'un vers.

Strophe : ensemble de vers qui forment une unité structurée à l'intérieur d'un poème.

– **La qualité des rimes.** Les différentes appellations régissent le nombre de sons rimés.

- **Les rimes pauvres** ne contiennent qu'un son vocalique rimé (n**oie**, j**oie**).
- **Les rimes suffisantes** contiennent deux sons communs (or**age**, rav**age**)
- **Les rimes riches** contiennent trois sons communs ou davantage (pr**ière**, meurtr**ière**).

– **La forme des poèmes.** L'agencement des règles précédentes permet de reconnaître les diverses formes qu'un poème à forme fixe peut prendre.

- **Le sonnet :** poème écrit en alexandrins, composé de deux quatrains et de deux tercets.
- **La ballade :** poème composé de trois strophes et d'une quatrième plus courte.
- **L'ode :** poème divisé en strophes et en vers de longueur et de mesure égales.

La structure d'un poème à forme libre

Le poème à forme libre ne dépend d'aucune règle. Les rimes sont facultatives et la longueur des vers n'est pas régulière. Il arrive même qu'un poème à forme libre soit écrit en prose, c'est-à-dire qu'il ne contienne pas de vers, mais qu'il ait plutôt la forme d'un texte suivi.

Un poème en prose peut parfois être difficile à distinguer du texte de genre narratif. En général, un poème se reconnaît à son utilisation imagée du langage. Il veut évoquer plutôt que raconter à l'aide des procédés lexicaux, stylistiques, syntaxiques et graphiques.

Vous venez de lire trois textes : « La route que nous suivons »,
Je vis, je meurs et *Cyrano de Bergerac*.

1 Les trois textes de cette fenêtre ont été écrits à des
périodes différentes de l'histoire. Malgré les siècles
qui les séparent, quels sont les points communs de
ces œuvres ?

2 À qui chaque texte est-il destiné ? Relevez les indices
qui révèlent que les poèmes ne s'adressent pas aux
mêmes destinataires.

3 Montrez que les trois auteurs mettent en scène
une certaine exagération.

4 Dans chaque texte, quels thèmes abordés sont
toujours d'actualité ?

5 Parce qu'il revendique des changements
sociaux à travers son œuvre littéraire,
Gaston Miron est considéré comme un
poète engagé. Même s'ils ne sont pas
associés à la littérature engagée, comment
Louise Labé et Edmond Rostand ont-ils
contribué par leurs écrits à modifier des
comportements ?

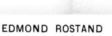

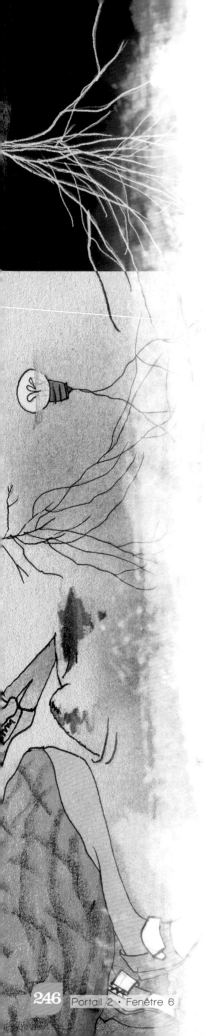

Pistes d'essai

Écriture

L'écriture d'un texte poétique est un exercice fascinant qui permet d'évaluer la maîtrise de la langue et du vocabulaire. Choisissez un texte parmi *L'ennemi*, *Panne de freins*, *Le réverbère* et *L'épaule froide* et inspirez-vous de l'auteur afin de le pasticher, c'est-à-dire d'imiter son style d'écriture. Le thème de votre œuvre peut ou non être relié au texte original.

Pour soutenir votre démarche, consultez la stratégie « Écrire un texte littéraire », page 554.

Lecture

Plusieurs poèmes de grands auteurs sont disponibles dans Internet. Après une recherche sur les principaux poètes du passé, faites une lecture comparée de deux œuvres différentes de votre choix dont le titre est semblable. Comparez la forme et les procédés utilisés afin de déterminer les différences et les ressemblances entre les deux titres choisis.

Pour soutenir votre démarche, consultez la stratégie « Lire un texte littéraire », page 550.

Communication orale

Une œuvre poétique prend souvent une autre dimension lorsque le texte est interprété par un acteur ou par un chanteur professionnel qui, grâce à la portée de sa voix et à son talent d'interprète peut captiver son auditoire et même permettre une lecture différente. Faites l'écoute d'un texte poétique (chanté ou récité). À l'aide de la fiche de lecture, relevez les principaux éléments d'analyse du poème (thèmes, procédés, ton, ambiance). Après l'écoute, partagez vos résultats avec d'autres élèves en sous-groupe afin d'en arriver à un consensus à propos de la signification du texte ainsi que de son interprétation.

Pour soutenir votre démarche, consultez la stratégie « Prendre des notes », page 569.

Charles Baudelaire (1821-1867) est vu comme le porte-étendard de toute une génération de poètes modernes qui ont suivi ses traces. *Les Fleurs du Mal*, chef-d'œuvre de la littérature française, même si le recueil de poésie fut très controversé lors de sa sortie en 1857, est son œuvre la plus connue. Avec sa prose et ses poèmes, Baudelaire symbolise tout le mouvement romantique de l'époque en littérature comme en art. Son œuvre abondante comprend également les traductions des récits d'Edgar Poe ainsi que de nombreuses critiques d'art où il défend des peintres contestés qui deviendront célèbres par la suite.

L'ennemi

Ma jeunesse ne fut qu'un ténébreux orage,
Traversé çà et là par de brillants soleils ;
Le tonnerre et la pluie ont fait un tel ravage,
Qu'il reste en mon jardin bien peu de fruits vermeils.

5 Voilà que j'ai touché l'automne des idées,
Et qu'il faut employer la pelle et les râteaux
Pour rassembler à neuf les terres inondées,
Où l'on creuse des trous grands comme des tombeaux.

Et qui sait si les fleurs nouvelles que je rêve
10 Trouveront dans ce sol lavé comme une grève
Le mystique aliment qui ferait leur vigueur ?

– Ô douleur ! ô douleur ! Le Temps mange la vie,
Et l'obscur Ennemi qui nous ronge le cœur
Du sang que nous perdons croît et se fortifie !

Charles Beaudelaire, « L'ennemi », *Les fleurs du mal*, 1857.

Stéphane Lafleur fait partie de la « nouvelle vague » des cinéastes québécois. Après avoir réalisé plus d'une trentaine de courts métrages, entre autres au sein du mouvement Kino, dont il est un membre fondateur, il tourne son premier long métrage, *Continental, un film sans fusil*, maintes fois primés dans les festivals internationaux et au Gala des Jutra en 2008. En plus de la réalisation, il est scénariste et monteur pour de nombreux vidéoclips et productions télévisuelles et il fait également partie du groupe québécois Avec pas d'casque en tant que guitariste-chanteur.

Panne de freins

CETTE NUIT J'AI RÊVÉ QUE JE CONDUISAIS TA VOITURE EN PLEINE TEMPÊTE. EN PLEIN VERGLAS. EN PLEINE PANNE D'ÉLECTRICITÉ. DANS UNE PENTE DESCENDANTE. J'ALLAIS VITE. JE N'AVAIS PLUS DE FREINS ET JE CHERCHAIS DU STATIONNEMENT.

Stéphane Lafleur, « Panne de freins », dans *Quelque part au début du XXIᵉ siècle*, © 2008, Les Éditions de la Pastèque, Nicolas Langelier et les auteurs.

Lien utile

L'ouvrage collectif

L'ouvrage collectif rassemble divers artistes, spécialistes, auteurs qui collaborent à la création d'un ouvrage commun. Généralement, un collectif poursuit un objectif scientifique, sociologique, historique, artistique ou autre à partir d'un thème ou d'un concept particulier. Les diverses productions peuvent avoir un format à peu près semblable ou, au contraire, elles peuvent être de style et de genre totalement différents, ce qui donne un résultat éclectique.

Le célèbre auteur-compositeur-interprète et poète de Natashquan, Gilles Vigneault, fêtait ses 50 ans de carrière en 2008. On ne compte plus les nombreux prix et distinctions qu'on lui a décernés au cours de sa vie d'artiste en France comme au Québec et au Canada. Son œuvre entière (chansons, contes et poèmes) fait maintenant partie de notre patrimoine national. Cet homme de conviction et ardent défenseur de la langue française a chanté les gens de son pays avec authenticité, ce qui en fait le poète-chansonnier le plus admiré encore aujourd'hui.

Le réverbère

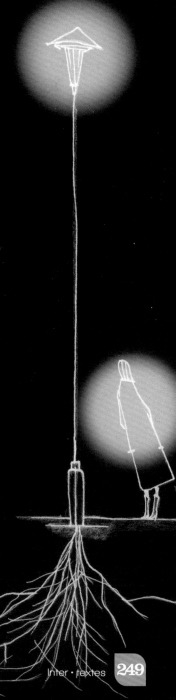

Une petite fille qui avait son jardin à elle y avait planté des ampoules électriques dans l'espoir (un bien petit espoir) qu'il y pousserait des fleurs lumineuses ou peut-être, elle ne savait trop sous quelle forme, simplement de la lumière.

Comme il n'y poussait rien au bout de plusieurs semaines, elle n'insista pas
5 davantage et finit par oublier la chose. Elle avait grandi d'ailleurs pendant ce temps.

Quinze ans après, alors qu'elle arrivait parfois, avec bien des conditions difficiles, à être encore une petite fille, elle se rendit à son ancien jardin.

D'abord elle n'en reconnut rien. Une rue passait par là. Il y avait des maisons plus loin. Ici tout près, à peine un petit coin de parc. Mais à deux pas d'un vieil orme
10 qu'elle avait bien connu, à la place exacte de son jardin, avait poussé très haut et fleurissait pour la nuit toute proche, un réverbère.

Gilles Vigneault, « Le réverbère », *Le grand cerf-volant*, © 1979, Nouvelles Éditions de l'Arc.

Des « anges de solitude », voilà comment Marie-Claire Blais, auteure québécoise reconnue internationalement, appelle les personnages singuliers et tourmentés qui habitent son œuvre romanesque et poétique depuis plus de quarante ans. Elle publie son premier roman, *La belle bête* (1959), alors qu'elle a à peine 20 ans. Depuis le début de sa carrière, Marie-Claire Blais accumule une liste interminable de prix, dont quatre prix du Gouverneur général, un cas unique qui témoigne de son immense talent à sonder l'âme humaine dans ce qu'elle a de plus beau mais aussi de plus monstrueux.

La mer dans les mains

Ô Musique, encore... encore un peu de temps
Avec toi tout autour de ma chair comme un homme qui crie
Avec toi qui me fais rire dans mes larmes,
Je veux voir les forêts pleines de chevelures d'enfants,
5 Et ces enfants tendres, joues contre les fleurs, partout endormis
Oui, Musique, encore... encore un peu de temps!

Ô Musique, jamais... Jamais de sang,
Laisse la nuit planter la lune pourpre comme un concerto
Laisse chanter les bagues aux doigts des fiancées
10 Et que toutes les bouches éclatent de rire en doux lambeaux,
Ô Musique, oh! Non jamais plus de sang
Car la terre est un beau violon aux bras tendus, aux bras d'amant
Au moins, Musique, voile le rouge... un moment.

Ô Musique, Amour et Pardon, clameur des cathédrales
15 Brûle, brûle, céleste point d'orgue illuminant les fins du monde,
Ô Musique, encore un peu de temps
Avec toi autour de ma chair comme un homme qui prie,
     Sans savoir comment,
Non, jamais, jamais plus de sang!

Janvier 1958
20

Marie-Claire Blais, « La mer dans les mains », *Œuvre poétique 1957-1996*,
© 1997, Les Éditions du Boréal.

Né à Sept-Îles en 1980, Louis-Jean Cormier est guitariste et chanteur au sein de la formation rock québécoise Karkwa, fondée en 1998. C'est également lui qui écrit la plupart des textes des chansons du groupe. Comme parolier, Cormier est attiré par la poésie et l'absurde, ses textes évoquent davantage qu'ils dénoncent. En plus des critiques élogieuses qu'il reçoit de toutes parts, Karkwa a obtenu plusieurs trophées au gala de l'ADISQ ainsi que le prix Félix-Leclerc en 2006, remis annuellement à des auteurs-compositeurs-interprètes en pleine ascension.

L'épaule froide

N'en parle pas, fais pas de prière
Attire pas les idées démentes
Simple frimas, glace meurtrière
Perte de contrôle violente.

5 On évite souvent la panique
Pour ne pas que la mort nous pique

Pense pas juste à toi, cherche à garder l'contrôle
Nos cœurs entre la tôle froide

J'ai moins de tracas quand décélère le moteur
10 Quand baisse la cadence
Y a pas une fois que la route perd
Contre un excès de confiance.

On l'évite souvent...

Pense pas juste à toi, cherche à garder l'contrôle
15 Nos cœurs entre la tôle froide
Imagine-toi pas que j'veux jouer le rôle
De te prêter l'épaule froide.

« L'épaule froide », extrait de l'album *Les tremblements s'immobilisent*, © Karkwa.

Né en 1920, Boris Vian est une figure emblématique de tout un groupe d'artistes et d'intellectuels qui ont marqué le Paris de l'après-guerre. Comme écrivain et parolier, il laisse derrière lui une œuvre immense, moderne et totalement insolite, dont son plus célèbre roman, *L'écume des jours*, paru en 1947, et des chansons comme *Le déserteur* ou *La complainte du progrès*. À cette époque, Vian écrit pour un très grand nombre d'interprètes, mais chante aussi ses propres textes. À 39 ans, il meurt subitement d'une crise cardiaque. Son recueil *Je voudrais pas crever*, publié à titre posthume, peut être perçu comme une sorte de testament poétique. Vian y évoque, entre autres, le sens de la vie, la mort et le rôle de la poésie.

Si les poètes étaient moins bêtes

Si les poètes étaient moins bêtes
Et s'ils étaient moins paresseux
Ils rendraient tout le monde heureux
Pour pouvoir s'occuper en paix
5 De leurs souffrances littéraires
Ils construiraient des maisons jaunes
Avec des grands jardins devant
Et des arbres pleins de zoizeaux
De miriliflûtes et de lizeaux
10 Des mésongres et des feuvertes
Des plumuches, des picassiettes
Et des petits corbeaux tout rouges
Qui diraient la bonne aventure
Il y aurait de grands jets d'eau
15 Avec des lumières dedans
Il y aurait
Deux cents poissons
Depuis le croûsque au ramusson
De la libelle au pépamule
20 De l'orphie au rara curule
Et de l'avoile au canisson
Il y aurait de l'air tout neuf
Parfumé de l'odeur des feuilles
On mangerait quand on voudrait
25 Et l'on travaillerait sans hâte
À construire des escaliers
De formes encor jamais vues
Avec des bois veinés de mauve
Lisses comme elle sous les doigts

30 Mais les poètes sont très bêtes
Ils écrivent pour commencer
Au lieu de s'mettre à travailler
Et ça leur donne des remords
Qu'ils conservent jusqu'à la mort
35 Ravis d'avoir tellement souffert
On leur donne des grands discours
Et on les oublie en un jour
Mais s'ils étaient moins paresseux
On ne les oublierait qu'en deux.

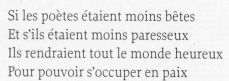

Le droit d'auteur

Le droit d'auteur est une loi qui protège un artiste contre une utilisation illégitime de ses œuvres. Cette loi stipule, entre autres, qu'il est illégal de reproduire une œuvre, en tout ou en partie, sans le consentement de son auteur. Si l'auteur accepte de céder ses droits, une rémunération lui sera versée, ce qui lui permettra de vivre de son art. Au Québec, la loi protège une œuvre jusqu'à 50 ans après la mort de son auteur. Ainsi, les héritiers gèrent la diffusion de l'œuvre et recueillent les redevances le cas échéant. Une œuvre devient du domaine public lorsqu'elle n'est plus protégée par le droit d'auteur.

Boris Vian, « Si les poètes étaient moins bêtes »,
Je voudrais pas crever, © Société nouvelle des
Éditions Pauvert 1962, 1996.

Robert Lalonde, né à Oka en 1947, est acteur. On l'a vu dans de nombreuses productions au théâtre ainsi qu'au petit et au grand écran. On le connaît également comme professeur de théâtre, écrivain et traducteur. Son expérience artistique lui apporte une façon toute particulière de voir le monde, de lire et d'écrire, et il n'hésite pas à prendre la plume pour étayer ses réflexions dans des chroniques, des essais ou encore dans ses romans et ses recueils de nouvelles comme *Espèces en voie de disparition* (2007).

La passion du confort

Les **concepteurs publicitaires** carburent aux mots, aux formules – bientôt peut-être aux contrepèteries, jusqu'ici négligées (bon goût oblige!).

Non seulement je trouve en général navrant le contenu du message, mais la colère me prend de voir et d'entendre les concepteurs en question jouer aux poètes, c'est-
5 à-dire triturer le langage afin de l'amener à dire tout à fait autre chose que ce qu'il veut dire – exactement à la manière de Mallarmé ou de Miron, par exemple.

En effet, « la passion du confort » (pour un joli mobilier de chambre à coucher) s'apparente au vers « Le vent se lève, il faut vivre » de Mallarmé et « La nouvelle ligne de conduite » (voiture) est de la même eau que « J'allumerai les phares de la
10 douceur » de Miron.

La proximité, bien sûr, n'est pas fortuite. Le poète publicitaire l'a vite compris : il s'agit d'abord de dérégler la perception, de provoquer un choc, de forcer l'attention, de dépasser insidieusement le sens premier des mots afin d'accrocher, de déclencher « l'écoute poétique ».

15 Or la poésie, et la littérature en général, en réactivant les images, en créant des collusions de sons et de sens, cherche à faire tout le contraire de ce que tente la publicité : elle s'acharne à désaliéner le lecteur, à lui ôter ces voiles qui l'empêchent d'apercevoir la beauté du monde, de saisir la force de l'amour ou le pouvoir tragique du mensonge. La poésie – la vraie – « ment, comme l'écrit Cocteau, pour dire la
20 vérité ». Elle ne cherche pas à vendre, elle tente au contraire de nous libérer d'un esclavage, d'une dépendance, d'un assujettissement qui nous aveuglent, nous assourdissent, nous insensibilisent.

J'attrape au hasard un magazine et je lis : « galbe et seconde peau » (lingerie), « pour moi, moi et moi » (cosmétiques), « restez au sec pendant le déluge » (serviettes
25 hygiéniques), « envie d'une métamorphose ? » (colorant pour cheveux), « définissez-vous! » (maquillage), « le premier répit » (banque), « poudre d'exotisme » (chocolat), « gardez l'essentiel » (shampoing), « parce qu'on ne peut pas toujours être là » (téléphone sans fil)... Chatoiement des mots et des images : on est en pleine poésie, on s'éveille soudain et on désire follement, non pas aimer mieux, affronter enfin la
30 peur, mais posséder cette cascadante crinière lustrée, cette peau d'ivoire mat, ce compte en banque qui met à l'abri de tout, ce soutien-gorge qui promet sans offrir, ce chocolat aphrodisiaque et cancérifuge, ce téléphone qui relie à tout et à tous, etc.

Pour finir, lisons, à la manière de Vian ou d'Apollinaire, le poème
surréel qui suit, idiot, chatoyant, absurde, parfaitement gratuit – et
35 totalement inoffensif (tous ses vers sont des slogans publicitaires
en vogue):

Ce cil vous plaît ?
Vous faites des cauchemars, tant mieux
Qui sait jusqu'où ils iront
40 Dorénavant toutes les routes se ressemblent.
La vie se partage en images
Parce que deux c'est mieux
Vert l'avenir
Marchons ensemble
45 Brillance prolongée.

Robert Lalonde, « La passion du confort », *Protégez-vous*, octobre 2007.

Lien utile

Le chroniqueur

Le chroniqueur est une personne qui
écrit une chronique sur une base
régulière dans un média d'information
(journal, radio, télévision, Internet).
Il est souvent choisi en raison de ses
compétences dans son domaine
d'expertise, de ses opinions tranchées
sur un sujet d'actualité ou de ses qualités
de communicateur. Une chronique est
un texte d'humeur basé sur les opinions
de son auteur. Elle ne s'appuie pas
nécessairement sur une recherche
étoffée et permet un portrait momentané
d'un phénomène. Il est à noter que le
mot *columnist* est la traduction anglaise
de « chroniqueur ».

Du mercure sous la langue [extrait]

Mais le plus délicat, pour un mourant, c'est de prévoir l'instant exact où le courant sera coupé. Alors, si je me mets à m'attendrir sur les fleurs du tapis ou à m'hypnotiser sur les mouches du plafond, je risque de ne pas voir venir dans mon dos le coup de pied-de-biche et d'expirer une platitude au moment crucial, et j'au-
5 rais tout gâché l'effet dramatique de mes dernières paroles. Je sais que ça n'a pas de sens de sacrifier mes derniers jours pour quelques malheureux mots, c'est comme mettre le corbillard devant les chevaux ou baratter l'océan, mais j'ai jamais eu de sens et c'est certainement pas aujourd'hui que je vais commencer.

[...]

Ton moïse t'emporte
10 *sur le fleuve du monde,*
vers les terres
des enterrés vifs,
et tu te demandes :
Après la mort,
15 *n'est-ce pas comme avant la vie,*
noir, vide et silencieux ?
N'est-ce pas comme dans le cœur d'un arbre foudroyé ?

À cause de moi, des vies sont bouleversées et ça me gêne beaucoup de déranger les habitudes de tout le monde. Ma mère a abandonné son travail, ce qui lui permet
20 de venir me voir dépérir un peu plus chaque jour, avec ses pauvres sourires. Elle fait la gaie, la rieuse, et je vois apparaître ses dents brunies par la cigarette et le café, mais je sens bien que le cœur n'y est pas. Je vois que ses yeux pleurent à la maison : ils sont de la couleur inimaginable des nuits blanches, cernés du sel des larmes et ennuagés de petits vaisseaux rouges éclatés en cheveux d'ange. Ma mère ne veut
25 pas me perdre, et je ne veux pas perdre la vie, mais nous perdrons tout. [...] L'univers le veut, l'univers me veut, et je me demande : puis-je vraiment me battre à mains nues contre ces montagnes colossales qui égratignent la lune ? [...]

J'en suis là, recoquillé dans mon dernier retranchement, parce qu'une méchante saloperie dévaste mon corps : un cochon d'Inde maléfique court comme un con
30 dans sa cage tournante, au cœur de mes entrailles, et le petit Satan me gruge les os, surtout ma hanche droite, cette aile de pelvis qui s'est amincie dramatiquement avec

les années. Tout récemment, un chirurgien m'a éventré pour se glisser dans ma personne et me raboter les os avec le diable sait quelle varlope. À mon réveil dans l'éveilloir où tout baigne dans le néon et les gémissements, l'homme a semblé bien
35 désolé de m'apprendre que j'ai la hanche en feuille de papier ; si on plaçait une bougie derrière, on verrait trembler la flamme à travers l'os et ce serait d'une grande beauté sinistre. Pour remercier le chirurgien d'être allé voir mon désastre en personne, j'ai vomi dans une bassine chromée en forme de rein ou de piscine de banlieue.

Ma pauvre petite hanche à moi, mon bel os en aile de raie que j'aimais et qui
40 m'aidait à vivre ma vie, qui me servait à me tenir debout au milieu des événements, elle n'est plus qu'un fragile éventail japonais en papier de riz. [...] C'est dire ma ruine et la déchéance où je me ramasse.

Depuis cette triste découverte médicale qui me perd sans retour, j'ai emménagé à l'hôpital où j'essaie tant bien que mal de me faire un petit chez-moi accueillant
45 malgré la chaise roulante stationnée le long du mur et qui m'attend comme une limousine, prête à m'emmener vers de nouvelles aventures sans lendemain. Mais ça sera jamais la plus charmante des garçonnières ici, c'est entendu, et je dors dans un lit de métal froid qu'on dirait rembourré de noyaux de prunes, bizarre lit repoussant où, la nuit, le sommeil ne vient pas toujours à cause de l'odeur écœurante des
50 médicaments, où de toute façon les rêves sont toujours abominables vu l'esprit des lieux.

[...]

Au fond, je m'en fous quasiment de mourir, parce qu'à l'âge que j'ai, à presque dix-sept ans, ça avance moins bien qu'avant : j'ai pris un sérieux coup de vieux et j'ai peur d'avoir déjà vécu le meilleur de moi-même et de commencer à radoter. Je n'au-
55 rais vraiment pas aimé ça, vivre ma vie en braillant sur ma jeunesse enfuie, surtout que, la jeunesse, quand on y pense, c'est rien et n'importe quoi, c'est une chose et son contraire, une légende à dormir debout ; c'est rien qu'une croyance populaire et c'est con comme le folklore.

> *La jeunesse,*
60 > *c'est dix ans quand on a vingt ans ;*
> *vingt ans quand on a quarante ans ;*
> *quarante ans quand on a soixante-dix ans.*
> *La jeunesse,*
> *c'est l'éternité des demeurés.*

65 C'est drôle, mais je m'écoute gargouiller de la cervelle et je comprends pourquoi ma pauvre psychothérapeute s'inquiète de ma santé mentale, mais je suis inconscient, ou peut-être trop conscient, je ne sais plus, mais dans cette bouillie j'ai quand même saisi une vérité : je mourrai, oui, mais sans espoir, sans le vulgaire besoin d'être aimé et regretté. C'est peut-être ça, au fond, être un homme, un vrai, et je le suis peut-être
70 devenu sans le savoir, comme on tombe malade une nuit durant son sommeil, qui sait ? [...] Je souhaiterais juste crever comme un chien, mais je devrai me contenter de crever comme un homme, ce qui est quand même un bel effort.

Sylvain Trudel, *Du mercure sous la langue,* © 2001, Les éditions Les Allusifs.

La particularité d'une œuvre théâtrale
réside dans l'interprétation personnelle
que chacun peut en faire. Si le texte propose
une perception du monde, la mise en scène
peut en proposer une autre. Il revient
cependant au public de forger son
interprétation du spectacle. Bref,
chacun y puise sa propre réalité.

Le texte de genre dramatique

- Le dialogue
- Le monologue
- Les didascalies
- L'intrigue
- Les divisions d'une pièce

Les Précieuses ridicules [extrait]

Cette courte pièce en un acte a été créée en 1659, au moment où Molière invente la comédie-ballet qui est une forme de comédie comprenant une partie dansée et chantée. C'est également l'époque où le roi de France, Louis XIV, est conquis par son œuvre et devient son mécène. Tout en dénonçant les mœurs trop extravagantes de ses contemporains, avec *Les Précieuses ridicules*, Molière reprend la farce, pièce bouffonne qui vise à faire rire sans aucun souci de la morale, très à la mode au Moyen Âge, mais qui avait disparu de la scène. Après les premières représentations, c'est la gloire parisienne qui attend Molière et sa troupe, mais ce sont également de nombreux ennemis, auteurs de renommée, qui voient en lui un danger pour leur propre succès.

Jean-Baptiste Poquelin dit Molière (1622-1673) a été acteur, metteur en scène, directeur de troupe, mais il est surtout considéré comme l'auteur dramatique français le plus populaire de tous les temps et le plus universel. Ne désigne-t-on pas le français comme la «langue de Molière»? Grand observateur des travers humains, il a dépeint la société de son époque dans de nombreuses comédies comme *L'École des femmes*, *Le Misanthrope*, *Le Malade imaginaire*, etc. Sa santé est très mauvaise et c'est lors de la quatrième représentation du *Malade imaginaire* que Molière, trop malade, doit quitter la scène. Il meurt quelques heures plus tard à l'âge de 51 ans.

Relevez les différents points de vue des personnages à propos de la dernière mode parisienne.

PERSONNAGES

LA GRANGE
DU CROISY } amants rebutés

GORGIBUS, bon bourgeois

MAGDELON, fille de Gorgibus
CATHOS, nièce de Gorgibus } précieuses ridicules

5

MAROTTE, servante des précieuses ridicules

LE MARQUIS DE MASCARILLE, valet de La Grange

LE VICOMTE DE JODELET, valet de Du Croisy

Scène 1 : LA GRANGE, DU CROISY

DU CROISY. Seigneur la Grange...

10 **LA GRANGE.** Quoi ?

DU CROISY. Regardez-moi un peu sans rire.

LA GRANGE. Eh bien ?

DU CROISY. Que dites-vous de notre visite ? En êtes-vous fort satisfait ?

LA GRANGE. À votre avis, avons-nous sujet de l'être tous deux ?

15 **DU CROISY.** Pas tout à fait, à dire vrai.

LA GRANGE. Pour moi, je vous avoue que j'en suis tout scandalisé. A-t-on jamais vu, dites-moi, deux pecques[1] provinciales faire plus les renchéries[2] que celles-là, et deux hommes traités avec plus de mépris que nous ? À peine ont-elles pu se résoudre à nous faire donner des sièges. Je n'ai jamais vu tant parler à l'oreille
20 qu'elles ont fait entre elles, tant bâiller ; tant se frotter les yeux, et demander tant de fois quelle heure est-il ; ont-elles répondu que oui et non à tout ce que nous avons pu leur dire ? Et ne m'avouerez pas enfin que, quand nous aurions été les dernières personnes du monde, on ne pouvait nous faire pis qu'elles ont fait ?

DU CROISY. Il semble que vous prenez la chose fort à cœur.

25 **LA GRANGE.** Sans doute je l'y prends, et de telle façon que je veux me venger de cette impertinence. Je connais ce qui nous a fait mépriser. L'air[3] précieux n'a pas seulement infecté Paris, il s'est aussi répandu dans les provinces et nos donzelles[4] ridicules en ont humé leur bonne part. En un mot c'est un ambigu[5] de précieuse et de coquette que leur personne ; je vois ce qu'il faut être, pour en être bien reçu,
30 et si vous m'en croyez, nous leur jouerons tous deux une pièce, qui leur fera voir leur sottise et pourra leur apprendre à connaître un peu mieux leur monde.

DU CROISY. Et comment encore ?

LA GRANGE. J'ai un certain valet nommé Mascarille, qui passe au sentiment de beaucoup de gens pour une manière de bel esprit[6], car il
35 n'y a rien à meilleur marché que le bel esprit maintenant. C'est un extravagant, qui s'est mis dans la tête de vouloir faire l'homme de condition[7]. Il se pique ordinairement de galanterie et de vers, et dédaigne les autres valets jusqu'à les appeler brutaux.

DU CROISY. Et bien, qu'en prétendez-vous faire ?

40 **LA GRANGE.** Ce que j'en prétends faire ! Il faut... Mais sortons d'ici auparavant.

---

1 Mot injurieux qui exprime la sottise ou la malice.

2 Dédaigneuses.

3 La mode.

4 Jeunes femmes prétentieuses.

5 Combinaison.

6 Homme raffiné, spirituel, distingué.

7 Imiter les nobles.

Seigneur
Par quel mot de politesse plus actuel est-il possible de le remplacer ?

Manière
De Molière à aujourd'hui, le sens de ce mot s'est transformé. Que veut-il dire dans la pièce ?

lexique

Une scène des *Précieuses ridicules* dessinée par le graveur Moreau le Jeune vers 1760.

Scène 2 : GORGIBUS, DU CROISY, LA GRANGE

GORGIBUS. Eh bien, vous avez vu ma nièce et ma fille; les affaires[8] iront-elles bien? Quel est le résultat de cette visite?

LA GRANGE. C'est une chose que vous pourrez mieux apprendre d'elles que de nous. Tout ce que nous pouvons vous dire, c'est que nous vous rendons grâce de 45 la faveur que vous nous avez faite, et demeurons vos très humbles serviteurs.

GORGIBUS. Ouais! Il semble qu'ils sortent mal satisfaits d'ici; d'où pourrait venir leur mécontentement? Il faut savoir un peu ce que c'est. Holà!

---

8   Projets de mariage.

Scène 3 : MAROTTE, GORGIBUS

MAROTTE.   Que désirez-vous, Monsieur ?

GORGIBUS.   Où sont vos maîtresses ?

50 **MAROTTE.**   Dans leur cabinet[9].

GORGIBUS.   Que font-elles ?

MAROTTE.   De la pommade pour les lèvres.

GORGIBUS.   C'est trop pommadé. Dites-leur qu'elles descendent. Ces pendardes-là[10] avec leur pommade ont, je pense, envie de me ruiner. Je ne vois partout que 55 blancs d'œufs, lait virginal, et mille autres brimborions que je ne connais point. Elles ont usé, depuis que nous sommes ici, le lard d'une douzaine de cochons, pour le moins, et quatre valets vivraient tous les jours des pieds de mouton qu'elles emploient.

Scène 4 : MAGDELON, CATHOS, GORGIBUS

GORGIBUS.   Il est bien nécessaire, vraiment, de faire tant de dépense 60 pour vous graisser le museau. Dites-moi un peu ce que vous avez fait à ces messieurs, que je les vois sortir avec tant de froideur ? Vous avais-je pas commandé de les recevoir comme des personnes que je voulais vous donner pour maris ?

MAGDELON.   Et quelle estime, mon père, voulez-vous que nous fassions du procédé 65 irrégulier[11] de ces gens-là ?

CATHOS.   Le moyen, mon oncle, qu'une fille un peu raisonnable se pût accommoder de leur personne ?

GORGIBUS.   Et qu'y trouvez-vous à redire ?

MAGDELON.   La belle galanterie[12] que la leur ! Quoi ! Débuter d'abord par le 70 mariage ?

GORGIBUS.   Et par où veux-tu donc qu'ils débutent, par le concubinage ? N'est-ce pas un procédé dont vous avez sujet de vous louer toutes deux, aussi bien que moi ? est-il rien de plus obligeant que cela ? et ce lien sacré où ils aspirent n'est-il pas un témoignage de l'honnêteté de leurs intentions ?

75 **MAGDELON.**   Ah mon père ! ce que vous dites là est du dernier bourgeois. Cela me fait honte de vous ouïr[13] parler de la sorte, et vous devriez un peu vous faire apprendre le bel air des choses.

GORGIBUS.   Je n'ai que faire ni d'air ni de chanson. Je te dis que le mariage est une chose sainte et sacrée, et que c'est faire en honnêtes gens que de débuter 80 par là.

------

9 Boudoir.

10 Mauvaises filles.

11 Conduite déplacée.

12 Cour amoureuse.

13 Entendre.

Graisser le museau
Quelle connotation a cette expression ?

MAGDELON. Mon Dieu! que si tout le monde vous ressemblait un roman serait bientôt fini! La belle chose que ce serait si d'abord Cyrus épousait Mandane, et qu'Aronce de plain-pied fût marié à Clélie[14].

GORGIBUS. Que me vient conter celle-ci?

85 **MAGDELON.** Mon père, voilà ma cousine, qui vous dira, aussi bien que moi, que le mariage ne doit jamais arriver qu'après les autres aventures. Il faut qu'un amant, pour être agréable, sache débiter les beaux sentiments, pousser le doux, le tendre et le passionné, et que sa recherche soit dans les formes. Premièrement il doit voir au temple[15], ou à la promenade, ou dans quelque

90 cérémonie publique la personne dont il devient amoureux; ou bien être conduit fatalement chez elle, par un parent, ou un ami, et sortir de là tout rêveur et mélancolique. Il cache, un temps, sa passion à l'objet aimé, et cependant lui rend plusieurs visites où l'on ne manque jamais de mettre sur le tapis une question galante qui exerce les esprits de l'assemblée. Le jour de la déclaration arrive, qui

95 se doit faire ordinairement dans une allée de quelque jardin, tandis que la compagnie s'est un peu éloignée; et cette déclaration est suivie d'un prompt courroux, qui paraît à notre rougeur[16], et qui pour un temps bannit l'amant de notre présence. Ensuite il trouve moyen de nous apaiser, de nous accoutumer insensiblement au discours de sa passion, et de tirer de nous cet aveu qui fait tant

100 de peine. Après cela viennent les aventures: les rivaux qui se jettent à la traverse d'une inclination établie[17], les persécutions des pères, les jalousies conçues sur de fausses apparences, les plaintes, les désespoirs, les enlèvements, et ce qui s'ensuit. Voilà comme les choses se traitent dans les belles manières, et ce sont des règles dont en bonne galanterie on ne saurait se dispenser; mais en venir de but en

105 blanc à l'union conjugale! ne faire l'amour[18] qu'en faisant le contrat du mariage, et prendre justement le roman par la queue! Encore un coup, mon père, il ne se peut rien de plus marchand[19] que ce procédé, et j'ai mal au cœur de la seule vision que cela me fait.

GORGIBUS. Quel diable de jargon entends-je ici? Voici bien du haut style.

110 **CATHOS.** En effet, mon oncle, ma cousine donne dans le vrai de la chose. Le moyen de bien recevoir des gens qui sont tout à fait incongrus en galanterie? [...] Ne voyez-vous pas que toute leur personne marque cela, et qu'ils n'ont point cet air qui donne d'abord bonne opinion des gens? Venir en visite amoureuse avec une jambe tout unie, un chapeau désarmé de plumes, une tête irrégulière en cheveux

115 et un habit qui souffre une indigence[20] de rubans! Mon Dieu! quels amants sont-ce là! Quelle frugalité d'ajustement[21], et quelle sécheresse de conversation! On

---

14 Personnages des romans précieux à la mode.

15 Église (à l'époque, les termes évoquant la religion ne devaient pas être prononcés sur une scène de théâtre).

16 La jeune fille a de la difficulté à avouer son amour et rougit.

17 Un amour partagé.

18 Faire sa cour amoureuse.

19 Vulgaire, commun.

20 Pauvreté.

21 Austérité de vêtement.

lexique

Plain-pied
Remarquez l'orthographe de l'adjectif. Selon son sens, déduisez la signification de ce mot composé.

Baragouin

Quels mots de même famille ont été créés à partir de ce terme ?

n'y dure point, on n'y tient pas. J'ai remarqué encore que leurs rabats[22] ne sont pas de la bonne faiseuse[23], et qu'il s'en faut plus d'un grand demi-pied que leurs hauts-de-chausses[24] ne soient assez larges.

120 **GORGIBUS.**   Je pense qu'elles sont folles toutes deux, et je ne puis rien comprendre à ce baragouin. Cathos, et vous, Magdelon…

MAGDELON.   Eh ! de grâce, mon père, défaites-vous de ces noms étranges, et nous appelez autrement.

GORGIBUS.   Comment ! ces noms étranges ? Ne sont-ce pas vos noms de baptême ?

---

22 Cols qui se rabattent sur la poitrine.

23 Couturière.

24 Culotte longue allant de la ceinture aux genoux.

125 **MAGDELON.**   Mon Dieu, que vous êtes vulgaire! Pour moi, un de mes étonnements, c'est que vous ayez pu faire une fille si spirituelle que moi. A-t-on jamais parlé dans le beau style de Cathos ni de Magdelon? et ne m'avouerez-vous pas que ce serait assez d'un de ces noms pour décrier le plus beau roman du monde?

CATHOS.   Il est vrai, mon oncle, qu'une oreille un peu délicate pâtit furieuse-
130 ment à entendre prononcer ces mots-là; et le nom de Polyxène, que ma cousine a choisi, et celui d'Aminthe, que je me suis donné, ont une grâce dont il faut que vous demeuriez d'accord.

GORGIBUS.   Écoutez; il n'y a qu'un mot qui serve. Je n'entends point que vous ayez d'autres noms que ceux qui vous ont été donnés par vos parrains et
135 marraines; et pour ces messieurs, dont il est question, je connais leurs familles et leurs biens, et je veux résolument que vous vous disposiez à les recevoir pour maris. Je me lasse de vous avoir sur les bras, et la garde de deux filles est une charge un peu trop pesante pour un homme de mon âge.

CATHOS.   Pour moi, mon oncle, tout ce que je vous puis dire, c'est que je trouve
140 le mariage une chose tout à fait choquante. Comment est-ce qu'on peut souffrir la pensée de coucher contre un homme vraiment nu?

MAGDELON.   Souffrez que nous prenions un peu haleine[25] parmi le beau monde de Paris, où nous ne faisons que d'arriver. Laissez-nous faire à loisir le tissu de notre roman, et n'en pressez point tant la conclusion.

145 **GORGIBUS.**   Il n'en faut point douter, elles sont achevées[26]. Encore un coup, je n'entends rien à toutes ces balivernes: je veux être maître absolu, et pour trancher toutes sortes de discours, ou vous serez mariées toutes deux avant qu'il soit peu, ou, ma foi, vous serez religieuses, j'en fais un bon serment.

Molière, *Les Précieuses ridicules*, 1659.

réflexions

1 Comment se manifeste l'*air précieux* chez Cathos et Magdelon?

2 Que pense Molière des gens précieux? Par la voix de quels personnages laisse-t-il entendre ce qu'il pense?

25 Que nous fassions halte.
26 Complètement folles.

Charlotte, ma sœur [extrait]

Cette pièce, créée en 2005, marque le retour de Marie Laberge à l'écriture dramatique après treize ans d'absence au théâtre. Le personnage de Charlotte, que l'on retrouvait dans *Aurélie, ma sœur* (1988), est le seul parmi tous ceux qu'elle a créés qu'elle n'a jamais vraiment oublié, celui qu'elle n'a pas été capable de ranger dans « l'album des souvenirs ». Pour l'auteure, qui ne retrouvait plus le goût d'écrire pour la scène, Charlotte, une scuplteure combative, devait revenir au théâtre.

Le succès que Marie Laberge, née en 1950, connaît comme romancière depuis les années 1990 a fait oublier au grand public qu'elle a commencé sa carrière comme comédienne. Après avoir joué différents auteurs, elle se consacre de plus en plus à l'écriture théâtrale et à la mise en scène. *C'était avant la guerre à l'Anse-à-Gilles* (1981), prix du gouverneur général, l'impose comme une figure majeure du théâtre québécois. Au tournant des années 1980, après avoir écrit quelque vingt pièces traduites en plusieurs langues, la dramaturge se tourne vers le roman, dont *Quelques adieux* (1992) et sa fameuse trilogie *Le goût du bonheur*, qui connaissent le succès.

La scène de cet extrait se passe après l'entracte, presque à la fin de la pièce. À partir du dialogue, quelles déductions pouvez-vous faire à propos du contexte, des personnages et de leurs relations ?

Scène 10

Installée par terre devant le marbre, mais face au public, Charlotte déroule un gros rouleau de papier kraft et le stabilise à chaque bout avec une de ses sandales. Puis elle se place au centre et elle considère l'affaire.

5   *Elle sépare le papier à grands traits foncés avec un feutre et inscrit des choses dans le premier tiers.*

Survient René, intimidé, portant un étui à poster bien fermé.

RENÉ *(sur le seuil)* Heu… excusez-moi, c'est votre amie qui m'a remis le mot. Voulez-vous que je revienne plus tard ?

CHARLOTTE   Non, non, entrez ! Je vous attendais.

10   *Il reste planté là, gauche, intimidé.*

RENÉ   J'ai rapporté le dessin…

CHARLOTTE   Vous l'aimez plus ?

RENÉ   Non ! Évidemment qu'je l'aime ! C'était pas pour le récupérer ?

CHARLOTTE   Non.

15   *Il attend encore. Elle pose son feutre, le regarde.*

CHARLOTTE   Vous m'avez rien dit sur vous.

     Stupéfait, il la regarde sans comprendre.

CHARLOTTE   Ben quoi ? Tout ce que je sais, c'est que ça fait quinze ans que vous essayez de savoir des choses sur moi. Dites-moi quelque chose sur
20 vous.

De but en blanc
Que signifie cette expression ?

RENÉ   Comme ça ? De but en blanc ?

CHARLOTTE   Pas facile, han ?

     Elle se lève, va chercher la chaise où Aurélie était assise et l'emporte près de son papier. Elle prend soin de coincer le papier avec une patte de la
25   *chaise.*

Pas facile, han ?
Quel est le niveau de langue de cette réplique ?

CHARLOTTE   Si accomodi[1]. Ça vous dérange pas que je crayonne ?

     Sonné, il obéit.

RENÉ   Êtes-vous sérieuse ? Vous vous moquez ?

CHARLOTTE   J'ai aucun humour, vous l'avez vu.

30 **RENÉ**   Faux. J'ai vu que vous pouvez être très drôle et… très cynique. Si je m'y étais pris un peu mieux, vous…

CHARLOTTE   On parle pas de moi, O.K. ?

RENÉ   D'accord. Si vous voulez.

     Et il se tait.

35   *Charlotte crayonne, va ajouter quelque chose dans le coin de la chaise.*

     René est mal à l'aise, il ne sait vraiment pas quoi dire.

     Sans lever la tête, Charlotte répète : « Pas facile, han ? »

RENÉ   C'est que… j'ai aucune idée de ce qui pourrait vous intéresser.

CHARLOTTE   Vous avez une Suzanne. Est-ce que vous avez des enfants ? Êtes-vous
40 marié, en concubinage ? Croyez-vous en Dieu ? Aimez-vous la musique ? Le théâtre, les voyages ? Avez-vous lu un bon livre dernièrement ? Avez-vous des amis, des vrais ? Avez-vous peur de mourir ? Comment est votre vie sexuelle ?

RENÉ   C'est une vengeance ? Vous voulez me faire comprendre quelque chose ?

45 **CHARLOTTE**   Non, je m'intéresse à vous, non si offenda[2].

---

1   Asseyez-vous.

2   Si cela ne vous offense pas.

René se lève, pose l'étui sur la chaise.

RENÉ　Excusez-moi, mais je ne suis pas à l'aise.

CHARLOTTE　C'est pourtant comme ça que vous êtes arrivé dans ma vie.

RENÉ　Je comprends que c'était désagréable pour vous. Mais je l'avais compris
50　avant. Votre démonstration était inutile.

CHARLOTTE　Inutile et brutale. J'ai toujours eu du mal à communiquer simplement.
Pas pour rien que je bûche avec des ciseaux et un marteau.

RENÉ *(surpris)* C'était pour faire la paix, ça ?

CHARLOTTE　De tout ce que j'ai fait, qu'est-ce que vous auriez aimé signer ?

55　RENÉ　*L'Homme défait*... c'est une statue imposante qui devrait faire
peur... et on se sent déchiré devant lui. On reçoit un tel poids de tristesse.
Mais c'est très personnel, parce que techniquement, vous avez des choses
plus achevées, même s'il y a toujours une certaine âpreté, une rudesse
dans votre travail. Vous avez amélioré votre dessin, votre technique, mais sans
60　jamais gommer la dureté du matériau ou du sujet. Et c'est arrivé vite... dès 75, je
dirais... *(Il s'interrompt, conscient de sa loquacité subite.)* Vous voyez ? Dès que je parle de
vous, ça part.

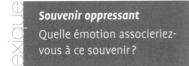

Achevées
Quel est le sens de ce mot
dans un contexte artistique ?

CHARLOTTE　Un jour, j'ai reçu une lettre d'un admirateur. Il parlait de
L'Homme défait. Il disait que son père était mort quand il avait cinq ans et
65　que, jusque-là, pour lui, son père était un souvenir oppressant, celui d'un
géant physique qui le dominait totalement et lui faisait peur. Il m'a écrit
qu'en voyant ma sculpture, il avait senti tout ce que la stature de son père
lui cachait : sa détresse de mourir si jeune, sa peur, son regret et son amour sincère
pour lui. Cet homme-là parlait beaucoup mieux que moi de mon travail et de ce
70　qu'il suscitait. Cet homme-là m'a donné envie de continuer parce que ça valait la
peine de tant travailler s'il avait saisi quelque chose qui l'aidait à avancer, à faire
sa paix.

Souvenir oppressant
Quelle émotion associeriez-
vous à ce souvenir ?

RENÉ　Vous devriez me laisser écrire mon livre..., parce que c'est moi qui vous
ai envoyé cette lettre.

75　CHARLOTTE　Non, c'était signé Raymond.

RENÉ　Le prénom de mon père. J'ai utilisé le prénom de mon père.

Charlotte l'observe en silence.

CHARLOTTE　Vous aussi vous avez besoin de vous cacher quand vient le temps
d'avouer.

80　RENÉ *(gêné)* Cette démonstration-là est plus dure que la première.

CHARLOTTE　Je faisais pas une démonstration. Comment vouliez-vous que je le
sache ?

RENÉ　Le point a quand même compté.

CHARLOTTE　Alors, on va dire que Raymond parle mieux de mon travail que René.
85　Qu'il le voit mieux aussi.

RENÉ　Non, attendez... j'ai seulement emprunté son prénom... par pudeur.

CHARLOTTE *(elle sourit)* Bien sûr... un réflexe pudique, j'm'en souviendrai.

RENÉ   Et vous avez aucun humour !

CHARLOTTE   Pas une miette.

90 RENÉ *(il prend le tube, l'ouvre)*

Je vais vous laisser travailler. Voulez-vous le signer si vous me le donnez vraiment ?

CHARLOTTE   Je pensais que ce détail vous avait échappé...

RENÉ   J'pensais jamais que vous étiez aussi lucide ce matin-là. *(Il pose le dessin par terre.)* Votre amie, Leïla, n'est pas contente que j'aie ce dessin.

Charlotte lève un doigt, va chercher un crayon de plomb au pied du marbre, revient.

CHARLOTTE   Leïla a ses raisons.

RENÉ   Je sais qui elle est maintenant. Au village, j'ai fini par en apprendre pas mal sur ce qui se passe ici.

100 **CHARLOTTE**   Vous devriez vous taire si vous voulez que je le signe. Vous savez c'que j'pense des fouineurs. J'vous préfère pudique.

RENÉ   Vous savez bien que je dirai jamais un mot là-dessus. C'est trop important. Ça me montre seulement à quel point vos préoccupations sont humaines. Ça me surprend pas, d'ailleurs.

105   *Charlotte se met à quatre pattes et signe le dessin. Elle relève la tête.*

CHARLOTTE   Ce ne sont pas mes pudeurs que je vous demande de protéger, c'est la vie de Leïla. Tant qu'elle n'est pas morte, on va la chercher pour la tuer.

RENÉ   Bien sûr, je comprends. Vous pouvez compter sur ma discrétion.

Elle se lève et va chercher le livre près du marbre.

110   *René lit ce qui est écrit sur le dessin.*

RENÉ   Vous voulez que j'apprenne l'italien ?

CHARLOTTE   Chi va con lo zoppo, impara a zoppicare. Qui va avec le boiteux apprend à boiter.

RENÉ   Ah bon ! Je boite, moi ?

115 **CHARLOTTE**   Votre admiration vous joue des tours : moi, je boite.

RENÉ   En tout cas, si vous vouliez demeurer un mystère à mes yeux, c'est réussi.

CHARLOTTE   Reprenez votre dessin, votre livre et dites-moi gentiment adieu.

Il prend le livre, elle roule le dessin et le place dans le tube.

120 **RENÉ**   Vous ne le lirez jamais ?

CHARLOTTE   Je préfère avancer en aveugle.

RENÉ   Et en boitant... je fais quoi avec ?

Avancer en aveugle
Qu'est-ce que Charlotte veut dire ?

CHARLOTTE   Faites votre vie d'universitaire et de chercheur, René. Interprétez mes sculptures, mais ne touchez pas à ceux que j'ai fuis. Je les ai laissés tranquilles, 125 laissez-les tranquilles.

RENÉ   Et si ça diminue la force de mon analyse ?

CHARLOTTE   Celui qui a analysé le mieux s'appelait Raymond et vous ne le citerez pas.

RENÉ   J'ai du mal à vous quitter. Je voudrais pouvoir vous écrire, mais vous 130 ne répondrez pas.

CHARLOTTE   Apprenez à boiter et je vous répondrai. Vous allez voir, vous allez finir par aimer ça le trouble, l'obscur et l'incertain.

RENÉ   J'pensais pas venir ici pour apprendre à dissimuler et à masquer.

CHARLOTTE   La vérité est une arme très dangereuse dans la main de ceux qui se
135   prétendent purs.

Il pose son livre par terre, lui tend la main.

RENÉ   Vous êtes la personne la plus déconcertante que j'ai rencontrée.

CHARLOTTE   Alors je dois être celle que vous connaissez le mieux. (*Elle s'approche de lui, lui fait face en silence. Il la regarde comme pour ne rien oublier d'elle.*) Je peux vous
140   demander un service ? Sans avoir à l'expliquer.

RENÉ   Bien sûr.

CHARLOTTE   Embrassez-moi.

Il a un mouvement de surprise, il hésite, la fixe, ne voit aucune moquerie, plutôt une gravité soudaine.

145   *Il se penche et l'embrasse. Longuement. Délicieusement.*

Elle se dégage en silence et va vers la faille en faisant un signe d'adieu de la main.

Il bredouille: « Au revoir… et merci. »

On entend Charlotte monter dans l'échafaudage pendant que René prend son livre, son dessin et sort.

150   *Noir*

Marie Laberge, *Charlotte, ma sœur*, scène 10, © 2005, Productions Marie Laberge inc. Éditions Boréal licencié exclusif pour le Canada.

réflexions

1 Qu'est-ce qui a conduit les personnages à se dire adieu à la fin de cette scène ?

2 Quels sentiments éprouvent-ils l'un pour l'autre ?

Commedia dell'arte [extrait]

Marc Favreau crée cette pièce pour jeunes en 1971. Son titre fait référence à un genre théâtral très populaire au XVIᵉ siècle en Italie. En effet, la commedia dell'arte, ou comédie de l'art, est jouée dans la rue par des acteurs qui veulent se faire un peu d'argent. Aucun moyen n'est épargné pour faire rire : ils improvisent dans un langage corporel et verbal très coloré. Les personnages, toujours les mêmes peu importe la troupe, possèdent leur démarche et leur caractère. Ils s'expriment avec des jeux de mots et des allusions sexuelles, tout en faisant des mimiques, des acrobaties ou en prenant des postures très marquées. Plusieurs auteurs, dont Molière, se sont inspirés du genre dans leurs comédies.

Né en 1929, Marc Favreau fait ses débuts comme comédien au théâtre, puis à la télévision en 1954. Il perfectionne ensuite son art à Paris et revient au Québec pour créer le personnage d'un clochard clownesque du nom de Sol à la populaire émission jeunesse de l'époque, *La Boîte à Surprise*. Marc Favreau continue de jouer différents rôles au théâtre, mais à partir de 1973, il se consacrera de plus en plus à son célèbre clochard au discours truffé de jeux de mots, qu'il promènera en solo sur toutes les scènes de la francophonie. De nombreux prix prestigieux rendent hommage à son apport à la langue française et couronnent plus de 50 ans de carrière. Marc Favreau s'est éteint en 2005, à l'âge de 76 ans.

Remarquez les éléments qui font l'originalité de ce début de pièce de théâtre.

Sur la scène, des tréteaux forment une petite scène. Sur la petite scène : un banc, une panière.

À l'écart, presque en coulisse : armoires, malles à costumes, paravents et différents accessoires qui serviront durant la pièce.

5   *Tour à tour les comédiens font leur apparition en costume de ville.*

Pierrot arrive en courant, essoufflé.

PIERROT   Salut, tout le monde ! Je sais, je suis en retard… pas la peine de gueuler…

Tiens, je suis le premier! Y a quelqu'un? (*Voyant la salle.*) Ahhh! Vous, au moins,
10 vous êtes là! Bon, ben... euh... Comme je ne peux pas jouer tout seul... euh... en
attendant les autres, je vais vous parler de notre spectacle.

Vous allez assister tout à l'heure à une fantaisie folle et délirante, en forme de
Commedia dell'arte. Nous allons vous jouer ça comme les comédiens italiens le
faisaient, il y a trois ou quatre cents ans. Euh... si ça ne vous fait rien, tout en
15 parlant, je vais me maquiller.

> *Il s'assied cavalièrement sur la petite scène, ouvre sa mallette et*
> *commence à se blanchir le visage.*

D'autant plus que le décor est déjà tout monté. Oui, je sais, vous
me direz que le décor n'est pas très impressionnant. En vérité,
20 c'est même pas un décor, c'est la scène elle-même. Oui, parce que
faut dire qu'à l'époque, on ne jouait pas devant des gens assis dans une salle...
On jouait dehors, sur la place publique. Les comédiens se baladaient de ville en
ville, et aussitôt qu'on débarquait quelque part, bing! en vitesse, on montait les
tréteaux: une petite scène comme celle-ci et hop! les comédiens faisaient leur
25 entrée.

> *Surgissent derrière lui Arlequin et Colombine.*

ARLEQUIN ET COLOMBINE   Beuh!

PIERROT (*Sursautant.*)   Hein?

ARLEQUIN   Qu'esstufais? Tu parles tout seul?

30 **PIERROT**   Ben... j'expliquais un peu notre spectacle, en attendant les
retardataires.

COLOMBINE   Tu ferais mieux de finir ton maquillage. Je vais continuer tes
explications.

ARLEQUIN   *Niet! Niet!* Je m'en charge. Dépêchez-vous, c'est vous deux
35 qui commencez le spectacle.

COLOMBINE   Bon, comme tu voudras.

PIERROT   Mais sois pas trop long, tu vas les endormir.

COLOMBINE   Et dis pas trop de sottises, on t'écoute!

ARLEQUIN   Phhttt!

40   *Colombine donne une bise à Pierrot, ils se taquinent un moment, puis Colombine*
   va s'habiller, cependant que Pierrot continue de se maquiller.

Salut et amitiés, cher public! Je vais vous raconter en détail l'histoire de la *Commedia*
dell'arte. Il y a trois ou quatre cents ans, les comédiens italiens...

PIERROT   Psst!

45 **ARLEQUIN**   Quoi?

PIERROT   Je l'ai déjà dit.

ARLEQUIN   Ouais... T'as parlé du décor?

Arlequin

Niet! Niet!
De quelle langue provient ce
mot et que veut-il dire?

lexique

Isabelle

PIERROT	Oui.
ARLEQUIN	Ouais... Des personnages ?
50 **PIERROT**	Pas eu le temps.
ARLEQUIN	Parfait. Eh bien, ce qu'il faut savoir au départ, c'est que dans la *Commedia dell'arte*, l'important, ce sont les personnages.

Il y en a des tas, tous aussi colorés les uns que les
55 autres. À six comédiens, impossible de vous les présenter tous, donc vous en verrez sept. Mais vous ne serez pas déçus, ce sont les plus connus et les plus importants. D'abord, il y a Arlequin...

PIERROT	En voilà des manières !
60 **COLOMBINE**	Tu pourrais au moins commencer par les femmes.
ARLEQUIN	C'est fini, oui ? Je disais donc : d'abord, il y a Arlequin, l'amoureux de Colombine, celle qui s'habille, là, derrière.

65 C'est une petite crapaude, celle-là. Une soubrette intelligente et perspicace. Elle sait tout, voit tout, entend tout... Et le reste, elle le devine.

Amoureuse d'Arlequin, avec lui, elle est
70 habile à tirer des ficelles et à fabriquer des pièges à ridicules.

Elle adore Isabelle, sa maîtresse... que voici, d'ailleurs...

Isabelle vient d'entrer et donne, en passant, une bise à Pierrot.

Elle fera tout pour sauver son amour et le défendre contre les ignobles.

75 Gare aux lourdauds innocents, car elle pique ! Colombine, c'est plus qu'une fine mouche, c'est une abeille.

Isabelle rejoint Arlequin.

ISABELLE	Bonjour !
ARLEQUIN	Salut, fragile et mignonne Isabelle... (*Il l'embrasse.*) Voici notre

80 amoureuse. Une fille parfaite, qui n'a qu'un défaut : elle a pour père l'affreux Pantalon. Intelligente, douée, raisonnable, sensible...

ISABELLE	Et terriblement romanesque !

Elle se retire pour s'habiller.

ARLEQUIN	Ah ça, oui ! Et adorablement naïve, et idéaliste. Elle ne comprend

85 pas que les gens soient si mesquins et elle fait confiance au monde. Mais attention, elle n'est pas sotte et ne se laisse pas faire.

Elle passe la moitié de son temps à déjouer les plans de son père qui veut la marier à son ami le Docteur, et l'autre moitié, à soupirer après Pierrot. Lequel Pierrot, d'ailleurs, et ça c'est très énervant pour une fille, n'arrive jamais à lui
90 déclarer son amour.

Pierrot, lui, c'est un cas : il rêve, il soupire, c'est un champion rêveur. Son pays, c'est la lune. Pour lui, le bonheur parfait serait d'attraper la lune, de lui passer un ruban rose et de l'offrir à Isabelle en cadeau de noces…

Ce qu'il n'ose pas dire à Isabelle, c'est à la lune qu'il le confie. Si bien qu'à
95 force de la fréquenter, il a fini par lui ressembler.

Son pays, c'est la lune
Quel est l'effet recherché par cette expression qui termine l'énumération ?

Regardez-le, le visage tout blanc, tout enfariné… À noter, en passant, que Pierrot est le seul qui soit maquillé.

Dans la *Commedia dell'arte*, sauf pour les femmes et Pierrot, on porte le masque. Attendez.

100   *Il court chercher des masques.*

Voici le masque d'Arlequin. Arlequin, c'est moi, votre serviteur. C'est d'ailleurs ce qu'il est : un valet. Mais pas un petit valet rampant et bourré de complexes, non. C'est un habile, un rusé, un imaginatif.

Votre serviteur
Quel sens est donné à cette expression dans le contexte ?

Y a qu'à voir le masque, on dirait un chat. Il aime s'amuser, sans
105 regret, sans souci, et du front tout le tour de la tête. Il aime la vie, l'amour, il aime Colombine ! Et comme il déteste les sots, il s'arrange pour les faire payer… à son profit, naturellement. Arlequin, c'est un renard !

Voici maintenant le masque de messire Pantalon et celui du
110 Docteur. Un nez crochu, un nez retroussé. Deux caricatures… Deux ridicules qui ne se ressemblent pas, mais qui se complètent fort bien.

Le Docteur

       Pantalon et le Docteur, qui viennent d'entrer, ont saisi les derniers mots et s'approchent en catimini derrière
115   *Arlequin. Comme celui-ci tient les deux masques face à face à hauteur de son visage, ils viennent s'installer derrière leur masque respectif.*

Ce sont deux affreux égoïstes. Et cependant, il y a une chose qu'ils partagent : leur immense et totale sottise !

120 **PANTALON**   Sot toi-même !

LE DOCTEUR   Méprisable maraud !

       Arlequin sursaute, puis se ressaisit.

ARLEQUIN   Ah ! vous tombez bien, je parlais justement
de vous.

125 **LE DOCTEUR**   Maintenant qu'on est là, on peut se présenter
nous-mêmes.

ARLEQUIN   Parfait. Il me reste deux minutes pour m'habiller.

Il se dirige vers le fond de la scène.

LE DOCTEUR   Messire Pantalon est un vieillard cupide et avaricieux, un
130 maniaque persuadé qu'on en veut à son argent. Il se méfie des jeunes et
n'a qu'un ami...

PANTALON   ... le Docteur. Un pédant vaniteux, qui s'écoute
parler, qui se croit savant et qui n'est qu'un perroquet! Mais le
Docteur est riche...

135 **LE DOCTEUR**   ... ce qui séduit Pantalon, toujours avide d'argent,
qui décide de lui offrir sa fille, Isabelle, en mariage. Solution
idéale: il satisfait le Docteur et, du même coup, il éloigne ce
gêneur de Pierrot, qu'il trouve insupportable et paresseux.

Colombine les a rejoints.

140 **COLOMBINE**   Autrement dit, Pantalon se fiche pas mal du
bonheur de sa fille!

*Pierrot, maquillé et costumé, est déjà sur les
tréteaux.*

PIERROT   Tu parles! C'est
145 un vieux gâteux pour qui les
femmes ne comptent pas.

LE DOCTEUR   Erreur, mon ami!
Ce vieil exécrable de Pantalon
est encore vert...

150 **PANTALON**   Et la vue d'un
jupon l'excite encore et lui rend sa
jeunesse!

PIERROT   Ça, c'est lui qui le prétend...

PANTALON   Bonjour, ma colombe. (*Il
155 embrasse Colombine.*)

COLOMBINE   Bonjour, mon vieux Panpan...

*Pantalon met son masque et devient
égrillard.*

PANTALON   À nous deux, mon trésor...
160 yak yak!

COLOMBINE   Oh!

Égrillard
À l'aide de la description du
personnage, définissez cette
caractéristique.

Colombine joue le jeu, pousse des petits cris, fuyant autour de la scène, poursuivie par Pantalon.

LE DOCTEUR   C'est ainsi que Pantalon s'essaie à séduire Colombine. Pauvre
165 vieux débris! Il ne réussira qu'une chose : se rendre encore plus ridicule !

Là-dessus, Colombine se rue sur Pierrot et se blottit dans ses bras. Pantalon laisse tomber et va s'habiller, rejoint par le Docteur.

COLOMBINE   Ah, monsieur, sauvez-moi! Un affreux gérontosaure me
poursuit !

170   *Pierrot reste défait, l'œil absent. Il soupire.*

Ah! que voilà un souffle puissant! Je vous...

L'arrivée précipitée d'Arlequin interrompt le geste de Colombine.

(*À Arlequin :*) Ben voyons... que fais-tu ?

Pour toute réponse, Arlequin, armé de son brigadier[1], donne les treize
175   *coups de départ et sort en vitesse.*

Marc Favreau, *Commedia dell'arte*, © 1997, Les Éditions internationales Alain Stanké.

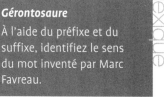

Gérontosaure
À l'aide du préfixe et du suffixe, identifiez le sens du mot inventé par Marc Favreau.

lexique

Pierrot

réflexions

1 La commedia dell'arte présente l'envers du décor (changements de costume, maquillage, changements d'accessoires et d'éléments du décor). Comment réagiriez-vous à la représentation d'une pièce où vous assisteriez en même temps à la pièce et à l'action des coulisses ?

2 Quels sont les avantages et les inconvénients du port du masque ?

---
1   Gourdin dont on se sert pour frapper le plancher au début d'une pièce.

À propos... du texte de genre dramatique

Le texte de genre dramatique

Le texte de genre dramatique se distingue des autres genres littéraires par deux particularités. La première : ce genre est constitué principalement de dialogues et de monologues. La seconde : l'univers de la pièce est créé par la mise en scène. En fait, le dramaturge, l'auteur d'une œuvre dramatique, écrit une pièce essentiellement pour qu'elle soit vue par un public, et pas nécessairement pour qu'elle soit lue. Toutefois, la pièce de théâtre s'apparente au texte de genre narratif : tout comme ce dernier, elle présente le déroulement de l'intrigue, de la situation initiale à la situation finale.

Le dialogue

Au théâtre, le **dialogue**, c'est la discussion entre deux ou plusieurs personnages sur une scène. Il est l'essence même du texte de genre dramatique et est porteur du contenu de l'histoire. Le dialogue est divisé en **répliques** dites par les différents personnages mis en scène.

Les rôles du dialogue

Dans le texte de genre dramatique, le dialogue a plusieurs rôles, puisqu'il est la séquence principale par laquelle progresse l'histoire. Chacune des répliques constituant le dialogue apporte un élément distinct et contribue ainsi à cette progression. Le dialogue et ses répliques peuvent donc servir à :

– caractériser les personnages, soit lorsqu'ils se décrivent eux-mêmes, soit lorsqu'ils parlent d'un personnage absent ;

> ARLEQUIN
>
> Salut, fragile et mignonne Isabelle... (*Il l'embrasse.*) Voici notre amoureuse. Une fille parfaite, qui n'a qu'un défaut : elle a pour père l'affreux Pantalon. Intelligente, douée, raisonnable, sensible... (Favreau)

– expliquer une situation, un événement passé de la pièce sur lequel on revient ;

> CHARLOTTE
>
> C'est pourtant comme ça que vous êtes arrivé dans ma vie.
>
> RENÉ
>
> Je comprends que c'était désagréable pour vous. Mais je l'avais compris avant. Votre démonstration était inutile. (Laberge)

– raconter un événement qui se déroule hors de la scène ou les événements entre deux actes;

> **DU CROISY**
>
> Que dites-vous de notre visite? En êtes-vous fort satisfait? (Molière)
>
> Comme il s'agit du début de l'échange commençant avant la pièce, le dialogue sert à expliquer une visite que les spectateurs n'ont pas vue.

– illustrer l'époque et le temps, faire progresser le temps de l'histoire;

> **PIERROT**
>
> Salut, tout le monde! Je sais, je suis en retard… […] Tiens, je suis le premier! […] Comme je ne peux pas jouer tout seul…euh…en attendant les autres, je vais vous parler de notre spectacle… (Favreau)
>
> Dans cet extrait, on situe le temps (en retard, les autres encore plus en retard) et on le fait progresser (en attendant les autres).

– faire progresser l'intrigue;

> **GORGIBUS** Encore un coup, je n'entends rien à toutes ces balivernes: je veux être maître absolu, et pour trancher toutes sortes de discours, ou vous serez mariées toutes deux avant qu'il soit peu, ou, ma foi, vous serez religieuses, j'en fais un bon serment. (Molière)

– confronter deux points de vue.

> **CHARLOTTE**
>
> Faites votre vie d'universitaire et de chercheur, René. Interprétez mes sculptures, mais ne touchez pas à ceux que j'ai fuis. Je les ai laissés tranquilles, laissez-les tranquilles.
>
> **RENÉ**
>
> Et si ça diminue la force de mon analyse? (Laberge)

Le rythme

Le dialogue sert aussi à donner le **rythme** à une pièce de théâtre. Plusieurs facteurs peuvent contribuer à le déterminer.

– La **longueur des répliques**. Plus les phrases des répliques sont longues, plus les enchaînements sont lents. Plus les répliques sont courtes, plus elles s'enchaînent rapidement.

> **PIERROT** Psst!
> **ARLEQUIN** Quoi?   } enchaînement rapide
> **PIERROT** Je l'ai déjà dit. (Favreau)

– Le **ton du personnage**. Une scène où le ton est plutôt nerveux aura plus de rapidité qu'une scène où le ton est plutôt posé.

> **MAGDELON**
>
> Mon père, voilà ma cousine, qui vous dira, aussi bien que moi, que le mariage ne doit jamais arriver qu'après les autres aventures. […] j'ai mal au cœur de la seule vision que cela me fait. (Molière)
>
> Le ton posé de l'explication ajoute à la longueur de la réplique.

– La **gestuelle et les déplacements**. Même si les répliques sont courtes, si elles sont entrecoupées de nombreux déplacements elles s'enchaîneront plus lentement.

> RENÉ
>
> D'accord. Si vous voulez.
>
> *Et il se tait.*
>
> *Charlotte crayonne, va ajouter quelque chose dans le coin de la chaise.*
>
> *René est mal à l'aise, il ne sait vraiment pas quoi dire.*
>
> *Sans lever la tête, Charlotte répète : « Pas facile, han ? »* (Laberge)
>
> Les malaises et l'action ralentissent le dialogue.

} enchaînement lent

– Le **nombre de personnages**. Généralement, plus il y a de personnages qui participent au dialogue, plus il y a d'échanges, ce qui influe sur la dynamique du langage théâtral.

Le monologue

Généralement, le **monologue** est employé en complément au dialogue. Cependant, certaines pièces à un personnage (ou certains numéros d'humoriste) contiennent uniquement des monologues. Ce type de séquence remplira essentiellement les mêmes fonctions que le dialogue, mais rapportera les propos différemment.

– Un personnage peut s'adresser aux spectateurs pour raconter ou expliquer une partie de l'histoire.

> Le début de la *Commedia dell'arte* de Favreau est essentiellement écrit dans ce but.

– Un personnage peut s'adresser à d'autres. À ce moment, pour que ce soit considéré comme un monologue, la réplique du personnage doit être distinctement plus longue que celle des autres et celui-ci ne doit pas être interrompu. Ce type de monologue est appelé la **tirade**.

> Dans *Les Précieuses ridicules*, la longue explication des règles de la préciosité de Magdelon à son père représente une tirade.

– Le personnage s'adresse aux spectateurs, prétendument à l'insu des autres personnages, afin de les renseigner sur ses intentions et ses pensées réelles. C'est ce qu'on appelle l'**aparté**, souvent utilisé dans les pièces classiques.

> GORGIBUS
>
> Il n'en faut point douter, elles sont achevées. (Molière)

– Le personnage dévoile son intériorité, c'est-à-dire son état d'âme, ses pensées, son évolution, son analyse d'une situation. On utilise le terme **soliloque** lorsqu'il s'adresse à lui-même, qu'il réfléchit ou argumente à haute voix.

> GORGIBUS
>
> Ouais ! Il semble qu'ils sortent mal satisfaits d'ici ; d'où pourrait venir leur mécontentement ? Il faut savoir un peu ce que c'est. Holà ! (Molière)

Le monologue est une particularité associée au discours oral sauf dans le cas du monologue intérieur. Dans les autres genres de textes, on utilisera davantage la citation, l'extrait de journal, la description des réflexions et des pensées des personnages pour faire découvrir leur intériorité.

Les didascalies

Au théâtre, les **didascalies**, qu'on appelle aussi des indications scéniques, servent à ajouter des informations sur des aspects visuels ou sonores qui ne peuvent être déduites des répliques des personnages ou parce que le dramaturge a jugé essentiel de les décrire à même le texte. Elles représentent la vision que le dramaturge a de sa pièce au moment de l'écriture et contribuent à la reconstitution de l'univers lors de la mise en scène. Si certaines pièces en contiennent très peu, d'autres sont très précises et fournissent beaucoup de détails. Elles sont situées au début d'une scène ou d'un acte, entre les répliques ou à l'intérieur des répliques des personnages, selon l'information qu'elles précisent.

– Elles peuvent s'adresser à l'acteur à propos de son personnage (déplacement, ton, attitude).

> CHARLOTTE
> Vous m'avez rien dit sur vous.
>
> *Stupéfait, il [René] la regarde sans comprendre.* (Laberge)

– Elles aident le metteur en scène à se représenter une scène ou des aspects de l'ensemble de la pièce (décor, accessoires, éclairage, musique, son, costumes). Par contre, elles sont facultatives, c'est-à-dire que le metteur en scène a la liberté de proposer une vision différente : c'est ce qui crée l'intérêt de monter une pièce déjà connue.

> *Sur la scène, des tréteaux forment une petite scène. Sur la petite scène : un banc, une panière.*
> *À l'écart, presque en coulisse : armoires, malles à costumes, paravents et différents accessoires qui serviront durant la pièce.* (Favreau)

L'intrigue

Une pièce de théâtre s'articule autour d'une ou de plusieurs intrigues. Par exemple, plusieurs pièces classiques utilisent les types d'intrigue suivants.

– Le **quiproquo** est basé sur un malentendu. Il y a d'abord une méprise qui fait qu'un personnage (ou une situation) est pris pour un autre et l'intrigue vise à rétablir le malentendu qui en résulte.

– Le **coup de théâtre** est causé par un événement imprévu, un retournement brusque de la situation qui vient modifier l'état des personnages. Le but d'un coup de théâtre est de créer un rebondissement spectaculaire afin d'accentuer l'intérêt de l'action.

– L'**imbroglio** est une intrigue complexe ou embrouillée que les personnages peinent à dénouer.

À l'occasion, pour laisser plus de place aux péripéties, certains auteurs utilisent le prologue et l'épilogue, comme dans certains textes de genre narratif, c'est-à-dire que la situation initiale et la situation finale sont racontées par un personnage-narrateur. C'est le cas dans les pièces de l'Antiquité grecque (ce narrateur étant appelé *coryphée*) ou dans certaines pièces de Shakespeare comme *Roméo et Juliette*.

Les divisions d'une pièce

À l'instar des chapitres et des paragraphes d'une œuvre narrative, le texte de genre dramatique comporte, lui aussi, des divisions qui marquent les parties de son intrigue.

– L'**acte** est la plus grande division d'une pièce, habituellement subdivisée en scènes. Généralement, il marque une phase de l'intrigue : l'élément déclencheur (ou la méprise), les péripéties, le dénouement. Un changement d'acte peut aussi marquer une ellipse de temps : on passe du matin au soir d'un coup, on change de journée.

– Le **tableau** correspond à un décor. Lorsqu'il y a plusieurs tableaux dans une pièce, chacun indique un changement de décor, donc de lieu. Habituellement, le tableau est une subdivision de l'acte et compte plus d'une scène.

– La **scène** représente le découpage des dialogues de la pièce. Traditionnellement, ce découpage était fait en fonction de l'arrivée ou du départ d'un personnage. Dès qu'il y avait une modification, on changeait de scène. Dans certaines œuvres plus récentes, il peut y avoir des va-et-vient de personnages dans une scène. À ce moment, elle est découpée en fonction de la progression du temps, de l'intrigue, ou pour marquer une coupure dans la linéarité du déroulement.

Plusieurs œuvres marquantes ont laissé leurs traces dans l'imaginaire collectif, que ce soit grâce aux personnages (Dom Juan, la Sagouine, etc.) ou grâce aux répliques, dont certaines sont devenues des proverbes : *À vaincre sans péril on triomphe sans gloire* (Pierre Corneille, extrait de *Le Cid*).

Comparer les textes

Vous venez de lire un extrait des œuvres suivantes :
Les Précieuses ridicules, *Charlotte, ma sœur* et *Commedia dell'arte*.

1 Dans laquelle des trois œuvres les répliques vous ont-elles aidé à saisir l'intériorité des personnages ? Justifiez votre réponse.

2 Les trois œuvres utilisent un seul décor pour le déroulement de l'extrait présenté et de la pièce entière. Comment cela peut-il influencer les personnages, l'intrigue, le genre de la pièce ?

3 Quelles comparaisons pouvez-vous faire au sujet des actions contenues dans les extraits présentés ?

4 Comparativement à Molière et à Marc Favreau, pourquoi Marie Laberge fait-elle un emploi si différent des didascalies ?

5 Expliquez qui, des trois dramaturges, présente davantage un point de vue révélateur de son époque.

Pistes d'essai

Communication orale

Un texte dramatique est écrit pour être joué. Choisissez l'un des extraits de cette Fenêtre ou un autre de votre choix : assurez-vous d'être la seule équipe de la classe à choisir ce texte. Rappelez-vous que chaque production met sa touche personnelle à l'interprétation. Distribuez les rôles, apprenez les répliques et mettez en scène cet extrait afin de le présenter à votre groupe.

Pour soutenir votre démarche, consultez la stratégie « Travailler en coopération », page 567.

Écriture

Pour *La Cagnotte*, Denis Chouinard a choisi d'adapter le texte afin de l'actualiser et de le rapprocher de la réalité québécoise. À votre tour. Parmi les extraits de Molière, de Beaumarchais et de Shakespeare, sélectionnez-en un que vous adapterez à notre époque et à notre culture. Cependant, prenez garde de conserver l'essentiel du caractère des personnages et de l'intrigue.

Pour soutenir votre démarche, consultez la stratégie « Écrire un texte littéraire », page 554.

Lecture

Dans une pièce de théâtre, un personnage se dévoile à travers ses réactions, son ton, ses relations avec les autres personnages et à travers ce que les autres personnages racontent sur lui. Lisez l'extrait du monologue d'Yvon Deschamps, *Les adolescents*, et faites l'analyse du père qui parle de son fils. Tenez compte de toutes les indications contenues dans le monologue pour brosser un portrait du père et du fils.

Pour soutenir votre démarche, consultez la stratégie « Lire un texte littéraire », page 550.

C'est d'abord comme comédien qu'Yvon Deschamps, né à Montréal en 1935, fait ses débuts sur la scène et à la télévision à la fin des années 1950. Il devient ensuite cofondateur du *Théâtre de Quat' sous*. En 1968, la création de L'*Osstidcho*, à laquelle il participe, révolutionne le monde de la chanson et du spectacle québécois, et le fait connaître du grand public comme monologuiste. Avec plus de quarante ans de spectacles et de monologues satiriques, qui ont souvent une portée sociale, Yvon Deschamps est également connu pour ses nombreuses implications auprès d'organismes communautaires.

Les adolescents (le grand tarla)

Est-ce qu'y en a qui ont des adolescents à maison ? Oui ? Vous devez être contents d'être ici ! Non non, les adolescents, y paraît que c'est jusse les nôtres qui sont d'même. Non, y paraît qu'ailleurs sont ben fins. Moé, des fois, j'rencontre du monde, y m'disent : « Ah ! Vos enfants sont assez bien élevés ! » « Ah oui ??? Ben quand y sont
5 chez vous, pouvez-vous faire un vidéo pis me l'envoyer parce que chez nous, y ont pas d'allure ! »

Non, faut pas généraliser parce que les adolescents sont très gentils. C'est jusse vers 15 ans, han ? Un moment donné, là... Moé, l'mien, ça y a pogné à 15 ans. Eille, là tu sais pus quoi faire avec ça ! Tu parles à ça, c'est pareil comme parler aux murs.
10 Même que c'est plus l'fun parler aux murs. Tu sens ta voix qui r'vient, toujours ! Eille, là tu parles à ça, tu serais mieux d'pas parler, chose ! L'autre jour, y était là, j'me r'tourne pour y parler, y était pus là, y était rendu là ! Parce qu'en plusse, y grandit à vue d'œil : un pied en un an et d'mi ! Pauvre enfant, grandir de même, ça pas d'sens ! Là, y est maigre maigre maigre, han ? Les bras trop longs, les culottes trop courtes,
15 on dirait qu'la peau de son visage arrive pas à s'étirer assez pour faire le tour de toutes ses boutons, ah... Y fait peur, eille ! Ça pas d'bon sens.

Pis c'est comme si son développement moteur avait été inversement proportionnel à son développement physique. Eille, à quatre ans, c't'enfant-là parlait, y marchait, y s'lavait, y s'habillait tout seul ! Là, y a 15 ans : y parle pus, y marche pus,
20 y s'lave pus, y pue. Pis y mange ! Y mange, ah ! Y s'lève de table après souper, c'est pour aller voir si y reste queque chose dans l'frigidaire. Ah oui, c't'enfant-là a jusse un but dans la vie : vider le frigidaire ! Non, moé pis ma femme, on s'cache du manger en d'sour du lit, sans ça on mangerait jamais ! Pis en plusse, quand tu l'chicanes, y grogne : « EUUUURGH ! » Parce qu'y parle pas à c't'âge-là : y grogne. En
25 faite, c'est toute c'qu'y fait dans vie : y mange pis y grogne ! Y mange pis y grogne !

J'ai dit à ma femme l'autre jour: «Y mange pis y grogne pis y mange pis y grogne, des fois j'me demande si on s'rait pas mieux avec un gros chien.» Non, mais un gros chien ça mange pis ça grogne, mais
30 au moins quand tu y fais plaisir, y s'fait aller la queue! Eille, lui, avant qu'y s'fasse aller queque chose...

[...]

Eille, c't'enfant-là, y me désespère tellement, c'est presque pas croyable. Tellement désespéré qu'un soir savez-vous qu'est-ce j'ai faite? J'ai regardé *L'autre télévi-*
35 *sion*[1]. Faut être désespéré rare, han? Ah tabarnouche! Non, mais y avait un psychologue qui parlait des jeunes, j'ai dit: «M'as écouter au moins qu'est-ce qu'y a à dire, t'sais?» Y dit: «Vous savez, c'est très difficile d'être adolescent aujourd'hui!» J'ai dit: «Ça l'air!
40 En tout cas, l'mien a d'la misère en sacrifice!» T'sais, j'parle toujours au gars d'la télévision. Ça m'fait rien qu'y réponde pas; j'parle ben à ma femme, à répond pas non plus, fa que... Y dit: «C'est parce que c'était plus facile dans notre temps!» J'ai dit à ma femme:
45 «Y connaît rien, lui! Comment ça c'tait plus facile? On avait rien, tabarnouche! Rappelle-toi, Minou, on avait e-rien!» Y dit: «C'était plus facile dans notre temps, parce que nous n'avions rien.» J'ai dit: «Y connaît ça, on est correct...» Y dit: «C'était plus simple
50 parce que comme nous n'avions rien, nous étions devant tout et comme nos enfants ont tout, ils se retrouvent devant rien.» Y dit: «En plusse, à cause de l'information aujourd'hui, à cause de la télévision, les enfants sont beaucoup plus débrouillards que nous
55 étions à leur âge.» Là, j'dis à ma femme: «Ferme la télévision, y connaît rien!»

Mon tarla plus débrouillard que j'étais? J'gagnais ma vie à son âge, moé! J'ai commencé à travailler à 13 ans! Débrouillard, lui? Sa chambre est grande
60 comme ma main, y a pas réussi à trouver l'garde-robe encore! Le panier à linge sale est jusse à porte de sa chambre, y s'enfarge dedans 20 fois par jour, y l'a jamais vu! Toute son linge sale est su son plancher d'chambre! L'autre jour, y dit: «SIRGH WEUH RGAH?»
65 J'ai dit: «Non. J'te prête pas mon char.» Y dit: «POUGUOIH?» J'ai dit: «Tout d'un coup que quelqu'un a laissé un panier à linge sale dans rue, tu l'verras pas, tu vas l'frapper!»

1 *L'autre télévision* était le slogan de Radio-Québec, la télévision nationale fondée en 1975, devenue aujourd'hui Télé-Québec.

[...]

Fa que là, j'ai été m'coucher su l'sofa. J'm'ai dit : « J'vas faire un p'tit somme pen-
70 dant qu'y va faire ses affaires. » T'sais, j'étais ben fatiqué. J'viens pour m'assoupir,
mon tarla arrive : « ARGH WAVKH MÉWJ ! » Ah tabarnouche, j'ai faite un saut !
Non, mais t'sais... J'ai dit : « Non non, popa est fatiqué là, bon. » Y dit : « AHA
HWIFDN ! » J'ai dit : « Pas après-midi. » Y dit : « AJA EH AHWÉPGKÉ ! » Ah, j'ai dit :
« O.K. d'abord, fatiquant, m'as y aller ! » Y m'achalait pour que je l'amène au
75 magasin, un magasin spécial où c'qu'y vendent du linge neuf mais qui a l'air vieux.
T'sais, y l'déchirent pis y l'salissent toute d'avance.

Eille, j'prends la peine de me l'ver, m'habiller ; on arrive dans l'garage. Comme
on arrive dans l'garage, j'entends l'téléphone qui sonne. Eille, là j'ai été pogné ! Là,
j'ai dit : « Qu'ossé que j'fais ? » Oubliez pas que chus tout seul avec, moé. Si j'vas
80 répondre, qu'ossé qu'y va faire tout seul dans l'garage, là lui ? L'aut' jour, y m'a
arraché toutes les barreaux d'la galerie. J'ai dit : « Qu'est-ce t'as faite là ? » Y dit :
« BWLJGH ORFLBZHAU ! » Y dit : « Tu m'as jamais dit qu'y fallait pas l'faire. » Alors
imaginez-vous ! Là, d'un autre côté, si je l'envoye répondre pis qu'y répond :
« WHAARGUU ! » pis c'est un client, m'as perdre un client, moé là ! Fa que j'm'ai
85 dit : « M'as aller répondre mais j'vas y dire de pas bouger. » J'dis à mon tarla : « Bouge
pas ! Attends Popa. Non, bouge pas ! » Non non, c'est pas qu'j'avais peur pour mon
char : mon char était barré. Non, c'est parce que moé, dans mon garage, j'ai mon
établi. Et su mon établi, y a MES outils. Et ça, mes outils, c'est sacré. O.K. là ? Bon.
ON TOUCHE PAS À MES OUTILS ! Moé-même j'y ai jamais touché. Moé, mon
90 égoïne est encore dans sa gaine originale. J'aimerais pouvoir en dire autant d'ma
femme... Et sur mon établi, j'ai un p'tit coffre en bois, gossé à la main par mon
grand-père. Y l'a vu, mon p'tit coffre, lui ! Mon grand-père a gossé ça en 1884, alors
c'est précieux !

Je r'viens du téléphone, mon tarla y a planté des clous d'quatre pouces dans le
95 p'tit coffre en bois que mon grand-père m'avait gossé à main ! Pis là, y dépassaient
pis pour pas que j'm'en aperçoive, y essayait d'les scier avec mon égoïne. Là moé,
j'veux l'tuer ! J'y dis « T'EN AURAS PAS D'LINGE NEUF QUI A L'AIR VIEUX ! VA-
T'EN DANS TA CHAMBRE, J'VEUX PUS T'VOIR LA FACE ! » Y dit : « WOÉ WOI
WOA WÉA AH WA ! » Y dit : C'est pas d'ma faute, tu m'laisses rien faire ! » J'ai dit :
100 « Flye, j'veux pus t'voir, parle-moé pus ! » Eille, y était assez fâché, y m'a parlé, je l'ai
compris ! Y dit : « J'ai pas demandé de v'nir au monde ! » Ben j'ai dit : « Une chance
que t'as pas demandé de v'nir au monde parce qu'avec la face que t'as, la réponse
aurait été non ! »

T'sais, des fois, des hommes, comment qu'on est inquiets des fois nous autres
105 en vieillissant ? On a toujours peur qu'un soir en s'berçant sua galerie, la vieille
nous dise : « Ben t'sais, mon Marcel, le deuxième ou l'troisième, y était pas à toé
celui-là... » Ben là, je r'garde mon tarla pis toués soirs je prie pour que ma femme me
dise qu'y est pas à moé celui-là !

Yvon Deschamps, « Les adolescents (le grand tarla) », *Tout Deschamps*,
© 1998, Lanctôt Éditeur et Yvon Deschamps.

S'il est aujourd'hui célébré et joué sur toutes les scènes du monde, William Shakespeare, l'auteur de *Roméo et Juliette* et de tant d'autres pièces de théâtre, est également perçu comme celui qui a accompagné l'Angleterre dans son entrée dans la modernité. De nos jours, on ne compte plus toutes les adaptations des pièces de Shakespeare (1564-1616). Le dramaturge, qui a vécu à l'époque troublée d'Élizabeth Iʳᵉ, révolutionne, à travers son œuvre, plusieurs genres en passant du tragi-comique au merveilleux. Les intrigues qu'il a créées demeurent encore aujourd'hui riches et universelles.

Hamlet

ACTE I, SCÈNE V

Un espace découvert devant le château. Entre le spectre, suivi d'Hamlet.

HAMLET
Où me conduis-tu ? Parle, je n'irai pas plus loin.

LE SPECTRE
5 Écoute-moi.

HAMLET
Oui, je veux t'écouter.

LE SPECTRE
L'heure est presque venue
10 Où je dois retourner
Aux flammes sulfureuses torturantes.

HAMLET
Hélas ! pauvre ombre !

LE SPECTRE
15 Ne me plains pas, mais attentivement, écoute
Ce que je vais te révéler.

HAMLET
Parle, je suis prêt à entendre.

LE SPECTRE
20 Et à venger, quand tu auras entendu ?

HAMLET
À venger ?

LE SPECTRE
Je suis l'esprit de ton père,
25 Condamné pour un certain temps à errer la nuit,
Et à jeûner le jour dans la prison des flammes
Tant que les noires fautes de ma vie
Ne seront pas consumées. Si je n'étais astreint
À ne pas dévoiler les secrets de ma geôle,

30 Je pourrais te faire un récit dont le moindre mot
Déchirerait ton âme, glacerait
Ton jeune sang, arracherait tes yeux comme deux étoiles
À leur orbite, et déferait tes boucles et tes tresses,
Dressant séparément chaque cheveu
35 Comme un piquant de l'inquiet porc-épic.
Mais le savoir de l'éternel est refusé
Aux oreilles de chair et sang. Écoute, écoute, écoute !
Si jamais tu aimas ton tendre père...

HAMLET

40 Ô Dieu !

LE SPECTRE

Venge son meurtre horrible et monstrueux.

HAMLET

Son meurtre !

45 **LE SPECTRE**

Un meurtre horrible ainsi que le meurtre est toujours,
Mais celui-ci horrible, étrange et monstrueux.

HAMLET

Vite, instruis-moi. Et d'une aile aussi prompte
50 Que l'intuition ou la pensée d'amour
Je vole te venger.

LE SPECTRE

Je vois que tu es prêt.
Et tu serais plus inerte que l'herbe grasse
55 Qui pourrit sur les rives molles du Léthé
Si mon récit ne t'émouvait pas ; écoute, Hamlet,
On a dit que, dormant dans mon verger,
Un serpent me piqua. Et tout le Danemark
Est ainsi abusé, grossièrement,
60 Par cette relation menteuse. Mais, mon fils,
Toi qui es jeune et qui es noble, sache-le :
Le serpent dont le dard tua ton père
Porte aujourd'hui sa couronne.

HAMLET

65 Ô mon âme prophétique !
Mon oncle ?

LE SPECTRE

Oui, cette bête incestueuse, adultère,
Par ses ruses ensorcelées, ses cadeaux perfides
70 – Oh ! que pervers ils sont, cadeaux et ruses
Qui ont eu ce pouvoir de séduire ! – a gagné
À sa lubricité honteuse les désirs
De ma reine, qui affectait tant de vertu.
Ô Hamlet, quelle chute ce fut là !

75 Quand mon amour était d'une dignité si haute

Qu'il allait la main dans la main avec le serment

Que je lui fis en mariage, s'abaisser

À la misère de cet être dont les dons

Furent si indigents au regard des miens!

80 Mais de même que la vertu ne s'émeut pas

Quand la débauche la courtise avec tout l'éclat des cieux,

De même la luxure, serait-elle

Unie à un ange de feu,

Se lassera de sa couche céleste

85 Et fera sa proie d'immondices... Mais, assez!

Il me semble sentir l'air du matin,

Je serai bref... Dormant, dans mon verger,

Comme je le faisais chaque après-midi,

Ton oncle vint furtif à cette heure calme,

90 Portant le suc maudit de l'hébénon[1],

Et il versa par les porches de mes oreilles

Cette essence lépreuse dont l'effet

Est à tel point hostile au sang de l'homme

Qu'aussi prompt que le vif-argent il se précipite

95 Par les seuils et les voies naturels du corps

Et glace et fige avec une vigueur brutale,

Comme d'acides gouttes dans le lait,

Le sang fluide et sain. Tel fut mon sort.

Une éruption instantanée comme une lèpre

100 Boursoufla d'une croûte infâme, répugnante,

Ma souple et saine peau. Et c'est ainsi

Que j'ai perdu la vie, la couronne et ma reine

D'un seul coup en dormant par la main d'un frère,

Et qu'en la fleur de mes péchés je fus moissonné

105 Sans communion, viatique ni onction,

Oui, envoyé, sans m'être préparé, devant mon juge

Avec tous mes défauts. Oh, c'est horrible,

Horrible, trop horrible! Si ton sang

Parle, ne le supporte pas, ne souffre pas

110 Que la couche royale du Danemark

Soit un lit de luxure et d'inceste maudit...

Mais de quelque façon que tu agisses,

Ne souille pas ton âme, ne fais rien

Contre ta mère. Elle appartient au ciel

115 Et aux ronces qui logent dans son cœur

Pour la poindre et la déchirer. Mais vite, adieu.

Le ver luisant trahit que le matin est proche

En ternissant ses inutiles feux.

Adieu, adieu, adieu, ne m'oublie pas!

120 *Le spectre disparaît.*

---

1 Un poison.

HAMLET

Ô vous, toutes armées du Ciel ! Ô terre ! Et quoi encore ?

Faut-il y joindre l'enfer ? Infamie ! Calme-toi, calme-toi, mon cœur,

Et vous, mes nerfs, d'un coup ne vieillissez pas,

125 Mais tendez-vous pour me soutenir... Que je ne t'oublie pas ?

Non, pauvre spectre, non, tant que la mémoire

Aura sa place sur ce globe détraqué.

Que je ne t'oublie pas ? oh, des tables de ma mémoire

Je chasserai tous les futiles souvenirs,

130 Tous les dires des livres, toute impression, toute image

Qu'y ont notés la jeunesse ou l'étude,

Et seul vivra ton commandement,

Séparé des matières plus frivoles,

Dans le livre de mon cerveau ; oui, par le Ciel !

135 Ô femme pernicieuse, pernicieuse !

Ô traître, traître, ô maudit traître souriant !

Mon carnet ! Il est bon que j'y inscrive

Qu'on peut sourire et toujours sourire et être un traître,

C'est, j'en suis sûr, au moins le cas au Danemark.

140 Voici, mon oncle, vous êtes là... Et maintenant, ma devise.

Elle sera : « Adieu, adieu, ne m'oublie pas »...

Je l'ai juré.

[...]

William Shakespeare, *Hamlet*, vers 1601.

Lien utile

La tragédie

Dans la Grèce antique, les tragédies étaient écrites en vers et racontaient les terribles malheurs de personnages célèbres, légendaires ou historiques. Elles reparaissent plus tard en Europe, vers le XVIe siècle. Ce genre dramatique met en scène des personnages dont le destin bascule. Confrontés à la fatalité, ils se débattent avec leurs conflits intérieurs, tout en accomplissant leur destinée : la vengeance, l'affrontement, le deuil. Généralement, l'intrigue se termine par la mort, à la fin de la pièce.

L'auteur dramatique et romancier Eugène Labiche (1815-1888) est issu d'une famille bourgeoise aisée, ce qui l'a inspiré pour la création de ses pièces : elles font ressortir les défauts de la société dans laquelle il a baigné toute sa jeunesse. Il aurait écrit au-delà de cent pièces comiques légères, divertissantes, fertiles en intrigues et rebondissements que l'on nomme également des vaudevilles. Ce genre théâtral était très en vogue à cette époque. Parmi ses textes les plus célèbres, notons *Le voyage de Monsieur Perrichon* (1860) et *La cagnotte* (1864). Labiche est élu à l'Académie française en 1880.

La Cagnotte

RÉSUMÉ DE LA PIÈCE ÉCRITE EN 1864

Acte I : la partie de cartes

À La Ferté-sous-Jouarre, M. Champbourcy, un rentier, vit avec sa sœur, Léonida, et sa fille, Blanche. Ce soir, il reçoit ses amis pour une partie de cartes, comme il en a l'habitude. Depuis un an, ces soirées ont servi à amasser une cagnotte : c'est ce soir dont on décide de son usage. Se réunissent donc chez lui Colladan, un
5 fermier, Cordenbois, un pharmacien, Baucantin, un percepteur et Félix, un jeune notaire, amoureux de Blanche. Après maintes propositions, les personnages décident de dépenser leur cagnotte en faisant une excursion en train à Paris, où chacun a un projet particulier.

Acte II : le restaurant

Le lendemain, à Paris, les amis, affamés, se rendent dans un restaurant. Peu
10 familiers avec ce type d'établissement, leur comportement démontre leur exubérance, leur excitation, mais aussi leur méconnaissance des manières à adopter. Après une lecture attentive du menu et un choix minutieux, ils passent

leur commande. Par hasard, ils y rencontrent le fils de Colladan, Sylvain. À la fin du repas, devant la somme exorbitante de
15 l'addition, les habitants de La Ferté-sous-Jouarre refusent de payer. S'ensuit une dispute avec le garçon du restaurant au cours de laquelle M. Champbourcy ouvre malencontreusement son parapluie, d'où tombe inopinément une montre qui ne lui appartient pas. Tous se retrouvent au poste de police.

Acte III : la prison

20 Au poste, M. Béchut, un policier, interroge le groupe. La confusion et le fouillis des explications des amis sont tels qu'ils augmentent les soupçons du policier, qui décide de les envoyer en prison. Tous leurs avoirs sont confisqués et, à la suite d'une tentative d'évasion ratée, leur situation s'aggravant encore, ils
25 sont amenés en voiture vers la prison.

Acte IV : l'agence matrimoniale

Sylvain, le fils de Colladan, arrive le premier chez Cocarel, le directeur de l'agence matrimoniale où se sont donné rendez-vous les protagonistes. Cordenbois arrive le deuxième, suivi de ses malchanceux compagnons, qui ont réussi à s'évader en faussant compagnie à leurs gardiens.
30 Cocarel utilise tout son savoir-faire pour former des couples avec ses clients, les habitants de La Ferté-sous-Jouarre et d'autres candidats. Par malchance, le dernier couple formé est composé de Léonida et du policier, M. Béchut. Lorsque celui-ci reconnaît le groupe, la poursuite recommence : le policier tente de rattraper tout ce beau monde.

Acte V : le retour des voyageurs

35 Le lendemain matin, dans une rue, des marchands exposent leurs étalages. Autour d'eux, un chantier de construction. Les voyageurs se réveillent et sortent d'un peu partout, à travers les matériaux, sales, fatigués. Ils cherchent une solution pour rentrer chez eux et retrouver leur tranquillité, mais sans argent, rien ne vient : ils sont démoralisés. Soudainement arrive Félix, qu'on n'avait pas revu, en pleine
40 forme et radieux. Ayant toujours son portefeuille, puisqu'il n'a pas subi les revers du reste de la bande, il ramène tout le monde à La Ferté-sous-Jouarre, tout se terminant heureusement.

Lien utile

L'adaptation théâtrale

L'adaptation, c'est l'ensemble des modifications apportées à une œuvre. On adapte généralement une œuvre pour trois raisons. La première, dans le cas d'une traduction, on change le contexte de l'histoire, le vocabulaire, pour les rapprocher d'une autre culture que l'originale, par exemple « québéciser » une œuvre hongroise. La deuxième, dans le cas d'une œuvre ancienne ou classique, on transforme le texte dans le but de l'actualiser, de le rendre plus accessible au public d'aujourd'hui. La troisième, on utilise un texte d'un autre genre (un roman, un conte, une nouvelle, un fait divers) que l'on adapte pour le théâtre.

Une pièce de théâtre est en général jouée par différentes troupes qui respectent le texte original. Elle peut aussi être adaptée pour répondre à diverses considérations (actualisation du propos, du langage, de l'époque, etc.). *La Cagnotte* a été adaptée en 1973 par le réalisateur et scénariste québécois Denis Chouinard. La partie qui suit présente un résumé de l'adaptation et un extrait d'une entrevue avec Denis Chouinard.

RÉSUMÉ DE L'ADAPTATION, EN 1973, DE *LA CAGNOTTE*

Ce vaudeville se passe en 1929. Armand Champagne, maire du village de Saint-Valentin, sa sœur Léonie et sa fille Blanche, la fermière Irma Touchette et le croque-mort Hercule Robillard, tous gens assez aisés, ont amassé en jouant aux cartes une *fortune* de quelque cent dollars. Ils décident d'aller dépenser cette cagnotte
5 dans Montréal, la *grand-ville* par excellence, là où étudie Sylvain, le fils d'Irma. L'un veut s'y faire arracher une dent, l'autre, enfin se trouver un mari, une troisième, se trouver une pioche, pendant qu'un quatrième rêve d'une épouse. En somme, chacun y va pour son compte, espérant la réalisation de ses désirs les plus profonds ou les plus étranges.

10 Mais tout ce beau monde, assez naïf finalement, ignore les pièges de la métropole, ses voleurs, ses magouilleurs et ses menteurs. Pendant que Blanche, la fille du maire, se présente à un concours d'amateurs, une série de hasards malencontreux, de comportements intrigants et d'interprétations simplistes amènent nos amis à faire la connaissance désagréable d'un policier zélé, Philippe Potvin, qui les met
15 en prison. La pioche prouve ici son utilité, étant l'instrument par lequel nos personnages emprisonnés retrouvent leur liberté. Ils n'échapperont toutefois pas à la malhonnêteté d'un restaurateur ni, surtout, au déclenchement de la grande crise, qui fera fondre tous leurs avoirs en Bourse.

Désabusés, ruinés, ils retourneront à Saint-Valentin non sans avoir récupéré
20 une partie de leur cagnotte, dont on imagine qu'elle leur sera d'un grand secours dans les années à venir. Cependant, deux d'entre eux auront trouvé à Montréal, soit un métier qui sera une raison de vivre, soit un amour inattendu.

Maryse Pelletier, « Présentation et résumé de *La Cagnotte* », dans *Les cahiers*, Théâtre Denise-Pelletier, n° 65, hiver 2007.

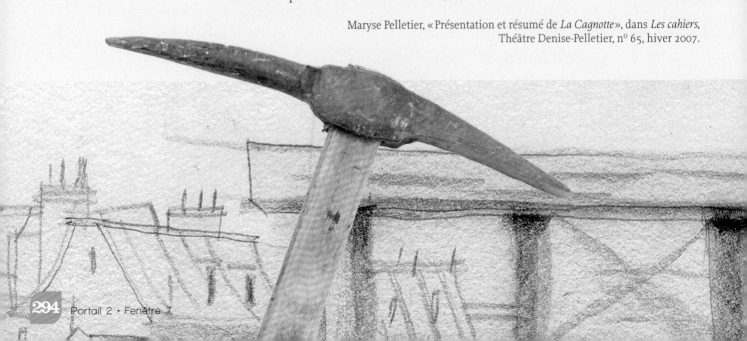

L'adaptation de 1973 de *La Cagnotte* a été rejouée en 2007. Lors d'une entrevue, Denis Chouinard explique pourquoi il avait adapté la pièce de Labiche. Voici un extrait de l'entretien, trois mois avant le début des représentations.

Entretien
avec Denis Chouinard

En quoi a consisté votre adaptation de *La Cagnotte*?

J'ai fait beaucoup de travail sur la pièce elle-même, sur le moment où elle se passe, et également sur les personnages. À l'époque
5 – je parle du début des années 1970 – nous avions un nombre limité de comédiennes et de comédiens dans le Théâtre Sainfoin, notre compagnie, et il fallait que chacun ait un rôle. C'est ainsi que plusieurs personnages
10 ont été repensés – par exemple, un fermier est devenu une fermière – et que d'autres ont disparu.

Deux personnages masculins de
15 la pièce originale sont devenus féminins seulement pour procurer des rôles aux femmes qui faisaient partie de la compagnie?

Exact. En plus du fermier qui est devenu
20 une fermière, j'ai fait un rôle féminin avec le rôle de propriétaire de la maison de rencontre, écrit pour un homme dans la pièce de Labiche. Qu'elle soit femme paraît acceptable et même naturel au Québec,
25 aussi bien durant les années 1970 que dans les années 1930. Quand Vincent Bilodeau et Pierre Rousseau m'ont annoncé la reprise, je me suis demandé s'il fallait revenir sur mes pas, reconvertir les personnages. Mais après
30 réflexion, il m'est apparu que la pièce et ses personnages se tenaient toujours très bien.

La décision originelle d'adapter cette pièce de Labiche vient-elle de vous?

35 Dès la première lecture, j'avais beaucoup aimé *La Cagnotte* de Labiche. J'avais aimé les personnages, le mordant de l'auteur en rapport à ses deux thématiques principales: l'amour et l'argent. L'importance de l'argent
40 m'a immédiatement fait penser à la Crise de la fin des années 1920.

Un autre des points de référence majeurs que j'ai déterminés est Montréal, qui apportait un sens très particulier à la pièce. Il fallait
45 mettre en lumière tout l'impact qu'une crise financière peut avoir sur les gens, et situer absolument les personnages à la campagne puis à Montréal, une ville que j'aime beaucoup. Dans la pièce originale,
50 les personnages ont une crise financière strictement personnelle, mais cette crise prend une autre dimension dans l'adaptation, puisqu'elle se situe dans un cadre plus vaste, celui de l'année 1929, moment
55 du déclenchement de la Crise.

Propos recueillis et mis en forme par Maryse Pelletier, *Les cahiers*, Théâtre Denise-Pelletier, nº 65, hiver 2007.

Pierre Augustin Caron de Beaumarchais (1732-1799) a mené une vie pour le moins rocambolesque : il fut tour à tour horloger, musicien, auteur dramatique, agent secret pour le compte de Louis XV et Louis XVI, et trafiquant d'armes pour les révolutionnaires, autant américains que français. Il est surtout devenu célèbre pour la création de deux pièces de théâtre controversées, *Le Barbier de Séville* (1775) et sa suite, *Le Mariage de Figaro* (1784), qui demeurent les deux plus grands succès de ce siècle et inspirent les compositeurs Rossini et Mozart. La sortie au cinéma de *Beaumarchais l'Insolent*, en 1996, a fait connaître les épisodes les plus intenses de la vie de l'auteur.

Le Barbier de Séville

ACTE II

Le théâtre représente l'appartement de Rosine. La croisée dans le fond du théâtre est fermée par une jalousie grillée.

SCÈNE PREMIÈRE. ROSINE

Seule, un bougeoir à la main. Elle prend du papier sur la table et se met à écrire.

Marceline est malade, tous les gens sont occupés, et personne ne me voit écrire. Je
5 ne sais si ces murs ont des yeux et des oreilles, ou si mon Argus[1] a un génie malfaisant qui l'instruit à point nommé, mais je ne puis dire un mot ni faire un pas dont il ne devine sur-le-champ l'intention... Ah ! Lindor ! (*Elle cachette la lettre.*) Fermons toujours ma lettre, quoique j'ignore quand et comment je pourrai la lui faire tenir. Je l'ai vu à travers ma jalousie parler longtemps au barbier Figaro. C'est
10 un bon homme qui m'a montré quelquefois de la pitié ; si je pouvais l'entretenir un moment !

SCÈNE 2. ROSINE, FIGARO

ROSINE, *surprise.* Ah ! monsieur Figaro, que je suis aise de vous voir !

FIGARO Votre santé, madame ?

ROSINE Pas trop bonne, monsieur Figaro. L'ennui me tue.

15 FIGARO Je le crois ; il n'engraisse que les sots.

ROSINE Avec qui parliez-vous donc là-bas si vivement ? Je n'entendais pas, mais...

FIGARO Avec un jeune bachelier de mes parents, de la plus grande espérance ; plein d'esprit, de sentiments, de talents, et d'une figure fort revenante.

ROSINE Oh ! tout à fait bien, je vous assure ! Il se nomme ?...

20 FIGARO Lindor. Il n'a rien. Mais s'il n'eût pas quitté brusquement Madrid, il pouvait y trouver quelque bonne place.

---

1 Dans la mythologie gréco-latine, Argus était un géant pourvu de cent yeux, chargé par la déesse Junon de surveiller la nymphe Io. Par ce nom, on désigne tout surveillant particulièrement vigilant.

ROSINE, *étourdiment.*   Il en trouvera, monsieur Figaro, il en trouvera. Un jeune homme tel que vous le dépeignez n'est pas fait pour rester inconnu.

FIGARO, *à part.*   Fort bien. *(Haut)* Mais il a un grand défaut, qui nuira toujours à
25 son avancement.

ROSINE   Un défaut, monsieur Figaro! Un défaut! en êtes-vous bien sûr?

FIGARO   Il est amoureux.

ROSINE   Il est amoureux! et vous appelez cela un défaut!

FIGARO   À la vérité, ce n'en est un que relativement à sa mauvaise
30 fortune.

ROSINE   Ah! que le sort est injuste! Et nomme-t-il la personne qu'il aime? Je suis d'une curiosité...

FIGARO   Vous êtes la dernière, madame, à qui je voudrais faire une confidence de cette nature.

35 **ROSINE**, *vivement.*   Pourquoi, monsieur Figaro? Je suis discrète, ce jeune homme vous appartient[2], il m'intéresse infiniment... Dites donc!

FIGARO, *la regardant finement.*   Figurez-vous la plus jolie petite mignonne, douce, tendre, accorte[3] et fraîche, agaçant l'appétit,
40 pied furtif, taille adroite, élancée, bras dodus, bouche rosée, et des mains! des joues! des dents! des yeux!...

ROSINE   Qui reste en cette ville?

FIGARO   En ce quartier.

ROSINE   Dans cette rue peut-être?

45 **FIGARO**   À deux pas de moi.

ROSINE   Ah! que c'est charmant... pour monsieur votre parent. Et cette personne est?...

FIGARO   Je ne l'ai pas nommée?

ROSINE, *vivement.*   C'est la seule chose que vous ayez oubliée, monsieur Figaro.
50 Dites donc, dites donc vite; si l'on rentrait, je ne pourrais plus savoir...

FIGARO   Vous le voulez absolument, madame? Eh bien, cette personne est... la pupille de votre tuteur.

ROSINE   La pupille?...

FIGARO   Du docteur Bartholo, oui, madame.

55 **ROSINE**, *avec émotion.*   Ah! monsieur Figaro... Je ne vous crois pas, je vous assure.

FIGARO   Et c'est ce qu'il brûle de venir vous persuader lui-même.

Lien utile

Le théâtre de répertoire
«Théâtre de répertoire» est le nom donné à des pièces déjà écrites qui ont été mises en scène plusieurs fois. Ces pièces sont généralement considérées comme des œuvres marquantes par leur apport particulier à l'évolution du théâtre ou à la représentation d'une société qu'elles proposent ainsi que par le succès retentissant qu'elles obtiennent. Le terme «répertoire» peut aussi être appliqué à une catégorie de pièces, par exemple le répertoire de la Comédie-Française.

---

2 Vous est apparenté (Figaro vient de dire «un jeune bachelier de mes parents».

3 Vive et gracieuse.

ROSINE Vous me faites trembler, monsieur Figaro.

FIGARO Fi donc, trembler! mauvais calcul, madame. Quand on cède à la peur du mal, on ressent déjà le mal de la peur. D'ailleurs,
60 je viens de vous débarrasser de tous vos surveillants jusqu'à demain.

ROSINE S'il m'aime, il doit me le prouver en restant absolument tranquille.

FIGARO Eh! madame! amour et repos peuvent-ils habiter en
65 même cœur? La pauvre jeunesse est si malheureuse aujourd'hui, qu'elle n'a que ce terrible choix: amour sans repos, ou repos sans amour.

ROSINE, *baissant les yeux.* Repos sans amour... paraît...

FIGARO Ah! bien languissant. Il semble, en effet, qu'amour sans
70 repos se présente de meilleure grâce; et pour moi, si j'étais femme...

ROSINE, *avec embarras.* Il est certain qu'une jeune personne ne peut empêcher un honnête homme de l'estimer.

FIGARO Aussi mon parent vous estime-t-il infiniment.

75 **ROSINE** Mais s'il allait faire quelque imprudence, monsieur Figaro, il nous perdrait.

FIGARO, *à part.* Il nous perdrait! (*Haut.*) Si vous le lui défendiez expressément par une petite lettre... Une lettre a bien du pouvoir.

ROSINE *lui donne la lettre qu'elle vient d'écrire.* Je n'ai pas le temps
80 de recommencer celle-ci, mais en la lui donnant, dites-lui... dites-lui bien... (*Elle écoute.*)

FIGARO Personne, madame.

ROSINE Que c'est par pure amitié tout ce que je fais.

FIGARO Cela parle de soi. Tudieu! l'amour a bien une autre allure!

85 **ROSINE** Que par pure amitié, entendez-vous? Je crains seulement que, rebuté par les difficultés...

FIGARO Oui, quelque feu follet[4]. Souvenez-vous, madame, que le vent qui éteint une lumière allume un brasier, et que nous sommes ce brasier-là. D'en parler seulement, il exhale un tel feu
90 qu'il m'a presque enfiévré de sa passion, moi qui n'y ai que voir!

ROSINE Dieux! j'entends mon tuteur. S'il vous trouvait ici... Passez par le cabinet du clavecin, et descendez le plus doucement que vous pourrez.

FIGARO Soyez tranquille. (*À part, montrant la lettre.*) Voici qui
95 vaut mieux que toutes mes observations. (*Il entre dans le cabinet.*)

Pierre Augustin Caron de Beaumarchais, *Le Barbier de Séville*, 1775.

---

4 Un être inconsistant.

Jacques Savoie, qui est d'origine acadienne, s'est d'abord intéressé à la poésie avant de se consacrer au roman. À compter de 1983, il adapte pour le grand écran son premier récit, *Raconte-moi Massabielle*, et ensuite *Les Portes tournantes* (1984). En plus d'écrire des romans pour la jeunesse, dont *Toute la beauté du monde* en nomination pour le prix du gouverneur général en 1995, et des romans pour tous, il scénarise un grand nombre de téléfilms et de téléséries comme *Joseph-Armand Bombardier* et *Ces enfants d'ailleurs*, dont plusieurs ont été primés.

Les Lavigueur, la vraie histoire

ÉPISODE I

EXTÉRIEUR / JOUR DANS LE QUARTIER

À la manière d'un vidéoclip, on se faufile dans le quartier du Faubourg à m'lasse[1]. La lumière et les couleurs vives animent la chanson de Claude Dubois.

[1ᵉʳ couplet de la chanson « Comme un million de gens »] (*chanté*)

Scènes de la vie quotidienne dans l'est de Montréal. Les images se succèdent
5 rapidement. Des travailleurs partent pour l'usine, leur boîte à lunch sous le bras. Des enfants s'en vont à l'école et leurs mères étendent des vêtements sur les cordes, dans les ruelles.

[2ᵉ couplet de la chanson « Comme un million de gens »] (*chanté*)

Le jour passe. La lumière change. Devant l'épicerie du quartier, on s'attarde sur
10 d'autres détails de la vie du quartier. Les étals se vident et se remplissent. Les vélos de livraison vont et viennent.

[3ᵉ couplet de la chanson « Comme un million de gens »] (*chanté*)

Par petites touches, on délimite le territoire et les habitudes des gens autour de la rue LOGAN. La journée continue de passer. Dans une lumière déclinante, on se
15 retrouve au milieu d'une ruelle. Les enfants jouent à la marelle. Leur boîte à lunch sous le bras, les hommes rentrent de l'usine.

[4ᵉ couplet de la chanson « Comme un million de gens »] (*chanté*)

La nuit est maintenant tombée sur les cours arrière de la rue Logan. Les lumières s'éteignent dans les logements voisins. On s'approche de celui des Lavigueur, au
20 deuxième, où la lumière de la cuisine reste obstinément allumée.

INTÉRIEUR / NUIT CORRIDOR, LOGEMENT LAVIGUEUR

Jean-Guy Lavigueur s'avance dans le corridor faiblement éclairé par la lumière de la cuisine. Il entrouvre une porte et jette un œil dans la chambre. Il y a des lits jumeaux. Quelqu'un dort dans le premier, mais le second est inoccupé. Déçu, Jean-Guy referme la porte et s'éloigne.

---

1 Quartier correspondant aujourd'hui au quartier Centre-Sud.

INT. / NUIT CUISINE, LOGEMENT LAVIGUEUR

25 D'une main nerveuse, Jean-Guy Lavigueur fouille dans une boîte à cigarettes, un contenant de métal dans lequel se trouvent une machine à rouler, du tabac et ce qu'il cherche : une cigarette toute roulée. Attrapant un briquet, il l'allume et remet le tout en place.

EXT. / NUIT BALCON ARRIÈRE, LOGEMENT LAVIGUEUR

Assis dans les marches de l'escalier, Jean-Guy tire sur sa cigarette, lorsque des rires
30 retentissent dans la ruelle. Il tend l'oreille. Les voix se taisent et Louise (16 ans) apparaît. Mignonne, sexy même, elle monte vers le logement familial. Elle ricane et à sa démarche, on devine qu'elle a bu.

JEAN-GUY   Qu'est-ce qui te fait rire de même ?

LOUISE   Rien, rien...

35 **JEAN-GUY**   As-tu vu l'heure ?

LOUISE   Non, non. J'l'ai pas rencontrée, à soir... Pourquoi ? J'aurais dû ?

> *Elle se trouve drôle. Jean-Guy se lève.*

JEAN-GUY   As-tu bu, toi, cou'donc ?

40 **LOUISE** (*rebelle*)   J'ai pas le droit de sortir avec mes chums ?

JEAN-GUY   T'as seize ans, Louise ! Pis à seize ans, on fait pas ce qu'on veut.

LOUISE (*avec défi*)   Pourquoi pas ?

> *Elle tente de contourner son père et d'entrer dans la maison.*
45 > *Il la retient.*

JEAN-GUY   Veux-tu me dire qu'est-ce qu'on a fait pour que tu sois de même ? Les autres...

LOUISE (*se libérant*)   Les autres, les autres...

> *Il la retient par les épaules sur le seuil de la porte. Elle a le regard brouillé et*
50 > *toujours ce sourire de défi sur les lèvres.*

JEAN-GUY   Tu vas faire mourir ta mère, toi ! (*Quelque chose change dans l'expression de Louise. Rebelle, elle cherche à se dégager. Mais il la retient.*)

Entends-tu c'que j'dis, là ?!

LOUISE (*élevant la voix*)   Lâche-moi !

55 > *Jean-Guy se raidit. Mais il lâche prise. Toujours avec défi, Louise s'attarde un*
> *moment devant lui. Avec un petit geste de la tête, il murmure.*

JEAN-GUY   Va te coucher !

Jacques Savoie, Carnet de l'auteur et scénario de *La vraie histoire de la série Les Lavigueur*,
© 2008, Les Éditions internationales Alain Stanké.

Lien utile

Le scénario

Le scénario est le découpage que l'on fait d'une histoire, ce que l'on appelle un plan. Il peut être utilisé comme un canevas, dans le cas d'un projet de roman, de bande dessinée, de pièce de théâtre, de film. Il peut aussi être très détaillé, dans le cas d'un vidéo-clip, d'un court ou d'un long métrage, d'un documentaire. À ce moment, il comprendra à la fois les dialogues et les indications à propos des éléments techniques. Le scénario peut être le résultat d'une adaptation, par exemple d'un roman que l'on veut porter à l'écran.

l'organisation d'un texte courant • l'organis
d'un texte courant • l'organisation d'un t
courant • l'organisation d'un texte couran
l'organisation d'un texte courant • l'organis
d'un texte courant • l'organisation d'un t
courant • l'organisation d'un texte couran
l'organisation d'un texte courant • l'organis

Portail

3

L'organisation d'un texte courant

texte courant • l'organisation
• l'organisation d'un texte
sation d'un texte courant •
exte courant • l'organisation
• l'organisation d'un texte
sation d'un texte courant •
xte courant

Notions

Fenêtre 8 La situation de communication

Fenêtre 9 Les séquences textuelles

Fenêtre 10 La structure et la cohérence textuelles

Fenêtre

8

Communiquer un message à quelqu'un. Voilà une action quotidienne assez banale en apparence. Pourtant, rien n'est plus complexe que de se faire comprendre, sans sous-entendus, sans quiproquos.

La situation de communication

– Le schéma de la communication
– Les facteurs qui influencent la situation de communication
– L'énonciation et le point de vue

L'information en capsules

PIERRE BOURGAULT

LA CULTURE
Écrits polémiques

Tome 2

PCL/petite collection lanctôt

Après avoir quitté la politique en 1973, Pierre Bourgault revient à son métier de journaliste, qu'il avait amorcé à *La Presse* quinze ans auparavant. On lui propose alors de collaborer au défunt magazine *Nous*. Peu porté sur la demi-mesure, il se veut très critique dans ses chroniques sur les médias québécois, où, croit-il, le divertissement et le vedettariat l'emportent sur l'essentiel. Ses propos parfois acerbes envers la télévision ne l'empêchent pourtant pas de participer à toutes sortes d'émissions. C'est également dans le magazine *Nous* qu'il écrira des chroniques sur l'émancipation sexuelle des femmes sous le pseudonyme de Chantal Bissonnette. Jamais les lectrices, souvent choquées par ses textes, ne se douteront de la supercherie.

Pierre Bourgault (1934-2003) a investi tous les lieux de paroles durant plus de quarante ans. Avec ses phrases à l'emporte-pièce, Bourgault le polémiste n'a jamais manqué de se servir au mieux de la langue française en politique, à l'université, dans les médias et dans ses nombreux essais sur la question de l'indépendance nationale. Les paroles que l'animateur René Homier-Roy a prononcées lors de ses funérailles résument bien l'homme qu'il était : « Allumeur de consciences, professeur de liberté, tribun exceptionnel, indépendantiste de choc, pourfendeur d'idées reçues, oui, Bourgault a été tout cela. Mais il était surtout ce que tout bon citoyen devrait être : un casse-pieds qui remet tout, tout le temps, en cause. »

Après avoir lu ce texte, relevez les opinions de Pierre Bourgault que vous partagez.

Ce qu'on peut se méprendre sur la vérité de l'information ! Que d'erreurs commises par paresse ou inconscience ! Que de demi-vérités plus mensongères que le mensonge lui-même !

J'écoute un bulletin de nouvelles ; j'entends : « Cuba est sur un pied d'alerte à la
5 suite des mouvements de navires américains à proximité de ses côtes. »

Voilà la nouvelle en capsule. Et on passe à autre chose.

J'aurais pu m'inquiéter, me demander comment le vent allait tourner de ce côté-là, voire imaginer la naissance d'un grave conflit.

lexique

Voire
Expliquez la différence de sens entre l'adverbe *voire* et son homophone, le verbe *voir*.

Mais, dieu merci! j'avais, une heure plus tôt, entendu la nouvelle au complet à
10 la même station. Elle nous apprenait que les États-Unis avaient fait savoir à Cuba
qu'il ne s'agissait que d'exercices conjoints Grande-Bretagne-U.S.A. et qu'il n'y
avait pas lieu de craindre quoi que ce soit.

Mais j'aurais très bien pu ne pas entendre le bulletin de nouvelles précédent et
croire que la paix mondiale était menacée.

[...]

15 Il y aurait pourtant moyen de faire autrement. Il est en effet possible de
résumer une nouvelle en en retenant l'essentiel. Mais pour ce faire on ne doit pas
se contenter de la couper en deux ou en trois: il faut la refaire entièrement.
Malheureusement, on ne semble pas vouloir s'en donner la peine. On se dit sans
doute qu'un petit morceau d'information vaut plus que pas d'information du
20 tout. Mais je crois qu'on a tort, car c'est là la meilleure façon d'induire les gens en
erreur.

C'est aussi une bonne manière de « fragmenter » l'information, de la morceler,
de l'atomiser, jusqu'à ce qu'elle perde tout son sens.

C'est de cela que certains veulent parler lorsqu'ils se plaignent que l'in-
25 formation est souvent mensongère. Elle est mensongère parce que sortie
de son contexte, mal éclairée, tronquée ou tout simplement réduite à
néant.

Tronquée
À quel mot peut-on opposer cet adjectif qui apporte une nuance utile à la compréhension du propos de l'auteur ?

Il arrive qu'on ne puisse faire autrement lorsque, par exemple, l'information n'entre que par bribes et qu'il faille attendre la suite des événe-
30 ments pour se faire une bonne idée de la situation.

Mais dans le cas qui nous occupe, la chose est impardonnable puisqu'on
connaissait déjà tous les détails de l'histoire.

L'information brute, comme on aime l'appeler, doit être exempte de
commentaire ou d'analyse.

Information brute
L'adjectif *brute* est-il employé au sens propre ou au sens figuré ? Que signifie-t-il dans le contexte ?

35 Mais ce n'est pas commenter ou analyser que de placer l'information
dans un contexte plus large pour la faire percevoir plus justement par
celui qui l'entend ou qui la lit.

Quand les troupes syriennes bombardent les quartiers chrétiens de Beyrouth,
il n'est pas indifférent de savoir si elles prennent l'initiative ou si elles ripostent
40 à quelque provocation.

De même, il n'est pas suffisant d'annoncer la mort de tel ou tel
personnage public. Il faut savoir s'il est mort de mort naturelle, s'il s'est
suicidé ou s'il a été assassiné – et par qui, et pourquoi.

– Et par qui, et pourquoi.
Que permet l'utilisation du tiret ?

Autrement, on n'arrive plus à comprendre ce qui se passe dans le monde.

45 Or, la nouvelle en capsule est responsable au premier titre de la confusion qui
règne dans les esprits.

On me répondra qu'on n'a pas toujours le temps, que les horaires sont bien
rigides, qu'il faut donner le plus d'informations possible.

Pierre Bourgault était
un tribun exceptionnel.
Ses qualités d'orateur lui
ont notamment permis
de se faire connaître
des Québécois en
tant que président du
Rassemblement pour
l'indépendance nationale
(RIN) de 1964 jusqu'à
la disparition du parti
en 1968.

C'est là un prétexte. Le bon journaliste peut, dans presque tous les cas, faire une
50 synthèse correcte en moins d'une minute ou de trente secondes. Je ne dis pas que
c'est facile ; je dis que c'est possible. Encore faut-il en avoir la volonté.

Or, c'est cette volonté qui semble trop souvent manquer.

On préfère la facilité. On préfère s'en remettre aux autres pour aller plus loin,
et plus en profondeur.

55 La nouvelle est tronquée ? Qu'à cela ne tienne ! Écoutez le « grand bulletin »
dans deux heures et vous en saurez davantage.

Vous ne comprenez pas ce qui se passe ? Pas d'importance. La semaine prochaine,
vous pourrez voir un reportage exhaustif sur le sujet.

C'est oublier que la plupart des auditeurs, lecteurs, téléspectateurs, ne passent
60 pas vingt-quatre heures par jour à s'informer et qu'ils en resteront, plus souvent
qu'autrement, au petit bout d'information qu'ils auront réussi à attraper dans leur
automobile en se rendant au bureau.

Il y a deux solutions, complémentaires l'une de l'autre. La première consiste à réduire le nombre des nouvelles pour approfondir davantage celles qu'on retient ; la deuxième consiste à exiger des journalistes qu'ils aient la compétence nécessaire pour synthétiser l'information au lieu de la morceler.

D'ailleurs, qu'a-t-on besoin de tous ces bulletins d'information aux heures et aux demi-heures ? Les nouvelles importantes et signifiantes ne sont pas si nombreuses, dans une journée ordinaire, pour qu'il faille nous en abreuver à un tel rythme. C'est ce rythme-là qui finit par nous faire embrasser trop de choses à la fois pour finalement nous plonger dans l'indifférence. C'est encore de cette manière qu'on finit par tout confondre et qu'on n'arrive plus à distinguer l'essentiel de l'accessoire.

Quand on veut multiplier le nombre des nouvelles, on est bien obligé de faire se côtoyer l'événement le plus important et le chien écrasé. On s'étonne ensuite que les gens ne s'émeuvent plus devant la pire catastrophe et qu'ils attachent tant d'importance à tous les commérages de quartier. C'est qu'ils ont perdu le sens de « l'événement ». On a tant fait pour mousser l'information la plus insignifiante qu'ils finissent naturellement par lui donner autant d'importance qu'à l'information sérieuse aux conséquences incalculables.

Il faut donc se battre, je crois, pour une information moins diverse et plus complète.

Être bien informé, ce n'est pas savoir un petit peu sur tout, mais tout savoir sur peu – à condition que ce peu soit essentiel.

Nous, février 1979

« L'événement »
Pourquoi ce nom est-il placé entre guillemets ?

lexique

Pierre Bourgault, « L'information en capsules », *La culture, écrits polémiques*,
© 1996, Lanctôt Éditeur et Pierre Bourgault.

réflexions

1 Commentez la dernière phrase du texte : « Être bien informé, ce n'est pas savoir un petit peu sur tout, mais tout savoir sur peu – à condition que ce peu soit essentiel. »

2 Pourquoi les reproches que Pierre Bourgault adresse aux médias semblent-ils encore justifiés ?

3 L'arrivée d'Internet a-t-elle modifié la situation de manière positive ou négative ? Expliquez votre réponse.

4 Selon vous, comment faudrait-il présenter l'information dans les médias ?

Lettre au père

[extrait]

Franz Kafka
Lettre au père

Lorsqu'il écrit ce texte autobiographique en 1919, Kafka a 36 ans. La *Lettre au père* ne sera jamais remise à son destinataire, son père, un commerçant très autoritaire et parfois brutal que tout oppose à son fils, enfant fragile et rempli d'interrogations. Franz Kafka entreprendra, poussé par son père, des études et une carrière sans enthousiasme. Pendant tout ce temps-là, l'écriture deviendra sa seule raison de vivre. Ce texte, qui a déjà été adapté au théâtre, donne plusieurs clefs pour la compréhension de toute l'œuvre de Kafka, qui traite constamment du sentiment d'injustice et de l'arbitraire.

Franz Kafka naît en 1883 à Prague, ville très présente dans tout ce qu'il a écrit. Sa courte existence se terminera en 1924 à l'âge de 41 ans. Après des études en droit et des stages dans des bureaux d'avocat et des tribunaux, il est engagé par une compagnie d'assurances où son travail de bureau inspire une grande partie de son œuvre, dont *Le Procès* et *La Métamorphose*. Cet auteur majeur du XXe siècle, dont la vie est tourmentée par ses amours et son mal de vivre, ne veut pas que ses manuscrits soient lus par quiconque, comme il l'a indiqué dans son testament. Un ami, connaissant le génie littéraire de Kafka, rompt l'engagement et le fait connaître au grand public après sa mort[1].

Trouvez les raisons pour lesquelles l'auteur communique difficilement avec son père.

Très cher Père,

Tu m'as récemment demandé pourquoi je disais ressentir de la crainte à ton égard. Comme d'habitude, je ne sus quoi te répondre, en partie à cause justement de la crainte que tu m'inspires, en partie parce que justifier cette crainte
5 m'obligerait à rentrer dans tant de détails que je serais bien incapable de le faire oralement. Et si j'essaie maintenant de te répondre par écrit, cette réponse ne pourra être que très incomplète, car, même par écrit, cette crainte et ses conséquences entravent mes rapports avec toi, et parce que le sujet, par son ampleur, dépasse de beaucoup et ma mémoire et mon entendement.

[...]

---

1 On emploie maintenant l'adjectif « kafkaïen » pour décrire une situation absurde, telle qu'on en voyait dans ses récits.

10 Il est d'emblée impossible avec toi de parler sereinement d'une chose avec laquelle tu n'es pas d'accord, ou qui, tout simplement, ne part pas de toi, ton tempérament despotique ne le permet pas. Tu excuses cela ces dernières années par ta nervosité cardiaque, je ne me rappelle toutefois pas que tu fus jamais fondamentalement différent, tu exploites tout au
15 plus cette nervosité pour exercer avec une rigueur accrue ta domination, car le fait d'y penser étouffe chez l'autre son ultime réplique. Ceci n'est naturellement pas un reproche, mais le simple constat d'une réalité. Tu as coutume de dire à propos d'Ottla[2]: «On ne peut pas discuter avec elle, elle vous saute tout de suite au visage», en fait, elle ne te saute pas au visage, tu confonds la personne et la
20 chose, la chose te saute au visage, et tu la juges sur-le-champ, sans écouter la personne, tout, ce qu'elle peut objecter par la suite ne pouvant que t'irriter davantage, en aucun cas te convaincre. Tout ce que tu trouves à dire est alors: «Fais ce que tu veux, après tout, tu es libre, tu es majeur et je n'ai pas de conseil à te donner», et ce, sur un ton rauque et terrifiant où percent la colère et
25 une condamnation sans appel, et devant lequel je tremble certes moins qu'autrefois, mais uniquement parce que le sentiment de culpabilité exclusif de l'enfant a partiellement cédé la place à la conscience de notre détresse commune.

L'impossibilité de communiquer sereinement eut une autre conséquence, très
30 naturelle celle-là: j'en perdis l'usage de la parole. Je ne serais certes jamais devenu un grand orateur, mais j'aurais certainement pu maîtriser le langage courant. Très tôt, tu m'interdis de m'exprimer: «Et on ne réplique pas!», cette menace et la main levée qui l'accompagnait me poursuivent depuis ce temps-là. Devant toi – tu es, dès que tu es concerné, un admirable orateur – je me mis à bégayer et à
35 buter sur les mots, mais c'était encore trop pour toi, et finalement je me tus, par rébellion tout d'abord, puis parce que je ne pouvais plus ni penser ni parler en ta présence. Et comme tu étais la personne qui m'éduquait à proprement parler, cela eut des conséquences sur toute mon existence. Tu fais une bien singulière erreur en croyant que je ne me suis jamais soumis à toi. «Toujours contre tout» n'a
40 vraiment jamais été ma maxime par rapport à toi, comme tu le crois et me le reproches. Bien au contraire: tu serais certainement bien plus content de moi si j'avais été moins docile. Mieux même, tes méthodes pédagogiques ont porté leurs fruits, et je m'y suis en tout point soumis. Tel que je suis, je suis le résultat de ton éducation et de ma soumission
45 (abstraction faite, naturellement, de ma personnalité propre et de l'influence de ce que j'ai vécu). Que ce résultat te soit malgré tout désobligeant, et que tu refuses inconsciemment de le reconnaître comme le fruit de ton éducation, vient précisément du fait que ta main et ma matière étaient si étrangères l'une à l'autre. «Et on ne réplique pas!» disais-tu, cherchant ainsi à faire taire en moi les forces
50 antagonistes qui t'étaient désagréables, mais l'effet que tu produisais sur moi était tel, et j'étais si docile, que je finis par me taire complètement, je me recroquevillai devant toi et n'osai me mouvoir qu'une fois hors de portée, tout au moins directe, de ton pouvoir. Toi par contre, tu restais de marbre, persuadé que tout était à nouveau dirigé «contre» toi, alors que ce n'était là que la conséquence logique de
55 ta force et de ma faiblesse.

---

2 Diminutif pour Ottilie (née en 1912). Elle était la plus jeune des trois sœurs de Kafka. Il se sentait proche d'elle et la soutint dans sa tentative d'émancipation professionnelle et dans sa volonté de choisir elle-même son mari, à l'encontre de la volonté de son père.

D'emblée
Par quel mot peut-on remplacer l'adverbe *d'emblée*?

Rauque
À l'aide du contexte, définissez cet adjectif.

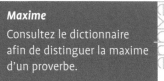

Maxime
Consultez le dictionnaire afin de distinguer la maxime d'un proverbe.

Les artifices oratoires que tu utilisais en matière d'éducation et qui, du moins sur moi, se révélaient extrêmement efficaces, étaient l'insulte, la menace, l'ironie, le rire méchant et, assez bizarrement, l'apitoiement sur toi-même.

Je ne me souviens toutefois pas que tu aies jamais employé à mon égard des insultes explicites. Ce n'était pas non plus nécessaire car tu disposais d'une vaste panoplie d'artifices. Que ce soit lors de conversations à la maison, et plus particulièrement au magasin, les insultes pleuvaient autour de moi avec une telle virulence sur les autres, que moi, le jeune garçon, en étais assourdi et que je ne voyais aucune raison de ne pas les prendre pour moi, puisque les gens auxquels tu les adressais n'étaient certainement pas pires que moi, et que tu n'étais certainement pas moins satisfait d'eux que de moi-même. Là encore, ton innocence et ton irréprochabilité m'étaient un mystère, tu maniais l'insulte sans la moindre arrière-pensée, mieux même, tu la condamnais et l'interdisais chez les autres.

[...] À peine avais-je entrepris quelque chose qui ne te plaisait pas que tu en prédisais l'échec, et j'avais un tel respect de ton opinion que cet échec devenait dès lors inéluctable, même s'il ne devait intervenir que plus tard. Je perdis confiance en ce que je faisais. Je doutais, j'étais indécis. Plus je prenais de l'âge, plus je te donnais d'occasions de me prouver mon manque de valeur, et les faits te donnèrent même, dans une certaine mesure, raison. À nouveau, je me garde bien de prétendre que je ne devins ainsi que par ta seule faute, tu ne fis qu'aggraver le processus, mais tu l'aggravas précisément parce que tu exerçais un grand ascendant sur moi, et que tu l'exploitais sans vergogne.

[...]

Tu pourrais répondre, si tu avais un jugement d'ensemble de ce qui justifie, à mes yeux, la crainte que je ressens à ton égard: «Tu prétends que j'ai beau jeu d'expliquer ma relation avec toi par ta seule culpabilité, mais moi je crois que tu n'en as pas moins beau jeu malgré les efforts que tu déploies, et même que tu t'en sors très bien. Tu rejettes tout d'abord toute culpabilité et toute responsabilité, notre approche est sur ce point identique.

[...]

Mais alors que moi je rejette ouvertement sur toi, exactement comme je le
pense, toute la faute, tu tiens à faire preuve d'une «intelligence» et d'une
«délicatesse» supérieures en m'absolvant, moi aussi, de toute faute. Tu n'y
réussis naturellement qu'en apparence (cela te suffit d'ailleurs), il n'en reste pas
moins qu'entre les lignes, et ce, malgré toutes les «belles formules», comme
caractère et nature et antagonisme et détresse, que je suis, moi, l'agresseur, alors
que tu n'as fait que te défendre. Tu devrais donc avoir, grâce à ta duplicité,
atteint ton but, puisque tu as démontré trois choses, premièrement que
tu es innocent, deuxièmement que je suis coupable et troisièmement que
ta grande magnanimité te permet non seulement de me pardonner, mais
encore, ce qui est plus ou moins vrai, de démontrer, par ailleurs à
l'encontre de toute vérité, que je suis aussi innocent. Tu pourrais te
satisfaire de cela, mais tu ne t'arrêtes pas là. Tu t'es en fait mis en tête de
vivre exclusivement à mes dépens. [...] Que t'importe maintenant d'être inapte à
vivre, puisque c'est de ma faute. Tu te laisses aller, et te mets dans mon sillage,
physiquement et spirituellement.»

[...]

À ceci je répondrai tout d'abord, que cette objection, qui peut en partie se
retourner contre toi, ne vient pas de toi, mais bien de moi. Ta méfiance envers les
autres n'est même pas aussi grande que la méfiance envers moi-même dans
laquelle tu m'as élevé. Je ne nie pas que cette objection, qui apporte un nouvel
éclairage sur notre relation, ne soit pas dénuée de tout fondement. Les choses ne
peuvent pas s'assembler dans la réalité comme les preuves dans ma lettre, la vie
est plus qu'un jeu de patience; mais la nouvelle vision des choses
qu'impose ton objection, vision nouvelle que je ne peux ni ne veux
exposer en détail, nous permet, à mon avis, de nous approcher
beaucoup de la vérité, et peut nous apaiser un peu et nous rendre la vie
et la mort plus faciles.

Franz Kafka, *Lettre au père*, 1919, traduit de l'allemand par Marthe Robert,
© 1957, Gallimard, pour la traduction française.

réflexions

1 Pourquoi Franz Kafka souhaitait-il communiquer avec son père au moyen d'une lettre?

2 Les père accuse son fils d'être toujours contre tout. Pourquoi le fils ne partage-t-il pas
cette opinion?

3 La *Lettre au père* n'est pas le seul document du domaine privé d'un auteur connu à avoir
été publié. Pourquoi rendre accessibles des textes aussi personnels?

Exposition « Dessins pour la paix » [extrait]

« Dessins pour la Paix » est une exposition qui réunit des caricatures du monde entier et qui a été fondée en 2006 par le caricaturiste français Plantu. L'idée, qui a pris naissance à New York au siège de l'Organisation des Nations unies, est de permettre aux caricaturistes de toutes nationalités de se rencontrer et de partager leurs idées entre autres sur la liberté d'expression, sa signification et son impact. Pour ce faire, l'exposition voyage d'un pays à l'autre. En mars 2009, cette exposition avait lieu à Montréal dans le cadre de la Semaine d'actions contre le racisme. Pour cette occasion, le célèbre caricaturiste Plantu s'entretenait avec Elias Levy, journaliste pour le *Canadian Jewish News*.

« Je voudrais faire de la caricature une force journalistique[1]. » Ce leitmotiv, Jean Plantu, caricaturiste français né à Paris en 1951, y consacre tous ses efforts et son talent. À l'emploi du quotidien *Le Monde* depuis plus de trente ans, il célébrait en 2002 la publication de son 15 000e dessin. Parmi ses exploits qui lui ont valu une renommée mondiale (ses caricatures sont traduites en plusieurs langues), il a notamment réussi à réunir sur un même dessin les signatures de Yasser Arafat, président de l'Autorité palestinienne, et de Shimon Pérès, président de l'État d'Israël, malgré les conflits qui opposaient les deux hommes.

L'entrevue contient quelques références à la politique internationale et à des cultures étrangères ; même si leur méconnaissance ne nuit pas à la compréhension du texte, notez ces références et tentez ensuite d'en apprendre davantage.

Canadian Jewish News : Quel est le thème principal de l'exposition que « Dessins pour la paix » présentera à Montréal ?

Plantu : C'est la première fois que l'exposition « Dessins pour la paix » est présentée au Canada. Quelque 50 dessins, œuvres de caricaturistes
5 de différentes nationalités, seront exposés à Montréal. Bon nombre de ces caricatures traitent de la sempiternelle et délétère question du racisme. En fait, cette exposition est consacrée au regard que nous

1 Dans Nicolas Sorel et Christophe Yvetot, *Grain de sable*, hiver 1999.

portons sur l'Autre. C'est très intéressant d'utiliser le dessin pour parler de l'Autre, dont on se méfie si souvent. Le dessin a une force démystifica-
10 trice car il permet de décrire les sentiments qu'on ressent à l'égard de l'Autre, que nous connaissons très mal. Comme nous, dessinateurs, jonglons avec un langage très simple, et très simpliste parfois, ça nous permet avec un langage d'enfant, en tout cas naïf, de nouer des liens avec des lecteurs provenant d'horizons nationaux et culturels très différents.

Autre
Pourquoi ce nom commun est-il écrit avec une majuscule?

15 **C.J.N. :** Le dessin possède une force incommensurable que les mots n'ont pas?

Plantu : Le dessin est séduisant. En trois secondes, on en fait le tour. Mais il est aussi dangereux. Il permet d'exprimer des choses qui sont taboues ou interdites. Son pouvoir de suggestion est très important. Par exemple, en 2005, le Premier ministre turc, Tayyip Erdogan, avait fait un procès contre un dessinateur qui
20 l'avait représenté en chat empêtré dans une pelote de laine. Par solidarité, tous ses collègues se sont mis à dessiner des chats. On ne peut pas interdire de représenter un chat! Autre exemple : au Maroc, il n'est pas permis de croquer le roi. La parade est de dessiner une main avec une bague. La bague parle. Et tous les lecteurs marocains savent que c'est le roi qui parle.

25 **C.J.N. :** La défense de la liberté d'expression est-elle le principal credo de « Dessins pour la paix » ?

Plantu : Absolument. « Dessins pour la paix » est une ode à la liberté d'expression et à la reconnaissance du travail journalistique des dessinateurs de presse. Depuis sa création en 2006, des dessinateurs de
30 presse de toutes les nationalités se sont engagés à promouvoir la paix et la tolérance à travers leurs travaux et des expositions et des débats qui ont eu lieu dans plusieurs pays : Suisse, France, États-Unis, Italie...

Une ode à la liberté d'expression
Expliquez l'emploi métaphorique du mot *ode* dans le contexte.

Ce projet très noble est un vigoureux combat contre le racisme, que malheureuse-ment, nous allons devoir mener encore pendant de nombreuses années. Dans le
35 cadre de ce projet, nous, dessinateurs de presse, essayons de réfléchir ensemble au sens et à la responsabilité de nos images. « Dessins pour la paix » a une seule frontière : le monde.

C.J.N. : Intervenez-vous directement dans des contrées où la liberté d'expression des dessinateurs de presse est malmenée ?

40 **Plantu :** Bien sûr. Le boulot des membres de « Dessins pour la paix », c'est aussi de défendre les droits des caricaturistes dans des pays où la liberté d'expression est bafouée par les autorités gouvernementales.

Quand le dessinateur égyptien Bahgory a eu le grand courage de raconter et dessiner sa rencontre avec Michel Kichka dans *Al Ahram*, le premier journal
45 africain et égyptien, il s'est fait taper sur les doigts. Dire tout haut en Égypte qu'on a un ami israélien, c'est prendre beaucoup de risques. Je trouve très courageux le geste de Bahgory. Nous, membres de « Dessins pour la paix », sommes là pour lui dire qu'on est inconditionnellement avec lui et que s'il a le moindre problème avec les autorités égyptiennes, nous interviendrons sans aucune hésitation.

50 **C.J.N. :** Vos interventions dans des pays peu enclins à la démocratie donnent-elles des résultats probants ?

Plantu : Indéniablement. C'est un combat passionnant. Vous n'imaginez pas les trésors de diplomatie que nous devons déployer, et qui sont souvent très payants.

C.J.N. : Depuis sa fondation, « Dessins pour la paix » essaye de rapprocher
55 les caricaturistes juifs israéliens et les caricaturistes palestiniens et arabo-musulmans. Toute une gageure !

Plantu : Oui, ce rapprochement est capital pour nous. En juin 2008, « Dessins pour la paix » a présenté une exposition de dessins de caricaturistes israéliens et palestiniens à Jérusalem, Tel-Aviv,
60 Ramallah et Bethléem. Notre but est de permettre à des dessinateurs israéliens et arabo-musulmans de se rencontrer et dialoguer. Chaque fois que mon ami, le caricaturiste israélien, Michel Kichka, a l'occasion de prendre l'avion avec son confrère, le caricaturiste palestinien Khalil
65 Abouarafé, ils discutent ensemble avec une grande franchise. Chacun apprend des choses sur le peuple de l'autre qu'on ne leur a jamais enseignées à l'école. Par exemple, Khalil Abouarafé a réalisé en
70 conversant avec Michel Kichka que la Shoah[2] est un sujet totalement ignoré par les collégiens palestiniens. Khalil Abouarafé, qui vit à Jérusalem-Est, est un caricaturiste très courageux. Toute sa famille appuie le
75 Hamas[3] alors que lui critique sans ambages, par le biais de ses dessins très peu complaisants, cette organisation islamiste. Il prend chaque jour des risques énormes.

Gageure
Ce mot est fréquemment utilisé mais son emploi est critiqué. Par quel autre nom peut-il être remplacé ?

C.J.N. : Ces rencontres permettent-elles vraiment d'atténuer la force des préjugés
80 sur les Arabes et les Juifs qui ont pignon sur rue dans les sociétés israélienne et arabo-musulmanes ?

Plantu : Ces conversations entre des caricaturistes juifs israéliens et des caricaturistes palestiniens et arabo-musulmans au cours d'un voyage en avion, d'une exposition, d'un petit-déjeuner à l'hôtel, d'un petit bout de chemin fait en taxi…
85 permettent souvent de saisir l'angoisse et la peur de l'Autre. Après ces rencontres, on ne revient pas le même. Ces dessinateurs, qui ont des vues très opposées sur le conflit israélo-palestinien, proposent un débat dans leurs images, dont ils discutent très ouvertement quand ils sont devant un public. On apprend alors énormément sur les relations que peuvent tisser des dessinateurs qui n'ont pas
90 la chance de se rencontrer régulièrement mais qui, finalement, font le même métier même quand ils ont des divergences politiques.

[Être] sur la ligne de mire
Que signifie cette expression ?

C.J.N. : Les caricaturistes ne sont-ils pas sur la ligne de mire quand ils traitent de front dans leurs dessins des sujets sulfureux comme l'islam ou le conflit israélo-arabe ?

---

2 Ce terme désigne l'extermination de nombreux Juifs par l'Allemagne nazie lors de la Deuxième Guerre mondiale. L'histoire du roman *Le Pianiste* (Fenêtre 3) traitait de ce génocide.

3 Mouvement politique armé qui revendique la souveraineté de la Palestine et qui ne reconnaît pas l'État d'Israël. Pour de nombreux pays, dont le Canada, ce mouvement fait partie de leur liste des organisations terroristes.

95 **Plantu :** Malheureusement, oui. Comme ça a été le cas pour les dessinateurs danois[4] qui n'ont pas fait des dessins anti-islamiques mais des dessins contre les fondamentalistes musulmans – on a fait passer ces derniers pour des gens qui méprisaient les Musulmans et l'Islam –, aujourd'hui, des caricaturistes sont montrés du doigt comme des antisémites alors qu'ils ne le sont pas. Ils n'ont fait
100 que leur métier : énerver et être insolents, dérangeants et impertinents.

C.J.N. : Redoublez-vous de prudence quand vous faites une caricature sur le conflit israélo-palestinien ?

Plantu : Un caricaturiste doit être vraiment très délicat quand il traite du complexe conflit israélo-palestinien. Moi, j'ai fait attention durant le dernier conflit à Gaza,
105 auquel j'aurais pu consacrer tous les jours un dessin. C'est vrai que, comme beaucoup de gens, j'ai été choqué par ce conflit. Mais, face à certaines situations tragiques, comme celle qui sévit à Gaza, il faut savoir doser. J'ai fait les dessins que je devais faire et j'ai dit ce que j'avais à dire sur cette intervention militaire israélienne, qui me paraît disproportionnée entre des roquettes injustifiables
110 lancées contre des civils israéliens – je dis bien « injustifiables » – et la réaction très musclée de l'armée israélienne. Dans le cas de ce conflit à Gaza, j'ai fait mes dessins un peu différemment que quand je fais des dessins sur la Tchétchénie. Des dessinateurs dans le monde arabe me reprochent parfois de faire preuve de « retenue » quand je fais des caricatures sur Israël.

115 **C.J.N. :** Croyez-vous vraiment à la « neutralité journalistique » quand on couvre le conflit israélo-palestinien ?

Plantu : Je me bats pour qu'en France, en Europe, et aussi à Jérusalem et à Ramallah, les dessins que « Dessins pour la paix » expose puissent critiquer l'armée israélienne, quand celle-ci commet des bavures, et aussi le Hamas, le Hezbollah ou Al-Qaïda.

[...]

120 Entrevue d'Elias Levy avec Jean Plantu, parue dans *Canadian Jewish News*, le 5 mars 2009.

réflexions

1 Commentez le rôle social de l'exposition « Dessins pour la paix ».

2 En quoi le travail du caricaturiste s'apparente-t-il à celui du journaliste ? En quoi s'en éloigne-t-il ?

3 Quelle est la différence entre la liberté d'expression et la médisance ?

---

4 Cette mention fait référence au scandale provoqué en 2005 par la publication de caricatures à forte connotation religieuse dans un magazine satirique danois qui avait choqué des croyants de religion musulmane.

À propos... de la situation de communication

La situation de communication

Il y a communication lorsqu'un émetteur (ou énonciateur) produit un message (ou énoncé) à l'intention d'un ou de plusieurs récepteurs (ou destinataires). Si la situation de communication étudie toutes les formes de communication possibles (un peintre communique un message au moyen de son œuvre), l'énonciation se concentre sur les messages qui sont exprimés à l'oral ou à l'écrit.

Le schéma de la communication

Tout texte est formulé dans le but de communiquer un message. Il est possible de schématiser cette dynamique de la façon suivante :

CONTEXTE DE DIFFUSION

ÉMETTEUR (ÉNONCIATEUR)	MESSAGE (ÉNONCÉ)	RÉCEPTEUR/ DESTINATAIRE
Il émet un message selon : – ses caractéristiques ; – son intention ; – son rôle ; – ses valeurs ; – etc.	La transmission est influencée par divers facteurs : – les supports utilisés ; – le langage ; – les ressources ; – les enjeux ; – etc.	Il reçoit et interprète un message selon : – ses caractéristiques ; – son intention ; – son rôle ; – ses valeurs ; – etc.

L'énonciateur

Il peut poursuivre une ou plusieurs intentions comme informer, expliquer, convaincre, divertir, dénoncer, protester. Un énonciateur peut être un individu, un regroupement d'individus, un organisme, etc.

– L'énonciateur manifeste souvent sa présence par l'emploi de certaines marques comme les pronoms et les déterminants de la première personne (je, nous, ma, notre).

> Dans *L'information en capsules*, Pierre Bourgault est l'énonciateur et sa présence est marquée par l'emploi de la première personne : « **J'**aurais pu **m'**inquiéter, **me** demander comment le vent allait tourner de ce côté-là, voire imaginer la naissance d'un grave conflit. »

– Dans d'autres cas, l'énonciateur ne marque pas sa présence. À ce moment, il favorisera l'emploi de pronoms impersonnels, c'est-à-dire sans référent.

> Le même extrait de *L'information en capsules* aurait pu être formulé de manière à effacer la présence de son énonciateur : « **Il** aurait été possible de **s'**inquiéter, de **se** demander comment le vent allait tourner... » Dans cette nouvelle formulation, le pronom *il* est impersonnel. Il ne renvoie ni à l'énonciateur ni au destinataire.

– Il se peut que l'énonciateur interpelle son destinataire en s'adressant directement à lui par l'emploi de pronoms de la deuxième personne.

> « **Tu** m'as récemment demandé pourquoi je disais ressentir de la crainte à ton égard. » (Kafka)

– Un énonciateur peut faire appel à un ou plusieurs énonciateurs pour appuyer son discours ou pour présenter une autre opinion. Les propos de ces énonciateurs peuvent être rapportés à l'aide du discours direct ou du discours indirect. Pour plus d'information, consultez la section « Le discours rapporté » à la page 481 de la section Grammaire.

> **L'énonciateur se manisfeste aussi dans le texte littéraire. Par exemple, l'emploi du « je » dans un texte de genre poétique fait référence à l'énonciateur, tout comme le narrateur dans le texte de genre narratif.**

L'énoncé

L'**énoncé** est le message écrit ou oral que produit l'énonciateur. Le terme **référent** est utilisé pour désigner le sujet ou le thème qui est abordé dans le message. Ce dernier peut être véhiculé de deux façons différentes.

– Un message peut être transmis en **direct**, par exemple le discours d'un politicien lu devant une assemblée.

– Un message peut aussi être transmis en **différé**, la chronique « L'information en capsules » est un exemple de communication différée parce que la production du message par l'énonciateur et sa lecture par le récepteur n'ont pas lieu au même moment.

Le récepteur et le destinataire

Le **récepteur** est celui qui reçoit le message et qui l'interprète. Lorsque le message lui est adressé spécifiquement, il est appelé **destinataire**.

Dans *Lettre au père*, le destinataire est le père de Franz Kafka. Lorsque la lettre est publiée, les récepteurs sont alors les lecteurs de la lettre.

Les facteurs qui influencent la situation de communication

Il y a plusieurs facteurs à considérer lorsque vient le temps d'analyser une **situation de communication**. L'ensemble de ces facteurs se divisent en deux groupes : les caractéristiques des participants et le contexte de diffusion.

Les caractéristiques des participants (énonciateur et récepteur)

Lors d'une situation de communication, il faut tenir compte de l'influence des éléments suivants.

– Les **intentions** et l'**image** de soi que l'énonciateur ou le récepteur désire projeter. Par exemple, un énonciateur qui veut convaincre son destinataire n'emploiera pas les mêmes procédés que celui qui veut le divertir.

– Les **rôles** de chacun des participants. Le journaliste et le politicien peuvent diffuser un message différent à propos d'un même événement parce que leur rôle suppose des impératifs différents.

– Les **caractéristiques psychologiques** et **affectives**. La personnalité ou le point de vue affecte la manière d'exprimer le message et la manière de le recevoir.

– Les **valeurs** et la **culture**. Il est généralement plus facile d'adhérer aux propos d'une personne dont on partage les valeurs qu'à ceux d'une personne qui s'y oppose.

– Les **connaissances encyclopédiques** et **spécifiques**. Un médecin spécialiste n'utilisera pas le même vocabulaire s'il s'adresse à la population en général ou s'il s'adresse à un cercle de collègues spécialistes.

– La **perception** que les participants ont l'un de l'autre. La crédibilité que le récepteur accorde à l'énonciateur peuvent, entre autres, influencer son interprétation du message.

Le contexte de diffusion

Le contexte de diffusion est le cadre à l'intérieur duquel la situation de communication se déroule et qui influence la production ou la réception d'un message. Les facteurs suivants sont à prendre en considération.

– Le **référent**. L'importance du message peut être perçue différemment selon la connaissance que les participants ont du sujet abordé ou selon leurs intérêts.

– Le **langage**. Le degré de connaissance du langage peut modifier l'émission ou la réception d'un message. Par exemple, plusieurs erreurs de syntaxe ou d'orthographe contenues dans un texte peuvent en discréditer le propos. Aussi, les possibilités de communication ne seront pas les mêmes si le texte est oral ou s'il est écrit. L'oral permet, par exemple, la construction du sens à la fois par l'émetteur et le récepteur ou le recours à des gestes ou à des mimiques alors que l'écrit permet d'autres possibilités tels la mise en contexte explicite, le temps de réflexion, la relecture.

– Le **support utilisé**. Un message est transmis au moyen d'un ou de plusieurs supports visuels, sonores ou audiovisuels (papier, voix, écran, etc.). Les supports choisis participent à la communication et en modulent la portée. Par exemple, une voix forte et expressive attire davantage l'attention qu'une voix faible et monotone.

– Les **ressources disponibles**. Il peut être utile de recourir à des ressources (spécialistes, Internet, etc.) pour expliciter un propos ou appuyer une opinion.

– Les **contraintes matérielles**. Certains contextes présentent des contraintes tels le temps ou l'espace. Par exemple, un journaliste doit respecter le format qui lui est accordé afin de diffuser son message. Selon le média, il dispose d'un temps limité (à la radio) ou d'un espace restreint (dans un journal).

– Les **enjeux personnels** ou **sociaux**. Il arrive que la transmission d'un message soit motivée par un contexte politique, social ou personnel particulier. Par exemple, il importe de connaître les motivations d'une pétition avant de la signer.

L'énonciation et le point de vue

Le point de vue est déterminé, d'une part, par les rapports que l'énonciateur et le destinataire entretiennent et, d'autre part, par les rapports entre l'énonciateur et son propos. C'est par les marques de modalité qu'on peut reconnaître le point de vue exprimé.

> Il est important de distinguer le point de vue de l'opinion. Le point de vue est associé à l'énonciation et se concentre surtout sur les marques de modalité, alors que l'opinion se rapporte principalement à ce que l'énonciateur pense à propos d'un sujet.

■ Le point de vue de l'énonciateur à l'égard du destinataire

Les marques d'énonciation permettent d'identifier la nature des rapports entre l'énonciateur et son destinataire. L'énonciateur, par exemple, peut choisir d'être courtois ou provocateur selon son intention d'amadouer le destinataire ou, au contraire, de le choquer. Pour ce faire, il recourt, entre autres, à différentes marques :

– vocabulaire connoté (appréciatif, dépréciatif) ;

> **Très cher** Père (Kafka)

– tutoiement ou vouvoiement ;

> **Tu** m'as récemment demandé pourquoi… (Kafka)
> **Vous** ne comprenez pas ce qui se passe ? (Bourgault)

– emploi de la troisième personne, du nom complet plutôt que le pronom de la deuxième personne ;

> **On** préfère la facilité. (Bourgault)

– choix d'une variété de langue qui peut créer un effet de distanciation, de complicité, de provocation avec le destinataire ;

> Utilisation du langage courant qui crée un effet de complicité : « Qu'à cela ne tienne ! Écoutez le grand bulletin… » (Bourgault)

Le point de vue de l'énonciateur quant à son propos

L'énonciateur peut présenter un sujet de manière objective ou subjective.

Un point de vue est **objectif** si l'énonciateur n'exprime pas son opinion personnelle. Le texte ne présente pas (ou très peu) de marques de modalité.

Un point de vue est **subjectif** si l'énonciateur exprime son opinion ou démontre son engagement. On reconnaît un point de vue subjectif à l'emploi de marques de modalité.

– Vocabulaire connoté (appréciatif, dépréciatif).

> « Ce projet <u>très noble</u> est un <u>vigoureux</u> combat <u>contre</u> le racisme, que <u>malheureusement</u>, nous allons devoir mener encore pendant de nombreuses années. » (Jean Plantu)

– Types et formes de phrases (impérative, exclamative ou interrogative, emphatique, impersonnelle, négative) ou phrases à construction particulière).

> « <u>C'est</u> de cela <u>que</u> certains veulent parler lorsqu'ils se plaignent... » – phrase emphatique. (Bourgault)
>
> « <u>Il</u> arrive qu'on ne puisse faire autrement... » – phrase impersonnelle. (Bourgault)
>
> « <u>Voilà</u> la nouvelle en capsule. » – phrase non verbale à présentatif. (Bourgault)

– Auxiliaires de modalité (devoir, falloir, paraître, etc.).

> « Un caricaturiste <u>doit</u> être vraiment très délicat quand il traite du complexe conflit israélo-palestinien. » (Plantu)

– Temps et modes des verbes exprimant une probabilité ou une possibilité.

> « <u>J'aurais</u> pu m'inquiéter » – conditionnel. (Bourgault)
>
> « À ceci je <u>répondrai</u> tout d'abord que cette objection ne vient pas de toi, mais bien de moi. » – futur. (Kafka)
>
> « Que ce résultat te <u>soit</u> malgré tout désobligeant... » – subjonctif. (Kafka)

– Groupes incidents et phrases incidentes exprimant un commentaire.

> « Il faut donc se battre, <u>je crois</u>, pour une information moins diverse. » – phrase incidente. (Bourgault)
>
> « C'est vrai que, <u>comme beaucoup de gens</u>, j'ai été choqué par ce conflit. » – groupe incident. (Plantu)

– Procédés stylistiques (figures de style) et interjections révélant la subjectivité.

> « Les choses ne peuvent pas s'assembler dans la réalité comme les preuves dans ma lettre, la vie est plus qu'un jeu de patience. » – comparaison (Kafka)

– Intonation, ponctuation et choix typographique signalant une appréciation.

> « C'est qu'ils ont perdu le sens de " l'événement " ». (Bourgault)

Toutefois, la distinction entre subjectivité et objectivité n'est pas toujours nette. Un texte peut être davantage objectif, mais porter quelques marques de la subjectivité de l'énonciateur. À l'opposé, un point de vue subjectif peut aussi contenir des passages plus objectifs.

PIERRE BOURGAULT

LA CULTURE
Écrits polémiques

Tome 2

P C L / p e t i

Vous venez de lire trois textes : *L'information en capsules*, *Lettre au père* et une entrevue dans le cadre de l'exposition « Dessins pour la paix » à Montréal.

1. Contrairement aux deux autres énonciateurs, Franz Kafka aborde un sujet très personnel (sa relation avec son père). Est-ce qu'un énonciateur qui traite de sa vie privée adopte nécessairement un point de vue plus subjectif que celui qui choisit un sujet à caractère social ? Répondez en comparant les énonciateurs que sont Franz Kafka, Pierre Bourgault et Jean Plantu.

2. Dans *Lettre au père*, Franz Kafka s'adresse directement à son père, alors que les deux autres textes sont destinés à plusieurs personnes. Comment cette nuance influence-t-elle le lecteur ?

3. Pour chaque texte, expliquez si la subjectivité de l'énonciateur vous fait douter de la véracité des informations et des faits mentionnés. Précisez ensuite s'il y a un énonciateur qui vous a semblé plus crédible que les autres et expliquez votre réponse.

4. Lequel des trois textes présente son contexte de diffusion d'une façon plus explicite que les deux autres ? Justifiez votre réponse.

5. Pourquoi ces textes sont-ils toujours pertinents et actuels malgré le fait qu'ils abordent de façon différente des événements du passé ?

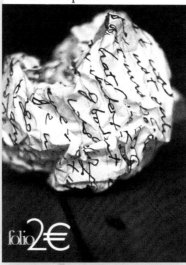

Franz
Kafka
Lettre au père

folio 2€

DESSINS POUR LA PAIX

50 PLANCHES DES MEILLEURS CARICATURISTES DE PRESSE AU MONDE

Présentées en primeur canadienne dans le cadre de la 10ᵉ édition de la Semaine d'actions contre le racisme
au Centre communautaire intergénérationnel d'Outremont CCI • 999 avenue McEachran

SEMAINE D'ACTIONS
CONTRE LE RACISME
DU 12 AU 22 MARS 2009

Congrès juif canadien
Canadian Jewish Congress
Région de Québec/Quebec Region

Pistes d'essai

Écriture

La caricature est une façon particulière d'illustrer un propos. Malgré son originalité, elle met en scène tous les éléments d'une situation de communication au même titre que les textes écrits ou oraux. Choisissez une caricature et consignez par écrit tous les éléments pertinents de la situation de communication afin d'en rendre compte dans un texte descriptif.

Pour soutenir votre démarche, consultez la stratégie « Écrire un texte courant », page 556.

Communication orale

En publicité, les concepteurs analysent avec soin la situation de communication afin de diffuser un message efficace et de convaincre leur public cible. Être capable de reconnaître la démarche des publicitaires permet parfois de déjouer leurs intentions et d'éviter de tomber dans le piège de la surconsommation.

Choisissez une publicité sociétale que vous trouvez intéressante et analysez-la afin de présenter à la classe la situation de communication mise en place par les publicitaires. Concluez votre présentation en donnant votre appréciation personnelle des moyens utilisés pour livrer le message choisi.

Pour soutenir votre démarche, consultez la stratégie « Prendre la parole devant un groupe », page 561.

Lecture

Bien que leurs énonciateurs soient des spécialistes, l'entrevue « Quels droits pour les animaux ? » et l'essai *Le féminisme québécois raconté à Camille* s'adressent à un large public. Par quels moyens ces énonciateurs tentent-ils de vulgariser leur propos ? Pour répondre à cette question, repérez dans chacun des textes deux passages qui sont formulés pour des néophytes et expliquez en quoi ces extraits choisis sont adaptés à leur public.

Pour soutenir votre démarche, consultez la stratégie « Lire un texte courant », page 552.

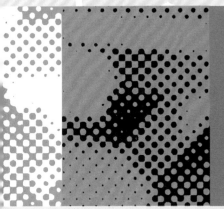

Peut-on euthanasier un animal parce qu'on ne souhaite plus s'en occuper ? Est-ce acceptable de couper les oreilles d'un chien pour répondre à des critères esthétiques ? Est-ce qu'on peut tolérer les essais cliniques sur les animaux ? Ces questions sur les droits des animaux suscitent la controverse. Sur ce sujet, peu de gens ont développé une expertise aussi poussée que Jean-Baptiste Jeangène Vilmer. À la fois philosophe et juriste, il a combiné ces disciplines afin d'élaborer un cours universitaire portant sur l'éthique animale. Dans cette entrevue accordée à la revue *Québec Science*, il répond à quelques questions sur les droits des animaux.

Quels droits pour les animaux ?

Comment intéresser des étudiants vétérinaires à la philosophie ? Jean-Baptiste Jeangène Vilmer s'est posé la question quand on lui a demandé de
5 donner un cours à la faculté vétérinaire de l'Université de Montréal. Parce qu'il ne voulait pas voir ses classes désertées, ce juriste et philosophe français passionné de photographie
10 animalière a décidé d'enseigner l'éthique animale. Il a fait un malheur.

À tel point que le jeune professeur a décidé d'écrire un livre. De l'élevage en batterie en passant par la pornogra-
15 phie et le cirque, *Éthique animale* (PUF) résume en quelque 300 pages l'ensemble des enjeux entourant ce grave et vaste sujet qu'est notre responsabilité envers les autres espèces.

20 On en a discuté avec lui.

La considération morale envers les animaux est-elle une préoccupation moderne ?

Loin de là. C'est au contraire une question millénaire. À Babylone, dans le code d'Hammourabi (mort en -1750), on interdisait de maltraiter les bœufs
25 de trait. Dans l'Antiquité, le végétarisme était très répandu et défendu par plusieurs philosophes. Pythagore le prônait parce qu'il croyait en la réincarnation : il ne fallait pas maltraiter
30 les animaux puisqu'ils pouvaient héberger l'âme d'un proche. Plutarque, quant à lui, condamnait l'alimentation carnée en critiquant la disproportion du tort causé (la mort de l'animal) par
35 rapport au bien visé (le plaisir culinaire), préfigurant des préoccupations modernes. Au Moyen Âge, le christianisme introduit une stricte hiérarchie entre l'homme et l'animal. Dieu a créé
40 ce dernier en tant qu'outil au service de l'homme. Saint Thomas d'Aquin

insiste sur la différence de nature entre l'homme et l'animal, dont l'âme n'est pas éternelle. Ce qui n'empêche pas les
45 bêtes d'être soumises à la justice humaine. C'est la grande époque des procès d'animaux. Certains ont lieu devant la justice civile. Les bêtes reconnues coupables d'homicide sont
50 généralement condamnées à être étranglées, pendues par les pattes arrière, parfois déguisées en homme. Il y a les excommunications d'animaux nuisibles et, dans certains cas, de leur
55 propriétaire. Ainsi, en 1233, le pape Grégoire IX promit d'excommunier tous les détenteurs de chats noirs. Enfin, il y a les procès d'animaux ayant eu des relations sexuelles avec un
60 homme. Dans un tel cas, les deux sont brûlés ensemble. Mais c'est Rousseau le premier qui, au XVIIIe siècle, exprimera cette thèse promise à un bel avenir: l'homme a une responsabilité
65 eu égard à la souffrance de l'animal.

Les animaux ont-ils des droits ?

Il faut distinguer LE droit des animaux, qui renvoie à leur statut juridique, et LES droits des animaux, qui sont en fait des droits moraux. 70 Pour ce qui est du statut juridique, la loi de la plupart des pays occidentaux condamne les violences à l'égard des animaux. Ceux-ci sont protégés par le code criminel canadien, entre autres 75 en ce qui a trait à la cruauté. Mais c'est au législateur de définir la maltraitance, et de déterminer comment la punir. Pour qu'il y ait délit, il faut d'abord un plaignant, c'est-à-dire, dans 80 ce cas-ci, un humain qui observe et qui dénonce. Par ailleurs, ces lois ne s'appliquent qu'aux bêtes dont l'homme est propriétaire, soit les animaux d'élevage, de recherche, de compagnie 85 et de consommation. La violence contre les animaux sauvages n'est pas punie car, en regard de la loi, ce sont des *Res nullius*, des choses sans maître. Comme ils n'appartiennent à personne, 90 on n'a pas de responsabilité envers eux. Il y a bien la loi sur les espèces en danger, mais elle protège un groupe, pas l'individu qu'on va torturer ou tuer. En l'occurrence, 95 ce n'est pas la souffrance de l'animal qui pose problème, mais la disparition de l'espèce.

Et même en ce qui 100 concerne les animaux dont on est propriétaire, il y a des exceptions arbitraires aux lois contre la maltraitance. 105 En France, par exemple, on permet la torture publique des taureaux à condition qu'elle soit faite dans un cadre traditionnel et folklorique qu'on 110 appelle la corrida ; le gavage des oies n'est pas non plus considéré comme de la maltraitance.

Faut-il condamner toute utilisation de l'animal par l'homme ?

Au sein de l'éthique animale, il y a plusieurs courants. Les déontologistes 115 rejettent toute utilisation de l'animal par l'homme ; ils sont en général végétariens et certains sont même contre le principe des animaux de compagnie. Quant à moi, je m'identifie à un 120 courant que l'on nomme l'utilitarisme qui, tout en voulant améliorer le sort des animaux, considère qu'il y a des cas où leur utilisation par l'homme, voire très rarement leur souffrance, 125 peut être justifiée. Les utilitaristes font par exemple la distinction entre l'expérimentation médicale sérieuse et l'utilisation des animaux de laboratoire dans l'industrie cosmétique.

130 Ce dont je suis sûr, c'est qu'il n'y a rien dans ce qui nous distingue des animaux qui puisse justifier qu'on les fasse souffrir gratuitement, pour notre divertissement ou pour notre plaisir.

135 Par ailleurs, je considère qu'il faut les protéger selon leurs caractéristiques propres. Ainsi, je pense que la poule doit avoir la place nécessaire pour étendre ses ailes et même pour 140 voler un peu, simplement parce qu'elle en a la capacité. De la même manière, j'aurais tendance à dire que le singe a le droit de ne pas souffrir psychiquement du seul fait qu'il a 145 cette capacité.

Pascale Millot, © *Québec Science*, novembre 2008.

Lien utile

L'entrevue

Une entrevue est une forme de texte qui met généralement en scène deux personnes ou davantage. Il y a lieu de distinguer les propos de l'intervieweur, qui pose les questions, de ceux de la personne interrogée. À l'écrit, ce changement d'énonciateur est marqué par un caractère différent. Dans une entrevue, l'opinion ou les connaissances de la personne interrogée occupe une place prépondérante. La contribution de l'intervieweur est essentiellement de diriger la discussion et de relancer son invité en utilisant le questionnement.

L'omniprésence de la publicité a amené plusieurs personnes à y être moins sensibles et à ne plus y porter attention. Pour contourner cette indifférence, certains publicitaires ont recours à des moyens discutables afin de capter l'attention de tous. L'objectif d'une publicité particulièrement violente de la Commission de la santé et de la sécurité du travail (CSST) était d'amener une catégorie de travailleurs et travailleuses à adopter des comportements sécuritaires. La publicité a été l'objet d'une polémique : est-il nécessaire d'aller aussi loin pour convaincre ? À la suite de la publication d'un article dans *Le Journal de Montréal*, des internautes, travaillant dans le domaine de la création publicitaire, ont fait connaître leur opinion dans un forum de discussion.

Terrible mais convaincante

La dernière publicité-choc de la CSST, dans laquelle on voit un travailleur se faire écraser la tête, horrifie plusieurs téléspectateurs. Alors que l'organisme défend ses méthodes, divers intervenants doutent de l'utilité
5 **de produire des pubs aussi crues et sanglantes.**

Dans la pub visant à promouvoir le cadenassage des machines lors de leur entretien, un ouvrier met en marche une énorme découpeuse alors qu'un de ses collègues s'y est engouffré.

10 Les images qui suivent sont quasi insoutenables, alors qu'on présente un gros plan de sa tête écrasée entre deux lourdes pièces de métal. Plusieurs téléspectateurs, dégoûtés, ont contacté le *Journal*.

Dans le deuxième volet de la publicité, le levier
15 de tension est cadenassé, empêchant ainsi que le réparateur soit écrasé. « Nous ne faisons pas ça de gaieté de cœur, explique la porte-parole de la CSST, Alexandra Reny. Mais nous avons consulté les travailleurs en groupes de discussion et ils nous ont dit que
20 c'est ça qui fonctionne. »

5000 accidents, six morts

Le non-cadenassage de machines cause six décès et 5000 accidents par année au Québec.

25 Mme Reny indique toutefois qu'après la première publicité-choc diffusée en 2005, celle où un travailleur a le bras coincé dans un convoyeur, les acci-
30 dents liés aux machines ont connu une baisse de 13 %.

« Ces publicités sont les meilleurs moyens que nous possédions pour faire changer les comportements, estime-t-elle. Même les familles des
35 travailleurs, leurs conjointes, leurs enfants, leurs frères et sœurs nous disent que ça les a conscientisés. »

La CSST a même fait appel à des inspecteurs spécialisés dans le cadenassage pour que la publicité soit la plus réaliste possible.

40 Compte tenu de la nature du message publicitaire, la CSST a demandé aux stations de télévision de ne la diffuser qu'après 21 heures pour que les enfants n'y soient pas exposés.

Claude Giguère et Charles Poulin,
© *Le Journal de Montréal*, 8 octobre 2008.

La pub doit-elle saigner pour sauver ?

Après la parution de l'article «Terrible mais convaincante», *Infopresse* a demandé à des publicitaires et des communicateurs de débattre du bien-fondé de tels messages-chocs. La question était : La pub doit-elle saigner pour sauver ?

VOTRE VIE EST EN JEU !

DANGER
NE PAS METTRE EN MARCHE

MA VIE
EST EN JEU

Nom : Jérôme Gagnon
Métier : Mécanicien

CADENASSEZ.

Chaque année, un trop grand nombre de travailleurs se blessent ou meurent en exécutant des travaux d'installation, d'entretien, de réparation et de déblocage d'une machine. Une procédure de cadenassage adéquate permettrait d'éviter ces accidents graves.

www.csst.qc.ca   CSST La prévention, j'y travaille !

PREMIER COMMENTAIRE

C'est de la pub ça ?

Euh... C'est cliché, mais j'ai envie de dire que la seule règle en pub c'est de ne pas en suivre. On va voir des pubs saignantes qui fonctionnent, d'autres qui ne fonctionnent pas. Faux débat ? Je pense que la tonalité doit être au service du concept, c'est tout. Si le concept est bon, il faut juste l'écouter, c'est à lui de décider si le sang est nécessaire ou non. Cela étant dit, c'est toujours une bonne idée de bien évaluer la charge émotive des icônes que nous manipulons, que ce soit un p'tit chiot adorable ou du sang.

Philippe Comeau, lg2

DEUXIÈME COMMENTAIRE

Mesdames, Messieurs,

[...] Je crois que c'est la première fois que je vois quelque chose d'aussi cru et qui tient du film d'horreur. Est-il nécessaire d'aller jusque là pour faire passer le message ? Je dirais que non et qu'une censure devrait s'exercer. Est-ce que la publicité en général fait l'objet d'une censure ? On dirait que non et que tous les moyens sont bons pour parvenir à son but. Et le public-cible doit encaisser... Mais, en ce qui concerne l'annonce de la CSST, si le réflexe général est de changer de poste – comme mon mari le fait – quand elle passe, et parfois deux fois au cours de la même pause publicitaire, parce que cela doit bien nous entrer dans la tête (voilà une autre technique que je réprouve), cela signifie que l'annonce rate son but. Il faut aussi considérer qu'elle vise un public restreint, celui des travailleurs manuels, plus particulièrement des opérateurs. Si elle n'était présentée qu'à cette catégorie de personnes, ce serait un moindre mal.

En conclusion, cette annonce devrait être retirée. Pour ce qui est des annonces de la SAAQ, elles aussi sanglantes, elles sont nécessaires, mais devraient être adoucies, par respect pour les enfants et toutes les autres âmes sensibles. [...]

Danielle Béïque, chez SVY&R

Le forum de discussion

Le forum de discussion est un site Internet d'échange où les participants peuvent émettre un commentaire à propos d'un sujet ou d'un thème particulier. On distingue le forum du blogue, même si ces deux modes de communication sont interactifs, parce que le blogue est généralement construit et élaboré autour d'une seule personne alors que le forum appartient à une communauté virtuelle.

Lien utile

L'équipe de rédaction, *Infopresse* [en ligne].

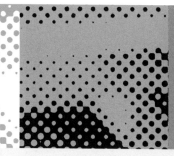

Anciennement journaliste pour le quotidien *Le Devoir*, Paule des Rivières est maintenant rédactrice en chef de l'hebdomadaire *Forum*, publié par l'Université de Montréal. En 2007, elle écrivait dans *La Gazette des femmes* un article « Mes résultats scolaires sont plus forts que les tiens » qui s'attaque au mythe voulant que les filles soient meilleures en classe que les garçons.

Mes résultats scolaires sont plus forts que les tiens

Le milieu scolaire s'est beaucoup ému, ces dernières années, des « problèmes des garçons » à l'école. L'heure est venue de remettre les pendules à l'heure. Une incursion sur le terrain révèle que tous les garçons n'éprouvent pas nécessairement des difficultés d'apprentissage. Et que toutes les filles ne sont pas forcément des « bolées ». Au royaume de l'adolescence, rien de plus périlleux que les généralisations.

Des chiffres qui parlent

Les statistiques sont éloquentes. Sauf en lecture et en écriture, les garçons n'affichent aucun retard significatif par rapport aux
5 filles. Une étude récente de l'Université de Montréal va encore plus loin. Elle affirme que le seul maillon faible de l'écriture chez les garçons, c'est l'orthographe.
10 Vocabulaire, syntaxe et ponctuation ne leur posent pas de difficulté particulière. Reste la lecture, à laquelle les garçons s'adonnent peu.

15 Pour avoir une vue d'ensemble, prenons les derniers résultats aux épreuves uniques de juin 2006. Le taux de réussite des filles est de 84 % et celui des garçons,
20 de 82,4 %. La moyenne chez les filles s'élève à 73,2 % contre 72 % chez les garçons. Pas de fossé, donc.

N'empêche qu'au Québec, les filles ont été plus motivées,
25 plus vaillantes et plus persévérantes que les garçons depuis 15 ans, dépassant à ce chapitre leurs consœurs des autres provinces canadiennes, et même celles de
30 plusieurs pays de l'Organisation de coopération et de développement économiques (OCDE). En 2000, 92 % des jeunes Québécoises ont obtenu leur diplôme d'études
35 secondaires (DES), comparativement à 83 % des Canadiennes. La moyenne s'établissait à 80 % pour l'ensemble des filles des pays industrialisés de l'OCDE.

40 De leur côté, les jeunes Québécois, avec un taux d'obtention du DES de 79 % au tournant des années 2000, dépassaient eux aussi la moyenne canadienne des
45 garçons (73 %), mais avec moins d'éclat. Pas de quoi pavoiser, mais aucun motif d'inquiétude non plus.

Donc, en dépit d'un certain
50 discours d'apitoiement sur les garçons, un regard attentif démontre que ce ne sont pas les garçons qui sont faibles, mais plutôt les filles qui sont fortes.

55 « Les écarts entre les filles et les garçons ont toujours été présents. Les filles ont généralement mieux performé. Marie-Gérin Lajoie, première Québécoise à obtenir un 60 diplôme universitaire en 1911, s'est classée au premier rang provincial quand elle a été diplômée », signale Francine Descarries, professeure de sociologie attachée 65 à l'Institut de recherches et d'études féministes de l'Université du Québec à Montréal.

[...]

Dis-moi d'où tu viens...

Le sexe des élèves n'est d'ailleurs pas le facteur le plus 70 significatif: le milieu socioéconomique a plus d'importance dans la réussite scolaire.

« Les écarts entre les résultats des garçons de milieu aisé et 75 ceux de milieu défavorisé sont plus grands qu'entre les filles et les garçons, tous groupes sociaux confondus. Les garçons sont plus affectés que les filles lorsqu'ils 80 sont issus d'un milieu socioéconomique plus faible », rappelle le ministère de l'Éducation, du Loisir et du Sport dans le document *La réussite scolaire des garçons* 85 *et des filles, l'influence du milieu socioéconomique*, publié en 2005.

Les filles des milieux défavorisés s'en sont mieux sorties que les garçons, entre autres 90 parce qu'elles se sont affranchies de certaines attitudes stéréotypées qui les éloignaient de la réussite scolaire. Les garçons, eux, ont continué de privilégier la culture 95 du jeu et d'adopter des raisonnements du style « l'école ça ne sert à rien, je n'en ai pas besoin, je peux me débrouiller sans diplôme ».

[...]

Les retombées du féminisme

Personne ne songerait à mini-100 miser ce que Francine Descarries appelle le « capital culturel » des familles, facteur déterminant dans la réussite. L'appui des parents et l'imposition de limites sont en effet 105 primordiaux. D'ailleurs, ce sont les encouragements des mères, notamment dans les milieux défavorisés, qui expliquent en grande partie la motivation des filles et 110 leur persévérance des 20 dernières années.

Les chercheurs en éducation Pierrette Bouchard et Jean-Claude St-Amant ont permis de mieux 115 saisir le phénomène au milieu des années 1990 en effectuant une enquête qui a eu l'effet d'une bombe. Après avoir interrogé 2249 élèves de 3e secondaire 120 répartis dans 24 écoles, ces deux experts de l'Université Laval ont conclu que les filles avaient bénéficié d'un formidable soutien de la part de leurs mères, sans nul 125 doute une des plus belles retombées du mouvement féministe.

« Étudie, ma fille, tu auras un bon travail, tu seras indépendante et tu t'en sortiras mieux 130 que moi. » Comme une puissante vague de fond, cette stimulation a littéralement lancé les filles dans la sphère de la réussite scolaire. [...]

« Un meilleur rendement 135 scolaire passe par un affranchissement des modèles de sexe », souligne Pierrette Bouchard. Plus vous êtes prisonnier de certains modèles traditionnels liés à votre 140 sexe, moins vous serez enclin à vouloir réussir. Et plus la scolarité des parents est élevée, moins les enfants adhéreront à certains stéréotypes de conformisme social.

145 Par exemple, les garçons qui sont obsédés par le désir d'acheter une moto, une auto ou le dernier équipement sportif à la mode répondent à des modèles tradi-150 tionnels qui vont rapidement les éloigner de l'école: ces jeunes voudront faire de l'argent.

Jusqu'à maintenant, les filles s'en sont mieux tirées, mais les 155 tentations ne manquent pas de leur côté...

© Paule des Rivières, « Mes résultats scolaires sont plus forts que les tiens », publié dans *La Gazette des femmes*, novembre-décembre 2007.

Au Québec, le suicide est un problème alarmant ; c'est la province canadienne où le nombre de suicides par habitants est le plus élevé. Ce macabre record perdure d'ailleurs depuis de nombreuses années. À ce problème, des solutions s'imposent. D'autant plus que plusieurs en sont à banaliser ce phénomène hautement préoccupant. En février 2007, quelques personnalités québécoises influentes ont joint leur voix à celle du directeur général de l'Association québécoise de prévention du suicide. Leur lettre ouverte propose une série de mesures à mettre en place le plus rapidement possible afin de prévenir ce problème.

Faire de la prévention du suicide une priorité au Québec

Lettre ouverte cosignée par :
Gaëtan Boucher, président-directeur général de la Fédération des cégeps
Claude Castonguay, ancien ministre de la Santé du Québec et créateur de l'assurance maladie
Rose-Marie Charest, présidente de l'Ordre des psychologues du Québec
Hélène et Sylvie Fortin de la Fondation André Dédé Fortin
Yves Lamontagne, président du Collège des médecins du Québec
Marie-Annick Lépine des Cowboys Fringants
Henri Massé, président de la FTQ
Ariane Moffatt, artiste
Michael Sheehan, juge
Bernard Landry, ancien premier ministre du Québec, et Chantal Renaud
Louis Lemay, directeur général de l'Association québécoise de prévention du suicide

Rendue publique
Lundi, le 5 février 2007

Un récent sondage mené à l'été 2006 par Léger Marketing dévoilait que le suicide est considéré comme « acceptable » par plus de 42 % des Québécois. Or, cette situation sociale est inacceptable. Une stratégie québécoise en prévention du suicide est essentielle. Cette stratégie contiendrait une série de moyens
5 **visant à faire baisser le taux de suicide au Québec.**

Depuis un bon nombre d'années, les statistiques sur le taux de suicide nous démontrent que le Québec se situe parmi les premiers rangs au monde des pays industrialisés. Le suicide est devenu, avec le cancer, le deuxième problème majeur de santé publique. Le Québec est la province canadienne où le taux de suicide est le
10 plus élevé : il représente la première cause de mortalité chez les hommes âgés de moins de 40 ans et le tiers des décès chez les jeunes de 15-19 ans. Il est donc urgent d'agir.

Les sommes consacrées présentement à la prévention du suicide au Québec ne sont pas du tout en corrélation avec l'ampleur du problème. Ici comme ailleurs, il
15 existe de nombreux problèmes de santé publique et il est impossible pour les autorités d'en régler la totalité. Le suicide est lié à l'interaction complexe de plusieurs facteurs, y compris les troubles mentaux, la pauvreté, l'abus de drogues

et d'alcool, l'isolement social, les pertes et les deuils, les difficultés relationnelles et les problèmes liés au travail. À la lumière des statistiques recueillies et des études 20 menées, pouvons-nous constater l'ampleur de la situation et réaliser que le suicide représente un grave problème au Québec ? Faut-il répéter que le suicide représente la mort, la fin de la vie ?

Vu l'ampleur du problème, nous devons faire de la prévention du suicide une priorité au Québec.

25 Il est sans doute impossible d'éliminer tous les suicides, mais il est possible de réduire les décès attribuables au suicide en redonnant au Québec un plan d'action qui coordonnerait les efforts à partir d'objectifs communs. Dernièrement, une mesure intéressante a été mise en place, dans le cadre de la Stratégie d'action jeunesse du gouvernement du Québec. Il s'agit de la mesure *Les Sentinelles* qui 30 permet à un pair d'identifier une personne à risque et de favoriser sa consultation. Il y a cependant plusieurs autres moyens qui sont absents et qui devraient être mis de l'avant afin de contribuer à une baisse du taux de suicide au Québec.

L'Association québécoise de prévention du suicide a effectué des recherches concernant certaines mesures adoptées dans différents pays du monde et qui 35 pourraient être appliquées au Québec. Les pistes de prévention du suicide suivantes semblent prometteuses.

Restreindre l'accès aux moyens de s'enlever la vie. Lorsque l'accès à un moyen de s'enlever la vie n'est pas disponible, il est peu probable qu'un suicide impulsif se produise. La personne suicidaire peut avoir une chance de trouver de 40 l'aide avant de trouver un moyen de s'enlever la vie. Un programme réalisé par le

Centre de prévention du suicide de Chicoutimi montre que la restriction de l'accès à des moyens spécifiques pour se suicider, dans ce cas-ci le retrait des armes ou leur mise en lieu sûr, diminue les taux de suicide. Le même principe s'applique à l'installation de barrières dans des lieux publics où se produisent un grand nombre
45 de suicides, comme les barrières anti-suicide du pont Jacques-Cartier. Nous devons effectuer l'identification de ces autres moyens qui causent la mort au Québec et agir en conséquence.

Les Sentinelles. La Stratégie d'action jeunesse 2006-2009 rendue publique le 29 mars 2006 par le gouvernement du Québec
50 inclut le déploiement de sentinelles dans les milieux de vie des jeunes afin de mieux lutter contre le suicide. Les sentinelles, présentes dans les établissements d'enseignement et dans certains lieux de travail sont des personnes formées de façon à reconnaître les signes de détresse chez les jeunes et à les orienter vers les
55 ressources appropriées. On pourrait envisager que ce programme soit déployé dans d'autres milieux, par exemple les centres de détention ou les résidences pour aînés.

Faire connaître la ligne 1 866 APPELLE. Le Québec s'est doté d'une ligne téléphonique provinciale, le 1 866 APPELLE, dédiée
60 à la prévention du suicide. Plusieurs jeunes, plusieurs hommes et femmes et des familles y font appel. Ils sont 100 000 par année à le composer. Il faut faire connaître davantage cette ressource par le biais de la publicité et des relations publiques, au même titre que nous investissons dans les campagnes contre le jeu pathologique et la vitesse au volant. Le
65 1 866 APPELLE ainsi que les Centres de prévention du suicide situés dans toutes les régions du Québec, les organismes d'aide publics et communautaires sont des outils essentiels à la prévention du suicide et nous souhaitons que la population, notamment les milieux scolaires, soient mieux informés de leur existence pour éviter que d'autres drames se produisent.

70 **Aide intensive aux personnes à haut risque.** Les personnes qui font des tentatives de suicide présentent un risque accru de récidive. Il existe une initiative norvégienne mettant l'accent sur le suivi des personnes à leur sortie de l'hôpital à la suite d'un traitement pour tentative de suicide. Il semble qu'un réseau intégré de traitements soit efficace dans la réduction d'éventuelles tentatives de suicide. On
75 doit développer de nouveaux programmes au Québec qui tiennent compte du suivi et de l'aide aux personnes suicidaires. Et cela, aussi bien immédiatement après une tentative qu'à plus long terme, en assurant la coordination entre divers milieux hospitaliers, le milieu de l'éducation, et une grande variété d'organismes communautaires et d'intervenants.

80 Il est certainement très difficile et même impossible de répondre à la question : qu'est-ce qui fait qu'au Québec on se suicide plus qu'ailleurs ? Cependant, nous pouvons certainement répondre à l'interrogation suivante : que devons-nous faire pour que le taux de suicide soit à la baisse ?

Il est grand temps de faire de la prévention du suicide une priorité au Québec.

© 1997-2005 Association québécoise de prévention du suicide.

Lien utile

La lettre ouverte
La lettre ouverte est une forme de texte engagé qui est diffusé de façon à être accessible au plus large public possible, souvent dans un quotidien ou dans Internet. Cette diffusion publique poursuit à la fois un objectif de sensibilisation envers la population et de mobilisation envers son destinataire, le plus souvent une instance gouvernementale. La lettre ouverte peut avoir un ou plusieurs signataires et c'est la notoriété de ceux-ci qui permet une plus grande visibilité et possiblement un impact plus important.

Le sida est une infection dont on a abondamment parlé à la suite de la découverte du virus mortel (VIH) au début des années 1980. Si, à cette époque, la recherche en était à ses premiers essais, aujourd'hui la trithérapie permet à de nombreux porteurs du VIH de vivre, malgré tout, normalement. Par contre, les avancées de la science ont eu un effet négatif : plusieurs croient à tort que le virus n'est plus mortel. Lauréate du Coq d'or lors du 42ᵉ Concours de la création publicitaire, la publicité suivante tente de conscientiser son public cible à la réalité, encore actuelle, du sida.

Le sida tue encore

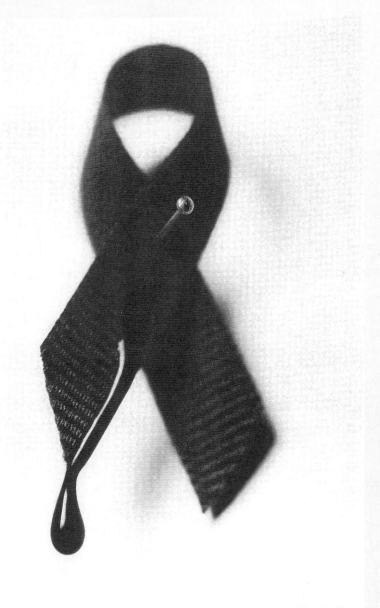

LE SIDA TUE ENCORE 1ᵉʳ DÉCEMBRE. JOURNÉE INTERNATIONALE DU SIDA
UN MESSAGE DU COMITÉ DES PERSONNES ATTEINTES DU VIH DU QUÉBEC 521-SIDA

Concept Sid Lee.
Photo Jean Longpré.

Lien utile

La publicité sociétale
Présente au Québec depuis plusieurs années, la publicité sociétale ne vend rien. Elle veut faire changer un comporte-ment. Si son objectif s'éloigne de celui de la publicité commer-ciale, elle emploie toutefois les mêmes codes et le même langage, notamment un slogan efficace et une image évocatrice.

Micheline Dumont a été professeure émérite à l'Université de Sherbrooke. Elle fut l'une des premières à centrer ses recherches en histoire des femmes. À ce sujet, elle participa au collectif qui a écrit *L'histoire des femmes au Québec depuis quatre siècles*. Toutefois, après des années de recherches universitaires et d'enseignement, Micheline Dumont constate qu'il existe peu d'ouvrages accessibles au grand public racontant l'évolution du mouvement féministe au Québec. En 2008, elle décide de répondre à cette lacune en publiant *Le féminisme québécois raconté à Camille*, un livre qu'elle adresse à sa petite-fille, un peu comme une histoire transmise de génération en génération.

Le féminisme québécois raconté à Camille

L'apparition du féminisme

À la fin du XIXe siècle, dans plusieurs pays, des femmes se rassemblent dans des associations politiques pour discuter de leurs droits. Les plus anciennes de ces associations datent de 1848. On en trouve presque partout en Europe, en Amérique, et jusqu'en Asie et en Afrique du Nord. Ces groupes ont existé avant même que les
5 mots « féminisme » et « féministe » ne soient utilisés. On parle alors des « droits de la femme ». La situation des femmes, dans tous les pays, était assez semblable à celle qu'on trouvait au Québec au milieu du XIXe siècle. De même, il n'y a pas de groupes dits « féministes » au Québec, et on ignore l'existence de ce mot. En fait, le mot « féminisme » désigne, à l'origine, une maladie assez rare, décrite dans les diction-
10 naires de médecine: on dit d'un homme qui présente des signes physiologiques féminins (absence de barbe, seins développés) qu'il souffre de « féminisme ».

Vers 1870, les militantes qui luttent pour les droits des femmes sont très actives en France, ce qui suscite la colère de plusieurs hommes. L'écrivain Alexandre Dumas fils, voulant ridiculiser ces femmes, les traite de « féministes »,
15 laissant entendre qu'elles veulent se transformer en hommes et s'approprier des attributs masculins. Dix ans plus tard, une militante française, Hubertine Auclert, trouvant que ce mot convient parfaitement pour décrire la lutte pour les droits des femmes, se proclame « féministe », ce qui donne rapidement « féminisme ». De plus, comme ce mot a l'avantage de se traduire facilement dans plusieurs langues,
20 il se répand presque aussitôt comme une traînée de poudre en Europe. Il désigne l'ensemble des mouvements qui contestent la place subordonnée des femmes dans la société et formulent des revendications pour défendre leurs droits. Dès les années 1890, on organise déjà des congrès féministes internationaux. Mais que veulent donc les féministes?

25 La liste de leurs revendications est longue. À la base, elles soutiennent que l'infériorité des femmes n'est pas naturelle: elle est imposée par la société et la culture. Elles veulent donc faire modifier les lois, les règlements, les traditions qui sont responsables de ce qu'on appelle la subordination des femmes. [...]

De nombreuses femmes veulent avoir le droit de poursuivre leurs études
30 au-delà du niveau primaire ou secondaire et même fréquenter l'université. Le droit
à l'instruction est considéré comme la base de tous les autres droits pour trois
raisons : l'instruction développe la conscience de ses droits, elle nourrit l'assurance
individuelle et elle permet l'autonomie financière.

Une fois leurs études terminées, de plus en plus de femmes souhaitent exercer
35 un travail rémunérateur. Plusieurs deviennent journalistes et défendent ces idées
dans les journaux. Quand elles font le même travail que les hommes, certaines
exigent l'égalité salariale. Les féministes veulent obtenir le droit d'être médecin,
avocate, pharmacienne, comptable, architecte, comme les Américaines. Elles
réclament de meilleurs salaires et de meilleures conditions de travail pour les
40 ouvrières : journées moins longues, environnement plus sain. Elles exigent aussi
des inspectrices pour les usines qui emploient des femmes. Le droit au travail
rémunéré est au cœur des revendications féministes.

Les femmes veulent aussi modifier le Code civil, qui les rend dépendantes de
leur mari et en font des incapables devant la loi. Elles portent le nom de leur mari
45 et ne peuvent rien faire sans sa signature. De plus, les féministes protestent contre
le fait qu'on est si soupçonneux quant à la vertu des femmes alors qu'on est si
tolérant envers la conduite sexuelle des hommes. C'est ce qu'on appelle le double
standard sexuel. Elles souhaitent une meilleure protection pour les femmes
séparées, et le droit de garder leurs enfants. À la fin du XIXᵉ siècle, selon la loi, les
50 enfants appartiennent au père et, quand un couple se sépare, les enfants lui sont

En 1916, des suffragettes
manifestent à New York
pour demander au président
des États-Unis de favoriser
le vote des femmes. Elles
l'obtiendront en 1920. Au
Canada, les femmes
pourront voter aux élections
fédérales en 1918, mais
les Québécoises devront
attendre 1940 pour voter
au niveau provincial.

remis. Les féministes veulent
aussi augmenter l'âge légal
requis pour se marier, qui est, à
ce moment-là, fixé à 12 ans
55 pour les filles (14 ans pour les
garçons). Quelques-unes, plus
audacieuses, réclament même
le droit au divorce, devenu une
réalité dans certains pays
60 comme la France et les États-
Unis. Les modifications des
lois civiles qui concernent le
mariage et la famille représentent toujours un chapitre
65 important des revendications
des femmes.

Plusieurs féministes sou-
haitent obtenir le droit de vote,
le « suffrage », les droits civi-
70 ques, qui feraient d'elles des
citoyennes à part entière.
Toutefois, cette revendication ne
fait pas l'unanimité parmi les
féministes : elle est considérée
75 par plusieurs comme une

Wikipedia

demande beaucoup trop extrémiste! Le droit de vote est récent dans l'histoire. Il n'est véritablement apparu qu'à la fin du XVIIIe siècle et, à l'origine, il n'était réservé qu'à quelques hommes. En réalité, la démocratie a été pensée uniquement pour les hommes. Quand on réclame le suffrage universel, à partir du milieu du XIXe siècle,
80 ce soi-disant droit universel est exclusivement masculin.

[...]

Certaines audacieuses discutent même de contraception, ce qui est incroyable. À cette époque, en effet, non seulement la contraception et l'avortement sont des crimes qui figurent dans le Code criminel et qui sont punis par la loi, mais il est strictement interdit d'en discuter publiquement. Inutile d'ajouter que ces deux
85 pratiques sont également condamnées par toutes les Églises. D'ailleurs, la majorité des associations féministes n'en parlent pas. Elles craignent d'être associées aux rares femmes, en France ou aux États-Unis, qui réclament plus de liberté sexuelle et mènent une vie très libre. Elles estiment que ces femmes jettent le discrédit sur l'ensemble du mouvement féministe. Elles critiquent aussi les modes
90 vestimentaires imposées aux femmes, qui limitent leurs mouvements. Elles souhaitent pratiquer des sports et rouler à bicyclette sans que l'on crie au scandale!

Enfin, les féministes considèrent que les femmes peuvent prétendre, en tant que mère, à une protection sociale. Elles réclament des pensions pour les femmes pauvres et les femmes abandonnées par leur mari. Elles souhaitent des services
95 d'aide maternelle et de surveillance médicale pour les accouchements, des hôpitaux pour les enfants. Les droits sociaux sont encore peu développés au début du siècle, compte tenu du fait que les gouvernements n'ont pas encore mis en place des programmes pour les chômeurs, les pauvres, les malades, les personnes âgées. L'opinion générale veut que la charité soit suffisante pour faire face à tous les
100 problèmes.

Les féministes sont réalistes et ont l'esprit pratique. Quelques-unes de leurs demandes ont déjà été obtenues dans plusieurs pays. Ainsi, aux États-Unis, les femmes fréquentent l'université par milliers, exercent les professions de médecin ou d'avocate. À
105 l'autre bout du globe, les Néo-Zélandaises ont obtenu le droit de vote en 1893. Le statut des femmes mariées a été modifié en Ontario en 1872. Il y a d'ailleurs des groupes qui militent pour les droits des femmes au Canada anglais depuis 1882.

Au Québec, les groupes de revendication féministes
110 n'existent pas encore. Les femmes de la classe moyenne se contentent des œuvres de charité. Elles entendent vaguement parler de ce qui se passe aux États-Unis, en Grande-Bretagne, en France, mais seules quelques femmes de la petite bourgeoisie et quelques journalistes sont véritablement au courant. Quelle sera l'étincelle
115 qui va allumer la flamme du féminisme au Québec?

Micheline Dumont, *Le féminisme québécois raconté à Camille*,
© 2008, Les Éditions du remue-ménage.

Lien utile

La maison d'édition

La maison d'édition est une entreprise dont l'objectif est la mise en marché de différents ouvrages. Pour ce faire, l'éditeur ou l'éditrice sélectionnera parmi les manuscrits soumis ceux qui sont susceptibles d'obtenir du succès auprès d'un lectorat ciblé. La maison d'édition gère toutes les étapes de la production du livre, de la révision à l'envoi chez l'imprimeur en passant par la mise en page, la correction d'épreuves, l'illustration. Elle voit aussi à la mise en marché, c'est-à-dire la publicité et la distribution, souvent par l'entremise d'un distributeur officiel, chez les commerçants. Si la maison d'édition est plutôt associée aux livres, d'autres types de maisons d'édition publient des journaux et des revues, des logiciels, de la musique, etc.

Un texte est une construction dont les
possibilités sont infinies. Comme un
cuisinier peut, avec les mêmes ingrédients,
créer de multiples recettes, un texte est
lui aussi le résultat d'une combinaison
originale des mêmes ingrédients. Tout
est dans l'assemblage !

Les séquences textuelles

Je me souviens ?

[extrait]

Serge Bouchard est anthropologue et spécialiste des peuples amérindiens. Il est également animateur à la radio de Radio-Canada.

Patrick Beauduin travaille dans le monde publicitaire et il est le cofondateur du programme en communication-marketing à l'École des Hautes études commerciales (HEC).

Ce texte est le verbatim[1] d'une entrevue réalisée à l'été 2008 dans le cadre de l'émission radiophonique *Sans détour* (Radio-Canada), une quotidienne traitant de sujets sociaux et culturels variés au moyen de diverses chroniques, de discussions et d'entrevues. C'est à l'occasion du 20ᵉ anniversaire de la mort de Félix Leclerc, grand poète et chansonnier d'ici, que l'animateur François Bugingo s'entretient avec le sociologue Serge Bouchard et le publicitaire Patrick Beauduin sur la mémoire collective québécoise. Il semblerait que les Québécois et les Québécoises ont la mémoire courte quand il s'agit de leurs mythes, de leurs personnages historiques et de leurs institutions. D'ailleurs, plusieurs connaissent cette boutade composée à partir de la devise du Québec : « *Je me souviens*, mais de quoi ? »

Au cours de votre lecture, portez attention aux marques de l'oralité que contient le texte. En quoi un texte oral se distingue-t-il d'un texte écrit ?

François Bugingo : [...] Il y a vingt ans, jour pour jour, nous quittait Félix Leclerc. Il y a une semaine et demie, quand on préparait une émission spéciale, on s'était rendu compte qu'il y avait encore une très large portion de Québécois qui ne le connaissaient pas. On est allés dans différents
5 centres *Félix-Leclerc*, des bibliothèques, par exemple... On demandait aux gens : qui est Félix Leclerc, le nom à l'entrée de ces places publiques ? Eh bien, il y avait très peu de gens qui le connaissaient. Patrick Beauduin, ça vous étonne ce résultat, non scientifique, qu'on a trouvé en rencontrant les citoyens ?

---

1 Compte rendu écrit.

10 Patrick Beauduin : Comme immigrant, pas du tout. Pas du tout. L'un des concepts de l'immigration, c'est de fermer la porte derrière soi. J'ai l'impression que le continent de l'Amérique du Nord, qui est un continent d'immigration, [...] s'est peuplé de gens qui ont décidé un jour de s'en aller et de construire autre chose ailleurs.

15 Au Québec, il y a eu un double phénomène par rapport à la mémoire. Il y a eu d'abord ce phénomène d'immigration où on construit une nouvelle vie et où on veut construire une nouvelle histoire. Il y a aussi le phénomène, à mon sens, très important de la Révolution tranquille², qui était une révolution par rapport au concept de l'histoire. L'histoire, pour les Québécois qui la découvraient dans 20 les années 1960, c'était une histoire synonyme de frustrations, synonyme de soumission, synonyme d'isolement, etc. J'en veux pour preuve, ce que l'éducation nationale a fait au Québec dans les années 1970-1980: l'histoire a disparu de l'enseignement secondaire comme si elle n'était plus importante ou qu'elle ne devait plus exister.

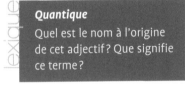

Futiles
Pourquoi l'emploi de cet adjectif est-il nuancé par son utilisateur ?

25 Or derrière le rapport à l'histoire, il y a le rapport à la mémoire. Ce n'est pas innocent si aujourd'hui la fierté québécoise s'accroche à des valeurs et à des paramètres qui sont extrêmement, excusez-moi du mot, futiles ou secondaires, ou superficiels : les vedettes de la musique, de la chanson et des choses qui sont, ma foi, extrêmement éphémères...

30 **FB : Mais des vedettes qu'on oubliera donc demain...**

PB : Qu'on oubliera demain, ce n'est pas un problème.

FB : Vous inscrivez ça dans la sociologie réelle du Québec, plutôt que dans ce phénomène de la modernité. La modernité, la technologie...

PB : ... Bien, c'est sûr que la modernité peut jouer... Mais, j'étais au mois de juin à 35 Berlin pendant cinq jours. La jeune génération des Berlinois, ils ont un drôle de rapport avec la mémoire qui est autre que celui que les Québécois peuvent avoir. Donc, il y a de toute évidence une différence culturelle des Québécois par rapport à l'histoire.

FB : Serge Bouchard, vous croyez que le problème est aussi profond que ça ?

40 **Serge Bouchard :** Oui, je pense que le problème est profond. Cependant, c'est [un problème] à échelle universelle, ce n'est pas proprement québécois... Actuellement, une force universelle nous propulse vers l'actualité, vers l'immédiat, vers l'éphémère... Le passé n'existe plus. Il y a eu un saut quantique, une nouvelle culture, reliée à la technologie. L'histoire commence hier et 45 tout ce qui est... on dirait avant 1980... on pourrait même parler de René Lévesque, de Pierre Elliott Trudeau..., on serait dans la Préhistoire.

Quantique
Quel est le nom à l'origine de cet adjectif ? Que signifie ce terme ?

L'autre point, que Patrick souligne avec raison, s'est aggravé dans la société québécoise, me semble-t-il, par le fait de la crise d'identité. Créer des mythes historiques ou se rappeler, c'est s'identifier ; c'est dire qui je suis. Les Américains, 50 sur le même continent, ont fait un sport national de la création de mythes. Ils

---

2 Nom donné à la période où le Québec, par une série de mesures progressistes (notamment la création du ministère de l'Éducation et de la Caisse de dépôt et placement), est entré dans la modernité. Cette période correspond aux années 1960.

créent des mythes, toujours, ils créent des mythes : les bandits sont mythiques...
Tout le monde est mythique. Même le président le plus crétin sera un président
retenu.

FB : Quand ils quittent le pouvoir, les présidents lancent tous systématiquement
55 **des biographies, on les retrouve dans les librairies...**

SB : Le Canada, dans son entier, est assez pauvre là-dessus. Les Canadiens anglais
ne sont pas plus forts. Ils ont des problèmes dans la reconstruction mythique de
l'histoire. Le Québec, c'est très grave et il faut impliquer ici, oui, la Révolution
tranquille, les efforts très malheureux de la construction d'une histoire nationale
60 par le clergé catholique qui ont choisi des mythes pathétiques [...] Pour en revenir
à la question originale : non, je ne suis pas surpris qu'on ait oublié Félix Leclerc.

PB : [...] Ce n'est pas intéressant l'histoire, ça ne sert à rien l'histoire... On est dans
cette approche-là. Alors évidemment tout le monde passe à la trappe. Félix
Leclerc, pourquoi pas lui aussi.

65 **FB : Pourtant, il est post-Révolution tranquille.**

PB : Oui, mais ce n'est pas que par rapport à la Révolution tranquille. C'est le
concept de l'histoire qui s'est retrouvé mis à l'écart. Je veux revenir sur l'histoire
de Berlin. C'est intéressant de voir ce que les Allemands ont fait à Berlin en vingt

ans. L'Holocauste, c'est chez eux! Ils n'ont pas été faire un monument, une petite
pierre dans un coin de Berlin. Ils ont été à côté du [palais du] Reichstag³, à côté de
la porte de Brandebourg, ils ont un hectare de pierres. Quand vous arrivez là,
l'Holocauste, il vous rentre dans la face. C'est fort! Vous marchez dans Berlin. Et
puis, un moment donné, vous voyez des petits pavés de bronze sur le trottoir.
C'est le nom des familles qui ont été sorties de leurs maisons en 1942-1944, la date
où elles ont été évacuées, la date où elles sont mortes et dans quel camp. Faire ça
aujourd'hui, c'est manifestement une société qui ne nie pas son histoire. Elle
l'assume. Elle la fait vivre et elle la tient vivante.

**FB : Non mais, je ne veux pas nier le mérite et la volonté des Berlinois de se rappeler
cette histoire. Mais il faut dire qu'ils n'ont pas eu beaucoup le choix non plus.
Le reste de l'Europe et la communauté internationale sont aussi là pour leur
rappeler.**

[...]

PB : Je m'excuse! La Belgique a fait voter une loi, il y a cinq ans, sur la reconnaissance des mauvais traitements pendant la colonisation belge. Ils ont fait voter
une loi! Il y a des pays qui ne sont pas encore rendus là. [...] Les pays qui arrivent
à assumer leur histoire, ce sont des pays qui sont plus forts. Aujourd'hui, on
ne peut pas nier que l'Allemagne est une puissance mondiale. C'est un pays
qui assume son histoire, qui assume aussi les conséquences de son histoire
qu'elles soient positives ou négatives. Pour un Québec, qui revendique beaucoup
de reconnaissance et à l'interne et à l'externe – toute la crise identitaire
est là d'ailleurs –, nier l'histoire, c'est ne pas se donner les moyens d'affirmer
son identité. C'est ça que je pense.

**FB : Le plus troublant, c'est qu'on ne nie pas que des histoires traumatisantes.
Même les histoires positives... Le cas de Félix Leclerc par exemple. Ce n'est pas une
histoire tragique...**

SB : [...] Félix Leclerc, l'oublier... C'est un peu idiot effectivement parce que c'est un
personnage important. [...] On a créé des mythes, mais ce sont souvent des mythes
faibles, qui sont des distorsions de l'histoire. En plus, on oublie les gens qui ont
fait des choses importantes. On oublie Félix Leclerc. On oublie des gens
de Montréal qui ont fait du cinéma à Hollywood au début du siècle. On oublie
une des plus grandes cantatrices du XIXᵉ siècle: Emma Albani, une fille des
Cantons-de-l'Est. On oublie. On oublie. [...]

PB : Avant que j'émigre, j'entendais beaucoup parler en Europe d'un certain
Norman Bethune⁴. C'est un monument. En Chine, il est extrêmement connu.

FB : Le Canada l'a reconnu. Il n'est pas reconnu au Québec mais...

PB : On parle de la mémoire... Attention! on parle de la mémoire... Parler de
Norman Bethune dans la rue! C'est pire que Félix Leclerc! [...] Avant que j'émigre,
on m'expliquait: si tu émigres au Canada, tu restes ce que tu es et tu amènes ce

---

3 Bâtiment gouvernemental de Berlin, capitale de l'Allemagne, où ont lieu les assemblées
   du gouvernement.

4 Chirurgien d'origine canadienne (1890-1939) qui est célèbre pour sa contribution
   exceptionnelle au développement de la médecine. Il a été l'un des premiers à promouvoir
   la médecine sociale qui est aujourd'hui largement répandue au Québec sous la forme des
   CLSC et de l'assurance maladie.

que tu es. Tu ne rentres pas dans une autre société. Si tu émigres aux États-Unis, tu deviens Américain. Quand tu deviens Américain, tu participes à la construction d'une identité américaine. Un des problèmes que nous pouvons avoir avec la mémoire et l'histoire au Québec, ou même au Canada, c'est qu'on n'est pas venus dans une terre où on a construit quelque chose. Aux États-Unis, il y a une très grande fierté de dire : « Je participe à cette Amérique. » Je ne suis pas sûr qu'un émigrant canadien se dise : « Je vais construire le Canada. » [...] Ici, il n'y a rien qui nous unit. Fatalement, le rapport à l'histoire... c'est vide.

SB : On touche l'os de la question. En disant ceci : le Canada est un pays qui est à construire, qui est à faire, qui n'a pas été construit et le Québec, c'est la même chose. [...] Quand on est étranger et qu'on arrive au Canada, on a l'impression d'arriver sur une *tabula rasa*[5]. Tandis qu'aux États-Unis...

FB : Pourtant, la première chose qui frappe au Québec, c'est *Je me souviens*...

PB : C'est tout un paradoxe.

SB : Oui, mais je me souviens de quoi ?

PB : Demandez aux Québécois, ils se souviennent de quoi. Ça fait allusion à quoi ? Je me souviens d'une défaite. Je me souviens de la rose qui domine le Québec.

FB : Mais pourtant les institutions nous fabriquent des mythes collectifs que je pense aux médias, que je pense aux romanciers, aux essayistes... Ils s'y sont mis. Il y a des émissions fascinantes sur des pages manquantes de l'histoire [...]

PB : Non, mais attends. Chaque fois qu'il y a quelque chose qui serait intéressant, qui nous donnerait un petit peu de valeur, il y a aussi une stratégie du samouraï qui s'ouvre le ventre. Ça, c'est très québécois. On est beaucoup plus forts à démolir les mythes ou alors à ne pas les laisser vivre trop longtemps. On adore les démolir. Il y a toujours cette sorte de masochisme au Québec par rapport aux personnages qui réussissent. J'ai l'impression qu'on a le culte de la défaite. [...]

SB : Je pense qu'on est à un tournant. Effectivement, ce que Patrick dit est vrai, mais je pense que pour les générations qui s'en viennent, on va être plus en mesure de créer des mythes, [...] Enlevons nos mauvaises habitudes de mémoire. On dit parfois qu'on a des mauvaises habitudes de conduite, on a aussi de mauvaises habitudes de mémoire.

[...] On ne s'est pas attelés à la tâche de refaire l'histoire. Ça fait trente ans que je travaille sur la question des Premières nations, des Amérindiens, à essayer de dire que [le Canada] était un pays amérindien, qu'ils [les Amérindiens] ont participé de façon dynamique à la création de la richesse, à la géopolitique, qu'ils ont participé aux guerres. Aujourd'hui, ce sont des exilés dans leur propre pays. On a là un devoir de mémoire.

[...]

PB : Vous évoquiez les médias, c'est un élément qui peut être très pervers. Les mythes, les vrais mythes, ceux qui deviennent pérennes, qui bâtissent une société et une conscience collective, sont le résultat du

> **Pérennes**
> Selon le contexte, quel mot de la langue courante pourrait remplacer cet adjectif de langue soutenue ?

---

5 Expression d'origine latine qui signifie *rendre nul ou inexistant*. La traduction française de cette expression est *faire table rase*.

Concomitance
Quelle est la signification de ce nom?

travail du temps. Aujourd'hui, avec la manipulation des médias, on peut avoir tendance à penser que quelque chose est un mythe alors
150 qu'il n'est que la concomitance d'un certain nombre d'éléments pour essayer de construire un mythe. [...] On doit se méfier de l'utilisation du mot mythe aujourd'hui. Je suis bien placé pour le savoir, je suis du côté de la manipulation horrible du marketing et de la publicité. Qu'est-ce qu'on fait avec les marques sinon construire des mythes? Il y a énormément d'outils pour construire
155 des mythes aujourd'hui.

SB: C'est vrai, on crée beaucoup de mythes. Nous ne savons plus ce qu'est un mythe. Tout peut se perdre dans la surconsommation d'histoires. [...] Nous sommes un peu en inflation. Félix Leclerc, on peut toujours en faire un mythe, mais il va se perdre dans l'ensemble des productions.

Vecteurs
Dans le contexte, que veut dire ce nom? Est-il employé au sens propre ou au sens figuré?

160 **FB:** J'étais en Syrie en tournage et je voyais un enfant à 15 ans qui m'expliquait l'histoire de Damas [...] Il m'a dit: «Ce sont mes parents qui m'en ont parlé.» Est-ce que, à cause de la destruction de la cellule familiale, nous n'avons pas perdu les vecteurs de l'histoire?

PB: [...] On n'est plus dans le temps. Serge le disait tout à l'heure, on est
165 dans l'éphémère, on est dans le quotidien, on est dans l'instantané... Alors, la valeur du concept de partager une histoire, elle est moins importante. Ensuite,

l'éducation des parents, s'ils n'ont pas été dans un contexte d'éducation et de partage, comment voulez-vous qu'ils partagent avec leurs propres enfants. C'est une lente déconnexion de tous les vecteurs. [...]

170 **FB : Si on se compare, on se rassure peut-être. En France, ils ont fait un exercice : *les 100 personnalités les plus marquantes de l'histoire*. Je peux vous dire que Zidane[6] arrivait très loin avant les Victor Hugo et les grands penseurs qui ont forgé les Lumières[7].**

[...]

SB : Mais il y a de l'espoir. [...] Il y a des jeunes qui ont 8 ans, 9 ans, 10 ans qui ne
175 demandent que ça, qu'on leur raconte une histoire. Les villes ont une histoire. Quand on voit Bagdad et les soldats américains [à la télévision]... C'est l'occasion de raconter l'histoire de Bagdad.

PB : Je pense qu'il y a une chose qui est merveilleuse : nous sommes des êtres qui adorons les histoires. Il suffit qu'on remette ça devant. En publicité, on ne fait que
180 ça raconter des histoires.

SB : Écoutez, je gagne ma vie et je raconte des histoires.

FB : Bien, je vous confirme que votre contrat va être renouvelé. Serge Bouchard, anthropologue, écrivain, animateur et Patrick Beauduin, vice-président à la création dans une agence de publicité, merci beaucoup de nous avoir fait réfléchir.

Sans détour, « Je me souviens ? », © Radio-Canada, 2008.

réflexions

1 Lors de la discussion, les deux personnalités interviewées parlent à plusieurs occasions de mythes. Quelle définition donnent-ils de ce mot ?

2 Quelles opinions émet-on sur le rapport à l'histoire et à la mémoire des Québécois et des Québécoises ? Quelles explications en donne-t-on ?

3 Selon vous, quelles personnalités québécoises devraient être élevées au rang de mythe et pourquoi ?

---

6 Célèbre joueur de soccer français.

7 Le siècle des Lumières correspond au XVIIIe siècle. Il s'agit d'un mouvement culturel et intellectuel qui a fortement influencé la pensée française moderne. Parmi les philosophes associés à ce mouvement, on compte entre autres : Jean-Jacques Rousseau, Voltaire, Denis Diderot.

L'encre du voyageur [extrait]

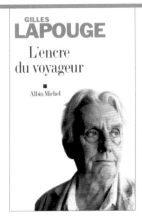

L'encre du voyageur, qui a reçu le prestigieux prix Fémina en 2007, est un recueil de textes écrits par un aventurier qui a visité plusieurs recoins de la terre, entre autres le Brésil, l'Inde, l'Islande ou Tahiti, et dont le but premier est de raconter ses voyages. En effet, Gilles Lapouge a une conception unique du voyage qui, pour lui, commence quand il est terminé et n'existe que par le récit. Dans son ouvrage, il explique que les souvenirs qui imprègnent le voyageur sont indélébiles alors que le voyage n'est qu'une expérience temporaire. C'est pourquoi il vit ses explorations dans la flânerie et dans l'égarement, selon ses envies du moment. Bref, il se veut tout le contraire du touriste organisé.

Gilles Lapouge est né à Dignes, en France, en 1923. Toutefois, il a passé la plus grande partie de son enfance en Algérie, où il travaillera plus tard comme journaliste. À son retour en France, il collabore à des journaux et revues importants. Au début des années 1950, il part pour le Brésil et il devient grand reporter pour un journal de São Paulo. Celui qui « n'aime ni les pays chauds, ni les palmiers, ni les plages » occupe encore de façon quotidienne ce poste de correspondant pour l'Europe depuis plus de cinquante ans. Écrivain et globe-trotter passionné par les sujets les plus divers, il est récipiendaire de plusieurs prix littéraires pour les nombreux romans et recueils de nouvelles qu'il a écrits.

L'essayiste évoque la métaphore de l'encre sympathique et du palimpseste[1] tout au long de son essai. Quels parallèles fait-il entre cette métaphore et son propos ?

Encre sympathique
Sous quelle autre appellation connaît-on aussi cette encre ?

Enfermée dans sa chrysalide
Expliquez la métaphore employée.

Quand j'étais enfant, à Aix, je fabriquais avec les citrons du jardin de l'encre sympathique. Le nom était encourageant. Il promettait une encre moins obscure que celle de l'école. Il laissait espérer que mes tentatives de poésie seraient mieux abouties que mes devoirs de classe.
5 Je pouvais également, grâce à cette technique, me préparer un destin de détective privé ou d'officier du chiffre. Ainsi mes premiers ouvrages littéraires ont-ils été calligraphiés d'une encre provisoire et même absente, une encre pour un univers de papillons: elle était d'abord invisible, enfermée dans sa chrysalide, avant d'apparaître sous l'effet
10 de la chaleur puisqu'il faut chauffer les encres sympathiques pour les ranimer.

---

1 Parchemin dont on a effacé un premier texte dans le but d'en écrire un nouveau.

Ensuite, dès que j'avais pu lire ce que je venais d'écrire, et qui était plus émouvant que d'avoir fait un petit détour par le vide, je vouais mon œuvre à la flamme, sans crainte aucune, car je ne doutais pas que les mots, une fois écrits, et surtout quand ils ont subi le feu, perdurent.

[...]

15 Je n'utilise plus ces encres délicieuses mais leur souvenir demeure et peut-être il me hante. J'explique par là le goût que j'ai du palimpseste. Le scribe copie un texte. Il y apporte un soin sourcilleux. Un autre scribe, un peu plus tard, déboule, attrape le parchemin, le lave et dépose sur la surface redevenue vierge un deuxième texte.

20 Cette opération se justifiait le plus souvent par le manque de supports – parchemins, ou vélins étaient rares et chers. Mais, certains palimpsestes obéissaient à d'autres desseins. Ils avaient le projet de supprimer, d'abolir, des pensées périmées ou qui n'étaient pas bonnes.

Desseins
Quelle est la différence entre la signification du nom *dessein* et celle de son homophone *dessin*?

Les Pères de l'Église faisaient nettoyer les manuscrits des grands auteurs latins 25 pour déposer à leur place, comme font les coucous dans le nid des bergeronnettes, leurs propres vérités. Les Irlandais du VIIe siècle, qui étaient de grands saints, ont commis de tels forfaits. Colomban a fait copier dans la bibliothèque de Bobbio les écrits des Pères de l'Église, les actes des conciles[2] et des passages de la Bible. Tous ces textes ont été calligraphiés sur des palimpsestes desquels avaient d'abord été 30 chassés des auteurs latins tels Plaute, Virgile, Tite-Live ou Cicéron, [...]

Mais, les textes tués ne savent pas mourir. En catimini, et comme en retenant leur souffle, ils occupent toujours le terrain. Si l'on sait interroger le palimpseste au besoin avec des machines compliquées, on constate que les phrases exilées sont toujours là. Même rincés et même 35 gratouillés, les premiers écrits perdurent. On les fait remonter à la surface. Le texte noyé revient. Il est comme un fantôme. Il balbutie. Il parle. [...] Le texte primitif du palimpseste, comme celui de l'encre au citron, subsiste et parle.

En catimini
De quelle langue ancienne provient cette expression ? Remplacez cet adverbe par un synonyme.

Dans certaines cultures pré-alphabétiques, les livres étaient des 40 tablettes d'argile molle. Des conquérants y jetaient leurs torches. Les argiles cuisaient, durcissaient. Le feu les sauvait, allongeait leur espérance de vie. Les Assyriens[3] détenaient de gros stocks de tablettes d'argile. Ils ne savaient plus qu'en faire. De temps en temps, ils faisaient le ménage. Ils utilisaient les débris de leurs bibliothèques pour confectionner des 45 routes et réparer le sol de leurs maisons.

Pré-alphabétiques
À l'aide des éléments qui composent cet adjectif, définissez-le.

Au Brésil, dans le Minas Gerais, les esclaves noirs du XVIIIe siècle aimaient les feux d'artifice. Ils confectionnaient des fusées en enveloppant de la poudre dans des pages de livres ou dans des partitions de musique baroque. On a exhumé, il y a trente ans, dans des décharges, les restes noirs de ces fusées. Des musiciens ont 50 reconstitué les partitions carbonisées, les ont jouées. Elles sont très belles et comme en haillons, avec des silences.

---

2 Textes religieux qui présentent l'opinion de l'Église sur des questions jugées importantes.

3 Habitants de l'ancien empire d'Assyrie, situé au nord de la Mésopotamie, qui s'étendait notamment sur la Syrie, la Turquie, l'Iran et l'Irak.

Je commence à entrevoir pourquoi je lis : c'est pour assister au miracle du citron, pour voir le texte, même en cendres, même noyé et concassé, sortir des coulisses et dire des merveilles. J'étends la règle du citron à toute lecture. Si j'ouvre
55 un livre, j'ai sous les yeux un grouillement de signes assoupis. Ils roupillent. Ils hibernent. Je les regarde. Je les chauffe. Ils recommencent à bouger. Ils chuchotent. Des myriades de petits rouages se mettent à tourner comme la plus puissante des machineries, afin de déployer tout ce qui était dit dans ces jambages noirs. Un livre est pareil à une horloge arrêtée qu'il suffit de remonter pour que
60 ses rouages se réveillent. Des paysages se forment. [...]

Est-il une matière première plus fragile, plus menacée que celle dont est fait le livre ?

Le papyrus, le parchemin, le vélin, le papier sont choses frêles, friables, destruc-tibles. Est-il machinerie plus infime que celle que constituent les lettres et les
65 mots, les grammaires et les syntaxes ? Et pourtant tout cela résiste. Certes, il y a eu d'innombrables autodafés[4] mais comment ne pas admirer que tant de ces feuilles et tant de ces gribouillages aient traversé les fureurs de l'Histoire pour échouer sur nos rivages et qu'ils aient échappé aux guerres, aux Inquisitions[5] et aux maléfices du temps ? Et même quand ils sont anéantis, effacés ou brûlés, il leur
70 reste la technique de l'écriture au citron, celle [...] des palimpsestes, celle de tout acte littéraire : ressusciter les lettres absentes en les chauffant à la flamme, en les lavant une deuxième fois, en les enterrant dans un lieu secret, en déchiffrant leurs cendres. Voilà pourquoi j'aime à lire. Parce que tous les livres sont écrits à l'encre de citron. Parce que chaque roman est un palimpseste.

Gilles Lapouge, *L'encre du voyageur*, © 2007, Éditions Albin Michel.

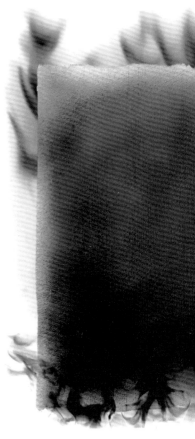

réflexions

1 Dans quels buts avait-on recours autrefois au palimpseste ?

2 De quelle manière Gilles Lapouge montre-t-il les pouvoirs insoupçonnés de l'écriture ?

3 Que veut-il dire lorsqu'il affirme à la fin de l'extrait de son essai que chaque roman est un palimpseste ?

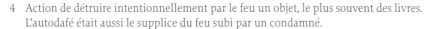

4 Action de détruire intentionnellement par le feu un objet, le plus souvent des livres. L'autodafé était aussi le supplice du feu subi par un condamné.

5 Entre le XIIIᵉ et le XVIᵉ siècle, institution chargée de rechercher et de poursuivre dans certains États catholiques toute doctrine contraire à la foi catholique. Elle fut aussi utilisée pour réprimer la sorcellerie et persécuter les non-chrétiens ou ceux jugés comme tels.

La dynamique amoureuse entre désirs et peurs [extrait]

Selon Rose-Marie Charest, « le partenaire idéal existe... dans l'imaginaire ». Cette citation résume son discours sur la complexité des rapports amoureux : l'idéal n'est pas parfait. L'amour, contrairement à l'attirance, demande du temps pour prendre forme. Il faut apprendre à distinguer le rêve de la réalité. Dans son livre *La dynamique amoureuse entre désirs et peurs*, la psychologue et conférencière démystifie les rapports amoureux et répond dans un style à la fois simple et concis aux questions que célibataires et amoureux se posent fréquemment : pourquoi est-ce que je ne rencontre jamais la bonne personne ? Pourquoi certaines personnes s'enlisent-elles dans une relation malsaine alors que d'autres passent d'une personne à l'autre ? Comment une relation peut-elle durer ? Est-elle saine ? Son propos permet de mener une introspection sur ses attentes, ses craintes et ses désirs quant au sentiment amoureux.

Rose-Marie Charest est la présidente de l'ordre des psychologues du Québec depuis 1998. À ce titre, elle cumule diverses fonctions dont la principale est de promouvoir l'importance de la psychologie. Elle participe à de nombreuses émissions radiophoniques ou télévisées comme chroniqueuse ou invitée. En plus de sa pratique privée en clinique, elle donne des conférences et publie des ouvrages axés sur les thèmes qui lui sont chers : la relation de couple, la gestion du stress, la perte d'emploi.

Au cours de votre lecture, vous remarquerez que Rose-Marie Charest formule beaucoup de questions. Expliquez les raisons possibles de ce choix.

Les yeux ouverts pendant et après la rencontre

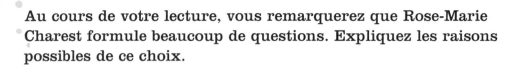

Stériles
Quel est le sens de cet adjectif lorsqu'il est utilisé au sens propre et au sens figuré ? Quel sens a-t-il dans cette phrase ?

Le ou les premiers rendez-vous sont donc des étapes cruciales. Ils déclenchent des émotions, des intuitions, des ressentis qui peuvent être extrêmement précieux pour la suite des événements, quelle qu'elle soit. Comment utiliser ces précieuses informations pour éviter les répétitions
5 stériles, les culs-de-sac ou les expériences douloureuses et, surtout, pour choisir et garder les rencontres qui peuvent se transformer en relations fructueuses ?

Le contact

La première question à se poser est celle du contact : est-ce que je peux établir un contact avec cette personne, est-ce que le courant passe entre nous ? Y a-t-il un moment où nos regards s'accrochent, où je me sens bien dans ce regard ? Bien sûr, le stress inhérent aux premières rencontres peut brouiller les signaux. On est souvent très inquiet de l'impression que l'on fait, très préoccupé aussi de dénicher la bonne personne, de ne pas se laisser prendre dans des filets trompeurs. Mais si je reste dans l'analyse, tellement préoccupé de savoir si c'est la « bonne personne pour moi », je risque de perdre de vue l'essentiel : comment je me sens avec cette personne ? Je risque aussi de porter un jugement trop rapide, par peur de me tromper ou d'avoir mal une fois de plus. L'autre aussi vit une situation exigeante ; aussi, il se peut que j'interprète comme des travers des aspects qui sont simplement des maladresses. Et je passerai peut-être à côté d'une vraie rencontre.

Le contact est établi quand la tension naturelle est entrecoupée de bons moments, qui sont de plus en plus fréquents et de plus en plus longs. Pour cela, il faut donner du temps au temps et ne rien forcer. Comme lorsqu'on est en train de monter un casse-tête : les bons morceaux se placent facilement ; il ne sert à rien de contraindre les autres à entrer dans un espace qui n'est pas le leur. De la même façon, on ne peut chercher à se modeler coûte que coûte sur ce qui nous est étranger. On est à sa place lorsqu'on arrive à se détendre, à se sentir bien, sans rien forcer. Car il ne s'agit pas de trouver la bonne personne, mais la bonne personne pour soi.

Du bien-être

Trop souvent, la question qui occupe l'esprit dans une première rencontre est : est-ce que j'éprouve de l'attirance, est-ce que je pourrais ressentir de la passion ? Il faudrait aussi se demander si l'on est capable d'éprouver du bien-être avec cette personne. Est-ce que j'ai envie de passer plus de temps avec elle ? Est-ce que je la sens à l'aise là, maintenant, ou si chacun ou l'un des deux regarde ailleurs... ou sa montre ? Il faut donner à la relation le temps de se développer, ne pas chercher tout de suite à en tracer le scénario à partir d'un certain sentiment d'ébullition ou de l'état de passion. Quand on se sent bien, en général, c'est qu'il y a un contact réel, et sur ce bien-être partagé, on pourra développer une relation.

Certains autres signes doivent tout de même retenir notre attention : une personne qui, lors d'une première rencontre, ne tient absolument pas compte de moi, ou une autre qui me parle des femmes (ou des hommes) avec une image si noire que je peux en déduire que je serai son prochain bourreau, devrait éveiller ma prudence. De même, je devrais être sur mes gardes devant un inconnu qui, dès les premières rencontres, tient absolument à être sûr que je vais l'aimer tout de suite, lui seul et pour toujours, ou cet autre qui m'interdit de lui faire revivre ce qu'il ou elle a déjà vécu. Il n'est pas nécessaire de prendre immédiatement ses jambes à son cou, mais il est indispensable de garder l'œil ouvert, dans les rendez-vous ultérieurs. Voilà peut-être quelqu'un de trop fragile, quelqu'un dont je devrai « prendre soin », ou quelqu'un de trop radical qui cherchera à me contrôler, au mépris de mon propre bien-être.

Inhérent
Utilisez le dictionnaire afin de trouver un synonyme pour définir ce terme.

Donner du temps au temps
Que veut dire cette expression ?

Certaines situations de rencontre sont plus faciles que d'autres. Au travail, par exemple, on a tout le loisir d'observer le futur partenaire dans ses interactions avec les autres, de voir sa tolérance à la frustration, son humeur, sa créativité, etc. On n'est pas face à face et on ne se donne pas le mandat de savoir, en deux ou trois rencontres, qui est l'autre et si cette personne nous conviendrait pour construire une relation amoureuse. C'est pourquoi il faudrait aussi se donner toutes sortes de styles de rencontres en tête à tête au restaurant, oui, mais aussi dans des discussions entre amis, en excursion, dans une activité qui nous intéresse tous les deux. Rencontrer les amis l'un de l'autre et vivre ensemble des expériences diversifiées permet d'observer comment je me sens avec cette personne, dans ces différentes situations. La diversité des contextes permet de découvrir non seulement cette personne, mais ce que je deviens à son contact, pendant ces moments et après. Quelles traces ces différentes situations laissent-elles en moi ?

De la curiosité

Trop souvent, la peur de se tromper ou d'avoir mal fait en sorte que l'on se sent le devoir de chercher et de trouver rapidement si une personne nous convient. Cette nécessité nous empêche de développer une véritable curiosité à l'égard de l'autre que l'on vient de rencontrer. On veut tout de suite avoir la réponse à notre question : est-ce la bonne personne ? Et vite fait bien fait, on la classe dans l'une ou l'autre des catégories que l'on a déjà rencontrées, sans avoir suffisamment pris le temps de l'observer. En cataloguant rapidement l'autre en face de soi, on risque d'être le premier perdant : personne n'est tout à fait semblable à quelqu'un que l'on a déjà connu. Et celle-ci, qu'a-t-elle de différent ? La découverte de l'autre est une étape intéressante en soi ; ne nous en privons pas. Ai-je envie de connaître davantage cette personne, peu importe le type de relation sur lequel débouchera ce premier contact ? L'expérience de la rencontre en elle-même peut être fructueuse si elle me permet de mettre au clair ce que j'aime ou n'aime pas, de découvrir le fonctionnement d'un autre, nos ressemblances et nos différences. Ce que j'en perçois actuellement me donne-t-il l'envie d'en connaître plus sur l'autre ?

La capacité de changer

Une autre question devrait se poser aussi : ce qui me dérange chez l'autre en face de moi, est-ce quelque chose de fondamental ou de relatif ? Aucun être humain ne peut convenir tout à fait à notre image de l'amoureux idéal. Mais dans ce que je perçois qui me dérange, certaines choses sont fondamentales, d'autres non. La question à se poser est alors : est-ce que je peux vivre avec ce comportement ou cette façon de faire ? Elle entraîne une deuxième question : est-ce un aspect de sa personne qui peut se transformer ? Si je devais lui demander de changer cela, est-ce que je trouverais les mots, le ton, l'attitude ? Est-ce une demande réaliste, respectueuse ? Puis-je imaginer être un jour satisfait ?

On a tellement répété qu'il ne fallait pas penser transformer l'autre que beaucoup d'hommes et de femmes recherchent un ou une partenaire « clé en main ». En réalité, chacun devra s'adapter et faire évoluer des aspects de sa vie actuelle : un horaire, une façon de s'habiller,

un lieu d'habitation, par exemple. Parfois, il faudra avoir le courage de demander
95 un changement. Certaines personnes ont si peur de s'affirmer qu'elles abdiquent
    dès que l'autre n'est pas ou ne devine pas ce qu'elles souhaitent. Elles ne
    s'imaginent pas en train de dire à l'autre ce qu'il ou elle pourrait modifier dans des
    choses très simples comme sa façon de conduire, de se vêtir ou de manger... Elles
    vont fuir plutôt. Mais une façon de se vêtir peut démontrer soit un manque de
100 goût, ce qui est relativement facile à résoudre par quelques séances de magasi-
    nage, soit quelque chose de plus subtil ou de plus profond, comme le peu de
    respect que l'on a pour soi-même.

Il faut être réaliste : si certaines choses peuvent changer, comme une garde-robe, d'autres sont pratiquement impossibles à trans-
105 former. Il faudra alors se demander si l'on pourra vivre avec cet aspect de la personnalité du partenaire. Tout ce qui est sous contrôle volontaire peut évoluer, mais ce qui ne l'est pas se modifie beaucoup plus difficilement : intelligence, sensibilité, capacité d'expression, humeur, etc. Il y a une différence entre demander un
110 changement et tout critiquer chez l'autre. On peut faire une demande à une personne que l'on respecte, voire que l'on admire. Mais si l'on est trop exaspéré par cet autre qui ne correspond pas à l'image rêvée et ne répond pas à nos désirs, il vaut mieux le laisser aller vers une personne qui saura l'apprécier. Si je ne trouve
115 pas cette personne intelligente... ou si je trouve qu'elle n'a « pas de conversation », il faut savoir si cet aspect est essentiel pour moi. Le dialogue n'est pas essentiel pour tout le monde. Certaines femmes ont vécu toute leur vie aux côtés d'un mari qui échangeait peu et elles n'en ont pas vraiment souffert. Pour d'autres, cette situation
120 aurait été intolérable. Le besoin d'admirer est légitime mais il n'implique pas que le partenaire doive susciter l'admiration en tout et en tout temps. Il est possible aussi qu'il faille un certain temps pour trouver le trait qui suscite l'admiration. Saura-t-on se donner le temps de découvrir cet aspect dans une personnalité très
125 discrète, par exemple ?

[...]

Rose-Marie Charest, *La dynamique amoureuse entre désirs et peurs*,
© 2008, Bayard Canada Livres.

réflexions

1 Lors des premières rencontres, la psychologue insiste beaucoup sur l'importance de laisser le temps faire son œuvre. Pourquoi insiste-t-elle sur ce point ?

2 Quelle différence madame Charest introduit-elle lorsqu'elle distingue la bonne personne de la bonne personne *pour soi* ?

3 D'après les propos tenus dans ce texte, est-ce que la psychologue laisse entendre que les relations amoureuses saines sont possibles ou impossibles ? Justifiez votre réponse.

À propos... des séquences textuelles

La composition d'un texte

Un **texte** est structuré selon diverses règles et se compose d'une ou de plusieurs séquences liées par le sens. Une **séquence** organise le texte en tout (séquence dominante) ou en parties (séquences secondaires).

On reconnaît le **type** d'un texte par l'identification de sa séquence dominante. Par exemple, un texte est de type descriptif si sa séquence dominante est descriptive. Les cinq séquences textuelles sont les suivantes : descriptive, explicative, argumentative, narrative et dialogale.

La séquence descriptive

La séquence descriptive présente le *quoi* ou le *comment* d'une réalité, c'est-à-dire les divers aspects d'un sujet (qualités, propriétés, parties, composantes, etc.).

La séquence descriptive est souvent dominante dans des textes courants tels que les petites annonces, les articles d'encyclopédies, les guides touristiques, etc. C'est une séquence secondaire quand elle est insérée dans un autre type de texte. C'est le cas par exemple de la description d'un phénomène dans un article scientifique de type explicatif, ou encore de la description d'un personnage ou d'un lieu dans un texte de type narratif comme le roman.

La structure de la séquence descriptive

Une séquence descriptive comprend habituellement trois parties :

– la **mention du sujet**, qui se trouve, en général, au début de la séquence descriptive et qui est parfois reformulée en fin de séquence descriptive ;

– l'**aspectualisation**, c'est-à-dire l'énumération des aspects ou des sous-aspects qui permettent de décrire le sujet présenté ;

– la **reformulation**, c'est-à-dire le rappel du sujet décrit dans d'autres mots.

Lors de l'enregistrement radiophonique, Patrick Beauduin utilise la séquence descriptive lorsqu'il parle de la ville de Berlin :

Sujet					
Les monuments commémoratifs de la ville de Berlin					
Premier aspect			Deuxième aspect		
Première manifestation commémorative (monuments de pierres)			Deuxième manifestation commémorative (pavés de bronze)		
Sous-aspects			Sous-aspects		
Localisation	Dimension	Impact	Localisation	Dimension et matière	Éléments inscrits
À côté du palais du Reichstag, à côté de la porte de Brandebourg	Ils ont un hectare de pierre	Quand vous arrivez là, l'Holocauste, il vous rentre dans la face. C'est fort !	Vous marchez dans Berlin.	Vous voyez des petits pavés de bronze sur le trottoir.	C'est le nom des familles, la date où elles sont mortes et dans quel camp.

Les procédés descriptifs

Il y a trois principaux procédés utilisés pour faire une description :

– la **dénomination**, c'est-à-dire l'identification par un nom de la réalité décrite. Parfois, le nom utilisé contient une précision qui révèle un aspect ou une caractéristique du sujet décrit. Certains noms propres jouent parfois un rôle descriptif. Au Québec, l'évocation des noms de Séraphin et d'Aurore permet de décrire la personnalité d'un individu ;

– la **localisation**, c'est-à-dire la situation dans l'espace ou le temps de la réalité décrite ;

– la **caractérisation**, c'est-à-dire la présentation des facettes de la réalité décrite par des signes distinctifs.

Le monument de pierres présenté par Patrick Beauduin est décrit selon sa localisation, sa dimension et son impact visuel et il est également mis en relation avec des événements historiques (l'Holocauste).

La séquence explicative

La séquence explicative présente le *pourquoi* d'une réalité, c'est-à-dire les causes et les conséquences du phénomène étudié.

La séquence explicative est souvent dominante dans des textes courants tels que les articles scientifiques ou les manuels scolaires. Elle peut aussi être une séquence secondaire dans le texte argumentatif où elle est utilisée comme procédé ou dans un texte narratif lorsqu'un enquêteur expose les mobiles d'un crime.

La structure de la séquence explicative

Une séquence explicative comprend habituellement trois parties :

– la **phase de questionnement**, qui correspond à la présentation du sujet sous forme d'un questionnement qui peut être implicite ou explicite ;

– la **phase explicative**, qui correspond à l'explication du phénomène étudié, à la réponse formulée de la phase de questionnement ;

– la **phase conclusive**, qui reprend les principaux éléments de réponse.

Dans *L'encre du voyageur*, il est possible d'identifier une séquence explicative :

Phase de questionnement	Phase explicative		Phase conclusive
	1re EXPLICATION	2e EXPLICATION	
J'explique par là le goût que j'ai du palimpseste.	*Cette opération se justifiait le plus souvent par le manque de supports – parchemins ou vélins étaient rares et chers.*	*Mais, certains palimpsestes obéissaient à d'autres desseins. Ils avaient le projet de supprimer, d'abolir, des pensées périmées ou qui n'étaient pas bonnes.* *Les Pères de l'Église faisaient nettoyer les manuscrits [...] pour y déposer, comme le font les coucous dans le nid des bergeronnettes, leurs propres vérités.*	*Mais, les textes tués ne savent pas mourir...*
	Procédés explicatifs : – Exemple	Procédés explicatifs : – Reformulation – Comparaison	

Les procédés explicatifs

On retrouve habituellement les procédés suivants à l'intérieur d'une séquence explicative :

– l'**exemple**, qui permet d'associer un concept à une réalité concrète ;

> Cette opération se justifiait le plus souvent par le manque de supports – <u>parchemins ou vélins étaient rares et chers</u>. (Lapouge)

– la **reformulation**, qui consiste à redire une idée dans un vocabulaire différent à l'aide de synonymes ou d'analogies ;

> Ils avaient le projet de supprimer, <u>d'abolir</u>, des pensées périmées ou qui n'étaient pas bonnes. (Lapouge)

– la **comparaison**, qui consiste à relier deux réalités qui ont des points communs ou différents à l'aide de termes (comme, tel, semblable à, à la différence de, contrairement à, etc.);

> Les Pères de l'Église faisaient nettoyer les manuscrits [...] pour déposer à leur place, <u>comme le font les coucous dans le nid des bergeronnettes</u>, leurs propres vérités. (Lapouge)

– la **définition**, qui consiste à résumer un mot, une idée ou un concept. Pour définir, on utilise souvent des termes génériques, spécifiques ou des synonymes;

> Palimpseste: parchemin dont on a effacé un premier texte dans le but d'en écrire un nouveau.

– la **représentation graphique**, qui peut être un tableau, un graphique, une image ou un schéma permettant de synthétiser les informations du texte ou de présenter un complément d'information.

La séquence argumentative

Cette séquence n'est présentée que sommairement, dans le but de permettre son identification dans divers textes et de la comparer aux autres séquences. Pour plus d'informations, il faudra consulter le Portail 4 qui porte uniquement sur l'argumentation et qui présente les détails de la séquence argumentative.

La séquence argumentative vise à influencer, à convaincre ou à persuader son destinataire. Elle présente la prise de position de son énonciateur et expose les arguments qu'il a choisis pour faire valoir son opinion.

La séquence argumentative est dominante dans des textes courants tels que les éditoriaux, les textes d'opinion et les lettres ouvertes. Elle peut toutefois être une séquence secondaire. Par exemple, dans un texte narratif ou dramatique, il arrive qu'un énonciateur utilise une argumentation afin de présenter son opinion.

La structure de la séquence argumentative

La séquence argumentative comprend habituellement les trois parties suivantes:
– la **présentation de la thèse**, qui correspond à la position adoptée par l'énonciateur;
– la **phase argumentative**, qui présente le raisonnement de l'énonciateur et l'étayage de ses arguments selon les procédés argumentatifs retenus;
– la **phase conclusive**, qui reprend l'idée générale de la position défendue.

La séquence narrative

La séquence narrative est utilisée dans le but de raconter une histoire. Elle correspond aux parties du schéma narratif (voir la Fenêtre 2, page 74) et comprend les divers procédés narratifs (voir la Fenêtre 5, page 208).

La séquence narrative est dominante dans les textes du genre narratif tels que les romans, les nouvelles, les contes, de même que dans les textes courants tels que les faits divers ou les notes biographiques. Elle peut aussi être une séquence secondaire comme dans le cas où un énonciateur raconte une anecdote à l'intérieur d'une séquence argumentative.

La structure de la séquence narrative

À titre de rappel, le schéma narratif comprend :
- **la situation initiale** ;
- **l'élément déclencheur** ;
- **les péripéties** ;
- **le dénouement** ;
- **la situation finale**.

La séquence dialogale

La séquence dialogale présente un échange sous forme de discours direct entre deux ou plusieurs énonciateurs. C'est la séquence dominante du texte de genre dramatique tel que les pièces de théâtre ou les scénarios. Des textes courants, tels les entrevues, les débats ou les discussions, utilisent aussi la séquence dialogale. Elle est aussi utilisée comme séquence secondaire dans plusieurs textes de genre narratif, dont le roman afin de donner la parole à des personnages.

La structure de la séquence dialogale

La séquence dialogale comprend les trois parties suivantes :
- la **phase d'ouverture**, qui correspond à la première réplique ;
- la **phase d'interaction**, qui présente les échanges ;
- la **phase de clôture**, qui correspond à la dernière réplique.

Comparer les textes

Je me souviens?

Vous venez de lire trois textes : « Je me souviens ? », *L'encre du voyageur* et *La dynamique amoureuse entre désirs et peurs*.

1 Les trois textes principaux ont eu recours à une ou plusieurs séquences explicatives. Quel texte présente une séquence explicative claire et complète ? Justifiez votre réponse.

2 Le titre peut être un indice permettant d'identifier la séquence dominante d'un texte. Parmi les textes principaux, lequel vous permet de déduire sa séquence dominante ? Justifiez votre réponse.

3 Pourquoi n'est-il pas évident parfois de distinguer la séquence explicative de la séquence argumentative ? Répondez en relevant, pour chacun des textes principaux de cette Fenêtre, ce qui peut rendre plus difficile la distinction entre ces deux séquences.

4 En quoi la lecture de la séquence dialogale de la discussion « Je me souviens ? » est-elle un exercice différent de celle des autres textes ?

5 Le questionnement est souvent utilisé dans la séquence argumentative. Pourtant, on le retrouve également dans d'autres séquences. Pour quelles raisons chacun des textes a-t-il recours au questionnement ?

GILLES **LAPOUGE**

L'encre du voyageur

Albin Michel

Rose-Marie **Charest**

La dynamique amoureuse *entre désirs et peurs*

Pistes
d'essai

Écriture

Plusieurs auteurs se sont inspirés d'épreuves personnelles ou collectives pour écrire une œuvre de fiction. Faites une recherche afin de trouver des œuvres inspirées des sujets abordés dans cette Fenêtre : l'échec amoureux, l'identité, la maladie et l'environnement. Trouvez pour un de ces sujets une œuvre de fiction qui serait une suggestion de lecture pertinente. Par la suite, écrivez une courte justification dans laquelle on retrouvera une séquence narrative visant à résumer l'histoire de l'œuvre choisie et une séquence argumentative qui incitera d'autres personnes à la lire.

Pour soutenir votre démarche, consultez la stratégie « Écrire un texte courant », page 556.

Communication orale

Un documentaire est un exemple de texte courant qui a recours à plusieurs séquences secondaires à l'intérieur de la séquence dominante. Lors de l'écoute en classe d'un documentaire, utilisez la fiche d'écoute afin d'identifier les diverses séquences secondaires et les procédés qui sont intégrés à la séquence dominante. Après l'écoute, partagez vos réponses avec les autres élèves et profitez de cette occasion pour donner votre appréciation du documentaire.

Pour soutenir votre démarche, consultez la stratégie « Participer à une discussion », page 563.

Lecture

Choisissez trois textes parmi les ▪ Inter·textes de cette Fenêtre et identifiez pour chacun d'eux la séquence dominante et les séquences secondaires qui le composent.

Pour soutenir votre démarche, consultez la stratégie « Lire un texte courant », page 552.

	Texte 1	Texte 2	Texte 3
Séquence dominante			
Séquence secondaire (de la ligne... à la ligne...)			
Séquence secondaire (de la ligne... à la ligne...)			

Homme de théâtre québécois d'origine libanaise, Wajdi Mouawad est à la fois auteur, metteur en scène et acteur. Ses exploits sont nombreux : il est, entre autres, récipiendaire du Prix littéraire du gouverneur général en 2000 et du Prix SACD (Société des auteurs et des compositeurs dramatiques) de la francophonie pour l'ensemble de son œuvre. En 1997, il triomphe avec la pièce *Littoral* (première partie d'un quatuor qui comprend aussi les pièces *Incendies* [2003] et *Forêt* [2006]). En 2009, lors du 63ᵉ Festival d'Avignon, la présentation de la pièce *Ciels* clôt ce quatuor baptisé *Le sang des promesses*. Les souffrances de son pays, les résultats heureux ou malheureux du mélange des cultures reviennent souvent dans ses créations.

« HANDS UP ! »

La conquête du monde est une action naturelle aux civilisations. L'Amérique n'échappe pas à la règle, même si les règles ordonnant et structurant sa propre conquête du monde sont différentes de toutes celles qui ont structuré et ordonné les conquêtes précédentes. La conquête par la paix, par le nom de la démocratie, a
5 ouvert une fenêtre qui s'est avérée extrêmement efficace en transformant le monde en un marché économique puissant.

L'Amérique. Pourquoi ce nom, qui désigne une région géographique s'étendant du pôle Nord au pôle Sud, se résume-t-il essentiellement, dans l'esprit du monde, à l'Amérique du Nord, et plus précisément aux États-Unis ? Probablement parce
10 que la force symbolique et fantasmagorique réside davantage dans le mot « Amérique » que dans celui d'« États-Unis ». Cela s'explique par le fait que le mot « Amérique », peu importe les langues, se prononce partout dans les mêmes sonorités : en arabe, « Amérca » ; en allemand, « Amerika » ; en français, « Amérique » ; en anglais, « America » ; et en cantonais, « Mékwa ». Je ne crois pas que le mot
15 « États-Unis » se dise de la même manière dans différentes langues. L'Amérique devient ainsi une religion puisqu'elle relie les peuples entre eux par un simple nom. Il suffit de prononcer ce nom pour se retrouver réunis autour du même symbole.

Ainsi, bien que le nom d'Amérique représente trois espaces différents, ceux du
20 Nord, du Centre et du Sud, linguistiquement, il s'est opéré un raccourci symbolique qui a fait des États-Unis les conquérants du nom, parce que conquérants du monde. Mais étrangement, cette victoire a quelque chose de terrible, car parfois, lorsqu'on est enfant, on peut même avoir l'impression que seuls les Américains sont des êtres humains. Les autres font des efforts pour le devenir. C'est peut-être pour cette

25 raison que la douane américaine est la plus humiliante du monde : elle a les moyens des humiliations qu'elle inflige. Ainsi, en conquérant le titre d'Américains, les habitants des États-Unis se sont aussi approprié celui d'humanité, de manière inconsciente et sans le vouloir. La teneur et le ton des élections présidentielles nous l'ont d'ailleurs rappelé, en filigrane de chaque discours.

30 Mais c'est justement cette appropriation de la notion d'humanité qui assujettit les réflexes des grands conquérants. Ce sentiment d'humanité déshéritée, je le trouve d'ailleurs dans le recoin de ma mémoire de jeunesse.

Souvenirs d'enfants

Je me souviens. Lorsque je jouais au creux des montagnes de mon enfance libanaise, j'avais la tête pleine d'une imagerie qui était faite de l'ailleurs. Je crois
35 qu'il était impossible, pour mes amis et moi, de jouer dans le lieu où nous étions véritablement. Il nous fallait obligatoirement transformer l'espace, lui donner un sens nouveau, à tout le moins une identité nouvelle, pour nous prendre à notre jeu. Or de quoi était faite notre fantasmagorie ? En quoi métamorphosions-nous notre montagne ? Et pourquoi nous fallait-il absolument le faire ?

40 Je sais que notre langue de jeu était l'arabe. Elle nous rattachait à notre monde. Mais ce monde nous semblait être un monde de vaincus. Nous étions certains qu'en aucun cas un héros ne pouvait être libanais. Nous n'avions jamais l'idée d'incarner, dans nos jeux, un personnage de notre identité. Il nous fallait absolument être un étranger pour être en mesure de nous croire. Il nous
45 fallait absolument sombrer dans le lointain. Et le lointain, pour nous, signifiait avant tout le glorieux. Et le glorieux, dans le meilleur des cas, c'était l'Amérique, parce que l'Amérique était un symbole. Or les symboles sont une terre fertile pour l'imagination dans le monde de l'enfance.

Nous savions que « Haut les mains » se disait : « Hands up ».
50 C'était là que se terminait notre connaissance de la langue américaine, et je me souviens que nous éprouvions une frustration profonde – mais surtout une tristesse – de ne pas pouvoir faire en sorte que la langue puisse donner une crédibilité à nos jeux. Dénués de mots, nous préférions encore faire semblant de parler américain plutôt que de briser la convention et
55 de proférer un seul mot en arabe, geste qui nous aurait trop impitoyablement ramenés à une réalité nous semblant trop perdante, pas suffisamment prestigieuse. Alors nous jouions en proférant des sons ressemblant à ce que nous croyions être la langue de ces personnages plus grands que nature que nous contemplions avec ferveur sur l'écran blanc du cinéma du village, un lieu qui devenait pour
60 nous la fenêtre par laquelle nous déversions tous nos désirs de grandeur. Il est important de comprendre aussi que ces films étaient, pour la plupart, chargés d'une violence rare, une violence qui devenait pour nous la définition du monde héroïque que nous voulions atteindre.

Un fantasme dévastateur

Cet état des choses, c'est certain, a contribué à développer l'imaginaire de
65 nos jeux montagneux. Je l'observe encore en moi aujourd'hui : l'imagination qui m'habite est faite à la ressemblance de ces jeux chaotiques, elle n'a rien de construit. Elle est au contraire débridée et pleine d'une cohue prenant sa source dans la frénésie de cette enfance où nous tenions des Kalachnikovs en jouant en

américain à des jeux de guerre dans les montagnes du Chouf, au Liban. Cette
70 richesse (car je veux la voir comme telle), je la dois en grande partie à cette période
du fantasme, où le monde se résumait d'un côté à l'Amérique merveilleuse et de
l'autre au reste du monde, les « méchants », dans une configuration franchement
manichéenne.

Mais quelle tragédie de savoir, au fond de nous, au fond de notre esprit
75 enfantin, que nous faisions partie des méchants, des Arabes, de ceux qu'il fallait
abattre à tout prix ! Nous faisions partie de ceux qui n'étaient pas assez blancs, pas
suffisamment blonds, dénués de la noblesse de langue « cow-boyenne », et surtout,
trop poilus, trop bruns, les yeux trop noirs, les mains trop sales... Or nous savons
tous à quel point il importe pour l'enfance d'être quelquefois du côté des symboles
80 magnifiques.

Nous étions alors pris à notre propre piège : nous savions que pour être totalement
en accord avec les héros que nous incarnions, il nous aurait fallu retourner
nos armes contre nous et nous tirer une balle dans la tête, puisque notre réalité
était « l'ennemi » de notre fiction. Pour ne pas arriver à une telle extrémité, nous
85 trafiquions avec la réalité, avec les conventions.

Ces jeux se passaient la plupart du temps dans des vallées entourant le village
de Baabdaat. Des vallées en terrasse où poussaient les poiriers, les figuiers, les
néfliers et les oliviers ; et parmi tout cela, des pins parasol à perte de vue. Nous
fabriquions des barricades puis nous jouions à la guerre en balançant des pommes
90 de pin. Plus tard, je me suis souvent posé la question suivante :
pourquoi personne ne nous a appris à observer cette beauté qui
nous entourait ? Je crois que la raison tient dans le fait que personne,
et encore moins nos parents, n'était habilité à le faire, car tous – je
l'ai découvert plus tard – étaient hantés par le fantasme de l'Amérique.

95 Entre nous, entre les enfants je veux dire, cela a provoqué un
rapport au monde assez significatif. Nous savions pertinemment
qu'aucun d'entre nous ne pourrait jamais devenir un héros, tout
simplement parce que nous étions libanais. Cela signifiait que
pour chacun d'entre nous, l'horizon était bouché. Condamné par
100 avance, par les lois inaliénables de la naissance. Nous n'étions pas
nés héros, et donc nous ne pourrions jamais le devenir, ni nos
parents. Cela, on peut le deviner, a eu, pour nous, à l'aube de la
guerre civile, une répercussion profonde de honte et de culpabilité.
Je peux dire que très jeune, j'avais le sentiment profond qu'à jamais
105 je ferais partie des perdants...

Le fantasme de l'Amérique a ceci de dévastateur qu'il travaille
le désir et finit par créer une brèche à l'intérieur même non pas de
l'identité, mais du sentiment de l'existence. Ainsi, si tant de gens
espèrent le Nouveau Monde, quittent tout pour espérer gagner
110 tout, c'est avant tout pour retrouver – ou tenter de retrouver – une
dignité nouvelle, faite de toute l'imagination provoquée par la
fantasmagorie d'un symbole qui fait croire qu'en cette terre, enfin,
les désirs de l'enfance seront à portée de main.

Wajdi Mouawad, « Hands up ! », © *Relations*, décembre 2000 (665), p. 36-37.

Lien utile

Le copyright

C'est un mot anglais pour désigner le
droit exclusif d'exploiter une œuvre,
certains design et logiciels pendant
une période donnée, dont le symbole
international est ©. Les œuvres repro-
duites doivent présenter ce symbole
en plus d'indiquer les renseignements
concernant son édition : date de
parution et maison d'édition, et s'il
y a lieu, date de la parution de la
traduction, nom du traducteur, date
de réédition, éditions précédentes,
autres maisons d'éditions. Lorsqu'une
personne veut reproduire une œuvre,
en tout ou en partie, elle doit utiliser
les renseignements fournis par le
copyright et s'acquitter des droits.
Depuis 1967, l'Organisation mondiale
de la propriété intellectuelle (OMPI)
détermine les règles internationales
d'utilisation de ces droits qui peuvent
appartenir à l'auteur, à ses descendants
ou à une autre personne qui les aurait
achetés.

Après ses études cinématographiques, Bachir Bensaddek réalise des vidéoclips et des courts-métrages avant de devenir documentariste. Ses œuvres abordent des thèmes variés tels les sports (dont *L'eau à la bouche*, un documentaire sur le water-polo féminin) et les arts (dont *Cirque du soleil : sans filet*, une série documentaire qui remporte plusieurs prix, entre autres, un Emmy Awards en 2003). En 2008, il donne la parole à des comédiens et des comédiennes en début de carrière et présente au quotidien le chemin à parcourir pour ceux qui aspirent un jour à brûler les planches. Le dossier de presse, un condensé qui présente le film aux journalistes et aux recherchistes, décrit les principales particularités de ce documentaire.

J'me voyais déjà [extrait]

Dossier de presse LE FILM – J'me voyais déjà

J'me voyais déjà présente les parcours parallèles et souvent convergents de treize jeunes gens en quête de théâtre, de treize jeunes gens en quête d'eux-mêmes. Certains attendent fébrilement d'être admis à l'école de théâtre. D'autres en sortent et s'acheminent vers le métier. Tous ont cependant choisi d'exercer un art qui les
5 pousse irrémédiablement vers l'avant, au dépassement : une profession vertigineuse, qui progresse d'auditions en auditions, et dans laquelle on est toujours en perpétuel devenir, et pour laquelle on est toujours un perpétuel aspirant.

Il y a d'abord les aspirants étudiants.

Ce sont ceux qui tentent leur chance, ceux qui font les premiers pas. Eux, ils ont vaincu les résistances de leurs parents. Ils se sont exilés à Montréal. Pour eux,
10 tout dépend du oui ou du non de l'établissement de formation. En fait, tout dépend de l'audition. Elle dictera l'orientation de leurs trois prochaines années. À tâtons, ils avancent donc vers l'école de théâtre, étape préalable à l'exercice de leur futur métier. Leur seul désir : le coup de téléphone qui leur ouvrira les portes de l'avenir. En attendant, ils s'improvisent comédiens entre la table de cuisine et le réfrigéra-
15 teur, se nourrissent d'espoir et vivent de boulots temporaires pour boucler les fins de mois.

Il y a ensuite les aspirants comédiens.

Ce sont les finissants du Conservatoire d'art dramatique de Montréal, ceux qui s'ouvrent au métier. Eux, ils commencent à se dégager du cocon douillet de l'école et doivent déjà affronter les dures réalités du métier, les exigences de leur art.
20 Un pied dans la pouponnière, un autre dans la réalité, ils avancent, parfois en claudiquant, vers leur rêve de carrière. Contrairement aux aspirants étudiants, ils expérimentent toutefois – et fort heureusement – la fraternité du métier d'acteur. Mais ils goûtent également à la critique, qui dépasse parfois celle de leur talent pour les atteindre au fond de leur être. Leur premier exercice artistique devant
25 public sera-t-il bien accueilli ? Surmonteront-ils l'épreuve de l'évaluation ? Et qu'en est-il du métier ? Vont-ils trouver un agent ? Vont-ils se produire eux-mêmes ? former une troupe ? Créer un spectacle solo ?

Puis, il y a ces sempiternelles auditions... où il faut performer et briller !

Les premiers comme les deuxièmes devront survivre à la ronde infernale des auditions. Car, si on entre à l'école sur audition, on en sort sur audition. Or, *J'me*
30 *voyais déjà* progresse et culmine jusqu'aux auditions générales : celles du Quat'sous pour les aspirants comédiens, celles de l'école pour les aspirants étudiants. Dans les deux cas, l'audition est toujours une qualification préalable. L'audition, c'est l'antichambre du métier. Et c'est également là que les comédiens doivent faire face au verdict. Comme des *curriculum vitæ* vivants, ils y présentent des scènes minu-
35 tieusement répétées pour mettre en valeur tel ou tel aspect de leur talent respectif. Ils soumettent leur travail au public, à la critique ; en quelque sorte, ils s'offrent en pâture. Vont-ils être choisis ? Vont-ils être découverts ?

Puis, il y a enfin le comédien « diplômé » du film. Seul représentant de la vie « après le Conservatoire ». Lui, il sait. Il sait qu'une réussite n'est jamais définitive et
40 que le cycle implacable des auditions se poursuit et se poursuivra sans fin. Sa quête le conduira d'ailleurs dans des lieux inattendus.

Filmés durant une année entière, les protagonistes de *J'me voyais déjà* se livrent avec simplicité et confiance à la caméra de Bachir Bensaddek devenue, au fil du temps, une amie discrète, plus encore, une confidente.

45 Puisant à même un matériel documentaire riche et vibrant de vérité, le réalisateur entrecroise savamment les entrevues et les témoignages poignants, superpose les moments décisifs et capte les impressions fugitives pour créer une mosaïque humaine, où tous les destins s'agencent et convergent, où toutes les voix se répondent et crient d'un même souffle : — « Je veux être comédien ! »

50 À travers ces treize jeunes aspirants, le documentariste présente les rêves, les espoirs, les joies et les déceptions que comporte le métier de comédien, le travail rigoureux qu'il exige de chacun. Travail sur le corps, la voix et l'élocution, certes, mais aussi, et surtout, travail sur soi. Ces comédiens en devenir, eux qui ont choisi un métier d'artisan, doivent accepter de mettre leurs failles à nu,
55 sans jamais avoir peur du rejet. Dans le regard de l'autre, il leur faut apprendre à voir le miroir de leurs faiblesses, à saisir la magnitude de leur talent, à jauger leurs chances de percer. Il leur faut également, et surtout, laisser entrevoir leur âme. De tous ces efforts, il leur reste le bonheur indescriptible du jeu, l'énergie
60 ardente et vivifiante de l'amitié, la consolation de la passion.

Dans *J'me voyais déjà*, Bensaddek nous présente une à une toutes les étapes de la formation du comédien, allant des premières aspirations encore confuses du jeune étudiant aux choix délibérés que pose le jeune professionnel, en passant, bien
65 sûr, par la panoplie d'épreuves et d'émotions à traverser pour y arriver – *si on y arrive jamais !* Ce faisant, le cinéaste nous donne également à voir des moments intimes empreints d'une grande intensité. Loin des désirs de gloire, il cerne l'espoir d'exercer un art, comme on pratique un sport, comme on choisit un mode
70 de vie. En définitive, le théâtre est peut-être un antidote à la réalité comme le chante l'un des aspirants comédiens.

Lien utile

Le documentariste

Le documentariste est un réalisateur dont le film (nommé *documentaire*) s'inscrit dans le réel, par opposition à une œuvre de fiction. Divers procédés sont à la portée du cinéaste qui choisit le documentaire : certains filment secrètement leur sujet alors que d'autres mènent une enquête sur le terrain, interrogent les personnes concernées directement devant la caméra. C'est par les techniques cinématographiques utilisées, les sujets choisis et les approches didactiques privilégiées qu'il est possible de reconnaître la signature d'un documentariste.

Caractérisé par une douce unité de ton, ponctué par le passage des saisons, rythmé par des images toujours à l'affût du mouvement – presque toutes les entrevues ont lieu dans une voiture en marche, clin d'œil subtil à ces entrevues de
75 stars dont nous inondent les magazines télévisuels à potins –, **J'me voyais déjà** suit ces destins en perpétuel devenir. À l'image du métier, il évoque volontiers l'autoroute, où, comme des automobilistes, certains resteront ou non sur la voie rapide, sortiront par les bretelles d'accès, s'immobiliseront complètement pour se ranger sur le bas-côté ou se réorienteront vers une autre voie.

J'me voyais déjà, dossier de presse, © 2008, ONF [en ligne].

La comtesse de Ségur, de son vrai nom Sofia Fedorovna Rostoptchina (1799-1874), est une écrivaine française d'origine russe. C'est à l'âge de cinquante-huit ans qu'elle écrit ses premiers contes de fées qui sont destinés aux enfants. Son œuvre la plus connue est sans aucun doute *Les malheurs de Sophie* qui met en scène une petite fille espiègle qui cumule les mésaventures. À chaque méfait, sa mère est là pour la gronder et pour lui faire la leçon.

Les malheurs de Sophie [extrait]

Chapitre XVI
Les fruits confits

[...] Sophie eut une nuit un peu agitée; elle rêva qu'elle était près d'un jardin dont elle était séparée par une barrière; ce jardin était rempli de fleurs et de fruits qui semblaient délicieux. Elle cherchait à y entrer; son bon ange la tirait en arrière et lui disait d'une voix triste: « *N'entre pas, Sophie; ne goûte pas à ces fruits qui te semblent*
5 *si bons, et qui sont amers et empoisonnés; ne sens pas ces fleurs qui paraissent si belles et qui répandent une odeur infecte et empoisonnée. Ce jardin est le jardin du mal. Laisse-moi te mener dans le jardin du bien. — Mais, dit Sophie, le chemin pour y aller est raboteux, plein de pierres, tandis que l'autre est couvert d'un sable fin, doux aux pieds. — Oui, dit l'ange, mais le chemin raboteux te mènera dans un jardin de délices. L'autre chemin te mènera dans*
10 *un lieu de souffrance, de tristesse; tout y est mauvais; les êtres qui l'habitent sont méchants et cruels; au lieu de te consoler, ils riront de tes souffrances, ils les augmenteront en te tourmentant eux-mêmes.* [...] »

Elle pensa longtemps à ce rêve. « *Il faudra, dit-elle, que je demande à maman de me l'expliquer* »; et elle se rendormit jusqu'au lendemain.

15 Quand elle alla chez sa maman, elle lui trouva le visage un peu sévère; mais le rêve lui avait fait oublier les fruits confits, et elle se mit tout de suite à le raconter.

LA MAMAN. — Sais-tu ce qu'il peut signifier, Sophie! C'est que le bon Dieu, qui voit que tu n'es pas sage, te prévient par le moyen de ce rêve que, si tu continues à faire tout ce qui est mal et qui te semble agréable, tu auras des chagrins au lieu
20 d'avoir des plaisirs. Ce jardin trompeur, c'est l'enfer; le jardin du bien, c'est le paradis; on y arrive par un chemin raboteux, c'est-à-dire en se privant de choses agréables, mais qui sont défendues; le chemin devient plus doux à mesure qu'on marche, c'est-à-dire qu'à force d'être obéissant, doux, bon, on s'y habitue tellement que cela ne coûte plus d'obéir et d'être bon, et qu'on ne souffre plus de ne pas se
25 laisser aller à toutes ses volontés.

Sophie s'agita sur sa chaise; elle rougissait, regardait sa maman; elle voulait parler; mais elle ne pouvait s'y décider. Enfin Mme de Réan, qui voyait son agitation, vint à son aide en lui disant:

« *Tu as quelque chose à avouer, Sophie; tu n'oses pas le faire, parce que cela coûte*
30 *toujours d'avouer une faute. C'est précisément le chemin raboteux dans lequel t'appelle ton bon ange et qui te fait peur. Voyons, Sophie, écoute ton bon ange, et saute hardiment dans les pierres du chemin qu'il t'indique.* »

Sophie rougit plus encore, cacha sa figure dans ses mains et, d'une voix tremblante, avoua à sa maman qu'elle avait 35 mangé la veille presque toute la boîte de fruits confits.

MADAME DE RÉAN. — *Et comment espérais-tu me le cacher ?*

SOPHIE. — *Je voulais vous dire, maman, que c'étaient les rats qui l'avaient mangée.*

MADAME DE RÉAN. — *Et je ne l'aurais jamais cru, comme tu le penses bien,* 40 *puisque les rats ne pouvaient lever le couvercle de la boîte et le refermer ensuite ; les rats auraient commencé par dévorer, déchirer la boîte pour arriver aux fruits confits. De plus, les rats n'avaient pas besoin d'approcher un fauteuil pour atteindre l'étagère.*

SOPHIE, surprise. — *Comment ! Vous avez vu que j'avais tiré* 45 *le fauteuil ?*

MADAME DE RÉAN. — *Comme tu avais oublié de l'ôter, c'est la première chose que j'ai vue hier en rentrant chez moi. J'ai compris que c'était toi, surtout après avoir regardé la boîte et l'avoir trouvée presque vide. Tu vois* 50 *comme tu as bien fait de m'avouer ta faute ; tes mensonges n'auraient fait que l'augmenter et t'auraient fait punir plus sévèrement. Pour récompenser l'effort que tu fais en avouant tout, tu n'auras* 55 *d'autre punition que de ne pas manger de fruits confits tant qu'ils dureront.*

Sophie baisa la main de sa maman, qui l'embrassa ; elle retour-60 na ensuite dans sa chambre, où Paul l'attendait pour déjeuner.

PAUL. — *Qu'as-tu donc, Sophie ? Tu as les yeux rouges.*

SOPHIE. — *C'est que j'ai pleuré.*

65 **PAUL.** — *Pourquoi ? Est-ce que ma tante t'a grondée ?*

SOPHIE. — *Non, mais c'est que j'étais honteuse de lui avouer une mauvaise chose que j'ai faite hier.*

Comtesse de Ségur, *Les malheurs de Sophie*, 1858.

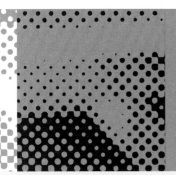

Que se passe-t-il dans le cerveau et le système nerveux d'un individu qui connaît une expérience particulièrement stressante ? Existe-t-il des comportements appropriés à une situation traumatisante ? Aujourd'hui, une recherche dans Internet permet de trouver rapidement des réponses à ces questions. Il faut toutefois faire preuve de vigilance quant au choix des sites et vérifier la crédibilité de l'émetteur. Les sites Internet gouvernementaux sont considérés comme étant une source d'information crédible.

État de stress post-traumatique

Qu'est-ce que c'est ?

Tout le monde a été un jour ou l'autre exposé à une situation qui menace la vie ou l'intégrité physique, comme éviter de justesse un accident de la route. Une telle situation peut faire vivre une grande anxiété, une réaction physique de peur intense, caractéristique d'une décharge d'adrénaline (fréquence cardiaque élevée,
5 respiration rapide, tremblements, frissons, faiblesse, sueurs, etc.). La peur et la réaction subséquente sont en fait un mécanisme de défense qui participe à la survie de l'individu. Mais cette expérience se résorbe généralement en quelques heures, tout au plus, et la vie suit son cours.

Mais, pour certains, l'exposition à une situation de stress intense qui menace
10 la vie ou l'intégrité physique entraîne l'apparition de réactions qui ne se résorbent pas. Au contraire, elles semblent s'installer de façon chronique, sont revécues avec la même intensité qu'à la première exposition à la situation traumatisante en rêves, en réminiscences (flash-back) ou si la personne est exposée à une situation ou un contexte identique ou similaire. L'individu affecté tentera d'éviter les situations ou
15 les contextes qui lui rappellent le traumatisme.

Cette condition, initialement identifiée chez les militaires exposés au stress aigu de théâtres de guerre, se nomme état de stress post-traumatique. On reconnaît aujourd'hui que plusieurs situations traumatisantes qui provoquent une réaction de stress aigu chez la plupart des gens peuvent déclencher l'état de stress post-
20 traumatique chez certaines personnes: terrorisme, guerre, cataclysme naturel, écrasement d'avion, agression sexuelle, vol de banque, prise d'otage, accident d'auto, etc.

Cette condition fréquente touche environ 10 % de la population, surtout des personnes au début de l'âge adulte, plus susceptibles d'être exposées à des
25 situations traumatisantes. Les femmes sont environ deux fois plus souvent atteintes que les hommes. Ceux-ci sont plus susceptibles de développer la maladie à la suite d'expériences de guerre. Quant aux femmes, elles la développent plutôt après des traumatismes individuels, par exemple, une agression physique ou un viol. La dépression ou l'abus de drogues ou d'alcool sont fréquemment associés à
30 l'état de stress post-traumatique.

Qu'est-ce qui en est la cause?

Un traumatisme intense qui a fait vivre une peur profonde est toujours à l'origine de la maladie. Par contre, alors que de 50 à 60 % des gens vivront un tel traumatisme dans leur vie, seule une petite partie de ceux-ci développeront la maladie, sans doute en lien avec un ensemble de facteurs (biologiques, héréditaires, 35 environnementaux) qui, combinés, entraîneront l'apparition des symptômes.

Gouvernement du Québec, ministère de la Santé et des Services sociaux [en ligne].

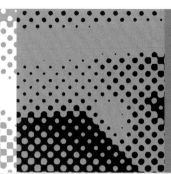

Dépenser est devenu un geste simple, voire banal, et largement valorisé par les sociétés modernes. Ce geste est tellement valorisé que les publicités laissent entendre que la possession de biens est synonyme de bien-être, de succès et de qualité de vie. Or, on oublie trop facilement que la consommation (et surtout la surconsommation) a un prix et que ses victimes sont non seulement le portefeuille et les épargnes des consommateurs, mais aussi l'environnement.

Déjouer les pièges de la consommation !

Les Canadiens passent en moyenne 50 minutes par jour dans les centres commerciaux. Ils y vont pour faire des achats, bien sûr, mais aussi pour se divertir et passer du temps avec leur famille ou leurs amis. Mais le problème c'est que passer autant de temps dans les magasins nous expose à une foule de nouveautés
5 et il devient tentant de céder. Surtout que la possession d'articles à la mode est très valorisée dans notre société de consommation.

Et ce n'est pas étonnant car une bonne partie de notre économie est basée sur l'achat de biens. Au Canada, c'est 60 % du produit intérieur brut qui est associé aux dépenses de consommation. Le problème, c'est qu'en plus des répercussions
10 environnementales reliées à la surconsommation, les dépenses sont aussi associées à l'endettement des individus. Pour chaque dollar de revenu, les Canadiens doivent en moyenne 1,30 $.

Comment diminuer sa consommation dans un tel contexte ? « *C'est un travail de longue haleine qui demande de l'introspection, mais on peut commencer par diminuer nos*
15 *achats impulsifs, c'est-à-dire les achats non planifiés et non réfléchis, qui souvent viennent gruger notre budget et encombrer nos maisons*», suggère Yannik St-James, professeure en marketing au HEC Montréal.

Attention aux achats impulsifs

Pour faire des achats impulsifs, il faut être en situation d'achat. Depuis l'arrivée d'Internet, les occasions de faire des achats impulsifs se sont multipliées, mais la
20 plupart des achats se font encore en magasin. « *On estime d'ailleurs qu'environ un tiers des achats effectués dans les grands magasins sont des achats impulsifs*», ajoute Yannik St-James.

Mais qu'est-ce qui fait qu'on a soudainement envie d'acheter quelque chose dont on n'avait absolument pas besoin avant de le voir en magasin ? « *Il y a plusieurs*
25 *facteurs qui peuvent expliquer ce phénomène. Par exemple, on sait que les consommateurs sont plus enclins à faire des achats impulsifs dans un environnement surstimulant. C'est-à-dire de la musique forte et rapide, des couleurs vives et certaines odeurs. Tout ça nous fait en quelque sorte perdre le contrôle et nous rend plus vulnérables à l'achat impulsif*», explique la spécialiste. C'est pour cette raison que les grands centres commerciaux et les
30 magasins utilisent ces différentes stratégies.

Comment faire pour résister ? « *On peut apporter une liste d'achats et s'y tenir, suggère Yannick St-James. Et si on voit un produit qui n'est pas sur notre liste, on peut se donner une période de 24 heures pour y réfléchir. Souvent, l'envie immédiate passe assez rapidement.* »

Gare aux soldes

35   Les primes, les coupons-rabais, les liquidations d'inventaire et les soldes affichés en magasin font aussi partie des stratégies marketing utilisées pour inciter les consommateurs à acheter. « *Ces techniques incitent le consommateur à agir maintenant. On essaie de créer un sentiment d'urgence, l'impression qu'on pourrait perdre une occasion si on attend trop longtemps* », souligne Madame St-James. Elles donnent
40 également l'impression d'avoir fait une bonne affaire, même s'il arrive souvent que l'objet ne réponde pas à des besoins véritables.

    Que faire pour résister aux soldes alléchants ? Selon Yannik St-James, « *Ce qui est important c'est de faire la distinction entre une bonne aubaine et un bon achat, c'est-à-dire un achat qui répond à nos besoins.* » On peut se demander si on achèterait l'article
45 à prix régulier et si on l'utilisera vraiment. Encore une fois, dans une telle situation il peut être utile de repousser l'achat de 24 heures.

Éviter le crédit

    Le crédit et les offres de paiement différé facilitent aussi l'achat immédiat. « *On sait qu'avec une carte de crédit, le consommateur est plus enclin à dépenser davantage et à faire des achats superflus* », explique la professeure. Le plaisir est tangible et
50 immédiat alors que la douleur du paiement est reportée à un moment ultérieur.

    Pour diminuer notre tendance à dépenser de l'argent qu'on n'a pas encore gagné, on peut réserver le crédit à l'achat de biens qui ont une longue durée de vie et acheter comptant les produits qui sont consommés avant même qu'on reçoive notre compte de carte de crédit. On peut aussi laisser notre carte à la maison et
55 partir avec de l'argent comptant qu'on a économisé spécialement pour cet achat. Donner 1000 $ en argent est beaucoup plus concret. Certains organismes de protection du consommateur suggèrent même aux personnes endettées de littéralement couper en petits morceaux leurs cartes de crédit.

Se récompenser autrement

    Il arrive aussi qu'on achète pour prolonger un état émotif positif ou pour
60 contrer des émotions négatives, un phénomène qu'on appelle la consommation compensatoire. Les achats impulsifs sont ainsi parfois réalisés pour se faire plaisir après une dure journée, ou pour combattre l'ennui ou la frustration.

    Éviter les achats compensatoires n'est pas toujours facile, mais on peut développer des réflexes plus sains. « *Plutôt que d'aller magasiner, on peut aller faire des
65 activités sportives ou des activités sociales* », suggère Madame St-James.

    Finalement, pour limiter ses achats impulsifs, il faut apprendre à devenir un consommateur réfléchi. Il faut se questionner sur les raisons qui nous poussent à consommer et essayer d'évaluer comment nos modes de consommation ont une influence sur notre budget et sur notre vie, de même que sur l'environnement.

Ève Beaudin, Télé-Québec, *La vie en vert*, émission du 4 février 2009.

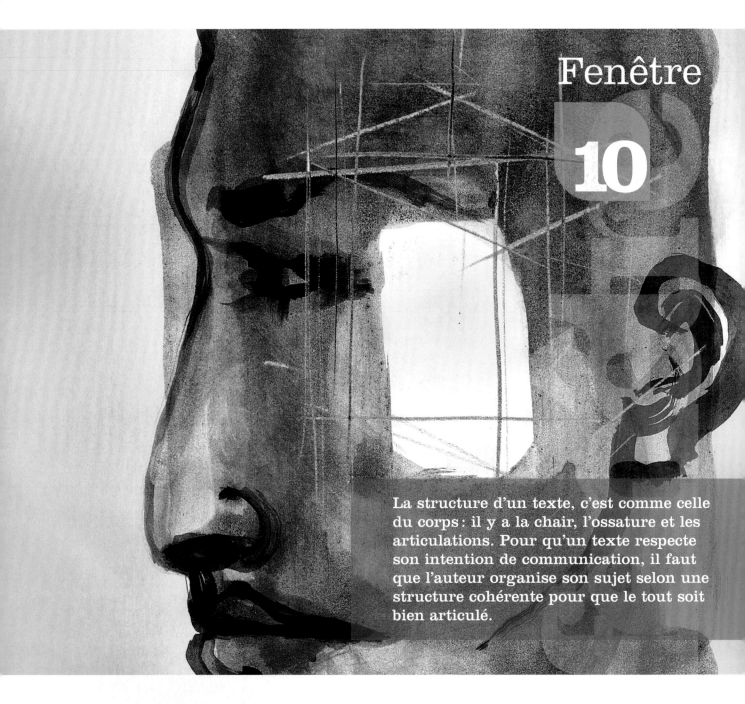

Fenêtre

10

La structure d'un texte, c'est comme celle du corps : il y a la chair, l'ossature et les articulations. Pour qu'un texte respecte son intention de communication, il faut que l'auteur organise son sujet selon une structure cohérente pour que le tout soit bien articulé.

La structure et la cohérence textuelles

– La structure
– Les marques non linguistiques
– Les marques linguistiques
– Les éléments de la cohérence textuelle

Sébastien Ricard dans la peau de Dédé

Les chansons du groupe Les Colocs ne sont pas tombées dans l'oubli, même si la formation n'existe plus depuis le suicide du chanteur et leader du groupe, André « Dédé » Fortin, en 2000. Dédé s'était créé un personnage de scène charismatique et il était aussi connu pour son implication sociale et politique. Diplômé en cinéma, il réalisait tous ses vidéoclips et s'investissait intensément dans tous les aspects de sa musique. Ses chansons très personnelles mais également universelles ont pris une place importante dans le paysage musical québécois des années 1990. La liste de succès devenus « classiques », comme *Rue principale* ou *Tassez-vous de d'là*, est longue ainsi que celle des honneurs, et ce, même si le groupe rock n'a existé que dix ans. Le personnage mythique de Dédé a inspiré Jean-Philippe Duval, qui a réalisé le film *Dédé à travers les brumes* (2009).

En 1994, le comédien et chanteur Sébastien Ricard, alias Batlam, alors étudiant à l'École nationale de théâtre, forme un duo de rap expérimental avec Sébastien Fréchette, alias Biz. Quatre ans plus tard, Mathieu Farhoud-Dionne (Chafiik), se joint à eux pour former le groupe Loco Locass. Parallèlement à ses activités musicales, on voit Sébastien Ricard dans quelques séries télévisées, sur les planches de différents théâtres ainsi qu'au cinéma. Son rôle le plus important à ce jour est sans aucun doute celui du chanteur André Fortin des Colocs dans le film musical *Dédé à travers les brumes*.

Remarquez l'évolution de la relation entre les deux interlocuteurs au fil des sujets abordés.

RENCONTRE AVEC SÉBASTIEN RICARD, INTERPRÈTE DU CHANTEUR DES COLOCS DANS LE FILM *DÉDÉ À TRAVERS LES BRUMES*.

Nous sommes attablés à la terrasse couverte d'une croissanterie. Tout est gris sous la pluie chaude. Une légère brume estompe les contours du monde. C'est une drôle d'expérience quand deux personnes qui ne se connaissent pas se réunissent pour parler de quelqu'un qui n'existe plus.
5 Car nous sommes deux, et pourtant nous sommes trois. Nous avons en commun d'être dans l'ombre d'un mort, et c'est le mort qui nous a réunis à sa table. Le mort s'appelle Dédé Fortin. Le 8 mai 2000, agité, nerveux, en proie à un désespoir dont nous ne connaîtrons jamais la teneur exacte, l'auteur-compositeur-interprète de 37 ans et leader du groupe musical Les Colocs décidait de se donner
10 la mort à la manière des samouraïs. Presque huit ans après le suicide du chanteur,

> **Estompe**
> Quelle caractéristique visuelle amène le verbe à l'environnement qui les entoure ?

lexique

le cinéaste Jean-Philippe Duval confiait le rôle de Dédé Fortin au comédien Sébastien Ricard, alias Batlam, membre du groupe Loco Locass. Au moment de notre rencontre, le tournage était achevé depuis moins d'une semaine, et l'acteur-chanteur profitait de quelques jours de congé avant de plonger dans l'écriture
15 du prochain album de Loco Locass. Le film s'appelle *Dédé à travers les brumes*. Sa sortie est annoncée pour le printemps 2009. Il a bénéficié d'un gros budget (huit millions de dollars) et de rumeurs plus considérables encore. On attend ce film avec un mélange d'impatience et de scepticisme.

Avec une brique et un fanal. Et avec beaucoup d'espoir. Ah! Si seulement
20 on pouvait transformer ce terrible épisode en une œuvre d'art! Si seulement on pouvait trouver un sens à cette mort absurde, une consolation, un espoir! Si seulement on pouvait faire du mort un héros!

> **Avec une brique et un fanal**
> À quel sentiment correspond l'expression dans ce contexte?

DÉJÀ UN MYTHE

« Le film ne s'attarde pas seulement à la mort de Dédé Fortin, me dit Sébastien Ricard. On veut montrer toute la complexité et la richesse de l'homme. — Mais tu
25 sais aussi bien que moi qu'il n'y aurait pas eu de film s'il ne s'était pas suicidé. On ne fait pas un film sur Claude Dubois parce qu'il est devenu père à un âge vénérable... C'est le suicide qui fait le film. C'est la tragédie. »

Sébastien Ricard se mordille la lèvre. Bien sûr qu'il sait tout ça. Mais de là à le dire... « J'ai accepté de faire ce film-là parce que c'est un honneur
30 de rendre hommage à un être comme Dédé Fortin.

Je me passionne pour la mémoire, pour ce qui nous a faits. Mais la vérité, c'est que je ne connaissais pas Les Colocs avant. Ce n'était pas mon genre de musique. Bien sûr, je connaissais Dédé Fortin et j'ai ressenti une grande émotion quand on a annoncé sa mort, mais sa
35 musique, je ne la connaissais pas. Ç'a été une découverte, pour moi. »

> **« J'ai accepté de faire ce film-là parce que c'est un honneur de rendre hommage à un être comme Dédé Fortin. »**

En un peu plus de huit ans, Dédé Fortin est devenu un personnage historique. Il a rejoint les légions de l'ombre. Il avait dix ans de plus que Sébastien Ricard. Une éternité au regard d'un présent qui s'affole. Pendant que nous mangeons notre salade, je regarde Ricard en cherchant des
40 ressemblances. Il a le regard clair et l'enthousiasme communicatif. C'est vrai qu'il ressemble un peu à Dédé Fortin. Il en a l'énergie, le charisme. Mais il est plus grand et plus beau garçon que Dédé. Au cours de notre entretien, il lui arrivera de citer Tocqueville et Rousseau (ou Montaigne, je ne me souviens plus). Fichtre. C'est le genre d'homme à qui tout semble sourire. De quoi être jaloux. Seulement,
45 Dédé aussi était comme ça, et il n'y voyait pas une raison suffisante pour continuer à vivre.

« Et toi ? Ça ne t'est jamais arrivé de vouloir en finir ?

— Disons que je n'ai pas trop de zones d'ombre. Mais j'ai contemplé mes abîmes. »

> **J'ai contemplé mes abîmes**
> Quel sens l'acteur donne-t-il à cette phrase?

50 À mon tour de me mordre la lèvre. Je sais ce que ça veut dire, contempler les abîmes. Levez la main, ceux qui ne savent pas ? Levez la main, ceux qui n'ont jamais eu un peu l'envie de mourir parce que vivre et aimer semblait trop compliqué,

Les Colocs en concert au Collège de Maisonneuve à Montréal, en 1995.

trop dur ? Un an et demi après le suicide du chanteur, je jetais rageuse-
ment sur le papier la matière d'un petit livre intitulé *Autour de Dédé*
55 *Fortin*, une réflexion sur la notion de bonheur. En puisant dans mes
propres réserves de désespoir, j'essayais de comprendre celui de Dédé. En
regardant sa mort dans les yeux, je voulais apprendre à vivre.

Je lui demande : « Pourquoi il s'est tué, selon toi ?

— Je crois qu'il est mort d'épuisement, me répond Sébastien Ricard.
60 Il faisait tout, tout le temps. Il écrivait les chansons, réalisait les clips,
faisait la mise en scène, concevait les éclairages et chantait en se défonçant
sur scène. Je peux te le dire, quand Loco Locass fait un spectacle, j'en sors
en lavette, complètement trempé de sueur, épuisé. Il s'est brûlé. C'est ce
que je crois. »

> « En puisant
> dans mes
> propres réserves
> de désespoir,
> j'essayais de
> comprendre
> celui de Dédé.
> En regardant
> sa mort dans les
> yeux, je voulais
> apprendre à
> vivre. »

NÉ DANS LA CULTURE

65 Dédé Fortin et Les Colocs appartiennent aux années 1990. Cette drôle de décennie avait débuté dans l'enthousiasme avec la chute du mur de Berlin, la libération de Nelson Mandela et la fin de l'apartheid, mais elle s'est terminée dans la débandade de la guerre des Balkans et de l'élection de George W. Bush. Au centre de cette période, là où 70 l'espoir bascule vers le désespoir, il y a le référendum de 1995, perdu pour les souverainistes par un cheveu: cinquante mille voix. Cette défaite, Dédé Fortin l'avait fait sienne. Son dernier poème se concluait par ces vers:

> *Condamné par le doute, immobile et craintif,*
> 75 *Je suis comme mon peuple, indécis et rêveur,*
> *Je parle à qui veut de mon pays fictif*
> *Le cœur plein de vertige et rongé par la peur.*

[...] Rappeur et comédien, fils d'un dramaturge et d'une traductrice, il (Sébastien Ricard) est né dans la culture, et la culture lui était acquise, alors que Dédé avait 80 dû la revendiquer, la gagner à la force du poignet, la séduire comme il avait voulu séduire les femmes, en quête de l'amoureuse parfaite... Sébastien Ricard, lui, est le père d'une fillette et le conjoint d'une psychologue. Sébastien Ricard n'est pas Dédé Fortin, même s'il a endossé sa dépouille le temps d'un rôle.

« As-tu parfois l'impression d'être schizo, avec ta double carrière? Parce que 85 Batlam, c'est un rôle, non? Tout comme Dédé était le rôle d'André Fortin.

— Mmm, non, je crois pas. Veux-tu, on parlera pas trop de Loco Locass? On est trois là-dedans, et je ne veux pas parler au nom des deux autres...»

Voilà déjà une grosse différence entre Dédé Fortin et lui. Car ils avaient beau être Colocs, on avait tout de même la nette impression que c'était Dédé qui avait 90 la plus grande chambre et le bail à son nom. Malgré la grande complicité de ses membres, Les Colocs, c'était lui. Et quand il est mort, Les Colocs ont cessé d'exister.

IDÉALISTE OU RÊVEUR?

Je me frotte les yeux. J'aimerais chasser de la table l'ombre du mort pour me concentrer sur l'homme qui est devant moi, si vivant. En repensant aux Colocs, à Dédé, 95 aux années 90, j'ai l'impression d'évoquer une ancienne civilisation, celle d'avant le iPhone et Internet. Dix ans. Sébastien Ricard a dix ans de moins que moi. Dix ans de moins que Dédé. Ça pourrait être un siècle. Dédé, un personnage historique.

100 « Jouer, me dit Sébastien Ricard, c'est faire l'expérience de sa propre laideur. »

Dédé ne se trouvait pas beau. Il s'est composé un personnage avec des lunettes d'aviateur et un chandail rayé. Lui arrivait-il d'être lui-même? Je peux toujours me 105 tromper, mais j'ai pourtant l'impression que Sébastien Ricard ne joue pas le rôle de Sébastien Ricard. J'ai hâte de

voir le film justement pour cela. Nous discutons depuis bientôt trois heures. Nous parlons d'écriture, de théâtre. Il rêve de monter la trilogie écrite par son père, *Le tréteau des apatrides*. Je trouve étrange et belle cette complicité avec son père. Cette
110 continuité du désir d'écrire, sans rupture. D'une génération à l'autre.

« Toute ma vie, j'ai vu mon père écrire. Pendant de longues périodes, ses pièces n'étaient pas montées, mais ça ne le rendait pas amer pour autant. Il n'est jamais tombé dans ce piège-là. Écrire est une valeur en soi. J'ai appris ça de lui. »

Ce piège-là
De quel piège parle-t-on ?

115 Je suis surpris, un peu jaloux, intimidé. Ce gars-là, devant moi, me semble si solide, si dense, si équilibré malgré une sensibilité qui frémit à fleur de peau. Merde. Je veux être lui.

Je me demande : peut-on vraiment être idéaliste sans devenir rêveur ? Car ce sont les rêves, quand ils se dissipent, qui nous laissent pantelants,
120 angoissés, torturés. Les idéaux, eux, pour peu qu'on n'en devienne pas fanatiques, sont des destinations. Une direction pour celui qui veut aller de l'avant.

Destinations
Quel sens figuré le journaliste donne-t-il à ce mot ?

J'ai bien peur de n'être souvent qu'un rêveur. Et je songe à cette route
125 de campagne, à Saint-Thomas-Didyme, son village natal, qu'on a renommée chemin Dédé-Fortin. Un jour, j'irai voir où il mène. Mais pas avant d'avoir vécu ma vie.

Propos recueillis par Jean Barbe pour le magazine *Elle Québec*, octobre 2008.

Qui étaient Les Colocs ?

André « Dédé » Fortin : chant, guitare, batterie, percussions, conga (1990-2000)

Mike Sawatzky : guitare, harmonica, saxophone, chant (1991-2001)

André Vanderbiest : basse, chant (1996-2001)

Jimmy Bourgoing : batterie, percussions (1990-1998)

Serge Robert « Mononc'Serge » : basse, contrebasse, chant (1990-1995)

Patrick Esposito di Napoli : harmonica, chant (1990-1994)

À l'origine :

Louis Léger : fondateur du groupe avec Dédé, guitare (1990-1991)

Marc Déry : participe à un seul show, puis quitte le groupe pour fonder Zébulon (1990)

réflexions

1 Pourquoi Jean Barbe écrit-il qu'ils sont trois à la rencontre ? De quelle manière cette affirmation donne-t-elle le ton au texte ?

2 Résumez l'impression que Sébastien Ricard a laissée à Jean Barbe.

3 Sur quelles caractéristiques Jean Barbe s'appuie-t-il pour établir des comparaisons entre Sébastien Ricard et Dédé Fortin ?

4 En quoi ce portrait diffère-t-il d'une entrevue conventionnelle ?

Acheter, c'est voter [extrait]

Au cours des années 1990, appuyée par des groupes de recherche universitaires, Laure Waridel lance la campagne *Un juste café*. Pour elle, le café est le symbole même des inégalités entre le Nord et le Sud et elle en fait son cheval de bataille. Elle se rend au Mexique dans des coopératives de café mises sur pied pour défendre les producteurs contre l'exploitation dont ils sont victimes. Elle rédige un mémoire de maîtrise sur le sujet et publie *Une cause café* (1997). Par la suite, elle tient une chronique hebdomadaire, « Acheter, c'est voter », à l'émission radiophonique *Indicatif présent* de Radio-Canada. En 2005, elle publie un livre portant le même titre.

La sociologue Laure Waridel est d'origine suisse, mais ses parents se sont installés au Québec pour y vivre de l'agriculture alors qu'elle n'avait que deux ans. Durant ses études, en développement international et en environnement, et ses voyages, elle est choquée par les inégalités entre les producteurs du Sud et les consommateurs du Nord. En 1993, elle cofonde l'organisme Équiterre voué à la promotion de choix écologiques et socialement responsables auprès des citoyens, des organisations et des gouvernements. Au Québec, elle est une pionnière du commerce équitable et ses livres comme ses interventions médiatiques et ses conférences contribuent à l'évolution de la consommation responsable.

Dans ce texte, plusieurs intermédiaires de la chaîne du commerce du café sont présentés. Déterminez l'importance de leur rôle.

CHAPITRE IV
La route conventionnelle du café

LA SITUATION des caféiculteurs varie d'un pays à l'autre. Elle dépend notamment du rôle joué par les gouvernements par le biais de politiques agricoles, de codes du travail, de même que de programmes sociaux dans les régions rurales. La qualité du café produit et sa réputation sur les marchés internationaux sont
5 d'autres facteurs influents.

Infrastructure
À partir du préfixe, définissez de quel genre de structure il s'agit.

Le Costa Rica et Cuba, par exemple, sont parmi les pays du Sud les plus avancés en matière de développement humain, ils fournissent à leurs citoyens une infrastructure et des services sociaux supérieurs à ceux que l'on trouve dans la majorité des pays producteurs de café en Afrique où
10 la pauvreté et la dégradation de l'environnement font des ravages.

Autre exemple: la Colombie. Dans ce pays, la Fédération colombienne du café (FCC) compte plus de 500 000 membres possédant des plantations d'une dimension moyenne de moins de deux hectares. Collectivement, ils sont parvenus à donner une valeur supplémentaire à leur café en en améliorant la qualité et surtout l'image internationale. Grâce à une vaste campagne de promotion mettant en vedette Juan Valdez, le «caféiculteur heureux», la demande de café colombien a augmenté, ce qui a aidé les producteurs à élever leur niveau de vie.

Malheureusement, l'image de marque et la qualité du café colombien n'ont pas suffi pour épargner aux producteurs les aléas de la crise du café. Elle leur a fait perdre la moitié de leur pouvoir d'achat en 10 ans. Là-bas comme ailleurs, de nombreux cultivateurs ont cherché à fuir la pauvreté en cultivant des plantes narcotiques: la coca en Colombie, la marijuana au Mexique et le qat en Éthiopie en sont des exemples. Ce phénomène se répand à mesure que la crise du café s'intensifie. Si la culture de ces plantes est plus lucrative, elle est aussi beaucoup plus risquée. Même dans les campagnes reculées le trafic de la drogue se fait rarement sans violence.

Les grains de café suivent une route longue et sinueuse. Ils passent par moult intermédiaires avant d'aboutir dans nos cafetières. Cette chaîne varie légèrement d'un pays à l'autre. Quelques pays d'Afrique de l'Est ont, par exemple, un système de vente aux enchères réglementée pour régir le marché du café, alors qu'en Colombie, les marchés publics et privés se partagent les ventes. En général cependant, la «route du café» correspond au diagramme ci-contre.

Les petits producteurs et les travailleurs agricoles

Environ la moitié de la production mondiale de café provient de petites fermes de moins de cinq hectares. La plupart des familles productrices de café touchent un salaire annuel moyen qui varie entre 600 et 1200 $. Un petit caféiculteur obtient habituellement entre 0,33 et 1,50 $ pour un kilogramme de café. Lorsque celui-ci se retrouve dans les mains du consommateur, il vaut de 8 $ à 30 $.

Bien que la situation des paysans varie d'un pays à l'autre selon l'implication des gouvernements, la plupart des petits producteurs et des travailleurs agricoles sont aux prises avec des problèmes similaires. Qu'ils habitent le Mexique, le Kenya ou l'Indonésie, la pauvreté les affecte tous à divers degrés, surtout depuis la chute des cours mondiaux du café.

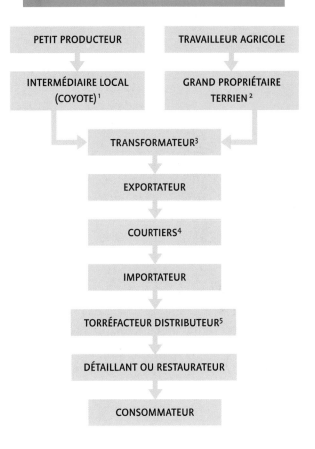

La route conventionnelle du café, de l'arbuste à la tasse

PETIT PRODUCTEUR — TRAVAILLEUR AGRICOLE

INTERMÉDIAIRE LOCAL (COYOTE)[1] — GRAND PROPRIÉTAIRE TERRIEN[2]

TRANSFORMATEUR[3]

EXPORTATEUR

COURTIERS[4]

IMPORTATEUR

TORRÉFACTEUR DISTRIBUTEUR[5]

DÉTAILLANT OU RESTAURATEUR

CONSOMMATEUR

1   Il peut y avoir plus d'un niveau d'intermédiaires locaux.
2   Les grands propriétaires terriens disposent généralement de leurs propres usines de transformation.
3   Le café doit être décortiqué et trié avant d'être exporté. Certains transformateurs exportent directement, d'autres sont associés à des multinationales du Nord.
4   Il se trouve généralement plusieurs courtiers entre l'exportateur et l'importateur.
5   Habituellement, les grandes entreprises de torréfaction emballent et distribuent elles-mêmes leur café. Les plus petites ont souvent recours à des entreprises de distribution séparées.

Problèmes similaires
À quoi réfèrent ces termes génériques?

Une plantation de café.

Les sans terre

Les travailleurs agricoles sont encore plus vulnérables que les paysans. Ces hommes, femmes et enfants se déplacent de plantation en plantation au gré des récoltes. Étant sans terre, ils suivent le mûrissement des grains, lequel dépend du climat et de l'altitude.

60 Les grands propriétaires terriens rémunèrent les travailleurs en fonction de la quantité de café qu'ils récoltent. Ainsi, même tout jeunes, les enfants doivent travailler pour aider leur famille ; bien qu'officiellement la plupart des pays aient des lois exigeant que les enfants aillent à l'école, ceux-ci n'ont souvent pas les moyens de s'y rendre et doivent plutôt travailler comme leurs parents. Or, comme 65 ils sont encore en pleine croissance, les pesticides utilisés dans les grandes plantations affectent tout particulièrement leur développement et leur santé à court et à long terme.

Bon nombre de plantations sont situées dans des régions isolées, forçant les travailleurs à habiter et à s'alimenter sur leur lieu de travail. Devant payer pour 70 leur hébergement et leur nourriture, il leur reste souvent peu d'argent au moment de la paie. Les conditions de vie dans la plupart des plantations sont médiocres. Hommes, femmes et enfants sont généralement entassés dans des baraques rudimentaires où l'intimité n'existe pas. De piètres conditions d'hygiène, une alimentation inadéquate et l'exposition quotidienne aux produits 75 chimiques dégradent la santé de ceux qui produisent notre boisson quotidienne.

[...]

© Vasina Natalia/Shutterstock

La situation des paysans

Au Mexique, ils sont plus de 260 000 petits caféiculteurs à cultiver dans des zones se situant entre 600 et 1700 mètres d'altitude, sur des terres escarpées fortement exposées à l'érosion. La majorité de ces paysans sont autochtones. Leurs terres sont situées dans des régions éloignées où ils se trouvent à bien des
80 égards marginalisés. Plusieurs villages ne sont accessibles par aucune route carrossable, ce qui réduit leur accès aux services de santé et d'éducation de même qu'aux moyens de communication. Contrairement aux travailleurs dans les grandes plantations, ceux-ci ont au moins accès à la terre.

Ne produisant pas en assez grande quantité pour pouvoir exporter directe-
85 ment, les paysans sont généralement contraints de vendre leur café à bas prix à des intermédiaires. Ces négociants locaux sont appelés « coyotes » en Amérique latine.

Pour subvenir à leurs besoins d'une récolte à l'autre, les paysans sont régulière-ment forcés de demander des avances au coyote de la région. Dans bien des cas,
90 celui-ci se présente comme la seule source de financement accessible. Il arrive que les différents paliers de gouvernement offrent des programmes de prêts, qui ont cependant tendance à être orientés vers des projets spécifiques comme l'achat de pesticides ou de variétés destinées à l'exportation. Quand il s'agit d'acheter des aliments parce que les réserves de nourriture sont épuisées, si un enfant est
95 malade ou s'il faut réparer la maison, les paysans sont souvent forcés de se tourner vers un coyote. Ils doivent alors accepter les prix négociés à la baisse qu'il leur offre pour leur café. Année après année,
100 les paysans accumulent ainsi une dette qui surpasse leur capacité de payer. Plongés dans cette spirale d'endettement les petits producteurs sont vite
105 étouffés par la dépendance.

L'isolement

Parce que la culture du café se pratique en milieu rural, généralement dans les mon-tagnes, les populations qui y
110 habitent sont facilement marginalisées. Au sud du Mexique par exemple, dans la région de l'Isthme où j'ai entrepris la majeure partie de
115 mes recherches, on compte un médecin pour 2780 habitants, comparativement à un pour 1850 dans le reste du pays et un pour 390 dans les pays industrialisés. Certains villages sont à plus de deux jours de marche du centre médical le plus proche. L'accès à des soins de santé est donc limité, surtout
120 en cas d'urgence.

© vulnificans / Shutterstock

Le fruit du caféier est une baie rouge couramment appelée « cerise ». Elle contient deux graines de café.

Bien qu'il y ait des écoles primaires dans la plupart des villages, les enseignants doivent généralement se trouver un autre emploi pour gagner leur vie. Leurs absences fréquentes ne sont pas sans nuire à la qualité de l'enseignement. Peu de jeunes des petits villages accèdent à l'école secondaire et encore moins post-125 secondaire. Celles-ci se situent dans quelques grands villages de la région ou dans les villes. Les parents doivent alors être en mesure d'assumer les coûts d'une pension.

Les paradoxes de l'insécurité alimentaire

La population de la région de l'Isthme est aux prises avec une multitude de carences alimentaires. Selon des médecins de cette région, la malnutrition est 130 un problème majeur dans les communautés rurales: «Ici, les gens mangent beaucoup de tortillas et de haricots noirs mais peu de légumes. Ils ont généralement suffisamment de nourriture pour ce qui est de la quantité, mais pas assez de diversité. Beaucoup manquent d'ailleurs de vitamines et de minéraux essentiels.»

135 Les carences alimentaires rendent les gens vulnérables à de nombreuses maladies qui pourraient être facilement prévenues par une alimentation diversifiée et des conditions d'hygiène adéquates. La malnutrition est considérée comme l'une des principales causes du taux élevé de mortalité infantile. Elle est, selon les estimations des médecins de la région, deux fois supérieure à la moyenne 140 nationale. Malgré les problèmes de malnutrition présents dans sa population, le Mexique exporte pour plus de sept milliards de dollars de produits agricoles, dont environ la moitié en fruits et légumes.

Les produits frais se dirigeant massivement vers les endroits où les consommateurs ont les moyens de les payer, il en résulte que de nom-145 breuses familles mexicaines n'ont pas accès à ces denrées périssables. Dans le village de San José el Paraíso, par exemple, on compte treize endroits où il est possible de se procurer des boissons gazeuses, mais un seul qui vend sporadiquement des fruits et des légumes frais. Au mois de mai, alors que des tomates mexicaines bon marché envahissent les épiceries canadi-150 ennes et américaines, elles coûtent à San José le même prix qu'au Canada, soit approximativement 1,90 $ le kilo. Étant donné l'écart entre les revenus des paysans et les nôtres, les tomates demeurent pour eux un produit de luxe, acheté uniquement par l'élite du village. Ce prix élevé relativement au coût de la vie s'explique par le fait qu'il est plus économique pour les grands producteurs 155 d'exporter massivement vers de grands marchés lucratifs du Nord que d'orienter leurs ventes vers de petits marchés locaux situés dans des régions éloignées de leur propre pays.

Dans ce cas, pourquoi la population locale ne cultive-t-elle pas elle-même davantage de produits frais? Parce que les plants de tomates sont fragiles et 160 donnent souvent de piètres rendements dans les régions montagneuses qu'elle habite. Ainsi, bien que les paysans aient accès à la terre, peu d'entre eux ont un jardin. Les gens préfèrent cultiver du maïs, des haricots noirs et du café: trois espèces bien adaptées au climat. De nombreux fruits et plantes comestibles poussent cependant à l'état sauvage dans les montagnes de la région. C'est le cas 165 des orangers, des manguiers, des papayers, des «herbes saintes», des cerises de terre et de plusieurs autres plantes souvent présentes dans les plantations

Des grains de café
fraîchement torréfiés.

de café diversifiées. Ces aliments ne sont cependant disponibles que de façon saisonnière. Malgré leur présence abondante à certaines époques, elles ne sont pas systématiquement intégrées à l'alimentation des familles.

Les commerçants locaux (les coyotes)

170   Lorsque les paysans décrivent la route du café, le «coyote» revient à différentes étapes. Il représente à la fois le petit commerçant qui achète directement du producteur et le grand négociant de la capitale qui exporte à l'étranger. Les stratégies, le pouvoir et l'influence des coyotes varient d'une région à l'autre, mais ils ont généralement beaucoup de poids,
175 même auprès des différentes administrations locales et nationales où ils ont de bons alliés.

    Au Mexique, le coyote appartient à l'élite locale. Il joue le rôle de banquier et contrôle souvent le système de transport et le magasin général. Dans certaines régions, ce monopole lui permet de diriger presque toutes les activités
180 économiques d'un village. Il n'est pas rare que des paysans demandent au coyote d'être parrain d'un de leurs enfants, question d'établir un lien de proximité avec celui qui détient le pouvoir.

    Les infrastructures de transport sont peu développées dans les régions montagneuses. Possédant souvent le seul véhicule motorisé de l'endroit, le coyote
185 contrôle ce qui entre et sort du village. S'il est propriétaire du seul magasin du

> **« Coyotes »**
> D'après la description qui en est faite dans le texte, pourquoi les nomme-t-on ainsi ?

village, c'est lui qui détermine les prix. Dans bien des cas, les paysans dépendent de lui pour vendre leur café, obtenir du crédit, acheter des produits de base, transporter leurs récoltes et se rendre en ville. Le coyote accorde des prêts aux paysans, mais à condition que ceux-ci s'engagent à lui vendre leur café à des prix
190 très bas ou à lui verser des intérêts souvent exorbitants.

[...]

Bien que les coyotes jouent un rôle important sur le marché du pays producteur, leur influence à l'échelle mondiale est limitée, car ce sont les marchés boursiers de New York et de Londres qui déterminent les prix en fonction de l'offre et de la demande.

[...]

195 Aujourd'hui, on trouve du café dans tous les types de restaurants et épiceries de quartier. Il est consommé par des gens de divers âges et origines, aux goûts variés. Il est disponible à différents prix, surtout depuis l'ouverture d'innombrables cafés partout en Occident.

Étant donné que presque tout le monde en boit, le café est un produit de grande
200 valeur commerciale. Les principaux acteurs de cette industrie exercent une influence considérable sur le marché mondial et, par conséquent, sur la vie des producteurs du Sud. Mais la popularité du café nous donne également à nous, consommateurs, un énorme pouvoir de changer les choses en exerçant notre droit de choisir, au moment de l'achat. En exigeant du café équitable, nous
205 pouvons contourner la route conventionnelle du café. Si celui-ci est en plus certifié biologique et a été cultivé sous couvert forestier, nous contribuons encore davantage à la conservation des écosystèmes.

Laure Waridel, *Acheter, c'est voter*, © 2005, Les Éditions Écosociété, Équiterre et Laure Waridel.

lexique

Écosystèmes
D'après les descriptions du texte, comment imaginez-vous l'écosystème du caféier?

réflexions

1 Quelle est l'opinion de Laure Waridel concernant le chemin que parcourent les grains de café? Expliquez votre réponse.

2 Repérez, dans ce texte explicatif, les différents facteurs qui exercent une influence sur la situation précaire des producteurs et des travailleurs agricoles qui récoltent le café.

3 Quelle influence croyez-vous que le consommateur peut avoir sur le commerce du café?

Rien
à cirer

Mêlant humour et sérieux, les chroniques dominicales que Stéphane Laporte signe depuis plus d'une dizaine d'années dans *La Presse* traitent autant des petits riens du quotidien que de l'actualité politique et internationale. Son enfance, ses voyages et le sport reviennent souvent, entre autres sujets, et il lui arrive fréquemment de faire un pied de nez à la bêtise humaine dans ses écrits. Il a déjà publié trois tomes de ses meilleures *Chroniques du dimanche*. Il tient également un blogue où il livre ses réflexions.

Après avoir fait ses études universitaires en droit dans le but de devenir journaliste, Stéphane Laporte écrit ses premiers textes humoristiques au début des années 1980. Alors qu'il n'a que 23 ans, il devient concepteur-rédacteur et metteur en scène d'un des humoristes les plus populaires de l'époque, André-Philippe Gagnon. Ensuite, il connaît le succès avec de nombreuses émissions de télé comme *La fin du monde est à sept heures*, *Infoman*, plusieurs *Bye Bye* et l'adaptation de *Star Académie*, qu'il conceptualise et produit. En 1996, il revient à ses premières amours en écrivant une chronique chaque dimanche dans *La Presse*.

Pendant votre lecture, portez attention au point de vue véhiculé par l'auteur et évaluez votre degré d'adhésion à son propos.

L'homme a d'abord ciré son char. Parce que c'est ce qu'il y a de plus important pour lui. Et il souhaitait que son char ait l'air plus beau. Cela a fonctionné. [...] L'homme a regardé son char. Émerveillé. Il était tellement fier de son char. Il en a presque pleuré.

5　　Puis l'homme a baissé les yeux. Et il a vu ses souliers. Qui juraient à côté de son beau char. Il a donc décidé de cirer ses souliers. Pour que ses souliers aient l'air plus beaux. Cela a fonctionné. Après les avoir frottés comme il le faut, ses vieux souliers avaient l'air de souliers neufs. L'homme a regardé ses souliers. Émerveillé. Il était fier de ses souliers. Comme il ne l'avait jamais été. Il leur a même donné
10　un dernier petit coup de torchon. Comme une petite caresse.

L'homme est rentré chez lui. Et il a trouvé que son plancher avait l'air bien fade en dessous de ses souliers vernis. Il a donc décidé de cirer son plancher. Pour que son plancher ait l'air plus beau. Cela a si bien fonctionné, que tout ce qu'il y avait dans la maison a soudainement eu l'air ordinaire. L'homme agacé, s'est mis à tout cirer. Ses murs, ses plafonds, ses tables, ses chaises, ses comptoirs. Tout. Sa vieille maison avait l'air d'un palais. L'homme a regardé sa maison. Ému. Scrutant chaque recoin pour voir s'il n'avait rien oublié. Et c'est alors que sa femme est arrivée. L'homme a trouvé que sa femme avait l'air bien terne dans sa maison étincelante. L'homme a donc décidé de cirer sa femme. Pour que sa femme ait l'air plus belle. Et cela a fonctionné. Sa femme de 40 ans, cirée, tirée, liftée avait l'air d'avoir 20 ans. L'homme a regardé sa femme. Autrement. Il était fier de sa femme. Presque autant que de son char.

Dès lors, l'homme n'a plus été capable de s'arrêter. Il s'est mis dans la tête de tout cirer. Tout ce qui existe sur la Terre. Dieu avait créé le monde. L'homme allait le cirer. Pour que le monde ait l'air plus beau. Il a ciré les légumes, les fruits, les arbres, les oiseaux, les animaux, les mers et les étoiles. Et cela a fonctionné. Le monde a eu l'air d'être plus beau. Comme dans un film de Walt Disney. L'homme a regardé le monde. Subjugué. Il a pris une grande respiration. Ça sentait la cire à plein nez. Et l'homme trouva que ça sentait bon.

Finalement, l'homme a décidé de se cirer lui-même. Il a ciré son corps, son cœur, et son esprit. Pour avoir l'air plus fort, plus fin, plus intelligent. Et cela a fonctionné. Il s'est mis à avoir l'air bien dans sa peau. Il s'est mis à faire les gestes qu'il faut faire quand on veut avoir l'air bon. Il s'est mis à dire les choses qu'il faut dire quand on veut avoir l'air intelligent. Il était reluisant. Tellement, que pour se regarder, l'homme a dû mettre des lunettes fumées. Il brillait trop dans le miroir. L'homme était content. Il était fier de lui. Il se trouvait même plus beau que son auto.

La cire miracle avait tout transformé. La vie ne pouvait pas avoir l'air plus belle. L'homme ciré, qui avait l'air d'avoir réussi, mangeait des aliments cirés qui avaient l'air bons, avec sa femme cirée qui avait l'air belle, et ses enfants cirés qui avaient l'air équilibrés, dans un monde ciré qui avait l'air parfait.

Oui, le monde avait l'air parfait. On avait ciré les pauvres pour qu'ils aient l'air riches. On avait même ciré les bilans financiers des compagnies. Ainsi celles qui perdaient des milliards avaient l'air de nager dans les profits. Tout le monde avait l'air content. Tout le monde avait l'air de gagnants.

Pourtant l'homme ne se sentait pas si bien que ça. Il ne le disait pas. Car il avait l'air si bien que personne ne l'aurait cru. Mais il ne filait pas. Et il se demandait pourquoi. Ça l'inquiétait. Il avait eu beau cirer son inquiétude, elle n'en devenait que plus grande. Il est allé voir son psy ciré, son astrologue ciré et son curé ciré. Aucun d'eux n'a trouvé la réponse. Ils lui ont tous dit : « Vous avez l'air d'avoir tout pour être heureux ! »

C'est alors que l'homme a pensé analyser la cire dont il avait enduit l'Univers. Cette cire qui rendait tout beau, de quoi était-elle faite ? Et il a découvert qu'elle était toxique. Qu'elle figeait les choses. Qu'elle rendait beau le dehors en

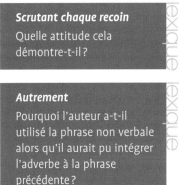

Scrutant chaque recoin
Quelle attitude cela démontre-t-il ?

Autrement
Pourquoi l'auteur a-t-il utilisé la phrase non verbale alors qu'il aurait pu intégrer l'adverbe à la phrase précédente ?

Brillait trop
Quel est le double sens de cette expression ?

Ciré les bilans financiers
Au sens propre, que veut dire cette métaphore ?

détruisant le dedans. Que le monde était condamné à paraître, parce qu'il ne pouvait plus être. Qu'elle était composée d'orgueil, d'ambition et d'égoïsme. Et qu'elle rendait tout beau. En rendant tout faux.

60 Soudain, les effets nocifs de la cire se manifestèrent. L'homme a d'abord vu sa femme le laisser. Car un amour ciré a l'air bien beau, mais il ne dure jamais longtemps. Puis il est tombé malade. Tous ses aliments étaient intoxiqués. Il aurait mieux fait de manger une vieille pomme toute poquée qu'une belle pomme toute cirée. Les animaux étaient infectés et l'eau n'était 65 plus potable. Même l'air n'était plus respirable. Et dire qu'il avait fait tout ça pour avoir l'air.

L'homme avait voulu prendre un raccourci pour atteindre le bonheur. Sans comprendre que le bonheur, c'est le chemin que l'on prend. Quand on arrive trop vite, il ne nous reste plus qu'à être malheureux. Depuis le début des 70 temps, l'homme ne s'était occupé que de la pelure. Que de la première chose que l'on voit. Que du devant sans comprendre que ce qu'il y a de bon dans un fruit, c'est le dedans. Même chose pour lui.

L'homme, au plus profond de son malheur, a enfin réalisé qu'il n'y en avait rien à cirer de ce monde basé sur l'apparence. De toutes ces teintures, de toutes ces 75 perruques, de tout ce maquillage, de toute cette poudre, de tout cet étalage, de tous ces clin clins, de tous ces faux seins, ces faux cils, ces faux jetons, ces faux témoignages. L'homme a donc décidé de tout décaper. Il en a pour des milliers d'années.

© 2003, Stéphane Laporte, *Chroniques du dimanche*, Les Éditions La Presse.

réflexions

1 Quel symbole représente la « cire » ? Comment est-elle caractéristique du comportement de l'homme d'aujourd'hui ?

2 Quel jugement porte Stéphane Laporte sur la société et ses valeurs ?

3 Que veut-il dire par « Quand on arrive trop vite, il ne nous reste plus qu'à être malheureux » ?

4 Pourquoi utilise-t-il le terme générique *homme* dans son texte ?

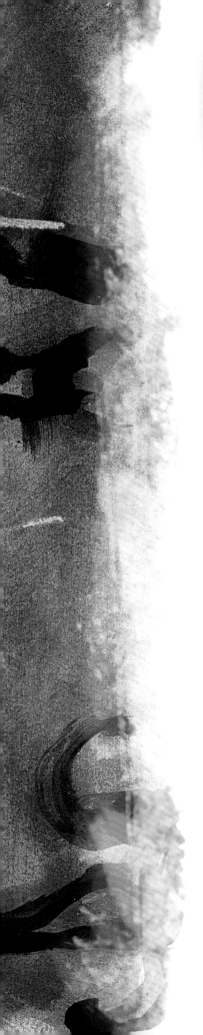

À propos... de la structure et de la cohérence textuelles

La structure et la cohérence textuelles

La structure confère une unité à l'ensemble d'un texte. Elle se reconnaît à son organisation, c'est-à-dire aux marques linguistiques et non linguistiques, et à la cohérence des ses propos. Donc, l'étude de la structure et des règles qui en assurent la cohérence permet de mieux reconnaître l'enchaînement et l'ordre hiérarchique des informations afin d'en comprendre les liens.

La structure

La plupart des textes courants sont composés d'une introduction, d'un développement et, généralement, d'une conclusion. Par ailleurs, les textes ont une structure spécifique souvent déterminée en fonction des destinataires à qui s'adresse la publication, du but recherché par l'énonciateur et du genre de texte.

- Le **type de publication** : si le texte paraît dans une revue qui s'adresse à un large public, la structure en est plus aérée et on y appuie l'information à l'aide d'illustrations, de tableaux, de schémas, de capsules, etc. ; s'il paraît dans une revue scientifique spécialisée, le texte est divisé en sections, avec sous-titres et intertitres, qui permettent de mettre l'accent sur les aspects et les sous-aspects du sujet, et il est accompagné de graphiques, de statistiques, de légendes, de notes de bas de page, etc.

- Le **but recherché** : si on veut créer un effet, donner un style et un ton particulier, on peut modifier certains éléments de la structure. Par exemple, on peut décrire les conséquences d'un phénomène avant de préciser les facteurs qui pourraient l'expliquer, en vue de leur donner plus d'impact.

- Le **genre de texte** : chaque genre est caractérisé par certaines spécificités. Une entrevue comporte presque toujours des séquences dialogales, alors qu'un éditorial est plutôt court et sans éléments graphiques et qu'un essai scientifique est structuré rigoureusement et s'appuie sur des études citées en référence.

Faire le survol du texte permet de s'en faire une idée générale et porter attention aux éléments de cohérence permet de cibler les informations pertinentes dont on a besoin, par exemple en vue d'un travail de recherche. Pour étudier la structure, il est donc essentiel de décoder les marques linguistiques et non linguistiques qui renforcent l'organisation d'un texte.

Les marques linguistiques

À l'oral comme à l'écrit, les phrases ou les idées sont reliées par des **marques linguistiques** qui ordonnent les informations. Elles contribuent ainsi à la structure et à la cohérence et peuvent être de différents types :

– Des classes de mots
  - Des coordonnants : donc, mais, et, ou, ni, alors, car, etc.
  - Des subordonnants : lorsque, bien que, puisque, si, comme, etc.
  - Des adverbes : évidemment, finalement, etc.
  - Des prépositions : dès, à partir de, depuis, etc.
– Des groupes de mots
  - Des groupes incidents : selon moi, à mon avis, etc.
  - Des présentatifs : il y a, c'est, voici, voilà, etc.
  - Des formules : tout compte fait, en somme, à bien y penser, etc.
– Des phrases ou des segments de phrase : Afin de bien comprendre ce qui suit, il est nécessaire de…, etc.

LES RÔLES DES MARQUES LINGUISTIQUES

– Les **organisateurs textuels** agissent sur l'ordre et les liens qui sont établis entre les paragraphes et les sections. Ces organisateurs peuvent indiquer le temps ou le lieu, l'ordre des idées ou des arguments, une suite ou une transition entre deux parties du texte. En somme, ils permettent de repérer les divisions et la structure globale du texte.

– Les **marqueurs de relation** sont des mots ou des groupes de mots servant à établir des liens ou des rapports de sens entre des idées à l'intérieur des paragraphes. Ils peuvent indiquer une addition, une opposition, une comparaison, etc. Bref, ils marquent l'organisation des informations contenues dans un paragraphe.

Pour en savoir davantage, consultez la section « Grammaire », page 482.

Les marques non linguistiques

Les **éléments graphiques** ou **typographiques** sont utilisés pour diviser le texte en sections, pour ajouter des informations ou les illustrer, pour faire ressortir des points forts, pour définir un élément plus complexe.

– L'utilisation d'un **titre**, de **sous-titres** et d'**intertitres** sert à annoncer le sujet, ses aspects et à diviser le texte en parties distinctes.

– Le recours à un **chapeau**, un court paragraphe généralement situé sous le titre principal et d'un caractère différent du reste du texte, donne un aperçu du traitement du sujet.

– L'emploi d'un **encadré** ou d'une **capsule** ajoute un complément d'information, souvent non essentiel, mais pertinent.

– L'**illustration** ou la **photographie** montre les personnes, les lieux, le sujet dont il est question.

– La **légende** donne du sens à une image ou explique un code graphique.

- Le **schéma**, la **figure** ou le **graphique** représente visuellement des données mathématiques, des éléments théoriques abstraits.
- La **mise en exergue** d'une phrase du texte attire l'attention ou marque un aspect important.
- L'utilisation d'un **caractère particulier** (taille, police, gras) met en évidence certains éléments du texte ou de ses divisions.
- La **numérotation**, les **points de forme** ou la **liste** permet d'ordonner ou de hiérarchiser les éléments ou les parties du texte.
- La **note de bas de page** donne une explication à propos d'une personne, d'un événement, d'une date historique ou la référence d'un ouvrage spécialisé sur le sujet.

Voici un exemple de texte comportant des marques linguistiques et non linguistiques.

TITRE →

Bonne nuit !

CHAPEAU →

Avez-vous déjà eu l'impression de passer la nuit à chercher le sommeil ? Souhaiteriez-vous en améliorer la qualité et la profondeur ?

INTRODUCTION

Occupant une place prédominante dans nos vies, environ un tiers de la journée, le sommeil est un élément essentiel à notre bien-être. Pourtant, en ce siècle où le rythme quotidien et le niveau de stress ont beaucoup augmenté, l'insomnie en gagne plus d'un. Que faire pour remédier au problème, quelles solutions peuvent être envisagées ?

ENCADRÉ

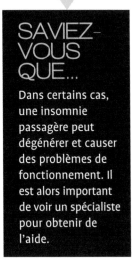

SAVIEZ-VOUS QUE...

Dans certains cas, une insomnie passagère peut dégénérer et causer des problèmes de fonctionnement. Il est alors important de voir un spécialiste pour obtenir de l'aide.

DÉVELOPPEMENT

Tout d'abord, la règle numéro un est de ne pas paniquer. Plus on s'inquiète, plus l'insomnie risque de persister. Diminuer le stress relié à la situation, se détendre, éviter de s'en faire avec le problème, c'est déjà éviter de l'aggraver. D'une part, les spécialistes démontrent que nous surestimons le temps pris à nous endormir et que nous sous-estimons la durée réelle de notre sommeil. Chez les gens insomniaques, cette perception est accentuée par le fait que leur sommeil est continuellement entrecoupé. D'autre part, certains comportements contribuent à développer l'insomnie : dormir dans une chambre éclairée, s'exposer à un niveau élevé de bruit ou regarder l'heure sur le réveil chaque fois que l'on ouvre les yeux. L'effet stimulant des deux premiers et l'indication temporelle du troisième accroissent le niveau d'éveil au lieu de permettre l'évasion nécessaire au sommeil. Par conséquent, éviter la dramatisation du problème et privilégier un environnement paisible favoriseront un sommeil adéquat.

LÉGENDE

- Marqueurs de relation
- Organisateurs textuels
- Éléments de reprise

CONCLUSION

En somme, l'insomnie, souvent causée par des facteurs environnementaux, nécessite de redécouvrir le rythme de notre sommeil et dans une société où la vie trépidante est valorisée, il faut apprendre à conserver ce temps d'arrêt essentiel à notre corps. Et si mieux dormir nous permettait finalement d'être plus actif et de mieux profiter des occasions qui s'offrent à nous tous les jours ?

Les règles de la cohérence textuelle

Pour être bien structuré, un texte doit aussi être cohérent, c'est-à-dire constituer un ensemble logique, où les informations sont interreliées de façon à démontrer leur cohésion. C'est ce rapport étroit entre les idées que l'on nomme la **cohérence textuelle**. Elle est assurée par la continuité, la progression, la non-contradiction et la pertinence de l'information.

La continuité

La **continuité** est assurée par le rappel des informations tout au long du texte. Ce rappel est nommé la **reprise de l'information**. Il s'agit d'un mot ou d'un groupe de mots qui en remplace d'autres afin d'éviter les répétitions et de suivre le fil conducteur du texte. Une phrase peut contenir plusieurs éléments de reprise qui réfèrent à des réalités différentes : la précision et le bon emploi des mots de substitution s'avèrent alors essentiels à la compréhension du texte. Lorsque c'est le cas, des indices tels le genre et le nombre permettent de repérer l'antécédent des mots de substitution. Plusieurs objectifs peuvent être atteints grâce à la reprise de l'information :

– introduire une nouvelle information ;

> « <u>Cette perception</u> est accentuée par le fait que leur sommeil est continuellement entrecoupé. » Fait le lien entre l'idée précédente et celle-ci. (*Bonne nuit !*)

– spécifier, rectifier, interpréter une information ;

> « L'effet stimulant <u>des deux premiers</u> et l'indication temporelle <u>du troisième</u>... » Précise l'effet des comportements déjà nommés. (*Bonne nuit !*)

– condenser l'information ;

> « ... de mieux profiter des occasions <u>qui</u> s'offrent à nous tous les jours ? » Le pronom relatif permet de joindre deux segments de phrases liés par le sens. (*Bonne nuit !*)

– résumer une phrase ou une partie du texte ;

> « Diminuer le stress relié à <u>la situation</u> » Résume la phrase précédente. (*Bonne nuit !*)

– rappeler une information générale extérieure au texte ;

> « l'insomnie en gagne plus <u>d'un</u>. » Les gens touchés. (*Bonne nuit !*)

– orienter le point de vue ;

> « ce temps d'arrêt essentiel à notre corps » Le sommeil. (*Bonne nuit !*)

– créer une confusion dans l'inférence afin de marquer un double sens, un jeu de mots ;

> « Même l'<u>air</u> n'était plus respirable. Et dire qu'il avait fait tout ça pour avoir l'<u>air</u>. » Reprise du même mot dans deux sens différents. (Laporte)

– reprendre une information à répétition pour créer un effet.

> « <u>Il a donc décidé de cirer</u> son plancher. <u>Pour que</u> son plancher <u>ait l'air plus beau</u>. » Reprise des mêmes termes pour illustrer la répétition du raisonnement. (Laporte)

La progression

La **progression**, c'est l'ajout d'informations nouvelles qui contribuent à faire avancer le développement du texte. Ainsi, lorsqu'il y a reprise de l'information dans un segment de phrase, l'autre segment devrait ajouter un élément nouveau. On utilise le terme **thème** pour désigner ce dont on parle, c'est-à-dire la partie reprise qui assure la continuité et on utilise le terme **rhème** pour désigner ce qu'on en dit, c'est-à-dire l'information nouvelle contenue dans chaque énoncé.

« Chez les gens insomniaques, cette perception est accentuée par le fait que leur sommeil est continuellement entrecoupé. » Thème : cette perception, reprend l'estimation sur la durée réelle du sommeil de la phrase précédente. Rhème : Chez les gens insomniaques le sommeil est entrecoupé, nouvelle information à propos de la perception des gens. (*Bonne nuit !*)

De plus, les organisateurs textuels et les marqueurs de relation du texte contribuent aussi à la progression.

Dans *Bonne nuit !*, D'une part et D'autre part marquent la progression en introduisant deux sous-aspects du paragraphe.

La non-contradiction

La **non-contradiction** contribue à établir la crédibilité de l'énonciateur et de son message. Il y a contradiction lorsque deux éléments du texte donnent une information contraire. Il y a **apparence de contradiction** lorsque, sans qu'il y ait nécessairement deux informations contraires, il manque de liens entre les propos. La contradiction ou l'apparence de contradiction peuvent toutes deux nuire à la situation de communication.

La pertinence

La **pertinence** des éléments d'un texte s'évalue en fonction du bien-fondé de leur emploi avec le propos abordé. Ainsi, on pourrait juger un texte pertinent dans l'ensemble, même si l'un des éléments ne l'est pas. Pour évaluer la pertinence d'un texte, le récepteur doit s'interroger sur les choix de l'énonciateur.

– Le sujet et le vocabulaire conviennent-ils aux destinataires ?

– Les propos sont-ils judicieux et appropriés dans le contexte ?

– Y a-t-il un biais de perception flagrant ou une mauvaise foi dans l'interprétation d'événements ?

– Y a-t-il des propos déplacés, à caractère haineux, raciste, sexiste ?

– Les propos démontrent-ils une connaissance approfondie du sujet ?

– Les propos dénotent-ils un respect de la confidentialité, de la protection de la vie privée ou du secret professionnel ?

Comparer les textes

Vous venez de lire un extrait des œuvres suivantes :
«Sébastien Ricard dans la peau de Dédé», *Acheter, c'est voter* et «Rien à cirer».

1 En comparant les trois textes, quel impact le type de publication a-t-il sur la manière de les organiser ?

2 Quelles différences peut-on établir sur la façon de faire progresser l'information entre les trois textes ?

3 Les trois textes principaux présentent un entretien, un essai et une chronique. Expliquez si cela a influencé la façon d'employer les marques linguistiques d'organisation du texte.

4 De quelle manière la présence de marques non linguistiques dans deux des textes, «Sébastien Ricard dans la peau de Dédé» et *Acheter, c'est voter*, a-t-elle modifié votre façon de les aborder au moment de la lecture comparativement au troisième texte, «Rien à cirer», qui n'en contient pas ?

5 À votre avis, lequel des trois textes traite d'un sujet dont la pertinence demeurera le plus longtemps d'actualité ? Justifiez votre réponse.

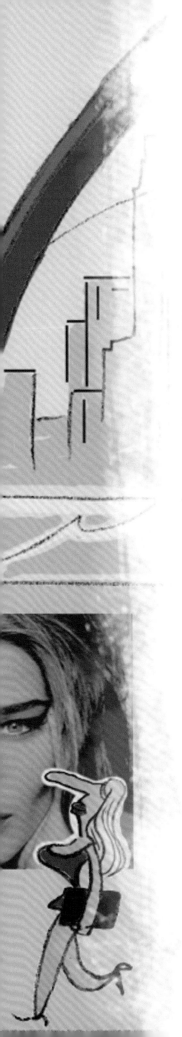

Pistes d'essai

Communication orale

Vous allez écouter une émission (documentaire ou reportage). Au fil de votre écoute, reconstituez la structure de l'émission en relevant ses marques d'organisation et ses idées principales. Par la suite, rédigez un court paragraphe qui explique votre appréciation de la pertinence des propos.

Pour soutenir votre démarche, consultez la stratégie «Prendre des notes», page 569.

Écriture

Pour Stéphane Laporte, l'esthétisme est le besoin de tout améliorer exagérément, au détriment de la nature. Pour André-Philippe Côté (◼ Inter·textes), c'est une question de moyens financiers. Les publicités, quant à elles, nous bombardent de standards de beauté qui influencent notre vision des autres. Et vous, quel est l'impact du regard des autres sur votre esthétisme personnel ? Quelle importance accordez-vous à l'apparence des autres ? Composez un texte qui explique votre position en tenant compte des règles de la cohérence. N'oubliez pas de recourir aux marques linguistiques et non linguistiques pour structurer votre version finale.

Pour soutenir votre démarche, consultez la stratégie «Écrire un texte courant», page 556.

Lecture

Annotez le texte qui vous sera remis de manière à identifier les marques d'organisation du texte et les éléments de reprise de l'information (voir l'exemple dans le À propos de cette Fenêtre). Avec un camarade de classe, comparez vos annotations afin de les compléter. En groupe, discutez de l'impact de ces marques et de ces éléments sur l'ordre et l'enchaînement des informations du texte.

Pour soutenir votre démarche, consultez la stratégie «Lire un texte courant», page 552.

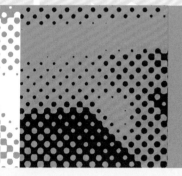

Le Canadien de Montréal est une institution nationale. Chaque saison, les fans suivent les parties, les échanges et espèrent la présence de l'équipe durant les séries éliminatoires. Même ceux qui n'ont pas d'intérêt pour le hockey connaissent au moins le logo de l'équipe voire le nom d'un ou deux joueurs. À l'occasion du centenaire du Canadien en 2009, plusieurs médias ont retracé l'histoire des nombreux joueurs du tricolore. Nombre d'entre eux n'ont pas marqué l'imaginaire collectif. En voici trois.

Stars d'un soir, les 100 ans du Canadien

Le Canadien de Montréal, c'est 100 ans d'histoire. Et c'est aussi 100 ans d'histoires. Les grandes, comme celles, entrées dans la légende, de Maurice Richard, Jean Béliveau et Guy Lafleur. Mais aussi les oubliées, comme celles de tous ces joueurs, plus nombreux qu'on pense, qui n'ont endossé
5 l'uniforme du Canadien qu'une seule fois. *La Presse* a retracé quelques-unes de ces stars d'un soir.

Photo Archives *La Presse*

Maurice Richard, Len Broderick,
Henri Richard.

Le transfuge : Len Broderick

Le père de Len Broderick était un partisan de longue date des Maple Leafs de Toronto. Mais le temps d'un match, le 30 octobre 1957, il a fait une
10 exception. Et pour cause : son fils, qui jouait habituellement pour les Marlboros de Toronto, dans le junior, a porté ce soir-là l'uniforme du Canadien de Montréal. « Il s'en est rendu compte quand j'ai sauté sur la glace », se souvient
15 M. Broderick.

C'était l'époque où les équipes voyageaient avec un seul gardien. En cas de blessure, un gardien auxiliaire fourni par l'équipe locale prenait la relève. C'est comme ça que Len Broderick, qui
20 recevait 25 $ pour chaque match des Leafs à Toronto, a remplacé Jacques Plante, victime d'une crise d'asthme.

« J'étais arrivé au Maple Leafs Garden en retard, à peine 45 minutes avant la partie, et c'est là que j'ai appris que j'allais jouer. Ça s'est passé tellement vite que je n'ai même pas eu le temps d'être nerveux. » Ça s'est reflété dans son jeu : il a blanchi les Leafs pendant les 50 premières minutes du match, que le Canadien a finalement remporté 6-2.

« J'avais participé au camp des Leafs cette année-là et Frank Mahovlich me déjouait toujours entre les jambes. Dès le début du match, il s'est échappé vers moi et a tenté la même feinte. Cette fois, je l'ai arrêté. Ça m'a mis en confiance. »

Pour sa peine, Broderick a reçu du Canadien une lettre de remerciement du directeur général Frank Selke et un chèque de 150 $, soit 50 $ de plus que prévu. Broderick, qui étudiait en comptabilité, a apprécié. Mais il avait déjà compris que le hockey ne faisait pas partie de son avenir. « Les Leafs ont essayé de me faire passer chez les professionnels, mais pour 9000 $ par année, ça ne valait pas la peine », dit-il en riant. Il a fait carrière comme comptable agréé et vit aujourd'hui en Caroline du Sud.

Le malchanceux :
Jean-Guy Morissette

En 1963, le Canadien venait de commencer à voyager avec un gardien auxiliaire. Le 30 octobre, à Toronto, Gump Worsley s'est blessé en cours de partie et Jean-Guy Morissette, un gardien de 25 ans qui débarquait tout juste des rangs seniors, est descendu des gradins pour enfiler en vitesse son équipement. Il n'avait pas d'expérience chez les professionnels et s'est vite rendu compte que la marche était haute : il a accordé quatre buts en 36 minutes. « C'est seulement 36 minutes, mais c'est un gros 36 minutes, dit M. Morissette, aujourd'hui retraité à Victoriaville. Dans ce temps-là, jouer pour le Canadien, c'était gros. Plusieurs y rêvaient, mais peu y parvenaient. C'est encore bien présent dans ma tête. » M. Morissette aurait bien aimé avoir une deuxième chance. Malheureusement, lors de l'entraînement du lendemain, un tir dévié lui a fracturé l'os de la mâchoire et l'a forcé à l'inactivité. Il n'a plus jamais rejoué dans la LNH.

Photo Le Canadien de Montréal

Jean-Guy Morissette.

Le doyen : Ernest Laforce
Quiz : qui est le plus vieil ancien Canadien toujours vivant ?

Si vous avez répondu Émile « Butch » Bouchard ou Elmer Lach, bel effort. Mais vous n'y êtes pas. Le doyen des porte-couleurs du Tricolore a joué avec ces deux géants de l'histoire du club. Mais il est loin d'être aussi célèbre.

Ernest Laforce – c'est son nom – n'a disputé qu'une seule partie dans la LNH.
70 C'était en 1942-1943, l'année où Maurice Richard a fait ses débuts professionnels. Laforce était un habile défenseur des Royaux de Montréal, une équipe senior qui disputait ses matchs locaux au Forum, le dimanche après-midi. « Le Canadien y faisait jouer ses recrues, comme Floyd Curry, Doug Harvey ou Gerry McNeil », se souvient-il.

75 « Once a Royal, always a Royal. C'était la devise du club. Il y avait une fierté de porter ce chandail » dit-il. Une fierté justifiée : en 1947, à Hamilton, les Royaux et M. Laforce ont remporté la coupe Allan, emblème du hockey senior canadien.

L'année où M. Laforce a joué son seul match, le Canadien était dirigé par Dick Irvin, un entraîneur aux relations parfois tendues avec les joueurs
80 francophones. Il y avait beaucoup de roulement au sein de la formation. La Deuxième Guerre mondiale faisait rage et plusieurs joueurs seniors étaient appelés en renfort, le temps d'un ou quelques matchs.

M. Laforce était outilleur à la Northern Electric, la compagnie qui allait devenir Nortel. « Il y avait plusieurs bons athlètes chez Nortel qui ne sont pas allés
85 à l'armée parce qu'on avait besoin de nous pour l'effort de guerre », raconte M. Laforce, qui a passé 40 ans au sein de l'entreprise.

L'équipe de hockey Le Canadien de Montréal en 1942. Sur la rangée arrière, Ernest Laforce est le 4e à partir de la gauche. Sur la même rangée, on reconnaît aussi Maurice Richard, 2e à partir de la droite.

BANC-PA108357

Après avoir passé sa vie à Montréal, M. Laforce, aujourd'hui âgé de 92 ans, a suivi son fils et
90 habite depuis une dizaine d'années en Ontario, à mi-chemin entre Montréal et Ottawa. Au téléphone, la voix est ferme et les souvenirs, précis. Sauf, curieusement, en ce
95 qui concerne son unique match avec le grand club, un soir de février 1943, au Maple Leafs Garden. « Ce n'était pas très important. On jouait souvent avec les joueurs du Canadien,
100 lors d'entraînements ou de parties hors-concours », explique-t-il.

Et Dick Irvin ? M. Laforce rigole. « Pas de commentaire ! »

Jean-François Bégin,
© *La Presse*, 14 février 2009.

Les épidémies (peste, choléra, tuberculose, etc.) ont marqué différentes époques de l'histoire de l'humanité. Elles ont parfois décimé des villages et des villes. Elles sont causées par la propagation de bactéries infectieuses lorsque les conditions d'hygiène et les traitements médicaux sont absents. De nos jours, malgré l'avancement de la science, nous ne sommes pas à l'abri de telles épidémies notamment dans les pays en voie de développement ou en guerre, ou encore à cause de la plus grande mobilité des gens et des marchandises. Nous n'avons qu'à penser à l'épidémie de SRAS en 2003 qui a touché plus de 30 pays, dont le Canada.

Des bactéries et des hommes

[extrait]

FLÉAU CONNU depuis la haute Antiquité, le choléra n'a jamais quitté l'Inde, considérée comme le berceau de la maladie. Depuis des temps immémoriaux,
5 la redoutable affection – une des plus anciennes de l'humanité – y sévit dans les vallées du Gange, du Brahmapoutre, de la Nerbudda et du Tapty, régions de grandes concentrations humaines. [...] En raison du
10 peu de relations des habitants de ces régions avec le monde extérieur, la diffusion de la maladie fut extrêmement restreinte ; c'est la raison pour laquelle elle fut longtemps dénommée « choléra indien ».

15 Si le choléra n'a fait son apparition en Europe qu'en 1830, les conquérants et explorateurs ainsi que les navigateurs arabes et européens avaient déjà été en contact avec le vibrion cholérique bien
20 auparavant. [...]

L'histoire « moderne » du choléra commence avec la première pandémie, en 1817.

25 Six pandémies sont habituellement admises dans l'histoire du choléra, mais leurs durées, difficiles à préciser, varient selon les auteurs. Les dates les plus usuellement retenues sont celles-ci :

– première pandémie : de 1817 à 1823 ;

– deuxième pandémie : de 1829 à 1851 ;

– troisième pandémie : de 1852 à 1859 ;

30 – quatrième pandémie : de 1863 à 1879 ;

– cinquième pandémie : de 1881 à 1896 ;

– sixième pandémie : de 1899 à 1923.

Au début des années 1900, on assiste à un lent recul du choléra aussi bien en
35 Amérique qu'en Europe et même en Afrique ; la sixième pandémie s'arrête en 1923 et, à partir de 1950, le choléra n'est plus observé que sur le continent asiatique. La septième et actuelle pandémie démarre
40 en 1961 en Indonésie, se propage rapidement à travers toute l'Asie jusqu'au Moyen-Orient. Elle atteint l'Afrique en 1970. De 1971 à 1991, la grande majorité des pays africains sera concernée par le fléau. Le
45 23 janvier 1991, le continent sud-américain, qui avait été préservé pendant plus d'un siècle, est à son tour atteint. C'est dans la région côtière de Chancay, au nord de Lima au Pérou, que le premier cas a été
50 détecté. L'épidémie se répand rapidement : 391 751 cas seront déclarés en 1991 dont 4002 mortels ; en 1992, 2401 sur 354 089 cas sont mortels.

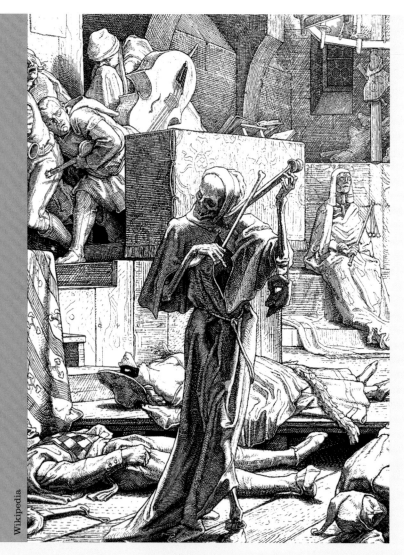

Wikipedia

Une gravure du XIXᵉ siècle représentant les très grandes pertes humaines causées par le choléra lors de l'épidémie de 1832 en France.

ces vibrions dans le choléra. En 1884, la célèbre revue médicale anglaise *The Lancet* attribue officiellement la découverte du vibrion cholérique à Pacini, décision ratifiée et validée par la Commission allemande pour le choléra présidée par Robert Koch.

À partir de 1832, le chirurgien O'Shaugnessy et le chimiste Latta mettent au point un traitement qui n'est autre qu'une réhydratation; ils utilisent une plume d'oie pour réaliser une « perfusion » au pli du coude (l'aiguille à injection n'existait pas encore). Toutefois, des problèmes de phlébite provoquent la mort des malades traités de la sorte. À la même époque, un capitaine d'artillerie, Moreau de Jonès, affirme que le choléra est contagieux et que la maladie suit le cours des fleuves : parce qu'il rend ainsi les bateliers responsables de la dissémination du fléau, il n'est malheureusement pas écouté.

Au cours de la troisième pandémie européenne (1852-1859), un anesthésiste londonien, John Snow, entreprend des études épidémiologiques fondées sur la distribution et la contamination des eaux potables à Londres. Bien qu'il n'identifie pas la nature de l'agent responsable, il démontre que le choléra « était avalé, se multipliait dans les intestins, apparaissait dans les matières fécales des sujets atteints et touchait finalement le tube digestif de sujets sains qui avalaient de l'eau contaminée ». Il peut faire la preuve en 1854 que les cas de choléra sont étroitement associés aux pompes d'alimentation de même qu'à la qualité de l'eau de distribution, et que cette qualité est différente d'un quartier à l'autre et d'une compagnie à une autre dans le sud de Londres. Évidentes aujourd'hui, les vues de Snow avaient toutefois été rejetées par le Royal College of Physicians en 1854.

Willy Hansen et Jean Freney, *Des bactéries et des hommes*, © 2002, Éditions Privat.

CHASSE AUX AGENTS MORBIDES

C'est au cours de la deuxième pandémie européenne de choléra (1829-1851) que de « nouvelles » recherches microscopiques sont entreprises pour la mise en évidence d'agents responsables des manifestations morbides.

En 1854, le grand anatomiste toscan Filippo Pacini établit une corrélation entre le choléra et les germes mobiles observés dans le contenu intestinal de cadavres victimes du fléau au cours de l'épidémie de Florence de 1854-1855. Ayant détecté dans les matières fécales de malades des bactéries morphologiquement identiques à celles vues dans le contenu intestinal des cadavres, Pacini admet la responsabilité de

L'apparence physique, qu'on le veuille ou non, c'est notre premier critère de jugement. Un nombre grandissant de personnes ont recours à divers moyens pour modifier leur apparence de la simple coloration capillaire à la chirurgie. Jusqu'où seriez-vous prêt à aller pour transformer ce qui vous déplaît en un attrait qui vous rende fier ? D'autant plus que la médecine a fait d'immenses progrès, à un point tel qu'elle permet maintenant de faire des interventions majeures sur notre apparence physique, au prix d'opérations plus ou moins douloureuses. Autant socialement qu'individuellement, nous devons nous poser des questions sur le bien-fondé de ces changements. Certains le font avec humour !

Vue de côté

© André-Philippe Côté, « Vue de côté », *L'actualité*, janvier 2009.

La caricature

La caricature peut être un dessin ou une peinture qui porte un commentaire sur une personnalité, un sujet d'actualité, ou une préoccupation sociale de notre époque. Sa particularité est d'exagérer certains détails qui rendent le sujet ridicule ou déplaisant. Elle a pour but de donner une opinion, de susciter une réflexion, tout en faisant rire, même s'il s'agit parfois d'un rire jaune.

La prison du Pied-du-Courant, aujourd'hui un monument historique, a été construite en 1837. Cette prison d'État fut nommée ainsi à cause de sa situation géographique : au pied du courant des rapides Sainte-Marie du fleuve Saint-Laurent. Ses premiers prisonniers furent les patriotes. Dénoncés par leurs voisins et arrêtés sur simple présomption, beaucoup d'innocents sont mêlés aux combattants. Les patriotes ont écrit de nombreuses lettres et requêtes pendant leur emprisonnement, dont celle-ci, de Sir Louis-Hippolyte La Fontaine, membre du Parti des patriotes. Il fut élu député pour la première fois en 1830. En 1837-1838, il s'oppose à l'appel aux armes des patriotes et tente de trouver un règlement pacifique, mais il échoue. À la suite de la rébellion, il est emprisonné puis il est relâché. Au pouvoir en 1848, il obtient entre autres que le français devienne une langue officielle au Parlement, la réforme du système judiciaire, l'accessibilité à la fonction publique pour les Canadiens français et l'amnistie ainsi que l'indemnisation des rebelles patriotes.

Lettre de L.-H. La Fontaine

Louis-Hippolyte
La Fontaine.

Examen de Louis-H. La Fontaine.

Précis de la conversation entre L.-H. La Fontaine, prisonnier, et MM. Buchanan, Fisher, Bleakley et Weekes, assumant le titre de commissaires pour l'examen des prisonniers politiques, laquelle conversation a eu lieu dans la prison de Montréal, le 10 décembre 1838,
5 *en présence de MM. D.-B. Viger et Charles Mondelet, aussi prisonniers.*

Prison de Montréal, 10 décembre 1838

M. FISHER Avez-vous préparé par écrit vos réponses à cet examen ?

M. LA FONTAINE D'abord je veux savoir pourquoi vous m'avez fait venir ici.

M. F. ET BUCHANAN Nous ne le savons pas.

10 **M. L.** Et moi, encore moins.

M. F. Vous êtes appelé à faire votre déclaration.

M. L. Sur quoi et sur quels faits ?

M. F. Nous voulons avoir votre déclaration sur les événements récents.

M. L. Dans ce cas, je dois demander si c'est comme témoin, espion ou accusé, que
15 vous entendez m'interroger. [C'est le mot *délateur* que je voulais employer ; cependant j'ai fait usage du mot *espion*.]

M. F. C'est comme accusé.

M. L. Dans ce cas, veuillez me dire de quoi je suis accusé et par qui je l'ai été.

M. F. Je n'en sais rien.

20 **M. B.** Ni moi non plus ; cependant il paraît, par les livres, que vous êtes ici sous soupçon de trahison.

M. L. Par quels livres, s'il vous plaît, et par qui cette accusation est-elle portée ?

M. B. Oh ! il n'y a rien. Il n'y a pas d'affidavit contre aucun de vous, et nous n'avons aucun document pour le montrer.

25 **M. L.** C'est bien, Messieurs, je prends acte de la déclaration que vous venez de faire qu'il n'y a ni accusation, ni aucun affidavit contre nous. Puis voici ma réponse à l'examen que vous prétendez me faire subir.

Telle est en substance cette conversation pendant laquelle MM. Bleakley et Weekes ont gardé le silence.

30   L.-H. La Fontaine

Je certifie vraie la substance de cette conversation, telle que ci-dessus rapportée.

Charles Mondelet

Archives nationales du Québec – Centre de Montréal, P 224, pièce 61.

Louis-H. La Fontaine aux commissaires Buchanan, Fisher, Bleakley et Weekes.
S. Buchanan, D. Fisher, John Bleakley et G. Weekes, avocats.

10 décembre 1838

Messieurs,

5   En réponse à votre prétention de m'interroger, je vous déclare qu'il m'est impossible de concevoir en vertu de quelle autorité légale vous assumez cette prétention. Il serait absurde de penser que vous me forcez à venir comme témoin devant vous, traîné de force dans cette prison, le 4 novembre dernier, ce ne peut être que comme prisonnier et par conséquent comme accusé que vous vouliez sans
10 doute essayer à m'interroger. Dans ce cas, mon opinion est qu'un des objets réels de votre prétendue requête est de m'exposer, moi et les autres prisonniers amenés devant vous, à nous incriminer. C'est fouler aux pieds tout ce que les lois anglaises, la justice, la morale ont de plus sacré.

Un monument a été érigé devant l'ancienne prison du Pied-du-Courant à la mémoire des patriotes de 1837-1838.

      Le chef de l'Exécutif dont vous agissez sans doute comme subdélégués,
15 quoique illégalement, sait déjà ou doit déjà savoir que ma détention et celle d'un grand nombre d'autres, dans cette prison, sont illégales, immorales, injustifiables sous tous les rapports, et, pour plusieurs d'entre nous, le fruit de la malice, de la haine et de la vengeance, et qu'elles ont eu lieu dans la vue d'opérer notre ruine et celle de nos familles.

20   Votre prétendue enquête n'a été avisée que comme un piège tendu à l'innocence des prisonniers, en ce que, entre autres, elle a aussi pour objet d'essayer à pallier, après coup, l'emprisonnement tyrannique et illégal d'une foule de citoyens auxquels le gouvernement n'a encore pu et ne peut encore rien imputer, nonobstant tous les moyens à sa disposition.

25   Je persiste dans le contenu de ma lettre du 3 du courant, adressée à Son Excellence sir John Colborne, et dans laquelle je lui demande solennellement mon procès ou ma liberté pleine et entière.

Pour les raisons ci-dessus, je refuse de reconnaître et nie les pouvoirs ou la juridiction que vous prétendez exercer de la part de l'Exécutif.

30   L.-H. La Fontaine

Produced before us this 10th day of December 1838 by L.-H. La Fontaine
Duncan Fisher C. E [207].

Archives nationales du Québec – Centre de Montréal, P 224, pièce 62.

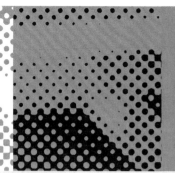

Les scientifiques font chaque jour de nouvelles découvertes sur différents aspects de notre monde, notamment quant au fonctionnement de notre corps. Le cerveau, quant à lui, demeure l'une des parties les plus mystérieuses, et ce, malgré les dernières avancées qui permettent d'en explorer davantage les capacités. De plus en plus, les chercheurs et chercheuses s'intéressent à son fonctionnement, principalement pour comprendre l'exécution de tâches précises, comme dans le cas de l'apprentissage de la lecture.

Comment on lit

Comment notre cerveau d'*Homo sapiens* peut-il analyser l'écriture, une invention datant d'à peine 5400 ans?

Le cerveau des primates contient déjà tout ce qu'il faut pour décoder l'écriture, affirme le spécialiste des neurosciences
5 Stanislas Dehaene.

La reconnaissance des lettres se fait dans une zone spécialisée, depuis des millions d'années, dans l'identification visuelle des
10 objets. Des expériences menées sur des singes ont montré que les neurones de cette région réagissent à des formes simples, ressemblant parfois drôlement à
15 nos lettres. Certains réagissent à l'arête d'un cube (Y), d'autres à un cercle (O), d'autres à la jonction de deux lignes (T). En apprenant à lire, l'enfant convertit simple-
20 ment ces neurones en détecteurs de lettres.

«Chaque journée passée à l'école modifie un nombre verti- gineux de synapses», dit Stanislas
25 Dehaene. L'alphabétisation trans- forme littéralement l'anatomie du cerveau en faisant épaissir le faisceau de fibres blanches – appelé corps calleux – qui relie

« Chaque journée passée à l'école modifie un nombre vertigineux de synapses. L'alphabétisation transforme littéralement l'anatomie du cerveau. »

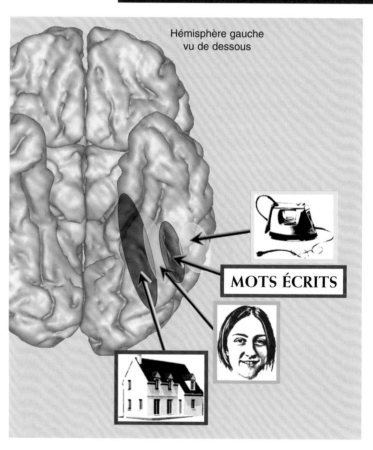

Notre cerveau ne traite pas les mots comme il traite les images! Dans la région visuelle ventrale du cerveau se trouve une mosaïque de détecteurs visuels spécialisés. Des détecteurs différents s'activent selon que nous voyons un mot écrit, une maison, un visage ou un objet.

30 les deux hémisphères. Cet apprentissage permet de mettre en place un circuit neuronal de la lecture très efficace. Quand nous lisons, l'information visuelle chemine dans un réseau superposé de neurones, des plus rudimentaires (qui reconnaissent les traits et les courbes signalant la présence éventuelle de lettres) aux plus 40 spécialisés (entraînés à identifier les combinaisons de lettres fréquentes: syllabes, suffixes, préfixes, racines de mots, etc.).

Cette reconnaissance se fait 45 dans la région occipito-temporale ventrale gauche, que Stanislas Dehaene a nommée la « région de la forme visuelle des mots », après l'avoir identifiée avec précision 50 grâce à l'imagerie par résonance magnétique.

L'information est ensuite relayée presque simultanément à deux autres grandes régions du 55 cerveau aussi impliquées dans le langage oral: le lobe temporal supérieur gauche, qui s'occupe de la prononciation, et le lobe temporal moyen qui s'occupe de la 60 signification du mot. Nous avons une collection de lexiques dans la tête qui nous permet d'accéder à l'orthographe, au sens et à toutes les informations encyclopédiques 65 que nous avons enregistrées sur un mot.

Une équipe de chercheurs états-uniens, menée par Eric Hagren, a réussi le tour de force 70 de suivre en direct le chemin parcouru par un mot, depuis les aires visuelles jusqu'aux régions du sens et du son. Ces différentes régions s'illuminent sur l'écran 75 l'une après l'autre en une vague puissante et rapide qui dure 420 millisecondes.

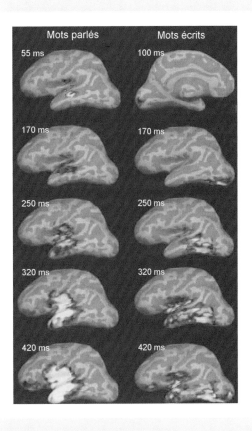

Les mots entendus ne rentrent pas par la même porte cérébrale que les mots lus. Mais ils convergent ensuite vers les mêmes aires du langage. Sur ces images de l'hémisphère gauche, on voit très bien que, lors de la lecture, c'est le pôle occipital qui s'active, puis l'activité s'étend à la région occipito-temporale gauche, là où le cerveau analyse la forme visuelle des mots.

Lors de l'apprentissage de la lecture, les voies menant aux sons 80 (voie phonologique) et au sens (voie lexicale) se mettent tranquillement en place. « Lorsque nous ânonnons notre b.a.-ba, le planum temporal (une zone 85 située à la surface supérieure du lobe temporal) apprend progressivement à reconnaître les correspondances entre la sonorité et l'apparence des lettres, jusqu'à 90 ce que ces liens s'automatisent », dit Stanislas Dehaene.

À mesure que nous lisons de nouveaux mots, les informations orthographiques et sémantiques 95 s'inscrivent dans nos différents lexiques. Pour les mots à la prononciation irrégulière, comme « femme » ou « oignon », la voie lexicale prime et c'est lorsque 100 nous reconnaissons le mot que nous accédons à sa prononciation. Attention, ces mots ne sont tout de même pas enregistrés comme des images! Les neurones font 105 pour eux le même travail de décomposition en lettres et en syllabes; c'est simplement que la voie lexicale est activée avant la voie phonologique lors de la 110 reconnaissance du mot.

Car contrairement à ce qu'on a longtemps pensé, la voie phonologique continue de s'activer chez tous les lecteurs, même 115 l'expert qui lit mentalement. Lisez ces quelques mots: barbu, morue, berlue, fraise. Le dernier détonne, alors que les trois premiers riment. Pour le percevoir, 120 c'est que vous les avez entendus dans votre tête malgré vous.

Catherine Dubé, © *Québec Science*, septembre 2008.

Les figures proviennent de *Les neurones de la lecture*, Éditions Odile Jacob, 2007, © Stanislas Dehaene.

l'argumentation • l'argumentation • l'argu
tation • l'argumentation • l'argumentatio
l'argumentation • l'argumentation • l'argu
tation • l'argumentation • l'argumentatio
l'argumentation • l'argumentation • l'argu
tation • l'argumentation • l'argumentatio
l'argumentation

Portail

4

L'argumentation

Notions

Fenêtre **11** Les bases de l'argumentation

Fenêtre **12** La stratégie argumentative

valeur

recherche

influences

logique

opinion

Une opinion ne naît pas du vide, elle se construit à partir de valeurs, de connaissances, de recherches, d'influences. Un raisonnement implique un ordre, une logique. Argumenter, c'est exprimer clairement sa pensée dans le but de convaincre.

Les bases de l'argumentation

- La séquence argumentative
- La thèse et la contre-thèse
- Les arguments et les contre-arguments
- La conclusion partielle
- Les formes de raisonnement

De l'assiette à la rue [extrait]

Faire la promotion des agriculteurs, des fromagers, des éleveurs, des acériculteurs d'ici est le leitmotiv de Daniel Pinard, et ce, depuis de nombreuses années. Sur différentes tribunes (la télévision, la radio, les journaux, les magazines), il utilise son expertise et use de son franc-parler pour dénoncer les difficultés de toutes sortes qu'éprouvent ces artisans. Pour Daniel Pinard, la promotion des artisans s'accompagne aussi de la dénonciation des abus de l'industrie alimentaire et de ses conséquences. Il tente d'éveiller les consciences : on ne cultive plus la terre, on ne cuisine plus autant qu'autrefois et on se questionne peu sur l'origine des aliments que vendent les supermarchés. L'article *De l'assiette à la rue* est un exemple du cheval de bataille de cet épicurien.

Daniel Pinard s'est fait connaître en animant les émissions de télévision *Ciel ! Mon Pinard* et *Les pieds dans les plats*, toutes deux axées sur la gastronomie. Doté d'une personnalité flamboyante et d'un humour singulier, sa popularité lui confère une tribune qu'il utilise pour dénoncer plusieurs causes qui lui tiennent à cœur, notamment l'homophobie, la mondialisation et la malnutrition. Après une retraite de la vie publique de quelques années, ce sociologue reprend du service en 2007 à la télévision et à la radio afin de continuer à promouvoir les artisans d'ici. En tant qu'écrivain, il a publié *Les Pinardises* en 1994, suivi d'*Encore des Pinardises* en 2000.

Au cours de votre lecture, demandez-vous quels sont les comportements et les réactions attendus de la part du consommateur.

« *Les aliments qu'on vous propose sont mauvais pour votre santé ; les légumes et les fruits importés de Californie sont pleins de pesticides…* » Nous entendons de plus en plus ce type de discours. En alertant ainsi le consommateur, certains pensent que ce dernier aura le pouvoir – étant mieux informé – de choisir ce qu'il consomme.

5 Comme si le pouvoir était simplement au bout de la fourchette ! Il y a pourtant d'autres dimensions au problème que nous oublions toujours. Bien sûr, nous devrions cesser d'acheter certains produits. Mais pas seulement parce qu'ils sont mauvais pour la santé. Plus fondamentalement parce qu'ils sont mauvais pour la planète, ce qui est une tout autre affaire.

Un système infernal

Prenons l'exemple de la viande. Sur la planète, le cheptel bovin s'accroît plus rapidement que le nombre d'êtres humains. Au point où nous en sommes, il y a déjà autour de 3 milliards de bovins pour 6 milliards d'humains.

[...] Devant cela, il est évident que le premier geste à poser serait de diminuer notre consommation de viande. Mais nous ne changerons pas
15 la culture d'un peuple, et encore moins celle d'un monde, en trois coups de cuillère à pot! Il y a toutefois moyen de produire du bœuf autrement.

[...] Récemment, dans un restaurant, je me suis retrouvé devant un menu où il était écrit: «Steak de vieille vache et frites.» Étonné, j'ai appelé le propriétaire et lui ai demandé: «Qu'est-ce que ce steak de
20 vieille vache?» Il m'a répondu: «Ce sont des vaches laitières qui auraient été des vaches de réforme – celles que nos producteurs vendent pour quelques sous lorsqu'elles sont devenues trop vieilles et qui finissent en steak haché. On a plutôt décidé, après avoir cessé de provoquer leur lactation, de les nourrir au foin avec un peu de grain et quelques légumes hachés
25 jusqu'à ce qu'elles reprennent leur forme. On a alors procédé à l'abattage et obtenu ainsi une viande de qualité supérieure.»

Dans l'économie de la production laitière actuelle, qui est une économie délirante, une vache dont l'espérance de vie était il n'y a pas si longtemps de 15 ou 18 ans est dite maintenant «vieille» et donc
30 «de réforme» à 3 ans et demi. Nous épuisons ces bêtes. Après seulement quelques années, elles ne sont plus capables de fournir le niveau de lactation qu'impose ce régime infernal de production. L'animal étant ainsi exploité à fond, nous le passons alors au moulin à viande sans le moindre scrupule.

35 Je ne dis pas que nous devrions tous manger de la viande de réforme! Je dis seulement que nous devrions savoir d'où vient la viande que nous achetons, par qui elle est produite, dans quelle condition et, surtout, si l'animal que l'on consomme a vécu, un tant
40 soit peu, suivant l'ordre de sa propre nature. Le traitement odieux que nous faisons subir aux animaux est quelque chose que nous ne pouvons plus ignorer. Assurons-nous que la production soit autant que possible
45 «écologiquement correcte» et respectueuse des animaux.

Il en est de même pour les fruits et les légumes. Achetons au plus près possible de chez nous, au lieu d'opter pour des fruits et
50 des légumes importés ou qui sont produits industriellement dans des conditions épou-vantables pour la terre, sans rotation de culture et avec toutes sortes d'additifs chimiques.

[...]

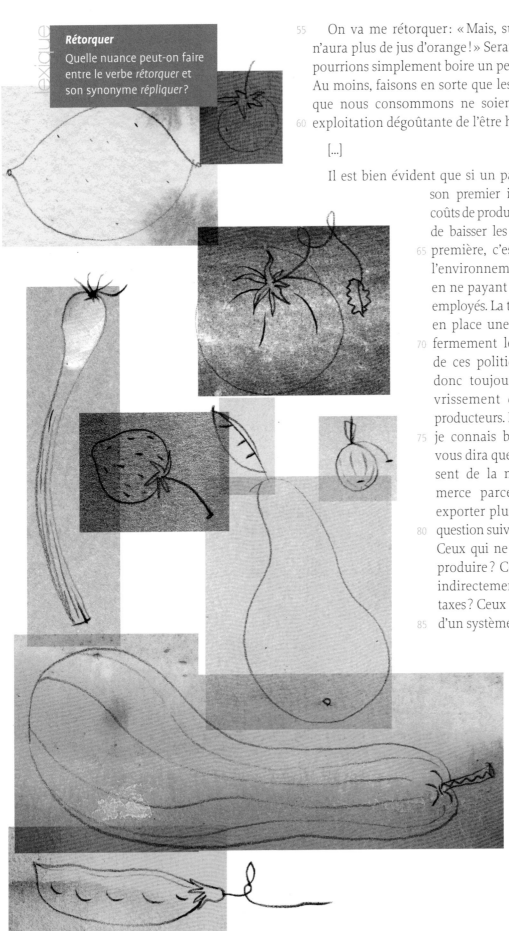

55 On va me rétorquer: «Mais, suivant cette logique, on n'aura plus de jus d'orange!» Serait-ce une tragédie? Nous pourrions simplement boire un peu plus de jus de pomme! Au moins, faisons en sorte que les produits d'importation que nous consommons ne soient pas le résultat d'une 60 exploitation dégoûtante de l'être humain et de la nature.

[...]

Il est bien évident que si un pays exporte des denrées, son premier intérêt est de baisser les coûts de production. Or, il y a trois façons de baisser les coûts de production. La 65 première, c'est en ne respectant pas l'environnement. La deuxième, c'est en ne payant pas convenablement les employés. La troisième, c'est en mettant en place une police qui maintiendra 70 fermement le système. Les résultats de ces politiques d'exportation sont donc toujours les mêmes: l'appauvrissement des travailleurs et des producteurs. Pour prendre un pays que 75 je connais bien, le Brésil, lorsqu'on vous dira que les Brésiliens se réjouissent de la mondialisation du commerce parce qu'ils peuvent ainsi exporter plus de sucre, posez-vous la 80 question suivante: «Quels Brésiliens?» Ceux qui ne sont pas payés pour le produire? Ceux qui subventionnent indirectement ce commerce via leurs taxes? Ceux qui deviennent le rouage 85 d'un système de compétition internationale financée indirectement et imposée par l'Organisation 90 mondiale du commerce et le Fonds monétaire international?

S'attaquer aux structures

Remettre en question ces structures
95 perverses, voilà ce que fait, à l'échelle
du Québec, l'Unionpaysanne. Cette
organisation citoyenne cherche à donner à tous les citoyens, y compris ceux
des villes, un droit de regard sur
100 l'agriculture. Les urbains, en effet,
doivent mettre leur nez dans la production agroalimentaire, car c'est eux
aussi qui paient l'addition. Il est courant
qu'un éleveur de porcs reçoive un
105 chèque d'un million de dollars en
subvention. Ce million-là, il n'a pas
poussé dans le ciel : ce sont nos taxes
et nos impôts !

[...] Lorsque nous affirmons que [la]
110 nourriture [biologique] coûte beaucoup
plus cher et que, de ce fait, elle est
réservée aux riches, il faut nous rendre
compte d'une chose. Prenons les sommes que l'État verse annuellement aux
115 producteurs de porc, pour produire
400 millions de dollars d'exportation
de cette viande. Ces subventions sont

telles que si nous les divisons par la quantité de kilos de porc consommée
par chaque Québécois, nous nous rendons compte que le porc vendu au
120 supermarché, nous l'avons déjà payé 4,80 $ le kilo. Si nous ajoutons à cela les
remboursements de taxes municipales et autres soutiens à la production, nous
arrivons à près de 8 $ le kilo. Nous pouvons bien nous réjouir que notre porc
soit à prix abordable pour le consommateur ; nous l'avons déjà indirectement
payé 5 $, pour ne pas dire 8 $, à même les fonds publics !

125 Or, ces subventions ne sont pas données à ceux qui font de la production bio.
Elles leur sont non seulement interdites mais, en plus, on leur impose des frais
pour se faire accréditer comme producteurs biologiques. L'hypocrisie d'un tel
système fait en sorte que les citoyens subventionnent des aliments qu'ils pensent
moins chers ! [...]

130 Rien ne changera tant que nous élirons des gouvernements qui ne sont pas
confrontés à leur responsabilité en matière environnementale. Et ils ne seront pas
confrontés tant que l'opposition officielle pensera exactement la même chose
que le parti au pouvoir, ce qui fait en sorte que les voix dissonantes n'ont aucune
chance d'être entendues.

[...]

135 La première chose à faire, pour des citoyens, serait de dire : « Écoutez les amis,
si nous finançons l'agriculture à ce point, est-ce que nous pourrions au moins
décider de quel type de production nous voulons ? » Si 90 % des Québécois veulent

consommer des produits biologiques qui ne leur coûtent pas une fortune, est-ce que nous pourrions nous organiser pour financer les
140 producteurs bio au lieu des producteurs industriels? On le voit bien : nous sommes devant un enjeu politique et démocratique.

La sensibilité des jeunes

Il y a des années que nous entendons cette critique de l'agriculture insoutenable, de l'inégalité des échanges, de l'exploitation des pays du Sud, des pratiques désastreuses du Fonds monétaire international, etc. Ça fait des années que nous
145 sommes alertés et les choses ne changent pas. Non seulement elles ne changent pas, elles ont même incroyablement empiré!

L'espoir, c'est qu'il y a une sensibilité à ces questions beaucoup plus grande chez les jeunes que chez les gens de ma génération. Pour ma part, je suis devenu sensible à ces enjeux parce que j'ai vu des gens mourir sous mes yeux, au Brésil.
150 Mais, si j'étais resté ici, je n'aurais probablement jamais eu la moindre conscience de tout ça. Confronté à la réalité sur le terrain, dans un pays du Sud, j'ai été politisé malgré moi.

L'exaspération des nombreux jeunes vient du fait qu'ils savent des choses que nous ne savions pas; des choses très complexes d'ailleurs. Il a bien dû y avoir quelqu'un,
155 quelque part, pour leur faire prendre conscience de ces problématiques-là? Ces jeunes refusent de plus en plus de se laisser condamner à l'impuissance. Ils descendent dans la rue et, avec d'autres, ils finissent par décider que c'est assez!

C'est là le début du politique : des gens se mobilisent, convaincus
160 que le bien commun dépasse le bien-être individuel.

Daniel Pinard, « De l'assiette à la rue », propos recueillis par Marco Veilleux,
Relations, juin 2005 (701), p. 17-19.

réflexions

1 Dans son dernier paragraphe, Daniel Pinard aborde les notions du bien commun et du bien-être individuel. Que veut-il dire?

2 Quelles solutions aux problèmes engendrés par la commercialisation des aliments propose-t-il?

3 Partagez-vous son optimisme quant à la sensibilité des jeunes à la question de l'exploitation des pays du Sud? Justifiez votre réponse.

Cachez ce coupon

Consommer est une activité incontournable de la vie quotidienne. Il faut acheter pour se nourrir, se loger, se vêtir, etc. Le geste n'est donc pas anodin. Souvent la manière d'effectuer un achat permet de décrire la personnalité d'un individu : acheter un pain multigrains produit de façon artisanale ou acheter une boîte de gâteaux congelés peut parfois en révéler autant que la parole. Selon cette perspective, l'étude des habitudes de consommation permet de découvrir des tendances lourdes au sein d'une collectivité. Les publicitaires l'ont d'ailleurs compris depuis longtemps. Il en va de même de la nouvelliste et romancière Nadine Bismuth qui, sans aucune intention mercantile, aborde aussi ce phénomène de la consommation. Dis-moi comment tu dépenses, je te dirai qui tu es.

Née en 1975, Nadine Bismuth a connu une ascension littéraire enviable. Son premier recueil de nouvelles, *Les gens heureux ne font pas les nouvelles* (1999), est traduit en italien, en grec et en russe et remporte, entre autres, le prix des libraires du Québec l'année suivante. Son premier roman, *Scrapbook* (2004), est bien accueilli par la critique et le public. En 2009, elle publie son deuxième recueil de nouvelles *Êtes-vous mariée à un psychopathe ?*

Au cours de votre lecture, relevez les raisons qui motivent la position de Nadine Bismuth à propos des coupons-rabais.

Encarté
Ce terme est souvent utilisé en édition et en publicité. Que signifie-t-il ?

Onctueux
Quelle différence de sens y a-t-il entre l'adjectif *onctueux* et l'adjectif *crémeux* ?

Il y a quelque temps, encarté dans mon journal, j'ai découvert un gros coupon. Il me donnait droit au nouveau café au lait « plus crémeux, plus onctueux et plus délicieux que jamais » d'une certaine chaîne de cafés.

Je me suis dit que ça tombait bien : il y a une succursale de cette chaîne
5 à deux pas de chez moi et je carbure au café au lait. Mais j'ai réfléchi : allais-je vraiment franchir la porte d'un établissement public et sortir un coupon criard de mon sac à main pour revendiquer un café gratuit, malgré tous les « plus » qui pouvaient le qualifier ?

L'idée m'embarrassait. Le coupon a donc terminé sa course dans mon bac de
10 recyclage, auprès de ces innombrables circulaires qui regorgent de coupons-
rabais que je ne prends jamais la peine de découper non plus.

Je suis pourtant quelqu'un qui aime courir les aubaines et si je dégote
une bonne affaire, je m'en vante sans gêne. Alors, qu'y aurait-il eu de si
odieux à me prévaloir d'un coupon ? On dit souvent que la façon dont on
15 dépense son argent en révèle beaucoup sur soi, mais qu'en est-il de la
façon dont on l'économise ?

Dégote
À quel niveau de langue ce verbe appartient-il ?

Dites à des gens que vous avez payé votre litre de [eau gazeuse] 59 ¢ grâce à un
coupon-rabais de circulaire et vous récolterez des sourires polis. Dites-leur que
vous avez dégoté des bottes de poireaux à 1 $ au marché Jean-Talon et vous aurez
20 droit à des cris d'admiration et à des roucoulements : « On devrait y aller au
marché Jean-Talon, nous aussi, mon chéri ! » Or, depuis quand les poireaux sont-
ils une denrée plus respectable que le [eau gazeuse] ? Aussi le résultat est-il le
même : vous avez épargné quelques dollars.

Cependant, il est certain que dégoter la bonne affaire dans un marché animé
25 par d'authentiques fermiers n'est pas la même chose que de la dénicher dans une
circulaire qui tache les doigts. Cela sous-entend que vous avez une bonne qualité
de vie. Vous mangez des trucs frais, vous communiez avec le terroir, et vous avez
aussi la fibre multiethnique, car vous ne manquez pas de pratiquer votre italien
avec Luigi, votre boucher napolitain. Tout cela n'a pas de prix.

30 Il en va de même pour cette femme élégante qui, lorsqu'elle reçoit des
compliments sur sa robe, n'hésite pas à trompeter qu'elle l'a dénichée à
80 % de rabais dans une braderie. Pense-t-on que cette femme est radine
parce qu'elle ne paie pas ses vêtements le plein prix ? Au contraire, on
se dit plutôt qu'elle a vachement de la classe, du flair, et qu'elle est détentrice d'un
35 savoir quasi-ésotérique réservé aux seuls initiés (pourquoi personne ne vous l'a
dit, à vous, qu'il y avait une braderie[1] le week-end dernier ?).

Trompeter
Quelle est la connotation de ce verbe ?

Et je pense aussi à ces gens qui vous invitent à dîner et qui se vantent
de la façon dont ils ont *barguiné* auprès d'un antiquaire le prix de la table
en merisier sur laquelle vous mangez. Il faut de l'éloquence pour
40 *barguiner* ailleurs que sur les plages de Varadero, de la rhétorique, du
bagout, de la ruse, de l'audace, de l'assurance, et ces qualités ne sont pas
données à tout le monde.

Barguiné
Quelles sont les autres orthographes possibles de ce québécisme ? De quelle langue provient-il ?

La façon dont on économise serait donc pleine de connotations. Outre la
crainte de passer pour quelqu'un qui s'adonne à des séances de bricolage avec son
45 Publisac, si je suis rébarbative à l'utilisation de coupons-rabais, c'est parce que
celle-ci me semble traduire un comportement docile, obéissant, voire servile, ou
en tout cas dénué d'originalité. Le processus nous précède, il nous domine.

Est-ce qu'on voulait vraiment boire du [eau gazeuse], ou l'achète-t-on simplement parce que c'est en spécial cette semaine ? Avec les coupons-rabais, on
50 souscrit en quelque sorte aux diktats de la consommation de masse, on se laisse

---

1   Vente sur la place publique de produits usagés ou en solde.

éblouir par une forme de publicité masquée. Au contraire, économiser en fréquentant les marchés populaires – activité de plus en plus bourgeoise –, en courant les braderies ou en *barguinant*, cela traduit une implication personnelle et témoigne d'une certaine liberté, aussi illusoire soit-elle.

55 On économise de l'argent, certes, mais à ses propres conditions, avec singularité, débrouillardise et panache, sans s'en laisser imposer. Voilà autant de signes de distinction. Or, la distinction, Dieu sait que c'est ce que tout le monde recherche de nos jours, à un point tel que si ça se trouvait dans les circulaires, chacun sortirait ses ciseaux.

Nadine Bismuth, « Cachez ce coupon », *Protégez-vous*, juin 2006.

réflexions

1 Quelles différences Nadine Bismuth fait-elle entre les économies réalisées grâce aux coupons-rabais et celles obtenues dans les marchés publics ?

2 Pourquoi la conclusion peut-elle être qualifiée d'ironique ?

3 Commentez cet énoncé tiré du texte : « On dit souvent que la façon dont on dépense son argent en révèle beaucoup sur soi, mais qu'en est-il de la façon dont on l'économise ? »

Fiat Lux !

[extrait]

Pour Bernard Émond, réalisateur et scénariste du film québécois *La Neuvaine* (prix Coup de cœur 2006 Super Écran), « un film réussi nous porte à la réflexion, à la méditation – pas seulement le scénario et les dialogues mais tout le film ». Cet objectif, le cinéaste l'a accompli ; il a effectivement amené les spectateurs et spectatrices à réfléchir à la religion, aux croyances et à la spiritualité. Il a notamment conduit la journaliste Odile Tremblay à se poser des questions sur la représentation de la religion dans le cinéma d'ici. Elle expose dans son texte *Fiat Lux !*, lauréat du prix Judith-Jasmin dans la catégorie Opinion en 2006, les raisons pour lesquelles le réalisateur a réussi à engager la cinématographie québécoise en dehors de la dénonciation des abus et des travers de la religion. Ce faisant, elle trace aussi un portrait de cette thématique à travers de nombreuses œuvres marquantes.

Odile Tremblay est journaliste culturelle pour le journal *Le Devoir* depuis 1990 où elle collabore à la section Livres et surtout à la section Cinéma. Plusieurs prix ont marqué sa carrière journalistique dont le prix Jules-Fournier en 1994 qui récompense la qualité de la langue écrite et le prix Judith-Jasmin en 2006 remis aux meilleurs journalistes. Outre les critiques des plus récents films à prendre l'affiche et des articles sur l'actualité culturelle, Odile Tremblay couvre aussi divers festivals de films se déroulant à Montréal.

Pourquoi Odile Tremblay a-t-elle besoin de décrire l'évolution du thème de la religion à travers le cinéma québécois ?

Un film de lumière prendra l'affiche sur nos écrans vendredi. En arrière-plan, Sainte-Anne-de-Beaupré, ses pèlerins et les oies de Cap-Tourmente. Également, des questions essentielles posées sur la mort, la responsabilité, la foi, l'athéisme et la solidarité, avec le beau visage d'Élise Guilbault en souffrance.

5   Par-delà sa grande valeur cinématographique, *La Neuvaine* de Bernard Émond possède l'immense mérite de constituer une sorte d'exorcisme collectif, un appel à la réconciliation des Québécois avec les zones sacrées, quels que soient leurs croyances et leurs préjugés.

Le passé religieux du Québec, trop récent, est si rarement abordé avec géné-
10 rosité et sans parti pris... On s'étonne de le voir soudain traité dans la finesse et le respect, sans les habituelles bibites collées au pare-brise du thème.

Rare absence de cynisme qui marque peut-être l'avènement d'une maturité nouvelle, un appel à aborder avec sérénité nos origines.

On a tellement balayé ce passé d'eau bénite là sous le tapis, comme vile 15 poussière entachée de tabous. Les foudres de l'enfer si longtemps brandies constituent pour bien des Québécois un souvenir aussi brûlant et noir que la Géhenne[1] en question. Avec raison d'ailleurs. Mais comment y voir clair au milieu du brouillard de tels blocages ?

Le septième art reflète ce malaise général d'une société en porte-à- 20 faux avec son héritage catholique, désormais incapable de séparer le bon grain de l'ivraie. Le niant plus qu'autre chose. Au cinéma, le catholicisme d'hier a souvent été gommé, surtout au cours des dernières décennies.

Dans le film *Séraphin*, situé à une époque et dans un milieu baignés 25 de religiosité, Charles Binamé avait choisi de ne pas s'appesantir sur la question. Le roman de Claude-Henri Grignon précisait que Donalda acceptait Séraphin en partie pour gagner son ciel, mais le film a occulté ces raisons-là. Binamé avouait avoir eu peur de perdre l'intérêt d'un public jeune en mettant en avant le poids des croyances. Disparues 30 qu'elles sont de leur décor d'antan, à l'instar de ces personnalités indésirables rayées des photos officielles sous le règne soviétique.

On avancera que Denys Arcand prit le taureau du catholicisme par les cornes, 35 surtout dans *Jésus de Mon- tréal* et *Les Invasions barbares*. Cela dit, le regard d'Arcand est empreint d'ironie tein- tée de cynisme. À travers 40 son dernier film, il a eu beau créer un personnage de religieuse empreinte d'humanité, comme dans *Jésus de Montréal*, [...], son 45 grincement demeure en sourdine.

De son côté, Robert Lepage, dans *Le Confes- sionnal*, a stylisé le thème, 50 peignant les profils de deux générations marquées par le catholicisme ; n'empêche qu'il abordait surtout les séquelles négatives du 55 pouvoir clérical. Plus tard, Manon Briand, à travers *La Turbulence des fluides*, mit

Septième art
À quel art cette expression renvoie-t-elle ?

En porte-à-faux
Définissez ce terme à l'aide du contexte et des mots qui le composent.

À l'instar de
Que signifie cette expression ?

lexique lexique lexique

À une certaine époque, au Québec, les fêtes religieuses rythmaient la vie quotidienne des gens. Ici, une procession de la Fête-Dieu vers 1930.

BANC C-21,265

1 Synonyme de l'enfer.

Au cours des XIXᵉ et XXᵉ siècles, l'Église catholique était omniprésente dans presque toutes les sphères de la société québécoise. Notamment, l'éducation, la santé, le syndicalisme, le journalisme et la politique ont été très influencés par l'Église. Ici, on voit de hauts dignitaires du clergé catholique qui assistent à une célébration en compagnie du premier ministre du Québec, Maurice Duplessis (à droite), et du maire de Montréal, Jean Drapeau (à gauche) en 1955.

en scène un personnage de religieuse progressiste. Comme quoi l'image du catholicisme évolue avec le temps. Le cinéma de fiction s'est frotté à la soutane et aux
60 quêtes mystiques, oui, mais si rarement...

Plusieurs créateurs sont issus de la génération des *baby-boomers*. Ceux-là mêmes qui ont en général élevé leurs enfants sans codes religieux, même à titre informatif. Qui c'est, Jésus ? Euh !

Les legs des parents se sont résumés à des sacres dont leur progéniture
65 ignore le sens. La voici privée de repères pour mieux déchiffrer son héritage culturel muséal, littéraire, architectural ou tout ce qu'on voudra. Pour comprendre sa société, en somme.

Sans compter que les générations montantes, élevées loin du bénitier, sont marquées d'une façon ou d'une autre par les hantises, les culpabilités
70 judéo-chrétiennes, les rancœurs de leurs parents, mais basta ! Elles n'en savent rien. Dans notre histoire récente, il y eut un « avant » et un « après », sans clé pour passer d'une ère à l'autre.

Honte et révolte associées à une religion vécue sous la Grande Noirceur [2] sont encore à vif... Allez admettre, en pareil contexte, que le Québec, en se libérant des
75 interdits, a aussi jeté le bébé avec l'eau du bain.

[...]

Tout à coup *La Neuvaine* accomplit le tour de force de rouvrir cette boîte de Pandore [3], sans mépris, sans jugement, sans acrobaties stylistiques, plaçant des croyants et des incroyants sur le même pied.

[...]

Legs
Cherchez la définition de ce mot dans le dictionnaire.

Basta !
Précisez le sens de cette interjection.

lexique

---

2 Nom donné aux années qui ont précédé la Révolution tranquille. Cette période (1945 -1959) est notamment marquée par le « règne » du premier ministre du Québec, Maurice Duplessis, et la mainmise du clergé présent dans toutes les sphères de la société québécoise.

3 Expression qui renvoie au personnage de la mythologie grecque à qui Zeus avait confié un coffre contenant tous les maux de la Terre (maladies, épidémies, famine, etc.). Malheureusement, Pandore faillira à sa tâche et ouvrira sa boîte, laissant tous les maux envahir la Terre.

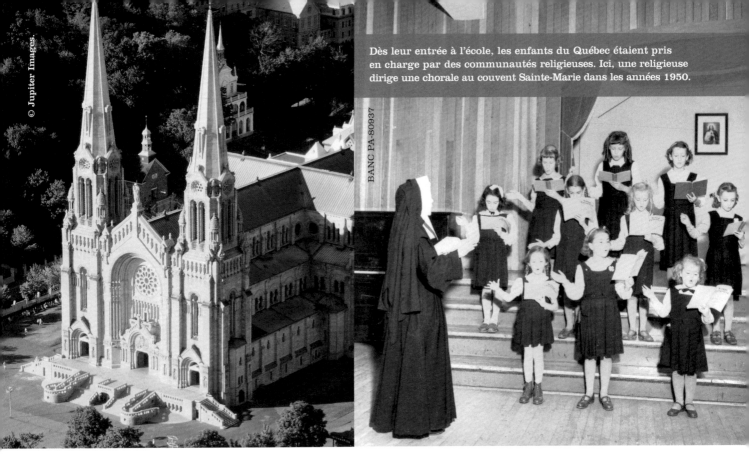

© Jupiter Images.

Dès leur entrée à l'école, les enfants du Québec étaient pris en charge par des communautés religieuses. Ici, une religieuse dirige une chorale au couvent Sainte-Marie dans les années 1950.

BANC PA-80937

L'église de Sainte-Anne de Beaupré, près de Québec, est encore aujourd'hui un lieu de pèlerinage très fréquenté par les catholiques.

Alors oui, on savoure le coup d'air frais venu du film. Bernard Émond n'a pas 80 abordé l'institution cléricale comme telle, impossible du reste à traiter sans regard critique. Sa *Neuvaine* vole plus haut: en des sphères où la foi en Dieu ou en l'homme offre une échappée aux grands tourments de l'âme.

Les vannes s'ouvrent par où les oies s'envolent. On a envie de crier: enfin!

Odile Tremblay, © *Le Devoir*, 20 août 2005.

réflexions

1 D'après Odile Tremblay, pourquoi les cinéastes ont-ils eu tant de difficulté à traiter de l'histoire religieuse de la société québécoise?

2 Comment le film de Bernard Émond aborde-t-il le thème de la religion et en quoi ce traitement vient-il rompre avec la représentation habituelle de ce thème?

3 Peut-on affirmer que le cinéma québécois est représentatif de la réalité? Répondez en vous appuyant sur des exemples du texte.

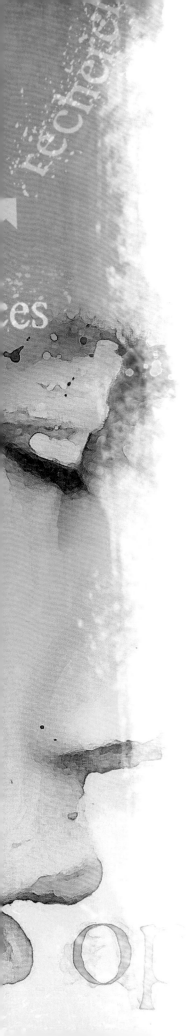

À propos... des bases de l'argumentation

L'argumentation

L'argumentation suppose le développement d'un raisonnement au cours duquel un énonciateur utilise un ensemble de moyens langagiers en vue de convaincre un destinataire. Pour qu'une argumentation soit efficace, elle doit présenter une thèse appuyée par des arguments. Certains éléments pertinents pour la compréhension de l'argumentation ont déjà été introduits dans les Fenêtres 8, 9 et 10. D'autres éléments se révèlent utiles pour saisir la nature de l'argumentation ; il s'agit de la séquence argumentative, de la composition des arguments et des formes de raisonnement.

La séquence argumentative

La séquence argumentative se compose de trois phases résumées dans le tableau suivant :

Présentation de la thèse	Phase d'argumentation	Phase conclusive
Elle comprend la thèse et peut mentionner la contre-thèse.	Elle comprend les arguments, les conclusions partielles et considère parfois les contre-arguments.	Elle reformule ou présente une opinion nuancée de la thèse et présente une ouverture.

Dans le texte *Cachez ce coupon*, les trois phases sont présentes :

Présentation de la thèse	Phase d'argumentation	Phase conclusive
La façon dont nous économisons notre argent révèle notre personnalité.	**Premier argument :** il est socialement plus acceptable d'économiser en allant au marché public que dans une grande surface. **Conclusion partielle :** la façon dont on économise est remplie de connotations. **Deuxième argument :** certains comportements de consommation sont dictés par la publicité.	Plusieurs personnes veulent se démarquer en économisant de façon originale.

La thèse et la contre-thèse

Dans un texte argumentatif, la **thèse** correspond à la position défendue par l'énonciateur. Elle est généralement formulée dans l'introduction et elle sera appuyée tout le long du texte par des arguments. Elle est parfois exprimée à la suite d'une contre-thèse que l'énonciateur souhaite contredire, nuancer ou rejeter.

La **contre-thèse** correspond à la position contraire à celle défendue par l'énonciateur. Elle est parfois formulée dans l'introduction, mais elle peut aussi être implicite dans le texte. Lorsqu'elle est mentionnée explicitement, la contre-thèse est utilisée pour démontrer une position non fondée ou inacceptable.

> Dans son article *De l'assiette à la rue*, Daniel Pinard défend la thèse suivante : il ne revient pas seulement au consommateur de faire les bons choix alimentaires, les instances politiques doivent légiférer pour favoriser une industrie alimentaire responsable.
>
> La contre-thèse est qu'il revient au consommateur de faire les choix selon ses connaissances et ses valeurs.

Les arguments et les contre-arguments

Un **argument** est un énoncé qui vient appuyer la thèse et qui constitue une raison valable d'accepter la position adoptée par l'énonciateur. Le **contre-argument** est, pour sa part, un énoncé appuyant la contre-thèse. Lorsqu'un contre-argument est mentionné dans une argumentation, c'est souvent pour le réfuter par la suite.

> Pour appuyer sa thèse, Daniel Pinard présente plusieurs arguments, dont le premier insiste sur l'accroissement plus rapide du nombre de bovins que celui des humains, ce qui est un comportement irresponsable et dangereux.
>
> Lorsqu'il avoue être en faveur de l'achat de produits alimentaires locaux, il cite un contre-argument : « Mais, suivant cette logique, on n'aura plus de jus d'orange ! » Il réfute ainsi ce contre-argument : « Serait-ce une tragédie ? »

Les fondements des arguments ou des contre-arguments

Pour construire un argument, l'énonciateur doit s'appuyer sur des faits, des valeurs ou des principes logiques.

– Un argument est basé sur des **faits** lorsqu'il présente une information vérifiable ou observable objectivement et admise comme vraie par plusieurs personnes. Les données d'un sondage scientifique ou d'un rapport de recherche sont des exemples de faits qui peuvent servir d'argument.

> « Dans l'économie de la production laitière actuelle, qui est une économie délirante, une vache dont l'espérance de vie était il n'y a pas si longtemps de 15 ou 18 ans est dite maintenant "vieille" et donc "de réforme" à 3 ans et demi. » (Pinard)

– Un argument est basé sur des **valeurs** lorsqu'il présente un jugement dicté par la morale ou l'éthique d'une collectivité ou d'un individu.

> « Dans le film *Séraphin*, situé à une époque et dans un milieu baignés de religiosité, Charles Binamé avait choisi de ne pas s'appesantir sur la question. Le roman de Claude-Henri Grignon précisait que Donalda acceptait Séraphin en partie pour gagner son ciel, mais le film a occulté ces raisons-là. Binamé avouait avoir eu peur de perdre l'intérêt d'un public jeune en mettant en avant le poids des croyances. » (Tremblay)

– Un argument est basé sur des **principes logiques** lorsqu'il présente, entre autres, une relation de cause, de conséquence, d'opposition, entre deux éléments.

> « Dites à des gens que vous avez payé votre litre de [eau gazeuse] 59 ¢ grâce à un coupon-rabais de circulaire et vous récolterez des sourires polis. Dites-leur que vous avez dégoté des bottes de poireaux à 1 $ au marché Jean-Talon et vous aurez droit à des cris d'admiration et à des roucoulements. » (Bismuth)

La conclusion partielle

La **conclusion partielle** est un énoncé général en relation avec certains aspects abordés. Elle est utilisée pour présenter une conséquence, une justification, un principe découlant des faits présentés, etc. Ainsi, un texte argumentatif présentant trois aspects différents pourrait contenir jusqu'à trois conclusions partielles. Toutefois, il arrive que certains textes l'omettent pour des raisons diverses, par exemple un texte trop court ou une argumentation jugée suffisamment claire.

> « Le traitement odieux que nous faisons subir aux animaux est quelque chose que nous ne pouvons plus ignorer. Assurons-nous que la production soit autant que possible " écologiquement correcte " et respectueuse des animaux. » (Pinard)

Les formes de raisonnement

Afin de construire une argumentation solide, il faut que tous les arguments soient reliés à la thèse. L'organisation d'un raisonnement argumentatif peut se construire, entre autres, selon une logique causale, déductive, inductive ou analogique.

– La **relation de cause** est un raisonnement qui est construit selon un enchaînement qui part d'une cause et qui présente ensuite les conséquences du phénomène étudié.

> L'extrait suivant est construit selon un rapport de cause et conséquence.
>
> **Cause :** « Il est bien évident que si un pays exporte des denrées, son premier intérêt est de baisser les coûts de production. Or, il y a trois façons de baisser les coûts de production. La première, c'est en ne respectant pas l'environnement. La deuxième, c'est en ne payant pas convenablement les employés. La troisième, c'est en mettant en place une police qui maintiendra fermement le système. »
>
> **Conséquence :** « Les résultats de ces politiques d'exportation sont donc toujours les mêmes : l'appauvrissement des travailleurs et des producteurs. » (Pinard)

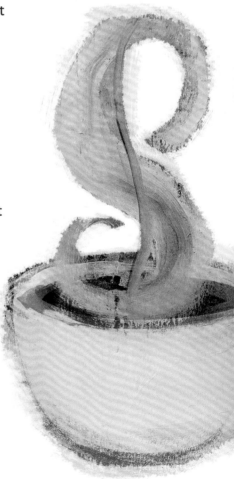

– La **déduction** est un raisonnement qui part d'un contexte général pour caractériser une situation particulière.

> À propos de la consommation des fruits et légumes, Daniel Pinard part d'un contexte général pour aborder un cas particulier.
>
> **Contexte général :** l'importation très polluante des fruits et légumes.
>
> **Contexte particulier :** l'achat du jus de pomme au lieu du jus d'orange.

– L'**induction** est un raisonnement qui part d'une situation particulière pour caractériser un contexte général.

> Dans son article, Nadine Bismuth part d'une anecdote personnelle pour ensuite extrapoler vers un constat général.
>
> **Contexte particulier :** « […] qu'y aurait-il eu de si odieux à <u>me</u> prévaloir d'un coupon ? »
>
> **Contexte général :** « Or, la distinction, Dieu sait que c'est ce que <u>tout le monde</u> recherche de nos jours »

– L'**analogie** est un raisonnement fondé sur la ressemblance entre deux phénomènes.

> Odile Tremblay utilise un raisonnement analogique lorsqu'elle compare la décision du cinéaste Charles Binamé de ne pas insister sur l'aspect religieux dans son film à celle du gouvernement soviétique de modifier leurs photos officielles : « […] le film a occulté ces raisons-là […] Disparues qu'elles sont de leur décor d'antan, <u>à l'instar de</u> ces personnalités indésirables rayées des photos officielles sous le règne soviétique. »

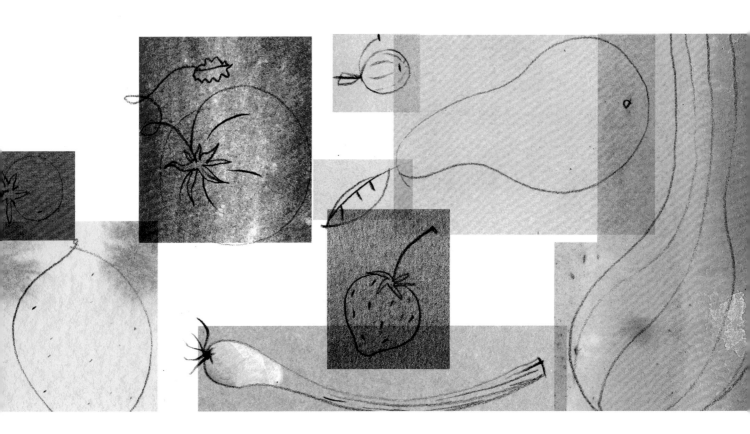

Vous venez de lire trois textes : « De l'assiette
à la rue », « Cachez ce coupon » et « Fiat Lux ! ».

1 Les trois auteurs ont-ils tous placé la
thèse défendue au début de leur texte ?
Répondez en précisant où leur thèse
est située.

2 Les trois texte soulèvent une contre-thèse. Laquelle vous
semble la plus facile à défendre et pourquoi ?

3 La relation de cause et conséquence a été utilisée
différemment par les auteurs afin d'étayer leur point de
vue. Pour chacun des textes, donnez des exemples de cette
utilisation et précisez quel raisonnement est le plus explicite.

4 Contrairement à Daniel Pinard et à Odile Tremblay, qui
appuient en partie leur argumentation sur des faits, Nadine
Bismuth a basé son argumentation sur des valeurs et des
principes logiques. Laquelle des deux formes d'argumentation
vous semble la plus percutante ? Justifiez votre réponse.

5 Est-il possible d'affirmer que les
trois énonciateurs traitent d'un
sujet qu'ils connaissent bien ?
Pourquoi ?

Pistes d'essai

Communication orale

Une opinion est formée des connaissances que l'on possède sur un sujet. À cet effet, les médias sont une source d'information incontournable. La journaliste Anne-Marie Dussault propose dans sa chronique *Comment choisir ses médias?* (■ Inter·textes) de les évaluer au moyen d'un petit test maison. Participez à la réflexion qu'elle suggère en discutant des façons de faire des médias. En petits groupes, parlez des forces et des faiblesses des médias d'information que vous consultez. Partagez ensuite vos résultats avec l'ensemble de la classe.

Pour soutenir votre démarche, consultez la stratégie « Participer à une discussion », page 563.

Lecture

Il est difficile de débattre de façon cohérente sur un sujet qu'on ne connaît pas. Être bien informé est un préalable à toute argumentation. C'est pourquoi, avant de débattre ou de s'exprimer, il est nécessaire d'enrichir ses connaissances en cherchant des sources pertinentes. Une bibliographie commentée est un excellent travail préparatoire à une situation d'argumentation orale ou écrite. Après avoir choisi un sujet d'actualité qui invite au débat et à la réflexion, faites une recherche pour trouver cinq sources d'information. Pour chacune d'elles, relevez les points qui pourraient vous servir d'arguments selon la thèse que vous aurez adoptée et justifiez comment ils pourraient vous aider à construire une argumentation efficace.

Pour soutenir votre démarche, consultez la stratégie « Prendre des notes », page 569.

Écriture

Lorsqu'un quotidien publie un éditorial, il arrive souvent qu'il invite ses lecteurs à réagir et à exprimer par écrit leur opinion. Si vous aviez découvert l'article de Nathalie Collard *Le volant à 18 ans* (■ Inter·textes) dans un journal, quelles auraient été vos réactions à propos de l'âge d'obtention du permis de conduire? Exprimez-vous au moyen d'une courte lettre d'opinion.

Pour soutenir votre démarche, consultez la stratégie « Écrire un texte courant », page 556.

En mars 2009, Nathalie Collard, éditorialiste à *La Presse*, s'est penchée sur la question concernant l'âge d'obtention du permis de conduire au Québec. Un sujet qui alimente souvent les médias chaque fois qu'un événement tragique survient, ce qui arrive malheureusement trop souvent. Pourtant, les discussions semblent inutiles puisque l'âge légal pour obtenir un permis (16 ans) est demeuré le même au fil des années. Est-ce trop jeune? Est-ce que la diminution des accidents passe nécessairement par des lois restrictives? L'éditorial *Le volant à 18 ans* affiche clairement ses couleurs.

Le volant à 18 ans

Dans plusieurs pays européens, il faut avoir 18 ans pour obtenir le droit de conduire une voiture. Au Québec, il y a de fortes réticences à hausser l'âge du premier permis de conduire de 16 à 18 ans. L'argument qui revient sans cesse : que vont faire les jeunes
5 des régions pour se déplacer ? Il n'y a pas de transports en commun et leurs parents en ont marre de jouer les chauffeurs de taxi. Voilà un argument un peu court lorsqu'on observe les statistiques concernant les jeunes au volant.

En effet, même s'ils ne représentent que 10 % des détenteurs
10 de permis, ils sont impliqués dans 25 % des accidents de la route. Dans la catégorie des 16-24 ans, 146 conducteurs ont perdu la vie en 2007, et 96 ont été blessés gravement. Pour la même année, entre 12 000 et 13 000 jeunes ont été blessés légèrement. Il suffit de consulter n'importe quel bilan routier des dernières années
15 pour constater que les jeunes se distinguent des autres groupes d'âge à cause du nombre élevé d'accidents.

À 16 ans, on n'a pas la maturité, le jugement nécessaire pour conduire une voiture. Et ce n'est pas de l'âgisme que de le dire. Est-ce qu'il y a des jeunes de 16 ans qui conduisent mieux que certains conducteurs de
20 40 ans? Probablement. Est-ce qu'un adolescent de 17 ans peut montrer plus de maturité qu'un jeune adulte de 22 ans? Sans doute. Il y aura toujours des exceptions – votre neveu, si responsable; la fille du voisin, tellement fiable – mais de façon générale, il demeure qu'un adolescent de 16 ans n'est pas si loin que ça de l'enfance. Lui confier un volant et, surtout, la sécurité d'autres êtres humains, n'est
25 pas une bonne idée.

Lien utile

L'éditorial

L'éditorial est un texte d'opinion écrit par un ou une éditorialiste. Contrairement à d'autres textes d'opinion (la chronique, le billet, le blogue) où l'énonciateur émet une opinion personnelle qui n'engage que sa personne, un éditorial diffuse une opinion qui est endossée par le média qui la publie. À cet effet, un éditorial comporte généralement peu de marques de l'emploi de la 1re personne. Si le terme a longtemps été réservé aux médias écrits (journaux, magazines), on le retrouve désormais fréquemment dans des émissions de radio ou de télévision.

Quant aux parents des régions qui en ont marre de reconduire leurs jeunes d'un endroit à l'autre, ce ne sont pas deux années de plus qui les feront mourir. Alors qu'un accident de la route, lui, a des chances de faire mourir leur enfant. Conduire n'est pas un droit fondamental, c'est un immense privilège.

30 En plus de hausser l'âge d'obtention du permis de conduire, il faut absolument introduire le cours de conduite obligatoire. Il devrait déjà l'être puisque la loi 42, adoptée en 2007, le recommandait. Or 15 mois plus tard, un apprenti conducteur peut encore « passer » son permis sans avoir suivi un cours au préalable.

Au ministère des Transports, on nous répond que le contenu du nouveau
35 cours de conduite est en train d'être revu et corrigé. On veut bien. Mais qu'est-ce qui peut bien prendre tant de temps ? Les voitures sont encore composées de quatre roues et d'un volant, le cours de conduite ne devrait pas changer tant que ça.

Pendant qu'on revoit le contenu du cours, d'autres jeunes conducteurs inexpérimentés prennent la route. Certains, comme le pauvre Sébastien Bousquet (qui,
40 à 17 ans, avait son permis en poche depuis deux mois et ne portait pas de ceinture de sécurité), perdent la vie de façon tragique. Qu'est-ce qu'on attend pour accélérer le processus ? Pour une fois que la vitesse sauverait des vies.

Nathalie Collard, © *La Presse*, 26 mars 2009.

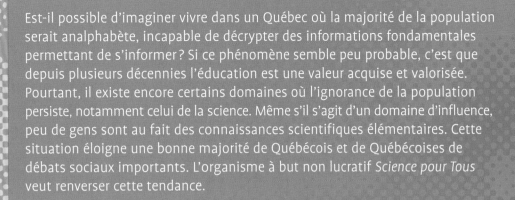
Est-il possible d'imaginer vivre dans un Québec où la majorité de la population serait analphabète, incapable de décrypter des informations fondamentales permettant de s'informer ? Si ce phénomène semble peu probable, c'est que depuis plusieurs décennies l'éducation est une valeur acquise et valorisée. Pourtant, il existe encore certains domaines où l'ignorance de la population persiste, notamment celui de la science. Même s'il s'agit d'un domaine d'influence, peu de gens sont au fait des connaissances scientifiques élémentaires. Cette situation éloigne une bonne majorité de Québécois et de Québécoises de débats sociaux importants. L'organisme à but non lucratif *Science pour Tous* veut renverser cette tendance.

Le manifeste

Science pour Tous vise à faire reconnaître dans notre société l'importance de la nouvelle culture scientifique, technique et industrielle.

Science pour Tous constate que la culture scientifique et technologique est encore traitée de façon marginale dans nos institutions, nos médias ainsi que dans
5   les politiques de subventions et de commandites.

N'est-ce pas pourtant cette culture scientifique qui nous parle d'aventure humaine, d'exploration, de nouvelles frontières et, en fait, de notre destinée à l'aube de ce XXIᵉ siècle riche de tant de défis ? N'est-ce pas cette culture scientifique qui nous parle de manipulations génétiques et nous révèle les plus graves et pertinents
10   problèmes éthiques ? N'est-ce pas cette culture scientifique qui fait rouler un robot sur Mars et nous inspire les plus grands espoirs, à la limite de l'utopie ? Ou qui suscite en nous les plus grandes craintes, y compris celle de la mort de notre planète ?

Lien utile

Le manifeste

Le manifeste est un document qui présente les objectifs et les opinions d'une personne ou d'un groupe. Le manifeste veut éveiller, convaincre, rallier les destinataires à son opinion. Il peut prendre diverses formes : graffiti, affiche, essai, déclaration, pétition, etc. Plusieurs manifestes ont marqué l'histoire. Par exemple, *Défense et illustration de la langue française* est un manifeste littéraire, écrit en 1549 par le poète français Joachim du Bellay en faveur de la langue française, le *Manifeste du Parti communiste* (1847) de Karl Marx présentait les bases de l'idéologie communiste. Au Québec, le manifeste du Refus global (1948), qui réunissait des artistes québécois de toutes les disciplines, est sans doute l'un des plus connus.

Une reproduction de la couverture originale du *Manifeste du Parti communiste*.

Une copie de la couverture de *Défense et illustration de la langue française*.

La science et la technologie sont œuvres de culture, expression de l'humain, et
15 doivent être reconnues à part entière dans notre humanisme.

Science pour Tous invite les scientifiques à prendre aujourd'hui de plus en
plus conscience de leurs responsabilités et de la nécessité de partager avec nous
leurs questions, leurs découvertes, leurs émerveillements et même leurs angoisses.

Science pour Tous souligne que l'analphabétisme scientifique et technologique
20 entraîne pour la majorité des hommes et des femmes une grave incompréhension
de notre monde contemporain, ce qui est en soi un danger pour la démocratie
quand tant de décisions politiques dépendent d'une meilleure compréhension des
enjeux génétiques, environnementaux, etc. Cette nouvelle culture, c'est celle qui
nous parle de notre avenir et dont dépend notre avenir.

25 **Science pour Tous** rappelle que la promotion de la culture scientifique et
technique est essentielle au développement de l'innovation, de la productivité et
de la compétitivité de nos entreprises dans la nouvelle économie du savoir.

**Science pour Tous, née de ces préoccupations, poursuit les objectifs
suivants :**

30 • Regrouper et représenter les personnes ou les organismes engagés dans la
promotion de la culture scientifique, technique et industrielle.

• Instituer une plateforme de réflexion, de concertation et d'action commune.

• Dialoguer avec les pouvoirs publics et les entreprises pour élaborer et mettre
en œuvre une politique de promotion de la culture scientifique, technique et
35 industrielle.

• Faire reconnaître par tous les acteurs socio-économiques leurs responsabilités à
l'égard de la culture scientifique et les inviter à dégager les ressources nécessaires,
tant humaines que matérielles et financières.

• Sur le modèle du 1 % réservé à l'intégration des arts à l'architecture dans les
40 budgets de construction publique, demander que 1 % des contrats et des aides
publiques au développement scientifique et technique dans les entreprises soit
réservé à la promotion de la culture scientifique et technique auprès du grand
public.

• Promouvoir le développement des organismes de culture scientifique et technique.

45 • Promouvoir l'enseignement de la science et de la technologie dans le système
d'éducation et dans les médias.

• Favoriser les liens entre les entreprises, les institutions de culture scientifique,
technique et industrielle et les milieux d'enseignement.

• Promouvoir dans toutes les régions le développement d'un réseau d'éducation
50 scientifique en recourant notamment aux nouvelles technologies de communication.

Science pour Tous [en ligne].

Journaliste politique à la tribune parlementaire à Québec pour le journal *Le Devoir*, Antoine Robitaille aborde souvent la question du langage des personnalités du domaine politique. La langue de bois, les tournures de phrase, les détournements de questions sont souvent son sujet de prédilection. Dans son article *Contre les stand-ups comiques*, il dénonce un autre aspect du discours politique qui tourne à vide : l'utilisation de l'humour.

Contre les stand-ups politiques

Pourquoi de plus en plus de politiciens se présentent-ils à nous comme des humoristes ? La campagne actuelle consacre l'avènement au Québec d'une politique où le slogan implicite est « une joke, un vote ». [...] Les reporters des téléjournaux se bousculent pour capter ces perles

5 d'hilarité, se disant qu'ils ne sont quand même pas pour les laisser à leurs concurrents. Devant la surenchère humoristique, ils devront bientôt ponctuer leur topo de bruits de tambour et d'un coup de cymbale pour souligner les punchs.

Et quel humour ? D'une vacuité absolue, sans esprit, sans imagina-

10 tion, faisant invariablement référence aux conneries publicitaires ou médiatiques. Bref, ce qui, selon les conseillers en jokes qui entourent les chefs, constitue le « quotidien normal du monde ordinaire ». Autrefois, les journalistes et les hommes politiques élitistes étaient animés d'un mépris pour les petites gens. Contrairement à la fable autoglorificatrice

15 qui a cours aujourd'hui, notre époque n'en a pas fini avec ce mépris. La classe médiatico-politique est toujours autant pétrie de préjugés, que les BBM[1] ou autres sondages politiques semblent leur confirmer, selon lesquels « les cochons sont bien dans la merde ». Le mot d'ordre, comme l'expose la fabuleuse chanson de Martin Léon, est : « C'est ça qui est ça. »

20 On n'y peut rien, et comme un personnage d'un roman de [Frederic] Beigbeder, ces politiciens bientôt en nomination aux Olivier concluent : « Ne prenez pas les gens pour des cons, mais n'oubliez pas qu'ils le sont. » Autrement dit, nul besoin d'argumenter, de faire des rappels historiques, d'en appeler à l'intelligence : les gens ne comprendront pas. Nul besoin

25 non plus – il faut le souligner – de « bien s'exprimer ». Non, il faut avoir l'air accessible, chum, « authentique ». Et quoi de mieux qu'une « petite blague » pour asseoir cette impression ? Ne nous surprenons pas que Stéphane Laporte[2] devienne alors l'horizon indépassable de notre pensée politique. Et, comme *Croc* le disait, « ce n'est pas parce qu'on rit

30 que c'est drôle ».

---

1 *Bureau of Broadcasting Measurement*, organisme qui mesure les auditoires des chaînes de télévision et des stations de radio.

2 Chroniqueur au journal *La Presse*. Stéphane Laporte a aussi conçu plusieurs émissions humoristiques. Sa chronique « Rien à cirer » est l'un des textes principaux de la Fenêtre 10.

Exagération ? Un rédacteur de discours m'a certifié qu'un politicien lui a un jour demandé expressément de faire commencer toutes ses allocutions par une petite joke : « Comme ça, les gens vont voir que je ne me prends pas au sérieux. » « Ne pas se prendre au sérieux » : telle est la maxime de la « petite noirceur » de notre politique *Juste pour rire* imprégnée de l'esprit « une fois c't'un gars, comprends-tu ? ».

L'arrogance, jadis, portait un collet monté et s'accompagnait d'airs supérieurs ; aujourd'hui, elle prend des masques cool et ricaneurs. Elle croit rendre la politique moins « plate », voire divertissante. Récemment, au début d'un cours, à la question « *qu'avez-vous pensé du texte de la résolution 1441 ?* », une cégépienne m'a répondu, candidement : « *Ils auraient pu écrire ça pour que ça soit plus intéressant à lire. C'est franchement répétitif.* » Nul doute que [nos chefs de parti politique], s'ils s'étaient trouvés au Conseil de sécurité, auraient proposé d'intégrer à la résolution 1441 deux ou trois petites jokes ! Quoi, c'est bien au Québec qu'est née l'organisation « Clown sans frontières » !

Antoine Robitaille, *Le Devoir*, mercredi 19 mars 2003.

La Déclaration universelle des droits de l'homme a vu le jour au lendemain de la Deuxième Guerre mondiale en 1948. Ce document accorde à tous les êtres humains les mêmes droits fondamentaux. Premier pas d'un interminable combat en faveur de la justice, l'exercice n'est pas sans faille. Comment concilier les notions de liberté, d'égalité et de démocratie entre tous les peuples? Tous ne sont pas membres de l'Organisation des Nations unies qui chapeaute cette déclaration et voit à son application. Les droits de l'homme sont-ils une utopie? Dans son éditorial, Frédéric Lenoir répond à cette ambitieuse question.

Les droits de l'homme sont-ils universels ?

Comme son nom l'indique, la Déclaration des droits de l'homme se veut universelle, c'est-à-dire qu'elle entend s'appuyer sur un fondement naturel et rationnel qui transcende toutes les considérations culturelles particulières: quels que soient leur lieu de naissance, leur sexe ou leur religion, tous les êtres humains
5 ont droit au respect de leur intégrité physique, d'exprimer librement leurs convictions, de vivre décemment, de travailler, d'être éduqué et soigné. Cette visée universaliste étant née au XVIIIe siècle dans la mouvance des Lumières[1] européennes, certains pays expriment depuis une vingtaine d'années de sérieuses réserves sur le caractère universel des droits humains. Il s'agit surtout de pays d'Asie
10 et d'Afrique qui ont été victimes de la colonisation et qui assimilent l'universalité des droits de l'homme à une posture colonialiste: après avoir imposé sa domination politique et économique, l'Occident entend imposer ses valeurs au reste du monde. Ces États s'appuient sur la notion de diversité culturelle pour défendre l'idée d'un relativisme des droits humains. Ceux-ci varient en fonction de la tradition ou de la
15 culture de chaque pays. On peut comprendre un tel raisonnement, mais il ne faut pas être dupe. Il arrange terriblement les dictatures et permet de faire perdurer des pratiques de domination des traditions sur l'individu: domination de la femme sous mille formes (excision, mise à mort en cas d'adultère, mise sous tutelle par le père ou le mari), travail précoce des enfants, interdiction de changer de religion,
20 etc. Ceux qui récusent l'universalité des droits humains l'ont bien compris: c'est bien en effet l'émancipation de l'individu à l'égard du groupe que permet l'application de ces droits. Or quel individu n'aspire-t-il au respect de son intégrité physique et morale? L'intérêt du collectif n'est pas toujours celui de l'individu et c'est ici que se joue un choix de civilisation fondamental.

25 Par contre, il est parfaitement légitime de reprocher aux gouvernements occidentaux de ne pas toujours mettre en pratique ce qu'ils prônent! La légitimité des droits humains serait infiniment plus forte si les démocraties étaient exemplaires. Or, pour ne prendre qu'un seul exemple, la manière dont l'armée américaine a traité les prisonniers irakiens ou ceux de Guantanamo (torture, absence de jugements,
30 viols, humiliations) a fait perdre tout crédit moral à l'Occident aux yeux de nom-

---

1 Siècle des Lumières, le XVIIIe siècle, se caractérise, à travers l'Europe, par le rejet de l'autorité et du fanatisme, au nom du progrès et de la raison.

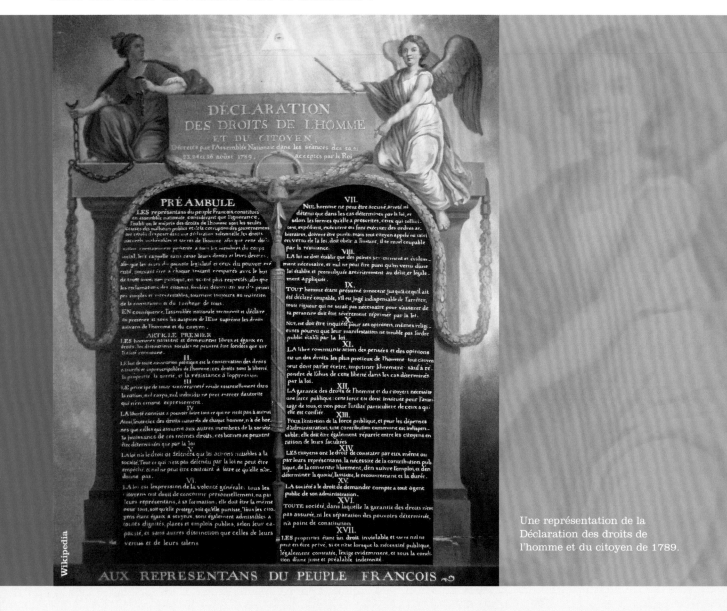

Une représentation de la Déclaration des droits de l'homme et du citoyen de 1789.

breuses populations à qui nous donnons des leçons sur les droits de l'homme. Il nous est reproché, et à juste titre, que c'est au nom de la défense de valeurs comme la démocratie que les États-Unis et leurs alliés ont envahi l'Irak, alors que seules comptaient les raisons économiques. On peut aussi critiquer nos sociétés occiden-
35 tales actuelles qui pèchent par excès d'individualisme. Le sens du bien commun y a en grande partie disparu, ce qui pose des problèmes de cohésion sociale. Mais entre ce défaut et celui d'une société où l'individu est totalement soumis à l'autorité du groupe et de la tradition, qui choisirait vraiment le second ? Le respect des droits fondamentaux de la personne me semble un acquis incontournable et sa
40 visée universelle légitime. Reste ensuite à trouver une application harmonieuse de ces droits dans des cultures encore profondément marquées au sceau de la tradition, notamment religieuse, ce qui n'est pas toujours facile. Pourtant, à y regarder de plus près, chaque culture possède de façon endogène un fondement aux droits humains, ne serait-ce qu'à travers la fameuse règle d'or, écrite par Confucius il y a 2500 ans et
45 inscrite d'une manière ou d'une autre au cœur de toutes les civilisations de l'humanité : « *Ne fais pas à autrui ce que tu ne veux pas qu'on te fasse à toi-même.* »

Frédéric Lenoir, *Le Monde des religions*, septembre-octobre 2008.

Anne-Marie Dussault est journaliste et animatrice à la télévision et à la radio. Son parcours professionnel est ponctué de nombreux prix importants dont plusieurs prix Gémeaux et le prix Judith-Jasmin, qui récompense annuellement les meilleurs reportages québécois. De 2001 à 2004, elle a été présidente de la Fédération professionnelle des journalistes du Québec. C'est son expertise journalistique qui l'a amenée à traiter de la qualité et de la pertinence des médias dans la chronique *Signé X*, publiée dans le mensuel québécois *Protégez-vous*. Son texte présente ce qu'est un bon (et par ricochet, un mauvais) média.

Comment choisir ses médias ?

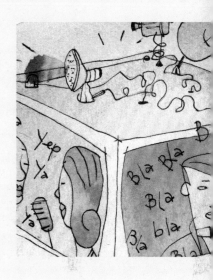

[...] On évalue bien les barbecues et les pots de peinture, pourquoi pas les médias et les nouvelles que nous consommons chaque jour ? Où trouver le meilleur rapport qualité-prix ? Quel média nous en donne le plus pour notre argent ? Certains disent que l'information est devenue une marchandise. Prenons-les au
5 mot. Traitons-la comme telle et soumettons-la à une batterie de tests. Mais pas besoin d'un laboratoire. Chacun peut faire le test chez soi avec les médias qu'il connaît. Attribuez de 0 à 4 points par question. Le meilleur média pourra accumuler un maximum de 20 points.

Mes critères

- Est-ce que le média accorde des ressources suffisantes à l'information ? Pour
10 comprendre la complexité de notre monde et l'expliquer avec toutes les nuances nécessaires, il faut des journalistes, des moyens, de la place et du temps. Accordez un point chaque fois qu'un média s'appuie sur une solide équipe de journalistes, mène des enquêtes, s'efforce de mettre en contexte les événements et approfondit ses histoires plutôt que de surfer sur d'éphémères tendances.

Maximum 4 points.

15 - Est-ce que le média se donne pour mission de servir l'intérêt public ? Si oui, ajoutons quatre points. L'information sert l'intérêt public lorsqu'elle nous donne l'heure juste sur toutes les questions importantes que nous devons connaître comme citoyens. À son meilleur, cette information nous permet de nous gouverner nous-mêmes et de faire des choix en toute liberté. L'idéal démocratique
20 repose là-dessus. Pour que chacun de nous puisse se faire sa propre opinion sur le système de santé, sur l'environnement et sur tant d'autres questions importantes, les médias doivent fournir cette information.

Maximum 4 points.

- Est-ce que le média garde une distance critique par rapport au sujet de ses reportages ? Si oui, c'est signe de bonne santé. Ajoutons quatre points. On peut
25 se fier à ce média car il n'est pas à la solde de qui que ce soit. Si au contraire on le voit flatteur et servile, méfiance. Ce que nous avons cru être un reportage honnête était peut-être une publicité déguisée ou une « plogue ». Notre bonne foi a été trompée. Le média qui a agi de cette façon sert ses propres intérêts et non les nôtres.

Maximum 4 points.

30 • Est-ce que le média agit en toute indépendance ? Oui ? Accordez quatre points. S'il fait partie d'une constellation de médias qui appartiennent tous au même propriétaire, des précautions s'imposent. Quand un magazine fait la promotion d'une émission de télévision qui est à son tour couverte par un journal, et que tous ces médias appartiennent au même propriétaire, demandons-nous si tout ce 35 contenu est uniquement là pour nous informer. Serait-il plutôt destiné à créer une « synergie » favorable aux ventes du groupe de presse ? Quand les médias d'un même propriétaire reprennent les mêmes analyses, n'y a-t-il pas danger d'uniformisation de la pensée ?

Maximum 4 points.

• La mission fondamentale du média est-elle de produire de l'information journa-
40 listique ? Si oui, accordons quatre autres points bien mérités. Il y a des médias qui ont une vision. Ils existent pour informer leur public. D'autres, malheureusement, nous voient simplement comme des clients, comme un auditoire. Pour eux, notre principale qualité est d'être nombreux, ce qui leur permet de nous vendre plus cher aux annonceurs. Ils feraient n'importe quoi pour accroître leur popularité.
45 Ils sacrifieront l'information sur l'autel du divertissement. Ils chercheront avant tout à capter notre attention par la provocation, le spectaculaire, le sensationnel. Nous serons stupéfaits, choqués, émus, intrigués… mais pas nécessairement mieux informés.

Maximum 4 points.

Au terme du test, nous découvrirons sans doute que nos médias préférés nous
50 informent plutôt bien et que d'autres doivent encore consentir des efforts pour y arriver. À certains égards, l'information n'est pas différente des autres domaines de la consommation. Nous n'obtiendrons des informations de qualité que si nous les demandons avec suffisamment de force.

Anne-Marie Dussault, *Protégez-vous*, juillet 2004.

Paul Éluard (1895-1952) est l'un des plus grands poètes français du XXᵉ siècle. Homme d'opinions et de convictions, il participe activement au mouvement communiste avant de s'en dissocier en 1933. Plusieurs de ses poèmes sont politiques, ils visent à conscientiser et à interpeller la population. En ce sens, il s'efforce de garder une écriture simple et accessible. Lors de la Deuxième Guerre mondiale, il est très actif dans la Résistance (la France lutte alors contre l'Allemagne nazie qui occupe son territoire). En 1942, il écrit *Poème et vérité* dont le poème le plus célèbre est « Liberté ». Ce poème sera imprimé et parachuté au-dessus de la France occupée afin d'encourager la population et les résistants.

Liberté

Sur mes cahiers d'écolier
Sur mon pupitre et les arbres
Sur le sable sur la neige
J'écris ton nom

5 Sur toutes les pages lues
Sur toutes les pages blanches
Pierre sang papier ou cendre
J'écris ton nom

Sur les images dorées
10 Sur les armes des guerriers
Sur la couronne des rois
J'écris ton nom

Sur la jungle et le désert
Sur les nids sur les genêts
15 Sur l'écho de mon enfance
J'écris ton nom

Sur les merveilles des nuits
Sur le pain blanc des journées
Sur les saisons fiancées
20 J'écris ton nom

Sur tous mes chiffons d'azur
Sur l'étang soleil moisi
Sur le lac lune vivante
J'écris ton nom

25 Sur les champs sur l'horizon
Sur les ailes des oiseaux
Et sur le moulin des ombres
J'écris ton nom

Lien utile

Le texte engagé
Un texte est qualifié d'engagé lorsqu'il exprime une opinion politique, une idéologie ou qu'il dénonce une injustice. En ce sens, un texte engagé, qu'il soit littéraire (roman, théâtre, poésie) ou courant (essai, pamphlet, manifeste), renvoie au discours argumentatif. La présence du point de vue subjectif de l'énonciateur est inévitable.

Sur chaque bouffée d'aurore
30 Sur la mer sur les bateaux
Sur la montagne démente
J'écris ton nom

Sur la mousse des nuages
Sur les sueurs de l'orage
35 Sur la pluie épaisse et fade
J'écris ton nom

Sur les formes scintillantes
Sur les cloches des couleurs
Sur la vérité physique
40 J'écris ton nom

Sur les sentiers éveillés
Sur les routes déployées
Sur les places qui débordent
J'écris ton nom

45 Sur la lampe qui s'allume
Sur la lampe qui s'éteint
Sur mes maisons réunies
J'écris ton nom

Sur le fruit coupé en deux
50 Du miroir et de ma chambre
Sur mon lit coquille vide
J'écris ton nom

Sur mon chien gourmand et tendre
Sur ses oreilles dressées
55 Sur sa patte maladroite
J'écris ton nom

Sur le tremplin de ma porte
Sur les objets familiers
Sur le flot du feu béni
60 J'écris ton nom

Sur toute chair accordée
Sur le front de mes amis
Sur chaque main qui se tend
J'écris ton nom

65 Sur la vitre des surprises
Sur les lèvres attentives
Bien au-dessus du silence
J'écris ton nom

Sur mes refuges détruits
70 Sur mes phares écroulés
Sur les murs de mon ennui
J'écris ton nom

Sur l'absence sans désirs
Sur la solitude nue
75 Sur les marches de la mort
J'écris ton nom

Sur la santé revenue
Sur le risque disparu
Sur l'espoir sans souvenir
80 J'écris ton nom

Et par le pouvoir d'un mot
Je recommence ma vie
Je suis né pour te connaître
Pour te nommer

85 Liberté.

Paul Éluard, « Liberté »,
Poésie et Vérité, 1942.

Pour susciter une réflexion ou convaincre une personne, ce n'est pas tout de connaître son propos et d'avoir de bons arguments, il faut également savoir ménager ses effets.

La stratégie argumentative

– Les procédés argumentatifs généraux
– L'explication argumentative
– La réfutation
– Le plan d'un texte à séquence argumentative

J'accuse
la violence

La violence est partout autour de nous : dans les journaux et à la télévision, mais aussi dans nos propos, sur nos routes et dans notre quotidien. Pourtant, plusieurs modèles, dont Gandhi, Martin Luther King et le dalaï-lama, ont démontré que la non-violence pouvait être un mode de vie. Un monde sans violence est-il un objectif atteignable ? C'est le propos de Normande Vasil. En décortiquant, sous la forme d'un procès, les buts, les causes et les conséquences de la violence, elle pousse les gens à s'appliquer à développer la non-violence au quotidien.

Depuis plus de quarante ans, Normande Vasil étudie le complexe phénomène de la violence et parallèlement celui de la non-violence. Pour cette universitaire, diplômée en philosophie, en pédagogie et en sociologie, l'omniprésence de la violence est un fait de notre culture qu'il faut à tout prix écarter de nos habitudes si on veut atteindre le bien-être collectif et individuel. Afin de promouvoir sa philosophie, qui découle également d'une recherche approfondie, elle a publié trois ouvrages : *Un pas vers la non-violence* (1977), *J'accuse la violence* (1998) et *D'où naît la violence qui mène le monde ?* (2005).

Au fil de votre lecture, dégagez l'essentiel de la position de Normande Vasil à propos de la violence, qui est implicite dans le texte.

L'influence des foules

La tendance à se laisser influencer par les autres se vérifie plus particulièrement dans le phénomène de la foule où la personne devient « rien » par elle-même et « tout » par l'autre. La psychologie des foules éclipse la conscience qui est sujette aux pires aberrations parce que la culpabilité
5 ou la mauvaise conscience est refoulée.

> **Aberrations**
> D'après le sens de la phrase, qu'est-ce qu'une aberration ?

Les réflexions qui vont suivre sont inspirées, en grande partie, de Gustave Le Bon (1971) et de Koestler (1968-1975). La foule est toujours intellectuellement inférieure à l'homme isolé. Sentimentalement, elle peut, suivant les circonstances, être meilleure ou pire. Tout dépend des suggestions et de la façon dont on la
10 dirige. La psychologie des foules montre à quel point les lois et les institutions

exercent peu d'action sur la nature impulsive des personnes incapables de se faire une opinion d'elles-mêmes. Le fait le plus frappant présenté par une foule psychologique est le suivant, tel que décrit par Gustave Le Bon (1975, 50): «Quels que soient les individus qui la composent, quelque semblables ou dissemblables que puissent être leur genre de vie, leurs occupations, leur caractère ou leur intelligence, le seul fait qu'ils sont transformés en foule les dote d'une sorte d'âme collective. Cette âme les fait sentir, penser ou agir d'une façon tout à fait différente de celle dont sentirait, penserait et agirait chacun d'eux isolément.»

Les caractères spéciaux des foules sont, selon Le Bon (1975, 56): «l'impulsivité, l'irritabilité, l'incapacité de raisonner, l'absence de jugement et d'esprit critique, l'exagération des sentiments, etc.» La foule psychologique, être provisoire, est composée d'éléments hétérogènes pour un instant soudés, absolument comme les cellules d'un corps vivant, formant par leur réunion un être nouveau manifestant des caractères fort différents de ceux que chacune de ses cellules possède. L'âme collective, les aptitudes intellectuelles des hommes et par conséquent leur individualité s'effacent, et cette mise en commun explique pourquoi les foules ne savent pas accomplir d'actes exigeant une intelligence élevée. Seul, un être humain peut refréner ses instincts, tandis qu'en foule, anonyme et irresponsable, il agit. La

30 contagion est un phénomène où l'individu sacrifie son intérêt personnel à l'intérêt collectif. Sa volonté ne le guide plus et la personnalité inconsciente prédomine. Ainsi, on l'amène aisément à se faire tuer pour le triomphe d'une croyance, on l'entraîne sans pain et sans arme à la guerre (inspiré de Le Bon, 1975).

[...]

Dans les foules humaines, le meneur joue un rôle considérable. Sa volonté est
35 le noyau autour duquel se forment et s'identifient les opinions. La foule est un troupeau pour lui; celui-ci, ayant été d'abord un être mené, est hypnotisé par l'idée dont il est devenu l'apôtre. Elle l'envahit au point que tout disparaît en dehors d'elle et que toute opinion contraire lui paraît une hérésie. Le meneur n'est pas le plus souvent un homme
40 de pensée, mais d'action. Il est peu clairvoyant, il ne peut l'être car la clairvoyance conduit au doute et à l'inaction. Il se recrute souvent parmi les névrosés, les exaltés, les demi-aliénés qui côtoient les bords de la folie. Si absurde que soit l'idée qu'il défend ou le but qu'il poursuit, tout raisonnement s'émousse contre sa conviction. Le mépris et les persécutions
45 ne font que l'exciter davantage. L'intérêt personnel, la famille, tout est sacrifié. L'instinct de conservation s'annule chez lui, au point que sa seule récompense est parfois le martyre.

Le meneur tient son influence parce qu'il suit l'opinion publique; avec son prestige, il sait pénétrer d'une façon inconsciente la psychologie
50 des foules, il sait comment parler et manipuler, il connaît l'influence des mots, des formules et des images et possède une éloquence spéciale, composée d'affirmations énergiques et d'images impressionnantes, encadrées de raisonnements fort sommaires.

Normande Vasil, *J'accuse la violence*, © 1999, Les Éditions JCL inc.

Hérésie
D'après le contexte, qu'est-ce qu'une hérésie ?

Clairvoyance
Ce nom peut être divisé en deux autres ; comment ces mots peuvent-ils expliquer le sens du tout ?

Éloquence
Quels termes contenus dans la phrase permettent de se représenter ce qu'est l'éloquence ?

réflexions

1 Sur quelles différences entre une foule et un individu Normande Vasil s'appuie-t-elle pour faire valoir leur fonctionnement opposé ?

2 Pourquoi la foule a-t-elle un si grand impact sur la plupart des individus ?

3 Beaucoup d'événements, historiques ou récents, sont attribuables à une personnalité qui a conduit une foule à adopter le comportement souhaité. Citez-en quelques-uns.

Le pire
des mondes

© Paul Prescott/Shutterstock

Depuis quelques années, plusieurs spécialistes étudient le réchauffement climatique un peu partout sur la Terre. Les données transmises à la population par les médias sont toutes plus alarmantes les unes que les autres. On enjoint les gouvernements et les gens à modifier leur comportement afin de contribuer à améliorer les choses, ou du moins à ralentir les effets du réchauffement. Toutefois, la situation est-elle aussi urgente qu'on le dit ? Bjørn Lomborg en doute.

Né en 1965, le Danois Bjørn Lomborg, professeur à la Copenhagen Business School, est reconnu mondialement. Il a, entre autres, publié en 1998 *The Skeptical Environmentalist*'s, une bombe qui relativise les impacts du réchauffement climatique et qui ouvre le débat sur cette question importante. En 2004, il réunit plusieurs économistes influents lors du Copenhagen Consensus afin de débattre de l'avenir des ressources naturelles de la planète et de trouver des solutions aux problèmes environnementaux. En 2008, il est cité par le magazine *Esquire* comme l'une des 75 personnes les plus importantes du XXIe siècle.

**À la lecture du texte, évaluez la situation de communication :
à qui s'adresse Bjørn Lomborg et que conteste-t-il exactement ?**

Avez-vous remarqué que les militants pour la protection de l'environnement affirment presque invariablement que, non seulement le réchauffement climatique existe et qu'il est négatif, mais aussi que ce que nous voyons est encore pire que les prévisions ?

5   C'est très curieux, car n'importe quelle appréhension raisonnable des techniques scientifiques devrait s'attendre à ce que, à mesure que nos connaissances s'affinent, nous trouvions que les choses sont parfois pires et parfois meilleures que nos attentes. Et que la distribution la plus probable des probabilités est de 50 – 50. Les militants écologistes,
10 en revanche, les voient invariablement comme un rapport 100 – 0. Il n'est tout simplement pas vrai que les données climatiques sont

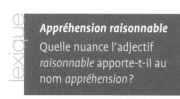

lexique lexique

Appréhension raisonnable
Quelle nuance l'adjectif *raisonnable* apporte-t-il au nom *appréhension* ?

S'affinent
Utilisez la racine du mot pour en trouver le sens.

systématiquement pires que les prévisions : à de nombreux égards, elles sont exactement les mêmes, voire meilleures. Le fait que nous entendions un autre son de cloche est une indication de la dépendance des médias
15 au sensationnalisme. Or, tout cela constitue une base bien médiocre pour des politiques intelligentes.

Or

Quel lien ce marqueur de relation introduit-il entre les deux phrases ?

L'élément le plus évident concernant le réchauffement climatique est que la planète se réchauffe. Sa température a augmenté
20 d'environ 1 °C en un siècle. Et le Groupe intergouvernemental sur l'évolution du climat des Nations unies (GIEC) prévoit une augmentation comprise entre 1,6 °C et 3,8 °C au cours de notre siècle, princi-
25 palement à cause de l'augmentation des émissions de CO_2. La moyenne des 38 essais standard du GIEC montre que les modèles prévoient une augmentation de la température pour notre décennie d'environ 0,2 °C.

30 Mais ce n'est pas du tout ce qui s'est passé. Et c'est valable pour toutes les mesures de température de surface, et encore plus pour les deux mesures satellitaires. Les températures de notre décennie n'ont pas été pires
35 que prévu. En fait, elles n'ont même pas augmenté. Elles ont même baissé entre 0,01 °C et 0,1 °C par décennie. Pour l'indicateur principal du réchauffement climatique, l'évolution de la température, nous devrions
40 entendre que les données sont en fait bien meilleures que prévu.

Une partie de l'explication

On nous répète constamment que la glace de l'océan Arctique fond plus vite que prévu, et c'est vrai. Mais les scientifiques les
45 plus sérieux admettent que le réchauffement climatique ne compte que pour une partie de l'explication. L'autre explication est que l'oscillation arctique, la circulation des flux d'air sur l'océan Arctique, empêche
50 aujourd'hui l'accumulation de la glace ancienne, et précipite la plupart de la glace dans l'Atlantique Nord.

Mais plus important, nous entendons rarement que la glace de l'océan Antarctique
55 non seulement n'est pas en train de fondre, mais est en fait au-dessus de la moyenne

© Potapov Alexander / Shutterstock

▲ « Les températures de notre décennie n'ont pas été pires que prévu. En fait, elles n'ont même pas augmenté. »

« Il n'est tout simplement pas vrai que les données climatiques sont systématiquement pires que les prévisions : à de nombreux égards, elles sont exactement les mêmes, voire meilleures. » ▼

© Jan Martin Will / Shutterstock

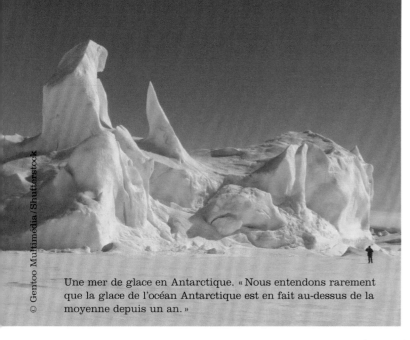

© Gentoo Multimédia / Shutterstock

Une mer de glace en Antarctique. « Nous entendons rarement que la glace de l'océan Antarctique est en fait au-dessus de la moyenne depuis un an. »

depuis un an. Les modèles du GIEC prévoient une baisse de la glace dans les deux hémisphères mais, alors que l'Arctique
60 a des résultats pires que prévu, l'Antarctique s'en tire mieux.

Depuis 1992, nous possédons des satellites qui mesurent l'augmentation mondiale du niveau des mers. Ceux-ci ont montré une
65 augmentation stable de 3,2 millimètres par an – exactement la projection du GIEC. En outre, au cours des deux dernières années, le niveau des mers n'a pas augmenté du tout – en fait, il a même un peu baissé. Ne
70 devrait-on pas nous dire que c'est bien mieux que prévu ?

Les ouragans étaient le fonds de commerce du célèbre film d'Al Gore sur le réchauffement climatique. Or, il est vrai que les États-Unis ont été meurtris en 2004 et 2005, ce qui a provoqué des prévisions délirantes
75 de tempêtes encore plus fortes et plus chères pour l'avenir. Mais il s'avère que, dans les deux années qui ont suivi, les coûts reliés aux tempêtes ont été bien inférieurs à la moyenne, et pratiquement nuls en 2006. Pas de doute, c'est mieux que ce qui était attendu.

Bien sûr, toutes les choses ne sont pas moins mauvaises que ce que
80 nous pensons. Mais l'exagération partielle n'est pas une solution pour faire avancer les choses. Nous avons un besoin urgent d'équilibre si nous voulons faire des choix sensés.

Bjørn Lomborg, © 2008, Project Syndicate, traduit de l'anglais par Bérengère Viennot, publié en octobre 2008 [en ligne].

lexique

Fonds de commerce
Selon le contexte, expliquez le sens figuré de cette expression.

lexique

Partiale
À l'aide d'un mot de même famille, définissez le sens de cet adjectif.

réflexions

1 Résumez brièvement la position de Bjørn Lomborg.

2 Qu'est-ce qui contribue à donner à Bjørn Lomborg la crédibilité nécessaire pour défendre sa position sur le réchauffement climatique ?

3 Selon votre connaissance de la problématique, quelle pourrait être la réponse des environnementalistes à ce texte ?

Manipulation des chiffres

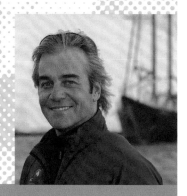

Les environnementalistes sont-ils trop alarmistes? Bjørn Lomborg a affirmé que oui dans le texte précédent, chiffres et données à l'appui. Jean Lemire, lui, croit que non et conteste son argumentation à l'aide d'autres exemples. Selon Jean Lemire, les signes du réchauffement climatique sont partout et l'urgence d'agir est bel et bien présente. Qui a tort? Qui a raison? À vous de vous en faire une idée!

Le *Sedna IV*.

À la fois biologiste, océanographe et cinéaste, Jean Lemire est une référence québécoise en matière de changement climatique. Il a mené plusieurs expéditions maritimes afin d'en évaluer les effets. En 2007, l'expédition Mission Antarctique, un périple de 430 jours à bord du voilier *Sedna IV*, a fait l'objet d'un film, *Le dernier continent* dont il est le réalisateur. Depuis la fin de cette aventure, il est notamment chroniqueur en environnement pour divers médias, dont le journal *La Presse* et la radio de Radio-Canada.

Jean Lemire répond à Bjørn Lomborg, celui qui a écrit le texte précédent. Repérez les principaux reproches qu'il lui adresse.

Cher professeur Lomborg, à l'invitation de notre éditorialiste en chef, je me permets de répondre à votre texte d'opinion. Je l'ai lu avec un certain plaisir, sans grande surprise. Il s'agit d'une analyse discutable de la situation des changements climatiques, orientée par votre formation d'économiste. Le ton de votre
5 exercice littéraire, puisque c'est bien de cela qu'il s'agit, s'inspire de tous vos autres écrits – et ils sont nombreux – reprenant toujours les mêmes arguments, la même logique intellectuelle et, malheureusement, les mêmes lacunes argumentaires qui, de mon simple point de vue, deviennent redondantes au fil de vos écrits.

10 Si l'on peut être stimulé intellectuellement au premier abord, une simple recherche des faits énoncés dévoile rapidement le stratagème qui n'a d'autre but que de discréditer adroitement la science pour mieux

Lacunes argumentaires
À l'aide du contexte, expliquez ce qu'est une lacune argumentaire.

Redondantes
Quelle est la connotation de ce mot?

La fonte des glaces en Antarctique crée parfois de surprenantes sculptures.
«Les données qui alimentent les modèles climatiques ne sont que des faits, vérifiés et vérifiables.»

Les environnementalistes sont-ils trop alarmistes?

servir votre point de vue. Loin de moi l'idée de vous accuser de ne pas citer correctement les scientifiques. J'en ai plutôt contre cette façon trompeuse de n'utiliser que des informations partielles et incomplètes, sorties de leur contexte général, pour défendre une théorie qui, trop souvent, va directement à l'encontre de l'hypothèse avancée par l'auteur même de vos citations. En ce sens, votre démarche est non seulement discutable, mais elle est même parfois irrespectueuse envers le travail des scientifiques que vous citez.

À l'encontre
Trouvez deux locutions synonymes.

Je ne vais pas reprendre ici chacun des exemples de votre texte, puisqu'il s'agit toujours du même processus. Vous errez dans votre démarche intellectuelle quand vous affirmez que les modèles climatiques sont aveuglés par une réalité qui ne fait que s'aggraver. Je vous rappelle que les modèles climatiques ne font que compiler des données scientifiques vérifiées, et qu'aucune interprétation de ces données brutes ne fait partie de ce processus d'analyse scientifique. On ne fait que nourrir les super ordinateurs de chiffres. Les données qui alimentent ces modèles ne sont que des faits, vérifiés et vérifiables.

Modèles climatiques

Tour de passe-passe intellectuel
Dans quel domaine est généralement utilisé un tour de passe-passe? Pourquoi Jean Lemire y fait-il référence dans ce contexte?

Affirmer que les modèles climatiques ne sont pas valables, en se basant sur un argument non fondé d'une manipulation négative des données, représente un tour de passe-passe intellectuel dont le seul but est de discréditer les scientifiques. Pourtant, vous utilisez régulièrement ces mêmes scientifiques et leurs études pour défendre votre point de vue. Malheureusement, vous errez encore en n'utilisant trop souvent qu'une partie des résultats de leurs études, celle qui vous convient, et hors de leur contexte d'origine. Votre exemple sur la circulation des flux d'air sur l'océan Arctique ne sert pas votre propos puisque, dans la partie non citée par vous, les chercheurs de cette étude confirment une augmentation de la force des vents et des tempêtes en raison du réchauffement dans l'Arctique.

Un glacier qui se désagrège en Alaska. « Les chercheurs confirment une augmentation de la force des vents et des tempêtes en raison du réchauffement dans l'Arctique. »

40 Votre formation d'économiste vous a montré l'art de manipuler les chiffres. Quand vous faites référence à l'augmentation des températures au cours de la dernière décennie, vous 45 jouez volontairement avec la notion mathématique de la moyenne. Or, vous savez comme moi qu'une moyenne se calcule à partir d'un point de départ, une année de réfé-50 rence dans le cas qui nous concerne. Reculer de seulement 10 ans est trompeur et cible volontairement 1998, l'année record en matière de température moyenne annuelle. Bien 55 sûr qu'il est normal de constater une baisse de température si l'on utilise l'année d'exception en référence et sur une échelle temporelle aussi courte.

Vous ne m'en voudrez pas si je préfère l'analyse et le consensus des 60 scientifiques qui ont compilé ces données, plutôt que votre analyse qui reprend ces mêmes données, mais de façon partielle et incomplète. Je laisse la science aux scientifiques, comme je laisse l'économie aux économistes, et vous invite à faire de même.

Consensus
À quoi réfère le *consensus* des scientifiques ici nommé ?

Il faudra bien trouver une solution, ensemble, économistes et scientifiques. Et 65 pour reprendre les mots d'un économiste célèbre : « Nous avons un besoin urgent d'équilibre. » C'est justement ce que les scientifiques réclament : le retour à un équilibre naturel qui protège la vie. En passant, à combien chiffrez-vous la disparition d'une espèce dans vos modèles économiques ?

Jean Lemire, © *La Presse*, octobre 2008 [en ligne].

réflexions

1 De quelle manière Jean Lemire cherche-t-il à discréditer le tenant de la position adverse ?

2 Pour quelles raisons seriez-vous tenté de croire en la crédibilité de Jean Lemire ou d'en douter ?

3 Qui veut-il réellement convaincre, Bjørn Lomborg ou les lecteurs et lectrices du texte ? Justifiez votre réponse.

À propos... de la stratégie argumentative

La stratégie argumentative

Une **stratégie argumentative** est définie comme un ensemble de moyens utilisés par un énonciateur pour atteindre un ou des objectifs précis : convaincre, faire agir, modifier des mentalités ou des manières de penser. Lorsqu'il est écrit selon une stratégie argumentative, un texte est structuré de façon à étayer un raisonnement cohérent. En vue de mieux appuyer ce raisonnement et d'y faire adhérer un destinataire, on a recours à différents moyens servant à soutenir l'opinion et à mettre en valeur la thèse ou les arguments : ce sont les **procédés argumentatifs**. Certains de ces procédés sont spécifiques à la stratégie argumentative, alors que d'autres sont utilisés, de façon plus générale, dans différents textes qui ne sont pas argumentatifs mais qui intègrent parfois des séquences argumentatives.

Les procédés argumentatifs généraux

Certains procédés peuvent être utilisés dans tout texte à dominante argumentative ou dans une séquence argumentative secondaire. Voici les procédés généraux les plus fréquents :

– recourir à l'insertion de séquences textuelles autres qu'argumentatives ;

– recourir au discours rapporté (citation, témoignage, expertise, etc.) ;

– employer les marques d'énonciation et de modalité pour appuyer son point de vue ou interpeller le destinataire ;

– employer un ton correspondant à l'argumentation (neutre, ironique, dogmatique, sarcastique, lyrique, didactique, etc.) ;

– recourir aux figures de style (répétition, comparaison, opposition, métaphore, jeux de mots, etc.) ;

– appuyer ses arguments à l'aide d'éléments graphiques.

> « Depuis 1992, nous possédons des satellites qui mesurent l'augmentation mondiale du niveau des mers. Ceux-ci ont montré une augmentation stable de 3,2 millimètres par an – <u>exactement</u> la projection du GIEC (recourir à une expertise). En outre, au cours des deux dernières années, le niveau des mers n'a pas augmenté <u>du tout</u> – en fait, il a <u>même</u> un peu baissé (marques de modalité). Ne devrait-on pas nous dire que c'est bien mieux que prévu ? » (interpeller le destinataire par un questionnement). (Lomborg)

L'explication argumentative

L'**explication argumentative** consiste à expliciter le bien-fondé de la thèse à l'aide d'arguments convaincants et de raisons valables, ou encore à faire comprendre une réalité dans le but d'inciter le destinataire à agir. Tout au long du texte, le raisonnement tend à mettre de l'avant la force et la justesse de la position défendue.

▣ Les procédés de l'explication argumentative

Pour expliquer le bien-fondé de la thèse, on peut recourir à différents procédés de l'explication argumentative :

- recourir aux rapports de causalité (causes/conséquences);
- employer un point de vue relativement distancié ou objectif (des raisons, des causes, des motifs, des principes, etc. qui appuient la thèse);
- appuyer ses arguments à l'aide de procédés explicatifs tels qu'étudiés à la Fenêtre 9 (définir, exemplifier, reformuler, comparer, illustrer).

> « La foule psychologique, être provisoire, est composée d'éléments hétérogènes pour un instant soudés, absolument comme les cellules d'un corps vivant (définition), formant par leur réunion un être nouveau manifestant des caractères <u>fort différents de</u> ceux que chacune de ses cellules possède (comparaison). L'âme collective, les aptitudes intellectuelles des hommes et par conséquent leur individualité s'effacent, et cette mise en commun explique pourquoi les foules ne savent pas accomplir d'actes exigeant une intelligence élevée. » (explication). (Vasil)

La réfutation

La **réfutation** consiste à contester la véracité ou le bien-fondé d'une contre-thèse pour amener le destinataire à adhérer à la thèse défendue. À la différence de l'explication argumentative, la réfutation met en évidence les failles de la contre-thèse afin de faire valoir sa position. On présentera alors la contre-thèse et la thèse, les contre-arguments et les arguments.

▣ Les procédés spécifiques de la réfutation

Pour contester le bien-fondé de la contre-thèse, on peut recourir à différents procédés de la réfutation :

- présenter d'abord la contre-thèse et ensuite la thèse;
- démontrer que la contre-thèse est dépassée ou mal fondée;
- tirer parti d'un cas d'exception de la contre-thèse;
- démontrer les contradictions des contre-arguments de la contre-thèse;
- retourner un argument contre la personne qui l'a formulé;
- concéder un point plus faible pour en tirer parti ou pour en faire accepter un plus fort;

– à partir de la contre-thèse, émettre des hypothèses dont les conclusions négatives renforcent la thèse;

– utiliser l'emphase et le renforcement, c'est-à-dire insister sur une faille particulièrement importante en la reprenant.

> «J'en ai plutôt contre cette <u>façon trompeuse</u> de n'utiliser que des informations <u>partielles et incomplètes</u>, sorties de leur contexte général, pour défendre une théorie qui, trop souvent, va directement <u>à l'encontre de l'hypothèse avancée par l'auteur même de vos citations</u> (démontrer les contradictions et retourner un argument contre la personne). [...] Je ne vais pas reprendre ici chacun des exemples de votre texte, puisqu'il s'agit <u>toujours du même processus</u> (emphase et renforcement). (Lemire)

Il importe de faire preuve d'esprit critique et de déceler les valeurs et les jugements sous-jacents aux procédés employés par un énonciateur. Certaines personnes habiles dans l'utilisation de procédés argumentatifs pourraient employer leurs talents à la manipulation à l'aide de procédés de nature douteuse:

– **faire une fausse concession:** concéder un argument peu important de la contre-thèse;

– **exagérer les conséquences:** présenter les conséquences comme des catastrophes en s'appuyant sur les pires hypothèses ou sur des hypothèses difficiles, voire impossibles à vérifier;

– **faire l'exposé d'un cas pathétique:** choisir un cas réel extrême en vue d'attirer la pitié sur tous les autres cas semblables;

– **généraliser abusivement:** étendre à un ensemble les conclusions découlant de l'observation d'un seul cas plus ou moins représentatif;

– **dénigrer:** mépriser une personne ou ses actions en attaquant ses qualités, sa crédibilité, sans lien avec le sujet à débattre; dévoiler une action ou une parole jugée immorale ou condamnable de la partie adverse;

– **provoquer:** chercher à susciter des réactions par le mépris ou les insultes;

– **faire appel aux préjugés des récepteurs:** encourager des croyances, des opinions préconçues, des idées toutes faites imposées par le milieu, l'époque ou l'ignorance.

> Bjørn Lomborg accuse les militants environnementalistes d'exagérer les conséquences des pires hypothèses, tandis que Jean Lemire accuse Bjørn Lomborg de généraliser abusivement à partir de données couvrant un laps de temps trop court pour être représentatif.

> Il pourrait arriver qu'un texte contienne à la fois l'explication argumentative et la réfutation; selon la structure de la séquence, l'une sera le procédé dominant et l'autre, le procédé secondaire.

Le plan d'un texte à séquence argumentative est développé en fonction du raisonnement à étayer et du procédé argumentatif privilégié. Tout dépend de la conclusion à laquelle on veut mener le destinataire. Le plan d'un texte à séquence argumentative adopte généralement la forme reproduite ci-dessous.

PRÉSENTATION DE LA THÈSE (INTRODUCTION)

SUJET AMENÉ (SA)

Énoncé général qui amorce la présentation du sujet. Ce peut être un proverbe, la description d'une situation, un fait reconnu, etc.

SUJET POSÉ (SP)

Énoncé qui définit précisément le sujet abordé ;

– Explication argumentative : formulation de la thèse ; **OU** – Réfutation : présentation de la contre-thèse et formulation de la thèse.

SUJET DIVISÉ (SD)

Énoncé qui indique les aspects abordés dans le texte.

PHASE ARGUMENTATIVE (DÉVELOPPEMENT)

PARAGRAPHES

Chaque paragraphe est subdivisé de la façon suivante :

– organisateur textuel ;

– explication argumentative :

- présentation de l'aspect ou idée principale ;
- un ou quelques arguments ; **OU**
- procédés argumentatifs pour appuyer le ou les arguments ;

– réfutation :

- un ou quelques contre-arguments ;
- un ou quelques arguments ;
- procédés argumentatifs pour appuyer le ou les arguments ;

– conclusion partielle.

PHASE CONCLUSIVE (CONCLUSION)

SYNTHÈSE

– Reformulation de la thèse et de la contre-thèse, s'il y a lieu.

– Résumé de l'argumentation.

OUVERTURE

– Élargissement du sujet vers d'autres aspects, une piste de solution, un progrès ou un développement à venir.

L'ordre des arguments peut varier selon l'effet que l'on souhaite obtenir. Ainsi, les paragraphes pourront enchaîner les arguments dans un ordre croissant, c'est-à-dire du plus faible au plus fort, si on veut donner l'impression de gagner du terrain ou au contraire être décroissant, du plus fort au plus faible, si on cherche à marquer une forte impression dès le départ.

Vous venez de lire un extrait des textes suivants : *J'accuse la violence*, « Le pire des mondes » et « Manipulation des chiffres ».

1 Repérez la stratégie argumentative employée par les énonciateurs et commentez l'exploitation qu'ils en ont faite.

2 Quelle relation pouvez-vous établir entre le raisonnement argumentatif et le choix de la stratégie utilisée par l'énonciateur ?

3 L'énonciateur d'un texte à séquence argumentative utilise des arguments pour convaincre. Dans ces trois textes, lequel vous a semblé se démarquer par la force et la justesse de ses arguments ? Justifiez votre réponse.

4 D'après ces textes, quelles sont les distinctions que l'on peut faire entre le ton d'un texte basé sur l'explication argumentative et le ton de la réfutation ?

5 Le modèle du plan d'un texte argumentatif est-il respecté intégralement par les énonciateurs ? Expliquez votre réponse.

Pistes d'essai

Écriture

Choisissez, dans la section Inter·textes, un des textes proposés avec lequel vous seriez plutôt en désaccord. Tout comme Jean Lemire dans *Manipulation des chiffres*, vous devez répondre à ce texte : choisissez soigneusement les procédés qui seront les plus appropriés à votre raisonnement et composez votre texte.

Pour soutenir votre démarche, consultez la stratégie « Écrire un texte courant », page 556.

Lecture

Dans des quotidiens, des revues ou Internet, faites une brève recherche pour trouver un texte argumentatif portant sur un sujet d'actualité controversé. Relevez-en la stratégie, la thèse, la contre-thèse, s'il y a lieu, les arguments et les procédés argumentatifs. Ensuite, commentez-le : expliquez l'enjeu, résumez la position défendue et jugez de la pertinence des arguments et des procédés utilisés.

Pour soutenir votre démarche, consultez la stratégie « Lire un texte courant », page 552.

Communication orale

Lisez le texte *Le stress positif, mythe ou réalité ?* de la section ▣ Inter·textes. En sous-groupe, débattez de la question suivante : selon vos expériences personnelles, croyez-vous que l'on puisse tirer parti du stress pour le transformer en énergie positive ? Distribuez les rôles : un animateur, une équipe pour et une équipe contre. Prenez soin d'accompagnez vos arguments de procédés efficaces pour bien faire comprendre votre raisonnement.

Pour soutenir votre démarche, consultez la stratégie « Participer à un débat », page 564.

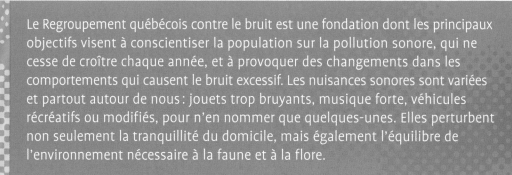

Le Regroupement québécois contre le bruit est une fondation dont les principaux objectifs visent à conscientiser la population sur la pollution sonore, qui ne cesse de croître chaque année, et à provoquer des changements dans les comportements qui causent le bruit excessif. Les nuisances sonores sont variées et partout autour de nous : jouets trop bruyants, musique forte, véhicules récréatifs ou modifiés, pour n'en nommer que quelques-unes. Elles perturbent non seulement la tranquillité du domicile, mais également l'équilibre de l'environnement nécessaire à la faune et à la flore.

La tyrannie du vacarme

© J. Gracey Stinson / Shutterstock

Les nuisances sonores sont plus présentes que jamais. Au point qu'il devient presque impossible de se retrouver là où le silence existe encore afin de jouir pleinement des sons de la nature.

Le bruit excessif a tendance à se généraliser au Québec. Au Regroupement
5 québécois contre le bruit (RQCB), nous croyons que le bruit est en train de devenir un fléau, tant à la ville qu'à la campagne. L'été, les motomarines et autres hors-bord ainsi que les véhicules tout-terrain tapageurs et les motocyclettes ultrabruyantes assomment. Un peu partout, on subit les ravages des silencieux modifiés et des chaînes stéréophoniques des voitures poussées à plein volume. L'hiver, les
10 motoneiges (puantes et polluantes à souhait) pétaradent sur tout le territoire. La campagne, la forêt et les milieux naturels cesseront-ils d'exister en tant qu'endroits de calme et de paix ?

Ceux qui s'adonnent à des comportements bruyants n'en sont pas toujours conscients. Ce qui est hautement critiquable, c'est que ceux-ci ne se préoccupent
15 pas de la qualité de vie des autres. Une culture du vacarme s'est tranquillement mise en place. Une culture nuisible, proche de l'incivilité. Il est plus que temps d'établir des liens et de former une forte opposition à ce mouvement pour cesser d'en subir les conséquences. Le bruit détruit la splendeur du monde, nous ne l'acceptons plus.

En chiffres

20 Une motoneige équipée d'un moteur deux temps se compare, sur le plan de la pollution, à cent automobiles et un VTT équipé du même genre de moteur archaïque, à trente automobiles. Sans oublier que l'on peut sentir l'odeur laissée par le moteur d'une motoneige longtemps après son passage dans un centre de ski de fond ou de ski alpin. Quant à la motomarine (ce désastreux engin des lacs), en plus

© Margo Harrison / Shutterstock

© Mikael Damkier / Shutterstock

25 de polluer l'air et l'eau d'une manière révoltante, elle détruit l'environnement sonore de milliers de Québécois autour des points d'eau. Au son, il est possible de repérer ces abominables engins à un kilomètre de distance. Facile d'imaginer l'enfer
30 sonore à moins de 100 mètres ! Est-ce normal que des moteurs polluent, puent et étourdissent de la sorte au XXIe siècle ? Les entreprises pourraient-elles produire uniquement des moteurs non polluants et non « puants » ? Nous croyons que oui.

35 Pourquoi devrions-nous supporter les 100 à 105 décibels (selon les données de l'Ordre des orthophonistes et des audiologistes du Québec) générés par une motoneige, alors qu'une voiture ne produit qu'entre 65 ou 70 décibels ? Un écart monu-
40 mental et inversement proportionnel à la taille des véhicules. Cette pollution sonore n'est pas un désagrément secondaire. Au Québec, cela devient un fléau occasionnant une variété de problèmes de santé bien réels.

45 Le son commence à être dangereux à partir de 85 décibels. Or, les « véhicules hors route » rejettent davantage de bruit dans l'environnement. Faut-il attendre de devenir sourds avant de demander aux entreprises de cesser de produire des véhicules pareils ? Qu'on ne nous redise pas que les motoneiges ou les
50 motomarines font quelques décibels de moins qu'auparavant, puisque ce fait est dérisoire par rapport à l'énormité du problème. Aucun de ces engins ne devrait produire plus de 75 décibels, aucun ne devrait posséder cette sonorité de scie à béton… et, tous devraient cesser d'être aussi pétaradants !

Les experts estiment que le bruit ambiant double tous les 10 ans. C'est
55 inacceptable ! Plusieurs organisations soulignent à quel point le bruit est néfaste pour la santé (stress, irritation, problèmes de sommeil, augmentation des maladies cardiovasculaires, perte importante d'acuité auditive chez des personnes de plus en plus jeunes, etc.).

Le climat a perdu la boule à cause des gaz à effet de serre. Alors qu'il faudrait
60 travailler à une réduction de la dépendance aux véhicules motorisés et à la réduction de la consommation de carburants fossiles, ces compagnies inondent l'espace public d'engins polluants et bruyants. De cette manière, elles contribuent à accroître le culte du « véhicule » que nous ne pouvons plus nous permettre.

Pourquoi ne pas travailler à construire une société respectueuse de
65 l'environnement et plus agréable à vivre ? Où la quiétude et le silence existeraient encore. Où tout bruit excessif inutile serait banni parce que néfaste. C'est un défi possible et une invitation à tous les Québécois d'y participer. Il suffit de se demander dans quel Québec nous voulons vivre sur ce plan.

Patrick Leclerc, Regroupement québécois contre le bruit (RQCB),
© Revue *Espaces*, janvier 2008 [en ligne].

L'intuition est un sentiment peu considéré dans notre société. Elle est d'emblée associée aux femmes, l'intuition féminine ou l'intuition maternelle, et son manque de reconnaissance est attribuable à la difficulté de la mesurer et de l'observer. Bien qu'elle soit réelle, l'intuition est considérée comme étant moins importante que l'analyse, la science et la connaissance. Pourtant, si nous mettions de côté nos préjugés et que nous étions davantage à l'écoute de notre intuition, peut-être réussirions-nous mieux?

Question de «feeling»

Le sujet de l'intuition vous fait sourire? Pourtant, plus d'une fois sur deux les cadres de tous les niveaux y ont recours lors de la prise de décision. Ils n'ont pas le choix. Tout se passe trop vite. S'ils devaient soupeser les «pour» et les «contre» chaque fois qu'ils doivent trancher, les entreprises seraient bloquées. Sous la
5 contrainte du temps, les cadres suivent leur instinct.

Comme le montre notre reportage, de nombreux décideurs se fient à leur intuition de manière délibérée. Ils pourraient fonder leurs décisions strictement sur la raison. Mais au bout du compte, c'est leur sixième sens qui vient trancher. Le «sixième sens»? Je vous mets au défi de trouver une notion pareille dans le corpus
10 des écoles de commerce, où l'on préfère enseigner les méthodes d'analyse.

Décider, ce n'est pas seulement choisir entre deux options. C'est vouloir agir sur le cours des choses. L'analyse est bien pratique pour comprendre le passé et pour brosser le portrait de la situation présente. Si elle peut guider dans l'action, elle ne peut pas garantir de résultats. Pas plus, du moins, que l'intuition.

Le 6ᵉ Sens

15 Je reçois plein de prévisions économiques appuyées sur de savantes analyses. Je les regarde distraitement. C'est compliqué, ennuyeux, et à côté de la plaque une fois sur deux[1]. Au début de l'année 2008, aucun économiste n'a su prédire que nous allions toucher le fond. A posteriori, nous comprenons ce qui s'est passé,
20 mais visiblement, aucune analyse économique, ni prévision n'a su mener à une action adéquate. Cela n'empêche pas l'industrie de la prévision de rester florissante. Des experts de tous poils se prononcent sans arrêt sur d'innombrables sujets. Nos gouvernements se fient à eux pour élaborer leur budget et leurs politiques.
25 Les entreprises fondent une partie de leur stratégie d'affaires sur l'avis des traqueurs de tendances. Nous-mêmes allons investir et dépenser en fonction de ce que nous disent les spécialistes.

Dans les décisions que nous prenons chaque jour au bureau, particulièrenment nous les cadres, nous entretenons un préjugé
30 favorable à l'égard de l'analyse. Nous lui attribuons des vertus telles la rigueur et la fiabilité. Mais comme l'analyse peut mener à de retentissants échecs, de nombreux patrons ont décidé d'y ajouter leur *feeling*. Les plus belles réussites se trouvent souvent dans les organisations dirigées par des leaders de ce genre.

Daniel Germain, © *Affaires Plus*, mars 2009.

---

1 Erreurs d'experts: Le psychologue américain et professeur en leadership Philip Tetlock a analysé 80 000 prévisions formulées par des experts, sur 20 ans. Sa conclusion: n'importe qui est aussi capable de faire des prévisions, car leur taux d'exactitude est de moins de 50 %.

Le billet
Le billet, un genre journalistique, est un court article subjectif qui commente un sujet d'actualité. Le billettiste y résume librement son opinion, jetant un regard personnel et critique sur une nouvelle du moment, à l'opposé de l'éditorialiste qui présente la position de son journal. Dans certaines publications, le billet occupe une place privilégiée, notamment si son auteur développe un fort lien avec le public, impose un style et suscite des réactions.

Le stress est un fléau auquel nous sommes confrontés quotidiennement, de notre plus jeune âge à l'âge adulte. Enfant, nous apprenons à « gérer » notre stress et à le canaliser dans différentes activités. Adulte, nous le vivons dans plusieurs sphères de notre vie. Le stress est souvent associé à plusieurs maux dont souffrent quantité de gens. Cependant, peut-il aussi avoir des effets positifs ? Plusieurs études sont menées et les experts se contredisent. À vous d'en juger.

Le stress positif, mythe ou réalité?

Quand on demande à un patron si ses employés sont stressés, il arrive souvent de l'entendre répondre qu'ils le sont... juste assez ! Le stress positif comme moteur de performance est reconnu depuis longtemps par la majorité des psychologues, et on en parle dans la plupart des manuels de gestion.

5 « Le stress positif est ce qui met du piment dans notre vie et on en a besoin, dit Richard Pépin, professeur en comportement organisationnel à l'Université du Québec à Trois-Rivières. Il est bénéfique dans la mesure où ça ne dépasse pas nos capacités d'adaptation. »

Quand on donne à un employé des objectifs élevés mais accessibles, on crée un 10 stress positif qui le stimulera, explique M. Pépin. C'est un facteur d'accomplissement.

« Un stress positif encourage à aller au-delà de nos limites et à trouver un sens à notre vie et à notre travail, dit-il. L'employé qui n'a aucun stress au travail est celui qui a complètement décroché. Il est un poids pour l'organisation. »

Un mythe, selon certains

Mais tous ne sont pas du même avis. Éric Gosselin, professeur de psychologie 15 du travail et des organisations à l'Université du Québec en Outaouais, considère plutôt le stress positif au travail comme un mythe tenace et une croyance populaire qu'il faut dénoncer.

Le stress serait positif et améliorerait la performance tant qu'il ne dépasse pas un certain degré. Au-delà de ce point d'équilibre, si le stress augmente davantage, 20 la performance chute et le stress devient détresse.

« Tout le monde utilise cette notion, et tous les livres de base en psychologie du travail présentent de cette façon la relation entre le stress et la performance, dit Éric Gosselin. Mais en réalité, très peu d'études scientifiques démontrent que c'est vrai. »

25 Colette Richard, étudiante à la maîtrise sous la supervision de M. Gosselin, a recensé 52 études sur le lien entre le stress et la performance au travail, menées entre 1980 et 2006. Elle a constaté que 75 % de ces études démontrent au contraire que plus le stress au travail est élevé, plus la performance diminue.

Inter·textes

Mais il reste que la notion de stress positif domine largement. «On y croit
30 parce que ça semble logique, dit Éric Gosselin. Mais scientifiquement, dans l'état
des connaissances actuelles, on n'est pas capable de le démontrer. »

[...]

«Il faut que les gens soient informés parce que, actuellement, il y en a qui sont
stressés et qui pensent que c'est bon, dit-il. En même temps, dans les organisations,
on se base sur l'idée que le stress est positif s'il est bien dosé, et on essaie de
35 soumettre nos travailleurs à un stress moyen pour qu'ils soient le plus performants
possible. »

Ainsi, quand les patrons disent que leurs employés sont «juste assez» stressés,
si on demande l'avis des employés, on se rend souvent compte que ceux-ci n'en
peuvent plus, ajoute le chercheur.

Perception et gestion du stress

40 Gérard Ouimet, professeur agrégé en psychologie organisationnelle à HEC
Montréal, assure que le stress positif existe.

«Le stress n'est pas une maladie, c'est une réaction d'adaptation de l'organisme
à une situation stressante, dit-il. C'est la perception de l'individu qui fait que le
stress est positif ou négatif. Par exemple, un gardien de but qui aime être mis au
45 défi, pour lui, c'est un stress positif de recevoir beaucoup de tirs. »

Toutefois, il reste que, sur le plan biologique, le résultat est le même. Si le stress
est prolongé, même s'il est perçu de façon positive, il aura un impact sur la santé,
ajoute M. Ouimet.

Et s'ils ne s'entendent pas sur les «bienfaits» du stress, nos chercheurs
50 s'accordent à dire que les organisations doivent donner à leurs travailleurs des
conditions qui favorisent leur bien-être.

Selon Éric Gosselin, les entreprises doivent être sensibilisées au fait que,
si elles veulent des travailleurs productifs et créatifs, il faut leur fournir un
environnement de travail moins stressant. Le stress au travail a augmenté au cours
55 des dernières années, selon lui. Et il a des conséquences sur la santé.

«Plus on se soumet à des sources de stress, plus on va avoir des problèmes
de santé, dit-il. On voit d'ailleurs de plus en plus des jeunes souffrir d'épuisement
professionnel. »

Il faut aussi passer d'une gestion du stress au travail à une gestion des agents
60 de stress sur une base individuelle. L'employé lui-même a la responsabilité d'avoir
une vie équilibrée.

«Si quelqu'un se place dans une situation stressante pour faire avancer sa
carrière, par exemple, c'est son choix, dit Éric Gosselin. Mais il doit alors limiter
son exposition au stress dans les autres sphères de sa vie. »

Caroline Rodgers, © *La Presse Affaires*, 23 mars 2009.

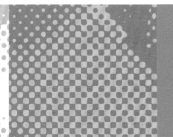

Les humoristes touchent à des aspects aussi variés que les critiques sociales et les leçons de vie. Ils font de différentes manières soit par l'absurde ou encore le texte anecdotique. L'humour est utilisé dans tous les genres de textes, y compris dans les textes d'opinion. S'il a plutôt pour but de faire rire, ce texte de Louis-José Houde n'en comporte pas moins une analyse personnelle des travers des comportements de la gent masculine, qu'il critique allègrement.

Les genres masculins

Quand je n'avais pas une cenne, personne ne payait pour moi.

Maintenant, on me paye des drinks. C'est bien fait, hein ? Parfois, je conduis et je dois refuser un *shooter*. Il y a des gars qui ne comprennent pas que tu pourras pas conduire si tu en prends un autre. Ils insistent, tu déclines poliment, ils insistent
5 encore, tu déclines plus fermement en expliquant que tu ne veux pas te tuer et ils finissent par se fâcher. Je ne comprends pas ce genre de gars-là et j'ai encore plus de misère avec :

Le genre de gars qui vide son cendrier d'auto dans la rue.

Celui qui appelle les autres big, le gros ou le grand.

10 Celui qui, sans aucune réflexion, chiale contre les chômeurs et les gens sur l'aide sociale et pense qu'il paye la traite à tout ce monde-là avec son salaire annuel.

Celui qui klaxonne pendant quinze secondes en pensant que ça lui donne de l'autorité.

Celui qui est capable de niaiser la fille de la commande à l'auto juste quand il
15 y a d'autres personnes dans l'auto.

Celui qui te serre la main en regardant ailleurs.

Celui qui n'a pas le temps d'aller donner du sang, mais qui attend en file pour faire laver son char un samedi après-midi ensoleillé.

Celui qui fait le fou juste quand sa blonde n'est pas là.

20 Ceux qui se battent dans la rue, dans les bars ou au Mini-putt Saint-Eustache (j'étais soûl et l'octogénaire avait couru après). Quand on en vient, dans une discussion animée, à vouloir frapper quelqu'un, c'est qu'on n'a plus assez d'imagination pour l'insulter. On avoue notre pénurie d'idées ou de vocabulaire. Et je ne dis pas ça parce que je pèse cent cinquante livres et que j'ai autant de talent
25 pour me battre que pour changer la bonbonne de propane de mon barbecue.

Non, je pense vraiment qu'il n'y a aucune situation où une bataille est justi-fiable... du moins, dans le quotidien. Avoir envie de planter quelqu'un parce qu'il a violé ta sœur, c'est normal. Appelle-moi, je vais t'aider. Au pire, je vais apporter un goûter et des rafraîchissements. Non, moi je parle d'une bataille qui éclate dans un
30 bar parce que Mike Nike a échappe sa bière sur Éric Civic. Et ça se frappe dessus comme si la sécheuse n'existait pas.

Les gars qui se défigurent pour un conflit qui ne passe pas aux nouvelles, un conflit *one-night*, un conflit de consolation sont des épais qui mériteraient de se faire enlever leur droit de vote.

35 Le gars qui a eu l'idée des bouteilles de bière de 1,18 litre. Les énormes bouteilles dans les dépanneurs au goulot stade-olympiqueste, conçues spécialement pour les alcooliques pauvres. Oui, les ivrognes et les clochards. C'est l'équivalent de plus de trois bières pour 4,49 $. Pensez-vous sérieusement que de rendre l'alcool si abordable soit dans le but de rejoindre les jeunes professionnels 40 ou les pères de famille ? Quand ton drink est trop gros pour tenir dans une main, tu devrais revoir tes priorités... En plus, la quantité est bizarre, un peu hypocrite. 1,18 litre... C'est trop précis, il doit y avoir une raison, du genre : « Ben non, on n'en mettra pas un litre et demi, ça n'a pas d'allure, une bière d'un litre et demi ! On va arrêter un peu en dessous, ça fait moins ivrogne. »

45 C'est comme aller au restaurant et prendre la bouteille de vin la deuxième moins chère pour ne pas avoir l'air trop pauvre. Maintenant, je prends la deuxième plus chère pour ne pas avoir l'air trop riche... C'est une blague. De toute façon depuis que ma carrière marche bien, on me paye tout le temps mes drinks...

Quand je n'avais pas une cenne, personne ne payait pour moi.

50 Maintenant, on me paye des drinks. C'est bien fait, hein ? Parfois, je conduis et je dois refuser un *shooter*. Il y a des gars qui ne comprennent pas que tu ne pourras pas conduire si tu en prends un autre. Ils insistent, tu déclines poliment, ils insistent encore, tu déclines plus fermement en expliquant que tu ne veux pas te tuer et ils finissent par se fâcher. Je ne comprends pas ce genre de gars-là et j'ai 55 encore plus de misère avec :

Celui qui parle au cellulaire en soupant au restaurant avec sa blonde.

Celui qui pogne les nerfs après sa mère.

Mais surtout, celui qui recommence sa chronique sans fin...

Louis-José Houde, « Les genres masculins », *Mets-le au 3*,
© 2007, Louis-José Houde, Phaneuf Musique et Prends ton bord inc.

Pierre-Hugues Boisvenu a vécu deux drames dans sa vie, la mort de ses deux filles, l'une d'une agression et l'autre d'un accident de voiture. Ces tragédies l'ont conscientisé au peu de soutien que reçoivent les victimes et les familles des victimes. Les politiques gouvernementales du Québec en cette matière sont faibles. Cette situation, Pierre-Hugues Boisvenu en a fait sa mission, au nom de ses filles disparues. Dans son livre, il raconte toutes les étapes de son cheminement personnel et spirituel, de sa vie avant les drames jusqu'à son activité sociale pour défendre les droits des victimes.

Survivre à l'innommable

Sujets à débats...

À travers mes nombreuses interventions dans les médias, je suis souvent appelé à prendre position, concernant des attitudes ou des solutions à adopter face à des criminels dont les gestes sont particulièrement lourds de conséquences. Bien que je sois conscient que mon objectivité demeure teintée des douloureuses
5 expériences que j'ai vécues, j'ose espérer que mes opinions, même si elles s'écartent parfois de la rectitude politique, ont au moins l'avantage de provoquer de véritables débats d'idées.

Je mentionnerais en premier lieu mon profond scepticisme face à l'approche qui a été développée depuis une quinzaine
10 d'années relativement au processus de réhabilitation des crimi- nels. Au cours de cette période, on a abandonné les méthodes coercitives existantes, qui obligeaient ceux qui purgeaient une peine à changer leur comportement, au profit d'une approche axée sur la sensibilisation des détenus à la gravité et aux consé-
15 quences de leurs méfaits. Le but est de les amener à se convaincre par eux-mêmes de la nécessité d'entreprendre une véritable démarche de réhabilitation. Personnellement, je doute que cette méthode empreinte de naïveté et d'angélisme ait empêché beaucoup de criminels malveillants de récidiver. Les données
20 démontrant que les prisons fédérales sont occupées à 40 % par des récidivistes corroborent avantageusement mes propos.

De plus, toujours au milieu des années 1990, on a procédé à la révision en profondeur des lois concernant les libérations conditionnelles. À partir de ce moment, on s'est mis à relâcher un nombre élevé de criminels, dont plusieurs
25 représentaient un danger important de récidive, en les retournant au sein de la société, qui était loin d'être prête à les accueillir et qui ne possédait pas les moyens d'en assurer la réhabilitation. C'est comme si l'État disait à ses citoyens: «Maintenant que cet individu a payé sa dette à la collectivité, il vous revient d'assumer la part de risque liée à son niveau de dangerosité.» Et quand j'entends un
30 responsable des programmes de réinsertion sociale des ex-détenus dire que ce sont majoritairement des bénévoles qui encadrent ces gens-là, je ne peux m'empêcher de tirer la sonnette d'alarme. J'estime que l'on fait alors preuve d'une complaisance inquiétante qu'il est de mon devoir de déplorer et de dénoncer. C'est entre autres ce que j'ai fait lorsque Karla Homolka et Clermont Bégin ont été remis en liberté.

Lien utile

Le témoignage
Un témoignage est une déposition où l'énonciateur raconte ce qu'il a vu, entendu, perçu ou fait pendant des événements particuliers. Ce genre de texte a pour but de divulguer ou de rétablir des faits afin d'en attester la véracité. Si certains témoignages sont positifs ou traitent de faits, comme témoigner de sa reconnaissance envers quelqu'un, d'autres, comme celui de Pierre-Hugues Boisvenu, dénoncent des injustices et peuvent conduire à l'élimination de certaines lacunes dans les lois.

35 Ce déplorable transfert de responsabilités a encouragé la création d'un environnement à l'intérieur duquel gravite un nombre sans cesse grandissant de professionnels de la relation d'aide, plus disposés les uns que les autres à prendre en charge, moyennant de lucratifs contrats de service, ces criminels à qui profite la perméabilité des systèmes en place. C'est ainsi, on s'en souvient, que Hugo Bernier,
40 un délinquant sexuel récidiviste, condamné pour un crime commis en Gaspésie, s'est retrouvé à Sherbrooke dans le cadre d'un programme de réhabilitation qui y était offert. On connaît la suite...

Je me désole également de constater que le temps de détention effectif n'a plus aucun rapport cohérent avec l'importance de la sentence prononcée. Comme je l'ai
45 déjà mentionné, la gouvernance des criminels condamnés est maintenant réduite à des questions d'administration financière et de gestion de l'affluence. Les décisions se prennent en fonction de l'élasticité des budgets alloués et de la disponibilité des locaux. Ces contraintes incitent les juges à imposer des peines plus clémentes et les commissaires aux libérations conditionnelles à faire preuve
50 d'une grande souplesse. Ce processus, qui entraîne le retour fréquent dans le système des délinquants non réhabilités, m'apparaît vicié à sa source même. La malheureuse histoire d'Alexandre Livernoche illustre bien jusqu'où cette spirale peut conduire.

Face à l'analyse que j'en fais, les ministres responsables s'empresseront de déclarer que la situation s'est améliorée depuis que nous la dénonçons. Je persiste
55 à dire qu'ils se gargarisent de beaux discours sans vraiment s'attaquer de front aux problèmes inhérents à la récidive criminelle et sans assumer l'entière responsabilité qui vient avec cette dernière.

Dans cette perspective, personne n'a avantage à ce que les proches des victimes soient représentés dans ce système, car le témoignage de l'impact que ces crimes
60 ont produit dans leur chair et dans leur âme obligerait les dirigeants concernés à intégrer une part de sensibilité et d'humanisme dans leurs décisions. Et cela risquerait de s'avérer passablement dérangeant dans un système essentiellement rationnel et calculateur qui nourrit grassement tout un réseau de professionnels concernés.

[...]

Je sais très bien qu'en avançant de tels propos, je vais faire frémir certaines
65 personnes. Or, je crois qu'il est temps d'aborder ces délicates questions en marge des chapelles d'opinions irrécusables. Accepte-t-on que des gens présentant à la fois de graves problèmes de santé mentale et de délinquance chronique assassinent des dizaines d'innocents chaque année au Québec ou souhaite-t-on, au contraire, établir des mesures plus restrictives pour assurer une plus grande sécurité à la
70 population ? La question est lancée et je souhaite que les divergences d'opinion viennent enrichir le débat plutôt que de contribuer à l'esquiver. Sur ce chapitre, l'AFPAD[1] souhaite également que se poursuive de façon permanente le développement de la recherche scientifique afin de mieux comprendre ce qui pousse ces délinquants à commettre de tels gestes.

Pierre-Hugues Boisvenu, *Survivre à l'innommable*, © 2008, Les Éditions de l'Homme,
une division du groupe Sogides inc.

---

1 Association des Familles de Personnes Assassinées ou Disparues du Québec.

Fondé en 1995, Loco Locass est un groupe de rap québécois qui utilise une musique rythmée pour mettre en valeur ses textes poétiques engagés. Les trois membres du groupe, Batlam, Biz et Chafiik, sont trois férus de langue française et truffent leurs chansons de jeux de mots et de sonorités. Leurs principaux chevaux de bataille sont la langue française, la politique et le nationalisme québécois. Dans cette chanson, tirée de l'album *Manifestif* (2000), le groupe dénonce l'engouement politique pour le capitalisme et le matérialisme au détriment de l'humanité et de l'environnement.

L'Empire du Pire en Pire

Quelques notes historiques...

Auguste était un empereur romain, petit-neveu et héritier de Jules César.

Sade, Marquis de, était un écrivain français du XVIIIe siècle dont l'œuvre fait l'éloge du plaisir tiré de la souffrance d'autrui, qu'on appelle « sadisme ».

Ben Hur est le héros d'un film américain qui a remporté 11 Oscars en 1960. C'est l'histoire d'un Juif vivant à Jérusalem au temps du Christ et qui sera injustement condamné aux galères par les Romains, qui règnent sur le pays. Plus tard, il deviendra conducteur de chars et participera aux jeux du cirque Maxime.

Le **Circus Maximus**, qui signifie en latin « le très grand cirque », est un édifice historique de Rome, le plus ancien des douze cirques de la ville. Immense amphithéâtre, il accueillait de nombreux spectateurs à différents événements tels que les courses de chars et les combats d'animaux sauvages.

Les **Tatars** sont d'origine turque et descendent des Mongols. Ils vivent au Tatarstan, république de la Fédération de Russie.

César, homme d'État romain, il connut la gloire militaire en faisant la conquête des Gaules et entreprit une guerre civile à Rome pour prendre le pouvoir. Il installa également Cléopâtre sur le trône d'Égypte. Il mourut assassiné par ses opposants politiques.

Tel un hélico je me suis posé sur le tempo Pareilles à des pales, mes paroles Hachurent et déchiquettent Le vide interstitiel du néant social actuel Le hic c'est que le politique abdique devant l'économique Aux temps antiques c'était
5 l'or, qui menait l'art et les gens Désormais c'est l'âge d'or de l'argent Dès lors, en termes de changement c'est blanc bonnet, bonnet blanc[1] La monarchie des marchands, je ne marche plus là-dedans Je refuse obstinément que le globe me gobe globalement Je ne suis pas d'accord avec l'Accord Multilatéral
10 d'Investissement Qui traite l'art comme du lard et la culture comme l'agriculture Avec un pareil AMI pas besoin d'ennemi Toutes les Nations Unies lui déroulent le tapis

Au nord, au sud, à l'ouest comme à l'est *Alea jacta est !*[2]

Contemporain, de mon temps, je contemple le temple De la
15 tentation tentaculaire qui s'étend sans fin mais avec moult moyens Aux prises avec l'emprise du pire empire aveuglé par la gloire du pouvoir Je lutte pour ne pas être un gosse du négoce ostentatoire[3] Auguste avait vu juste : du pain et des jeux à qui mieux mieux rien de mieux – poudre aux
20 yeux – Pour assurer systématiquement le système en place Repue, replète, abrutie par le spectacle, la masse Assommée, qu'on somme de consommer, se consume et cautionne la facilité, citée comme ayant droit de cité dans la cité Le problème c'est que tous les chemins mènent À cette orgie
25 gigantesque, dantesque[4] escalade Sade, lui-même, en aurait été malade Ben Hur urbain, bien sûr Je circule dans le cirque Maxime au maximum À Rome je ne fais pas comme les Romains Ces décadents, condescendants, conquérants, tarés Tôt ou tard,

---

1 C'est du pareil au même.

2 *Le sort en est jeté*, citation célèbre de Jules César.

3 Qui témoigne d'une insistance excessive pour montrer une qualité, un avantage.

4 D'une horreur grandiose, rappelant le caractère de l'œuvre de Dante, un grand poète italien du XIIIe siècle.

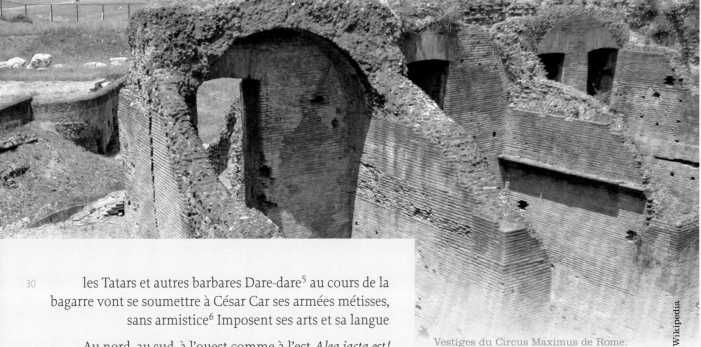

Wikipedia

Vestiges du Circus Maximus de Rome.

30   les Tatars et autres barbares Dare-dare[5] au cours de la
bagarre vont se soumettre à César Car ses armées métisses,
sans armistice[6] Imposent ses arts et sa langue

Au nord, au sud, à l'ouest comme à l'est *Alea jacta est!*

À l'instar de Spartacus j'en appelle À tous les gus qui se
35   sentent sans ascendance sur le sens de leur existence
Esclaves avachis, spectraux, spectateurs, spéculateurs [...] J'ai
une telle vision, tellement belle dans laquelle Nous brisons
les chaînes et les câbles avec lesquels Ces fils de pub nous
entubent Ils vendraient leur mère, si ce n'était déjà fait
40   Exportent leur camelote avec leurs propres cohortes Mais
quand vient le temps de la réciproque Ces cloportes nous
ferment la porte Le diable les emporte! Le culte du plus,
l'éloge de l'image, la bébelle embellie Tout cela m'atterre et
me désespère car ma mère la terre se détériore Attaquée par
45   des terroristes matérialistes Ils encensent la science, sans se
soucier les cons des conséquences de leur inconscience À
l'abri dans leur graisse, ils grimacent dès qu'un grain fait
grincer l'engrenage de leur grandeur Alors ils dégainent leur
glaive – toujours à la ceinture en cas de coup dur – Et
50   transpercent le premier Perce venu Mais l'ennemi des
Romains est à portée de la main Ce n'est pas le Gaulois, le
Goth, le Mongol ou le Phrygien Non, non, Néron, regarde
ton peuple de gros lards Occupé aux courses de chars, à
s'empiffrer, à s'entretuer, à se sexpliquer Calcule Caligula! Ton
55   empire ne peut qu'aller de pire en pire et s'autodétruire

Au nord, au sud, à l'ouest comme à l'est Alea jacta est!

Loco Locass (Biz / Batlam / Chafiik), « L'Empire du Pire en Pire »,
© 2000, Éditorial Avenue.

---

5   Précipitamment, rapidement.

6   Une trêve, un cessez-le-feu.

Quelques notes historiques...

Spartacus fut un gladiateur thrace qui devint célèbre pour avoir dirigé la Troisième Guerre Servile en Italie, une rébellion des esclaves contre l'Empire qui fut des plus sanglantes. Un film du même nom, réalisé par Stanley Kubrick en 1960, lui rend hommage.

Perse est à l'origine le nom de l'Iran, C'est aussi le nom du peuple de ce pays, les Persans. Ici, on joue sur l'homonyme avec le verbe « percer » jumelé au verbe « transpercent ».

Les **Goths** faisaient partie des peuples germaniques.

Les **Phrygiens** sont un peuple indo-européen venu de Thrace qui vécut dans le royaume de Phrygie, en Asie Mineure.

Néron fut le cinquième empereur de Rome et l'arrière-arrière-petit-fils d'Auguste. Son règne très contesté fut marqué de guerres et de drames, dont l'incendie qui détruisit les deux tiers de la ville.

Caligula a été le troisième empereur romain, célèbre pour sa folie sanguinaire et sa tyrannie. Il mourut assassiné par les soldats de sa garde.

La marginalisation, vivre en marge des normes d'une société, est un état recherché par certains individus pour marquer leurs différences. Actuellement, les symboles de la marginalisation et de la contre-culture sont plus difficiles à définir dans le contexte de la culture de masse, une conséquence de la mondialisation. Plusieurs symboles associés à la marginalisation ont évolué avec les années, qu'en est-il maintenant de la signification de ces symboles ? Représentent-ils encore la liberté de penser et le droit à la différence qu'ils revendiquaient à l'origine ?

Contre-culture ?

Wikipedia

▲ Ernesto « Che » Guevara
(1928-1967).

Elvis Presley (1935-1977)
personnifie le rock and roll.
Il a été l'idole de plusieurs
générations et le symbole
d'une certaine rébellion
adolescente. Cette photo a
été prise en 1970. ▼

Wikipedia

Après avoir vu le *Che* de Steven Soderbergh, je ne pouvais que me questionner sur la récupération commerciale dont l'homme a fait l'objet depuis sa mort. Curieux tout de même. Qu'on le considère comme un libérateur des peuples ou un mercenaire sanguinaire, force est d'admettre
5 que son image continue de hanter les consciences... et de remplir les poches des marchands de t-shirts, affiches, casquettes et autres drapeaux...

L'image du Che évoque bien davantage que simplement le révolutionnaire argentin. Il en est venu à incarner toute une période de l'Histoire et de la contre-culture. Lorsque commencent ses activités révolutionnaires dans
10 les années 1950, le manifeste *Refus global* vient d'être signé. En France, les existentialistes tiennent le haut du pavé. Aux États-Unis, Elvis enregistre ses premiers titres et la révolution rock'n'roll éclate. Dans le même temps, les Alan Ginsberg, William Burroughs et Jack Kerouac s'apprêtent à publier leurs premiers romans. La « Beat Generation » est sur le point de bouleverser
15 l'Amérique. Ailleurs, c'est par exemple l'insurrection de Budapest de 1956 contre le régime communiste...

Bref, au moment où Ernesto « Che » Guevara devient El Che, c'est l'ensemble des fondations de ce qui deviendra la contre-culture qui se mettent en place. Et cela conduira aux événements de 1968, de Chicago à Prague en passant
20 par Paris ; à l'émergence des hippies qui culminera avec Woodstock ; aux manifestations monstres qui viendront à bout de la Guerre du Viêt Nam ; aux libérations nationales de plusieurs anciennes colonies ; à la libéralisation des mœurs sexuelles ; à l'émancipation des femmes...

El Che a eu, sans doute sans le savoir, le sens du timing historique, ce qui
25 a largement contribué à transformer son image en icône, d'abord révolutionnaire, puis romantique et enfin commerciale.

Comme presque tout ce qui symbolise de près ou de loin la contre-culture, El Che s'est vu récupéré par la force marchande qu'il tenta pourtant de combattre toute sa vie durant. C'est le paradoxe de notre époque. La
30 culture marchande phagocyte ce qui la combat. Elle la digère pour mieux s'en servir. Et le rythme suivant lequel la société marchande avale les soi-disant contre-cultures s'accélère sans cesse. En ce sens, bien malin celui qui pourrait aujourd'hui identifier ce qui participe de la contre-culture.

Les écologistes firent partie d'une des tendances de la contre-culture dans les années 1960 et 1970.

Aujourd'hui, même les pétrolières réussissent à utiliser le sentiment vert pour vendre leurs produits. Le mouvement punk lui-même tout comme le hip-hop n'ont pas non plus échappé à la récupération marchande.

La contre-culture est aujourd'hui tant et tellement imbriquée dans les mécanismes de ce qu'elle prétend combattre qu'elle ne peut, à toutes fins pratiques, plus être vue comme telle. Ce qui a mené à d'étranges revirements. Il y a 25 ans, un jeune se démarquait de la masse en se faisant tatouer.

Aujourd'hui, c'est quasiment le contraire. Même chose pour les piercings ou la couleur des cheveux. Se démarquer des mouvements de masse, s'opposer à celle-ci, relève aujourd'hui de la quasi-utopie. Sauf, sans doute, pour les poètes...

Et pas seulement ceux qui écrivent des vers. Les poètes sont partout et même pas toujours artistes. Nombreux mêmes sont ceux qui s'ignorent. Je leur dirais qu'ils sont poètes à mes yeux qu'ils me regarderaient avec les yeux comme deux ronds de poêle. J'en connais même deux ou trois qui se sentiraient insultés...

Les poètes savent vivre en société tout en demeurant en dehors de sa frénésie marchande. Les poètes vivent en parallèle, s'arrêtent à la beauté des petits détails que la plupart d'entre nous ne voient plus. Les poètes goûtent le rire des enfants dans les restaurants plutôt que de s'en énerver. Les poètes restent des enfants. [...] Et la contre-culture, aujourd'hui, ça s'appelle la Culture...

Pierre Thibeault, *Contre-culture*,
Canoë divertissement, 12 mars 2009 [en ligne],
© Sun Media Corporation.

▲ Le festival de Woodstock, concert de musique rock organisé en 1969 dans l'État de New York, a réuni plus de 450 000 personnes. C'est un rassemblement emblématique de la culture hippie des années 1960.

La guerre du Viêt Nam, qui a fait des millions de morts entre 1959 et 1975, a profondément marqué toute une génération. ▼

Table des matières

L'harmonisation des temps verbaux

L'harmonisation des temps verbaux dans le récit suppose l'emploi d'un temps principal et de différents temps d'accompagnement.

– Le **temps principal** sert à la narration des actions qui font avancer le récit.
– Les différents **temps d'accompagnement** servent à la narration des actions antérieures ou postérieures, de même qu'aux descriptions, explications ou commentaires.

RÉCIT AU PASSÉ SIMPLE

▶ *J'aperçus Lydia de ma fenêtre. Elle* portait *une belle robe de dentelle blanche. Comme elle* était *resplendissante! Je sentis tout à coup mon cœur s'emballer: nul doute, j'en* étais *amoureux. Dire que lors de notre première rencontre, je l'*avais *pratiquement* ignorée. *Il me* faudrait *maintenant trouver un moyen d'entrer en contact avec elle.*

Temps principal	Temps d'accompagnement	
Passé simple	– Actions antérieures	Plus-que-parfait
	– Descriptions, explications ou commentaires	Imparfait
	– Actions postérieures	Conditionnel présent

RÉCIT AU PASSÉ COMPOSÉ

▶ *J'ai aperçu Lydia de ma fenêtre. Elle* portait *une belle robe de dentelle blanche. Comme elle* était *resplendissante! J'ai senti tout à coup mon cœur s'emballer: nul doute, j'en* étais *amoureux. Dire que lors de notre première rencontre, je l'*avais *pratiquement* ignorée. *Il me* faudrait *maintenant trouver un moyen d'entrer en contact avec elle.*

Temps principal	Temps d'accompagnement	
Passé composé	– Actions antérieures	Plus-que-parfait
	– Descriptions, explications ou commentaires	Imparfait
	– Actions postérieures	Conditionnel présent

RÉCIT AU PRÉSENT

▶ *J'aperçois Lydia de ma fenêtre. Elle* porte *une belle robe de dentelle blanche. Comme elle* est *resplendissante! Je sens tout à coup mon cœur s'emballer: nul doute, j'en* suis *amoureux. Dire que lors de notre première rencontre, je l'*ai *pratiquement* ignorée. *Il me* faudra *maintenant trouver un moyen d'entrer en contact avec elle.*

Temps principal	Temps d'accompagnement	
Présent	– Actions antérieures	Passé composé
	– Descriptions, explications ou commentaires	Présent
	– Actions postérieures	Futur simple

REMARQUES:

– Les temps d'accompagnement indiqués ci-dessus correspondent à ceux présents dans chacun des textes, mais d'autres temps de verbes sont également possibles.
– Le temps de verbe principal dans un texte autre que le récit est le plus souvent le présent ou le passé composé.

Le discours rapporté

Parole ou pensée émise dans un autre contexte, que l'on rapporte de manière directe ou indirecte dans un passage écrit.

TYPES DE DISCOURS RAPPORTÉS	
Définitions	**Particularités**

■ Discours direct
 	
Insertion de paroles d'un énonciateur second, rapportées telles qu'elles ont été formulées.
	Les paroles rapportées directement peuvent être présentées de deux façons qui supposent à l'écrit l'emploi d'une ponctuation particulière :
	1. Elles peuvent être introduites par un verbe de parole. Dans ce cas, on utilise un deux-points. Si on est à l'intérieur d'un dialogue, on utilise des tirets pour distinguer les répliques.
	▶ *Le moussaillon **s'écria** tout à coup :* « *Terre en vue, c'est une très grosse île !* »
	2. Elles peuvent être accompagnées d'une phrase incise.
	   – L'incise placée à l'intérieur de la phrase rapportée est encadrée par des virgules.
	    ▶ « *Terre en vue*, **s'écria le moussaillon tout à coup**, *c'est une très grosse île !* »
	   – L'incise placée à la fin de la phrase est détachée par la virgule, sauf si la phrase rapportée se termine par un point d'exclamation, un point d'interrogation ou des points de suspension.
	    ▶ « *Terre en vue, c'est une très grosse île !* » **s'écria le moussaillon tout à coup**.

■ Discours indirect Insertion de paroles d'un énonciateur second, intégrées dans une phrase et généralement reformulées.	Les paroles rapportées indirectement peuvent être présentées de deux façons : 1. Elles peuvent se trouver dans une subordonnée complétive introduite par un verbe de parole. Sur le plan de la ponctuation, rien ne distingue les paroles rapportées indirectement du reste du texte. ▶ *Le moussaillon **s'est écrié** qu'il avait aperçu une terre à l'horizon, mais après que le vieux marin lui **eut demandé** s'il en était bien sûr, il **a dû reconnaître**, l'air piteux, qu'il s'était encore trompé.* 2. Elles peuvent être accompagnées de groupes incidents comme « selon XYZ », « comme l'a précisé XYZ », etc. Cette façon de rapporter des paroles permet à l'énonciateur principal de se distancier du propos qu'il rapporte, c'est-à-dire de ne pas endosser le contenu. C'est ce qu'on appelle la « modalisation en discours second ». ▶ ***Selon le vieux marin**, le moussaillon s'était trompé.* **REMARQUE :** L'emploi du conditionnel permet également à l'énonciateur principal de se distancier du propos qu'il rapporte (modalisation en discours second). ▶ ***Selon le vieux marin**, le moussaillon se serait trompé.*

■ Discours indirect libre
 	
Insertion des paroles d'un énonciateur second, rapportées sans les marques spécifiques du discours direct ou du discours indirect.
	Les paroles rapportées sont intégrées dans le texte sans mention d'un changement d'énonciateur.
	▶ *Le vieux matelot apprendra au moussaillon que la terre n'est pas toujours là où on la cherche.*
	   – Le propos de cette phrase est énoncé par le vieux matelot et non par l'énonciateur principal.
	▶ *Le moussaillon continuerait à rêvasser. Il trouverait une terre, ce serait une grosse île.*
	   – À partir de la deuxième phrase, il y a un changement d'énonciateur. Ce sont les paroles du moussaillon qui sont évoquées, c'est par le sens que les propos peuvent être associés à cet énonciateur.

Les marques d'organisation du texte

Marques qui traduisent l'organisation du contenu d'un texte et en facilitent la lecture.

TYPES DE MARQUES D'ORGANISATION DU TEXTE	
Marques non linguistiques	**Marques linguistiques**
• Marques graphiques qui structurent la présentation du texte (positionnement des titres, présence d'intertitres et de sous-titres, division en paragraphes, espacements, etc.). • Marques typographiques (gras, italique, etc.) qui mettent en relief des éléments du texte. • Insertion d'illustrations, de schémas, etc.	• Organisateurs textuels : mots, groupes de mots ou phrases qui permettent de faire des liens entre les grandes parties d'un texte. • Marqueurs de relation : mots qui servent à établir des liens, des rapports de sens entre des groupes de mots ou entre des phrases.

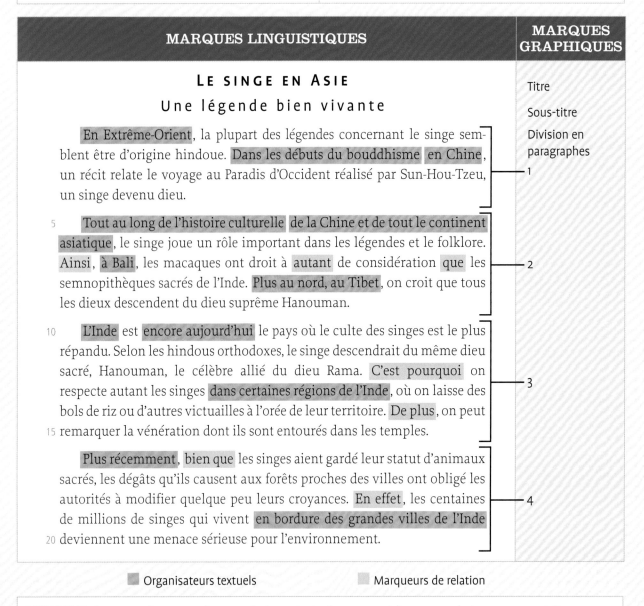

MARQUES LINGUISTIQUES

MARQUES GRAPHIQUES

LE SINGE EN ASIE
Une légende bien vivante

En Extrême-Orient, la plupart des légendes concernant le singe semblent être d'origine hindoue. Dans les débuts du bouddhisme en Chine, un récit relate le voyage au Paradis d'Occident réalisé par Sun-Hou-Tzeu, un singe devenu dieu.

5 Tout au long de l'histoire culturelle de la Chine et de tout le continent asiatique, le singe joue un rôle important dans les légendes et le folklore. Ainsi, à Bali, les macaques ont droit à autant de considération que les semnopithèques sacrés de l'Inde. Plus au nord, au Tibet, on croit que tous les dieux descendent du dieu suprême Hanouman.

10 L'Inde est encore aujourd'hui le pays où le culte des singes est le plus répandu. Selon les hindous orthodoxes, le singe descendrait du même dieu sacré, Hanouman, le célèbre allié du dieu Rama. C'est pourquoi on respecte autant les singes dans certaines régions de l'Inde, où on laisse des bols de riz ou d'autres victuailles à l'orée de leur territoire. De plus, on peut 15 remarquer la vénération dont ils sont entourés dans les temples.

Plus récemment, bien que les singes aient gardé leur statut d'animaux sacrés, les dégâts qu'ils causent aux forêts proches des villes ont obligé les autorités à modifier quelque peu leurs croyances. En effet, les centaines de millions de singes qui vivent en bordure des grandes villes de l'Inde 20 deviennent une menace sérieuse pour l'environnement.

Titre

Sous-titre

Division en paragraphes

1

2

3

4

■ Organisateurs textuels   ■ Marqueurs de relation

REMARQUE : Dans certains textes, les organisateurs textuels marquant l'espace ou le temps peuvent être rapprochés les uns des autres. C'est le cas dans les descriptions par exemple.

…/ p. 483

LES ORGANISATEURS TEXTUELS

Marques d'organisation du texte (mots, groupes de mots ou phrases) qui permettent de faire des liens entre les grandes parties d'un texte et d'en marquer l'ordre ou la progression.

\multicolumn{3}{c}{QUELQUES ORGANISATEURS TEXTUELS}		
Liens	**Organisateurs**	**Exemples**
Espace / lieu	à côté, à droite, à gauche, à l'est, à l'extérieur, à l'intérieur, à l'ouest, au milieu, dans un pays lointain, de l'autre côté, derrière, dessous, dessus, en bas, en haut, plus loin, tout près, etc.	***À l'intérieur du cercle familial***, *Louma parle arabe. C'est normal, puisqu'elle vient du Liban et n'est au Québec que depuis quelque temps. D'ailleurs, ses parents suivent des cours de français, mais non sa grand-mère qui vit avec eux…* ***À l'extérieur du cercle familial***, *elle apprend et parle le français. Ce n'est pas facile, mais ses nouveaux amis, à l'école, l'aident autant qu'ils le peuvent…*
Temps	au cours du xxe siècle, auparavant, de nos jours, depuis ce jour-là, dorénavant, en 1967, jadis, le lendemain, maintenant, pendant ce temps, puis, soudain, tout à coup, etc.	***Autrefois***, *dans les écoles, on enseignait le grec et le latin. L'enseignement de ces langues renseignait sur l'étymologie, c'est-à-dire sur l'origine des mots, mais donnait également accès à ces civilisations anciennes…* *On donne* ***aujourd'hui*** *la priorité à l'enseignement de langues comme l'espagnol, plus en accord avec les besoins du marché du travail. Aussi, le mandarin pourrait…*
Ordre	d'abord, dans un premier temps, en premier lieu, pour commencer, premièrement, etc.	***Pour commencer son concert intitulé Un tour du monde en musique***, *la chorale a interprété quelques vieux airs de la Nouvelle-France, ainsi que des airs de la France et plus particulièrement, de la Provence. Nous avons savouré les paroles autant que…*
	après, de plus, en outre, deuxièmement, en deuxième lieu, ensuite, puis, etc.	*Il y a eu* ***ensuite*** *des chansons de l'Angleterre, que nous avons pu facilement comprendre, et des chansons de l'Allemagne et de la Pologne, tout à fait incompréhensibles pour nous. Cependant, nous avons apprécié les musiques et les sonorités de ces langues aux accents expressifs…*
	à la fin, en conclusion, en dernier lieu, en terminant, enfin, finalement, pour conclure, pour terminer, etc.	***Pour terminer la soirée***, *les chants d'Italie et de pays hispanophones nous ont transportés de joie. En effet, ces musiques et ces textes en langues d'origine latine nous ont bercés de leurs accents colorés, pleins de soleil.*
Suite / transition	à ce sujet, quant à, en fait, d'une part… d'autre part, dans un autre ordre d'idées, au contraire, par ailleurs, etc.	*La conseillère d'orientation a précisé que le bilinguisme était essentiel pour avoir accès à ce type d'emploi. En effet, pour communiquer…* ***Quant à*** *la connaissance d'une troisième langue, comme l'espagnol ou le mandarin, elle a mentionné qu'il s'agissait là d'un atout important.*

…/ p. 484

LES MARQUEURS DE RELATION

Marques d'organisation du texte (adverbes, prépositions ou conjonctions) qui servent à établir des liens, des rapports de sens entre des groupes de mots ou entre des phrases.

QUELQUES MARQUEURS DE RELATION		
Liens	**Marqueurs**	**Exemples**
Addition	ainsi que, aussi, de plus, également, en outre, en plus, et, puis, etc.	J'aimerais apprendre l'italien **et** l'allemand.
But	à cette fin, afin de, afin que, dans le but de, de crainte que, de peur que, pour, pour que, etc.	Il est utile de connaître l'italien et l'allemand **pour** comprendre et apprécier les grands airs d'opéra.
Cause	à cause de, attendu que, car, comme, en raison de, étant donné que, parce que, puisque, vu que, etc.	On peut aisément comparer la musique au français **parce que** tous deux sont des langages.
Choix	ou, ou bien, soit… ou, soit… soit, etc.	Préférerais-tu apprendre le latin **ou** l'espagnol ?
Comparaison	ainsi que, autant que, comme, de même que, moins que, plus que, tel que, etc.	Dans le langage musical, il y a des règles à respecter, **comme** en français.
Concession	bien que, cependant, excepté que, mais, malgré, malgré que, même si, néanmoins, pourtant, quand bien même, quoique, sauf, toutefois, etc.	**Même s'**il est né au Québec, mon ami chinois, Kabin, parle très bien le mandarin.
Condition / hypothèse	à condition que, au cas où, dans la mesure où, en admettant que, moyennant que, pourvu que, si, à supposer que, etc.	Tu peux apprendre une seconde langue assez rapidement **dans la mesure où** tu y travailles quotidiennement.
Conséquence	ainsi, c'est ainsi que, de ce fait, de là, de manière que, de sorte que, donc, en conséquence, par conséquent, si bien que, tellement que, etc.	Depuis plusieurs années, Marc-Antoine passe un mois d'été dans un camp anglophone, **si bien qu'**aujourd'hui, il est pratiquement bilingue.
Explication	à savoir, autrement dit, c'est pour cela que, c'est pourquoi, c'est-à-dire, en effet, soit, etc.	La langue française a ses caprices, **c'est-à-dire** quelques exceptions à ses règles…
Opposition	à l'inverse, à l'opposé, alors que, au contraire, cependant, contrairement à, d'autre part, mais, par contre, pendant que, tandis que, etc.	Franco comprend très bien l'italien. **Cependant,** il ne le parle pas beaucoup.
Ordre	d'abord, ensuite, puis, enfin, etc.	On doit **d'abord** faire l'exercice, on consulte **ensuite** le corrigé.
Temps	à mesure que, après que, au moment où, aussitôt que, avant de, avant que, depuis que, dès que, lorsque, pendant que, quand, tandis que, etc.	Il faut tourner sept fois sa langue dans sa bouche **avant de** parler. (proverbe)

REMARQUE : Certains marqueurs de relation peuvent aussi servir à faire les transitions entre les parties d'un texte. Ils jouent alors le rôle d'organisateurs textuels.

La phrase de base

Modèle de phrase utile pour décrire et analyser la plupart des phrases.

Constituants obligatoires		Constituant(s) facultatif(s)
Diverses populations Sujet	*parlent le français* Prédicat	*dans le monde*. Compl. de P
Le sujet est généralement un groupe du nom (GN) ou un pronom.	Le prédicat est toujours un groupe du verbe (GV), qui a un verbe conjugué comme noyau.	Le complément de phrase a diverses constructions. Il peut être constitué d'un GPrép, d'un GAdv, d'un GN ou d'une subordonnée.

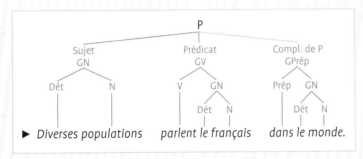

- Dans la phrase de base, les constituants apparaissent dans l'ordre suivant : sujet + prédicat + complément de phrase.
- Une phrase de base peut avoir plus d'un complément de phrase.
- La phrase de base est de type déclaratif et de formes positive, active, neutre et personnelle.
- Pour être grammaticale, une phrase doit avoir un sens. Une phrase sera agrammaticale s'il n'existe aucune relation logique entre le GS et le GV.

PRINCIPALES CARACTÉRISTIQUES DES CONSTITUANTS DE LA PHRASE DE BASE		
Sujet	**Prédicat**	**Complément de phrase**
- Le sujet est obligatoire. Il ne peut être effacé. ⊘ ~~Diverses populations~~ *parlent le français dans le monde.* - Il peut être encadré par l'expression *c'est… qui* ou *ce sont… qui.* ▸ **Ce sont** *diverses populations* **qui** *parlent le français dans le monde.* - Il peut être remplacé par un pronom (*il, ils, elle, elles,* etc.). Elles ▸ *Diverses populations parlent le français dans le monde.*	- Le prédicat est obligatoire. Il ne peut être effacé. ⊘ *Diverses populations* ~~parlent le français~~ *dans le monde.*	- Le complément de phrase est facultatif. On peut l'effacer. ○ *Diverses populations parlent le français* ~~dans le monde~~. - Il est mobile, on peut le déplacer à divers endroits dans la phrase. ▸ *Dans le monde, diverses populations parlent le français.* ▸ *Diverses populations, dans le monde, parlent le français.* - Il peut être précédé de l'expression *et ce, et cela se passe* ou *et il le fait, elles le font…* ▸ *Diverses populations parlent le français* **et cela se passe** *dans le monde*.

Les manipulations syntaxiques

Opérations effectuées sur des éléments d'une phrase (mots, groupes de mots, subordonnées) pour aider à :

– reconnaître, identifier ou décomposer un groupe de mots ou une phrase subordonnée ;

– mieux comprendre une phrase ;

– réviser un texte en vue de corriger la construction et la ponctuation des phrases.

PRINCIPALES UTILITÉS DES DIFFÉRENTS TYPES DE MANIPULATIONS	
Effacement ou soustraction	
Repérer les constituants obligatoires ou facultatifs de la phrase.	▶ *Beaucoup de gens* parlent le français en Afrique. ⊘ *Beaucoup de gens parlent le français en Afrique.* ⊘ *Beaucoup de gens parlent le français en Afrique.* ○ *Beaucoup de gens parlent le français en Afrique.* *Beaucoup de gens* et *parlent le français* sont des groupes obligatoires de la phrase ; *en Afrique* est un groupe facultatif.
Analyser la construction d'un groupe en distinguant le noyau de ses expansions.	▶ *Plusieurs personnes de la région de Montréal* parlent plus d'une langue. ○ *Plusieurs personnes de la région de Montréal parlent plus d'une langue.* Le groupe *de la région de Montréal* est facultatif. Il s'agit d'une expansion du nom *personnes* (noyau du groupe).
Déplacement	
Trouver la fonction d'un groupe de mots dans la phrase.	▶ *On compte environ 200 millions de francophones* dans le monde. ○ *Dans le monde, on compte environ 200 millions de francophones.* ○ *On compte, dans le monde, environ 200 millions de francophones.* *Dans le monde* est mobile. Il s'agit d'un complément de phrase.
Remplacement ou substitution	
Délimiter un groupe de mots en le remplaçant par un pronom.	▶ *Plusieurs personnes de la région de Montréal* parlent plus d'une langue. ○ *Elles parlent plus d'une langue.* *Plusieurs personnes de la région de Montréal* est remplaçable par *Elles*. Ces mots forment donc un groupe.
Vérifier la classe d'un mot, en particulier pour les mots appartenant à la classe des déterminants et des pronoms.	▶ *Beaucoup d'Africains parlent le français.* ○ *Des / Les / Certains Africains parlent le français.* *Beaucoup de* est remplaçable par des déterminants. Il s'agit donc d'un déterminant. ▶ *Je leur parle dans leur langue.* ○ *Je lui / vous parle dans leur langue.* Seul le premier *leur* est remplaçable par des pronoms. Il s'agit aussi d'un pronom.
Identifier une fonction syntaxique.	▶ *Beaucoup de gens parlent* le français *en Afrique.* ○ *Beaucoup de gens le parlent en Afrique.* *Le français* est remplaçable par le pronom *le*. Il s'agit d'un complément direct du verbe.

.../ p. 487

Repérer et délimiter le sujet en l'encadrant par l'expression *c'est... qui* ou *ce sont... qui*.	► *Plusieurs personnes de la région de Montréal parlent plus d'une langue.* ○ ***Ce sont*** *plusieurs personnes de la région de Montréal* **qui** *parlent plus d'une langue.* Le groupe *Plusieurs personnes de la région de Montréal* peut être encadré par *Ce sont... qui*. Il est donc sujet.
Délimiter un complément (ou plusieurs compléments) en l'encadrant par l'expression *c'est... que*. **REMARQUE :** *C'est... que* peut encadrer plusieurs groupes de même fonction, coordonnés ou juxtaposés.	► *Le premier dictionnaire consacré à la langue française est publié en France* *en 1606*. ○ ***C'est*** *en 1606* **que** *le premier dictionnaire consacré à la langue française est publié en France.* Le groupe *en 1606* peut être encadré par *C'est... que*. Il s'agit donc d'un complément. ► ***C'est*** *en France*, *en 1606*, **que** *le premier dictionnaire consacré à la langue française est publié.*
Repérer un verbe (sauf au mode infinitif) en l'encadrant par *ne (n')... pas*. **REMARQUES :** – Lorsque le verbe est conjugué à un temps composé, *ne (n')... pas* encadre seulement l'auxiliaire du verbe (*Ils **n'**ont **pas** parlé.*). – Lorsque le verbe est précédé d'un pronom, celui-ci se trouve aussi encadré par *ne (n')... pas* (*Ils **ne** le parlent **pas**.*).	► *Beaucoup de gens* *parlent* *le français dans cette région du monde.* ○ *Beaucoup de gens* **ne** *parlent* **pas** *le français dans cette région du monde.* Le mot *parlent* peut être encadré par *ne... pas*. Il s'agit d'un verbe conjugué.

Distinguer un adjectif classifiant d'un adjectif qualifiant en ajoutant un adverbe d'intensité (*très, bien, si...*) devant l'adjectif.	► *Le français est une langue* *importante* *sur le plan* *géopolitique*. ○ *Le français est une langue* **très** *importante sur le plan géopolitique.* ⊘ *Le français est une langue importante sur le plan* **très** *géopolitique*. L'ajout est possible seulement dans le cas d'un adjectif qualifiant. Le mot *importante*, contrairement au mot *géopolitique*, peut être précédé de *très*. *Importante* est donc un adjectif qualifiant et *géopolitique*, un adjectif classifiant.
Distinguer un complément de phrase d'un complément du verbe en ajoutant *et ce, et cela se passe* ou *et il le fait*.	► *Étienne a appris l'inuktitut* *pendant son séjour à Iqaluit*. ○ *Étienne a appris l'inuktitut,* **et cela***, pendant son séjour à Iqaluit*. L'ajout est possible quand il s'agit d'un complément de phrase. ► *Étienne est allé à Iqaluit.* ⊘ *Étienne est allé,* **et cela***, à Iqaluit.* Ici, l'ajout de *et cela* est impossible, puisqu'il s'agit d'un complément indirect du verbe.

Les types de phrases

Types de phrases pouvant être décrites et analysées à l'aide de la phrase de base. Si une phrase est de type impératif, exclamatif ou interrogatif, il s'agit d'une phrase transformée par comparaison avec la phrase de base, qui est de type déclaratif.

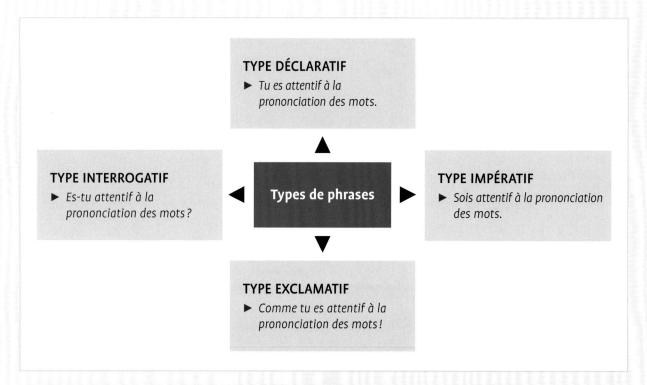

| **TYPE DÉCLARATIF** |
| ▶ *Tu es attentif à la prononciation des mots.* |

| **TYPE INTERROGATIF** | **Types de phrases** | **TYPE IMPÉRATIF** |
| ▶ *Es-tu attentif à la prononciation des mots?* | | ▶ *Sois attentif à la prononciation des mots.* |

| **TYPE EXCLAMATIF** |
| ▶ *Comme tu es attentif à la prononciation des mots!* |

PRINCIPALES CARACTÉRISTIQUES DES DIFFÉRENTS TYPES DE PHRASES

Type déclaratif

Le plus souvent, la phrase déclarative est utilisée pour déclarer quelque chose (donner une information, exprimer un jugement, un sentiment, etc.).

Selon le contexte d'énonciation, certaines phrases déclaratives ont parfois un rôle impératif ou interrogatif.

▶ *Vous sortez d'ici immédiatement.* (phrase déclarative utilisée pour donner un ordre)

▶ *Vous êtes déjà venu ici?* (phrase déclarative utilisée pour questionner)

• Parmi les quatre types de phrases, seule la phrase déclarative peut être conforme à la phrase de base.
• La phrase déclarative a toujours un sujet, généralement placé avant le prédicat, et elle peut avoir un ou plusieurs compléments de phrase.
• La phrase déclarative se termine généralement par un point.

P DE BASE

        GN   GV   GPrép

▶ *Diverses populations parlent le français dans le monde.*

      Sujet   Prédicat   Compl. de P

P DÉCLARATIVES

▶ *Diverses populations parlent le français dans le monde.*

▶ *Dans le monde, diverses populations parlent le français.*

▶ *Diverses populations, dans le monde, parlent le français.*

.../ p. 489

Type impératif

Le plus souvent, la phrase impérative est utilisée pour inciter à agir (donner un ordre, un conseil, une consigne).

• La phrase impérative n'est jamais conforme à la phrase de base. Son verbe est au mode impératif, par conséquent le sujet n'est pas exprimé.
 	
• La phrase impérative se termine généralement par un point ou un point d'exclamation.
	P DE BASE
	
	▶ **Tu lis** *attentivement cet article.*
	
	P IMPÉRATIVE
	
	▶ **Lis** *attentivement cet article.*
	  – Remplacement du mode indicatif par le mode impératif.
	
	P DE BASE
	
	▶ *Tu lis attentivement cet article.*
	▶ **Tu** <u>le</u> **lis** *attentivement.*
	
	P IMPÉRATIVE
	
	▶ **Lis-**<u>le</u> *attentivement.*
	  – Remplacement du mode indicatif par le mode impératif.
	  – Déplacement du pronom complément *le* après le verbe.

REMARQUE : Dans la phrase impérative positive, les pronoms compléments du verbe à l'impératif sont placés après celui-ci et sont liés au verbe par un trait d'union (ex. : *parle-lui, dis-le-moi*).

Type exclamatif

Le plus souvent, la phrase exclamative est utilisée pour exprimer avec force un jugement, une émotion, etc.

• La phrase exclamative n'est jamais conforme à la phrase de base parce qu'elle contient un marqueur exclamatif : *que / qu'*, *que de*, *comme*, *quel / quels / quelle / quelles*, *combien*, etc.
 	
• La phrase exclamative se termine par un point d'exclamation.
	P DE BASE
	
	▶ *Cet article est compliqué.*
	
	P EXCLAMATIVE
	
	▶ **Comme** *cet article est compliqué* **!**
	  – Addition du marqueur exclamatif *Comme*.
	  – Remplacement du point par un point d'exclamation.
	
	P DE BASE
	
	▶ *Elle étudie le chinois* <u>avec **beaucoup de** sérieux</u>.
	
	P EXCLAMATIVE
	
	▶ <u>*Avec* **quel** *sérieux*</u> *elle étudie le chinois* **!**
	  – Déplacement du groupe *avec beaucoup de sérieux* en tête de phrase.
	  – Remplacement du déterminant *beaucoup de* par le marqueur exclamatif *quel*.
	  – Remplacement du point par un point d'exclamation.

.../ p. 490

Phrase

Type interrogatif

Le plus souvent, la phrase interrogative est utilisée pour obtenir un renseignement (poser une question, s'interroger). On distingue deux sortes d'interrogation : l'interrogation totale (réponse par *oui* ou par *non*) et l'interrogation partielle (réponse autre que *oui* ou *non*).

- La phrase interrogative n'est jamais conforme à la phrase de base parce qu'elle contient des marques interrogatives.
- La phrase interrogative se termine par un point d'interrogation.

• Si l'interrogation est **totale** :
  – le pronom personnel sujet se trouve après le verbe ;
	P DE BASE
	▶ *Tu sais comment ton nom s'écrit en chinois.*
	
	P INTERROGATIVE (interrogation totale)
	▶ *Sais-tu comment ton nom s'écrit en chinois ?*
	  – Déplacement du pronom personnel sujet *Tu* après le verbe.
	  – Remplacement du point par un point d'interrogation.

– un pronom personnel reprend après le verbe le GN sujet dont le noyau est un nom ;	P DE BASE
	▶ *Tania sait comment son nom s'écrit en chinois.*
	
	P INTERROGATIVE (interrogation totale)
	▶ *Tania sait-elle comment son nom s'écrit en chinois ?*
	  – Addition du pronom *elle* qui reprend le GN sujet *Tania* après le verbe.
	  – Remplacement du point par un point d'interrogation.

– l'expression *est-ce que* est ajoutée en début de phrase.	P DE BASE
	▶ *Tu sais comment ton nom s'écrit en chinois.*
	
	P INTERROGATIVE (interrogation totale)
	▶ **Est-ce que** *tu sais comment ton nom s'écrit en chinois ?*
	  – Addition de *Est-ce que.*
	  – Remplacement du point par un point d'interrogation.

• Si l'interrogation est **partielle** :
  – un marqueur interrogatif comme *qui, que/qu', quoi, où, combien de, pourquoi, quand, quel/quels/quelle/quelles*, etc. est ajouté en début de phrase.
	P DE BASE
	▶ *Mon nom s'écrit **de cette façon** en chinois.*
	
	P INTERROGATIVE (interrogation partielle)
	▶ **Comment** *mon nom s'écrit-il en chinois ?*
	▶ **Comment** *s'écrit mon nom en chinois ?*
	  – Remplacement du groupe *de cette façon* par le marqueur interrogatif *Comment*.
	  – Déplacement du marqueur interrogatif *Comment* en tête de phrase.
	  – Addition du pronom *il* qui reprend le GN sujet *Mon nom* après le verbe
	    ou
	    déplacement du GN sujet *Mon nom* après le verbe.
	  – Remplacement du point par un point d'interrogation.

	P DE BASE
	▶ *Mon nom s'écrit de **cette** façon en chinois.*
	
	P INTERROGATIVE (interrogation partielle)
	▶ *De **quelle** façon mon nom s'écrit-il en chinois ?*
	▶ *De **quelle** façon s'écrit mon nom en chinois ?*
	  – Remplacement de *cette* par le marqueur interrogatif *quelle*.
	  – Déplacement du groupe *de quelle façon* en tête de phrase.
	  – Addition du pronom *il* qui reprend le GN sujet *Mon nom* après le verbe
	    ou
	    déplacement du GN sujet *Mon nom* après le verbe.
	  – Remplacement du point par un point d'interrogation.

REMARQUE : Le pronom sujet placé après le verbe est lié au verbe par un trait d'union (ex. : *sais-tu*) ou par un **t** entre deux traits d'union lorsque le verbe se termine par *e, a* ou *c*, et s'il est suivi du pronom *il/elle* ou *on* (ex. : *saura-t-il*).

Les formes de phrases

Formes de phrases pouvant être décrites et analysées à l'aide de la phrase de base. Si une phrase est de forme négative, passive, emphatique ou impersonnelle, il s'agit d'une phrase transformée par comparaison avec la phrase de base, qui est de formes positive, active, neutre et personnelle.

FORME POSITIVE
▶ *Je parle le chinois.*

FORME NÉGATIVE
▶ *Je ne parle pas le chinois.*

FORME PERSONNELLE
▶ *Une lettre manque à ce mot.*

FORME IMPERSONNELLE
▶ *Il manque une lettre à ce mot.*

Formes de phrases

FORME ACTIVE
▶ *Cette population parle le français.*

FORME PASSIVE
▶ *Le français est parlé par cette population.*

FORME NEUTRE
▶ *Notre langue française est belle.*

FORME EMPHATIQUE
▶ *Elle est belle, notre langue française.*

PRINCIPALES CARACTÉRISTIQUES DES DIFFÉRENTES FORMES DE PHRASES

Forme positive ➞ Forme négative

- La phrase positive et la phrase négative ont des sens contraires.
- La phrase négative n'est jamais conforme à la phrase de base : elle contient un marqueur négatif généralement formé de deux mots.

P DE BASE POSITIVE ➞	P NÉGATIVE
▶ *Je parle le chinois.*	Je **ne** parle **pas** le chinois. – Addition du marqueur négatif *ne… pas.*

P DE BASE POSITIVE ➞	P NÉGATIVE
▶ **Quelqu'un** *parle le chinois parmi nous.*	**Personne ne** *parle le chinois parmi nous.* – Remplacement de *Quelqu'un* par le marqueur négatif *Personne ne* (pronom négatif + adverbe).

REMARQUE : certaines phrases à double négation ont parfois une signification particulière.

▶ *Vous n'êtes pas sans connaître les risques.* (ici, la formulation informe le récepteur que les risques sont connus).

.../ p. 492

- La phrase active et la phrase passive ont des sens équivalents, mais elles ne présentent pas l'information dans le même ordre.
- La phrase passive n'est jamais conforme à la phrase de base : elle contient un verbe passif. Le verbe passif est formé de l'auxiliaire *être* (conjugué au même temps que le verbe de la phrase active) et du participe passé du verbe de la phrase active.

P DE BASE ACTIVE	P PASSIVE
▸ *Cette population* **parle** *le français*. →	*Le français* **est parlé** *par cette population*.
	– Déplacement du groupe *Cette population* après le verbe.
	– Déplacement du groupe *le français* avant le verbe.
	– Addition de la préposition *par*.
	– Remplacement de *parle* par le verbe passif correspondant *est parlé*.

P DE BASE ACTIVE	P PASSIVE
▸ *On* **parlera** *encore le français ici dans 100 ans*. →	*Le français* **sera** *encore* **parlé** *ici dans 100 ans*.
	– Effacement du pronom *On*.
	– Déplacement du groupe *le français* avant le verbe.
	– Remplacement de *parlera* par le verbe passif correspondant *sera parlé*.

- La phrase neutre et la phrase emphatique ont des sens équivalents, mais elles ne présentent pas l'information de la même façon selon ce qui est mis en relief.
- La phrase emphatique n'est jamais conforme à la phrase de base ; elle contient une marque d'emphase :
  - un groupe de mots est détaché à l'aide d'une virgule dans la phrase et est repris (ou annoncé) par un pronom ;
  - un groupe de mots est détaché par un marqueur emphatique comme *c'est… qui/c'est… que/ce qui…, c'est/ce que…, c'est* ;
  - les groupes de la phrase de base ont été déplacés.

P DE BASE NEUTRE →	P EMPHATIQUE
▸ *Notre langue française est belle*.	**Elle** *est belle*, *notre langue française*.
	– Déplacement du groupe *Notre langue française* en fin de phrase et ajout d'une virgule.
	– Addition du pronom *Elle*.

P DE BASE NEUTRE →	P EMPHATIQUE
▸ *La vitalité d'une langue fait sa richesse*.	**C'est** *la vitalité d'une langue* **qui** *fait sa richesse*.
	– Addition du marqueur emphatique *C'est… qui*.

P DE BASE NEUTRE →	P EMPHATIQUE
▸ *La semaine de la francophonie avait lieu en mars*.	*En mars avait lieu la semaine de la francophonie*.
	– Déplacement de groupes (complément de phrase + prédicat + sujet).

.../ p. 493

Forme personnelle → Forme impersonnelle

- La phrase personnelle et la phrase impersonnelle ont des sens équivalents, mais elles ne présentent pas l'information dans le même ordre.

- La phrase impersonnelle n'est pas conforme à la phrase de base : son verbe est employé avec un pronom *il* impersonnel.

REMARQUE : Le verbe de la forme impersonnelle s'emploie occasionnellement de façon impersonnelle, c'est-à-dire qu'il s'emploie aussi à la forme personnelle. Il se distingue de celui qui s'emploie obligatoirement avec le *il* impersonnel dans une phrase à construction particulière : *il pleut*, *il s'agit*, *il faut*, etc.

P DE BASE PERSONNELLE   P IMPERSONNELLE

▶ <u>Une lettre</u> manque à ce mot. → **Il** manque <u>une lettre</u> à ce mot.

      – Déplacement du groupe *Une lettre* après le verbe.
      – Addition du pronom impersonnel *Il*.

Les phrases à construction particulière

Quatre sortes de phrases ne pouvant être décrites à l'aide de la phrase de base et qui peuvent contenir des marques d'interrogation, d'exclamation, de négation ou d'emphase.

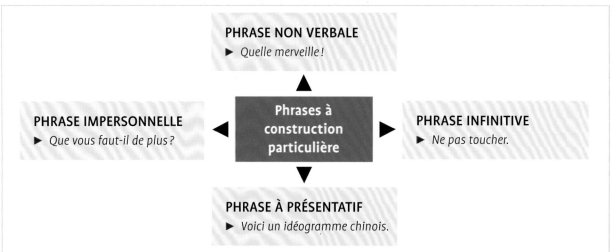

PRINCIPALES CARACTÉRISTIQUES DES PHRASES À CONSTRUCTION PARTICULIÈRE

Phrase non verbale

La phrase non verbale n'a ni sujet ni prédicat. Elle est le plus souvent réduite à un groupe dont le noyau n'est pas un verbe : généralement un GN, parfois un GAdj, un GPrép, un GAdv, une interjection ou une onomatopée.

GN	GAdj	GPrép	GAdv
▶ *Défense d'entrer.*	▶ *Superbe !*	▶ *À suivre !*	▶ *Pourquoi ?*

Interjection
▶ *Eh !*

Onomatopée
▶ *Miam !*

REMARQUE : La phrase non verbale ne contient pas de verbe conjugué, sauf si le groupe qui la constitue contient une subordonnée.

GN
▶ *Un film* qui **fera** le bonheur des petits !
Subordonnée

Phrase infinitive

La phrase infinitive est construite autour d'un GV infinitif. Elle peut comprendre un complément de phrase.

GVinf
▶ *Comment* lire les idéogrammes ?

GVinf
▶ *Observer les symboles* sur ce document explicatif.
GPrép / Compl. de P

Phrase à présentatif

La phrase à présentatif commence par l'un des présentatifs suivants : *voici/voilà, il y a (il y avait, il y aura,* etc.), *c'est (c'était, ce sera,* etc.).

▶ **Voilà** *une excellente idée !*
▶ **Y a-t-il eu** *des visiteurs ?*
▶ **C'est** *à votre tour.*
▶ **Ce** n'**est** *pas vrai !*

Phrase impersonnelle

La phrase impersonnelle de construction particulière n'est pas transformée à partir de la phrase de base. Elle a comme sujet le pronom *il* impersonnel, et le noyau de son GV est un verbe toujours impersonnel (qui ne s'emploie qu'avec *il : falloir, neiger, venter,* etc.) ou le verbe d'une expression impersonnelle comme *il est question de..., il semble que..., il paraît que...,* etc.

▶ **Il s'agit** *maintenant de rester calme !*
▶ *Ne* **faudrait-il** *pas intervenir ?*
▶ **Il paraît que** *la rue a été inondée.*

Les classes de mots

Huit ensembles de mots qui ont des caractéristiques communes.

HUIT CLASSES DE MOTS	
Variables	**Invariables**
– Déterminant – Nom – Adjectif – Pronom – Verbe	– Adverbe – Préposition – Conjonction

    Prép   Dét   N   Dét   N   Adj   V   Conj Pron V Adv   Adj

▶ *Dans* notre *société*, la langue française *évolue*, car elle *est* bien vivante.

REMARQUES :

– Certains mots font partie de plus d'une classe (c'est le cas de *bien* qui peut être adverbe ou nom, par exemple, *elle va bien, elle a beaucoup de biens*).

– Observer les caractéristiques du mot dans le contexte de la phrase permet d'identifier sa classe.

PRINCIPALES CARACTÉRISTIQUES DES CLASSES DE MOTS	
Déterminant (Dét)	
Syntaxe	• Il précède le nom, mais il y a parfois un adjectif entre le déterminant et le nom. ▶ *des* mots / *de* nouveaux mots

Forme	• Il reçoit le genre et le nombre du nom qu'il accompagne.
	       — m. pl.
	  ▶ *des* mots
	
	• Il varie généralement en genre et en nombre.
	    m. s. f. s. f. pl.
	  ▶ *un* accent, *une* origine, *des* lettres
	
	• Parfois, il est invariable.
	  ▶ *cinq* élèves, *chaque* élève

Quelques déterminants

Déterminants définis	*le / la / l' / les*
Déterminants définis contractés	*au / aux, du / des*
Déterminants partitifs	*du / de la / de l' / des*
Déterminants indéfinis	*un / une, des, aucun / aucune, plusieurs, beaucoup de, quelques, tout / toute / tous / toutes*, etc.
Déterminants démonstratifs	*ce / cet / cette / ces*
Déterminants possessifs	*mon / ma / mes*, etc.
Déterminants numéraux	*deux, trois, quatre*, etc.
Déterminants interrogatifs ou exclamatifs	*quel / quelle / quels / quelles, que de / d'*, etc.

.../ p. 496

Phrase

Nom (N)	
Syntaxe	• C'est le noyau du groupe du nom (GN).

Forme	• Il donne son genre et son nombre au déterminant, à l'adjectif et au participe passé avec lequel il est en relation ; il donne au verbe (ou à l'auxiliaire) la 3ᵉ personne du singulier ou du pluriel.
	
	   f. s.
	▶ *La langue française évolue.*
	
	   3ᵉ pers. s.
	▶ *La langue française évolue.*
	
	• Il varie généralement en nombre.
	▶ *un enfant, des enfants*
	
	• Il varie généralement en genre lorsqu'il désigne des êtres animés.
	▶ *un Québécois / une Québécoise*
	▶ *un boulanger / une boulangère*
	▶ *un tigre / une tigresse*

Adjectif (Adj)	

Syntaxe	• C'est le noyau du groupe de l'adjectif (GAdj).
	
	• Lorsque l'adjectif exprime une qualité, il est alors **qualifiant** et présente les caractéristiques suivantes :
	  – il peut se placer après ou avant le nom ;
	  – il peut avoir une expansion, à gauche ou à droite ;
	  – il peut être attribut du sujet ou du complément direct ;
	  – il peut être mis en degré.
	
	• Lorsque l'adjectif attribue une catégorie, il est alors **classifiant** et présente les caractéristiques suivantes :
	  – il se place après le nom ;
	  – il n'a pas d'expansion ;
	  – il ne peut pas être attribut.
	
	REMARQUES :
	– Il est impossible d'unir à l'aide d'une conjonction un adjectif qualifiant et un adjectif classifiant.
	  ⊘ *Une école belle et secondaire.*
	  ○ *Une belle école secondaire.*
	– Certains adjectifs peuvent appartenir aux deux catégories. Selon le contexte, ils sont alors qualifiants ou classifiants.

Forme	• Il reçoit le genre et le nombre du nom ou du pronom avec lequel il est en relation.
	
	   f. s.
	▶ *une orthographe douteuse*
	
	   3ᵉ pers. s.
	▶ *Elle semble douteuse.*
	
	• Il varie généralement en genre et en nombre.
	   m. s. m. pl. f. s. f. pl.
	▶ *un mot inconnu / des mots inconnus, une expression inconnue / des expressions inconnues*

··· / p. 497

Pronom (Pron)

Syntaxe	• S'il s'agit d'un pronom de reprise, il remplace un groupe de mots (un GN, un GPrép, un GAdj, un GVinf), une subordonnée ou une phrase. Quand on remplace un groupe par un pronom, celui-ci a alors la même fonction. ▶ *Beaucoup de gens parlent* le français. ➜ *Beaucoup de gens* le *parlent.* ▶ *Beaucoup de gens parlent le français* en Afrique. ➜ *Beaucoup de gens* y *parlent le français.* • Dans certains cas, le pronom peut avoir une expansion. ▶ *J'aime notre langue;* celle *des Espagnols* *est belle aussi.*
Forme	• Il donne son genre et son nombre à l'adjectif et au participe passé avec lequel il est en relation; il donne sa personne et son nombre au verbe (ou à l'auxiliaire) dont il est le sujet. f. s. 3ᵉ pers. s. ▶ Elle *est belle, notre langue.* • Généralement, il varie selon le genre, le nombre et la personne. Parfois, il est invariable. m. s. f. pl. ▶ Il *est québécois et* elles *sont belges.* ▶ Plusieurs *sont québécois,* deux *sont belges.*

Quelques pronoms

Pronoms personnels	*je/j', me/m', tu, te/t', il/elle/ils/elles, le/la/l'/les, lui/leur, eux/elles*, etc.
Pronoms possessifs	*le mien/la mienne/les miens/les miennes, les nôtres*, etc.
Pronoms démonstratifs	*ça, ceci, cela, celui/celle/ceux/celles*, etc.
Pronoms relatifs	*qui, que/qu', dont, où, lequel/laquelle/lesquels/lesquelles*, etc.
Pronoms indéfinis	*on, chacun/chacune, personne, plusieurs*, etc.
Pronoms interrogatifs	*qui, que/qu'*, etc.
Pronoms numéraux	*un, deux, trois, quatre*, etc.

Verbe (V)

Syntaxe	• Lorsqu'il est conjugué à un mode personnel, il est le noyau du groupe du verbe (GV). • À l'infinitif, il est le noyau du groupe du verbe à l'infinitif (GVinf). • Au participe présent, il est le noyau du groupe du verbe au participe présent (GVpart). • Le verbe (ou l'auxiliaire si le verbe est conjugué à un temps composé) peut être encadré par l'expression *ne... pas* ou *n'... pas*. ▶ *Elle* **n'**évolue **pas**. ▶ *Elle* **n'**a **pas** *beaucoup évolué.*

Forme	• Le verbe (ou l'auxiliaire si le verbe est conjugué à un temps composé) reçoit la personne et le nombre du nom ou du pronom avec lequel il est en relation (le sujet).
	
	2ᵉ pers. s. 1ʳᵉ pers. pl.
	▶ *Tu* es *québécoise.* ▶ *Toi et moi* avons *appris le français.*
	
	• Il se conjugue, il varie:
	
	   – en mode; – en temps; – en personne; – en nombre.
	  indicatif impératif présent imparfait futur simple 1ʳᵉ pers. 2ᵉ pers. s. pl.
	▶ *tu parl***es** / *parl***e** *il parl***e** / *il parl***ait** / *il parl***era** *je parl***e** / *tu parl***es** *il parl***e** / *ils parl***ent**
	
	• Dans les temps simples, il est formé d'un radical et d'une terminaison (ex.: *elle parl + **e***).
	• Dans les temps composés, il est formé de l'auxiliaire *avoir* ou *être* suivi d'un participe passé.
	
	▶ *Elle* **a** *parlé.* ▶ *Elles* **sont** *venues.*
	
	• Non conjugué, il se termine par *-er, -ir, -re* ou *-oir*.

.../ p. 498

Phrase

Le dictionnaire est une référence utile afin de connaître à quelle catégorie un verbe appartient.

Verbe transitif	• Verbe transitif direct : verbe construit avec un complément direct, c'est-à-dire un complément joint sans l'intermédiaire d'une préposition.
	▸ *Elle accueille* |*des étudiants étrangers*|.
	    Compl. dir.
	• Verbe transitif indirect : verbe qui doit avoir un complément indirect, c'est-à-dire un complément formé à l'aide d'un GPrép.
	▸ *Il coopère* |*à ce projet*|.
	    Compl. ind.
	REMARQUE : Lorsqu'un verbe est transitif indirect, le dictionnaire précise également le sens de la préposition qui introduit le complément indirect.

Verbe intransitif	• Verbe qui n'admet pas de complément. ▸ *Elle accourt*.
Verbe pronominal	• Verbe accompagné du pronom *se* à l'infinitif et d'un pronom de la même personne grammaticale que le sujet dans la conjugaison (*me/m'*, *te/t'*, *se/s'*, *nous*, *vous*, *se/s'*). ▸ *Je* **m'***apprête à traduire ce qu'il dit.*

Verbe attributif	• Verbe construit avec un attribut du sujet.
	• Les verbes attributifs sont *être*, *paraître*, *sembler*, *devenir*, *avoir l'air*, etc.
	▸ *Ce livre semble intéressant.*
	        Attr. du S
	REMARQUE : Dans la phrase passive, des verbes comme *élire*, *juger*, *nommer* peuvent également être attributifs.
	▸ *Cette élève a été élue* |*présidente*| *de la 4ᵉ secondaire.*
	            Attr. du S

Verbe impersonnel	• Verbe conjugué avec le pronom *il* impersonnel, qui ne désigne aucune réalité. • Certains verbes sont toujours impersonnels (ex. : *falloir*, *s'agir* et les verbes de météorologie) ; quelques-uns d'entre eux sont accompagnés d'un complément du verbe impersonnel ou d'un modificateur du verbe. ▸ *Il pleut*. *Il faut* |*des changements*|. ▸ *Il vente* |*fort*|. Compl. du V impers. Modificateur • Certains verbes sont occasionnellement impersonnels. Ces verbes peuvent avoir un sujet autre que le *il* impersonnel dans une phrase qui a une construction différente. ▸ *Il arrive souvent des imprévus.* ⟶ *Des imprévus arrivent souvent.* (P de base)
Auxiliaire de conjugaison	• Verbe employé avec un participe passé pour former un temps composé : – *avoir*, pour former les temps composés de la plupart des verbes ; ▸ *Il* **a** *appris cette langue il y a fort longtemps.* – *être*, pour former les temps composés de certains verbes de mouvement ou de changement d'état, les verbes pronominaux et les verbes passifs. ▸ *Elle* **est** *venue visiter ses parents.*

... / p. 499

Auxiliaire d'aspect	• Verbe employé avec un verbe à l'infinitif pour désigner le moment ou la durée de l'action ou du fait.
	• Les auxiliaires d'aspect servent à préciser l'action selon les stades suivants :
	   – avant l'action : *aller, être près de, être sur le point de*, etc. ;
	   – au début de l'action : *commencer à, se mettre à*, etc. ;
	   – pendant l'action : *continuer à / de, être en train de*, etc. ;
	   – à la fin de l'action : *cesser de, finir de, achever de*, etc. ;
	   – après l'action : *sortir de, venir de*, etc.
	  ▶ *Le cours d'espagnol **va** commencer dans quelques minutes.* (moment avant l'action)

Auxiliaire de modalité	• Verbe employé avec un verbe à l'infinitif pour indiquer le point de vue de l'énonciateur sur la réalisation de l'action ou du fait exprimé.
	• Les auxiliaires de modalité expriment :
	   – l'obligation : *avoir à, devoir*, etc. ;
	   – la possibilité : *être à même de, pouvoir*, etc. ;
	   – la probabilité, l'apparence : *devoir, paraître, sembler*, etc. ;
	   – la non-réalisation : *faillir, manquer de, passer près de*, etc.
	  ▶ *Ce jeune homme **doit** avoir seize ans environ.* (probabilité)

Adverbe (Adv)

Syntaxe	• C'est le noyau du groupe de l'adverbe (GAdv). • Il peut jouer un rôle textuel pour l'organisation du texte (ex. : organisateur textuel) ou un rôle syntaxique pour la construction des phrases (ex. : coordonnant). <div align="center">Coordonnant</div> ▶ *Elle apprendra le français, puis l'anglais.*
Forme	• Il est invariable.

Quelques adverbes

Adverbes de manière	*lentement, assidûment, vite, nerveusement*, etc.
Adverbes de quantité et d'intensité	*beaucoup, environ, à peine, très, trop, peu, plus, assez, presque, tout à fait, moins, aussi, autant, tellement*, etc.
Adverbes de temps	*ensuite, bientôt, déjà, tard, aujourd'hui, dernièrement, autrefois, tout à coup*, etc.
Adverbes de lieu	*ailleurs, ici, partout, dedans, loin, à droite, alentour, dehors, là-bas, quelque part*, etc.
Adverbes de négation	*ne... aucunement, ne... jamais, ne... pas, ne... plus, ne... guère, ne... point*, etc.

Préposition (Prép)

Syntaxe	• C'est le noyau du groupe prépositionnel (GPrép). • Elle a obligatoirement une expansion à droite. • Le bon emploi de la préposition est dicté par le mot qui la précède ou par celui qui la suit. La consultation d'un dictionnaire, soit à la préposition envisagée, soit au mot qui la commande, permet de valider le choix. ▶ *Elle parle avec **lui**.*
Forme	• Elle est invariable.

Quelques prépositions

à, de, en, pour, sans, avec, jusqu'à, après, pendant, depuis, grâce à, dès, etc.

REMARQUE : Les déterminants contractés *au / aux* et *du / des* introduisent un GPrép. Ils sont la contraction de *à le / à les, de le / de les*.
▶ *Il parle **aux** (à les) gens **du** (de le) problème **des** (de les) inondations.*

.../ p. 500

Phrase

Conjonction (Conj)

Syntaxe	• Elle joue le rôle de coordonnant ou de subordonnant.
	Coordonnant
	▶ *Le chinois me paraît facile à apprendre,* car *je maîtrise déjà le thaï.*
	Subordonnant
	▶ *Le chinois me paraît facile à apprendre* parce que *je maîtrise déjà le thaï.*
Forme	• Elle est invariable.

Quelques conjonctions

Coordonnants	*mais, ou, et, car, ni, or,* etc.
Subordonnants	*que/qu', quand, lorsque, afin que/qu', parce que/qu', si, ainsi que/qu', comme, vu que/qu', étant donné que/qu', si bien que/qu', de sorte que/qu',* etc.

Les groupes de mots

Unités syntaxiques (un ou plusieurs mots) construites à partir d'un noyau auquel s'ajoutent une ou des expansions obligatoires ou facultatives.

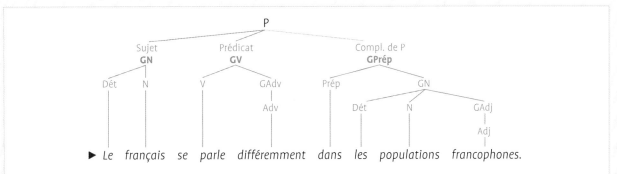

REMARQUES :

– C'est le noyau qui donne son nom au groupe.
– Un groupe de mots peut être inséré dans un groupe plus grand.

CONSTRUCTIONS COURANTES DES PRINCIPAUX GROUPES DE MOTS

Groupe du nom (GN)

■ Construction

- Le GN a un nom commun ou un nom propre comme noyau.
- Le nom commun est généralement précédé d'un déterminant. Le nom propre est parfois précédé d'un déterminant.
- Le nom peut avoir une ou plusieurs expansions ayant la fonction de complément du nom. Les principaux compléments du nom sont le GAdj, le GPrép, la subordonnée relative, un autre GN et, parfois, une subordonnée complétive.

GN
▶ Cette **communauté** est francophone.

REMARQUE : On peut remplacer un GN par un pronom, qui a alors la même fonction.

```
      GN                    Pron
▶ Les langues évoluent.  →  Elles évoluent.
     Sujet                   Sujet
```

Dans ce cas-ci, le pronom *Elles* remplace le GN *Les langues* : il est donc le noyau du GN sujet.

■ Fonction

- Le GN peut avoir de nombreuses fonctions :
  - sujet ;
  - complément de phrase ;
  - complément direct du verbe ;
  - attribut du sujet ;
  - complément du nom ;
  - complément du pronom ;
  - attribut du complément direct ;
  - complément du présentatif ;
  - complément du verbe impersonnel.

.../ p. 502

■ **Construction**

- Le GV a généralement un verbe conjugué à un mode personnel comme noyau.

  – Lorsque le verbe est à l'infinitif, on le nomme plus précisément GVinf.

  REMARQUE : Quand il est précédé d'un auxiliaire d'aspect ou de modalité, le verbe à l'infinitif n'est pas un GVinf. Il forme, avec l'auxiliaire, le noyau d'un GV.

  – Lorsque le verbe est au participe présent, on le nomme plus précisément GVpart.

- Le GV (GVinf ou GVpart) peut être formé d'un verbe seul ou avoir une ou plusieurs expansions qui ont le plus souvent l'une ou l'autre des fonctions suivantes :

  – complément direct (un GN, un pronom, un GVinf, une subordonnée complétive) ;

  – complément indirect (un GPrép, un pronom, un GAdv, une subordonnée complétive) ;

  – attribut du sujet (un GAdj, un GN, un GPrép, un pronom, un GVinf) ;

  – modificateur (un GAdv, un GPrép).

▶ Les langues **évoluent** .

▶ Le français **a connu** des changements au cours de son histoire.   ▶ **S'initier** à une langue , voilà un beau défi !

▶ Le français d'ici **est** différent du français parlé ailleurs .

REMARQUE : Les expansions du verbe (sauf le modificateur) peuvent être remplacées par un pronom :
le, la, l', les, lui, leur, en, y, me, m', te, t', se, s', que, qu', etc.

▶ Mes amis **comprennent** l'anglais , mais pas moi. ➡ Mes amis le **comprennent** , mais pas moi.

■ **Fonction**

- Le GV remplit la fonction de prédicat de la phrase.

- Le GVinf ayant la valeur d'un GN peut avoir diverses fonctions du GN, le plus souvent celles de sujet, de complément direct du verbe, de complément du nom ou d'attribut du sujet.

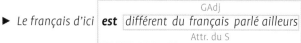

▶ **Apprendre une nouvelle langue** est enrichissant.   **L'apprentissage d'une nouvelle langue** est enrichissant.

- Le GVinf ayant la valeur d'un GV a la fonction de prédicat. Il peut former une subordonnée infinitive ou une phrase infinitive.

▶ J'entends Arielle **réciter sa leçon d'italien** .   ▶ **Terminer le devoir d'italien** ce soir. (P infinitive)

- Le GVpart ayant la valeur d'un GAdj ou étant l'équivalent d'une subordonnée relative a la fonction de complément du nom ou du pronom.

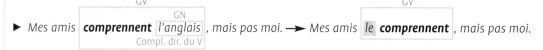

▶ Il y a une règle **précisant cet accord** . ➡ Il y a une règle **qui précise cet accord** .   Il y a une règle **précise** .

- Le GVpart ayant la valeur d'un GV a la fonction de prédicat et son sujet est exprimé. Il s'agit alors d'une subordonnée participiale.

▶ L'exposé **étant fini** , nous pouvons poser nos questions.

... / p. 503

■ Ordre des pronoms dans le GV

- À l'intérieur du GV, les pronoms compléments sont placés selon un ordre établi.
  - ▶ ○ *Denis le lui donne.*
  - ▶ ⊘ *Denis lui le donne.*
- Il est important de respecter cet ordre :

	I		II		III		IV	
Sujet	me te se nous	+	le la les	+	y	+	en	+ verbe

GV

ou

	I		II		III		IV	
Sujet	le la les	+	lui leur	+	y	+	en	+ verbe

GV

- Pour les phrases impératives, les traits d'union sont nécessaires.
  - ▶ *Donne-le-moi.*
  - ▶ *Donne-le-lui.*

Groupe de l'adjectif (GAdj)

■ Construction

- Le GAdj a un adjectif comme noyau.
- Le GAdj peut être formé d'un adjectif seul ou avoir une ou plusieurs expansions qui ont la fonction :
  - de complément de l'adjectif (un GPrép, une subordonnée complétive, le pronom *en* ou *y*) ;

  GAdj
  - ▶ *Je ne connais pas ces populations* **francophones**.

  GAdj
  Sub. complét.
  - ▶ *Je suis* **étonné** *que le français varie autant d'une population à l'autre*.
  Compl. de l'Adj

  - de modificateur (un GAdv). Il s'agit alors de mise en degré de l'adjectif.

  GAdj
  GAdv
  - ▶ *Le français peut être* extrêmement **différent** *d'une population à l'autre.*
  Modif. de l'Adj

REMARQUE : On peut remplacer un GAdj attribut du sujet par un pronom, qui a alors la même fonction.

■ Fonction

- Le GAdj peut remplir les fonctions suivantes :
  - complément du nom ;   – attribut du sujet ;   – attribut du complément direct.

.../ p. 504

Groupe de l'adverbe (GAdv)

■ Construction

- Le GAdv a un adverbe comme noyau.
- Le GAdv est souvent formé d'un adverbe seul.

GAdv
▶ *Elle parle **couramment** le français.*

- Parfois, le GAdv est précédé d'une expansion (un autre GAdv) qui a la fonction de modificateur de l'adverbe. Il s'agit alors de mise en degré de l'adverbe.

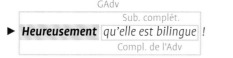
▶ *Elle parle* **très couramment** *le français.*

- À l'occasion, le GAdv a une expansion (un groupe prépositionnel ou une subordonnée) qui a la fonction de complément de l'adverbe.

GAdv
Sub. complét.
▶ ***Heureusement** qu'elle est bilingue !*
Compl. de l'Adv

GAdv
Sub. relative
▶ ***Là*** *où vous irez* *, je vous suivrai.*
Compl. de l'Adv

- L'adverbe de négation est généralement formé de deux mots : *ne... pas, ne... plus, ne... jamais,* etc.

GAdv
▶ *Il **ne** parle **pas** le français.*

■ Fonction

- Le GAdv peut remplir les fonctions suivantes :
  - modificateur du verbe, de l'adjectif, de l'adverbe, etc. ; — complément indirect du verbe.
  - complément de phrase ;

Groupe prépositionnel (GPrép)

■ Construction

- Le GPrép a une préposition comme noyau.
- La préposition a une expansion obligatoire à droite (le plus souvent un GN, un GVinf, un GVpart ou un pronom).

▶ *Cette langue me paraît difficile* **à** *apprendre* *.*   ▶ *J'ai rencontré des francophones* **de** *l'Alberta* *.*

REMARQUES :

- On peut remplacer un GPrép par un pronom, qui a alors la même fonction.
- Le GPrép peut commencer par le déterminant contracté *au, aux, du* ou *des,* qui inclut la préposition *à* ou *de.*

▶ *Ces francophones viennent* **de** *l'Alberta* *et* **du** *Québec* *.*

- Le GPrép formé de la préposition *en* + GVpart (= gérondif) est très fréquent. Il a souvent la fonction de complément de phrase.

GPrép
▶ ***En entendant*** *leur accent* *, Julien a compris qu'ils n'étaient pas d'ici.*

■ Fonction

- Le GPrép peut remplir diverses fonctions, par exemple :
  - complément de phrase ;   — complément de l'adjectif ;
  - complément indirect du verbe ;   — attribut du sujet ;
  - complément du nom ou du pronom ;   — attribut du complément direct.
  - modificateur du verbe ;

Les fonctions syntaxiques

Relations syntaxiques entre les mots, les groupes de mots ou les subordonnées dans la phrase.

CARACTÉRISTIQUES GÉNÉRALES DES PRINCIPALES FONCTIONS SYNTAXIQUES

Sujet (S)

- Le sujet est la fonction d'un constituant de la phrase ; il est en relation étroite avec le prédicat.
- C'est un GN, un pronom, une subordonnée complétive ou un GVinf.
- Généralement, il est placé devant le prédicat et ne peut être ni déplacé ni effacé.
- Il peut être remplacé par le pronom *il, elle, ils, elles* ou *cela*.
- Il peut être encadré par l'expression *c'est... qui* ou *ce sont... qui*.
- ▶ *Notre planète* est une véritable tour de Babel avec ses quelque 6 000 langues.
  Sujet

REMARQUE : Le sujet est déplacé dans certaines phrases transformées.
- ▶ *Connaissez-vous* plusieurs langues ?
- ▶ *En mars 2007 avait lieu* la semaine nationale de la francophonie.

Prédicat

- Le prédicat est la fonction d'un constituant de la phrase ; il est en relation étroite avec le sujet.
- C'est toujours un GV.
- Généralement, il est placé après le sujet et ne peut être ni déplacé ni effacé.
- ▶ *Notre planète* est une véritable tour de Babel avec ses quelque 6 000 langues.
  Prédicat

Complément de phrase (Compl. de P)

- Le complément de phrase est la fonction d'un constituant de la phrase ; il dépend de l'ensemble de la phrase.
- C'est un GPrép, un GN, un GAdv, une subordonnée ou le pronom *y*.
- Il peut être déplacé dans la phrase (par exemple, en tête de phrase, entre le sujet et le prédicat ou entre le verbe et son complément), sauf s'il s'agit du pronom *y*.
- On peut insérer *et cela* (ou *et ce*), et dans certains cas *et cela se passe* ou *et il le fait*, avant le complément de phrase pour vérifier s'il s'agit bien d'un complément de phrase.
- On ne peut pas remplacer le complément de phrase par un pronom sauf s'il exprime un lieu. Il est alors remplacé par le pronom *y*.
- ▶ *Notre planète est une véritable tour de Babel* avec ses quelque 6 000 langues.
  Compl. de P

Complément du nom (Compl. du N)

- Le complément du nom est la fonction de l'expansion du nom dans le GN ; il dépend donc du nom.
- C'est un GAdj, un GPrép, un GN, un GVinf, un GVpart, une subordonnée relative, une subordonnée complétive, le pronom *en* ou *dont*.
- Généralement, il est placé à droite du nom et ne peut pas être déplacé.
- Il est généralement facultatif (on peut l'effacer).
- ▶ *Cette* petite *population* de la Louisiane *est francophone.*
  Compl. du N   Compl. du N

.../ p. 506

Complément du pronom (Compl. du Pron)

- Le complément du pronom est la fonction de l'expansion du pronom ; il dépend donc du pronom.
- C'est un GPrép, une subordonnée relative, ou encore un GN détaché, un GAdj détaché, un GVpart détaché.
- Selon le pronom, son complément peut être déplacé ou non.
- Il est parfois facultatif (on peut l'effacer).
- ▶ *Laquelle* de ces langues *étudiez-vous ?*
    Compl. du Pron

Complément direct du verbe (Compl. dir. du V)

- Le complément direct du verbe est la fonction d'une expansion du verbe dans le GV ; il dépend donc du verbe.
- C'est généralement un GN ou un pronom (*le/l'*, *la/l'*, *les*, *en*, *que/qu'*, etc.), une subordonnée complétive ou un GVinf.
- Le plus souvent, il est placé à droite du verbe s'il s'agit d'un GN, d'un GVinf ou d'une subordonnée complétive, et à gauche du verbe s'il s'agit d'un pronom.
- Il peut être remplacé par *quelqu'un* ou *quelque chose*.
- ▶ *On évalue* le nombre de langues *à plus de 6 000.*
    Compl. dir. du V

Complément indirect du verbe (Compl. ind. du V)

- Le complément indirect du verbe est la fonction d'une expansion du verbe dans le GV. Tout comme le complément direct, il dépend du verbe, mais se construit avec une préposition (*à*, *de*, *en*, etc.).
- C'est généralement un GPrép ou un pronom (*lui*, *leur*, *en*, *y*, *dont*, etc.), et parfois une subordonnée complétive ou un GAdv.
- Généralement, il est placé à droite du verbe s'il s'agit d'un GPrép, d'un GAdv ou d'une subordonnée complétive, et à gauche du verbe s'il s'agit d'un pronom.
- Il peut être remplacé par une préposition (*à*, *de*, *en*, etc.) + *quelqu'un* ou *quelque chose*, ou encore par *quelque part*.
- ▶ *On évalue le nombre de langues* à plus de 6 000 .
    Compl. ind. du V

Complément du verbe passif (Compl. du V passif)

- Le complément du verbe passif est la fonction d'une expansion du verbe dans le GV de la phrase passive ; il dépend du verbe passif.
- C'est un GPrép introduit par la préposition *par* (ou plus rarement *de*).
- ▶ *Le français est parlé* par cette population .
    Compl. du V passif

REMARQUE : Le complément du verbe passif n'est pas toujours exprimé.

- ▶ *Le français est parlé sur tous les continents.*

.../ p. 507

Complément du verbe impersonnel (Compl. du V impers.)

- Le complément du verbe impersonnel est la fonction d'une expansion du verbe dans le GV de la phrase impersonnelle (phrase transformée ou construction particulière) ; il dépend du verbe impersonnel.
- Dans la phrase transformée, c'est un GN, un pronom, un GVinf ou une subordonnée complétive.

▶ *Il existe de nombreux dialectes dans ce pays.*
        Compl. du V impers.

- Dans la construction particulière :
    - avec *falloir* (*il faut*), c'est un GN, un GPrép, un pronom, un GVinf ou une subordonnée complétive ;
    - avec *s'agir* (*il s'agit*), c'est un GPrép.

▶ *Il faut traduire ce texte.*   ▶ *Il s'agit de traduire ce texte.*
        Compl. du V impers.   Compl. du V impers.

REMARQUE : Le verbe impersonnel peut avoir, en plus du complément du verbe impersonnel, un complément indirect.

▶ *Il **me** manque un document.*
    Compl. ind.   Compl. du V impers.

Complément du présentatif (Compl. du présentatif)

- Le complément du présentatif est la fonction d'une expansion du présentatif (*c'est*, *il y a*, *voici*, *voilà*) dans la phrase à présentatif ; il dépend du présentatif.
- Selon le présentatif, ce peut être un GN, un GPrép, un GAdv, un pronom, une subordonnée complétive ou une subordonnée relative.

▶ *Voilà un excellent texte !*
        Compl. du présentatif

Attribut du sujet (Attr. du S)

- L'attribut du sujet est la fonction d'une expansion d'un verbe attributif (*être*, *paraître*, *sembler*, *avoir l'air*, *devenir*, etc.) dans le GV. Il est en relation étroite avec le sujet.
- C'est généralement un GAdj. Il peut aussi être un GN, un GPrép ou un pronom (*le/l'*, *en*, *que/qu'*), et parfois un GVinf ou un GAdv.
- Généralement, il est placé à droite du verbe, sauf si c'est un pronom, et ne peut pas être déplacé hors du GV.
- Il est obligatoire.

▶ *Le nombre de langues dans le monde me paraît extrêmement élevé !*
                                                        Attr. du S

Attribut du complément direct (Attr. du compl. dir.)

- Le complément direct peut être accompagné d'un attribut appelé « attribut du complément direct ». Cet attribut est en relation étroite avec le complément direct.
- C'est un GAdj, un GN ou un GPrép.
- Il est placé à droite du verbe (avant ou après le complément direct) et ne peut pas être déplacé hors du GV.
- Il ne peut généralement pas être effacé. Son effacement change le sens de la phrase ou la rend agrammaticale.

▶ *Elle trouve cette langue excessivement difficile.*
                            Attr. du compl. dir.

REMARQUE : On a un attribut du complément direct quand on peut remplacer par un pronom le complément direct, sans l'attribut.

▶ *On a élu **Maude** présidente.*   ⟶   *On **l'**a élue présidente.*
    Compl. dir. Attr. du compl. dir.   Compl. dir.   Attr. du compl. dir.

.../ p. 508

Phrase

Modificateur du verbe, de l'adjectif, de l'adverbe (Modif. du V, de l'Adj, de l'Adv)

- Le modificateur est la fonction d'une expansion d'un verbe, d'un adjectif, d'un autre adverbe.
- C'est un GAdv ou un GPrép.
- Généralement, il est placé à proximité du mot qu'il modifie (immédiatement avant ou après). Il est facultatif.

▶ *Le nombre de langues dans le monde* ne *me paraissait* pas *très élevé.*

                              Modif. du V   Modif. de l'Adj

Complément de l'adjectif (Compl. de l'Adj)

- Le complément de l'adjectif est la fonction d'une expansion de l'adjectif dans le GAdj ; il dépend donc de l'adjectif.
- C'est un GPrép, une subordonnée complétive ou un pronom (*en, y, dont*).
- Généralement, il est placé à droite de l'adjectif et ne peut pas être déplacé.

▶ *Je suis étonné* du grand nombre de langues dans le monde .

                           Compl. de l'Adj

Complément de l'adverbe (Compl. de l'Adv)

- Le complément de l'adverbe est la fonction d'une expansion de l'adverbe dans le GAdv ; il dépend donc de l'adverbe.
- C'est un GPrép ou une subordonnée.
- Il est placé à droite de l'adverbe et ne peut pas être déplacé.

▶ *Heureusement* pour lui *, il maîtrise ce dialecte.*   ▶ *Partout* où elle va *, elle réussit à se faire comprendre.*

         Compl. de l'Adv   Compl. de l'Adv

La coordination et la juxtaposition

Façons de joindre des éléments de même niveau syntaxique à l'aide d'un coordonnant (*et*, *ou*, *puis*, *car*, *mais*, etc.) ou d'un signe de ponctuation (une virgule, un deux-points ou un point-virgule).

MOTS DE MÊME CLASSE GRAMMATICALE
▶ *Toi **et** moi connaissons l'anglais.*

◀ **Éléments coordonnés ou juxtaposés** ▶

GROUPES DE MOTS (OU PHRASES SUBORDONNÉES) DE MÊME FONCTION
▶ *Le français **et** l'italien sont des langues issues du latin.*

▼

PHRASES
▶ *Le français est une langue romane, l'anglais est une langue germanique.*

Coordination	Juxtaposition
• Les éléments sont liés à l'aide d'un mot qui joue le rôle de coordonnant : *et*, *ou*, *puis*, *car*, *mais*, etc.	• Les éléments sont liés à l'aide d'un signe de ponctuation.
• Le coordonnant est une conjonction de coordination ou un adverbe.	• Le signe de ponctuation employé est une virgule, un deux-points ou un point-virgule.
• Le coordonnant exprime de façon explicite le rapport de sens entre les éléments qu'il met en relation. Par exemple, le coordonnant *ni* exprime l'exclusion, tandis que le coordonnant *mais* indique l'opposition.	• Le rapport de sens entre les éléments juxtaposés est implicite. Par exemple, la virgule peut joindre des éléments entre lesquels il y a un rapport d'addition, de succession ou d'opposition.

■ Les éléments coordonnés ou juxtaposés

- On peut lier des éléments de même fonction :
  - des groupes semblables : ▶ *Ce nouvel arrivant apprendra* le français *et* l'anglais . (deux GN) ;
  - des groupes différents : ▶ *C'est une langue* belle *et* de complexité moyenne . (un GAdj et un GPrép) ;
  - des phrases subordonnées : ▶ *Je voudrais* qu'il lise *et* qu'il écrive l'anglais . (deux subordonnées complétives) ;
  - des groupes et des phrases subordonnées : ▶ *Il connaît des langues* différentes *et* qui ne sont pas des langues sœurs . (un GAdj et une subordonnée relative).

- On peut aussi lier des phrases qui ne dépendent pas l'une de l'autre sur le plan de la syntaxe.
  ▶ Les langues anglaise et française ne sont pas des langues sœurs , *mais* elles s'influencent mutuellement .

.../ p. 510

■ Les éléments à effacer dans la coordination

Pour éviter la répétition dans la coordination, on efface un ou des éléments communs.

► *Elle parle* ~~l'italien~~ *et* ~~elle~~ *lit l'italien* .

► *J'aimerais apprendre* *une* ~~autre langue~~ *, deux* ~~autres langues~~ *ou trois autres langues* !

REMARQUE : Quand on efface un verbe, qui est l'élément commun, on met généralement une virgule pour marquer l'ellipse.

► *Jacob aime les langues germaniques* ; *Violaine* ~~aime~~ *, les langues latines* .

■ Les éléments qui ne peuvent pas être effacés

Voici des éléments qui ne peuvent pas être effacés dans la coordination :

– les prépositions *à*, *de*, *en* et les déterminants, sauf si les éléments coordonnés forment un tout ou désignent une seule réalité ;

► *Quand elle étudiait à Rome, Estelle envoyait régulièrement* **des** *lettres et* **des** *courriels* **à** *sa mère et* **à** *son frère* .

– les pronoms personnels compléments ;

► *Je* **t'***écrirai et* **t'***appellerai aussi souvent que possible* .

– les subordonnants.

► *Je sais* **que** *mon frère m'écrira et* **que** *ma mère viendra me visiter* .

REMARQUES :

– On peut cependant effacer les subordonnants avec les sujets identiques.

► *Tu comprends* *qu'elle s'ennuie et* ~~qu'elle~~ *t'attend impatiemment* .

– On peut effacer une partie du subordonnant répété pour garder seulement la conjonction *que* : *afin que...* *et* ~~afin~~ *que..., parce que...* *et* ~~parce~~ *que...*, etc.

► *Estelle ne s'ennuie pas* **parce qu'***elle a beaucoup de travail et* ~~parce~~ **que** *je lui écris toutes les semaines* .

– Il en est de même avec les locutions prépositives : *afin de...* *et* ~~afin~~ *de...*

■ Les éléments à remplacer dans la coordination

Pour éviter la répétition dans la coordination :

– on peut remplacer un élément commun par un pronom ;

► *L'accent de Sam est prononcé* ; **celui** *de Lei l'est moins* . (Le pronom *celui* remplace le GN *L'accent* ; le pronom *l'* remplace le GAdj *prononcé*.)

REMARQUE : On ne peut pas effacer les compléments de constructions différentes, même s'ils ont des éléments communs. On remplace alors un des compléments par un pronom convenant à la construction.

► ⊘ *Estelle aime et profite de son séjour en Italie.*

○ *Estelle* *aime son séjour en Italie* *et* **en** *profite* .

(*Aimer* **quelque chose**, mais *profiter* **de quelque chose**. Le pronom *en* remplace le complément introduit par *de*.)

– on peut remplacer un élément commun par un adverbe ;

► *Thomas connaît l'espagnol* *et* *Zoé* **aussi** . (L'adverbe *aussi* remplace le GV *connaît l'espagnol*.)

– on peut remplacer les subordonnants *lorsque, puisque, comme, quand* et *si* par *que* quand on coordonne deux subordonnées compléments de phrase.

► *Comme il maîtrise le français* *et* **qu'***il connaît très bien l'anglais* *, il fait des visites guidées dans la capitale.*

.../ p. 511

■ Addition

– et

– de plus

– puis

▶ *L'anglais* **et** *le français* *sont les deux langues officielles du Canada.*

REMARQUE : La virgule peut aussi avoir une valeur d'addition.

▶ *Plusieurs langues sont issues du latin :* *le français* **,** *l'italien* **,** *le roumain* *, etc.*

■ Choix

– ou (ou bien)

– soit... soit

– parfois... parfois

▶ *Le Canada a-t-il* *une* **ou** *deux* *langues officielles ?*

▶ *Il apprendra* **soit** *l'allemand,* **soit** *le russe.*

REMARQUE : Les coordonnants répétés, comme *soit... soit*, sont dits « corrélatifs ».

■ Exclusion

– ni

▶ *Ce nouvel arrivant ne parle pas* *français* **ni** *anglais* *.*

▶ *Ce nouvel arrivant ne parle* **ni** *français* *,* **ni** *anglais* *,* **ni** *espagnol* *.*

■ Succession dans le temps

– puis

– enfin

▶ *Ce nouvel arrivant apprendra* *le français* *,* **puis** *l'anglais* *.*

■ Cause ou explication

– car

– en effet

– effectivement

▶ *L'anglais et le français ne sont pas des langues sœurs,* **car** *leur langue mère n'est pas la même* *.*

REMARQUE : Le deux-points peut aussi introduire une cause ou une explication.

▶ *Ces langues ne sont pas des langues sœurs* **:** *leur langue mère n'est pas la même* *.*

■ Conséquence

– donc

– ainsi

– alors

– aussi

▶ *L'anglais et le français n'ont pas la même langue mère,* **aussi** *ce ne sont pas des langues sœurs* *.*

REMARQUE : Le deux-points peut également introduire une conséquence.

▶ *Ces langues n'ont pas la même langue mère* **:** *ce ne sont pas des langues sœurs* *.*

■ Opposition ou concession

– mais

– toutefois

– cependant

– par contre

▶ *Les langues anglaise et française ne sont pas des langues sœurs,* **mais** *elles s'influencent mutuellement* *.*

REMARQUE : La virgule ou le point-virgule peut aussi avoir une valeur d'opposition.

▶ *J'aime les langues germaniques* *,* *tu préfères les langues latines* *.*

REMARQUES :

– Les coordonnants sont généralement précédés de la virgule, sauf dans le cas des conjonctions *et, ou, ni*.

▶ *Je comprends l'anglais,* **mais** *je ne comprends pas l'espagnol* *.*

On emploie la virgule devant *et, ou, ni* si la coordination comporte plus de deux éléments.

▶ *J'aimerais apprendre* *l'italien* *,* **ou** *l'allemand* *,* **ou** *le russe* *.*

– Le coordonnant *ni* se place généralement devant chaque élément coordonné. Les coordonnants *et, ou* peuvent être répétés pour créer un effet d'insistance.

▶ *Ce nouvel arrivant n'apprendra* **ni** *le français* **ni** *l'anglais* *.*

▶ *Ce nouvel arrivant apprendra* **et** *le français* **et** *l'anglais* *.*

– Dans le cas de phrases coordonnées par un adverbe, celui-ci peut parfois se placer à l'intérieur de la seconde phrase.

▶ *Les langues anglaise et française ne sont pas des langues sœurs* **;** *elles s'influencent* **toutefois** *mutuellement* *.*

L'insertion

Façons d'insérer une phrase, sans coordonnant ni subordonnant, dans une autre phrase.

INCISE

▶ «*Je veux absolument, dit-il, apprendre le russe.*»

Sortes de phrases insérées

INCIDENTE

▶ *Le russe, je crois, est très difficile à apprendre.*

PHRASE INCISE

- La phrase incise (ou l'incise) permet d'indiquer de qui sont les paroles rapportées dans le discours direct.
- Elle est construite à l'aide d'un verbe de parole ou d'opinion, comme *dire, déclarer, murmurer, affirmer, penser,* etc., et pouvant ou non préciser sur quel ton les paroles sont rapportées. Son sujet est placé après le verbe.
- L'incise peut être placée à l'intérieur ou à la fin de la phrase :
  - à l'intérieur de la phrase, elle est encadrée par des virgules ;
  ▶ «*L'italien*, **dit-elle,** *est très chantant.*»
  - à la fin de la phrase, elle est aussi détachée par la virgule.
  ▶ «*Le français est bien plus complexe que l'anglais*», **affirma Maude.**

REMARQUE : Si les paroles rapportées se terminent par un point d'exclamation, un point d'interrogation ou des points de suspension, on ne met pas de virgule.

▶ «*Le français est bien plus complexe que l'anglais!*» **s'exclama Maude.**

PHRASE INCIDENTE

- La phrase incidente (ou l'incidente) permet à la personne qui parle ou qui écrit d'exprimer un point de vue ou un commentaire sur ce qu'elle dit ou écrit. La phrase incidente interrompt le cours de la phrase dans laquelle elle est insérée.
- L'incidente peut être détachée à l'aide de virgules, de parenthèses ou de tirets.
  ▶ *Paolo a fait*, **je crois,** *une traduction très rigoureuse.*
  ▶ *Ce texte* **— vous l'avez certainement remarqué —** *est une traduction.*
  ▶ *Le texte original* **(je m'en souviens très bien)** *était en italien.*

REMARQUE : L'incidente peut prendre la forme d'un groupe, par exemple un GPrép.

▶ *L'arabe est une langue*, **selon Éloïse,** *plus gutturale que l'allemand.*

La subordination

Enchâssement d'une phrase, appelée « phrase subordonnée », dans un groupe de mots (GN, GV, GAdj, etc.) ou dans une autre phrase, généralement introduite à l'aide d'un subordonnant comme *qui*, *que*, *dont*, *où*, etc., ou *lorsque*, *pour que*, *parce que*, *de sorte que*, etc.

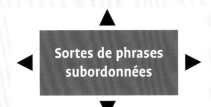

SUBORDONNÉE CORRÉLATIVE
▶ *Il a tant mangé qu'il est malade.*

SUBORDONNÉE RELATIVE
▶ *Le latin, qui n'est plus parlé, est une langue morte.*

Sortes de phrases subordonnées

SUBORDONNÉE COMPLÉMENT DE PHRASE
▶ *Parce qu'il n'est plus parlé, le latin est une langue dite morte.*

SUBORDONNÉE COMPLÉTIVE
▶ *On dit que le latin est une langue morte.*

– La subordonnée n'est pas autonome, contrairement aux phrases juxtaposées et coordonnées : elle dépend d'un mot de la phrase ou, pour celles qui sont des compléments de phrase, de l'ensemble de la phrase.
– À l'origine d'une phrase avec subordonnée, il y a deux phrases autonomes.

- **Subordonnée relative**

  Subordonnée
  ▶ *Le latin, qui n'est plus parlé, est une langue morte.*

  Phrases autonomes : P1 *Le latin est une langue morte.* P2 *Le latin n'est plus parlé.*

- **Subordonnée complétive**

  Subordonnée
  ▶ *On dit que le latin est une langue morte.*

  Phrases autonomes : P1 *On dit quelque chose.* P2 *Le latin est une langue morte.*

- **Subordonnée complément de phrase**

  Subordonnée
  ▶ *Parce qu'il n'est plus parlé, le latin est une langue dite « morte ».*

  Phrases autonomes : P1 *Le latin est une langue dite « morte ».* P2 *Le latin n'est plus parlé.*

- **Subordonnée corrélative**

  Subordonnée
  ▶ *Il a tant mangé qu'il est malade.*

  Phrases autonomes : P1 *Il a mangé.* P2 *Il est malade.*

REMARQUE : Il existe des subordonnées infinitives et participiales, qui sont des réductions de subordonnées relatives, complétives ou compléments de phrase.

- La subordonnée infinitive, construite à partir d'un verbe à l'infinitif, peut avoir un subordonnant ou non.

  Sub. infinitive
  ▶ *Je sais comment traduire cette phrase.* (avec subordonnant)

  Sub. infinitive
  ▶ *J'entends Arielle réciter sa leçon d'italien.* (sans subordonnant)

- La subordonnée participiale, construite à partir d'un participe présent, n'a pas de subordonnant.

  Sub. participiale
  ▶ *Sa voix faiblissant, nous ne saisissions plus ses paroles.*

La subordonnée relative

Phrase enchâssée introduite par un pronom relatif qui joue le rôle de subordonnant.

▶ **GN**
  Cette langue, | qui n'est plus parlée |, est une langue morte.
  Sub. rel. / Compl. du N

▶ **GN = Pronom substitut**
  Celle-ci, | qui est encore parlée |, est vivante.
  Sub. rel. / Compl. du Pron

▶ | Qui vole un œuf | vole un bœuf.
  Sub. rel. / Sujet

▶ Le voilà | qui s'amène |.
  Sub. rel. / Compl. du présentatif

- Le pronom relatif reprend un nom déjà mentionné (son antécédent). Dans le premier exemple, *qui* reprend *langue*.
- Il remplace un groupe de mots de la phrase et a la même fonction que ce groupe. Dans le premier exemple, la phrase à l'origine de la subordonnée est *Cette langue n'est plus parlée*; le pronom *qui* remplace *Cette langue*; il a la fonction de sujet du verbe *est parlée*.

■ Fonction

- La subordonnée relative remplit généralement la fonction de complément du nom ou du pronom. Elle apporte une précision essentielle ou accessoire au mot dont elle dépend. Parfois, la subordonnée relative peut être sujet ou complément du présentatif.

■ Mode

- Le verbe de la subordonnée relative est souvent conjugué au mode indicatif, mais il peut parfois être au subjonctif :
  - lorsque le fait exprimé dans la subordonnée est mis en doute ;
    ▶ *Il faut trouver une personne* | qui **puisse** s'exprimer facilement dans les trois langues |.
    (par opposition à *Il faut trouver une personne qui **peut** s'exprimer facilement dans les trois langues*, subordonnée dans laquelle on ne doute pas qu'une telle personne existe)
  - lorsque la relative est précédée d'une expression d'intensité (*le seul, l'unique, le premier*, etc.).
    ▶ *Ce sont les seules conditions* | qui **soient** requises |.

REMARQUE : Quand le pronom relatif est sans antécédent (*qui, quiconque, où*, etc.), il est appelé « pronom relatif nominal ».

▶ | Qui va à la chasse | perd sa place. (Ici, *Qui* veut dire *celui qui*.)

VALEUR DÉTERMINATIVE OU EXPLICATIVE DE LA RELATIVE

• La **relative déterminative** apporte une restriction à la réalité désignée : – elle n'est pas détachée par la virgule.	▶ *Ma sœur **qui est traductrice** travaille à l'étranger.* La relative restreint la réalité désignée : il ne s'agit pas de n'importe laquelle des sœurs de l'énonciateur, mais bien de celle qui est traductrice.
• La **relative explicative** apporte une précision accessoire au mot dont elle dépend : – elle est détachée par la virgule.	▶ *Ma sœur, **qui est traductrice,** travaille à l'étranger.* La relative apporte une précision accessoire : la seule et unique sœur de l'énonciateur, « soit dit en passant », est traductrice.

EMPLOI DES PRINCIPAUX PRONOMS RELATIFS

QUI
- Groupe de mots remplacé : GN
- Fonction : sujet

▶ *On appelle « langue morte » une langue* | qui n'est plus parlée |.
  qui = Sujet du V

GN
Phrase à l'origine de la subordonnée : <u>Cette langue</u> *n'est plus parlée.*

.../ p. 515

QUE / QU'	
• Groupe de mots remplacé: GN • Fonctions: complément direct du verbe ou, plus rarement, attribut du sujet	▶ *Une langue* qu' on ne parle plus *est appelée «langue morte».* qui = Compl. dir. du V GN Phrase à l'origine de la subordonnée: *On ne parle plus* <u>cette langue</u>.
DONT	

• Groupe de mots remplacé: GPrép introduit par *de/d'* (ou *du, des*)
• Fonctions: complément du nom, complément de l'adjectif ou complément indirect du verbe
	▶ *Une langue* dont *l'usage a cessé est appelée «langue morte».*
	dont = Compl. du N
	                                               GPrép
	Phrase à l'origine de la subordonnée: *L'usage* <u>de cette langue</u> *a cessé.*
	
	▶ *Le latin* dont *le français dérive est appelé «latin vulgaire».*
	dont = Compl. ind. du V
	                                             GPrép
	Phrase à l'origine de la subordonnée: *Le français dérive* <u>de ce latin</u>.

OÙ	
• Groupe de mots remplacé: groupe exprimant le temps ou le lieu • Fonctions: complément indirect du verbe ou complément de phrase	▶ *Les villes* où *l'on parle plusieurs langues sont cosmopolites.* où = Compl. de P (lieu) GPrép Phrase à l'origine de la subordonnée: *On parle plusieurs langues* <u>dans ces villes</u>.
PRÉPOSITION + QUI	
• Groupe de mots remplacé: GPrép (*à…, de…, par…, avec…*) qui fait référence à une ou à des personnes • Fonctions: complément du nom, complément de l'adjectif ou complément indirect du verbe	▶ *Les Romains,* à qui *nous devons notre alphabet, utilisaient le latin.* à qui = Compl. ind. du V GPrép Phrase à l'origine de la subordonnée: *Nous devons notre alphabet* <u>aux Romains</u>.
PRÉPOSITION + LEQUEL	

• Groupe de mots remplacé: GPrép (*à…, de…, par…, avec…*)
• Fonctions: complément indirect du verbe, complément de phrase ou, plus rarement, complément de l'adjectif
	▶ *Le latin* duquel *le français dérive est appelé «latin vulgaire».*
	duquel = Compl. ind. du V
	                                             GPrép
	Phrase à l'origine de la subordonnée: *Le français dérive* <u>de ce latin</u>.
	
	▶ *Cette culture,* à laquelle *tu es fidèle, est celle de nos ancêtres.*
	à laquelle = Compl. de l'Adj
	                                             GPrép
	Phrase à l'origine de la subordonnée: *Tu es fidèle* <u>à cette culture</u>.
	
	▶ *C'est la période* durant laquelle *le français s'est le plus développé.*
	durant laquelle = Compl. de P
	                                             GPrép
	Phrase à l'origine de la subordonnée: *Le français s'est le plus développé* <u>durant cette période</u>.

REMARQUES:

– *Lequel* varie en genre et en nombre.
– Les prépositions *à* et *de* s'amalgament à *lequel*, *lesquels* et *lesquelles* pour former *auquel*, *auxquels*, *auxquelles*, *duquel*, *desquels* et *desquelles*.

Phrase

La subordonnée complétive

Phrase enchâssée introduite par un subordonnant, le plus souvent la conjonction *que*. La conjonction n'a pas d'antécédent, contrairement au pronom relatif.

■ Fonction

- La subordonnée complétive remplit généralement la fonction de complément direct du verbe ou de complément de l'adjectif. Elle est parfois aussi complément indirect du verbe, complément du nom, sujet ou complément du présentatif. Elle apporte une précision essentielle au mot dont elle dépend.

Subordonnée complétive complément direct et indirect du verbe

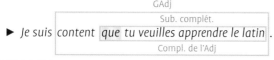

GV
Sub. complét.
▶ On *dit* que *le latin est une langue morte* .
Compl. dir. du V

GV
Sub. complét.
▶ Je *doute* qu' *il veuille apprendre le latin* .
Compl. ind. du V

Subordonnée complétive complément de l'adjectif

GAdj
Sub. complét.
▶ Je suis *content* que *tu veuilles apprendre le latin* .
Compl. de l'Adj

Subordonnée complétive complément du nom

GN
Sub. complét.
▶ La chance qu' *elle apprenne cette langue* est mince.
Compl. du N

Subordonnée complétive sujet

Sub. complét.
▶ Que *tu ne sois pas bilingue* me surprend.
Sujet

Subordonnée complétive complément du présentatif

Sub. complét.
▶ Voici que *la victoire nous échappe* .
Compl. du présentatif

REMARQUE : La subordonnée complétive complément indirect du verbe est parfois introduite par *à ce que* ou *de ce que*, selon la préposition commandée par le verbe.

▶ Vous verrez à ce qu' *il apprenne au moins une deuxième langue* .

■ Mode

- Le verbe de la subordonnée complétive peut être conjugué à deux modes différents :

  - à l'indicatif, si le fait est réel ou probable ; le mot dont la subordonnée dépend exprime alors une déclaration, une opinion, une connaissance ou une perception ;
    ▶ On <u>sait</u> que *ces personnes **sont** bilingues*.

  - au subjonctif, si le fait est seulement envisagé dans la pensée ; le mot dont la subordonnée dépend exprime alors un doute, une volonté, un ordre, un souhait ou un sentiment.
    ▶ On <u>doute</u> que *ces personnes **soient** bilingues*.

REMARQUE : Lorsqu'un verbe introduit une subordonnée complétive, il détermine aussi si la subordonnée sera à l'infinitif ou au subjonctif. Le dictionnaire fournit cette information.

.../ p. 517

VALEUR INTERROGATIVE OU EXCLAMATIVE DE LA COMPLÉTIVE

- Une subordonnée complétive peut avoir, de manière indirecte, une valeur interrogative ou exclamative :

  - La **complétive interrogative**, aussi appelée « interrogative indirecte », est complément d'un verbe dont le sens permet d'exprimer une interrogation, une demande ou une constatation (*savoir*, *dire*, *expliquer*, *se demander*, *ignorer*, etc.).

    Elle est enchâssée à l'aide de *si*, *ce que*, *ce qui*, ou encore à l'aide d'un marqueur interrogatif avec ou sans préposition (*qui*, *quoi*, *où*, *quand*, *comment*, *pourquoi*, *quel*, etc.).

    ▶ *Il se demande* comment *on prononce ce mot*. (Sub. formée à partir de la P interrogative *Comment prononce-t-on ce mot ?*)

    La phrase entière se termine par un point, sauf si la subordonnée se trouve dans une phrase de type interrogatif. Elle se termine alors par un point d'interrogation.

    ▶ *Il sait* comment *on prononce ce mot*. ➔ *Sait-il* comment *on prononce ce mot* ?

    REMARQUE : Dans la complétive interrogative, il n'y a pas :
    - inversion du pronom sujet ou reprise du GN sujet par un pronom ;
    - présence de l'expression *est-ce que* ou *est-ce qui*.

  - La **complétive exclamative**, aussi appelée « exclamative indirecte », est complément d'un verbe dont le sens permet d'exprimer un fait avec intensité (*imaginer*, *voir*, *regarder*, *entendre*, *s'apercevoir*, etc.).

    Elle est généralement enchâssée à l'aide de *si* ou de *comme* (parfois à l'aide d'un autre marqueur exclamatif).

    ▶ *Tu vois* comme l'italien *est facile*. (Sub. formée à partir de la P exclamative *Comme l'italien est facile !*)

    La phrase entière se termine par un point ou un point d'exclamation.

    ▶ *Tu vois* comme *l'italien est facile* . *Tu entends* comme *cet accent est chantant* !

CLASSE DES PRINCIPAUX SUBORDONNANTS AU DÉBUT DE LA SUBORDONNÉE COMPLÉTIVE COMPLÉMENT D'UN VERBE

■ Conjonction

- que — ▶ *Les linguistes soutiennent* qu' aucune langue n'est plus logique qu'une autre .
- si — ▶ *Je me demande* s' ils ont raison .
- comme — ▶ *Écoute* comme elle s'exprime bien !

■ Adverbe

- quand — ▶ *Ce linguiste explique* comment le français a évolué au Québec .
- comment — ▶ *Nous apprendrons* pourquoi la langue française n'est pas parlée de la même façon partout .
- pourquoi — ▶ *Je sais l'endroit* où tu vas .
- où

■ Pronom

- qui — ▶ *Il se demande* qui peut répondre à sa question .
- quoi — ▶ *Je sais* quoi leur répondre .
- Prép (*à*, *de*, *avec*, *chez*, etc.) + pronom — ▶ *Il décide* à qui il pose sa question .

■ Déterminant

- quel / quels / quelle / quelles — ▶ *J'ignore* quelle langue on parle dans ce pays .
- combien de

La subordonnée complément de phrase

Phrase enchâssée introduite par une conjonction qui joue le rôle de subordonnant.

Sub. de cause   GN   GV

▶ *Parce qu'il n'est plus parlé*, *le latin* *est une langue dite «morte»*.
     Compl. de P   Sujet   Prédicat

- La conjonction précise la relation de sens entre les deux phrases d'origine. Dans l'exemple, *Parce que* exprime un rapport de cause : *il n'est plus parlé* est la cause de *le latin est une langue dite «morte»*.

■ Fonction

- La subordonnée complément de phrase remplit la fonction de complément de phrase. Elle permet d'exprimer divers sens dans la phrase, comme le temps, le but, la cause, la conséquence, etc.

■ Mode

- Le verbe de la subordonnée complément de phrase peut être conjugué au mode indicatif ou au mode subjonctif. Le mode est indiqué sous forme de remarque dans le tableau ci-dessous.

SENS DE QUELQUES SUBORDONNANTS AU DÉBUT DES SUBORDONNÉES COMPLÉMENTS DE PHRASE

■ Temps : antériorité

- avant que
- d'ici à ce que
- en attendant que
- jusqu'à ce que

▶ *Quel était le statut du français* avant que *la loi 101 soit adoptée* ?

REMARQUES :
- *Avant que* peut aussi s'employer avec le *ne* explétif, qui n'est pas une marque de négation mais qui est une marque de style (langue soutenue).
- Le verbe de la subordonnée se met au mode subjonctif avec ces conjonctions de temps.

■ Temps : simultanéité

- alors que
- comme
- lorsque
- quand

▶ *Le français est devenu l'unique langue officielle du Québec* quand *la loi 101 a été adoptée en 1977*.

REMARQUE : Le verbe de la subordonnée se met au mode indicatif avec ces conjonctions de temps.

■ Temps : postériorité

- après que
- une fois que

▶ *Quel a été le statut de l'anglais* après que *la loi 101 a été adoptée* ?

REMARQUES :
- Le verbe de la subordonnée se met au mode indicatif avec ces conjonctions de temps.
- On rencontre couramment le subjonctif après le subordonnant *après que*.

■ But

- afin que
- de crainte que
- de peur que
- pour que

▶ *Le Québec a adopté la loi 101* pour que *la langue française devienne son unique langue officielle*.

REMARQUE : Le verbe de la subordonnée se met au mode subjonctif avec les conjonctions de but.

.../ p. 519

■ Cause

- comme
- étant donné que
- parce que
- puisque
- sous prétexte que
- vu que

▶ *Comme des milliers de langues sont uniquement parlées*, *il est difficile de connaître le nombre exact de langues dans le monde.*

REMARQUE : Le verbe de la subordonnée se met au mode indicatif avec les conjonctions de cause.

■ Conséquence

- au point que
- de façon que
- de manière que
- de sorte que
- si bien que

▶ *Des milliers de langues sont uniquement parlées* *de sorte qu'il est difficile de connaître le nombre exact de langues dans le monde*.

REMARQUES :
- Les subordonnées de conséquence ne sont pas mobiles, contrairement aux autres subordonnées compléments de phrase.
- Le verbe de la subordonnée se met généralement au mode indicatif avec les conjonctions de conséquence.

■ Comparaison

- ainsi que
- comme
- de même que
- tel que

▶ *De même que son père l'avait fait avant elle*, *elle décida d'étudier les langues anciennes.*

REMARQUE : Le verbe de la subordonnée se met au mode indicatif avec les conjonctions de comparaison.

■ Opposition

- alors que
- quand
- tandis que
- si

▶ *La langue d'oc était parlée dans le sud de la France,* *alors que la langue d'oïl était parlée dans les régions du nord de la France*.

REMARQUE : Le verbe de la subordonnée se met au mode indicatif avec les conjonctions d'opposition.

■ Concession

- bien que
- malgré que
- quoique

▶ *Bien qu'il connaisse quelques mots d'espagnol*, *il ne peut pas prétendre être trilingue.*

REMARQUE : Le verbe de la subordonnée se met généralement au mode subjonctif avec ces conjonctions de concession.

- même si
- quand bien même

▶ *Même s'il connaît quelques mots d'espagnol*, *il ne peut pas prétendre être trilingue.*

REMARQUE : Le verbe de la subordonnée se met au mode indicatif avec ces conjonctions de concession.

■ Hypothèse

- au cas où
- dans la mesure où
- si

▶ *On arrive à maîtriser une langue* *dans la mesure où on investit le temps nécessaire pour l'apprendre*.

REMARQUES :
- Le verbe de la subordonnée se met au mode indicatif avec ces conjonctions d'hypothèse.
- Avec le subordonnant d'hypothèse *si*, le verbe ne doit pas être au conditionnel.

- à condition que
- à supposer que
- en admettant que
- pourvu que

▶ *On arrive à maîtriser une langue* *pourvu qu'on investisse le temps nécessaire pour l'apprendre*.

REMARQUE : Le verbe de la subordonnée se met au mode subjonctif avec ces conjonctions d'hypothèse.

La subordonnée corrélative

Phrase enchâssée dans un groupe de la phrase qui joue le rôle de modificateur.

- L'adverbe *tant* est placé entre l'auxiliaire et le participe passé du verbe *pleuvoir*. Il permet de noter que la subordonnée corrélative marque une conséquence du fait qu'il a plu.

GV

Adv. + p. passé + Sub. corrélative

▶ *Il a* **tant** *plu* | *que la récolte est menacée* .

Modif. du V

■ Fonction

- La subordonnée corrélative remplit la fonction de modificateur. Elle modifie le groupe (GN, GAdv, GAdj ou GV) dans lequel elle est enchâssée. Une subordonnée corrélative exprime une conséquence ou une comparaison.

SENS DES PRINCIPAUX SUBORDONNANTS CORRÉLATIFS

■ Comparaison

- moins / aussi / plus... que
- autant / davantage... que
- mieux / meilleur / pire... que

▶ *Ce roman est* <u>*plus*</u> *complexe* <u>*que je ne l'aurais pensé*</u>.

REMARQUE : L'emploi du *ne* explétif est fréquent à l'intérieur de la subordonnée corrélative de comparaison, mais il n'est pas nécessaire. Il appartient à la langue soutenue.

■ Conséquence

- si / tellement... que
- tant / tel... que

▶ *Il est* <u>*si*</u> *heureux* <u>*qu'il pleure de joie*</u>.

REMARQUE : Le verbe de la subordonnée est à l'indicatif avec ces conjonctions de conséquence.

- assez / trop / suffisamment... pour que

▶ *Il a* <u>*suffisamment*</u> *plu* <u>*pour que la récolte soit menacée*</u>.

REMARQUE : Le verbe de la subordonnée est au subjonctif avec ces conjonctions de conséquence.

La réduction de la subordonnée

Procédé par lequel on remplace une subordonnée afin d'alléger la phrase ou de varier l'expression.

RÉDUCTION DE LA SUBORDONNÉE RELATIVE

Remplacement par :	
• GAdj ou GN	▶ Les personnes qui sont trilingues ont la priorité pour cet emploi. ➔ Les personnes trilingues ont la priorité pour cet emploi. (GAdj)
• GVpart	▶ Ève, qui parle très bien l'espagnol, nous a servi de guide. ➔ Ève, parlant très bien l'espagnol, nous a servi de guide. (GVpart)

• Subordonnée infinitive
  – avec subordonnant,
   sans sujet exprimé
	▶ Nous cherchons une école où nous apprendrions l'espagnol.
	➔ Nous cherchons une école où apprendre l'espagnol. (Sub. infinitive)

• Subordonnée infinitive
  – sans subordonnant,
   avec sujet exprimé
	▶ J'entends les élèves qui discutent en espagnol.
	➔ J'entends les élèves discuter en espagnol. (Sub. infinitive)

RÉDUCTION DE LA SUBORDONNÉE COMPLÉTIVE

Remplacement par :	
• GN	▶ Nous voyons qu'elle est compétente en traduction. ➔ Nous voyons sa compétence en traduction. (GN)
• GVinf	▶ Je crois que je peux faire cette traduction. ➔ Je crois pouvoir faire cette traduction. (GVinf)
• GPrép – Prép + GN / Prép + GVinf	▶ Tu doutes qu'elle soit bilingue. ➔ Tu doutes de son bilinguisme. (GPrép)

• Subordonnée infinitive
  – sans subordonnant,
   avec sujet exprimé
	▶ Je vois que les élèves font d'immenses progrès.
	➔ Je vois les élèves faire d'immenses progrès. (Sub. infinitive)

• GN compl. dir. + GAdj attr. du compl. dir.	▶ Nous trouvons que la traductrice est compétente. ➔ Nous trouvons la traductrice compétente. (GN compl. dir. + GAdj attr. du compl. dir.)

RÉDUCTION DE LA SUBORDONNÉE COMPLÉMENT DE PHRASE

Remplacement par :	
• GPrép – Prép + GN / Prép + GVinf	▶ Je lui donne de l'argent pour qu'il achète un journal. (Sub. de but) ➔ Je lui donne de l'argent pour acheter un journal. (GPrép)
• GVpart (ou GPrép = en + GVpart)	▶ Puisqu'il est bilingue, il écoute les films américains en anglais. (Sub. de cause) ➔ Étant bilingue, il écoute les films américains en anglais. (GVpart)
• GAdj	▶ Elle aurait l'emploi si elle était bilingue. (Sub. d'hypothèse) ➔ Bilingue, elle aurait l'emploi. (GAdj)

• Subordonnée participiale
  – sans subordonnant,
   avec sujet exprimé
	▶ Lorsque la loi 101 a été adoptée, le français est devenu l'unique langue officielle du Québec. (Sub. de temps)
	➔ La loi 101 ayant été adoptée, le français est devenu l'unique langue officielle du Québec. (Sub. participiale)

La ponctuation

PRINCIPAUX EMPLOIS DES SIGNES DE PONCTUATION
Virgule pour le détachement

Pour marquer le déplacement d'un complément de phrase au début ou à l'intérieur de la phrase.	▶ *Chaque année* , *de nouveaux mots entrent dans nos dictionnaires.* Compl. de P ▶ *Les gens,* *dans le langage courant* , *emploient environ 5000 mots.* Compl. de P
Pour détacher un complément du nom ou du pronom qui apporte une précision accessoire, à caractère explicatif.	▶ *Les sinophones,* *qui sont des locuteurs du chinois* , *surpassent en nombre* Compl. du N *les locuteurs de n'importe quelle autre langue.* Le complément du nom, une subordonnée relative explicative, donne une définition du terme *sinophones*; cette définition est accessoire. ▶ *Seconde langue du monde sur le plan géopolitique* , *le français est parlé sur* Compl. du N *cinq continents.* Le complément du nom, un GN placé en tête de phrase, donne une précision au sujet du français; cette précision est accessoire.
Pour détacher un groupe de mots qu'on reprend ou qu'on annonce par un pronom (forme emphatique).	▶ *Les Chinois* , *ils sont tellement nombreux sur la planète!* ▶ *Ils sont tellement nombreux sur la planète,* *les Chinois* *!*
Pour détacher: – une apostrophe (un groupe de mots désignant directement à qui l'on s'adresse); – une phrase incise (indiquant qui parle);	Apostrophe ▶ *Saviez-vous,* *chers lecteurs* , *que le français est la seconde langue internationale après l'anglais?* Incise ▶ *«Aucune langue,* *affirme ce linguiste* , *n'est plus logique, plus pure ou plus belle qu'une autre.»* ▶ *«Aucune langue n'est plus logique, plus pure ou plus belle qu'une autre»* , Incise *affirme ce linguiste* . **REMARQUE :** Quand la phrase incise est précédée d'une phrase qui se termine par un point d'interrogation ou d'exclamation, ou par des points de suspension, on ne met pas de virgule. Incise ▶ *«Y a-t-il des langues supérieures à d'autres?»* *demandai-je au linguiste* .
– une phrase incidente ou un groupe incident (servant à exprimer un point de vue); – un organisateur textuel ou un marqueur de relation au début d'une phrase.	Incidente ▶ *Elle a fait,* *je crois* , *une très bonne traduction de ce texte.* Organisateur textuel ▶ *Tout d'abord* , *il faut convenir que toutes les langues sont également belles.* Marqueur de relation ▶ *Cependant* , *une langue peut avoir plus d'attrait pour une personne qui admire le peuple qui la parle.*

.../ p. 523

Virgule pour la juxtaposition et la coordination

Pour joindre des mots, des groupes de mots, des subordonnées ou des phrases entre lesquels il y a un rapport d'addition (juxtaposition).	▶ *Beaucoup d'enfants sont scolarisés en français dans les pays du Maghreb (Algérie , Maroc , Tunisie).* ▶ *Je parle en français , je chante en anglais , je rêve en espagnol !*
Pour marquer une ellipse.	▶ *Ce hockeyeur a compté trois buts ; celui-ci , qu'un.* **REMARQUE :** La virgule après *celui-ci* remplace le verbe *a compté* afin d'éviter la répétition.
Pour joindre des phrases étroitement liées par leur sens (juxtaposition).	▶ *En 2006, la France comptait 63 millions de francophones , le Canada en comptait 11,5 .* **REMARQUE :** Dans une telle juxtaposition de phrases, une virgule remplace parfois le verbe qui a été effacé pour éviter la répétition. Dans ce cas, il vaut mieux juxtaposer les deux phrases à l'aide d'un point-virgule. ▶ *En 2006, la France comptait 63 millions de francophones ; le Canada , 11,5 .*
Devant les coordonnants *mais, car, puis, donc*, etc. (sauf *et, ou, ni*) qui joignent des groupes (coordination).	▶ *Cette nouvelle arrivante apprendra le français , puis l'anglais .* **REMARQUE :** On emploie la virgule devant *et, ou, ni*, si la coordination comporte plus de deux éléments. ▶ *J'aimerais apprendre l'italien , ou l'allemand , ou le russe .*

Deux-points

Pour introduire une énumération.	▶ *Voici des langues issues du latin, comme le français : l'italien, l'espagnol, le portugais, le roumain .*
Pour introduire une cause, une conséquence, une explication ou une conclusion (juxtaposition).	▶ *Un locuteur du thaï trouvera le chinois plus facile à apprendre qu'un francophone : le thaï et le chinois sont des langues sœurs, comme le français et l'espagnol .*
Pour introduire un discours rapporté direct. Les paroles sont rapportées entre guillemets ou précédées de tirets dans un dialogue.	▶ *Une spécialiste m'a dit : « Aucune langue n'est plus logique, plus pure ou plus belle qu'une autre. »* ▶ *Dans un petit restaurant du quartier italien, deux étudiantes discutent. L'une d'elles s'exclame :* *« L'italien ! Quelle belle langue, tout de même !* *— Ne confonds-tu pas la langue et le sentiment que tu éprouves pour le peuple qui la parle ? » lui répond l'autre.* **REMARQUE :** Il n'y a pas de deux-points quand les paroles sont introduites par *que* ou un autre subordonnant, car il s'agit alors d'un discours rapporté indirect. ▶ *Une spécialiste m'a dit qu' aucune langue n'est plus logique qu'une autre.*

... / p. 524

Point-virgule

Pour séparer les éléments d'une énumération, présentés sous forme de liste.	▶ *Voici des langues issues du latin, comme le français :* – l'italien *;* – l'espagnol *;* – le portugais *.*
Pour joindre des phrases entre lesquelles il y a un rapport d'addition, d'opposition, de simultanéité, etc. (juxtaposition).	▶ *En 2006, la France comptait 63 millions de francophones ; cette même année, le Canada en comptait 11,5 .* **REMARQUE :** Le point-virgule est particulièrement utile quand la virgule est déjà employée.

Crochets

Pour isoler une information : – dans une citation ; – dans une parenthèse.	▶ *« Cette langue [l'espagnol] est la plus belle langue au monde »*, disait-il. ▶ *Il maîtrisait très bien cette langue. (Il avait osé maintes fois déclarer que cette langue [l'espagnol] était sa préférée.)*
Pour encadrer des points de suspension indiquant qu'une partie du discours rapporté est absente.	▶ *« Ne confonds-tu pas la langue et le sentiment [...] pour le peuple qui la parle ? »*

Guillemets

Pour encadrer le discours rapporté direct (citation orale ou écrite).	▶ *Une spécialiste m'a dit :* « *Aucune langue n'est plus logique, plus pure ou plus belle qu'une autre.* » **REMARQUES :** – L'incise à l'intérieur du discours rapporté est isolée par des virgules. Il n'est pas utile de fermer les guillemets devant l'incise et de les rouvrir après. Incise ▶ « *Aucune langue,* affirme ce linguiste *, n'est plus logique, plus pure ou plus belle qu'une autre.* » – Le dialogue n'est pas toujours encadré de guillemets. Dans ce cas, la première réplique est également précédée d'un tiret. ▶ *Dans un petit restaurant du quartier italien, deux étudiantes discutent :* — *L'italien ! Quelle belle langue, tout de même !* — *Ne confonds-tu pas la langue et le sentiment que tu éprouves pour le peuple qui la parle ?*

... / p. 525

Tirets	
Pour distinguer : – le changement d'interlocuteur dans un dialogue ; – les éléments d'une énumération, présentés sous forme de liste.	▶ *Dans un petit restaurant du quartier italien, deux étudiantes discutent :* — *L'italien ! Quelle belle langue, tout de même !* — *Ne confonds-tu pas la langue et le sentiment que tu éprouves pour le peuple qui la parle ?* ▶ *Voici des langues issues du latin, comme le français :* — *l'italien ;* — *l'espagnol ;* — *le portugais.*
Pour détacher, plus fortement que la virgule, un groupe ou une phrase insérée.	Groupe incident ▶ *Elle a fait —* sans contredit *— la meilleure traduction possible de ce texte.* **REMARQUE :** Quand l'élément détaché est placé en fin de phrase, le tiret fermant est supprimé.
Parenthèses	
Pour isoler une information accessoire : explication, réflexion, etc.	▶ *L'italien (langue issue du latin) est la plus belle langue au monde !*

Les accords

DONNEURS ET RECEVEURS D'ACCORD

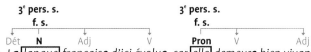

DONNEURS
- Nom
- Pronom

RECEVEURS
- Déterminant (varie en genre et en nombre)
- Adjectif et participe passé (varient en genre et en nombre)
- Verbe et auxiliaire *avoir* ou *être* (varient en personne et en nombre)

REMARQUES :
- Les donneurs et les receveurs d'accord sont des mots variables.
- Les adverbes, les prépositions et les conjonctions sont des mots invariables. Ils ne sont ni donneurs ni receveurs d'accord.

```
        3ᵉ pers. s.              3ᵉ pers. s.
            f. s.                    f. s.
    ┌───┴───┐                ┌───┴───┐
  Dét   N      Adj     V    Pron    V       Adj
```
▶ *La* |langue| *française d'ici évolue, car* |elle| *demeure bien vivante.*

RÈGLES D'ACCORD DANS LE GN

Accord du déterminant

- Le déterminant s'accorde avec le nom qu'il précède.
- Il reçoit le genre et le nombre du nom.

```
            f. pl.
    ┌───────┴───┐
  Dét        N
```
▶ *Ce**s** |personnes| parlent le français.*

■ **Cas particuliers**

Déterminants numéraux
- Les déterminants numéraux sont invariables, sauf *vingt* et *cent*.
    - ▶ *ces quatre interprètes*
- **Vingt** et **cent** s'accordent s'ils sont multipliés et s'ils terminent le déterminant numéral.
    - ▶ *quatre-vingts peuples et quatre-vingts milliers de personnes* (dans les deux cas, *vingts* est suivi d'un nom),
      mais quatre-vingt-deux peuples (ici, *vingt* est suivi d'un autre déterminant numéral)
      et cent vingt peuples (ici, *vingt* n'est pas multiplié)
    - ▶ *quatre cents personnes* (ici, *cents* est suivi d'un nom),
      mais quatre cent deux personnes (ici, *cent* est suivi d'un autre déterminant numéral)
      et mille cent personnes (ici, *cent* n'est pas multiplié)
- **Mille** est invariable s'il s'agit d'un déterminant, d'un pronom ou d'un nom.
  S'il désigne l'ancienne mesure de distance, il est variable.
    - ▶ *Mille personnes étaient présentes.* (ici, *mille* est déterminant)
    - ▶ *Il faut parcourir tous ces milles à pied.* (ici, *mille* désigne la distance)

.../ p. 527

Déterminants indéfinis

- Le déterminant indéfini **tout** (déterminant simple ou faisant partie d'un déterminant complexe) s'accorde avec le nom qu'il accompagne.
- Il est nécessaire de distinguer le déterminant *tout* des autres natures que ce mot peut prendre.
  - ▶ *Tout**es** ces **personnes** parlent le français.* (*Toutes ces* = déterminant complexe)
- Les déterminants indéfinis **beaucoup de**, **tellement de**, **trop de**, **tant de**, **(un) peu de**, **assez de** ne s'accordent pas. Le nom qu'ils accompagnent est au singulier ou au pluriel selon son sens.
  - ▶ *beaucoup de **dialectes**, peu de **compréhension***
- Le déterminant indéfini **chaque** est toujours au singulier, de même que le nom qu'il accompagne.
  - ▶ *chaque dialecte*
- Les déterminants indéfinis **aucun** et **nul** s'accordent au pluriel devant un nom qui ne s'emploie qu'au pluriel.
  - ▶ *aucun**s** **frais**, nul**les** **fiançailles***
- Le déterminant indéfini **quelque** est variable. Il importe de ne pas le confondre avec l'adverbe *quelque* (qui signifie *environ*), qui est invariable.
  - ▶ *Quelques humains, quelques plantes*
  - ▶ *Il a cuisiné quelque vingt gâteaux.* (ici, *quelque* signifie *environ*, c'est un adverbe)

Déterminants possessifs

- Le déterminant possessif **leur** s'accorde seulement en nombre avec le nom qu'il accompagne.
  - ▶ *leur histoire, leur**s** **dialectes**, leur**s** **langues***

Accord de l'adjectif complément du nom (ou du pronom)

- L'adjectif complément du nom (ou du pronom) s'accorde avec le nom (ou le pronom) qu'il complète.
- Il reçoit le genre et le nombre du nom (ou du pronom).

▶ *Les différent**s** ⬚créoles⬚ parlé**s** dans ces îles sont des ⬚langues⬚ né**es** du contact de deux langues.*

▶ *Né**es** du contact de deux langues, ⬚elles⬚ en forment de nouvelles.*

REMARQUE : Il en est de même pour l'adjectif participe (participe passé employé seul), qui fonctionne comme un adjectif.

■ Cas particuliers

Accord de l'adjectif avec plusieurs noms

- L'adjectif s'accorde au féminin pluriel s'il complète plusieurs noms féminins.
  - ▶ *une **locution** et une **expression** ancien**nes***
- L'adjectif s'accorde au masculin pluriel s'il accompagne plusieurs noms masculins ou plusieurs noms de genres différents.
  - ▶ *un **proverbe** et un **dicton** ancien**s***
  - ▶ *une **locution** et un **proverbe** ancien**s***
- L'adjectif peut s'accorder différemment selon :
  - qu'il est complément des noms juxtaposés ou coordonnés ;
    - ▶ *Ce **professeur** et cette **traductrice** chevronné**s** connaissent tous deux le latin.*
      (Ici, le professeur et la traductrice sont chevronnés.)
  - qu'il est complément d'un seul des noms juxtaposés ou coordonnés.
    - ▶ *Ce professeur et cette **traductrice** chevronné**e** connaissent tous deux le latin.*
      (Ici, seule la traductrice est chevronnée.)

... / p. 528

Orthographe

Accord des adjectifs au singulier avec un nom au pluriel

- Les adjectifs classifiants s'accordent au singulier s'ils s'appliquent à des réalités distinctes.
  - ► *Les **langues** française, italien**ne** et espagnol**e**, entre autres, sont issues du latin.*

Accord de l'adjectif complément du nom

- Dans un GN comportant un GPrép complément du nom, l'adjectif s'accorde avec le nom qu'il complète, selon le sens.
  - ► *un dictionnaire de **langue** français**e** (Ici, c'est la langue qui est française.)*
  - ► *un **dictionnaire** de langue écorn**é** (Ici, c'est le dictionnaire qui est écorné.)*

Accord de l'adjectif qui suit un nom collectif

- L'adjectif s'accorde avec le nom collectif quand celui-ci est employé seul.
  - ► *Une **foule** grouillant**e** attendait le discours du ministre.*
- Quand le nom collectif est suivi d'un GPrép complément du nom, l'adjectif s'accorde:
  - – avec le nom collectif si on veut insister sur l'ensemble;
    - ► *Une **équipe** de linguistes bien dirig**ée** travaille sur ce dossier.*
  - – avec le nom inclus dans le GPrép si on veut insister sur les choses ou les êtres de l'ensemble.
    - ► *Une équipe de **linguistes** compétent**s** travaillent sur ce dossier.*

Accord des adjectifs de couleur

- Les adjectifs de couleur simples s'accordent avec le nom. Toutefois, lorsqu'un nom est utilisé comme adjectif de couleur, il est généralement invariable.
  - ► *les **portes** gris**es**, les **portes** orange (Ici, orange est invariable parce qu'il s'agit de portes de la couleur d'une orange.)*
- Les adjectifs de couleur composés sont invariables.
  - ► *les portes **vert foncé**, les portes **gris-vert** (Lorsque l'adjectif est composé de deux adjectifs de couleur simples, on utilise le trait d'union.)*

RÈGLES D'ACCORD DANS LE GV
Accord du verbe (ou de son auxiliaire)

- Le verbe (ou l'auxiliaire) s'accorde avec le sujet.
- Il reçoit la personne et le nombre du nom noyau du GN sujet ou du pronom.

- ► *Les façons de parler le français **ont** évolué de diverses manières.* ► *Tu t'exprim**es** bien.*

■ Cas particuliers

- Quand le sujet est formé de noms et de pronoms de personnes différentes, le verbe (ou l'auxiliaire) s'accorde au pluriel et à la personne qui a la priorité: la 1re personne l'emporte sur la 2e et la 3e; la 2e l'emporte sur la 3e.
  - ► *Toi et **moi** parl**ons** une variété de français différente.*
- Quand le sujet est le pronom relatif *qui*, le verbe (ou l'auxiliaire) s'accorde en personne et en nombre avec l'antécédent du pronom.
  - ► ***Moi qui suis** native de Montréal, je ne connais pas ces expressions gaspésiennes.*
- On fait l'accord à la 3e personne du pluriel avec les pronoms sujets *beaucoup, bon nombre, la plupart* et *peu*.
  - ► ***La plupart** connaiss**ent** cette règle de grammaire.*

... / p. 529

Accord de l'adjectif attribut du sujet

- L'adjectif attribut du sujet s'accorde avec le sujet.
- Il reçoit le genre et le nombre du nom noyau du GN sujet ou du pronom.

▶ Bien qu'*elles* soient très différent**es**, les *langues* française et roumaine demeurent parent**es**.

Accord du participe passé employé avec *être*

- Le participe passé employé avec *être* s'accorde avec le sujet.
- Il reçoit le genre et le nombre du nom noyau du GN sujet ou du pronom.

▶ La *langue* française est né**e** du latin, comme l'italien.   ▶ *Elle* est parl**ée** par environ 200 millions de personnes.

■ Cas particuliers

- L'adjectif attribut et le participe passé s'accordent au féminin pluriel si le sujet est formé de plusieurs GN féminins.
  ▶ Cette **locution** et cette **expression** sont ancien**nes**.
- L'adjectif attribut et le participe passé s'accordent au masculin pluriel si le sujet est formé de plusieurs GN masculins ou de plusieurs GN de genres différents.
  ▶ Ce **proverbe** et ce **dicton** sont ancien**s**.   ▶ Cette **locution** et ce **dicton** sont ancien**s**.
- Les pronoms *je, tu, nous, vous* ont le genre et le nombre des êtres qu'ils représentent. L'accord se fait en conséquence.
  ▶ **Vous** êtes rentré**es** au pays plus tôt que prévu. (*Vous* : plusieurs personnes de sexe féminin)

  Les pronoms *nous* (de modestie) et *vous* (de politesse) peuvent représenter une seule personne. Dans ce cas, l'accord de l'adjectif attribut et du participe passé se fait en genre, au singulier.
  ▶ **Vous** êtes rentré**e** au pays plus tôt que prévu. (*Vous* : une personne de sexe féminin)
- Quand une expression de quantité comme *nombre de, bon nombre de, la plupart des, quantité de,* etc., est suivie d'un nom au pluriel, l'accord de l'adjectif attribut et du participe passé se fait alors avec le nom au pluriel.
  ▶ La plupart des **élèves** sont conscient**s** de cette règle de grammaire.
- Le pronom personnel *on* peut représenter une ou des personnes (*nous* familier). L'adjectif attribut et le participe passé s'accordent alors selon la ou les personnes que *on* représente. Le verbe reste à la 3e personne du singulier.
  ▶ Toi et moi, **on** est convaincu**s** que cette loi sera adoptée. (*on* représente *Toi et moi = nous*)

Accord du participe passé des verbes pronominaux

- On divise les verbes pronominaux en trois catégories : les verbes essentiellement pronominaux, les verbes pronominaux réfléchis et les verbes pronominaux réciproques.
- Les verbes essentiellement pronominaux nécessitent toujours l'emploi du pronom *se* (et ses variantes *me, te, nous, vous*). Il existe une soixantaine de verbes essentiellement pronominaux.

▶ *se souvenir, s'évanouir, se méfier...*

- Tous les participes passés des verbes essentiellement pronominaux s'accordent avec le sujet du verbe.

▶ **Elles** se sont souvenu**es** de leur enfance.

- Les verbes pronominaux réfléchis ou réciproques se différencient par le fait que le pronom complément (*me, te, se, nous, vous*) occupe la fonction de complément direct ou de complément indirect.
- L'accord des participes passés réfléchis ou réciproques se fait avec le CD quand ce dernier est placé avant le verbe.

▶ Ils sont punis parce qu'ils **se** sont battu**s**. (*se* = CD)

▶ Les lettres **qu'**ils se sont écrit**es**. (*qu'* = CD)

■ Cas particuliers

- Le participe passé est invariable si le pronom complément est un complément indirect.
  ▶ Ils se sont succédé au conseil des élèves.

.../ p. 530

Orthographe

Accord du participe passé employé avec *avoir*

- Le participe passé employé avec *avoir* s'accorde avec le complément direct seulement si ce complément le précède.

- Il reçoit le genre et le nombre du nom noyau du GN complément direct ou du pronom qui le remplace.

          f. pl.

        Pron aux.   p. p.

▶ *Les personnes* **qu'** *il a rencontré**es** parlent l'inuktitut.*

REMARQUE : Le participe passé ne s'accorde pas avec le complément direct d'un verbe à l'infinitif.

                                                       f. pl.

                                                Pron aux.   p. p.

▶ *Ce sont ces personnes que j'ai toujours souhaité rencontrer.*

▶ *Ce sont ces personnes* **que** *j'ai entendu**es** parler l'inuktitut.*

Le pronom relatif *que* (mis pour *ces personnes*) n'est pas le complément direct de *ai souhaité*; il est le complément direct du verbe *rencontrer* (*j'ai souhaité rencontrer quelqu'un : que* mis pour *ces personnes*), c'est pourquoi le participe passé *souhaité* reste invariable.

Le pronom relatif *que* (mis pour *ces personnes*) est :
- le complément direct de *ai entendues* (*j'ai entendu quelqu'un : que* mis pour *ces personnes*);
- sujet du verbe à l'infinitif (*que* mis pour *ces personnes* parlent l'inuktitut). C'est pourquoi le participe passé *entendues* s'accorde en genre et en nombre.

■ Cas particuliers

- Les participes passés *fait* et *laissé* suivis d'un infinitif sont invariables.
  ▶ *Les langues mortes que vos enseignants vous ont fai**t** apprendre, rendaient-elles service ?*

- Si le complément direct est le pronom *en*, le participe passé est invariable.
  ▶ *Des luttes linguistiques, ce peuple* **en** *a men**é** au cours de son histoire !*

- Si le complément direct est le pronom *le/l'* qui reprend une phrase ou une partie de phrase ou de texte, le participe passé est invariable.
  ▶ *Aucune langue n'est plus complexe qu'une autre, ce linguiste* **l'**a di**t**.

Le pronom *l'* reprend *Aucune langue n'est plus complexe qu'une autre*, c'est pourquoi le participe passé *dit* reste invariable.

- Le participe passé des verbes impersonnels est invariable.
  ▶ *Combien d'années aura-t-il fall**u** pour que le créole haïtien se forme ?*

Le groupe *Combien d'années* n'est pas un complément direct : il est un complément du verbe impersonnel *falloir* (aura fallu), c'est pourquoi le participe passé *fallu* reste invariable.
C'est aussi le cas pour le présentatif *il y a*, formé avec le verbe *avoir*, qui est alors impersonnel.
  ▶ *La fête de la francophonie qu'il y a e**u** à l'automne a ravi tous ses participants.*

- Le participe passé des verbes qui expriment une valeur ou une mesure, comme *coûter, marcher, peser, valoir, vivre*, est invariable.
  ▶ *C'est soixante-dix dollars que ce dictionnaire de langue a coût**é**.* (*soixante-dix dollars* = valeur)

Cependant, le participe passé de ces verbes s'accorde lorsque ces derniers sont employés au sens figuré.
  ▶ *Les efforts que l'apprentissage du japonais lui a coût**és** sont considérables.*

Accord de l'adjectif attribut du complément direct

- L'adjectif attribut du complément direct s'accorde avec le complément direct.

- Il reçoit le genre et le nombre du nom noyau du GN complément direct ou du pronom qui le remplace.

          f. pl.

        N   Adj

▶ *Cet élève trouve les* **langues** *anciennes compliqué**es**.*

La conjugaison

Ensemble des formes du verbe selon le mode, le temps, la personne et le nombre.

MODE PERSONNEL ET MODE IMPERSONNEL

Le verbe à un mode personnel est accordé selon la personne grammaticale du sujet de la phrase. Les modes personnels sont : l'indicatif, l'impératif et le subjonctif.

Le verbe à un mode impersonnel n'est pas accordé selon la personne grammaticale du sujet de la phrase. Les modes impersonnels sont : l'infinitif et le participe.

REMARQUE : Il ne faut pas confondre le mode impersonnel et la phrase impersonnelle.

V mode impersonnel (participe présent) V mode personnel (indicatif présent) V mode impersonnel (infinitif présent)

▶ *En apprenant une langue étrangère, on découvre une autre façon de concevoir le monde.*

TEMPS SIMPLE ET TEMPS COMPOSÉ

Le verbe à un temps simple est formé d'un radical et d'une terminaison.

- La plupart des verbes gardent le même radical au cours de la conjugaison.
- La terminaison change au cours de la conjugaison.

Radical/Terminaison Radical/Terminaison

▶ *termin / er* ⟶ *je termin / e*
tu termin / es
il termin / e
nous termin / ons
...

Le verbe à un temps composé est formé d'un auxiliaire de conjugaison (*avoir* ou *être*) et du participe passé du verbe.

aux. *avoir* + p. p.
▶ *terminer* ⟶ *tu as + terminé*

aux. *être* + p. p.
▶ *venir* ⟶ *tu es + venu/venue*

REMARQUE : L'auxiliaire *être* sert à conjuguer certains verbes exprimant un mouvement ou un changement d'état (ex. : *aller, arriver, partir, sortir, venir ; devenir, mourir, naître*).

Chaque temps simple a un temps composé qui lui correspond : l'auxiliaire du verbe à un temps composé est conjugué au temps simple correspondant.

▶ Présent : *tu **termines***   Passé composé : *tu **as** terminé* (aux. *avoir* au présent)

PERSONNE ET NOMBRE

Il existe trois personnes au singulier et trois personnes au pluriel, auxquelles sont associés des pronoms de conjugaison.

singulier : 1re personne *je*
2e personne *tu*
3e personne *il / elle*

pluriel : 1re personne *nous*
2e personne *vous*
3e personne *ils / elles*

…/ p. 532

Orthographe

Les **verbes réguliers** fonctionnent de la même façon dans la conjugaison. Les verbes réguliers sont :

A les verbes en -er, du type *aimer* (plus de 4000 verbes) ;	– Ces verbes ont toujours les mêmes terminaisons. ▸ *tu aim**es**, tu arriv**es**, tu jou**es**, tu étudi**es*** – Ils ont généralement un radical qui ne change pas de forme. ▸ *j'**aim**e, tu **aim**ais, nous **aim**erons, **aim**ant*
B les verbes en -ir du type *finir*, qui font -issant au participe présent (plus de 300 verbes).	– Ces verbes ont toujours les mêmes terminaisons. ▸ *nous finiss**ons**, nous atterriss**ons**, nous choisiss**ons*** – Ils ont un radical qui présente deux formes (ex.: *finir* → **fini-** ou **finiss-**). ▸ *je **fini**s, tu **fini**s, nous **finiss**ons, **finiss**ant*

A Le **radical** de certains verbes réguliers en -er subit de légères modifications.

Verbes en...	Changements aux radicaux	Exemples
-CER	**c** → **ç** devant *a* et *o*	*placer : nous plaçons*
-GER	**g** → **ge** devant *a* et *o*	*manger : nous mangeons*
-OYER, -UYER	**y** → **i** devant un *e* muet	*broyer : je broie*
-AYER	**y** → **y** ou **i** devant un *e* muet	*payer : je paye, je paie*
-E(*)ER, -É(*)ER	**e** ou **é** → **è** devant une syllabe qui contient un *e* muet, sauf dans	*acheter : j'achète*
* = consonne	les verbes *appeler*, *jeter* et ses dérivés, qui doublent le **l** ou le **t**	*appeler : j'appelle*

Les **verbes irréguliers** se conjuguent de manière particulière. Les verbes irréguliers (environ 350 verbes) sont :

C – les verbes en -ir qui ne font pas -issant au participe présent ; – les verbes en -oir ; – les verbes en -re ; – les verbes *aller* et *envoyer* (*renvoyer*).	Ces verbes peuvent avoir plusieurs radicaux ou des terminaisons particulières. En cas de doute, il importe de consulter un recueil de conjugaison.

C Plusieurs verbes irréguliers ont des **radicaux** particuliers.

Verbes en...	Particularités des radicaux	Exemples
-AÎTRE, -OÎTRE	Maintien du *î* du radical devant *t*	*il conn**aî**trait*
-IRE (sauf *rire*, *écrire* et leurs dérivés)	Ajout d'un **s** au radical pour : – l'indicatif imparfait ; – le passé simple ; – le subjonctif présent ; – le pluriel de l'indicatif présent.	*tu **cui**sais* *il **condui**sit* *que je **redi**se* *nous **di**sons*
-TTRE	Maintien d'un seul **t** du radical au singulier de l'indicatif et de l'impératif présent	*je **bat**s* *tu **remet**s*
-DRE (sauf -INDRE, -SOUDRE), -CRE, -PRE	Maintien de la consonne finale (*d, c, p*) du radical au singulier de l'indicatif présent et de l'impératif présent	*il **prend**, tu **prend**s* *je **vainc**s, tu **romp**s*
-INDRE, -SOUDRE	Perte de la consonne finale du radical (*d*) au singulier de l'indicatif présent et de l'impératif présent Pour les verbes en -INDRE : *nd* se changent en *gn* devant une voyelle	*je **pein**s* *tu **résou**s* *nous **pei**gnons*

Des verbes courants en **-ir** et en **-re**, tels *mentir*, *partir*, *sortir*, *naître*, *paraître* et leurs dérivés, perdent aussi la consonne finale du radical au singulier de l'indicatif présent et de l'impératif présent (ex.: **par**s, tu **nai**s).

.../ p. 533

TERMINAISONS DES VERBES AUX PRINCIPAUX MODES ET TEMPS

Infinitif présent

Terminaisons	-er	-ir	-oir	-re
Exemples	*piloter, voler*	*finir, réussir*	*voir, vouloir*	*prendre, rire*

Les verbes sont classés ainsi :

A Les **verbes réguliers en -er**, du type *aimer*.

B Les **verbes réguliers en -ir** du type *finir*, qui font *-issant* au participe présent.

C Les **verbes irréguliers en -ir** (qui ne font pas *-issant* au participe présent), en **-oir**, en **-re**, de même que les verbes *aller* et *envoyer*.

Infinitif passé

L'infinitif passé est formé de l'auxiliaire *avoir* ou *être* à l'infinitif présent et du participe passé du verbe.

▶ *Vous serez traductrice après* **avoir terminé** *ces examens.* **Être revenu** *avant la tombée de la nuit.*

Participe présent

Terminaison **A** **B** **C** (tous les verbes)	-ant
Exemples	*mesurant, réussissant*

REMARQUES :

– Dans certains cas, l'orthographe de l'adjectif correspondant au participe présent est différente.
  ▶ Participe présent : *fatiguant*　　　Adjectif : *fatigant*

– Le mode impersonnel gérondif est un GPrép formé de la préposition *en* et du participe présent.
  ▶ Gérondif : **En finissant** *cet examen, j'étais très satisfait.*

Participe présent composé

Le participe présent composé est formé de l'auxiliaire *avoir* ou *être* au participe présent et du participe passé du verbe.

▶ **Ayant terminé** *ces examens, je pourrai me reposer.* **Étant arrivé** *tôt, il a pu rencontrer l'enseignant d'anglais.*

Participe passé

Verbes	Terminaisons	Exemples			
		masculin singulier	féminin singulier	masculin pluriel	féminin pluriel
A réguliers en *-er*	-é	*lancé*	*lancée*	*lancés*	*lancées*
B réguliers en *-ir*	-i	*choisi*	*choisie*	*choisis*	*choisies*
C irréguliers en *-ir*, en *-oir*, en *-re*	-s	*appris*	*apprise*	*appris*	*apprises*
	-u	*vu*	*vue*	*vus*	*vues*
	-i	*servi*	*servie*	*servis*	*servies*
	-t	*peint*	*peinte*	*peints*	*peintes*

REMARQUES : Certains verbes irréguliers ont des terminaisons particulières au participe passé :

– *devoir, redevoir, mouvoir* prennent un **û** au masculin singulier seulement (ex. : *il a dû, elle s'est mue*) ;

– *croître* s'écrit avec un **û** à toutes les formes du participe passé afin de le distinguer du verbe *croire* (ex. : verbe *croître* → *il a crû* ; verbe *croire* → *il a cru*).

.../ p. 534

Personnes	Terminaisons				
	Verbes réguliers		**C** Verbes irréguliers en *-ir*, en *-oir*, en *-re*		
	A en *-er*	**B** en *-ir*	la plupart de ces verbes	*pouvoir, vouloir, valoir*	*couvrir, offrir, ouvrir...*
1re pers. s.	*-e*	*-s*	*-s*	*-x*	*-e*
2e pers. s.	*-es*	*-s*	*-s*	*-x*	*-es*
3e pers. s.	*-e*	*-t*	*-t*	*-t*	*-e*
1re pers. pl.	*-ons*	*-ons*	*-ons*	*-ons*	*-ons*
2e pers. pl.	*-ez*	*-ez*	*-ez*	*-ez*	*-ez*
3e pers. pl.	*-ent*	*-ent*	*-ent*	*-ent*	*-ent*

REMARQUE : Il est intéressant de noter que tous les verbes ont les mêmes terminaisons au pluriel de l'indicatif présent.

■ **Conjugaison de quelques verbes particuliers**

PRONOMS	AVOIR	ÊTRE	ALLER	FAIRE	DIRE	ASSEOIR		VAINCRE
je / j'	ai	suis	vais	fais	dis	assois	assieds	vaincs
tu	as	es	vas	fais	dis	assois	assieds	vaincs
il / elle	a	est	va	fait	dit	assoit	assied	vainc
nous	avons	sommes	allons	faisons	disons	assoyons ou	asseyons	vainquons
vous	avez	êtes	allez	faites	dites	assoyez	asseyez	vainquez
ils / elles	ont	sont	vont	font	disent	assoient	asseyent	vainquent

L'indicatif passé composé est formé de l'auxiliaire *avoir* ou *être* à l'indicatif présent et du participe passé du verbe.

▶ *Elle **a terminé** ses examens.*   *Elle **est devenue** traductrice.*

Personnes	Terminaisons **A** **B** **C**
1re pers. s.	*-ais*
2e pers. s.	*-ais*
3e pers. s.	*-ait*
1re pers. pl.	*-ions*
2e pers. pl.	*-iez*
3e pers. pl.	*-aient*

REMARQUE : Dans quelques verbes, entre autres dans les verbes en *-ier* et en *-yer*, il y a un double *i* ou un *yi* aux 1re et 2e personnes du pluriel (ex. : *vous étud**ii**ez, nous netto**yi**ons*).

L'indicatif plus-que-parfait est formé de l'auxiliaire *avoir* ou *être* à l'indicatif imparfait et du participe passé du verbe.

▶ *Elle **avait terminé** ses examens.*   *Elle **était devenue** traductrice.*

.../ p. 535

Indicatif passé simple

Personnes	Terminaisons			
	Verbes réguliers		**C** Verbes irréguliers en -*ir*, en -*oir*, en -*re*	
	A en -*er*	**B** en -*ir*		
1re pers. s.	-*ai*	-*is*	-*is*	-*us*
2e pers. s.	-*as*	-*is*	-*is*	-*us*
3e pers. s.	-*a*	-*it*	-*it*	-*ut*
1re pers. pl.	-*âmes*	-*îmes*	-*îmes*	-*ûmes*
2e pers. pl.	-*âtes*	-*îtes*	-*îtes*	-*ûtes*
3e pers. pl.	-*èrent*	-*irent*	-*irent*	-*urent*

REMARQUES :

– *Avoir* et *être* ont les terminaisons des verbes irréguliers (ex. : *j'eus, nous eûmes* ; *je fus, nous fûmes*).
– *Tenir* et *venir* ont des terminaisons particulières au passé simple (ex. : *je tins, nous tînmes*).
– Les verbes ayant les mêmes terminaisons à l'infinitif n'ont pas nécessairement les mêmes terminaisons au passé simple (ex. : *dorm**ir** : elle dorm**it*** ; *cour**ir** : elle cour**ut***).

Indicatif passé antérieur

L'indicatif passé antérieur est formé de l'auxiliaire *avoir* ou *être* à l'indicatif passé simple et du participe passé du verbe.

▶ *Quand elle **eut terminé** ses examens, elle prit des vacances.*
*Quand elle **fut devenue** traductrice, elle gagna bien sa vie.*

Indicatif futur simple et indicatif conditionnel présent

Personnes	Terminaisons					
	Verbes réguliers				**C** Verbes irréguliers en -*ir*, en -*oir*, en -*re*	
	A en -*er*		**B** en -*ir*			
	Fut. s.	Cond. prés.	Fut. s.	Cond. prés.	Fut. s.	Cond. prés.
1re pers. s.	-*erai*	-*erais*	-*rai*	-*rais*	-*rai*	-*rais*
2e pers. s.	-*eras*	-*erais*	-*ras*	-*rais*	-*ras*	-*rais*
3e pers. s.	-*era*	-*erait*	-*ra*	-*rait*	-*ra*	-*rait*
1re pers. pl.	-*erons*	-*erions*	-*rons*	-*rions*	-*rons*	-*rions*
2e pers. pl.	-*erez*	-*eriez*	-*rez*	-*riez*	-*rez*	-*riez*
3e pers. pl.	-*eront*	-*eraient*	-*ront*	-*raient*	-*ront*	-*raient*

REMARQUES :

– Il est intéressant de noter que les verbes réguliers en -*ir* et les verbes irréguliers ont les mêmes terminaisons au futur simple et au conditionnel présent.
– Dans certains verbes irréguliers, il y a deux *r* consécutifs. Le premier *r* peut appartenir :
  • au radical normal, par exemple *courir* (*je cour / rai – cour / rais*), *mourir* (*je mour / rai – mour / rais*) ;
  • à une forme particulière du radical, par exemple *voir* (*je ver / rai – ver / rais*), *envoyer* (*j'enver / rai – enver / rais*).
– *Cueillir* et ses dérivés ont les terminaisons des verbes réguliers en -*er* au futur simple et au conditionnel présent.

... / p. 536

Orthographe

PRONOMS	AVOIR			ÊTRE			ALLER			TENIR		
	Radical	Fut. s.	Cond. prés.	Radical	Fut. s.	Cond. prés.	Radical	Fut. s.	Cond. prés.	Radical	Fut. s.	Cond. prés.
je/j'	au	rai	rais	se	rai	rais	i	rai	rais	tiend	rai	rais
tu	au	ras	rais	se	ras	rais	i	ras	rais	tiend	ras	rais
il/elle	au	ra	rait	se	ra	rait	i	ra	rait	tiend	ra	rait
nous	au	rons	rions	se	rons	rions	i	rons	rions	tiend	rons	rions
vous	au	rez	riez	se	rez	riez	i	rez	riez	tiend	rez	riez
ils/elles	au	ront	raient	se	ront	raient	i	ront	raient	tiend	ront	raient

PRONOMS	VOULOIR			MOURIR			VOIR			SAVOIR		
	Radical	Fut. s.	Cond. prés.	Radical	Fut. s.	Cond. prés.	Radical	Fut. s.	Cond. prés.	Radical	Fut. s.	Cond. prés.
je/j'	voud	rai	rais	mour	rai	rais	ver	rai	rais	sau	rai	rais
tu	voud	ras	rais	mour	ras	rais	ver	ras	rais	sau	ras	rais
il/elle	voud	ra	rait	mour	ra	rait	ver	ra	rait	sau	ra	rait
nous	voud	rons	rions	mour	rons	rions	ver	rons	rions	sau	rons	rions
vous	voud	rez	riez	mour	rez	riez	ver	rez	riez	sau	rez	riez
ils/elles	voud	ront	raient	mour	ront	raient	ver	ront	raient	sau	ront	raient

PRONOMS	FAIRE			VENIR			COURIR			ENVOYER		
	Radical	Fut. s.	Cond. prés.	Radical	Fut. s.	Cond. prés.	Radical	Fut. s.	Cond. prés.	Radical	Fut. s.	Cond. prés.
je/j'	fe	rai	rais	viend	rai	rais	cour	rai	rais	enver	rai	rais
tu	fe	ras	rais	viend	ras	rais	cour	ras	rais	enver	ras	rais
il/elle	fe	ra	rait	viend	ra	rait	cour	ra	rait	enver	ra	rait
nous	fe	rons	rions	viend	rons	rions	cour	rons	rions	enver	rons	rions
vous	fe	rez	riez	viend	rez	riez	cour	rez	riez	enver	rez	riez
ils/elles	fe	ront	raient	viend	ront	raient	cour	ront	raient	enver	ront	raient

Indicatif futur antérieur et indicatif conditionnel passé

- L'indicatif futur antérieur est formé de l'auxiliaire *avoir* ou *être* à l'indicatif futur simple et du participe passé du verbe.

  ▶ *Quand elle **aura terminé** ses examens, elle prendra des vacances.*
  *Quand elle **sera devenue** traductrice, elle gagnera bien sa vie.*

- L'indicatif conditionnel passé est formé de l'auxiliaire *avoir* ou *être* à l'indicatif conditionnel présent et du participe passé du verbe.

  ▶ *Elle **aurait terminé** ses examens le mois passé, apparemment.*
  *Elle **serait devenue** traductrice, apparemment.*

Subjonctif présent

Les terminaisons sont les mêmes pour **tous les verbes**, sauf *avoir* et *être*.

Personnes	Terminaisons A B C
1ʳᵉ pers. s.	*-e*
2ᵉ pers. s.	*-es*
3ᵉ pers. s.	*-e*
1ʳᵉ pers. pl.	*-ions*
2ᵉ pers. pl.	*-iez*
3ᵉ pers. pl.	*-ent*

Exceptions		
PRONOMS	AVOIR	ÊTRE
que **je/j'**	aie	sois
que **tu**	aies	sois
qu' **il/elle**	ait	soit
que **nous**	ayons	soyons
que **vous**	ayez	soyez
qu' **ils/elles**	aient	soient

REMARQUE : Dans quelques verbes, entre autres dans les verbes en *-ier* et en *-yer*, il y a un double *i* ou un *yi* aux 1ʳᵉ et 2ᵉ personnes du pluriel (*que vous étud**ii**ez, que nous netto**yi**ons*).

.../ p. 537

■ Conjugaison de quelques verbes particuliers

PRONOMS	ALLER	FAIRE	POUVOIR	SAVOIR	VALOIR	VOULOIR	FALLOIR
que **je / j'**	aille	fasse	puisse	sache	vaille	veuille	
que **tu**	ailles	fasses	puisses	saches	vailles	veuilles	
*qu'*il / elle	aille	fasse	puisse	sache	vaille	veuille	faille
que **nous**	allions	fassions	puissions	sachions	valions	voulions	
que **vous**	alliez	fassiez	puissiez	sachiez	valiez	vouliez	
*qu'*ils / elles	aillent	fassent	puissent	sachent	vaillent	veuillent	

Subjonctif passé

Le subjonctif passé est formé de l'auxiliaire *avoir* ou *être* au subjonctif présent et du participe passé du verbe.

▶ *Je suis content qu'elle* **ait terminé** *ses examens.*   *Je suis content qu'elle* **soit devenue** *traductrice.*

Impératif présent

Personnes	Terminaisons			
	Verbes réguliers		**C** Verbes irréguliers en *-ir*, en *-oir*, en *-re*	
	A en *-er*	**B** en *-ir*	la plupart de ces verbes	*couvrir, offrir, ouvrir…*
2e pers. s.	*-e*	*-s*	*-s*	*-e*
1re pers. pl.	*-ons*	*-ons*	*-ons*	*-ons*
2e pers. pl.	*-ez*	*-ez*	*-ez*	*-ez*

■ Conjugaison de quelques verbes particuliers

PERSONNES	AVOIR	ÊTRE	SAVOIR	VOULOIR
2e pers. s.	aie	sois	sache	veux (veuille)
1re pers. pl.	ayons	soyons	sachons	voulons
2e pers. pl.	ayez	soyez	sachez	voulez (veuillez)

REMARQUE :

Avec le verbe *vouloir* :

– les formes *veuille* et *veuillez* représentent un impératif de politesse ;

  ▶ **Veuillez** *vous asseoir.*

– les formes *veux, voulons, voulez* sont surtout employées à la négative.

  ▶ *Ne nous en* **voulons** *pas trop d'avoir échoué dans ce projet.*

Impératif passé

L'impératif passé est formé de l'auxiliaire *avoir* ou *être* à l'impératif présent et du participe passé du verbe.

▶ **Aie terminé** *tes devoirs avant de partir.*   **Sois revenu** *avant la tombée de la nuit.*

Orthographe

L'origine et la formation des mots

MOTS ISSUS DU LATIN VULGAIRE (LATIN PARLÉ)
- Plus de 80 % des mots.
  - ▶ *eau* vient de *aqua*
  - ▶ *table* vient de *tabula*
  - ▶ *chanter* vient de *cantare*

Origine des mots de la langue française

MOTS FORMÉS À L'AIDE DE DIVERS PROCÉDÉS
- Dérivation
- Composition
- Composition savante
- Télescopage
- Abrègement

MOTS EMPRUNTÉS À D'AUTRES LANGUES
- Emprunts au latin et au grec (surtout par les intellectuels).
  - ▶ *mathématique* : du grec *mathêmatikos*
  - ▶ *ausculter* : du latin *auscultare*
  - ▶ *synonyme* : du latin *synonymus* et du grec *sunônumos*
- Emprunts à des cultures entrées en contact avec les communautés de langue française.
  - ▶ *magasin* : de l'arabe *makhâzin*
  - ▶ *sport* : de l'anglais *disport*
  - ▶ *toboggan* : de l'algonquin *otoban* « traîne »

REMARQUES :
- L'évolution du lexique ne cesse jamais : tandis que des mots sont créés pour nommer de nouvelles réalités (néologismes), d'autres tendent à disparaître de l'usage (et deviennent à la longue des archaïsmes) et d'autres encore sont empruntés à différentes langues.
- Dans le cas d'emprunt à l'anglais, si un mot français correspondant existe, l'emprunt est un **anglicisme**. Les anglicismes sont à éviter.

DIVERS PROCÉDÉS DE FORMATION DES MOTS
Dérivation

- Création d'un mot, appelé « mot dérivé », à partir d'un mot de base auquel s'ajoute un préfixe (avant) ou un suffixe (après).

REMARQUE : Le sens des préfixes et des suffixes est indiqué dans certains dictionnaires usuels.

▶ *en-*
  - ♦ Élément, du lat. *in-* et *im-*, de *in* « dans », servant, avec le radical substantif qu'il précède, à la formation de verbes composés (var. *em-* devant *b, m, p*) : *emboîter, emmancher, emprisonner, enterrer.*

Petit Robert de la langue française, 2007

▶ *-ement*
  Pour former des noms masculins. [...] 3♦ La base est un verbe (la base est celle de la forme de la 1re personne du présent, ou de la forme de l'imparfait). *Agrandissement, amoncellement, blanchissement,* [...] ◊ ⇒ 1. **-ment.** <lat. *-amentum*, pour *-mentum*. → 1. -ment.>

▶ *en*ter**r**ement
▶ *en*dett**ement**

▦ Préfixes
- De façon générale, les préfixes sont employés sans trait d'union : antihéros, néoquébécois...
- Le trait d'union est notamment employé pour éviter la rencontre de deux voyelles : micro-ordinateur.

▦ Suffixes
- Dans certains cas, l'emploi d'un suffixe permet de nuancer le sens d'un mot : chauffeur – chauffard (le second terme désigne un mauvais conducteur alors que le premier est neutre).

.../ p. 539

Composition

- Création d'un mot, appelé «mot composé», par la réunion de deux ou de plusieurs mots qui représentent une réalité unique.

REMARQUE : Le mot composé peut s'écrire à l'aide de traits d'union (*aigre-doux*), sans trait d'union (*rouge vin*) ou en un mot (*portemanteau*).

▶ *tiers-monde*
▶ *arc-en-ciel*
▶ *terre à terre*

Composition savante

- Création d'un mot par la réunion d'éléments provenant du latin ou du grec.

REMARQUE : Le sens des éléments latins et grecs est indiqué dans certains dictionnaires usuels.

▶ *-vore*
  ♦ Élément, du lat. *-vorus*, de *vorare* «avaler, manger».

Petit Robert de la langue française, 2007

▶ *-chrone, chron(o)*
  ♦ Éléments, du gr. *Khrônos*, «temps».

Dictionnaire du français plus, CEC

▶ *carnivore = carni* (chair) + *vore* (manger)
▶ *chronomètre = chrono* (temps) + *mètre* (mesure)

Télescopage

- Création d'un mot, appelé «mot-valise», par la réunion de parties de mots.

REMARQUE : Souvent, les mots qu'on télescope ont un son en commun, qui sert de charnière.

▶ *franglais = **fran**çais + an**glais***
▶ *pourriel = **pou**belle + cou**rriel***
▶ *épouffroyable* (création de Marc Favreau, alias Sol) = ***épou**vantable + **effroyable***

Abrègement

■ Mots abrégés
- Création d'un mot, appelé «mot abrégé», par le retranchement d'une ou de plusieurs syllabes.

REMARQUES :
- Souvent au moment de leur création, les mots abrégés appartiennent à la langue familière ou populaire. Certains finissent par entrer dans la langue courante.
- Certains mots abrégés sont formés avec un **o** final. Par exemple, *proprio* pour propriétaire, *apéro* pour apéritif.
- Les mots abrégés prennent la marque du pluriel. Par exemple, *des profs*.

■ Sigles
- Création d'un mot, appelé «sigle», à l'aide de la première lettre de deux ou de plusieurs mots.

REMARQUES :
- Si le sigle est prononcé comme un mot ordinaire, il s'agit d'un acronyme. Par exemple, *ONU*.
- Les acronymes employés comme des noms communs s'écrivent en minuscules et prennent la marque du pluriel. Par exemple, *des ovnis*.

▶ *photo = photo~~graphie~~*
▶ *vélo = vélo~~cipède~~*
▶ *télé* (familier) = *télé~~vision~~*
▶ *ordi* (familier) = *ordi~~nateur~~*

▶ *OGM = **o**rganisme **g**énétiquement **m**odifié*
▶ *ONU = **O**rganisation des **N**ations **U**nies*
▶ *ovni = **o**bjet **v**olant **n**on **i**dentifié*

… / p. 540

FAMILLES DE MOTS

- Une famille de mots est un ensemble de mots dérivés et composés qui se rattachent à un même mot de base par la forme et par le sens.

REMARQUES :

- Certains mots n'ont pas de famille. Par exemple, *hangar*.
- D'autres mots, sans être de la même famille, sont proches par le sens. Par exemple, *œil*, *ophtalmique*, *oculaire*.

▶ Mot de base : *couvrir*

Mots dérivés : *couvert, couverture, recouvrement, recouvrir, découvrir*, etc.

Mots composés : *couvre-chef, couvre-feu, couvre-lit*, etc.

Le sens des mots

Le contexte est essentiel à la signification d'un mot (sens contextuel). Il permet d'affirmer si le mot analysé est utilisé dans son sens propre ou figuré et s'il adopte un sens neutre ou connoté.

POLYSÉMIE

- Les mots sont généralement polysémiques, c'est-à-dire qu'ils ont plusieurs sens.
- On peut connaître le sens d'un mot à l'aide :
  - de son contexte ;
  - des définitions et des exemples qu'on trouve dans les dictionnaires.

▶ **bruit** […]
  1. Sensation perçue par l'oreille. […]
  2. Tumulte, agitation. […]
  3. Nouvelle qui circule, rumeur. […]

Dictionnaire du français plus, CEC

SENS PROPRE ET SENS FIGURÉ

- Le sens propre d'un mot est le sens le plus habituel de ce mot.
- Le sens figuré d'un mot crée une image.

▶ **acteur, trice** […]
  ■ 1 Artiste dont la profession est de jouer un rôle à la scène ou à l'écran. […]
  ■ 2 FIG. Personne qui prend une part active, joue un rôle important. […]

Petit Robert de la langue française, 2007

SENS NEUTRE ET SENS CONNOTÉ

- Le sens neutre (ou dénoté) d'un mot sert à désigner une réalité, sans y ajouter de valeur particulière. Il contribue à marquer un point de vue objectif.
- Le sens connoté d'un mot sert à désigner une réalité, en y ajoutant une valeur particulière, par exemple :
  - méliorative, s'il présente la réalité d'une manière favorable ;
  - péjorative, s'il présente la réalité d'une manière défavorable.

  Il contribue à marquer un point de vue subjectif.

▶ *voiture* pour véhicule automobile

▶ *bolide* (sens connoté mélioratif)
▶ *tacot* (sens connoté péjoratif)

HOMONYMES (HOMOPHONES ET HOMOGRAPHES)

- Les homonymes sont des mots qui se prononcent ou qui s'écrivent de la même façon, mais qui ont des sens différents.
- Dans les homonymes, on distingue :
  - les homophones, qui se prononcent de la même façon, mais ont des orthographes différentes ;
  - les homographes, qui s'écrivent de la même façon et se prononcent généralement de la même façon. Ils sont souvent distingués par le genre.

▶ *sol* : note de musique
  sol : terre
  sole : poisson

▶ *ces*, *ses*

▶ un *tour*, une *tour*

REMARQUE : Le contexte est essentiel pour donner le sens approprié aux homonymes.

PARONYMES

- Les paronymes sont des mots dont la prononciation est très proche (presque homonyme), mais qui ont des sens différents.

▶ *recouvrir* un fauteuil,
  recouvrer la santé

REMARQUE : Le contexte est essentiel pour éviter les confusions de sens que peuvent occasionner les paronymes.

Lexique

Les figures de style

Procédés stylistiques pour évoquer des images, créer des associations, jouer avec les mots ou produire des effets tout en révélant une manière de voir ou de ressentir.

QUELQUES FIGURES DE STYLE

■ Accumulation

Ensemble de mots, de groupes de mots ou d'expressions, souvent présentés sans aucun ordre, qui concourent à créer un effet d'emphase.

▶ *Jeunes et vieux , hommes et femmes , pauvres et riches étaient dans la rue et criaient des slogans.*

■ Antithèse

Contraste créé par le rapprochement de termes opposés dans une même phrase.

▶ *Vous êtes le calme dans la tempête .*
▶ *Il régnait une sombre clarté .*

■ Comparaison

Rapprochement explicite entre deux termes, en fonction d'un point commun ou d'une différence, à l'aide de termes comparatifs (*comme*, *tel*, *ainsi que*, *pareil à*, etc.).

▶ *La page blanche, tel un rêve oublié , me troublait.*

■ Euphémisme

Procédé qui consiste à créer un effet d'atténuation afin de ne pas choquer ou heurter.

▶ *Elle nous a quittés si jeune .* (pour *Elle est morte si jeune.*)

■ Gradation

Suite d'éléments placés en ordre de progression ; la gradation peut être ascendante ou descendante.

▶ *Il avait souri , pouffé de rire et, finalement, cédé à l'hilarité sans pouvoir s'arrêter .*
▶ *Elle a contracté cette maladie , a souffert le martyre et en est finalement morte .*

■ Hyperbole

Formulation qui crée un effet d'exagération grâce à un vocabulaire excessif.

▶ *Je suis morte de fatigue .* (pour *très fatiguée*)
▶ *C'est une véritable tragédie .* (pour *événement malheureux*)

■ Ironie

Procédé qui consiste à exprimer l'inverse de ce que l'on pense afin de se moquer ou de critiquer.

▶ *Quelle merveilleuse invention que la guerre ! L'Homme a vraiment de quoi en être fier !* (pour *Quel abominable fléau que la guerre ! L'Homme devrait en avoir honte !*)

■ Litote

Procédé qui consiste à dissimuler une réalité en disant peu pour suggérer davantage.

▶ *Ce n'est pas fameux .* (pour *C'est mauvais.*)

.../ p. 543

■ Métaphore

Rapprochement, sans marque de comparaison explicite, de deux éléments apparemment sans lien qu'on met en relation pour favoriser un transfert de sens.

▶ *Il est tombé une pluie d'étoiles filantes .*

▶ *Ce discours est un monument de bêtises .*

▶ *Ton auto est un vrai citron .*

■ Métonymie

Remplacement d'un terme par un autre qui lui est lié de façon logique. Par exemple :

– la partie pour le tout ;

– l'effet pour la cause ;

– le contenant pour le contenu.

▶ *On a besoin de bras .* (bras pour *main-d'œuvre*)

▶ *La misère fait des ravages dans ce pays aride.* (*misère* pour *sécheresse, malnutrition,* etc.)

▶ *Je boirais un bon verre .* (verre pour *boisson contenue*)

■ Répétition stylistique

Emploi des mêmes termes en vue de créer un effet d'emphase ou pour établir un rythme.

▶ *Si tu viens me voir,*
Je t'ouvrirai ma porte.
Si tu viens me voir,
Tu sauras tout l'amour que j'ai pour toi.

■ Parallélisme de construction

Succession de constructions syntaxiques identiques ou semblables.

▶ *Tel père, tel fils.*

▶ *Plus on est de fous, plus on rit.*

■ Personnification

Représentation d'une réalité inanimée ou animale sous une forme humaine.

▶ *La souris chantait des airs connus.*

▶ *Les fautes se cachaient derrière les mots savants.*

▶ *Le stress me nourrit .*

Les relations entre les mots

Relations de sens entre les mots qui permettent d'enrichir ou de varier les façons de s'exprimer.

ANALOGIE

- L'analogie est un procédé qui vise à faire ressortir les liens de parenté entre les mots.
- La synonymie, certaines figures de style, les familles de mots peuvent, entre autres, permettre de créer une analogie.

REMARQUE : Un dictionnaire analogique est une référence utile afin de préciser le sens de termes voisins.

▶ *La grammaire est une mécanique.* (Ici, l'analogie fait ressortir les liens de parenté entre la grammaire et la mécanique ; l'enchaînement des mots est comparé à celui de pièces mécaniques.) La métaphore permet l'analogie.

▶ *L'huile d'olive est le sirop d'érable des Italiens.* (L'analogie permet de faire ressortir tous les traits communs entre les deux produits.)

MOTS GÉNÉRIQUES ET SPÉCIFIQUES

- Un mot générique est un mot dont le sens inclut celui de mots plus précis. Il permet de désigner une catégorie.
- Les mots plus précis pouvant être inclus dans cette catégorie sont les mots spécifiques.
- Un même mot peut être générique par rapport à un ensemble de mots et spécifique par rapport à un mot plus général.

▶ ***insecte*** : *abeille, fourmi, grillon, libellule, papillon...*

▶ *L'**abeille**, la **fourmi** et la **libellule** sont des insectes.*

▶ *L'**insecte** est un animal.*

MOTS AYANT UNE RELATION DE TOUT À PARTIE

- Des mots peuvent servir à nommer les différentes parties d'un tout. C'est ce qu'on appelle une relation de «tout à partie».

▶ tout = *violon*
parties = *table d'harmonie, éclisses, ouïes, chevalet, mentonnière, cordes, manche, touche, chevilles, volute, etc.*

SYNONYMES ET ANTONYMES

- Les synonymes sont des mots de même classe qui ont un sens très proche.

- Les antonymes sont des mots de même classe qui ont un sens contraire.

▶ $\overset{\text{N}}{habileté} = \overset{\text{N}}{adresse}$

▶ $\overset{\text{V}}{séparer} = \overset{\text{V}}{diviser}$

▶ $\overset{\text{Adj}}{léger} \neq \overset{\text{Adj}}{lourd}$

▶ $\overset{\text{Adv}}{rapidement} \neq \overset{\text{Adv}}{lentement}$

COMBINAISONS DE MOTS

- Les suites lexicales sont des mots qu'on emploie souvent ensemble. Il est cependant possible de les modifier.
- Les expressions figées (locutions, proverbes, dictons) sont des suites lexicales qu'on ne peut pas modifier.

▶ *la pluie tombe, gouttes de pluie, pluie diluvienne,* etc.

▶ *Ennuyeux comme la pluie* (locution)
Après la pluie, le beau temps (proverbe).

CHAMPS LEXICAUX

- Un champ lexical est un ensemble de mots qu'on peut relier à un même thème.
- L'élaboration d'un champ lexical permet de bien traiter un sujet ou de créer une atmosphère particulière dans un texte.

REMARQUE : Les dictionnaires de langue, de même que les dictionnaires de synonymes, d'antonymes et de cooccurrences, sont d'une grande utilité pour constituer un champ lexical.

▶ thème = *système solaire* : *planète, étoile, voie lactée, astrophysique, astronome, astéroïde, sonde,* etc.

▶ thème = *joie* : *allégresse, ivresse, ravissement, jubiler, exulter, réjouir, plaisant, rayonnant, heureusement, agréablement, gaiement,* etc.

Les variétés de langue

Manières différentes de s'exprimer dans une même langue, selon la situation de communication (conversation, exposé, lettre de présentation, etc.) ou l'intention (provoquer, impressionner, informer, etc.).

Les variétés de langue sont présentes à l'intérieur de la francophonie (l'ensemble des populations qui utilise le français pour communiquer et qui est structuré par un réseau de gouvernements et d'instances officielles).

VARIÉTÉ SOUTENUE (OU RECHERCHÉE)

CONTEXTE D'UTILISATION : Davantage employée à l'écrit, cette variété de langue très soignée s'observe dans des communications officielles ou spécialisées (conférences, éditoriaux, vulgarisation scientifique, etc.) et dans certains textes littéraires, notamment dans certains romans classiques.

Employée davantage à l'écrit	
• Mots justes, recherchés • Phrases longues et complexes	▶ Cet enfant est d'une grande **courtoisie**, ce qui est **singulier** pour un **jouvenceau**. ▶ **De grâce**, ne cherchez pas à m'en faire **avouer** davantage à ce sujet.

VARIÉTÉ STANDARD (OU SOIGNÉE)

CONTEXTE D'UTILISATION : Cette variété est employée tant à l'oral qu'à l'écrit et correspond à la norme prescrite dans les dictionnaires usuels et les grammaires. Elle permet de se faire comprendre par le plus grand nombre et s'emploie en toute circonstance. À l'oral, elle a cours dans des conversations comme les entrevues d'emploi et dans des exposés formels comme la présentation de bulletins d'information. À l'écrit, on l'adopte dans des textes courants tels ceux des manuels scolaires et des quotidiens.

Employée tant à l'oral qu'à l'écrit	
• Mots justes, mais courants • Négation non escamotée • Prononciation soignée : – liaisons faites lorsqu'elles sont obligatoires seulement	▶ Ce petit enfant est très sérieux, ce qui est étonnant à son âge. ▶ Ne me demandez pas mon avis sur la question. ▶ Ce p'tit enfant est très sérieux, c'qui est étonnant à son âge.

REMARQUE : C'est la variété de référence permettant de situer les autres variétés de langue.

.../ p. 546

Lexique

CONTEXTE D'UTILISATION : Cette variété employée particulièrement à l'oral est celle des conversations et des échanges plutôt «décontractés». À l'écrit, elle est employée pour des lettres ou des courriels adressés à des proches.

Employée particulièrement à l'oral

- Mots simples, employés surtout à l'oral, signalés dans le dictionnaire par l'abréviation *fam.*
- Négation escamotée (ex. : *Je [ne] peux rien*)
- Prononciation parfois relâchée :
  - effacement de sons (ex. : *t'dire*)
  - remplacement de sons (ex. : *ét* plutôt que *est*)

▶ *Le petit **gars** est un jeune qui est sérieux, étant donné qu'il a juste neuf ans.*

▶ *Mon **vieux** ! Je peux rien te dire sur **ça**.*

▶ *Mon **vieux** ! Ch'peux rien t'dire sur ça.*

▶ *Le p'tit gars ét un jeune qui'é sérieux, étant donné qu'y a jus' neuf ans.*

CONTEXTE D'UTILISATION : Cette variété propre à l'oral est utilisée dans des contextes sociaux particuliers. Variété expressive, elle crée des effets comiques ou permet de manifester une colère, une grande joie, etc.

Propre à l'oral

- Mots qui figurent rarement dans les dictionnaires usuels
- Anglicismes critiqués (ex. : *kid, tough*)
- Régionalismes critiqués (ex. : *tanné* mis pour *fatigué*)
- Prononciation relâchée :
  - effacement de sons (ex. : *aut'*)
  - remplacement de sons (ex. : *sawoir*)
  - ajout de sons (ex. : *ch'**t'**écœuré*)

▶ *Le **kid**, y ét un p'tit **tough** quand on pense que n'importe qui d'aut' capoterait.*

▶ *J'veux rien **sawoir** de vous **aut'**. Ch'**tanné** ! **Ch't**'écœuré !*

Il existe aussi des variations linguistiques qui dépendent de facteurs géographiques, sociaux et historiques. Ces variations sont marquées par des mots, des expressions ou des accents qui révèlent une appartenance de nature historique, géographique ou sociale.

Les dictionnaires

 Quelques types de dictionnaires

DICTIONNAIRES DE LANGUE

Dictionnaires généraux

- Offrent des renseignements sur les mots (prononciation, étymologie, etc.) et leurs divers emplois.
- Fournissent des exemples, des expressions et des citations.
- Donnent des synonymes, des antonymes, des homonymes.
▶ *Le Petit Robert*

Dictionnaires de difficultés

- Offrent des renseignements relatifs aux erreurs liées aux mots : prononciations particulières, pièges orthographiques, nuances de sens...
▶ *Multidictionnaire de la langue française*

Dictionnaires spéciaux

▶ Dictionnaires de synonymes, d'antonymes, de cooccurrences, d'homonymes, etc.

DICTIONNAIRES ENCYCLOPÉDIQUES

Dictionnaires généraux

- Offrent des renseignements sur les réalités nommées par les mots.
- Offrent des illustrations ou des schémas sur des phénomènes complexes (par exemple, les éclipses), des photos ou des dessins d'objets et d'animaux, des planches thématiques (par exemple sur les champignons).
▶ *Le Petit Larousse illustré*

Dictionnaires visuels

- Fournissent des illustrations et des planches thématiques liées à des domaines très variés et accompagnées de légendes.
▶ *Le Nouveau Dictionnaire visuel multilingue*

Dictionnaires spéciaux

▶ Dictionnaires de la musique, du cinéma, de la cuisine, etc.

RENSEIGNEMENTS QUE PEUT OFFRIR UNE ENTRÉE DE DICTIONNAIRE

Forme

▢ L'orthographe
▢ La prononciation
▢ La forme au féminin dans le cas de certains noms et des adjectifs
▢ Le modèle de conjugaison dans le cas des verbes

Catégories, traits, constructions

▢ La classe des mots (n., adj., adv., etc.)
▢ Le genre s'il s'agit de noms (m. ou f.)
▢ La construction dans le cas des verbes, par exemple :
  – transitif (tr.) : le verbe se construit avec un complément direct (dir.) ou indirect (ind.)
  – intransitif (intr.) : le verbe se construit sans complément direct ou indirect
  – impersonnel (impers.)
  – pronominal (pron.)

Étymologie

La date d'entrée dans le lexique, l'origine, la racine, etc.

ABRICOT [abʀiko] **n. m.**

■ **1** Fruit de l'abricotier, à noyau, à chair et peau jaune orangé. *Abricots frais, secs. Confiture, compote, jus d'abricots.* — *Pêche*-abricot.*

■ **2** Couleur jaune orangé très doux. *Un abricot tirant sur le rouge.* — ADJT *Des rubans abricot.*

Petit Robert de la langue française, 2007

ÉTUDIANT , IANTE [etydjɑ̃, jɑ̃t] **n.** et **adj.**

• XIIIᵉ, en concurrence avec *écolier* jusqu'à la fin XVIIᵉ; fém. 1789, rare avant fin XIXᵉ; de *étudier*

■ Personne qui fait des études supérieures et suit les cours d'une université, d'une grande école. *Étudiant en lettres, en médecine* [...] ⇒ universitaire.
◊ **adj.** (1966) *La vie étudiante.* ⇒ estudiantin.
Un mouvement étudiant, d'étudiants.

Petit Robert de la langue française, 2007

SCULPTER v. tr.

⇔ Le ***p*** ne se prononce pas, [skylte]; le verbe rime avec ***ausculter***.

■ Façonner en taillant une matière dure. *Sculpter un buste dans une pièce de marbre. Il sculpte une pièce de bois.*

CONJUGAISON [VOIR MODÈLE – AIMER].

Multidictionnaire de la langue française

.../ p. 548

Lexique

Sens

- Les définitions, c'est-à-dire les sens que le mot peut prendre en fonction du contexte, par exemple, le sens propre et le sens figuré (fig.)

REMARQUE : Divers moyens sont utilisés pour distinguer ces sens (ex. : ■ **1**, ■ **2**).

- Des exemples en italique ou des citations (entre guillemets) qui illustrent les définitions

Usage

- Les variétés de langue : littéraire (litt.)*, familière (fam.), populaire (pop.), etc.
  Les emplois : régionalismes (région.), québécismes (québ.), anglicismes (anglic.), etc.
- Les emplois obsolètes : vieilli ou vieux (vx) ; les emplois nouveaux : néologismes (néol.), etc.
- Les domaines d'utilisation : didactique (didact.), informatique (inform.), médecine (méd.), technique (techn.), etc.

* Dans les dictionnaires, les mots identifiés comme « littéraires » sont souvent associés à la variété de langue recherchée.

Relation de sens avec d'autres mots

- Des synonymes (syn.), c'est-à-dire des mots de sens voisin
- Des antonymes (ant.), c'est-à-dire des mots de sens contraire (contr.)

ZAPPER [zape] **v. intr.** < conjug. : 1>

– 1986 ; anglais *to zap*

ANGLIC. ■ 1 Passer constamment d'une chaîne de télévision à d'autres à l'aide de la télécommande. ⇒ RÉGION. **pitonner**. [...] *On zappe pour changer de programme, éviter les publicités.* ■ 2 FIG. Passer rapidement ; changer fréquemment. *Zapper d'une idée à l'autre.* ⇒ **papillonner**. [...]

Petit Robert de la langue française, 2007

CEPENDANT conj. (de *ce* et *pendant*). Marque une opposition, une restriction ; pourtant, néanmoins. ◆ adv. *Litt.* Pendant ce temps. ◆ **cependant que** loc. conj. *Litt.* Pendant que, tandis que.

Le Petit Larousse illustré 2006 © Larousse 2005

APPAREMMENT [aparamã] **adv.**

– 1564 ; « réellement » v. 1175 ; de *apparent*

■ 1 Vx De façon apparente. ⇒ **visiblement**. « *Des raisins mûrs apparemment* » **La Fontaine**.

■ 2 Selon toute apparence. ⇒ **vraisemblablement** (cf. Sans doute*). *Apparemment, il a renoncé. Apparemment, il est sain d'esprit*, en apparence seulement. – VIEILLI **APPAREMMENT QUE** : il semble que. « *Apparemment qu'il trouve moyen d'être en même temps à Paris et à la campagne* » **Musset**.

⊗ CONTR. Effectivement.

Petit Robert de la langue française, 2007

RÉSINIFÈRE [ʁezinifɛʁ] **adj.**

– 1812 ; de *résine* et *-fère*

■ DIDACT. Qui produit de la résine. ⇒ **gemmifère**, **résineux**.

Petit Robert de la langue française, 2007

Table des matières

Les stratégies proposées sont des suggestions de marche à suivre. Certaines d'entre elles peuvent vous paraître naturelles puisque vous les employez déjà, d'autres représentent un défi, et les intégrer à vos stratégies connues contribueront à améliorer votre approche de lecture, d'écriture et de communication. Appliquez celles qui répondent à vos besoins selon la tâche à accomplir ou la particularité du texte.

Lire un texte littéraire

Planifier sa lecture

✔ Identifier ses besoins

- Déterminer la méthode de lecture (lecture sélective, intégrale, analytique) selon l'objectif poursuivi ou la tâche à réaliser (découvrir, se détendre, résumer, répondre à des questions, prendre position, etc.).
- Déterminer l'ordre des textes à lire, s'il y a lieu.
- Déterminer l'annotation à effectuer ou les traces à conserver, s'il y a lieu.

✔ S'informer sur le texte

- Se renseigner sur l'auteure ou l'auteur, ses œuvres, son époque et le contexte du texte.

✔ Anticiper le contenu et l'organisation du texte

- Anticiper l'histoire, le déroulement, les actions.
- Préciser ou anticiper les liens à établir avec d'autres œuvres, d'autres auteurs.
- Jeter un coup d'œil à la forme du texte : roman, nouvelle, chanson, poème, pièce de théâtre, etc.
- Observer les divisions du texte : chapitres, paragraphes, strophes, actes, scènes, etc.

Comprendre le texte

✔ Lire efficacement le texte

- Prendre des pauses, se poser des questions, élaborer des hypothèses sur la suite du récit au fil de sa lecture.
- Utiliser le contexte, les préfixes et les suffixes, les mots de même famille ou le dictionnaire pour définir un mot qui fait obstacle à la compréhension.
- Imaginer les personnages, les lieux, le contexte de l'histoire au fil des descriptions.
- Dessiner un personnage ou schématiser un lieu plus difficile à se représenter.
- Tracer le plan des déplacements d'un personnage ou de l'action.
- Situer les événements en ordre chronologique sur une ligne du temps.

✔ Cerner l'organisation et l'univers du texte

- Identifier l'intrigue et ses composantes.
- Porter attention aux personnages, à leur évolution psychologique, à leurs motivations, aux relations qu'ils ont entre eux et avec leur univers.
- Déterminer l'ordre de présentation des événements dans l'histoire (chronologie, retours en arrière, projection) et remarquer leur incidence.
- Identifier l'univers créé à partir des lieux, de l'époque, des repères linguistiques et culturels, du thème et des champs lexicaux ; juger de la vraisemblance et du réalisme de cet univers.

✔ Porter attention aux « voix » et à l'écriture du texte

- Identifier le ou les types de narration utilisés dans le texte et les changements de narrateur, s'il y a lieu.
- Identifier qui parle lors des monologues et des dialogues.
- Déterminer le ton : humoristique, dramatique, lyrique, engagé, etc.
- Remarquer l'utilisation du langage : les jeux de mots, les doubles sens, les jeux de sonorité, le niveau de langue.
- Remarquer le style : l'emploi des figures de style, les images créées, la syntaxe particulière, la ponctuation, etc.

... / p. 551

Interpréter le texte

✔ Dégager le ou les thèmes du texte

- Repérer les champs lexicaux qui peuvent renseigner sur les thèmes abordés.
- Repérer les valeurs (croyance, jugement) véhiculées par les personnages et par le narrateur en lien avec les thèmes abordés.
- Identifier le ou les thèmes véhiculés dans le texte : la solitude, la guerre, le racisme, l'amitié, la liberté, etc.

✔ Utiliser d'autres moyens d'approfondir le texte

- Relire le texte ou certains passages de manière à identifier ce qui a pu échapper à la première lecture : les sous-entendus, les caractéristiques implicites, les nuances, etc.
- Recourir à des ouvrages de référence et au Web pour mieux contextualiser l'univers présenté, pour en apprendre plus sur la culture représentée ou pour mieux connaître les thèmes abordés.
- Comparer le texte à la vie de l'auteur, à d'autres de ses œuvres, à des œuvres d'autres auteurs qui présentent des caractéristiques semblables ou opposées, à des films, etc.

Réagir au texte

✔ Déterminer l'effet que provoque le texte

- Déterminer de quelle façon le texte rejoint certaines de ses préoccupations ; imaginer sa réaction à la place du personnage (Que ferais-je si c'était moi ?).
- Imaginer ce qui précéderait ou ce qui suivrait l'histoire, s'il y a lieu (l'enfance du personnage principal ou les conséquences du récit sur son comportement futur, par exemple).
- Se faire une opinion sur le texte et les valeurs qui y sont véhiculées.
- Comparer ses réactions, ses impressions et ses opinions avec celles d'autres personnes.

Évaluer l'efficacité de sa démarche

✔ Estimer l'efficacité de ses stratégies

- Juger de la facilité ou de la difficulté avec laquelle le texte a été compris.
- Relever les causes possibles des difficultés éprouvées et identifier au moins une stratégie de lecture à développer en vue d'améliorer sa compétence à lire un texte littéraire.

Lire un texte courant

✔ Identifier ses besoins

- Déterminer la méthode de lecture (survol, lecture sélective, intégrale, analytique, etc.) selon l'objectif poursuivi et la tâche à réaliser (s'informer, résumer, répondre à des questions, prendre position, etc.).
- Déterminer l'ordre des textes à lire, s'il y a lieu.
- Déterminer le degré de complexité du texte selon ses compétences de lecteur ou de lectrice, ses connaissances sur le sujet.
- Évaluer si la lecture peut être appuyée de documents de référence complémentaires (livres, dictionnaires, sites Internet, etc.) et les répertorier, s'il y a lieu.
- Déterminer l'annotation à effectuer ou les notes à conserver, s'il y a lieu.

✔ Porter attention à la source du texte

- Prendre en note la référence exacte, s'il y a lieu.
- S'interroger sur la fiabilité de la source et la crédibilité de l'auteur ou de l'auteure et du média (sites Internet, journaux, magazines) en fonction du sujet.

✔ Anticiper le contenu et l'organisation du texte

- Observer l'organisation du texte et en déterminer le sujet à partir des titres, illustrations, mise en page, etc.
- Anticiper les aspects et les idées selon le type de texte.
- Identifier différents angles sous lesquels le sujet pourrait être abordé.
- Se remémorer ses connaissances sur le sujet ou déterminer son opinion sur ce sujet.

Comprendre le texte

✔ Lire efficacement le texte

- Prendre des pauses, se poser des questions, établir des liens entre les différents aspects abordés au fil de sa lecture.
- Utiliser le contexte, les préfixes et les suffixes, les mots de même famille ou le dictionnaire pour définir un mot qui fait obstacle à la compréhension.
- Identifier les difficultés éprouvées (vocabulaire trop spécifique, sens des mots inconnus, liens imprécis, peu de connaissances sur le sujet, phrases longues, etc.) et déterminer des moyens afin de les surmonter.
- Utiliser des réseaux de concepts pour illustrer les liens entre les informations importantes.

✔ Cerner l'organisation du texte, préciser le contenu et en dégager l'essentiel

- Élaborer le plan du texte.
- Élaborer une représentation schématique qui illustre le texte (par chronologie, par causalité, par liens entre les aspects, etc.).
- Élaborer une carte d'idées qui regroupe les informations importantes.
- Porter attention au début et à la fin des paragraphes, où l'on résume souvent une idée importante.
- Identifier les aspects et les sous-aspects, les liens de causes et de conséquences ou la thèse et ses arguments selon le type de texte.
- Porter attention à l'ordre de présentation des éléments et à l'effet obtenu, particulièrement sur le Web.
- Situer le texte dans son contexte : tenir compte du média, de la date, des repères géographiques, historiques, linguistiques ou culturels.

.../ p. 553

Interpréter le texte

✔ Cerner le point de vue
- Observer les marques d'énonciation et de modalité afin de distinguer les faits des opinions.
- Identifier le discours rapporté et son rôle dans le texte.
- Noter avec précision la source et l'énonciateur des citations.

✔ Approfondir son point de vue
- Prendre du recul par rapport au point de vue adopté, se questionner.
- Comparer les différents points de vue soulevés, s'il y a lieu.
- Rechercher des renseignements spécifiques ou complémentaires, d'autres explications, d'autres arguments ou opinions dans divers ouvrages de référence, sur le Web ou dans des documents audiovisuels.
- Repérer les similitudes ou les contradictions entre divers points de vue, différentes sources de référence ou différents textes.

Réagir au texte

✔ Déterminer l'effet que produit le texte
- Préciser ce que le texte a permis d'apprendre ou de découvrir.
- Se situer par rapport aux positions et aux arguments présentés dans le texte (ne pas accepter le point de vue véhiculé sans se questionner).
- Nuancer et comparer son point de vue en discutant du sujet avec d'autres personnes.
- Trouver des liens avec des œuvres, des films ou d'autres ressources, s'il y a lieu.

Évaluer l'efficacité de sa démarche

✔ Estimer l'efficacité de ses stratégies
- Estimer son degré de compréhension du ou des textes lus.
- Évaluer si l'information recueillie est suffisante pour la tâche demandée.
- Évaluer son utilisation d'autres sources de renseignements, s'il y a lieu.
- Évaluer sa capacité d'adaptation face aux différentes tâches proposées.
- Relever les stratégies qui ont été les plus efficaces et celles qui ont fait défaut.
- Identifier au moins une stratégie à développer en vue d'améliorer sa démarche lors de la prochaine lecture.

Stratégies pour lire

Écrire un texte littéraire

Planifier son écriture	
✔ **Déterminer le genre de texte à écrire**	• Déterminer si le texte sera une chanson, un poème, un conte, un roman, une nouvelle, un récit, un scénario, une pièce de théâtre, etc. • Préciser les caractéristiques dont on devra tenir compte selon le genre choisi.
✔ **Faire un remue-méninges**	• Se donner des sources d'inspiration : consulter des textes, écouter de la musique, visionner des films, observer une image, une illustration, se renseigner sur un sujet d'actualité, etc. • Écrire sans censure des idées, des phrases, des mots ; griffonner des schémas, des dessins, des icônes, etc. • Improviser sur un thème en vue de récupérer des répliques dans l'écriture. • Échanger, débattre sur un thème avec d'autres personnes.
✔ **Créer un univers**	• Penser à des personnages, à des lieux, à une époque, à un thème, etc. • Choisir des émotions, des sensations, des valeurs, des expériences de vie, etc. • Construire des champs lexicaux à partir des idées amenées au cours de la planification. • Identifier le type d'univers du texte : imaginaire, vraisemblable, fantastique, réaliste, merveilleux, absurde, etc. • Donner un ton à son texte en lien avec l'univers créé : humoristique, ironique, dramatique, lyrique, engagé, etc.
✔ **Organiser le texte**	• Pour un récit, tracer le schéma narratif : déterminer la chronologie des événements, préciser le temps de verbe employé, élaborer le plan du texte. • Pour une nouvelle, prévoir une chute inattendue. • Pour un texte poétique, déterminer l'aspect visuel du texte, choisir entre les vers et les strophes ou la prose. • Pour une pièce de théâtre, découper le plan du texte en scènes.
✔ **Déterminer le point de vue**	• Déterminer le type de narration, s'il y aura des monologues ou seulement des dialogues. • Préciser le destinataire du texte afin de chercher à établir la connivence avec le lecteur ou son identification aux personnages.
Rédiger le texte	
✔ **Écrire une première version du texte**	• Écrire librement un premier jet en censurant le moins possible. • Prévoir des pauses pour relire ce qui vient d'être écrit, remettre en question les décisions prises à l'étape de planification et y apporter des corrections au besoin. • Se laisser de l'espace disponible en prévision des correctifs à apporter par la suite : écrire à double interligne, laisser quelques lignes entre les paragraphes, laisser des marges des deux côtés de la page, etc.
✔ **Donner du style au texte**	• Donner du rythme à son texte en jouant sur la longueur des phrases, la ponctuation, les répétitions, la sonorité des mots, etc. • Utiliser des procédés stylistiques : la comparaison, la métaphore, l'énumération, etc. • Insérer des séquences d'autres types : descriptive, explicative, dialogale, etc. • Soigner le rythme et la cohérence des échanges dans les dialogues, s'il y a lieu.

···/ p. 555

Réviser, améliorer et corriger le texte

✔ **Prendre du recul par rapport au texte**	• Faire une pause avant de retravailler le texte afin de le lire à tête reposée et d'avoir un autre regard sur son contenu. • S'assurer de la présence de tous les éléments requis par la tâche. • S'assurer de l'harmonie des éléments, de la progression et de la cohérence du texte. • Faire lire le texte par une autre personne qui pourrait le commenter.
✔ **Éditer le texte afin de l'améliorer**	• Sur le manuscrit, retravailler le texte en biffant, en ajoutant des bouts de textes dans les marges, en montrant des déplacements ou des remplacements à faire par un système de flèches. • Avec l'ordinateur, donner une nouvelle forme au texte en utilisant les fonctions *copier, coller, déplacer, effacer* ou *ajouter*. Ne pas hésiter à faire des essais et à revenir à la version d'origine.
✔ **Réviser son texte sur le plan de la langue**	• Voir les pages intitulées Réviser un texte, page 559.
✔ **Écrire le texte dans sa version définitive**	• Si le texte est manuscrit, soigner la calligraphie, choisir le bon crayon ou la bonne plume, sélectionner un papier de qualité, etc. • Sur fichier informatique, exploiter les fonctionnalités de l'ordinateur en choisissant avec soin les polices de caractères, les couleurs, les marges, l'insertion d'illustrations, etc.

Évaluer l'efficacité de sa démarche

✔ **Apprécier le cheminement qui a mené au texte**	• Observer l'évolution du texte, de sa planification à sa version finale et en évaluer la progression. • Évaluer sa capacité à s'adapter aux étapes de la tâche et à résoudre ses difficultés.
✔ **Évaluer le résultat**	• Déterminer les forces et les faiblesses du texte à partir de l'évaluation de l'enseignant, des commentaires de ses pairs ou de l'appréciation des lecteurs.
✔ **Faire un bilan**	• Identifier les aspects à améliorer pour les prochains textes. • Évaluer sa progression par rapport aux textes précédents. • Évaluer dans quelle mesure les apprentissages en écriture pourraient s'appliquer à un autre contexte ou dans d'autres disciplines scolaires.

Écrire un texte courant

Planifier l'écriture du texte	
✔ **Analyser la situation de communication**	• Préciser le sujet du texte, tenir compte de la longueur et de la forme à produire. • Déterminer à qui s'adresse le texte et quel est l'effet recherché : renseigner, démystifier, émouvoir, changer une perception ou un comportement, faire agir, convaincre, etc. • Déterminer quelle sera la séquence principale du texte : explication, description, justification ou argumentation. • Formuler les questions auxquelles on souhaite répondre ou énoncer la thèse à défendre s'il s'agit d'un texte argumentatif.
✔ **Préciser ses besoins d'information**	• Déterminer un échéancier pour accomplir les étapes de la tâche. • Consulter des ouvrages de référence ou documentaires à la bibliothèque, Internet, des personnes-ressources qui ont une expertise sur le sujet. • Planifier sa prise de notes tout au long de la collecte d'information. (Consulter la page 569, Prendre des notes). • Noter les sources et les références de manière précise. (Consulter la page 570, Noter une référence).
✔ **Déterminer la forme et le contenu du texte**	• Choisir le support le plus approprié à la situation d'écriture : page Web, logiciel de présentation, traitement de texte, papier, etc. • S'inspirer de textes du même genre pour bien en organiser le plan. • Déterminer les aspects à aborder ; déterminer l'ordre des paragraphes en s'assurant d'une progression logique et cohérente. • Prévoir la présentation visuelle à l'aide d'intitulés, d'illustrations, de schémas, d'encadrés, s'il y a lieu. • Pour un texte **descriptif**, déterminer sous quel angle le sujet sera abordé et sélectionner les sous-aspects qui seront développés. • Pour un texte **explicatif**, formuler une question en *pourquoi* et sélectionner les explications qui y répondent. • Pour un texte **argumentatif**, choisir une stratégie argumentative et sélectionner les arguments qui soutiendront la thèse. • S'il s'agit d'une **réfutation**, déterminer une contre-thèse possible et sélectionner les contre-arguments à réfuter. • Préciser le plan de chaque paragraphe : marqueur de relation ; idée principale ; justification ou démonstration à l'aide d'exemples, de comparaisons, de définitions, d'analogies, de statistiques, de références, de citations ; brève synthèse.
✔ **Déterminer le point de vue**	• Choisir dans quelle mesure on manifestera sa présence dans le texte : un texte descriptif ou explicatif sera plus crédible s'il est objectif ; un texte argumentatif suppose un point de vue plus engagé. • Déterminer le ton à employer selon l'effet recherché : neutre, didactique, autoritaire, sarcastique, etc.

···/ p. 557

Rédiger le texte

✔ **Écrire un premier jet du texte**	• Écrire en respectant autant que possible le plan de départ et la séquence principale choisie. • Prévoir des pauses pour relire une phrase ou un paragraphe et y apporter des corrections au besoin. • Revoir les décisions prises lors de la planification et modifier la structure du texte au besoin.
✔ **Rendre le texte plus efficace au fil de la rédaction**	• Garder à l'esprit le destinataire du texte afin d'utiliser le vocabulaire et des structures de phrases appropriés. • Insérer d'autres séquences (descriptives, explicatives, argumentatives, narratives ou dialogales) pour compléter ou soutenir ses propos. • Départager ses propos personnels des discours rapportés et mentionner précisément les sources citées. • Préciser et nuancer sa pensée ; éviter les propos confus et les jugements non fondés. • Rendre les informations pertinentes en démontrant leurs liens. • Éviter les répétitions et les contradictions ou les apparences de contradictions. • Se distancier ou s'engager dans le texte selon l'effet recherché et le type de texte.

Réviser, améliorer et corriger le texte

✔ **Vérifier l'efficacité du texte**	• Relire le texte après un temps d'arrêt ; le relire à haute voix ; le relire un paragraphe à la fois ; etc. • Faire lire le texte à une autre personne qui pourrait le commenter. • Interroger le lecteur ou la lectrice sur sa compréhension du texte. • Comparer le texte avec d'autres semblables ou avec des productions antérieures dans le but de valider la structure du texte. • Revoir le contenu, l'organisation et le point de vue du texte : s'assurer de l'harmonie et de la cohérence de l'ensemble, ajuster s'il y a lieu.
✔ **Éditer le texte en vue de l'améliorer**	• Sur manuscrit, retravailler le texte en laissant des traces dans les marges, en montrant des déplacements ou des remplacements à faire par un système de flèches. • À l'ordinateur, donner une nouvelle forme au texte en utilisant les fonctions *copier*, *coller*, *déplacer*, *effacer* ou *ajouter*. Ne pas hésiter à faire des essais et à revenir à la version d'origine. • S'il y a trop de mots, conserver l'essentiel et rayer l'accessoire. • S'il manque de mots, compléter les phrases avec des compléments du nom, des adverbes ou compléter les démonstrations ou les justifications en ajoutant d'autres exemples, comparaisons, définitions, analogies, statistiques, références citations, etc.
✔ **Réviser le texte sur le plan de la langue**	• Voir Réviser un texte, page 559.
✔ **Écrire le texte dans sa version définitive**	• Soigner la mise en page du texte en mettant en évidence des mots, les intertitres et les titres ; en isolant des paragraphes dans des encadrés, en insérant les illustrations et les schémas à l'endroit approprié ; etc. • Si le texte est manuscrit, soigner la calligraphie, choisir le bon crayon ou la bonne plume, sélectionner un papier de qualité, etc. • Si le texte est dans un document informatique, exploiter les fonctionnalités en choisissant avec soin les polices de caractères, les couleurs, les marges, etc.

.../ p. 558

Stratégies pour écrire

Évaluer l'efficacité de sa démarche	
✔ **Apprécier l'évolution du texte**	• Comparer la planification du texte à sa version finale et en évaluer l'évolution, la progression. • Évaluer sa capacité à s'adapter aux étapes de la tâche et à résoudre ses difficultés.
✔ **Évaluer le résultat**	• Évaluer si la recherche a été suffisamment documentée. • Évaluer sa capacité à repérer et à corriger ses fautes dans le texte. • Déterminer les forces et les faiblesses du texte à partir de l'évaluation de l'enseignant, des commentaires des pairs ou de l'appréciation des lecteurs. • Comparer le résultat à ceux obtenus par le passé pour des tâches équivalentes.
✔ **Faire un bilan**	• Mesurer son degré d'investissement et son intérêt vis-à-vis de la tâche. • Évaluer dans quelle mesure les apprentissages en écriture pourraient s'appliquer dans un autre contexte ou dans d'autres disciplines scolaires. • Relever les stratégies qui ont été efficaces et celles à améliorer. • Identifier au moins une stratégie à développer en vue d'améliorer sa démarche d'écriture.

Réviser un texte

STRATÉGIES POSSIBLES

- S'assurer que les traces de la correction soient visibles afin d'éviter de refaire des erreurs en réécrivant la version finale du texte.
- Pour l'orthographe d'usage et le lexique, à l'aide de symboles (?, *, L pour lexique, O pour orthographe, etc.), indiquez au fur et à mesure de la rédaction, ce que vous voulez vérifier. Au moment de la révision, ces symboles permettront de repérer aisément les interrogations que vous aviez au moment de la rédaction.
- Utiliser des symboles pour certaines difficultés (homophones, participes passés, ponctuation, etc.) ; relier les mots de même accord ; surligner les verbes ; encercler les finales dont l'accord doit être vérifié.
- Utiliser plusieurs outils de référence : un dictionnaire, une grammaire, vos notes de cours et la section *Grammaire* de ce manuel (page 478).
- Lire le texte dans son ensemble plusieurs fois, avec l'intention de corriger une notion différente à chaque lecture. Exemple : lire pour la syntaxe, lire pour le lexique, lire pour l'accord du verbe, lire pour les homophones.
- Corriger un paragraphe à la fois et en vérifier tous les aspects.
- Procéder par questions / réponses pour identifier les éléments de la phrase.
- Porter une attention particulière aux difficultés relevées lors de pratiques d'écriture précédentes.
- À l'ordinateur, mettre en doute les propositions du correcteur orthographique informatisé : elles ne sont pas toutes adéquates et peuvent induire en erreur.

ASPECTS À ANALYSER

Le lexique

✔ **Douter du choix des mots**	• Les mots peu courants sont-ils utilisés selon le sens indiqué dans le dictionnaire ? • Certains mots, trop familiers, imprécis ou répétés, doivent-ils être remplacés ? • Y a-t-il des emprunts, des mots de langue étrangère, que l'on pourrait remplacer par un mot français ? Sinon, sont-ils identifiés adéquatement ?

L'orthographe d'usage

✔ **Douter de l'orthographe des mots**	• Quels sont les mots à vérifier dans le dictionnaire ? • Quels sont les verbes à vérifier dans la grammaire ?

L'orthographe grammaticale

✔ **Porter attention aux homonymes**	• Les homonymes sont-ils orthographiés selon le contexte de la phrase et leur classe grammaticale ?
✔ **Identifier les donneurs d'accord et leurs receveurs puis vérifier les accords**	• Les donneurs (noms et pronoms) sont-ils orthographiés en genre, en nombre, en personne ? • Dans les GN, les déterminants et les adjectifs sont-ils accordés correctement ? • Les verbes, les participes passés avec *être* et les adjectifs attributs du sujet sont-ils accordés avec le sujet ? • Les participes passés avec *avoir* ou pronominaux doivent-ils être accordés ? • Les attributs du complément direct sont-ils accordés avec ce complément ?

... / p. 560

Stratégies pour écrire

| ✔ **Repérer les mots invariables et en vérifier l'orthographe** | • Les mots invariables (adverbes, verbes à l'infinitif, verbes au participe présent, etc.) sont-ils traités comme tels ? |

La structure des phrases et la ponctuation

✔ **Identifier les verbes conjugués et délimiter les groupes de base**	• Les temps des verbes sont-ils appropriés selon le temps du texte, les discours rapportés et la subordination ? • Les phrases sont-elles structurées selon leurs types et leurs formes ? • Y a-t-il plusieurs phrases qui comportent plus d'un verbe conjugué ? • Y a-t-il des liens à établir à l'intérieur des phrases ou entre les phrases par la coordination, la juxtaposition ou la subordination ? • Le choix des marqueurs de relation (coordonnants, subordonnants) est-il correct ?
✔ **Vérifier la construction des groupes**	• Les groupes de mots sont-ils bien construits et complets ? • Les verbes sont-ils employés avec les bons types de compléments ?
✔ **Vérifier la ponctuation dans les phrases**	• Y a-t-il des mots qui doivent s'écrire avec la majuscule (noms propres, titres, apostrophe, etc.) ? • La ponctuation finale des phrases est-elle appropriée et toujours suivie d'une majuscule ? • La virgule est-elle employée correctement avec les compléments de phrase, les organisateurs textuels, les phrases incises, les coordonnants, les subordonnants, etc. ? • La ponctuation est-elle complète et adéquate dans le cas de l'insertion d'un dialogue ? D'un discours rapporté direct ? D'un discours rapporté indirect ? D'une citation ? • Dans le cas de phrases juxtaposées, l'emploi du deux-points ou du point-virgule est-il approprié au contexte de la phrase ?

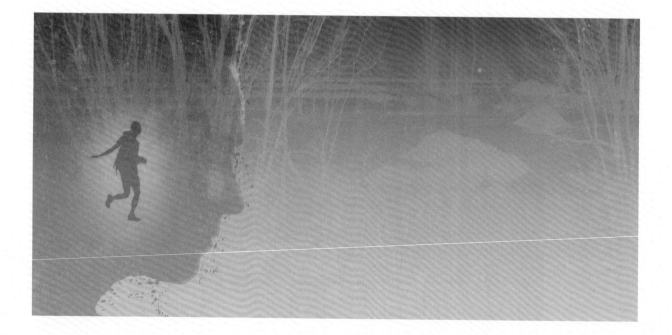

Prendre la parole devant un groupe

✔ **Analyser la situation de communication**

.

- Préciser la nature de la tâche et tenir compte de ce qu'elle requiert : objectif, genre de communication ou type de prise de parole, durée, temps de préparation, etc.
- Préciser sa connaissance du sujet, l'angle sous lequel on veut l'aborder, les questions qu'il soulève et celles auxquelles on veut répondre.
- Déterminer l'objectif que l'on veut atteindre : informer, divertir, expliquer, faire agir, changer un comportement, convaincre, etc.
- Cerner les caractéristiques de son destinataire : âge, intérêts, connaissances sur le sujet, etc.
- Rédiger des questions auxquelles on souhaite répondre ou formuler la thèse qu'on veut défendre.
- Prévoir les questions ou les contre-thèses qui pourraient être soulevés par l'auditoire en vue d'y répondre.

✔ **Préciser ses besoins d'information**

- Recueillir un maximum d'information : Internet, livres, magazines, personnes-ressources, etc.
- Prendre des notes tout au long de la collecte d'information. Prendre des notes, page 569.
- Noter les sources où l'information a été recueillie. Noter une référence, page 570.

✔ **Structurer l'exposé**

- Planifier le contenu et l'organisation de la communication orale à la manière d'un texte.
- Faire un plan de son intervention en tenant compte du destinataire.
- Prévoir une introduction et une conclusion, et détailler le développement.

✔ **Prévoir du matériel complémentaire**

- Trouver le matériel nécessaire pour améliorer la communication : présenter des photos, des diaporamas, des cartes géographiques, de la musique, etc.

✔ **Capter l'intérêt de l'auditoire**

- Prévoir des stratégies pour capter l'intérêt de l'auditoire : anecdotes personnelles, rupture du ton de la voix, éléments de surprise dans la « mise en scène » de l'exposé, etc.
- Déterminer le ton que l'on veut employer selon l'effet recherché et le type de destinataire visé : didactique, neutre, sarcastique, lyrique, autoritaire, engagé, etc.
- Penser à des stratégies pour rendre ses propos clairs et faciles à comprendre : exemples, définitions, comparaisons avec des éléments connus, etc.

✔ **Établir le contact**

- Utiliser un aide-mémoire schématique afin de conserver le contact visuel avec l'auditoire.
- Balayer régulièrement du regard l'ensemble de l'auditoire.
- Porter attention à sa posture et à sa gestuelle.
- Interpeller le destinataire.
- Adopter différents tons qui contribueront à provoquer des réactions chez les auditeurs.
- Établir une connivence avec l'auditoire, si le ton et l'effet recherché le permettent.
- Inviter les auditeurs à poser des questions.

.../p. 562

Stratégies pour communiquer oralement

✔ **Avoir de la crédibilité**	• S'appuyer sur des repères culturels qui peuvent aider à bien visualiser le sujet, s'il y a lieu.
	• Préciser ses sources en faisant part de son travail de recherche et de préparation.
	• Éviter de lire un texte ou de le réciter par cœur.
	• Utiliser une variété de langue appropriée au contexte et aux destinataires.
✔ **Présenter les propos clairement et de façon organisée**	• Mettre en évidence l'organisation de son exposé en employant des organisateurs textuels : *premièrement*, *deuxièmement* ; *d'une part*, *d'autre part* ; etc.
	• Éviter de passer du coq à l'âne et prévoir des transitions entre les aspects traités.
	• Éviter la contradiction, la redondance, les répétitions inutiles.
	• Prévoir des moments pour récapituler des éléments plus difficiles à saisir.
	• Éviter les détails et les ajouts inutiles qui font perdre le fil de l'exposé, qui le surchargent ou qui donnent l'impression de combler du temps.
✔ **Ajuster la prise de parole**	• Tenir compte des réactions de l'auditoire et s'y ajuster en reformulant, en rectifiant, en précisant et en nuançant ses propos au besoin.
	• Ajuster au besoin le rythme, le ton ou l'intonation de sa voix.
	• Réagir aux problèmes techniques avec les projecteurs, les ordinateurs, les appareils audio, etc. et trouver rapidement des solutions de rechange.
	• Recourir à l'humour pour se sortir d'une situation embarrassante.

Évaluer sa communication orale

✔ **Estimer l'efficacité de ses stratégies**	• Vérifier si le message a été compris et si le destinataire a manifesté de l'intérêt.
	• Identifier les moments forts et les moments faibles de l'exposé.
	• Réfléchir à la prestation des autres et s'en inspirer pour les prochaines communications.
	• Relever les stratégies qui ont été efficaces en vue de les réutiliser ultérieurement.
	• Se filmer et regarder sa prestation afin de corriger des tics dans le langage ou la gestuelle.
	• Évaluer l'apport des moyens techniques à l'exposé s'il y a lieu et la pertinence de les utiliser ou non.
	• Se donner des objectifs pour utiliser une variété de langue plus appropriée.

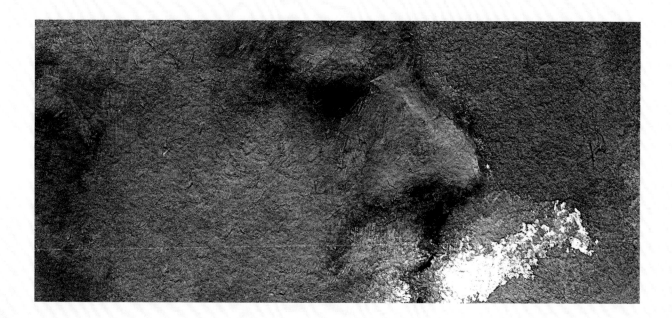

Participer à une discussion

✔ **Écouter activement les autres**	• Adopter une attitude d'ouverture et une posture d'écoute. • Vérifier sa compréhension des interventions des autres : poser des questions, tenter de reformuler les propos entendus pour en valider le contenu, etc. • Différencier les idées des exemples, des descriptions, des comparaisons ; les arguments des faits, etc. • Relier les propos, les idées proposées ou les arguments présentés et relever les ressemblances ou les oppositions. • Bien accueillir les propos des autres et discerner leur opinion. • Résumer les interventions de temps à autre : faire le point pour mieux orienter les échanges.
✔ **Explorer et partager des idées**	• Demander le droit de parole avant de faire une intervention, respecter l'animateur ou l'animatrice qui attribue le droit de parole aux participants. • Prendre en note son idée pour ne pas l'oublier en attendant son tour. • Respecter le sujet de la discussion : faire avancer les échanges par des interventions en lien avec le sujet. • Formuler clairement ses idées : chercher à préciser sa pensée, à clarifier ses propos, à justifier ses opinions, à illustrer ses idées à l'aide d'exemples. • Dégager des liens entre les propos : relier entre elles les idées proposées de façon à ne pas s'égarer et à ne pas perdre de vue le sujet de la discussion. • Comparer ses idées, ses arguments à ceux des autres participants et ajuster ses propos au besoin. • Éviter la redondance, les répétitions, la contradiction, les détails inutiles, etc.
✔ **Réagir aux propos des autres**	• Bien écouter les autres et tenir compte de leurs propos pour trouver de nouvelles idées. • Respecter les règles de fonctionnement établies. • Poser des questions : amener les autres à préciser leur pensée, à choisir d'autres mots en cas d'incompréhension. • Accepter les compromis. • Commenter avec respect les propos des autres. • Adapter ses propos en fonction des personnes à qui on s'adresse. • Accepter les compromis ; éviter l'entêtement ou l'agressivité.

Stratégies pour communiquer oralement

Participer à un débat

Règles pour le bon fonctionnement d'un débat		
Avant le débat	✔ **Planifier sa participation**	• Selon la position à défendre (*pour* ou *contre*), explorer et partager des idées en lien avec le sujet du débat. • Recueillir l'information nécessaire pour soutenir la position à défendre. • Organiser l'information : regrouper les arguments dans un ordre approprié ; sélectionner les renseignements, les faits, les exemples, etc. • Élaborer un aide-mémoire comprenant des mots clés pour chacun des arguments, des contre-arguments et des objections. • Prévoir l'argumentation de l'adversaire (contre-arguments et objections).

	✔ **Prévoir ses interventions**	• Tenir compte de la durée convenue d'une intervention :
		  – selon qu'il s'agit de la première intervention (formulation de la thèse, présentation d'un argument avec exemples à l'appui et dégagement d'une conclusion) ;
		  – selon qu'il s'agit d'une réplique (réfutation d'un argument, présentation d'un nouvel argument, présentation d'une conclusion).
		• S'il s'agit d'un jeu de rôles, choisir les types d'intervenants :
		  – en fonction d'un rôle social (citoyenne ou citoyen, chef d'entreprise, représentante ou représentant d'une compagnie, membre du gouvernement, etc.) ;
		  – en fonction d'un type de personnalité (intellectuel, émotif, moqueur, hypocrite, etc.).
		• Déterminer le ton à adopter.

	✔ **S'exercer et ajuster ses interventions**	• Se référer à son aide-mémoire. • Évaluer le contenu et l'organisation de ses idées. • S'assurer que le vocabulaire, la syntaxe, la prononciation et l'intonation conviennent bien au type d'intervention.
Pendant le débat	✔ **Intervenir**	• Respecter les contraintes d'un débat : durée de chaque intervention, intervention au moment approprié, courtoisie envers l'adversaire, etc. • Écouter activement les autres et réagir à leurs propos : adopter une attitude d'ouverture, de respect ; s'appuyer sur les propos des autres pour développer de nouvelles idées, reformuler les idées des autres avant de les commenter. • Utiliser des arguments convaincants et bien étayés pour susciter l'adhésion ou l'opposition. • Réfuter les arguments de l'adversaire à l'aide d'objections percutantes.

…/ p. 565

Si on est animateur ou animatrice	✔ **Planifier sa participation**	• Planifier la structure du débat et le temps accordé aux parties et aux différents échanges. • Prévoir des thèmes et des questions reliés à la problématique soulevée. • Planifier les règles à faire respecter en cours de débat. • Prévoir le matériel nécessaire (par exemple, une montre pour calculer le temps).
	✔ **Intervenir**	• Introduire le débat en expliquant la problématique et en déterminant son importance. • Présenter chacun des participants de façon positive. • Donner la parole à chaque participant équitablement. • Éviter de prendre parti ou d'argumenter. • Mettre fin à l'intervention d'un participant si son temps est écoulé. • Maintenir l'ordre, l'écoute et le respect dans le débat. • Proposer des thèmes, soulever des questions si le débat s'écarte du sujet ou manque d'échanges. • Ramener un point ou reformuler une question si la position est confuse ou difficile à interpréter. • Demander à un participant de préciser une question ou un argument trop vague. • Conclure le débat en rappelant la problématique, en synthétisant les arguments soulevés et en ouvrant sur une question.

Stratégies pour communiquer oralement

Arriver à un consensus

Un consensus survient lorsque tous les gens qui participent à une discussion se rallient à une idée, à une opinion, à une décision ou à une façon de faire.

Règles pour favoriser le consensus	
✔ **Justifier son point de vue**	• Invoquer des raisons (ou des arguments) qui clarifient et nuancent le point de vue. • Répondre adéquatement aux arguments des autres. • Amener les autres à adhérer à ses idées en tenant compte de leurs réactions. • Se référer à ses goûts, à ses valeurs, à ses connaissances, etc. • Exprimer ouvertement son opinion à l'égard des idées des autres.
✔ **Mettre ses idées en valeur**	• Utiliser des formules qui introduisent le point de vue comme *je pense que, je partage l'opinion que, je crois que*, et s'exprimer au *je*. • Employer des procédés de mise en relief comme *mon point de vue, c'est, selon moi, c'est… qui* ou *c'est… que*, etc. • S'exprimer à l'aide d'un ton, d'un rythme et d'un débit qui manifestent la confiance en soi. • Utiliser les contradictions ou les faiblesses de l'argumentation de ses interlocuteurs pour démontrer la logique de son point de vue. • Utiliser les ressemblances d'autres points de vue avec le sien pour démontrer la force de ses arguments.
✔ **Respecter ses interlocuteurs et leur point de vue**	• Garder une attitude d'ouverture en tout temps. • Respecter les tours de parole. • Donner un temps équitable à tous les participants et laisser chacun développer son point de vue. • Utiliser un langage empreint de marques de politesse, de savoir-vivre, de respect des idées des autres. • Utiliser un vocabulaire nuancé pour éviter les conflits ou les affrontements. • Porter attention à l'intensité de sa voix, à ses mimiques, à son regard, bref à tout ce qui pourrait blesser l'autre.
✔ **Mettre en pratique les règles de la discussion**	• Participer à une discussion, page 563.
✔ **Arriver à un consensus**	• Se fixer une limite de temps pour discuter et prendre une décision. • Se rallier aux interlocuteurs qui présentent les meilleurs arguments. • En dernier recours, passer au vote et choisir l'idée qui obtient la majorité des appuis. • Accepter calmement une décision qu'on n'envisageait pas au départ.

Travailler en coopération

Le travail en coopération consiste à réaliser collectivement une tâche complexe en assignant des rôles spécifiques à chaque membre d'une équipe.

Rôles pour un travail en coopération	
✔ **La superviseure ou le superviseur**	• Analyser la tâche à accomplir et la diviser en sous-tâches pour chacun des membres de l'équipe. • Distribuer les rôles à chacun des membres de l'équipe. • Établir un calendrier de travail pour chaque membre de l'équipe en tenant compte des échéances pour la réalisation du projet.
✔ **L'animatrice ou l'animateur**	• Animer les rencontres de planification ou de mise en commun. • Établir l'ordre du jour de chaque rencontre et s'assurer qu'il est respecté. • Donner la parole aux membres en s'assurant que chacun puisse exprimer son avis. • Orienter les discussions en vue d'améliorer un travail qui est presque achevé. • Intervenir lorsque les discussions deviennent trop bruyantes et qu'elles s'éloignent du sujet. • Orienter les discussions en vue d'obtenir un consensus.
✔ **La ou le secrétaire**	• Mettre sur papier le calendrier de travail. • Pendant les rencontres, s'assurer de bien comprendre les idées avant de les noter. • Prendre en note les éléments mis en commun et les éléments de décision. Arriver à un consensus, page 566.
✔ **La rédactrice ou le rédacteur**	• Après les discussions, rédiger la version définitive de la tâche en s'assurant que les parties du travail s'enchaînent harmonieusement. • Mettre le travail au propre en laissant le temps à tous les membres de l'équipe de relire le texte en vue de l'améliorer.
✔ **La correctrice ou le correcteur**	• Veiller à la qualité de la langue tant à l'oral qu'à l'écrit.
✔ **La ou le porte-parole**	• Consulter l'enseignante ou l'enseignant pour préciser des éléments de la tâche qui semblent nébuleux ou régler un conflit au sein de l'équipe. • Rendre compte du résultat du travail devant d'autres personnes de la classe.
✔ **Le gardien du temps**	• Déterminer le temps accordé à chaque tâche. • Vérifier auprès de chacun la progression des tâches et le respect de l'échéancier. • Lors des mises en commun, s'assurer de l'efficacité de la gestion du temps et ajuster l'échéancier au besoin. • Lors des discussions, déterminer un temps pour chaque point à aborder et s'assurer de le respecter.

.../ p. 568

Stratégies communes

Quelques règles à respecter pour un bon travail en coopération

- S'assurer que tous les membres de l'équipe participent également.
- Plus d'un rôle pourrait être attribué à un même membre selon le nombre de personnes dans l'équipe.
- À chaque réunion, prévoir du temps pour évaluer le bon fonctionnement de l'équipe.
- À la fin du travail, toujours faire un bilan.
- Si les élèves doivent se réunir pour un nouveau travail, tenter de distribuer différemment les responsabilités au sein de l'équipe.

Prendre des notes

La prise de notes permet de faire la sélection de l'information la plus importante d'un texte ou d'une communication orale en vue de la réutiliser dans une autre tâche.

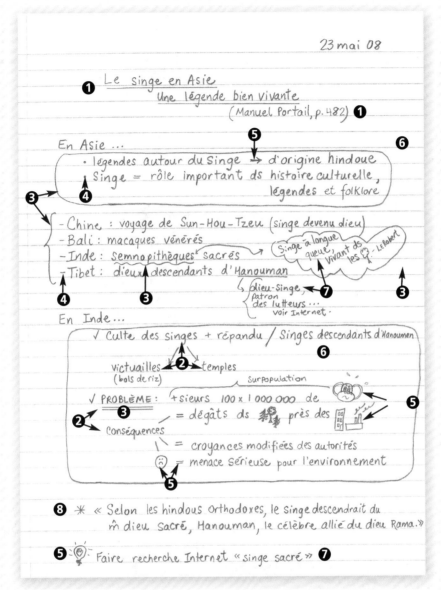

❶ Bien identifier le document de prise de notes pour mieux l'archiver (date, titre, source, conférence, présentation orale).

❷ Mettre en évidence les rapports de causes / conséquences, les solutions à un problème, les idées défendues, etc.

❸ Mettre en évidence des parties du texte ou un aspect du sujet à l'aide de soulignés, d'encadrés, d'encerclements, de bulles, etc.

❹ Bien séparer les renseignements importants par des boulets ou des tirets.

❺ Utiliser des pictogrammes, des flèches, des schémas, etc.

❻ Éviter de transcrire tels quels plus de cinq mots qui se suivent dans le document original. Transcrire des noms, des adjectifs qui apportent des précisions essentielles, et très peu de verbes conjugués. Le secret : la concision !

❼ Personnaliser sa prise de notes en ajoutant ses idées, ses opinions, ses pistes de réflexion personnelles, ses définitions de mots importants.

❽ Relever des citations du texte en vue de les réutiliser dans une autre tâche (écriture d'un texte argumentatif, exposé oral, etc.).

* Prise de notes réalisée à partir du texte Le singe en Asie, une légende bien vivante, *p. 482.*

Noter une référence

LES RÉFÉRENCES BIBLIOGRAPHIQUES
Ensemble de renseignements qui permettent de savoir d'où vient une œuvre qu'on cite, une information qu'on rapporte.

Quand noter une référence ?	Où trouver l'information d'une référence ?
Lorsqu'on prend des notes tirées : – d'un livre ; – d'un article de revue ou de journal ; – d'un site Internet ; – d'une brochure ; – etc.	En cherchant les renseignements appropriés (prénom et nom du ou des auteurs, titre, source, année de publication, etc.) : – sur la page couverture et dans les premières pages de l'ouvrage consulté ; – sur la page d'accueil du site Internet.

COMMENT NOTER UNE RÉFÉRENCE ?	
Livres	
NOM, prénom. *Titre*, lieu de publication, nom de l'éditeur, date de publication, nombre de pages (nom de la collection, s'il y a lieu).	LELAIT, David. *Sur un air de Piaf*, Paris, Payot, 2003, 335 p.
Articles de journaux ou de revues	
NOM, prénom. « Titre de l'article », *nom du journal ou de la revue*, numéro de la revue, date de publication, pages de l'article.	RIOUX, Christian. « Piaf sur grand écran », *Le Devoir*, 15 février 2007, p. A1 et A8.
Sites Internet	
NOM DE L'AUTEUR, prénom ou NOM DE L'ORGANISME OU DE LA SOCIÉTÉ. « Titre de la page consultée », [en ligne], année du copyright. [date de consultation de la page]. <adresse de la page consultée>	EVENE. « Édith Piaf », [en ligne], 1999-2007. [référence du 14 février 2007]. <www.evene.fr>

REMARQUE : On peut employer le souligné pour remplacer l'italique lorsque les références bibliographiques sont écrites à la main.

Chercher dans Internet

✔ **Formuler efficacement une requête dans un moteur de recherche**	• Établir une liste des mots clés en lien avec le sujet de recherche. • Saisir les mots clés au singulier et en minuscules dans la fenêtre de recherche. • Recourir aux " " pour retrouver une expression telle quelle. • Recourir aux opérateurs de recherche pour définir les liens entre les mots clés : + signifie ET - signifie SAUF | signifie OU
✔ **Sélectionner les documents pertinents**	• Lire les résumés de la page des résultats afin d'évaluer la correspondance avec le sujet de recherche. • Consigner les dates, les faits, les événements, les découvertes, les arguments, les explications, les preuves, les statistiques qui pourraient être utilisés dans son travail et les conserver dans un document de traitement de texte. • Vérifier la date de parution ou de la dernière mise à jour du site pour vous assurer d'obtenir de l'information actuelle. • Vérifier la provenance du document pour obtenir une source crédible (éviter les pages personnelles, les blogues, les forums de discussion). • Adopter une attitude critique pour toutes les lectures.
✔ **Rentabiliser son temps de recherche**	• Conserver en mémoire par le recours aux signets les sites de référence que vous consultez régulièrement. • Consigner les références bibliographiques des documents sélectionnés dans un document de traitement de texte pour compléter la bibliographie de votre travail.
✔ **Respecter la propriété intellectuelle**	• Utiliser le mode « citation » pour reprendre une idée ou une formulation trouvée dans Internet. Au même titre que les phrases tirées des livres, des magazines, des journaux et des émissions télévisées ou radiophoniques, les citations choisies dans Internet relèvent de la propriété intellectuelle et doivent être indiquées dans votre travail.

Index

Index

Sources iconographiques

2 © Rune Hellestad / Corbis   **10** © Zarov   **18** © INTERFOTO Pressebildagentur / Alamy
29 © Michel Gagné   **34** Domaine public   **35** XO Éditions   **41** Domaine public   **42** © Franquin
44 © Martine Doyon   **49** Domaine public   **53** © Martine Doyon   **66** © Sichov / epa / Corbis
80 © Rune Hellestad / Corbis   **87** © BASSOULS SOPHIE / CORBIS SYGMA   **90** © Catherine Cabrol /
Kipa / Corbis   **92** © ERIC PREAU / CORBIS SYGMA   **94** © Felice Boucher   **100** Domaine public
103 Domaine public   **112** © Jean-Marie Lanlo   **119** Avec l'aimable autorisation des Éditions
Robert Laffont   **120** Domaine public   **133** Karen Levine   **133** © George Brady et Second Story Press
136 © Bernardo De Niz / Reuters / Corbis   **139** © Alex Gotfryd / CORBIS   **142** © Éric Fougère / VIP
Images / Corbis   **145** © BASSOULS SOPHIE / CORBIS SYGMA   **152** © Sophie Bassouls / Sygma /
Corbis   **157** Domaine public   **171** © Joanne Comte   **174** © Karine Patry   **176** © Claude Dolbec
182 Domaine public   **183** © Martine Doyon   **190** © Yves Laberge   **196** © Josée Lambert
203 © 2008, Lux Éditeur, illustration de Shrü ; © Georges Dutil   **218** © Pedro Ruiz
220 © Martine Doyon   **223** Archives Éditions du Seuil   **227** Collection privée   **231** © Josée Lambert
234 Domaine public   **236** Domaine public   **247** Domaine public   **248, 249** © Pedro Ruiz
250 © Ulf Andersen / Gamma – Eyedea / PONOPRESSE   **251** © Michel Cloutier   **254** © Ulf
Andersen / Gamma–Eyedea / PONOPRESSE   **256** © Marie-Reine Mattera   **259** Domaine public
266 © Michel Cloutier   **272** © Michel Ponomareff / PONOPRESSE   **285** Photo Laurence Labat
288 Domaine public   **292** Domaine public   **296** © Michael Nicholson / CORBIS   **299** Groupe Librex
306 © Martine Doyon   **308** © Antoine Desilets   **310** Domaine public   **314** © Eric Fougere / VIP
Images / Corbis   **341** ONF / BANC PA-107872   **341** © Radio-Canada   **341** © Patrick Beauduin
348 © Ulf Andersen / Eyedea / PONOPRESSE   **352** © Jean-François Bérubé   **377** © Carl Lessard
377 Domaine public   **382** © Isabelle Clément   **389** © Ivanoh Demers / La Presse
406 BANC-C-005961   **414** © Jean-François Bérubé   **419** © Dominique Thibodeau
423 © Jacques Grenier   **447** © Normande Vasil   **453** © Glacialis Productions   **455** © Glacialis
Productions.

576